August Julius Füeßlin

Die Einzelhaft

nach
fremden und sechsjährigen eigenen Erfahrungen
im

neuen Männerzuchthause
in Bruchsal

Elibron Classics
www.elibron.com

Elibron Classics series.

ISBN 1-4212-2141-1 (paperback)
ISBN 1-4212-2140-3 (hardcover)

This Elibron Classics Replica Edition is an unabridged facsimile of the edition published in 1855 by J. C. B. Mohr, Heidelberg.

Die Einzelhaft.

Die Einzelhaft

nach

fremden und sechsjährigen eigenen Erfahrungen

im

neuen Männerzuchthause

in Bruchsal

von

dem Director desselben

J. Füesslin,

pract. Arzt, Wund- und Heb-Arzt, Ritter des Königl. Niederländ. Löwen-Ordens, Inhaber der Königl. Würtemb. großen goldenen Medaille für Kunst und Wissenschaft, Mitglied mehrerer gelehrter Gesellschaften.

Heidelberg.

Akademische Verlagshandlung von J. C. B. Mohr

1855.

Vorrede.

Das neue Männerzuchthaus in Bruchsal wurde den 18. Oktober 1848 eröffnet, und die Einzelhaft in demselben bis jetzt mit glücklichen Erfolgen durchgeführt.

Nach siebenjährigem militairärztlichen Dienste, in welchem ich neben der Uebung meiner Berufspflichten Gelegenheit hatte, sowohl die Einrichtungen der Gesundheitspflege, als auch die Rücksichten nothwendiger Unterordnung praktisch kennen zu lernen, wurde ich zuerst zum Hausarzt, und im Jahre 1850 zum Vorsteher dieser Anstalt ernannt.

Durch die allgemein anerkannte Nothwendigkeit durchgreifender Gefängnißreformen ist der Kampf der Meinungen über die Vortheile der verschiedenen Haftsysteme von neuem entbrannt; ich fühle mich deßhalb gerade jetzt berufen, meine gewissenhaften Beobachtungen, die dadurch gewonnenen Erfahrungen und daraus hervorgegangenen Ansichten den hohen Regierungen, den Gesetzgebern, Richtern, Gefängnißbeamten und allen Menschenfreunden zur Prüfung vorzulegen, weil nun in unserer Anstalt das neue System bis zu der längsten gesetzlichen Dauer von sechs Jahren konsequent durchgeführt worden ist; zugleich entspreche ich dadurch auch vielfältigen, an mich gestellten Aufforderungen.

Es gibt wohl kaum eine Einrichtung im Staate, deren Werth von ihren Anhängern so warm angepriesen, von ihren Gegnern so energisch bekämpft wird, als die Einzelhaft, und auf der Liste der begeisterten Lobredner und der heftigen Tadler des neuen Systemes sind Namen eingezeichnet, deren Klang über alle Zweifel an der red=

lichen Meinung und dem aufrichtigen Streben derselben nach Wahrheit erhaben ist.

Die Ursachen dieser auffallenden Abweichung der Ansichten sind zum Theil in der Neuheit und vollkommenen Verschiedenheit des Systemes von den bisher üblichen Haftarten begründet, wodurch irrige Begriffe über das Wesen, die Durchführung und Erfolge der Einzelhaft hervorgerufen wurden; zum Theil mußte aber das System das Schicksal der meisten und wohlthätigsten Neuerungen in dem Gebiete der staatlichen Institutionen theilen, daß dasselbe, in seiner Idee und in seinen Principien zwar richtig und dem Bedürfnisse entsprechend, doch nur allmälig durch die fortschreitenden Erfahrungen und durch die Durchführung zur Entwickelung und zur Vervollkommnung gelangen konnte. Daher mußten im Anfange nicht selten durch die Fehler und Mängel der Zellengefängnisse oder der Durchführung des Systemes weniger günstige Erfolge daraus hervorgehen, welche häufig noch bis in neueste Zeit von den Gegnern zur Bekämpfung desselben ausgebeutet wurden.

Durch die Verhältnisse des bisherigen Gefängnißwesens, besonders in Deutschland, mußten freilich selbst die redlichsten Bestrebungen nach Aufklärung in der Pönitentiarfrage erschwert werden.

Die frühere Strafrechtspflege, hervorgegangen aus den Anschauungen einer wenig vorgeschrittenen Zeit, hatte, wie diese, den Charakter der Rohheit und der Härte; es konnte deßhalb auch der Strafvollzug, gleich wie die Strafgesetze, nur den Stempel der Rache und Vergeltung tragen. Mit der fortschreitenden geistigen Entwicklung des Volkes und mit dem Eintritte milderer Sitten wurde die Nothwendigkeit einer Reform der Strafrechtspflege erkannt; daher entstand überall eine, durch Weisheit und gerechte Strafausmessung sich auszeichnende Strafgesetzgebung.

Mit Verbesserung der Strafgesetzgebung allein aber war die Reform der Strafrechtspflege nicht vollendet; an die Strafgesetzgebung muß sich nothwendiger Weise der Strafvollzug anreihen, und nur durch einen erfolgreichen Strafvollzug können die segensreichen Früchte einer weisen und gerechten Strafgesetzgebung zur Reife gebracht werden. Mit Recht sagt deßhalb Mittermaier: „Mag ein Gesetzbuch noch so trefflich in Bezug auf Anordnung der Verbrechen und die einzelnen Strafbestimmungen abgefaßt sein, so ist doch durch dieses Alles Nichts gewonnen, wenn nicht das Strafsystem seinem Zwecke entspricht.“

Leider wurde die Wahrheit dieses Ausspruches nicht allerorts erkannt, und es ist eine in der That auffallende Erscheinung, daß, während die Strafgesetze schon längst jenen Charakter der Rache und der Härte abgestreift hatten, das Gefängnißwesen selbst zum größten Theile von dieser wohlthätigen Verbesserung beinahe unberührt blieb, und der Strafvollzog häufig rohen und unwissenden Händen anvertraut war, welche weder in dem Segen einer humanen und bessernden Hauszucht einen der hauptsächlichsten Strafzwecke zu erkennen, noch in den mangelhaften Einrichtungen ihrer Strafhäuser die vielfachen Hindernisse der Besserung der Gefangenen aufzufinden vermochten.

Daher kam es denn auch, daß aus solchen unzweckmäßig eingerichteten und geleiteten Strafanstalten keine, oder doch wenigstens keine wissenschaftlichen, fortlaufenden und zu einer Zusammenstellung mit den gründlichen Jahresberichten aus den Zellengefängnissen tauglichen Nachweisungen hervorgehen konnten; aus diesem Grunde blieben die Schäden und Mißstände, so wie die nicht selten in hohem Grade ungünstigen Erfolge vieler Strafanstalten mit gemeinsamer Haft den Gefängnißkundigen verborgen, und deßhalb konnten so häufig die in den Zellengefängnissen aufgetretenen Zahlen der körperlichen und geistigen Leiden mit Erfolg zu Einwürfen gegen das neue System benützt werden, obgleich die übrigen Strafanstalten oft selbst die drei- bis sechsfachen Todtenzahlen aufzuweisen hatten, wovon viele Gegner der Einzelhaft entweder nichts wußten, oder wohlweislich in ihrem Interesse nichts verlauten ließen.

Auch gaben die Beamten der Zellengefängnisse selbst ihren Gegnern nicht selten scharfe Waffen zur Bekämpfung der Einzelhaft in die Hand, indem sie in der ersten Zeit aus Mangel an Erfahrung mit allzugroßer Aengstlichkeit jedes körperliche Unbehagen oder Unwohlsein als Krankheit, und jede nur einigermaßen ungewöhnliche Gemüthsstimmung oder Sonderbarkeit im Betragen der Gefangenen als durch das System hervorgerufene Seelenstörung bezeichneten und in die Krankenlisten aufnahmen, wodurch natürlicherweise die Zahlen der in den Zellengefängnissen vorgekommenen körperlichen und geistigen Leiden nicht unbedeutend vermehrt wurden.

Die Verwirrung der Ansichten über die Prinzipien, das Wesen, die Durchführung und die Erfolge der Einzelhaft mußte aber hauptsächlich noch dadurch gesteigert werden, daß Leute der verschiedensten Stände und Bildungsstufen an dem Kampfe sich betheiligten; ja selbst Solche fühlten sich berufen mitzusprechen, die überhaupt von dem Gefängnißwesen, von den Einrichtungen der Strafanstalten und den Verschiedenheiten der einzelnen Systeme keine Begriffe hatten, oder wenigstens noch kein Zellengefängniß gesehen hatten, und deßhalb häufig mit einer blinden Leidenschaft gegen die selbstgeschaffenen Schreckbilder ihrer Fantasie ankämpften.

Durch mehr als sechsjährige gewissenhafte Beobachtungen habe ich mich von den unendlichen Vorzügen der Einzelhaft vor den übrigen Haftsystemen in Erfüllung der Strafzwecke, Abschreckung, Sühnung und Besserung, auf das Bestimmteste überzeugt; ich bin jedoch weit davon entfernt, die Erfahrungen in dem Pönitentiarsystem, insbesondere über die mögliche Dauer der Einzelhaft, über die nöthigen Modifikationen, über die zweckmäßigsten baulichen und innern Einrichtungen der Zellengefängnisse u. s. w., als abgeschlossen zu betrachten, das neue System als ein unfehlbares anzupreisen, die Besserung aller ihr Unterworfenen zu erwarten, und alle Verurtheilte ohne Ausnahme ihr unterwerfen zu wollen. Auch verkenne ich keineswegs die Nothwendigkeit, in jedem Zellengefängnisse eine Abtheilung mit gemeinschaftlicher Haft für gewisse, zur Einzelhaft weniger geeignete Charaktere, und für die zu längerer Strafe Verurtheilten beizubehalten, als sie nach dem Gesetze, oder ohne Beeinträchtigung ihrer körperlichen und geistigen Gesundheit derselben unterworfen werden können.

Mit Einführung der Einzelhaft in Zuchthäusern allein ist aber noch keineswegs eine durchgreifende und in ihren Erfolgen den vielfach davon gehegten Erwartungen vollständig entsprechende Gefängnißreform beendigt; dieselbe muß sich vielmehr auf alle Haftlokale erstrecken, und die Einzelhaft im Zuchthause kann nur als ein Glied der großen Kette eines erfolgreichen Strafsystemes betrachtet werden, welches alle Verhafteten von den Untersuchungsgefängnissen an bis zur bewährten Besserung umschlingt. So wenig Schutzvereine bei den aus gemeinsamer Haft verschlechtert Entlassenen gedeihen können, ebensowenig wird Einzelhaft nur im Zuchthause gesegnete Früchte tragen, weil bei einer solchen Einrichtung viele durch die schon erstandene gemeinsame Haft in den Amts=, Kreisgefängnissen und Arbeitshäusern gründlich verdorbene Gefangene zu spät oder auf zu kurze Zeit derselben unterworfen werden, oder ihre hilflose Lage nach der Entlassung die Bewährung der guten Vorsätze unmöglich macht.

Ich erlaube mir deßhalb, die Regierungen, welche Gefängnißreformen einzuführen beabsichtigen, auf den vorzüglich ausgearbeiteten, in der Entwicklungsgeschichte des Gefängnißwesens mitgetheilten Gesetzesentwurf über das Strafsystem in Belgien von Ducpetiaux aufmerksam zu machen.

Nun noch einige Worte über die Anordnung des Werkes, und über die Fassung mancher Kapitel desselben.

Man wird mir es nicht zum Vorwurfe anrechnen, daß ich in denjenigen Abschnitten, in welchen mir genügende Erfahrungen abgiengen, die Aussprüche der übrigen Hausbeamten oder anderer Fachmänner mitgetheilt habe, z. B. über das Wesen und die Einwirkung der übrigen Haftsysteme, über die Erfolge des Religions= und Schulunterrichtes in gemeinsamer und Einzelhaft u. s. w.; die vielen andern Citate aus den Werken der anerkanntesten und erfahrensten Schriftsteller im Gefängnißwesen mögen damit entschuldigt werden, daß ich es vorzog, das wörtlich wieder zu geben, was Andere vor mir in überzeugenderer Weise ausgesprochen haben, als ich es vermocht hätte, indem dadurch für meine Ansichten neben der höhern Beweiskraft noch die Unterstützung fremder Autorität gewonnen wurde.

In der Anlage hatte ich dem Werke engere Grenzen gezogen; je mehr ich mich aber bei den häufigen Besuchen unseres Hauses durch Gefängnißbeamte, Staatsmänner, Rechtsgelehrte, Richter, Aerzte und andere gebildete Menschenfreunde von den allgemein verbreiteten irrigen Begriffen über das Wesen, die Prinzipien, die Durchführung und Einwirkung des Systems auf die Gefangenen überzeugte, desto mehr fühlte ich mich gedrungen, die Verhältnisse der Einzelhaft in ausführlicherer Weise zu besprechen.

Die Entwicklungsgeschichte des Gefängnißwesens habe ich aus den mir zu Gebote stehenden Quellen gewissenhaft zusammengetragen; die Unvollständigkeit und das Lückenhafte mancher Angaben mögen theils mit der schweren Zugänglichkeit vieler offizieller Aktenstücke und Berichte über das Gefängnißwesen fremder Länder, theils damit entschuldigt werden, daß besonders aus den meisten deutschen Strafanstalten gar keine zuverlässigen Nachweisungen veröffentlicht sind; doch hoffe ich, nur Bewährtes ausgewählt, und nichts Wesentliches übergangen zu haben.

Die Dienstordnung mußte, wie die baulichen und inneren Einrichtungen unseres Hauses, bei der Verschiedenheit des Systems von den in Deutschland üblichen Haftarten, nach dem Vorbilde der englischen und amerikanischen Dienstvorschriften für die Zellengefängnisse entworfen werden; es konnte deßhalb nicht ausbleiben, daß sich einzelne Bestimmungen derselben in ihrer Durchführung für unsere Verhältnisse weniger geeignet erwiesen, und daß andere durch die fortschreitende Entwickelung des Systems auch in jenen Staaten als unpraktisch erkannt wurden; die Nothwendigkeit einer Abänderung der weniger zweckmäßigen Bestimmungen ist am geeigneten Orte begründet, die Mittheilung der ganzen Dienstordnung aber aus dem Grunde unterlassen, weil sie in der von mir herausgegebenen Beschreibung der Anstalt schon vollständig enthalten ist.

Die ausgesprochenen Ansichten über die nöthigen sanitätspolizeilichen Einrichtungen der Strafanstalten überhaupt, und insbesondere die mitgetheilten Beobachtungen über die Einwirkung der Einzelhaft auf Körper und Geist der Gefangenen dürften um so mehr Vertrauen verdienen, als sie vom wissenschaftlichen Standpunkte aus, und nach schon gereifterer ärztlicher Erfahrung angestellt worden sind. Bei meiner jetzigen Stellung als Vorsteher der Anstalt, und bei der Bestimmung des Werkes für das große Publikum mußten zwar sämmtliche sanitätlichen Nachweisungen allgemein verständlich gegeben werden; ich habe mich jedoch bestrebt, so viel als möglich die Form der Fachwissenschaft einzuhalten, ersuche aber meine Herren Collegen, diesen Maßstab bei ihrem Urtheile nicht aus den Augen zu verlieren.

Die statistischen Nachweisungen des Jahres 1849 habe ich nicht aufgenommen, weil dieselben in keiner Weise als maßgebend zu betrachten sind. Die Anstalt wurde im Oktober 1848 im Drange der Zeitverhältnisse unvollendet bezogen; deßhalb waren manche nothwendige Einrichtungen des Systemes — Kirche, Schule, Spazierhöfe — in dieser Zeit gar nicht in Uebung, andere — Gewerbsbetrieb, Heitzung, Kost — weniger zweckmäßig eingerichtet, und bedurften mancherlei Nachhilfe und Verbesserung; auch mußten durch die Anfüllung der Anstalt mit Gefangenen aus gemeinsamer Haft nach schon längerzeitiger Haftdauer die meisten Erfolge des Systems in jener Zeit beeinträchtigt werden.

Ebenso wurden auch für die nächsten Jahre noch durch die fortgesetzten häufigen Transferirungen der Gefangenen aus gemeinschaftlicher Haft in unser Haus besonders die sanitätlichen Resultate benachtheiligt, wie eine Vergleichung der in den Jahren 1853, 1854 und im ersten Halbjahr 1855 vorgekommenen Erkrankungen und Todesfälle mit denjenigen von 1850, 1851 und 1852 ergibt.

Daß durch die mitgetheilten Erfahrungen und Ansichten alle Gegner des neuen Systems bekehrt werden, erwarte ich nicht; doch hoffe ich, durch dieselben viele Fachmänner und andere Menschenfreunde, welche den nachtheiligen Einfluß der entlassenen Sträflinge auf die freie Bevölkerung nicht unterschätzen, und für Wiedererhebung ihrer gefallenen Mitbrüder ein Herz haben, über die Prinzipien, die Durchführung und die Erfolge der Einzelhaft aufgeklärt, über die gefürchteten Gefahren und Nachtheile beruhigt, und von den unendlichen Vorzügen des neuen Systems in Besserung der Gefangenen überzeugt zu haben.

Wenn es mir gelingt, mein bescheidenes Scherflein hierzu beizutragen, so hat meine Schrift ihren Zweck erreicht.

Bruchsal, Ende Juni 1855.

Der Verfasser.

Inhalt.

	Seite.
Entwickelungsgeschichte des Gefängnißwesens	1
Kritik der verschiedenen Haftsysteme	44
Die gemeinschaftliche Haft	46
Das Auburn'sche System	50
Das Classifikations-System	54
Wesen und Prinzipien der Einzelhaft	57
Statistik des neuen Männerzuchthauses	65
Gottesdienst, Religions-Unterricht, Wirksamkeit der Hausgeistlichen	70
Schule	81
Bibliothek	97
Behandlung der Zellengefangenen	105
Der Vorsteher	106
Zellenbesuche	110
Briefwechsel und Besuche der Angehörigen	114
Aufnahme	115
Behandlung in der ersten Zeit der Haft	116
Bestrafung	119
Begnadigungsgesuche	120
Eigenthümliche Gemüthszustände	122
Entlassung	123
Die Aufseher in Zellengefängnissen	126
Aufsichtsrath und Inspektor	133
Behinderungen der Wirksamkeit des Systemes	141
Betragen der Zellengefangenen, Strafen	146
Gewerbsbetrieb	154
Im Allgemeinen	156
Bezug der Roh- und Arbeitsstoffe	157
Absatzwege der Fabrikate	161
Auswahl der Arbeiten und Gewerbe	164

	Seite.
In der Einzelhaft	167
Eintheilung der Gewerbe in der Anstalt	173
Resultat unserer Erfahrungen	176
Nachweisungen in Zahlen	177
Tagewerk und Arbeitsantheil	179
Arbeitsantheil in Zahlen	187
Verwalter, Buchhalter	189
Medizinal-Angelegenheit	194
Gesundheits-Pflege	194
Leibwäsche und Kleidung	195
Kost	195
Bereitung im Soumissionsweg	210
Brod	213
Heilanstalten und Heilmittel	215
Krankheiten	217
Tabelle der vorgekommenen Erkrankungen	221
Tabelle der Krankenzahlen, des täglichen Durchschnittskrankenstandes und der Verpflegungstage	232
Allgemeiner Gesundheitszustand der Gefangenen	232
Die Sinne	236
Das Tabakschnupfen	240
Resultate der Körperwägungen	241
Sterblichkeit	243
Tabelle der vorgekommenen Todesfälle, Selbstmorde und Unglücksfälle	244
Todesfälle in Folge der Lungenschwindsucht	251
Selbstmorde	253
Seelenstörungen	258
Tabelle der eigentlichen Seelenstörungen	260
Krankheitsgeschichten der einzelnen Fälle	263
Tabelle der leichtern Grade der Mental-Affectionen	277
Krankheitsgeschichten der einzelnen Fälle	281
Ursachen der Seelenstörungen in Einzelhaft	291
Seelengestört Eingelieferte	307
Verschiedenheit der Seelenstörungen	311
Religiöser Wahnsinn	313
Behandlung beginnender Seelenstörungen	315
Welche Verurtheilte können der Einzelhaft unterworfen werden?	316
Dauer der Einzelhaft	320

Seite.
Modifikationen derselben in England. 323
Einwürfe gegen die Einzelhaft. 334
Appert und Dikens. 336
Obermaier und die Münchner Strafanstalt. 337
Zu große Härte des Systems. 343
Zu große Milde des Systems. 345
Die Einzelhaft vernichtet die geselligen Gewohnheiten der Gefangenen. . . 350
Die Einzelhaft paßt nicht für alle Nationalitäten. 351
Die Einzelhaft verträgt sich nicht mit der katholischen Religion. 352
Der Zellengefangene hat keine Gelegenheit, sich in Beherrschung der Leidenschaften zu üben. 354
In Einzelhaft findet keine gehörige Ueberwachung statt. 355
In Einzelhaft ist individuelle Behandlung der Gefangenen unmöglich. . . 357
In Einzelhaft ist die Einwirkung eines Gebesserten auf die Mitgefangenen unmöglich. 359
Die Schildmütze und das Numerirsystem. 360
Durch Einzelhaft wird Onanie befördert. 362
Es sind doch nicht alle Communikationen unter den Gefangenen aufgehoben. 368
Kosten der Zellengefängnisse. 376
Nachtheile der Einzelhaft für die körperliche und geistige Gesundheit der Gefangenen. 384
Vortheile der Einzelhaft. 413
Stimmen der Zellengefangenen. 423

Entwickelungsgeschichte des Gefängnißwesens.

Der goldene Friede, mit welchem der Himmel seit vierzig Jahren unser Vaterland gesegnet hat, ist wohl in keinem deutschen Staate eifriger und gewissenhafter zum Ausbau, zur Entfaltung und Fortbildung des vaterländischen Gemeinwesens benutzt worden, als in unserem Heimathlande Baden.

Unter all' den wohlthätigen Veränderungen und Einrichtungen aber, welche die Regierung des Großherzogs Leopold bezeichnen, nimmt die Reform des Gefängnißwesens eine der ersten Stellen ein, als deren würdiger Schlußstein und sprechendes Denkmal die Anstalt dasteht, deren Geschichte die nachfolgenden Blätter gewidmet sein sollen, und mit Recht sagt Röllner, daß der badische Gesetzentwurf über das neue Männerzuchthaus als der erste gesetzliche Schritt zur Reform des deutschen Strafsystems betrachtet werden müsse.

Um die Bedeutung der genannten Reformen, und somit unserer Anstalt recht zu würdigen, muß man den Zustand des Gefängnißwesens früherer Zeit ins Auge fassen. Es dürfte deßhalb eine kurze Entwickelungsgeschichte des Pönitentiarsystems um so mehr hier eine Stelle finden, als schon die Pflicht der Dankbarkeit erheischt, die Namen und Bestrebungen der Männer aufzuzeichnen, welche der Reform zuerst die Bahn gebrochen haben.

Es war eine des Oberhauptes der christlichen Kirche würdige Ueberschrift, welche Pabst Clemens XIV. im Anfang des achtzehnten Jahrhunderts einer von ihm gegründeten Strafanstalt gab: „Parum est, coërcere improbos poena, nisi efficias probos disciplina.“

Die Besserung der Verbrecher wurde also schon frühe als ein nothwendiges Moment der Strafe betrachtet; und wenn auch diese Stiftung lange Zeit vereinzelt blieb, und nach seiner Regierung dem allgemeinen Verderben, welches auf dem Gefängnißwesen lastete, anheimfiel, so darf man, um gerecht zu sein, die Schuld davon weder der Gleichgiltigkeit unsrer Vorfahren, noch ihrem Mangel an Einsicht zuschreiben, denn die Menschenfreunde des achtzehnten Jahrhunderts hatten zuvörderst die Aufgabe, das Strafrecht selbst auf christliche Grundsätze zurückzuführen, und mußten in diesem Bestreben einen gewaltigen, oft heißen Kampf gegen Inquisition, Hexenprozesse, Tortur und all' die Barbareien erstehen, aus welcher in jener Zeit die Maschinerie des peinlichen Rechts in Europa zusammengesetzt war.

Das Christenthum hatte zwar von jeher die Gefängnisse unter seine Obhut genommen, und es sind uns aus der christlichen Urzeit herrliche Züge von aufopfernder Fürsorge christlicher Männer und Frauen für ihre gefangene Brüder und Schwestern überliefert worden; aber auf das Gefängnißwesen selbst, wie es von Staatswegen bestellt war, blieb diese Thätigkeit unter der Herrschaft des Heidenthums begreiflicherweise ohne allen Einfluß.

Eigentliche Staatsgefängnisse, wie sie bei uns bestehen, kannten die Römer nicht, da unsre Freiheitsstrafen bei ihnen nicht üblich waren; ihre Gefängnisse dienten meistens nur zur Aufbewahrung der Untersuchungs- und Schuldgefangenen, um deren Verpflegung sich aber der Staat nichts kümmerte.

Noch viel weniger als die Römer und die ihnen unterworfenen Völker, wußten unsre deutschen Vorfahren von Gefängnissen. Bis zur Ausbreitung des Christenthums und der daran sich knüpfenden Einführung römischer und kanonischer Rechtsinstitutionen bestanden in Deutschland nur Geldstrafen, und wo diese nicht geleistet werden konnten, griff die Freiheitsstrafe in der Form der Sclaverei Platz, wenn nicht die Blutrache das Leben des Schuldigen forderte.

Eine wohlthätige Veränderung schien dem Gefängnißwesen im römischen Reiche bevorzustehen, als das Christenthum zur Staatsreligion erhoben wurde. Die Staatsgesetze, welche von Constantin I. und seinen Nachfolgern, insbesondere von Honorius, Theodosius und

Justinian erlassen wurden, enthalten eine Reihe der trefflichsten, obschon nicht durchweg neuen, sondern zum Theil schon in den früheren Zeiten der christlichen Kirche geübten Bestimmungen; es liegen in ihnen, verbunden mit den einschlagenden kirchlichen Kanones, bereits die Grundzüge einer guten Gefängnißverfassung, und wenn Gesetze allein ausreichend wären, eine gute Durchführung derselben zu gewährleisten, so hätte das Gefängnißwesen schon vor mehr als tausend Jahren eine weit höhere Stufe der Vollkommenheit einnehmen müssen.

Allein um gute Gesetze wirksam zu machen, genügt weder deren Vorhandensein auf dem Pergamente, noch, daß einige Regenten und Staatsmänner sich ihre Durchführung ernstlich angelegen sein lassen; es bedarf dazu vor Allem eines Volkes, welches den Geist solcher Gesetze zu verstehen und in sich aufzunehmen befähigt ist, namentlich hätten in einem so großen Reiche wie das Römische war, Tausende sich finden müssen, welche zu Trägern, Vollziehern und Verbreitern eines solchen Geistes geschickt gewesen wären. Die Art und Weise aber, in welcher das Christenthum zuerst im römischen Reiche, dann in ganz Europa zur Herrschaft gelangte, war keineswegs geeignet, die Völker auch sofort der höheren Wohlthaten und Segnungen desselben theilhaftig zu machen, und weder das verweltlichte Staatskirchenthum, noch der hierarchische Kirchenstaat waren die rechten Träger und Vermittler jenes Geistes, durch welchen neues Leben in die in Lieblosigkeit erstarrte Welt kommen konnte.

Die Geschichte des Gefängnißwesens im Mittelalter ist ein Abgrund voll Schauder und Entsetzen, und mochten auch einzelne hellere Lichtpunkte aus der allgemeinen Finsterniß hervortreten, so gilt doch von dem Ganzen, was ein neuerer Geschichtsschreiber sagt: „die Kerker Europa's waren wahrhaft Gräber, voll Moder, Fäulniß und Pestgeruch."

Die erste Anwendung der Freiheitsstrafe scheint bei Polizeivergehen gemacht worden zu sein; daher entstanden für jene Gefängnisse die Namen Büttelei, Bürgergehorsam ꝛc., und da sie einmal eingeführt waren, konnten sie, als das römische Recht, welches die Freiheitsstrafe nicht ausschloß, in Gebrauch kam, um so leichter auch im Gebiete der peinlichen Gerichtsbarkeit angewendet werden, da bei der allgemeinen Rechtsverwirrung im Mittelalter Polizei- und Criminaljustiz vielfach mit einander vermischt wurden.

Es bestanden also nur Lokalgefängnisse, aber keine Beaufsichtigung derselben durch den Staat und keine geltende Gefängnißordnung, und was sie etwa Gemeinsames hatten, das empfingen sie von dem herrschenden Geiste der Zeit, dem Geiste roher Gewalt und Grausamkeit.

Dies gilt ganz besonders von der Zeit der sinkenden Reichshoheit und des eigentlichen Faustrechtes. Wie das ganze Rechtswesen jener Zeit nichts war als ein wechselseitiger Unterdrückungskampf zwischen Einzelnen oder Genossenschaften, so waren auch die Gefängnisse nur auf Unterdrückung und grausame Quälereien der in solchem Kampfe Unterlegenen berechnet.

Die in manchen Städten Deutschlands noch vorhandenen Ueberbleibsel solcher Gefängnisse zeigen nur zu deutlich, wie man bei ihrer Errichtung nur diesen Zweck im Auge hatte.

Als nach der Herstellung des allgemeinen Landfriedens am Ende des fünfzehnten Jahrhunderts ein sicherer Rechtszustand Platz griff, als namentlich bald nachher das peinliche Recht durch die Carolina eine feste Begründung erhielt, blieben doch die Gefängnisse noch in ihrem alten Zustande; ja das Gefängnißelend nahm, weil nun auch die Freiheitsstrafen häufiger in Anwendung kamen, die Kerker also mehr bevölkert wurden, trotz der hie und da erlassenen mildern Vorschriften, jetzt erst seine schauerlichste Gestalt an. Insbesondere trugen die Religionsverfolgungen des sechszehnten und siebenzehnten Jahrhunderts zur größeren Bevölkerung der Kerker und Vermehrung ihrer Gräuel bei, welche, obschon jetzt von Christen an Christen verübt, dennoch den Gräueln bei den Christenverfolgungen unter den römischen Kaisern wenig nachgaben.

Indessen entstanden um jene Zeit schon in manchen deutschen Ländern Arbeitshäuser, jedoch nicht als Strafgefängnisse, sondern lediglich zur Unterbringung von Landstreichern und andern verdächtigen Individuen. Der Gebrauch solcher Häuser — Zucht- oder Raspelhäuser genannt, findet sich um die Mitte des siebenzehnten Jahrhunderts in Deutschland ziemlich allgemein verbreitet; sie waren aber in der Regel nicht Landesanstalten, sondern städtische Unternehmungen, und die Hansestädte, unter diesen Hamburg und Bremen, waren die ersten Gemeinwesen, welche solche Anstalten einführten.

Das Verdienst, diese Arbeitshäuser schon im sechszehnten Jahrhundert ins Leben gerufen zu haben, gebührt den betriebsamen Niederländern, mag auch weniger das sittliche, als ein materielles Interesse das Motiv zu ihrer Errichtung gewesen sein, und von hier kam die Einrichtung erst in das nördliche Deutschland.

Es ist eine traurige, aber in der Geschichte oft wiederkehrende Thatsache, daß Verbesserungen im staatlichen und allgemeinen menschlichen Leben nicht ohne Beweggründe des zeitlichen Vortheils ins Leben treten wollen. So war es auch mit der immerhin wohlthätigen Veränderung, welche zu Anfang des achtzehnten Jahrhunderts mit den Strafgefängnissen in Deutschland vorging. Die gräulichen Mißstände derselben waren allen edlen Gemüthern längst aufgefallen, und in einem immer grelleren Lichte erschienen der fortschreitenden Civilisation die mittelalterlichen Barbareien des peinlichen Gerichtswesens; aber was weder die Stimmen der Menschenfreunde, noch das Licht der Aufklärung bis dahin vermocht hatten, das brachte schnell der Vortheil zu Wege, welchen die Arbeitshäuser ihren Unternehmern einbrachten. Dieser Vortheil soll nach Döpler (Schauplatz der Leibes- und Lebensstrafen 1693 I. S. 104) oft das Doppelte von den Kosten der Anstalten betragen haben, und machte einzelne Regierungen geneigt, die bis dahin mit Freiheitsstrafen belegten Verbrecher den gewöhnlichen Gefängnissen zu entreißen und in die Arbeitshäuser zu versetzen. Erst von diesem Zeitpunkte an treten die Zucht- und Arbeitshäuser zugleich als Strafanstalten auf.

So waren wenigstens diejenigen Gefangenen, welche eines Verbrechens überwiesen und zu weiterem Freiheitsverlust verurtheilt waren, in eine etwas menschlichere Lage versetzt, als in den alten Gefängnissen; da man sich aber einen wirksamen Rechtsschutz ohne körperliche Abschreckungsmittel nicht denken konnte, so wurden in die Zuchthäuser theils manche Attribute der alten Gefängnisse hinübergenommen, theils neue Strafschärfungsmittel eingeführt, wie Ketten und Eisenstangen, Züchtigungen zum Willkomm und Abschied, schlechte, ungesunde Kost, eine finstere, abstoßende Behandlung u. dgl. Die leitenden Gedanken bei Errichtung und Verwaltung der Zuchthäuser waren lange Zeit keine andern als möglichst vortheilhafte Benutzung der Arbeitskraft und Abschreckung der Sträflinge vor neuen Vergehen. An eine Besserung derselben dachte man nicht, und die Grausamkeit und Härte der Behandlung, die nur Erbitterung und Verstockung oder moralische Gefühllosigkeit und Stumpfheit herbeiführen konnte, hätten auch eine Besserung unmöglich gemacht. So war denn die Zucht, von welcher jene Häuser ihre Namen entlehnten, entweder ein leerer Schall, oder eine Zucht im verkehrten Sinne, eine Zucht zur Verschlimmerung statt zur Besserung.

Wodurch aber die Zuchthäuser in ihrer ursprünglichen Einrichtung in noch höherem Grade gemeinschädlich wurden, anstatt zum Schutze der Gesellschaft zu dienen, das war die Gemeinschaft, in welcher Verbrecher jeden Alters und jeden Grades darin zusammenlebten. Hierdurch wurden diese Anstalten wahre Hochschulen des Verbrechens, aus welchen die Gesellschaft ihre gefährlichsten Feinde an solchen Individuen zurückempfing, die sie denselben wegen geringer Vergehen und in einem keineswegs durchaus verderbten Gemüthszustande überantwortet hatte. Zu dem Unheil der Verführung kam ein fast eben so schlimmes, für die öffentliche Sicherheit noch gefährlicheres: die Stiftung von Verbrecherassociationen für die Freiheit, wodurch der Kampf des Verbrechens gegen die gesellschaftliche Ordnung gewissermaßen organisirt wurde und allein im Stande war, sich der neuern Polizei- und Rechtspflege gegenüber zu behaupten und bis auf die Gegenwart fortzupflanzen.

Etwas besser stand es um die Gefängnisse Frankreichs, wo schon seit den letzten Königen aus dem Hause Valois mehrere wohlthätige Gesetze in Betreff der Gefängnisse erlassen worden waren. Auch hatten die in Italien aufgekommenen religiösen Brüderschaften ihren Weg nach Frankreich genommen und sich um die in den Kerkern schmachtenden Gefangenen sehr verdient gemacht. Wie ein Hoherpriester des Erbarmens aber hatte insbesondere der fromme Vinzens de Paula sich zwischen das Elend der Kerker und ihre Opfer gestellt, und fast sein ganzes Leben der Linderung desselben gewidmet.

Allein durch Alles dieses wurden doch die Hauptgebrechen des Gefängnißwesens nicht beseitigt; die Kerker waren auch dort, wie in Deutschland feucht, dunkel und ungesund, und die Folter bestand bis zum Jahr 1788. Auch gab es in Frankreich ebensowenig wie bei uns eigentliche Strafgefängnisse; denn die Strafen waren entweder Leibesstrafen oder Verbannung, Galeere oder Tod. Nur politisch Verdächtige oder sonst dem Hofe unbequeme Personen suchte man mittelst Einkerkerung in den geheimnißvollen Zellen der Bastille unschädlich zu machen.

Erfreulicher hatte sich in diesem Zeitraume der Zustand der Gefängnisse Italiens gestaltet, wo die wohlthätigen borromäischen Einrichtungen noch fortwirkten. Allein von einem weisen, das wahre Wohl der Gefangenen wie der Staatsgesellschaft fördernden Strafsysteme war auch dort keine Rede, und die Milde der Behandlung artete nur zu häufig in eine das Verbrechen ermunternde Schlaffheit aus, welche die bedauerlichsten Folgen nach sich zog. Uebrigens gab es auch in Italien sehr berüchtigte Kerker; Lucka hatte seine Schauderhöhlen und Venedig seine Bleikammern.

In Spanien wurden in Folge der unter Ferdinand und Isabella im Jahr 1487 eingeführten und durch den ersten Großinquisitor Torquemada in Uebung gekommenen Inquisition viele Kerker erbaut, die jedoch sich in einem besseren Zustande als die übrigen Gefängnisse befanden, denn die heilige Behörde ließ ihre Gefangene in gut gewölbte, trockene Zimmer bringen, wo man sich einige Bewegung machen konnte. Dieser, den Inquisitionsgefängnissen nachgerühmte Vorzug läßt auf den elenden Zustand der Uebrigen schließen. Bemerkenswerth ist übrigens, daß in Spanien das erste Buch über Besuchung der Gefangenen erschienen ist.

Schlimmer als selbst in Deutschland und den in dieser Hinsicht mit ihm auf gleicher Stufe stehenden nordeuropäischen Ländern war das Gefängnißwesen auf den britischen Inseln bestellt; der blutigen Härte der aus der normännischen Zeit herrührenden Strafgesetzgebung entsprach die Scheußlichkeit der Untersuchungs-, Straf- und Schuldgefängnisse. Mehr wie irgendwo in der Welt glich in England die Criminaljustiz einem Faustkampf des einen Theils der

Staatsgesellschaft gegen den andern, der durch die treffliche altgermanische Einrichtung des öffentlichen Verfahrens und der Urtheilsschöpfung durch Geschworne nicht gemildert wurde. Einen großen Antheil an dieser Ausartung der Justiz hatten die blutigen Religionsverfolgungen unter den Stuarts und die daraus entsprungenen Bürgerkriege. In beiden wurde das Volk an Hinrichtungen gewöhnt, und alle Classen, die höchsten nicht ausgenommen, verwildert. Die Gefängnisse waren, wie der Geschichtschreiber Mac-Aulay sagt: „Höllen auf Erden, Pflanzstätten aller Verbrechen und Krankheiten.“ Blos von den der Religion wegen von der Justiz unter den Stuarts Eingekerkerten sollen fünf Tausend Menschenleben das Opfer der in den Gefängnissen herrschenden Seuchen und Entbehrungen geworden sein. Auch die bereits von Carl II. gegebene, aber später wegen Corruption der Richter oft ganz wirkungslos gewordene Habeas-Corpus-Acte, die gegen willkührliche Verhaftung Schutz gewährte, konnte dem Uebel nicht vollständig steuern.

Aber gerade von diesem Lande, wo das Gefängnißelend seine schauerlichste Höhe erreicht hatte, sollte auch der kräftigste Anstoß zu einer gründlichen Reform des Gefängnißwesens in ganz Europa ausgehen; und vielleicht mußte eben die furchtbare Gestalt, in welcher dasselbe dort auftrat, dazu dienen, einen um so entschiedeneren und kräftigeren Kampf dagegen zu erregen.

Bevor jedoch dieser Kampf ausbrach, hatte auf dem Continente ein Umschwung der öffentlichen Meinung stattgefunden, welcher solchem Streben in hohem Grade günstig war, ja welcher hin und wieder schon thatsächliche Schritte zur Verbesserung des Gefängnißwesens herbeigeführt hatte.

Die philanthropisch-philosophische Richtung, welche sich um die Mitte des vorigen Jahrhunderts über das ganze gebildete Europa verbreitete, ließ auch das Straf- und Gefängnißwesen nicht unangefochten. Allein die Veränderungen, welche in Folge dieser geistigen Bewegung von einigen, der neuen Zeitideen huldigenden Regierungen mit den Strafanstalten vorgenommen wurden, waren entweder höchst unzureichend, oder, weil von einseitig-philantropischen Maximen ausgehend, verfehlt und konnten die Nachtheile der alten Zuchthauseinrichtung nur vermehren statt sie zu vermindern. Denn wo man die Zuchthäuser im Geiste der Philanthropie reformirte, geschah es wohl, daß an die Stelle der früheren Härte eine weichliche Schlaffheit trat, wodurch die Strafe alles Abschreckende verlor und für die schamlosen Uebelthäter sogar ein Reizmittel zu neuen Vergehen wurde, und auch in den Strafanstalten, in welchen der Grundsatz der Humanität nicht zu weit getrieben, sondern noch eine ernste Zucht aufrecht erhalten wurde, trat doch das von der Philanthropie nicht bloß geduldete, sondern sogar begünstigte und ausdrücklich geforderte Beisammenleben der Sträflinge allen Besserungsbestrebungen nach wie vor hemmend in den Weg.

Indessen waren doch diese und andere mangelhafte Versuche zur Besserung des Staatsgefängnißwesens nur vereinzelte Erscheinungen, und es fehlte viel, daß dieselben eine allgemeine Bewegung auf diesem Gebiete zur Folge gehabt hätten. Da erschien im Jahr 1777 ein Buch in England über diesen Gegenstand, welches, von den erhabensten Gesinnungen der Menschenliebe eingegeben, auf die sorgfältigsten Untersuchungen gegründet und in der überzeugendsten Sprache der Wahrheit abgefaßt, das Uebel an der Wurzel angriff, den Völkern einen klaren Spiegel des in ihrem Schooße hausenden Elends vorhielt und die Gesetzgeber mit ernsten Mahnungen aus ihrem Schlummer aufweckte. Dieses Buch war das Werk John Howards über den Zustand der Gefängnisse in England und Wales, mit einleitenden Bemerkungen und einem Bericht über einige ausländische Gefängnisse und Spitäler. Von dem Erscheinen dieses Buchs an datirt die neue Epoche des Gefängnißwesens, und Howald ist daher schon darum als der erste Vorkämpfer seiner Reform zu betrachten.

Doch mehr noch als durch seine literarische Thätigkeit für die gute Sache, wurden seine Ideen durch seine unermüdlichen praktischen Bestrebungen befördert und der Verwirklichung entgegengeführt. Schon bevor er dieses Werk schrieb, hatte er als Obersheriff der Grafschaft Bedford im Jahr 1774 vom Parlament ein Gesetz zur Bewahrung der Gesundheit der Gefangenen erwirkt, worauf er, von dem Wunsche beseelt, alle Gebrechen des Gefängnißwesens, sowie die Mittel zur

Abhilfe gründlich kennen zu lernen, in den Jahren 1775 und 1776 eine Reise nach Frankreich, den Niederlanden, Deutschland und der Schweiz unternahm, deren Ergebnisse, sowie die seiner weiter angestellten Untersuchungen er in jenem Buche niederlegte.

Da die Regierung auf seinen, die Anlegung von Besserungshäusern betreffenden Antrag einzugehen geneigt war, so beauftragte sie Sir William Blackstone, unter Mitwirkung des Antragstellers, ein Gesetz zur Ausführung des Planes zu entwerfen, welches 1779 in Wirksamkeit trat; in diesem Gesetze war bereits die einsame Gefangenschaft bei wohlgeordneter Arbeit und religiösem Unterrichte als ein wirksames Besserungsmittel betrachtet, und vielleicht hätte sich von hier aus schon das Einzelhaftsystem entwickelt, wenn nicht die Angelegenheit zunächst wegen Uneinigkeit der mit der Auswahl eines Bauplatzes beauftragten Commissäre lange hinausgezogen und am Ende von der Regierung, die es vorzog, eine Verbrecher-Colonie in Neu-Süd-Wales zu gründen, ganz aufgegeben worden wäre. Hatte nun aber auch Howard die Freude nicht erlebt, das von ihm vorbereitete Werk der Gefängnißreform in umfassender Weise ins Leben treten zu sehen, so ging doch der von ihm in alle Welt ausgestreute Same nicht verloren. In England schien sich bereits von 1791 an eine, sogar noch weit über den Howard'schen Plan hinausgehende Reform Bahn brechen zu wollen, nachdem Jeremias Bentham sein Panopticon — ein Werk, welches neben Anderem auch einen geistreichen Gefängnißbauplan zur Ueberwachung aller Sträflinge von einem Punkte aus enthielt, veröffentlicht hatte. Allein man fand bald, daß die Bentham'schen Vorschläge für eine allgemeine Anwendung unausführbar seien, und so scheiterte auch dieser Reformversuch in England.

Dagegen sollte dessen transatlantische, nach Erkämpfung ihrer Unabhängigkeit mächtig vorwärts strebende Tochter, die jugendliche Union von Nordamerika, in ihrem Schooße bald sehr erfolgreiche Versuche der Art erstehen sehen. Schon vor der Erscheinung des Howard'schen Buches hatten im Jahr 1776 die menschenfreundlichen Quäker von Philadelphia eine Gesellschaft zur Minderung des Elends in den Gefängnissen gegründet, die besonders nach beendigtem

Kriege mit neuem Eifer an die Verbesserung des Gefängnißwesens ging. Doch nicht mehr hierum allein handelte es sich jetzt, sondern um eine Reform der gesammten Strafgesetzgebung, und schon 1786 wurden die von dem Mutterlande her eingeführten Strafgesetze abgeschafft und die ursprünglich in den pennsylvanischen Colonien geltenden humanen Gesetze mit zeitgemäßen Reformen wiederhergestellt. Schon das Jahr 1790 sah in Philadelphia ein Strafgefängniß erstehen, welches man nach der Auffassung, die man sich von dem Zwecke der Strafe machte, Besserungshaus nannte. In diesem Hause sollten die verurtheilten Verbrecher in Classen abgetheilt und ein Theil der Vereinzelung unterworfen, der andere zur gemeinschaftlichen Arbeit angehalten werden. Es war dieß im Grunde nicht mehr, als in Gent schon seit Jahren bestand, allein daß man mit dieser einfachen, milden Strafweise für die gesammte Strafrechtspflege auszukommen getraute, das war das Neue, worin man dem Gedanken der wackern Flammänder weit voraus eilte. Zum erstenmale wurde hier mit dem alten peinlichen Strafunwesen entschieden gebrochen, die Menschheit in ihr Recht eingesetzt und dem Besserungszwecke die ihm nach christlichen Principien gebührende Stelle angewiesen. Das Beispiel Pennsylvaniens fand schon 1797 in dem Schwesterstaate New-York Nachahmung. Doch bald hatte man über eine immer größer werdende Zahl Rückfälliger zu klagen, welche die neugegründeten Anstalten in Mißcredit brachten, so daß man selbst in Philadelphia und New-York dieses System zu verlassen und neue Wege zu versuchen sich bewogen fand. Hieran that man Unrecht; es lag in der Natur der Sache, daß ein seinem Zwecke entsprechendes Strafsystem nicht auf einmal vollendet hervortreten konnte; es bedurfte dazu manigfacher Erfahrungen, welche erst noch gemacht werden mußten und die neuen Strafanstalten litten in der That in Bezug auf ihre Bauart, wie auf die Trennung, Abtheilung, Beschäftigung und Ernährung der Gefangenen an sehr bedeutenden Mängeln.

Die edeln Quäker aber, weit entfernt, sich durch das erste Fehlschlagen ihres Gedankens abschrecken zu lassen, hielten denselben vielmehr beharrlich fest, und nach mancherlei Versuchen kamen sie endlich zu der Idee der absoluten Vereinzelung, als dem ein=

zigen Mittel, der Verschlechterung der Gefangenen in den Strafanstalten vorzubeugen und die Freiheitsstrafe ohne Anwendung unmenschlicher Mittel gehörig empfindlich zu machen.

Im Jahre 1818 wurde von der gesetzgebenden Versammlung Pennsylvaniens beschlossen, daß zuvörderst für den westlichen Theil des Staates in Alleghany (Pittsburg) ein Strafgefängniß erbaut werden solle, worin die Gefangenen bei Tag und Nacht getrennt nnd ohne Beschäftigung zu halten seien. Dieser Beschluß wurde alsbald ausgeführt und die neue Anstalt im Jahr 1826 eröffnet.

Mittlerweile war auch die Errichtung eines neuen Strafgefängnisses für die östlichen Grafschaften Pennsylvaniens in Philadelphia verfügt worden, worin die Gefangenen gleicherweise ununterbrochen getrennt von einander gehalten, jedoch erst nach einer Vorbereitungszeit, die sie zum Behufe stiller Einkehr in sich selbst ohne Arbeit zuzubringen hatten, beschäftigt werden sollten. Der im Jahr 1823 begonnene Bau gerieth jedoch wieder ins Stocken, weil der zur Berichterstattung ernannte Ausschuß sich entschieden gegen die Vereinzelung ohne Beschäftigung erklärte. Nach heißem Kampfe setzten aber die Quäker den Fortbau nach dem angenommenen Plane durch, und am 25. Oktober 1829 konnte die Anstalt, welche in ihren sieben Flügeln 586 Zellen enthielt, bezogen werden.

Unterdessen war das Strafgefängniß zu Alleghany längst fertig und im Jahr 1826 seiner Bestimmung übergeben worden. Das nach dem Schachtelplan aufgeführte Gebäude erwies sich indeß bald so fehlerhaft in seiner Construktion, daß die gesetzgebende Versammlung sich veranlaßt fand, an dessen Stelle ein neues erbauen zu lassen, und die Ausführung dem Baumeister des philadelphischen Gefängnisses zu übertragen, welcher das Werk 1836 vollendete.

Mit ungeheuern Kosten, wie sie bis daher auf dergleichen Gebäude noch nicht verwendet worden waren, hatten die Pennsylvanier nun zwei, nach einem ganz neuen, originellen, sich durch seine Entschiedenheit und Ganzheit empfehlenden System erbauten Strafanstalten gegründet, welche bald die Aufmerksamkeit der ganzen christlichen Welt erregten. Mit diesem Systeme begann eine neue Epoche in der Geschichte der Gefängnißreform.

Inzwischen war auch der Schwesterstaat Newyork nicht müßig gewesen, um an der Stelle des ersten verfehlten Besserunghauses ein neues zu gründen. Auch hier hielt man zuerst die Idee der absoluten Absonderung, jedoch ohne Arbeit, fest; und das nach diesem Plane in der kleinen Stadt Auburn aufgeführte Gebäude wurde im Jahr 1823 vollendet und eröffnet. Allein durch die unzweckmäßige Einrichtung des Baues, sowie durch die angenommene Arbeitsentziehung, verbunden mit der Fernhaltung aller menschlichen Gesellschaft und noch anderer Härten, scheiterte das System, und man gab es gegen das von dem Direktor der Anstalt — Capitain Lynds empfohlene System des Stillschweigens bei nächtlicher Isolirung und gemeinsamer Arbeit am Tage auf.

Dieses System, welches keineswegs ganz neuen Ursprungs war, wurde von dem energischen Lynds bis zu der höchsten Vollendung, deren es fähig war, ausgebildet, und ist unter dem Namen des Auburn'schen Systems hinlänglich bekannt. Um Ordnung in den großen gemeinschaftlichen Sälen zu erzielen, und den stärksten aller menschlichen Triebe, nämlich den Mittheilungstrieb zu zähmen, mußten zahlreiche Aufseher angestellt und diese zuletzt mit Peitschen bewaffnet werden, und dennoch war dieses neue System nicht streng durchzuführen.

In sechsjähriger Wirksamkeit hatte sich diese Anstalt bereits einen ausgebreiteten Ruf erworben, als ihr in der philadelphischen Anstalt eine Nebenbuhlerin erwuchs. Es erhob sich ein Wettstreit zwischen beiden, an welchem bald die ganze Bevölkerung der Union Antheil nahm. Längere Zeit neigte sich der Sieg auf die Auburn'sche Seite, welche schon durch das frühere Bestehen dieser Anstalt bedeutend im Vortheil war, aber auch aus einzelnen Mißgriffen ihrer Gegner Nutzen zu ziehen wußte; man sah deßhalb in verschiedenen Unionsstaaten Strafanstalten nach dem Auburn'schen Systeme entstehen, während die pennsylvanischen lange vereinzelt blieben. Am meisten haben die Anhänger der philadelphischen Strafanstalt ihrem System dadurch geschadet, daß sie die Einzelhaft in zu strenger Weise einführten, die Gefangenen anfänglich unbeschäftigt ließen, gar keinen Verkehr mit denselben gestatteten und ihnen alle Zerstreuungsmittel entzogen, wodurch nicht bloß die gehoffte Besserung mehr oder weniger gehindert, sondern auch nicht selten der Grund zu Seelenstörungen gelegt wurde. In demselben Maße aber, als man das System allmälig von den ihm anklebenden Mängeln befreite, sprangen auch seine Vorzüge immer deutlicher hervor, so daß sich in der neuesten Zeit der entschiedenste Sieg ihm zugewendet hat. Der Ruf der Auburn'schen Anstalt war bereits nach Europa, noch ehe die pennsylvanische Nebenbuhlerin auftrat, gedrungen, und hatte den dort schon im Gange befindlichen Reformbestrebungen eine ähnliche Richtung gegeben. Am frühesten that sich die Schweiz hervor, und zu Genf 1825 und Lausanne 1826 traten Gefängnisse nach dem Systeme des Stillschweigens ins Leben, von welchen das erstere sich durch die hinzugekommene Eigenthümlichkeit einer Abtheilung der Verurtheilten in verschiedene Classen auszeichnete.

Auch England war in dieser Zeit nicht unthätig gewesen. Nach jenem verunglückten Bentham'schen Projecte trat freilich eine lange Pause ein, obschon einzelne Menschenfreunde, hauptsächlich durch den schauderhaften Zustand der Sträflinge auf den Gefangenenschiffen, dazu veranlaßt, die Gefängnißreform mit Eifer betrieben. Endlich wurde der Bau eines Besserungshauses für 600 Sträflinge von der Regierung auf dem, dem Herrn Bentham früher überlassenen und jetzt wieder zurückgenommenen Platze angeordnet. Dieser Bau nahm 1815 seinen Anfang, wurde aber erst 1822 ganz vollendet. Es war aber auch ein kolossales Werk, Milbank genannt, und ist jedenfalls noch heute eines der größten Gefängnisse der Welt, denn seine Ringmauer umschließt einen Flächenraum von nahe an 16 Acker Landes, und das Ganze, welches aus sehr riesigen Fünfecken, die ein regelmäßiges Sechseck einschließen, besteht, faßt nicht nur 600, sondern über 1000 Gefangene, ja es konnten, bei gehöriger Eintheilung, 1188 Einzelnzellen darin angelegt werden. Die Gefangenen wurden in zwei Classen getheilt, von denen die eine, welche die Neuangekommenen in sich faßte, in Einzelzellen schlafen und arbeiten, die zweite aber in Einzelzellen bloß schlafen und zu 3—4 gemeinschaftlich arbeiten sollten.

Der Erfolg entsprach indeß nicht den gehegten Erwartungen; schon die kolossale Größe des Werkes verlieh seinem Gange eine ungemeine Schwerfälligkeit, und die Bauart sowie das angenommene System vermehrten dieselbe in einem solchen Maße, daß auch bei der umsichtigsten Leitung eine geregelte Ordnung schwer aufrecht zu erhalten war.

Die Demoralisation der Verbrecher-Colonie in Neu-Süd-Wales, sodann der nachtheilige Umstand, daß die Versendung dorthin bald alles Abschreckende verlor, und endlich die große Kostspieligkeit des Transports hatten die Nation unterdessen mehr gegen die Deportation eingenommen, und hierdurch sah sich das Parlament seit 1819 veranlaßt, ernstliche Schritte zur Reorganisation des Strafwesens zu thun; doch erst unter Sir Robert Peel's Ministerium kam ein neues Strafgefängnißgesetz, welches eine wesentliche Verbesserung der Gefängnisse und Strafanstalten herbeiführte, im Jahre 1823 zu Stande.

Unter den Staaten des Festlandes verdienen insbesondere die Niederlande eine rühmliche Erwähnung. Es ist bekannt, daß sie früher schon durch ihre Besserungshäuser zu Gent und Vilvorde gleichsam das Zeichen zur Reform gegeben hatten. Die französische Invasion brachte zwar Alles in's Stocken, aber nach wiederhergestelltem Frieden lenkte man um so eifriger in die frühere Bahn ein, wobei sich besonders die im Winter von 1822 auf 1823 gestiftete niederländische Gesellschaft zur sittlichen Verbesserung der Gefangenen wesentliche Verdienste erwarb.

In den übrigen europäischen Staaten war in diesem Zeitraume wenig Bemerkenswerthes zur Besserung des Gefängnißwesens geschehen, und da, wo gleichwohl während des Kriegsgetümmels Reformen stattfanden, waren es eher Rückschritte als Fortschritte, wie das österreichische Strafgesetzbuch vom Jahr 1803 beweist.

In Würtemberg erschien im Jahr 1824 ein Edict über Strafanstalten, in dessen Folge an die Stelle der früheren fünf Zuchthäuser nunmehr ein einziges zu Gotteszell trat, mit einem Classensysteme nach der Moralitätsstufe und gemeinsamer Haft bei Tag und Nacht. Daß dadurch die alten Uebel nicht gehoben wurden, ist einleuchtend.

In ganz Deutschland wurden zwar die Klagen über den verderblichen Einfluß der bestehenden Zucht- und Correctionshäuser immer lauter, da man allenthalben die Verbrechen gegen das Eigenthum sich mehren und die Zahl der rückfälligen Verbrecher in einem erschreckenden Verhältniß zunehmen sah, aber nirgends konnte man sich hier, noch sonst wo auf dem Continente zu entschiedenen Schritten in dieser Angelegenheit entschließen.

Selbst das von seinen Verbrecherassociationen furchtbar bedrohte und bedrängte Frankreich zeigte sich rath- und thatlos, und konnte sich von seinen Galeeren und Centralgefängnissen alten Styls nicht loswinden.

Endlich drang die Kunde von der den Pennsylvaniern gelungenen Reform über den Ocean herüber, und bald eröffnete England den europäischen Reigen einer entschiedenen Umgestaltung des Gefängnißwesens.

Die Nachfolger Peel's, der von 1825 bis 1828 schon viel in dieser Beziehung gethan hatte, waren nicht die Männer, die auf dem Wege der Reform hinter ihrem Vorgänger zurückbleiben wollten, und vor Allen verdient Lord John Russel hervorgehoben zu werden. Die Regierung säumte nicht, die amerikanischen Systeme einer sorgfältigen Prüfung unterwerfen zu lassen, und sendete zu diesem Behufe den dazu besonders geeigneten Schriftführer der großen britischen Gefängnißgesellschaft, William Crawford, im Jahr 1833 dorthin ab, und der von demselben im Jahr 1834 erstattete Bericht, der neben einer umständlichen Darlegung seiner Wahrnehmungen sein entschiedenes Bekenntniß über den Vorzug des pennsylvanischen Systemes vor dem Auburn'schen enthielt, entschied die Richtung der Gefängnißreform in England.

Zunächst wurden im Jahre 1835 mehrere Generalinspectoren über die Gefängnisse, an deren Spitze Crawford, ernannt, und mittelst eines Circulars des Ministers des Innern den Magistraten die Einzelhaft für alle Gefängnisse empfohlen.

Unterm 17. August 1836 wurden sodann zwei organische Gesetze für England und Schottland erlassen, welche die Einführung des pennsylvanischen Systems in den älteren Gefängnissen einleiteten und die Erbauung zweier neuen Mustergefängnisse anordneten. Hierdurch und durch ein im folgenden Jahre für Irland erlassenes Gesetz gleichen Inhalts war das System der absoluten Trennung in den drei Königreichen gesetzlich eingeführt. Der Bau der Mustergefängnisse wurde sofort in Angriff genommen und so rasch betrieben, daß das für Schottland bestimmte, welches seinen Sitz in der Nähe der Stadt Perth erhielt, bereits am 30. Mai 1842, und das in Pentonville im Nordwesten von London errichtete Mustergefängniß, das 520 Zellen in sich faßt, am 20. Dezember 1842 eröffnet werden konnte. Außer diesen beiden, und gleichzeitig mit ihnen, wurde aber noch eine Menge größerer und kleinerer Gefängnisse nach demselben Systeme theils umgestaltet und erweitert, theils neu erbaut; doch vor allen zeichnet sich die von den Engländern selbst „Mustergefängniß" benannte Anstalt zu Pentonville durch Großartigkeit, sinnreiche Construction und Eleganz aus, und zahlreiche Missionen aus den verschiedensten Ländern kamen, um das Werk zu sehen, durch welches endlich Alles erreicht zu sein schien, was man bisher vergebens von den Strafanstalten erwartet hatte. Sicherheit der Haft, Wirksamkeit der Strafmittel, Menschlichkeit der Behandlung, Verhütung jeder moralischen Ansteckung und Vermittelung wahrer, sittlicher Besserung, verbunden mit der äußersten Einfachheit des Organismus, alles dieses schien hier vollkommen vereinigt zu sein, und selbst das amerikanische Vorbild war in manchen wesentlichen Beziehungen weit übertroffen. Pentonville, selbst von einem deutschen Könige besucht und bewundert, reizte zur Nachahmung, und bald sah man in verschiedenen Staaten des Festlandes Anstalten treffen, die nicht länger mehr aufzuschiebende Gefängnißreform nach dem gepriesenen Muster zur Erledigung zu bringen. Doch schon vor der Erbauung der Pentonviller Anstalt waren von einzelnen Regierungen Schritte hierzu geschehen, wohin namentlich die Absendung eigener Commissäre zur Untersuchung der amerikanischen Strafanstalten von Seiten Frankreichs und Preußens gehört.

In Frankreich, wo man schon seit dem Jahre 1830 den Gefängnissen eine bessere Einrichtung, jedoch zuerst meistentheils nach dem Vorbild der Auburn'schen Anstalt, zu geben bemüht war, erließ der Minister des Innern im Jahr 1839 ein Rundschreiben an die Präfecten, worin die Generalräthe der Departemente um ihre Meinung hinsichtlich des geeignetsten Haftsystemes befragt wurden.

In Folge dieses Schreibens erklärten sich von den 86 Departementen 1 für Beibehaltung der völligen Gemeinschaft, 15 für Trennung bei Nacht und 55 für andauernde Vereinzelung, 15 enthielten sich hinsichtlich der Strafgefängnisse ihres Urtheils, stimmten aber, gleich den 55, für Einzelhaft in den Untersuchungsgefängnissen.

Nachdem man sich inzwischen schon im Jahre 1838 bewogen gefunden hatte, das in der für jugendliche Verbrecher bestimmten Anstalt la Roquette zu Paris zwei Jahre vorher eingeführte Auburn'sche System aufzugeben und das pennsylvanische zu versuchen, legte endlich die Regierung am 9. Mai 1840 der Deputirtenkammer den ersten Gesetzentwurf über die Reform der Gefängnisse nach dem Princip der Vereinzelung vor. Gemäß dem Antrage des Ausschusses, welchem die Kammer beitrat, wurde hinsichtlich der Haftgefängnisse sofort zur Einführung der Einzelhaft geschritten, wegen der Centralgefängnisse aber die Sache noch einer weiteren Prüfung unterworfen. In den Jahren 1843 und 1844 legte die Regierung abermals Gesetzentwürfe, deren letzterer die von der Kammer beantragten Modificationen enthielt, zur Berathung vor, und am 22. April des letztgenannten Jahres begannen die Debatten darüber, an welchen sich Alles betheiligte, was Frankreich an parlamentarischen Capacitäten aufzuweisen hatte. Nach einer langen Reihe anhaltender Sitzungen und gründlicher Erörterung des Gegenstandes wurde am 18. Mai der Gesetzentwurf mit manchen Abänderungen, welche die Regierung adoptirte, von 231 gegen 128 Stimmen angenommen; auch die auf das Verlangen der Pairskammer eingeholten Gutachten der Gerichtshöfe lauteten in sehr bedeutender Mehrheit zu Gunsten der Vereinzelung.

Neben Frankreich trat Belgien in die Reihe der ihr Strafsystem reformirenden Staaten. Der erste Versuch mit Anwendung des Zellensystemes wurde im Jahr 1835 gemacht, indem in dem Arbeitshause zu Gent ein besonderer Bau mit 36 Zellen nach dem Muster von Philadelphia errichtet, und dieselben hauptsächlich für Gefangene verwendet wurden, welche man in ihrem eigenen Interesse von den andern Gefangenen trennen wollte, und für Geisteskranke bis zu ihrer Verbringung in die Irrenanstalt. Etwas später wurden in den Centralstrafanstalten zu Alost 64, und in Vilvorde 78 Zellen eingerichtet; ebenso in den meisten übrigen Centralhäusern eine größere oder geringere Anzahl.

Allgemeiner wurde die Einzelhaft in den Untersuchungs- und den Gefängnissen mit kürzerer Strafdauer eingeführt.

Das erste Zellengefängniß wurde zu Tongres eingerichtet und 1844 bezogen.

Auch in Holland neigte man sich seit 1840 mehr dem pennsylvanischen Systeme zu, besonders nachdem die im Jahre 1844 nach England zur Besichtigung der dortigen Gefängnisse abgeschickten Commissäre sich in ihrem Berichte dahin ausgesprochen hatten: „daß die ununterbrochene Vereinzelung das einzige Rettungsmittel sei, um von den herrschenden und um sich greifenden Gefängnißübeln zu genesen.“

Der von der Regierung vorgelegte, die Einführung der Einzelhaft bezweckende Gesetzesvorschlag kam aber vorerst noch nicht zum Vollzug, weil die Kammern in Bezug auf die Dauer der Strafzeit und auf die beabsichtigte Beibehaltung der entehrenden Strafen abweichende Ansichten hatten.

Entschiedenere Schritte geschahen in Preußen. König Friedrich Wilhelm war nicht sobald aus England, wo er Pentonville in Augenschein genommen hatte, zurückgekehrt, als er die Erbauung von vier neuen Strafhäusern in der Monarchie befahl, von denen zwei zu je 500 Zellen ganz nach dem Muster von Pentonville, die beiden anderen aber so eingerichtet werden sollten, daß drei Viertheile der Sträflinge vereinzelt würden, während man mit einem Viertheil der Gefangenen, die besondere Berücksichtigung zu verdienen schienen, einen Versuch der Vereinzelung bei Nacht, dagegen bei Tag mit gemeinschaftlicher Beschäftigung in kleinen ausgewählten Genossenschaften machen wollte. Als Orte für diese Gefängnisse wurden Berlin, Königsberg, Ratibor und Münster bestimmt. Außerdem wurde die Erbauung eines vierten Flügels für Einzelhaft bei dem Correctionshause zu Cöln, so wie einer Anstalt für jugendliche Verbrecher der Rheinprovinz in Aachen angeordnet. Alle diese Bauten waren im Jahr 1846 so weit vollendet, daß sie hätten ihrer Bestimmung gemäß verwendet werden können, wenn nicht inzwischen durch die vielfach in Preußen laut gewordenen Stimmen gegen das Trennungssystem ernste Bedenken gegen dessen Einführung entstanden wären, die bis zur Stunde noch der Einführung des Systemes in den nach demselben erbauten Strafanstalten hindernd im Wege stehen.

Nächst Preußen ging Mecklenburg am rührigsten vorwärts. Schon im Jahre 1839 wurde ein neues Strafhaus für beide Großherzogthümer in Dreibergen mit 365 Einzelzellen eröffnet. Man hatte für dasselbe ein eigenes Mischsystem angenommen, nach welchem jeder neu angekommene Sträfling solange in ununterbrochener Einzelhaft gehalten werden soll, bis ein entsprechender sittlicher Zustand erreicht und der erste Unterrichtskursus durchgemacht ist. Alsdann erfolgt die Versetzung in gemeinschaftliche Arbeitssäle, jedoch unter fortdauernder Vereinzelung bei Nacht. Außerdem enthält dieses System noch verschiedene Modalitäten, die sämmtlich auf dem Grundsatze einer allmäligen Zurückführung des Verbrechers in die bürgerliche Gesellschaft beruhen.

In keinem deutschen Staate ist aber die Strafgesetzgebungs- und Gefängnißreform so weit gediehen und so kräftig und consequent durchgeführt worden, als in Baden. Ausgezeichnete Gelehrte und Staatsmänner in benachbarten Bundesstaaten haben es laut und öffentlich anerkannt, daß durch die von Seiten der badischen Regierung geschehene Vorlage der deßfallsigen Gesetzesentwürfe der erste entschiedene Schritt zu einer durchgreifenden Verbesserung der Strafgesetzgebung gethan worden sei; sie haben es laut gerühmt, daß hier durch eine seltene, erfreuliche Eintracht zwischen der Regierung und den Kammern auf einem Landtage nicht bloß ein neues Strafgesetzbuch geschaffen, sondern auch ein neues Strafsystem eingeführt, und zugleich die Errichtung einer neuen Strafanstalt nach den Grundsätzen dieses Systemes und zum Behufe der Anwendung desselben beschlossen wurde.

Die übrigen deutschen Staaten liefern zu unserer einleitenden Darstellung keine der Erwähnung würdigen Data, und wenn sie auch den Fortschritten anderer Länder nicht gerade unthätig zusahen, so war doch das, was von ihrer Seite geschah, nur Ungenügendes, Halbes, und oft nicht einmal dieses.

Von den außerdeutschen Staaten verdient hauptsächlich die scandinavische Halbinsel eine rühmliche Erwähnung.

In Norwegen erstattete die von dem Könige zur Vorbereitung einer Reform des Strafgefängnißwesens ernannte Commission im Jahr 1841 ihren Bericht, worin sie sich entschieden für die Einzelhaft aussprach und den Weg zur Einführung derselben genau vorzeichnete. Der Storthing fand es vorsichtiger, vorerst nur zu einem bei Christiania zu erbauenden kleineren Zellengefängnisse für 238 Männer die Mittel zu bewilligen. Der Bau ist vollendet, und auch das Gesetz über die Strafvollstreckung in der neuen Anstalt wurde bereits im Jahre 1848 berathen, beschlossen und genehmigt.

In Schweden hatte besonders der junge König Oskar seine Aufmerksamkeit dem Gefängnißwesen zugewendet und sogar ein schätzenswerthes Buch darüber herausgegeben. Auf seine Anregung insbesondere wurde im Jahr 1843 die Erbauung von mehreren Gefängnissen nach dem Systeme der Einzelhaft beschlossen, und im Jahr 1846 standen sie vollendet da.

Auch Dänemark blieb hinter seinen Nachbarn nicht zurück. Nachdem die zur Prüfung der verschiedenen Haftsysteme ernannte Commission sich für die Isolirung als Regel ausgesprochen hatte, wurde durch königliche Resolution vom 22. Dezember 1841 die Errichtung neuer Haftgefängnisse mit hinlänglich großen Einzelzellen für getrennte, und mit größeren Räumen für gemeinschaftlich verwahrte Gefangene angeordnet. In Ansehung der zu erbauenden neuen Strafhäuser befahl jedoch der König, trotz dem für pennsylvanische Haft sich aussprechenden Reiseberichte des Professors David, mit Erbauung eines Zuchthauses für Jütland nach Auburn'schem Systeme den Anfang zu machen.

Auch in Oesterreich wurden im Jahr 1849 Reformen zu Gunsten des Isolirungssystemes vorgenommen. Eine aus Richtern, Verwaltungsbeamten, Aerzten und Bauverständigen gebildete zu Rathe gezogene Commission sprach sich einstimmig für Einführung der Einzelhaft für Untersuchungsgefangene und zu höchstens einjähriger Gefängnißstrafe Verurtheilte aus. Unter dem 24. August 1849 erschien folgende Entschließung des Kaisers Franz Joseph: „Auf Antrag Meines Justizministers und Einrathen Meines Ministerrathes genehmige Ich, daß die Einzelhaft nach den folgenden Bestimmungen in Zukunft auf alle Untersuchungsgefangene, und auf die zu Gefängniß- oder Kerkerstrafe Verurtheilten, welche ihre Strafe nach den Gesetzen bei den Landesgerichten, Bezirks-Collegial- oder

Bezirksgerichten zu vollstrecken haben, angewendet werde. Dieselbe ist bei allen Neubauten von Gefängnissen für diese Gerichte unbedingt, bei Adaptirungsbauten aber, so weit es die örtlichen Verhältnisse zulassen, zum Grunde zu legen."

In Beziehung auf die übrigen europäischen Staaten bemerken wir nur, daß auch in Polen, Rußland und Ungarn bereits Gefängnißreformen zu Gunsten des Systemes der Trennung stattgefunden haben; deßgleichen, daß man zu Genf und Lausanne in der neuesten Zeit sich immer mehr von den Vorzügen dieses Systemes zu überzeugen beginnt, und verschiedene Versuche wenigstens zu einer theilweisen und modificirten Anwendung desselben gemacht hat.

An diese Darstellung der praktischen Verwirklichung der Gefängnißreformen bis in die Mitte der vierziger Jahre wollen wir einen kurzen Ueberblick der theoretischen Entwickelung derselben anreihen. —

Nach Howard, dessen Verdienste nach Gebühr gewürdigt wurden, und im Sinne und Geiste desselben, ließ insbesondere seit 1812 die große britische „Gesellschaft für Verbesserung des Gefängnißwesens" es sich eifrigst angelegen sein, nicht allein über den Zustand des Gefängnißwesens in der ganzen civilisirten Welt Licht zu verbreiten, sondern auch allenthalben die Reform desselben anzuregen und anzubahnen. Die Berichte derselben enthalten schätzbare Materialien für die Gefängnißkunde und eine Menge fruchtbarer Ideen für die Vervollkommnung des Gefängnißwesens. In gleicher Weise hat die irische Gefängnißgesellschaft die Gefängnißreform warm und erfolgreich angestrebt.

Auch in Holland trat eine Gesellschaft für sittliche Besserung der Strafgefangenen ins Leben, die ihre Aufgabe zu erfüllen bemüht war.

In Deutschland war zuerst Dr. Nicolaus Heinrich Julius zu Berlin auf diesem Gebiete thätig, indem er im Frühjahr 1827 Vorlesungen über Gefängnißkunde zu halten begann. Der Beifall, welchen dieselben in einem gewählten Zuhörerkreise fanden, ermuthigte ihn zur Begründung einer Zeitschrift über diesen Gegenstand; allein das Unternehmen gerieth schon nach zwei Jahren aus Mangel an Theilnahme ins Stocken. Im Jahre 1840 verband sich aber nun Dr. Julius, der nicht aufgehört hatte, der Gefängnißfrage seine Aufmerksamkeit und Thätigkeit zu widmen, mit den Doctoren Varrentrapp, Arzt zu Frankfurt, und Nöllner, Hofgerichtsrath zu Giesen, zur Fortsetzung der unterbrochenen Jahrbücher, und dieselben fanden jetzt ein geneigteres Publikum, wie denn dieß überhaupt der Zeitpunkt war, wo eine allgemeinere Theilnahme an allen Gegenständen des staatlichen Lebens rege ward. Von jetzt an traten erst die drei Hauptpartheien, die sich allmälig in Bezug auf die Ansichten über das Gefängnißwesen gebildet hatten, einander entschieden gegenüber. Die eine, welche es mit dem alten Systeme oder vielmehr der eigentlichen Systemlosigkeit hielt, war theoretisch bald überwunden, und der Kampf beschränkte sich vorzugsweise auf die Verfechter der zwei verschiedenen amerikanischen Systeme.

Mit Ausbruch der revolutionären Gährungen und Bewegungen in Deutschland im Jahr 1848 kam die Herausgabe der Jahrbücher der Gefängnißkunde ins Stocken und ist seither nicht wieder ins Leben getreten.

In Frankreich, Belgien, Holland und Deutschland wurde der Kampf gleich lebhaft geführt, und alle bedeutenden politischen, juridischen und selbst medicinischen Zeitschriften nahmen für die eine oder andere Ansicht Parthei, auch standen auf beiden Seiten sehr gewichtige Namen und Personen an der Spitze.

Diesem zuweilen nicht ohne Erbitterung geführten Kampf ist es vornehmlich zuzuschreiben, daß das Interesse der öffentlichen Meinung an der Gefängnißreform ein so allgemeines wurde, wie es gegenwärtig ist, und es trugen hierzu ganz besonders die öffentlichen Kammerverhandlungen über diese Angelegenheit, namentlich jene in der französischen und in der badischen Deputirtenkammer, wesentlich bei.

Zahlreiche Schriften über das Gefängnißwesen erschienen im Verlaufe der beiden letzten Jahrzehnte, namentlich seit 1840, und es ist die Literatur in diesem Fache bereits eine sehr umfangreiche geworden.

Wie sehr die Wichtigkeit des Gegenstandes die gebildeten Classen in Europa ergriffen hat, davon liefern die zur Besprechung der Gefängnißfrage bestimmten Versammlungen von gelehrten und gebildeten Ständen der Gesellschaft die augenscheinlichsten Beweise.

Schon im Jahr 1841 veranlaßte auf dem wissenschaftlichen Congreß zu Florenz die Ueberzeugung von der Nothwendigkeit einer durchgreifenden Gefängnißreform den Grafen Petitti von Turin, die daselbst versammelten vielen ausgezeichneten Aerzte um ihre Ansicht über den Vorzug der in neuerer Zeit empfohlenen Haftsysteme zu befragen. Die Stimmen in Italien waren der absoluten Isolirung im Allgemeinen nicht günstig und die vorliegenden Erfahrungen wurden für ungenügend gehalten, um ein maßgebendes Urtheil daraus fällen zu können; der Congreß hielt es deßhalb für nothwendig, zuerst noch weitere Resultate der verschiedenen Systeme abzuwarten und einstweilen nur sich über die allgemeinen Fragen zu verständigen, wie z. B. ob das beständige Schweigen bei dem Auburn'schen Systeme nicht Schwäche und Krankheiten der Respirationsorgane hervorbringen, ob der immer unterdrückte Mittheilungsdrang der Gefangenen bei dem auferlegten Schweigen nicht nachtheilige geistige Aufregung veranlassen, und ob die Auburn'sche Schlafzellen und um wie viel kleiner sein können, als die bei der beständigen Trennungshaft? Ob bei dem philadelphischen Systeme dem Gefangenen hinlänglich frische Luft und Bewegung im Freien gestattet, ob bei der ununterbrochenen Isolirung eine nachtheilige moralische Depression verhütet und welche Modificationen dabei gestattet werden können, ob Onanie, Seelenstörungen, Krankheiten der Athmungsorgane häufiger seien? Ob die Einzelhaft zum Charakter und Temperament des Italieners passe und welches die geringste, welches die längste Zeitdauer der Trennungshaft sein werde?

Nach gründlicher Beleuchtung und Besprechung aller dieser Fragen gab eine starke Majorität dem pennsylvanischen Systeme den Vorzug, und es wurde nun eine Commission gewählt, welche bis zum nächsten Congresse in Lucca 1843 die ferneren Erfahrungen sammeln und dieselben dort mittheilen sollte. (Jahrbücher der Gefängnißkunde II, 1843. S. 146.)

Wichtiger und entscheidender für die Gefängnißfrage zeigen sich die in Frankfurt und Brüssel veranstalteten Versammlungen von Gefängnißfreunden.

In der im September 1846 äußerst zahlreich besuchten Versammlung für Gefängnißreform in Frankfurt am Main waren fast alle Staaten Europa's vertreten, und nicht blos Gefängnißbeamte, sondern auch Aerzte, Juristen und Philantropen zeigten durch ihr Erscheinen, wie sehr die Wichtigkeit der Gefängnißreform gewürdigt, wie sehr die Nothwendigkeit derselben allerorts gefühlt wurde.

Die als Autoritäten in der Gefängnißkunde anerkanntesten Namen traten entschieden für das neue System in die Schranken, und es herrschte in dieser Versammlung eine solche Einstimmigkeit in der Ueberzeugung von den unendlichen Vorzügen der Einzelhaft vor jeder anderen Haftart, daß die Gegner des Systemes nach kurzem Kampfe besiegt waren, und einzelne es auch vorzogen, bei der augenscheinlichen Vergeblichkeit ihrer etwaigen Bemühungen ganz zu schweigen, um ihre Ansichten später in besonderen Broschüren zu veröffentlichen. Daß auch diese ohne Erfolg auf den Fortschritt der Reform geblieben sind, beweis't der heutige Stand der Pönitentiarfrage.

Die den 28., 29. und 30. September 1846 in täglich zwei Sitzungen gefaßten sieben Beschlüsse beziehen sich: der erste auf die Untersuchungshaft, der zweite auf die Strafhaft, der dritte auf kurzzeitige Haften, der vierte auf die längerzeitigen Haften, der fünfte auf die Behandlung der geistig oder körperlich Kranken, der sechste auf die in den Zellengefängnissen nothwendige Einführung von Gottesdienst und Religionsunterricht, der siebente auf die durch die Einzelhaft bedingte Abkürzung der Strafzeit, und der achte auf die Nothwendigkeit der Umarbeitung der Strafgesetzgebung, der gesetzlichen Einführung einer Aufsichtscommission über die Gefängnisse und der Gründung einer Fürsorge für die entlassenen Sträflinge.

Zur Fortsetzung dieser Berathungen wurde den 20. Sept. 1847 ein neuer Congreß in Brüssel eröffnet, auf welchem die in Frankfurt begonnenen Verhandlungen zu Ende geführt wurden. Insbesondere wurden besprochen: die inneren Einrichtungen der Strafanstalten, Größe der Zellen, Lufterneuerung, Heitzung, Wasservertheilung, Abtritte, Spazierhöfe, Kapelle; ferner die nöthigen Eigenschaften der Beamten, Obliegenheiten der Aufsichtsbehörden der Zellengefängnisse, die Errichtung von Schutzvereinen, Ackerbaucolonien für jugendliche Verbrecher; die in den Strafgesetzgebungen einzuführenden Abänderungen, damit die Einzelhaft nach deren Principien durchgeführt werden könne, und endlich die Ursachen der Verbrechen und durch welche Mittel den Rückfällen zu steuern sei.

Hatte die Versammlung in Frankfurt hauptsächlich die Wahl des besten und die Strafzwecke am sichersten erreichenden Haftsystems im Auge gehabt, so wurde in Brüssel, nach einer an Einstimmigkeit gränzenden Stimmenmehrheit zu Gunsten der Einzelhaft in jener ersten Versammlung, die Besprechung der wichtigsten Einzelheiten und der Durchführung des Trennungssystems als Aufgabe gestellt, dieselbe glücklich gelöst und dadurch die wenigen Unklarheiten oder Befürchtungen in Beziehung auf die Durchführung des gewählten Systemes beseitigt.

Hält man das Gewicht der von der Mehrheit dieser Versammlungen vertretenen Ansicht mit den Ergebnissen der Gefängnißliteratur zusammen, so kann man nicht zweifeln, welchem von beiden Systemen der endliche Sieg zufallen werde. Wie dort die zahlreichsten und gewichtigsten Stimmen sich für das Isolirungssystem erklärten, so sind auch bei weitem die meisten und gediegensten Schriften zu Gunsten dieses Systems erschienen, und es ist mit Sicherheit zu erwarten, daß diesem theoretischen Siege über kurz oder lang der praktische allenthalben nachfolgen werde.

War schon die Stimmung der meisten Regierungen und der öffentlichen Meinung dem Pönitentiarsysteme nach diesen, aus officiellen Berichten geschöpften Nachweisungen bis in die Mitte des vorigen Jahrzehntes gewogen und dessen Einführung günstig, so bestätigen die Fortschritte und die Ausbreitung des Systems in der neuesten Zeit wohl am besten die unendlichen Vorzüge desselben vor jeder andern Haftart.

Ueber den Stand der Pönitentiarfrage in Amerika geben wohl die ausführlichen Jahresberichte und Commissionsgutachten über das Strafhaus zu Philadelphia die sichersten Nachweisungen, weil dieses älteste, schon seit 1829 eröffnete Zellengefängniß sehr häufig einer strengen Prüfung durch die Regierung unterworfen wurde. Wenn schon dessen Gesammtresultate in der frühern Periode, trotz so mancher in den Verhältnissen der Strafanstalt und seiner Bevölkerung gelegener nachtheiliger Einwirkungen, dennoch als befriedigende bezeichnet werden können, so weisen die neuesten Berichte sämmtlicher

Beamten dieses Hauses solch' günstige Erfolge nach, wie sie wohl nur selten in einer Strafanstalt aufgefunden werden.

Der Director schließt seinen Jahresbericht vom Jahr 1852 mit folgenden Worten: „Ueberblicken wir das verflossene Jahr, so sind wir berechtigt, uns zu den erhaltenen Resultaten Glück zu wünschen. Wichtige Verbesserungen an den Gebäuden wurden ausgeführt, Ordnung und Zucht in der Anstalt aufrecht erhalten, ohne daß häufige Strafen nöthig gewesen wären; der Arbeitsgewinn steigerte sich, der Gesundheitszustand läßt nichts zu wünschen übrig, und wir leben der Hoffnung, daß der religiöse und moralische Unterricht gute Früchte getragen habe, und der allgemeine Einfluß des Systems nicht erfolglos gewesen sei. Diese Resultate sind für die Anhänger des Systems ermuthigend, und sie werden neue Gründe, auf ihrer Ueberzeugung zu beharren, daraus schöpfen."

Aehnliche Resultate und Erfahrungen werden von den übrigen amerikanischen Zellengefängnissen mitgetheilt, von den Inspectoren der Staatsgefängnisse bestätigt, und selbst manche Directoren der Auburn'schen Strafanstalten haben erklärt, daß sie unbedingt dem Trennungssysteme der Gefangenen den Vorzug geben würden, wenn sie über die in einem neu zu errichtenden Gefängnisse einzuführende Haftart entscheiden sollten. Ausführliche und gründliche Nachweisungen über den Stand der Gefängnißfrage bis auf die neueste Zeit sind in Mittermaier's Archiv des Criminalrechts in trefflichen Abhandlungen enthalten, wie überhaupt dieser anerkannte Gelehrte und edle Menschenfreund die Reform des Gefängnißwesens mit Wärme und unermüdlichem Eifer anstrebt.

In England fand das philadelphische System eine solch' günstige Aufnahme, daß schon im Jahr 1850 in 55 Gefängnissen 8770 Zellen für die einsame Einsperrung hergerichtet und fünf andere Gefängnisse nach demselben Systeme in Bau begriffen waren, so daß in kurzer Zeit 11000 Zellen zur Durchführung der Einzelhaft bereit stunden.

Die bedeutendste Anregung in neuerer Zeit erhielt das Gefängnißwesen durch die Bemühungen eines Parlamentsmitgliedes, des Herrn Pearson, welcher im Jahr 1849 im Unterhause eine Petition überreichte, in welcher die Gesammtergebnisse einer die Verbesserung der Strafgefängnisse betreffenden Berathung, an welcher sich über 700 Personen betheiligt hatten, in sich faßte. Der Zweck der Petition ging dahin, den stets sich vermehrenden Rückfällen zu steuern, und die zu diesem Behufe vorgeschlagenen Mittel, die sich fast alle durch ihre Strenge und Schärfe auszeichnen, enthalten als wesentliche Bestimmungen die, daß das Strafsystem darauf abzielen müsse, den nächsten Ursachen der Verbrechen entgegen zu wirken, und die Neigungen des Fleißes und der Selbstbeherrschung bei den Gefangenen zu stärken; daß darauf gesehen werden solle, die Arbeit der Gefangenen einträglicher zu machen, damit nicht durch den bedeutenden, durch sie verursachten Kostenaufwand die Interessen der Gesammtheit benachtheiligt werden. Zur Erreichung dieser Zwecke wurde vorgeschlagen, tausend Morgen Land anzukaufen, welches durch die Gefangenen mit dem Spaten gebaut werden solle; dasselbe mit einem Walle zu umschließen und innerhalb desselben ein Gefängniß für tausend Gefangene, jedoch mit möglichst geringem Kostenaufwand, zu errichten. Die Beschlußfassung über diese Petition wurde wegen vorgerückter Zeit der Session vertagt. Eine Motion von Gray veranlaßte neue Verhandlungen, in deren Folge am 11. Februar 1850 der Beschluß zur Ernennung einer Commission, welche die Disciplin in den verschiedenen Gefängnissen Englands zu untersuchen und zu prüfen habe, gefaßt wurde. Diese aus 15 Mitgliedern bestehende Commission berieth und befragte über 60 Inspectoren, Geistliche, Aerzte und sonstige Beamte der verschiedenen Strafanstalten und sprach als Resultat ihrer Untersuchungen die Ueberzeugung aus, daß gänzliche Absonderung der Gefangenen, mit Ausnahme der Stunden während des Spazierganges, des Gottesdienstes und des Unterrichtes wesentlich nothwendig sei, um eine geeignete Gefängnißzucht zu sichern; sie erklärt, daß das Absonderungssystem, wenn es mit den geeigneten Beschränkungen durchgeführt wird, wirksamer als jedes andere, bisher versuchte System, sowohl in Bezug auf Abschreckung als Besserung sei. Bei denjenigen Gefangenen aber, welche zu lang dauernder Freiheitsstrafe verurtheilt seien, wünscht die Commission, daß die Isolirung in der Regel nicht länger als 12 Monate dauere, und daß nach Ablauf dieser Zeit die Gefangenen für den Rest ihrer Strafzeit zur Arbeit in Gemeinschaft verwendet werden. In Bezug auf Qualität und Quantität der Nahrung der Gefangenen, so wie auf die Erwärmung der Zellen soll nicht mehr gewährt werden, als die Bewahrung der Gesundheit erfordert.

Die Folgen einer solchen modificirten Einzelhaft sind bei den Einwürfen gegen das System nach unsern und fremden Erfahrungen gewürdigt und aus den Resultaten von Pentonville zu ersehen.

So lange die Gefängnißinspectoren Crawford und Russel die Oberleitung dieser, die Aufmerksamkeit von ganz Europa auf sich lenkenden Anstalt in Händen hatten, wurde die absolute Trennung der Gefangenen mit ihrer ganzen Consequenz und mit glücklichen Erfolgen durchgeführt; nach deren Tod traten jedoch sowohl Modificationen in der absoluten Trennung der Gefangenen, als auch Abkürzung der Dauer der Einzelhaft ein, welche Schwankungen der Meinungen weder durch die sanitätlichen Resultate der fünf ersten Jahre geboten waren, noch mit den Grundprincipien des Systemes vereinigt werden können, Schwankungen, wie sie nicht selten im Gefolge neuer Versuche sich zeigen, und eben durch die Uebergangszustände bedingt werden.

Es sind deßhalb bei Beurtheilung der Resultate des Zellengefängnisses Pentonville zwei Perioden zu unterscheiden, die erste von 1842—1847, die der strengen Durchführung des neuen Systemes, und von 1847 bis jetzt, die der modificirten Einzelhaft.

In diesem letzteren Zeitraume wurde die Dauer der Trennungshaft zuerst auf 15, später sogar auf 12 Monate beschränkt, die Zahl der Beamten vermindert, ein gewisser Verkehr unter den Gefangenen zugelassen, dieselben mit gemeinschaftlicher Gartenarbeit beschäftigt, gemeinschaftliche Spaziergänge eingeführt, ebenso die Trennung der Gefangenen in Kirche und Schule aufgehoben, und zwar alles dieses „aus Gesundheitsrücksichten“.

Genaue statistische Zusammenstellungen beweisen jedoch, daß sämmtliche sanitätliche Verhältnisse der Gefangenen in Pentonville in der ersten Periode der strengen Durchführung des Systems günstiger sich zeigten, als während der zweiten, der modificirten Einzelhaft, daß somit, wie die eingeführten Modificationen, so auch die Abkürzung der Haftdauer eher nachtheilig als vortheilhaft auf die sanität=

lichen, hauspolizeilichen und besonders auf die moralischen Verhältnisse der Gefangenen einwirken mußten.

Die bedeutenderen englischen Zellengefängnisse außer Pentoville sind: Perth, Clerkenwell in London, Reading, Bath, Springfield, Preston, Stafford, Lewes, Abington, Usk, Glasgow, Belfast, Aylesbury, Shrewsbury, Northampton, Winchester, Leeds, Manchester, Liverpool, Leicester und Birmingham.

In Frankreich breitete sich, wie in England, das Pönitentiarsystem rasch aus, nachdem einmal die Regierung sich für allmälige Einführung desselben in allen Strafanstalten ausgesprochen hatte, und wenn auch die Revolution im Jahr 1848 die Fortschritte der Gefängnißreform für einige Zeit aufhielt, wurde an dem Bestande und der Grundansicht über das zu befolgende System durchaus nichts geändert.

Im Jahr 1852 waren in siebenundvierzig französischen Gefängnissen schon 4800 Zellen bewohnt, und vierzehn neue Strafanstalten nach dem Systeme der Einzelhaft im Bau begriffen; die bis dahin für Zellengefängnisse gemachte Ausgabe wurde auf 18—20 Millionen Franken berechnet, und die Wohlthaten des Systems erstreckten sich schon beinahe auf den dritten Theil aller Gefangenen Frankreichs. Zu gleicher Zeit dachte man an die Unterdrückung der Galeeren, und der Verbrecher-Colonien. Man hatte allen Grund, mit den durch die Einzelhaft erzielten Resultaten zufrieden zu sein, als plötzlich durch einen einfachen Erlaß des Ministeriums des Innern unter dem 17. August 1853 die Einzelhaft in Frankreich aufgehoben und das frühere System der gemeinschaftlichen Haft mit Classeneintheilung der Gefangenen wieder eingeführt wurde!

Alle Welt war erstaunt über diesen Schritt und noch mehr begierig, die Motive desselben kennen zu lernen. Einem der Gefängnißinspectoren, Léon Vidal, war es vorbehalten, den Schleier in einer officiellen Broschüre zu lüften und dem erstaunten Publikum die Gründe dieser unbegreiflichen Maßregel anzudeuten: „Die Einzelhaft sei aus dem Auslande eingeführt, nie populär in Fankreich gewesen und widerstrebe dem französischen Charakter; sie sei zu kostspielig und stehe in keinem Verhältniß zu dem Einkommen der Departements; die in Frankreich damit gemachten Erfahrungen seien ungünstig ausgefallen; sie bessere weder die schlechten Charaktere, noch die verbrecherischen und lasterhaften Neigungen; die häufigen Zellenbesuche seien unmöglich, und wenn sie möglich wären, so verminderen sie die Wirkung und Strenge der Strafe; die Einzelhaft sei mit dem Strafgesetze unvereinbar, weil sie die verschiedenen Strafarten ausgleiche und gleich mache; sie sei mit der katholischen Religion, mit dem Schulunterricht und mit einträglicher Arbeit unvereinbar; sie zerstöre die Gesundheit, schwäche die Körperkräfte und den Verstand der Gefangenen; sie begünstige die Entstehung von Wahnsinn und Selbstmord; sie vermehre die Kosten der Unterhaltung der Gefängnisse, und der Bau der Zellengefängnisse sei zu verwickelt und zu schwierig. Ducpetiaux sagt in seinem Avant Projet du loi sur le régime des prisons. 1854. darüber: „Es genügt, diese Gründe nur anzugeben, um ihnen ihr Recht widerfahren zu lassen; sie sind längst durch die Erfahrung gerichtet. Ihre vollständige Widerlegung findet sich in den zahlreichen Schriften über die Gefängnißfrage, in den Erfahrungen, welche man fortwährend überall macht, wo die Einzelhaft eingeführt ist, in dem einstimmigen Zeugniß der Inspectoren, Vorsteher, Aerzte, Geistliche, welchen dasselbe durchführen und den Auftrag haben, dessen Erfolge zu beobachten und an ihre Regierungen zu berichten."

In Dänemark haben die unermüdlichen Bestrebungen des Generalinspectors des Gefängnißwesens, des verdienten Staatsrathes David in Kopenhagen, der Gefängnißreform und der Einführung der Einzelhaft den Sieg verschafft.

Nach den königlichen Entschließungen vom 29. Juli 1847 und 31. Dezember 1850 wurde das Zellengefängniß an Christianshaven, welches früher nur für Gefangene mit sechsmonatlicher Haft bestimmt war, ermächtigt, auch Leute aufzunehmen, welche zu einem und mehreren Jahren verurtheilt waren; die günstigen, daselbst erzielten Resultate, nach welchen das Mortalitätsverhältniß geringer als in den Gefängnissen mit dem alten Systeme war, und nicht ein einziger Fall von Geisteskrankheit selbst bei Gefangenen bis zu vierjähriger Einzelhaft vorkam, bestimmte die Regierung, zu Horsens in Jütland ein Zellengefängniß mit 300 Zellen zu errichten, und in neuester Zeit wird für die Herzogthümer Holstein und Schleswig in Glükstadt ein Zellengefängniß mit 350 Zellen erbaut. Auch wurden die Untersuchungsgefängnisse zur Isolirung eingerichtet, so daß jetzt alle Untersuchungsgefangenen in getrennter Haft gehalten werden.

In Norwegen wird in dem Zellengefängnisse bei Christiania mit 238 Zellen seit 3 Jahren die Einzelhaft durchgeführt. Die Erfolge haben alle Erwartungen übertroffen; im Jahre 1852 kamen auf 417 Gefangene nur 38 Bestrafungen; während in zwei anderen Gefängnissen nach dem alten Systeme die Sterblichkeit ziemlich beträchtlich war und die Zahl der Krankheitsfälle die Zahl der Gefangenen um das doppelte überstieg, kam nur 1 Todesfall vor, betrug die Zahl der Krankheitsfälle von einiger Bedeutung 150 auf 417 Gefangene, und die Gesundheitsverhältnisse der Gefangenen waren beim Austritt aus der Anstalt durchschnittlich günstiger als bei ihrer Aufnahme.

Die Resultate der Zellengefängnisse in Schweden sind ebenso günstig und befriedigend, wie in den anderer Ländern.

In Holland ist die Gefängnißreformfrage insoweit entschieden, daß die Regierung einer 12monatlichen Einzelhaft den Vorzug geben wird. Es bestehen bis jetzt fünf Zellengefängnisse zu Sneek, Appingadam, Wenschoten, Gorcum und Amsterdam; letzteres, nach dem Muster von Pentonville erbaut, wurde den 1. October 1850 eröffnet, und zählt 208 Zellen, die Hälfte für Männer, die andere Hälfte für Frauen. Ein sechstes Zellengefängniß mit 100 Zellen ist gegenwärtig zu Utrecht im Bau begriffen. Die sanitätlichen Verhältnisse aller dieser Strafanstalten sind nach den officiellen Berichten äußerst günstig.

Auch in Belgien hat das Pönitentiarsystem in neuester Zeit sich bedeutender Fortschritte zu erfreuen, und soll nach dem neuesten Gesetzentwurfe allgemein eingeführt werden. In vielen Sicherheitshäusern und Arrestlocalen sind Zellen eingerichtet, so in Tongern 40 Zellen, Marche 20, Dinant 42, Verviers 77, Charleroi 107, Courtrai 130, Brüssel für Weiber 103, für Männer 143, Brügge 162, (im Entwurfe 208), Liège 257, Antwerpen 315, so daß der fünfte Theil der Gefangenen des Königreiches bereits in Zellen untergebracht ist.

Zur Würdigung der Resultate der Einzelhaft ist an sämmtliche Directoren dieser Zellengefängnisse von der Regierung eine Reihe von

Fragen gestellt worden, welche sämmtlich in Beziehung auf das physische, psychische und moralische Wohl der Gefangenen zu Gunsten und zum Vortheil des neuen Systemes beantwortet worden sind, und vollkommen mit unsern Erfahrungen übereinstimmen.

Es liegt gegenwärtig ein vorzüglich ausgearbeiteter Gesetzentwurf über das einzuführende Haftsystem von Ducpetiaux der Regierung vor, welchem wir vollkommene Berücksichtigung und Anerkennung wünschen. Die Grundsätze und Principien, aus denen dieser Gesetzentwurf hervorgegangen ist, und die wir hier folgen lassen, sind in dem Avant-projet de loi sur la réforme des prisons, par Ed. Ducpetiaux. Bruxelles. 1854 enthalten:

„Abkürzung der für gemeinschaftliche Haft ausgesprochenen Strafzeit auf die Hälfte bei Einzelhaft.

Beschränkung der Zellengefangenen Einer Anstalt auf eine solche Zahl, daß es den Beamten möglich ist, jeden Einzelnen genau kennen zu lernen; Einrichtung der Zellengefängnisse in einer Weise, daß sie allen gesundheitsgemäßen Anforderungen der Reinlichkeit, Lufterneuerung, Heitzung, Beleuchtung, Bewegung im Freien, so wie der Sicherheit, Ueberwachung und Erleichterung aller vorgeschriebenen Verrichtungen entsprechen; vollständige Einrichtung für den Gottesdienst, religiösen, moralischen und geistigen Unterricht, für Arbeit, Verkehr und Besuche, damit die Gefangenen zum Nachdenken angeregt, gute Vorsätze in ihnen erweckt, Reue und Besserung begünstigt, und vor Langerweile und Muthlosigkeit bewahrt werden.

Die Kost und sonstige Gesundheitspflege muß so beschaffen sein, daß die Gesundheit der Gefangenen dabei nicht Noth leidet.

Die Beamten müssen unverdrossen, eifrig, wachsam, moralisch gut, menschlich fühlend, verständig und einsichtsvoll sein, um einen günstigen Einfluß auf ihre untergebenen Gefangenen ausüben zu können.

Wohlthätige Vereine, deren Mitglieder die Gefangenen besuchen und die gebessert Entlassenen thätig und wohlwollend unterstützen, müssen gegründet werden.

In der Anwendung des Systemes müssen Ausnahmen gestattet werden, welche durch Alter, erstandene Haftzeit, früheres Leben und den körperlichen oder geistigen Gesundheitszustand der Gefangenen begründet werden, damit dasselbe nicht auf Individuen angewendet wird, auf welche es eher nachtheilig als vortheilhaft einwirkt, ein Verfahren, wodurch dasselbe schon häufig ungünstige Resultate geliefert hat und in Miß-Credit gekommen ist.

Provisorische Entlassung bei langer Strafe wäre unter Bedingungen in Aussicht zu stellen, um zur Buße, guten Aufführung und ehrbarem Leben nach der Entlassung aufzumuntern.

Erleichterung der freiwilligen Auswanderung für solche Entlassene, welche zwar den Vorsatz und guten Willen zu einem rechtschaffenen und arbeitsamen Leben, aber nicht die Mittel und Gelegenheit im Vaterlande haben, sich ihre Existenz wieder zu begründen.

Endlich Schutz der Gesellschaft durch Verlängerung der Haft bei Gefangenen, welche zur Zeit ihres Straf-Endes Beweise von Verhärtung und Unverbesserlichkeit geben, wodurch eine dauernde Bedrohung und Gefahr für die Gesellschaft durch ihre Entlassung entstünde."

In Italien hatten, wie bereits früher berichtet, schon auf dem Congreß zu Florenz lebhafte Besprechungen und Erörterungen über den Einfluß der Einzelhaft auf die Gesundheit der Gefangenen, so wie über manche anderen, für die Gefängnißreform wichtigen Fragen stattgefunden, und die Bemühungen der Freunde des neuen Systemes waren von dem schönsten Erfolge gekrönt.

Nachdem der Marchese Torrigiani durch Selbstanschauung der besten Zellengefängnisse des Auslandes sich von den Vortheilen und der Durchführbarkeit der Einzelhaft überzeugt hatte, und entschieden als Vorkämpfer für dieselbe aufgetreten war, wurde zuerst in dem correctionellen Gefängniß in Florenz, in der Strafanstalt zu Voltera und in der Strafanstalt für weibliche Sträflinge in St. Gimignano das Isolirungssystem im Jahr 1845 eingeführt. Weil man aber sehr bald erkannte, daß jeder Versuch einer Verbesserung der Gefängnisse nur halbe Erfolge haben könne, wenn man nicht auch für Unterstützung der entlassenen Strafgefangenen Sorge trage, bildete sich im Jahr 1848 in Florenz eine Gesellschaft zur Unterstützung und Ueberwachung der Entlassenen, welche sich nach und nach über das ganze Land ausdehnte, und auch die Gründung eines Vereines von Frauen für die entlassenen weiblichen Gefangenen zur Folge hatte. Zwei ausgezeichnete Werke des Generalsuperintendenten der Strafanstalten Toscana's, Peri, eines Mannes, der mit einem Herzen voll Wohlwollen und Begeisterung für das Pönitentiarsystem eine unermüdliche Thätigkeit und die nöthige Energie verbindet, enthalten einen Reichthum von Materialien für Gefängnißverbesserung.

Nach dem den 20. Juni 1853 veröffentlichten neuen Strafgesetze wurde die absolute Isolirung in allen Landesstrafanstalten eingeführt, und die Dienstordnung für die Zellengefängnisse beweist, daß allen Verhältnissen und Rücksichten der Einzelhaft gewissenhafte Rechnung getragen wurde, wie aus den trefflichen Bestimmungen über die Kost, die Arbeit, das Peculium, die stattzuhabenden Zellenbesuche, den Gottesdienst, Religions- und Schulunterricht, die Bewegung in freier Luft und die Disciplinarstrafen zu ersehen ist.

Die Einwirkung der Einzelhaft auf die Gefangenen wird als eine sehr günstige, der körperliche und geistige Gesundheitszustand als ausgezeichnet berichtet. Bei minderjährigen Gefangenen und bei solchen, welche die Einzelhaft nicht ertragen, tritt eine Milderung dahin ein, daß dieselben bei Tag in kleinen Abtheilungen gemeinschaftlich beschäftigt werden.

Wir begrüßen diese Fortschritte der Gefängnißreform jenseits der Alpen mit freudiger Zustimmung, und wünschen, daß diese gesegnete Bewegung auf dem Felde der Humanität sich weiter und weiter verbreiten möge.

Die würtembergische Regierung ist in neuester Zeit entschieden auf der Bahn der Gefängnißreform fortgeschritten, indem sie die Einführung der Einzelhaft beschloß, und den Ausbau des Zellengefängnisses zu Stuttgart beabsichtigt. Zu diesem Zwecke wurde den versammelten Ständen ein Gesetz über den Strafvollzug in Einzelhaft vorgelegt, in welchem die längste Dauer derselben auf sechs Jahre bestimmt ist, und steht zu erwarten, daß durch die günstigen Erfolge unserer, von vielen Mitgliedern dieser Versammlung besuchten Anstalt alle Zweifel derselben über die Durchführbarkeit und die Vorzüge der neuen Haftart beseitigt sind.

In unserem Vaterlande Baden bestanden vor Einführung der Einzelhaft drei Strafanstalten für Männer, zu Freiburg, Mannheim und Bruchsal, mit gemeinschaftlicher Haft, und ein Weiber-Zucht- und Arbeitshaus nach dem Auburn'schen System.

Schon in den dreißiger Jahren wurde das Bedürfniß der Errichtung einer neuen Männerstrafanstalt durch die Ueberbölkerung dieser Haftlocale gefühlt; die Gr. Regierung folgte deßhalb damals schon mit gespannter Aufmerksamkeit den in Amerika, England und Frankreich sich Bahn brechenden Gefängnißreformen, weil sie von der Verwerflichkeit des bisher üblichen Haftsystemes überzeugt war, und die Erfahrungen jener Länder in der neu zu erbauenden Strafanstalt zu benutzen gedachte; allein die Wichtigkeit des Vorhabens einerseits, und der noch nicht ausgefochtene Streit der Meinungen und Ansichten über die beste Art der den Strafanstalten zu gebenden Einrichtungen andererseits widerrieth einen zu raschen Entschluß, und machte nicht blos eine eigene sorgfältige Prüfung der verschiedenen neuen Systeme, sondern auch ein Abwarten entscheidender Resultate aus den anderwärts angestellten Versuchen zur Pflicht.

Doch wurde einstweilen nicht allein ein zweckmäßiger Platz für ein neu zu erbauendes Strafhaus ausgesucht, sondern auch der Bau selbst vorbereitet, begonnen und so weit fortgeführt, als es, bevor man sich für ein bestimmtes Strafsystem entschieden hatte, ohne Nachtheil für die später zu treffenden detaillirten Bestimmungen geschehen konnte.

Nachdem nun die Regierung durch eine sorgfältige Sammlung und Prüfung der wichtigsten, über das Gefängnißwesen gemachten neueren Erfahrungen sich von den überwiegenden Vorzügen des pennsylvanischen Systemes überzeugt, und dasselbe auch in der neuen Anstalt in Anwendung zu bringen sich entschlossen hatte, wurden mittelst Entschließung Seiner Königlichen Hoheit des höchstseligen Großherzogs Leopold aus Gr. Staatsministerium vom 9. Januar 1845, der Präsident des Justizministeriums, Staatsrath Jolly, und der Ministerialrath Dr. v. Jagemann beauftragt, den zur Zeit versammelten Ständen einen Gesetzentwurf über den Strafvollzug in dem neuen Männerzuchthaus vorzulegen.

In Folge dieses Allerhöchsten Auftrages übergab Ministerialrath Dr. v. Jagemann in der 134. öffentlichen Sitzung der zweiten Kammer vom 13. Januar 1845 einen, mit erläuterndem Vortrag begleiteten Gesetzesentwurf, dessen wesentlicher Inhalt sich in folgenden Sätzen zusammenfassen läßt:

daß jeder Sträfling seine Strafzeit in einer besonderen Zelle außer Gemeinschaft mit anderen Sträflingen zuzubringen habe; daß jedoch bei denjenigen Sträflingen, deren Strafzeit zehn Jahre übersteigt, die Absonderung auf dieses zehnjährige, als das höchste Zeitmaß beschränkt, solche Individuen aber, die das 70. Lebensjahr zurückgelegt haben, davon ausgenommen sein sollen, und endlich

drei Monate, in völliger Absonderung erstanden, für vier Monate gewöhnliche Strafzeit zu berechnen seien. — (Beilage Nr. 5 zum Protocoll der 134. öffentlichen Sitzung vom 13. Januar 1845).

In dem begleitenden Vortrage hob Ministerialrath Dr. v. Jagemann hervor, daß, nachdem schon vor sieben Jahren die Regierung und Stände das Bedürfniß zur Herstellung einer neuen Strafanstalt für männliche Verbrecher erkannt hatten, mit den seither bewilligten Mitteln an dem dazu ausgesuchten, nahe bei der Stadt Bruchsal in einer vorzüglich gesunden Gegend befindlichen Platze, die Umfassungsmauer, der Eingangsbau und ein Theil des Hauptbaues für ein Zuchthaus ausgeführt worden seien, daß nun aber, bevor im Bau weiter fortgefahren werden könne, eine feste Entscheidung wegen des der innern Einrichtung zu Grunde zu legenden Haftsystemes erfolgen müsse. Der Grundplan sei der panoptische oder Strahlenplan, wornach die Gefängnißräume mit den Zellen in vier einander gegenüber liegenden Flügeln von dem Mittelbau, der die Kirche, die Geschäftszimmer der Beamten und die Küche enthält, auslaufen. Die Vorzüge des Strahlenplanes sind in der Beschreibung der Anstalt ausführlich begründet.

Jeder Flügel enthalte drei, von einem hinlänglich breiten Luft- und Lichtraum in der ganzen Länge und Tiefe durchschnittene Stockwerke, in welchem 102 Zellen von je 9 Fuß Höhe, 13 Fuß Länge, 8 Fuß Breite eingerichtet werden können, so daß das Gesammtgebäude 408 Zellen zu fassen vermöge. Zum Schluß fügte er noch hinzu, daß der Grund, warum die Regierung bisher mit der Vorlage gezögert habe, lediglich in ihrem Bestreben, sichere Erfahrungen zu sammeln, zu suchen sei; daß man aber nach reiflicher Prüfung nunmehr zur Ueberzeugung gelangt sei, daß das System der absoluten Trennung am meisten der Natur und dem Zwecke der Strafe entspreche.

In den dem Gesetzentwurfe beigefügten Motiven wird unter Anderm bemerkt, daß die Regierung zur Zeit des begonnenen Neubaues noch dem Auburn'schen Schweigsysteme mit der Modifikation einer Classenabtheilung den Vorzug geben zu müssen geglaubt, und darum dasselbe in der im Jahre 1838 eröffneten neuen Weiberstrafanstalt einstweilen eingeführt habe. Der Erfolg habe indessen den gehegten Erwartungen in keiner Weise entsprochen, und da mit diesem Resultate auch anderwärts gemachte Erfahrungen zusammenstimmten, so habe die Regierung nicht geneigt sein können, in dem neuen Männerzuchthause einen wiederholten Versuch mit dem genannten Systeme zu machen. Die Motivirung stellt sodann die Vorzüge des Isolirungssystemes ins Licht; sie zeigt, daß dasselbe allein der Natur wie dem Zwecke der Freiheitsstrafe entspreche, und gibt endlich die Mittel und Wege an, wie den aus dieser Haftweise etwa entspringenden Gefahren für die körperliche und geistige Gesundheit der Sträflinge am sichersten vorgebeugt, und zugleich die wirkliche oder nur scheinbare Härte dieser Strafe auf angemessene Art gemildert werden kann. Als wesentliche Vortheile des Systemes werden schließlich die bezeichnet, daß es ebensowohl eine Verminderung der Verbrechen, namentlich der Rückfälle, gewährleiste als auch eine Abkürzung der Strafe möglich mache. Ueberdies wurden die Positionen der einzelnen Paragraphen des Entwurfs durch weitere Ausführungen erläutert und begründet. Die wohlgelungene Motivirung hat innerhalb der Grenzen, die ihr als einer Regierungsvorlage gesetzt waren, ihre Aufgabe vollkommen erfüllt, und der einsichtsvolle Beurtheiler konnte schon im Voraus nicht zweifeln, daß die ebenso klare und lichtvolle, als gründliche und bündige Darstellung ihren Zweck erreichen werde.

Die aus zehn Mitgliedern bestehende Commission der zweiten Kammer, welcher der Gesetzentwurf zur Begutachtung zugewiesen wurde, konnte sich jedoch nicht zu einem einstimmigen Beschlusse vereinigen, sondern theilte sich in eine Majorität und eine Minorität, welche letztere von der Ungefährlichkeit des neuen Systemes sich nicht zu überzeugen vermochte, und ihr Gewissen von einem Beschlusse, der ihr bedenklich schien, frei halten zu müssen glaubte. Der im Namen der Majorität, welche den Gesetzentwurf, jedoch mit etlichen Modificationen, annahm, referirende Abgeordnete Welker erstattete einen umfassenden, und die Vorzüge der Einzelhaft mit warmer Beredsamkeit begründenden Bericht, in welchem er besonders hervorhob, daß die Besserung der Gefangenen neben den übrigen Strafzwecken, durch das vorgeschlagene System am sichersten erreicht werde. Diese Grundidee, sagte er, trete auch in dem von der Regierung vorgelegten Entwurfe hervor, und schwebe nicht minder der Commission, in deren Namen er zu berichten habe, vor Augen.

Nach einem geschichtlichen Ueberblicke über die Strafgesetzgebung von der ältern bis auf die neuere Zeit herab, und einer charakteristischen Darstellung der bisherigen Haftarten, des alten Zuchthaussystemes, welches die Systemlosigkeit selbst sei, und des Auburn'schen Schweigsystemes, weist er nach, daß nur bei der Einzelhaft der vorgesetzte Zweck möglichst vollständig erreicht werde, wogegen die andern Strafweisen statt der Besserung eher eine Verschlechterung der Verbrecher und eine Vermehrung der Rückfälle zur Folge gehabt haben. Er setzt die Vorzüge des Isolierungssystemes klar auseinander, und zeigt die Nichtigkeit der dagegen gemachten Einwürfe, unter Beifügung von Zeugnissen und Berichten der berühmtesten, im Gefängnißwesen als Autoritäten anerkannten Fachmänner, wie eines Julius, Crawfort, Russel, Ducpetiaux, de Metz, Moreau Christoph, Tocqueville, Beaumont, Blouet und Anderer, welche in der von dem österreichischen Justizbeamten von Würth verfaßten Schrift: „Die neueren Fortschritte des Gefängnißwesens, Wien 1844," zusammengestellt sind. Als entscheidend könne endlich die von ihm aus der Julius'schen Geschichte und Statistik der beiden neuern Strafsysteme entnommene Nachweisung betrachtet werden, daß die öffentliche Meinung in Amerika, seitdem die Akten vollständig spruchreif vorliegen, sich für das pennsylvanische System entschieden habe; deßgleichen die aus dem Berichte der beiden englischen Gefängnißinspectoren Crawford und Russel an ihre Regierung geschöpfte Versicherung, daß die Directoren aller von ihnen besuchten Auburn'schen Strafanstalten in Amerika, mit Ausnahme eines Einzigen, erklärt haben, daß „wenn sie noch die Wahl hätten, sich für das System des Stillschweigens oder für das der Trennung zu bestimmen, sie unbedingt dem letztern den Vorzug geben würden", eine Versicherung, in welche auch die Genfer Staatsmänner einstimmen.

Unter den von der Commission vorgeschlagenen Modificationen sind als die vorzüglichsten hervorzuheben: die gemachten Zusätze in Betreff einer genauen, in das Gesetz aufzunehmenden Bestimmung der Arbeitsstunden, der Besuche, der Spaziergänge und Erholungen, die Herabsetzung des Maximums der Einzelhaft von zehn auf sechs Jahre, endlich die in Bezug auf die Reduktion der Strafzeit vorgeschlagene Bestimmung, daß zwei Monate, in völliger Absonderung erstanden, für drei Monate gewöhnliche Strafzeit gelten sollen. Sämmtliche Abänderungen bezwecken eine noch größere Milderung des neuen Systemes. Die Kammer trat den Anträgen der Commission bei.

Die Gr. Regierung, welche gleichfalls mit den Vorschlägen einverstanden, und den Inhalt derselben vorher schon den nachfolgenden Vollzugsverordnungen einzuverleiben Willens war, legte hierauf einen neuen, sechzehn Paragraphen umfassenden Entwurf vor, welcher die beantragten Modificationen enthielt und am 13. Februar 1845 von der zweiten Kammer mit einer an Einstimmigkeit grenzenden Majorität angenommen wurde.

Die erste Kammer ließ sich über den ihr am 15. Februar überreichten modificirten Gesetzentwurf durch die von ihr ernannte Commission gleichfalls Bericht erstatten, welchen im Namen derselben Hofgerichtspräsident Obkircher in der 74. Sitzung am 18. Febr. vortrug. Unter Hinweisung auf die Motive der Regierung und den mit tiefer Sachkenntniß ausgearbeiteten, gründlichen, und ausführlichen Bericht der Commission der 2. Kammer, glaubte Referent einer umfassenden Beleuchtung des Gegenstandes sich enthalten zu können, und beschränkte sich darauf, zu Gunsten des Gesetzentwurfes hervorzuheben, daß derselbe nicht die Einzelhaft Pennsylvaniens, welche in der ursprünglich eingeführten Weise allerdings nicht zu empfehlen wäre, sondern eine, nach den Vorschriften der Humanität modificirte Einzelhaft einzuführen beabsichtige. Der von der Commission einstimmig gefaßte Beschluß, den er zur Kenntniß der hohen Kammer brachte, lautete dahin: Hochderselben den Beitritt zu dem ganzen Gesetze zu empfehlen. Auch die erste Kammer hat diesen Antrag zum Beschluß erhoben.

Unterdessen war der Bau der neuen Anstalt weiter vorgerückt; die Umfassungsmauer, der Eingangsbau und die Fundamente der

Flügel waren vollendet, und durch das nunmehr erschienene Gesetz über den Strafvollzug im neuen Männerzuchthaus dem Baumeister auch das System vorgezeichnet, nach welchem er den Bau durchführen mußte.

Der detaillirte Plan der neuen Anstalt wurde im Allgemeinen nach dem Muster-Gefängnisse Pentonville, als dem unstreitig zu jener Zeit am zweckmäßigsten construirten und eingerichteten Zellengefängnisse entworfen, dabei jedoch manche Abänderungen vorgenommen, z. B. in Heitzung, Ventilation, Größe der Zellen, Wasserleitung, Construction der Kirche, Einrichtung eigener Schulen, welche theils aus Gründen der Ersparniß hervorgingen, theils als wirkliche Verbesserungen zu betrachten sind.

Die von der Regierung geforderten nöthigen, bedeutenden Mittel zum Bau und der innern Einrichtung der Anstalt wurden von den Ständen mit anzuerkennender Einsicht und Bereitwilligkeit jeweils bewilligt. Bevor jedoch die Ausführung der Zellenflügel begonnen wurde, schien der Regierung der rechte Zeitpunkt gekommen zu sein, durch Abschickung von Commissairen andere, nach den Grundsätzen der Einzelhaft eingerichtete Anstalten des Auslandes besichtigen zu lassen, weil die in den vorliegenden Werken enthaltenen Beschreibungen manche Details gar nicht, oder nur oberflächlich berührten, von denen nur durch persönliche Anwesenheit genaue Kenntniß zu erlangen war, weil bei einem Strafsysteme, welches erst seit kürzerer Zeit Eingang gefunden hat, durch die täglichen Erfahrungen ein immerwährender Fortschritt zum Vollkommeneren stattfindet, es für eine mit bedeutenden Kosten einzurichtende Strafanstalt von großer Wichtigkeit ist, auch die neuesten Erfahrungen benutzen zu können, und in Bezug auf Baueinrichtungen insbesondere man durch den Augenschein am besten in den Stand gesetzt wird, sich ein richtiges Urtheil über Werth und Zweckmäßigkeit derselben zu bilden.

Im Frühjahr 1846 wurden Ministerialrath Dr. v. Jagemann und Oberbaudirector Hübsch zur Besichtigung des Mustergefängnisses Pentonville nach London abgesendet, und beide überzeugten sich, daß zur consequenten Durchführung des Vereinzelungsprincips und geeigneten Vorsorge für Gesundheitspflege noch einige Abänderungen des ursprünglichen Bauplanes vorgenommen werden müßten; so wurden, neben einigen kleineren Verbesserungen, drei Aufnahmszellen, die den neu eingelieferten Sträflingen behufs ihrer ärztlichen Untersuchung, Einkleidung und Bekanntmachung mit den Regeln des Hauses vor ihrem wirklichen Eintritte in die Anstalt zum einstweiligen Aufenthalt dienen, ebenso vier, außerhalb des geräuschvollen Gefängnißbaues für Schwererkrankte eingerichtete Krankenzellen, die nebst den erstgenannten auf beiden Seiten des Mittelbaues eine passende Stelle finden könnten, für nöthig gefunden; es wurde ferner die früher angenommene Zahl von 48 Einzelspazierhöfen für zu gering erkannt, und eine Vermehrung derselben auf 70 bis 80 um so mehr für nöthig gehalten, als im Pentonviller Gefängniß für eine Bevölkerung von ungefähr 484 Sträflingen 114 solcher Einzelhöfe vorhanden sind.

Man hat der Regierung vielfach den Vorwurf gemacht, daß sie zu spät, nachdem bereits die Anstalt begonnen war, sich entschlossen habe, zur Besichtigung anderer ähnlicher Strafanstalten Fachmänner auf Reisen zu schicken.

Erst im vorhergehenden Jahre 1845 war die Einführung der Einzelhaft von der Regierung und den Ständen beschlossen worden; die Regierung konnte sich doch wohl nicht entschließen, kostspielige Reisen zur genaueren Besichtigung pennsylvanischer Gefängnisse zu veranlassen, bevor die Anwendung des Systemes in der neu zu erbauenden Anstalt entschieden war. Zu einer allgemeinen Beurtheilung und Begründung der Vorzüge der neuen Haftart vor der Kammer, behufs deren Einführung, genügten diejenigen Kenntnisse, die man aus schriftlichen Nachrichten, Beschreibungen und Berichten schöpfen konnte; sobald es sich aber darum handelte, der zu erbauenden Anstalt eine möglichst zweckmäßige innere Einrichtung zu geben, und die anderwärts gemachten neuern Erfahrungen zu benützen, trat die Nothwendigkeit ein, diese Strafanstalten in Augenschein nehmen zu lassen, und es war somit der für die gedachte Reise gewählte Zeitpunkt sicher der passende. Zudem war die Musterstrafanstalt Pentonville erst im Dezember 1842 eröffnet worden, und erst mehrere Jahre nach der Durchführung des Systemes in derselben konnte wohl ein maßgebendes Urtheil über die Vorzüge oder Nachtheile des Baues, der innern Einrichtung, der Hausordnung und des Systemes selbst erwartet werden. Bei den bisherigen Bauausführungen, die man wohl überlegt, und bedachtsamerweise nicht zu rasch vorwärts schreiten ließ, hatte man schon darauf Rücksicht genommen, daß etwaige nachträgliche Veränderungen oder Erweiterungen des Planes stattfinden konnten, ohne durch das schon Vollendete daran gehindert zu werden.

Die unheilvollen politischen Bewegungen in unserem Vaterlande im Jahr 1848 und 1849 konnten natürlicherweise auf das Fortschreiten des nunmehr beinahe vollendeten Baues der Anstalt nur lähmend einwirken.

Die Aufrechthaltung der Ruhe und Ordnung, und die zweimalige Unterdrückung des ausgebrochenen Aufruhrs im Jahr 1848 veranlaßte dauernde Besetzung der bedrohten Landestheile durch eigene und Bundestruppen, und einen bedeutenden Staatsaufwand, so daß den Werken des Friedens nur die nöthigsten Mittel zugewendet werden konnten.

Daraus erklärt sich der nur langsame Fortschritt der Anstalt in dieser Zeit; dennoch aber gerieth der Bau nicht ins Stocken und war gegen Ende des Jahres 1848 schon soweit vorgerückt, daß er wenigstens als Untersuchungsgefängniß benutzt werden konnte, indem man beschloß, wegen der Sicherheit des Baues und wegen Mangels irgend eines andern ausreichenden Haftlocals, die ganze, im Wiesenthale gefangene Herweg'sche Schaar, gegen 300 Köpfe, und später die nach dem Gefechte bei Staufen von den Truppen eingebrachten Freischärler behufs der Untersuchungshaft in demselben zu verwahren, welche so lange darin verblieben, bis man an die Eröffnung der Anstalt dachte, und deßhalb diese politischen Untersuchungsgefangenen in das hiesige, zu diesem Zwecke frei gemachte Weiberzuchthaus transferirte.

Den 16. Oktober 1848 endlich wurden die drei vollendeten Flügel der Anstalt ihrem eigentlichen Zwecke übergeben, und in dieselbe 239 Gefangene aus den Zuchthäusern Mannheim, Freiburg und Bruchsal verbracht, zu welchen noch 37 bis Ende des Jahres zugingen, so daß den 1. Januar 1849 sich 276 Gefangene in der Anstalt befanden.

Waren auch manche baulichen Einrichtungen der Anstalt noch nicht vollendet, wie die Kirche, Schule, Spazierhöfe, der ganze erste

Flügel, und konnten deßhalb manche vorgeschriebene, integrirende und nothwendige Uebungen des Pönitentiarsystemes, so wie manche hauspolizeiliche und sanitätliche Anordnungen in der ersten Zeit nach Eröffnung der Anstalt noch nicht vollzogen werden, so muß eben dem Drange der Zeiten, wie der starken Ueberfüllung der übrigen Landesstrafanstalten Rechnung getragen und der Eifer anerkannt werden, mit welchem die Regierung sich bestrebte, das Fehlende und noch Mangelhafte zur Vollendung zu bringen, so daß der erste Flügel und die Spazierhöfe schon Ende Februar, die Kirche am Ostersonntag 1849, und die Schulen im Januar 1850 benutzt werden konnten.

Etwas später, im Jahr 1851, konnten die Dienstwohnungen und Gärten vor der Anstalt den betreffenden Beamten übergeben werden.

Im Verlaufe der ersten Jahre nach Vollendung des Hauses wurden manche, zum Theil wichtige Abänderungen durch die Erfahrung als nothwendig befunden und durchgeführt; einzelne Verbesserungen stehen noch in Aussicht, wie dieß in der Beschreibung der Anstalt genau begründet und nachgewiesen ist; im Ganzen aber kann die neue Anstalt als ein wohlgelungener, seinem Zwecke entsprechender Bau, und für alle Zeiten als ein Denkmal der weisen und humanen Regierung des verstorbenen Großherzogs Leopold bezeichnet werden, welcher dem Lande zur Ehre, der bürgerlichen Gesellschaft zum Wohle und den Gefangenen zum Heile gereichen wird.

Kritik der verschiedenen Haftsysteme und Wesen der Einzelhaft.

Im religiösen Gebiete tauchte die Idee der Isolirung, (Einsamkeit und Schweigen), bald der freiwilligen, bald der zur Buße angeordneten, schon sehr frühe als wirksamstes Mittel auf, den Leidenschaften zu steuern, der Sünde auszuweichen, oder für begangene Fehltritte zu büßen, und Tausende brachten ihr Leben als Asceten in Einöden oder in Klöstern mit härteren Ordensregeln als die der pennsylvanischen Haft, zu. Schon im Jahre 817 findet sich ein Beschluß des Benediktiner Convents zu Aachen, welcher absolut einsame Einsperrung, jedoch in lichtvollen und erwärmten Zellen, als Strafe für verbrecherische Ordensglieder bestimmt, und Mabillon, ein gelehrter Benediktiner der Congregation von St. Maur, geboren 1632, gestorben 1707, gründete darauf den Vorschlag einsamer Einsperrung für Verbrecher, mit kleinen Gärten und der Gestattung von Arbeit.

In Amerika wurde diese Idee zuerst einer praktischen Anwendung entgegengeführt, indem es, wie wir gesehen haben, den Bemühungen edler, für die Wiedererhebung ihrer gefallenen Brüder begeisterter Menschenfreunde gelang, die gesetzgebende Versammlung Pennsylvaniens von den Nachtheilen der bisher üblichen Haftweisen und der Nothwendigkeit einer Aenderung derselben im Interesse der Gefangenen und der Gesellschaft zu überzeugen, und zu dem Beschlusse der Erbauung eines Zellen-Gefängnisses zu veranlassen. Die Ueberzeugung von den unendlichen Vorzügen der Einzelhaft vor jeder andern Haftart hat sich seit jener Zeit in allen civilisirten Ländern Eingang verschafft, und ihre Principien sind von den gewichtigsten Stimmen im Gefängnißwesen als die einzig richtigen, und alle Strafzwecke im weitesten Umfange erreichenden anerkannt worden.

Wenn nun auch die Ansichten über die mögliche Dauer der Anwendung der Einzelhaft auf Gefangene ohne Nachtheile auf Körper und Geist, sowie über die zu einer nachhaltigen Einwirkung erforderliche Zeit derselben in den verschiedenen Ländern von einander abweichen, so sind doch über die Erfolglosigkeit und die Nachtheile der bisher üblichen Haftsysteme alle Regierungen, welche dem Gefängnißwesen besondere Aufmerksamkeit gewidmet haben, und weitaus der größte Theil der als Autoritäten anerkannten Fachmänner vollkommen einverstanden, und haben über jene Systeme schon längst den Stab gebrochen.

Eine Würdigung dieser, den Strafzwecken nicht entsprechenden und als nachtheilig bezeichneten Haftarten wird diesen Ausspruch rechtfertigen. Da mir jedoch eigene, auf mehrjährige Selbstanschauung gegründete Erfahrungen über das Wesen und die Erfolge dieser Haftsysteme abgehen, so werde ich mich behufs der Beurtheilung derselben theils auf die officiellen Aeußerungen der Regierungscommissäre an die Ständekammern bei beschlossenen Gefängniß-Reformen, oder auf die Commissionsberichte der Letzteren bei Begründung der Gesetzesentwürfe über Einführung der Einzelhaft beschränken, theils die Urtheile erfahrener, im Gefängnißwesen als Autoritäten anerkannter Fachmänner wiedergeben.

Die auf andere Grundprincipien, als die Einzelhaft gegründeten Haftsysteme sind: Die gemeinschaftliche Haft, das Auburn'sche System und das Classifikations System.

1) Die gemeinschaftliche Haft.

Der Commissionsbericht über den Gesetzentwurf, den Strafvollzug in dem neuen Männerzuchthaus zu Bruchsal betreffend, erstattet in der 141. öffentlichen Sitzung der badischen zweiten Kammer am 31. Januar 1845, schildert dieselbe folgendermaßen:

Man läßt die Gefangenen Nachts in gemeinschaftlichen Sälen zusammenschlafen, und bei Tag in gemeinschaftlichen Sälen zusammenarbeiten. Es ist bei diesem System schwer zu verhüten, daß die Sträflinge mit einander sprechen. Hier lehrt aber nun die Erfahrung allenthalben, daß dies von den nachtheiligsten Folgen für die Sittlichkeit der Gefangenen ist. Die Zuchthäuser sind hohe Schulen des Lasters geworden, und die Züchtlinge verlassen sie in der Regel als gefährlichere Mitglieder für die bürgerliche Gesellschaft als sie vor der Bestrafung waren. Die größten Bösewichter geben in den Anstalten selbst den Ton an, rühmen sich ihrer Schandthaten, und unterrichten die Jüngeren oder weniger Erfahrenen in allem möglichen Bösen.

Nach der Entlassung bleibt auch für den Gefangenen, der mit dem Vorsatze, kein Verbrechen wieder zu begehen, die Strafanstalt verließ, die Bekanntschaft mit anderen Verbrechern, die er dort gemacht, sehr bedenklich. Ist er in guten Verhältnissen, so ist ihm diese Bekanntschaft lästig und gefährlich; wo nicht, so ist er ihrer Verführung um so mehr ausgesetzt. Man ist zur Erhaltung der Ordnung unter so vielen verwegenen, der Freiheit beraubten Subjecten genöthigt, eine sehr strenge Disciplin einzuführen, die fast nur durch körperliche Züchtigung aufrecht erhalten werden kann. Trotz dieser Härten des Systems hat es sich nirgends auch nur insofern bewährt, daß es die demselben unterworfen gewesenen Sträflinge vor Rückfällen, und Andere vor ähnlichen Verbrechen abgehalten hätte.

Die eben so wenig genügend abschreckende als bessernde Wirkung der bisherigen Zuchthäuser, ja die große Verschlechterung der gefangenen Verbrecher durch ihren nicht zu unterdrückenden gegenseitigen Verkehr bestätigen nicht blos die überall stattfindenden, täglich sich vermehrenden Zahlen der Rückfälle und der neuen Verbrechen, es liegt auch tief in der Natur der Sache, daß, wenn nicht überhaupt im Leben durch die sinnliche Natur des Menschen, doch unter Zuchthäuslern das Sinnliche und Böse das Uebergewicht über das Gute hat, und dieses Uebergewicht in schlechter Gesellschaft allzu leicht erhält. Daß in dem Verkehr mit so vielen schaamlosen, verruchten, und doch oft im Umgang gewandten, schlauen und kühnen Verbrechern ein wahres Insichgehen der weniger Verderbten kaum denkbar ist, daß bald jede Schaam und jeder Keim des Guten in ihnen vollends niedergetreten wird, daß Spott und selbst Mißhandlung endlich auch den Bessern zwingen, nach dem sprüchwörtlichen Ausdruck mit den Wölfen zu heulen — dieses ist ebenfalls klar. Rechne man nun noch dazu, daß in der stets drückenden Lage der Freiheitsberaubung und der demüthigenden Unterordnung unter die Hauszucht und die Strenge oder Willkühr der Aufseher, der natürliche Lebensinstinct der Verbrecher und ihre Gesellschaft sie anreizt, statt den schmerzlichen Gefühlen der Reue vielmehr Demjenigen sich zuzuwenden, was ihnen in ihrem bisherigen Leben am meisten Freude machte, ihre Seele erfüllte und das Bewußtsein ihrer Kraft gab, nämlich der energischen, kühnen, schlauen und siegreichen Ausführung ihrer früheren verbrecherischen Plane, oder der Erneuerung dieser Plane für die Zukunft. Dieses ist ihre höchste Lust im traurigen Kerker; so befestigen und verstärken sie ihre verbrecherischen Leidenschaften, und dem Unmuth über die nicht mit reuiger Gesinnung und Demuth, sondern mit Haß und Rachsucht erduldeten Zucht und Härte der Strafanstalt setzen sie aus Rachsucht und zum Trotze schon zum Voraus neue Pläne oder Verabredungen zu noch kühneren Verbrechen entgegen. Um sich recht in diese Stimmung hineinzudenken, vergegenwärtige man sich nur einmal lebhaft, mit welcher, vorzüglich für jüngere Leute ansteckenden, höchsten Lust Krieger, Jäger, Studenten,

Liebesabentheurer sich ihrer mit Gefahr und Muth, mit Geschicklichkeit, Schlauheit und Glück bestandenen Abentheuer erinnern. So erst begreift es sich ganz, wie so oft die Verbrecher ihr schlechte Gesellschaft und ihr Verderbniß im Zuchthause auf das Bestimmteste als die Quelle ihrer wiederholten Verbrechen bezeichnen."

Der Commissionsbericht der ersten Kammer über diesen Gegenstand, erstattet von dem Abgeordneten Obkircher, Großh. Hofgerichtspräsidenten, spricht sich in der 74. Sitzung vom 18. Februar 1845 dahin aus:

„Als man wahrnahm, daß die Zahl der Verbrecher sich mehre, daß sehr viele der nach erstandener Strafe entlassenen Sträflinge alsbald wegen neuen Verbrechen wieder in die Strafanstalt zurückverbracht werden mußten, suchte man den Grund davon zum Theil und mit Recht in dem schlechten Zustande der Gefängnisse, denen man sofort eine größere Aufmerksamkeit widmete, wobei es sich unverkennbar zeigte, daß manche der bisherigen Strafanstalten eigentliche Schulen für die Verbrecher und die Verbrechen, und statt den Sträfling von Verbrechen für die Zukunft abzuschrecken, mehr geeignet waren, denselben vollends zu verderben und Gesellschaften zu organisiren, die dem Bunde, den sie als Sträflinge geschlossen, auch in der Freiheit treu bleiben, und nun gemeinsam ihre verbrecherischen Thaten vollbringen. Die Nothwendigkeit einer Veränderung des Gefängniß- und Strafwesens ist daher überall zur Ueberzeugung geworden."

Ein höherer kurhessischer Justizbeamter sagt in der Schrift: „Ueber Verbesserung der Gefängnisse und die Einführung des Systems der Einzelhaft. Hanau, 1849. S. 6: „Den Hauptgegenstand der Unterhaltung bilden die verübten Verbrechen, und nicht etwa um Reue an den Tag zu legen, werden die Bekenntnisse abgelegt, sondern um mit den begangenen Thaten zu prunken. Der Frechste, der Rohste, der Schaamloseste ist der, welcher am meisten gilt! — Phantasie malt die verworfensten Handlungen als gelungene Ueberlistungen der Obrigkeit aus, und leiht Schilderungen glänzende Farben, bei welchen ein unverdorbenes Herz zittert. Sophistik, oft der feinsten Art, wird zu Hilfe genommen, um zu rechtfertigen, was Gott und die Menschen verdammen; Religion, Sitte, Recht, Ordnung werden verhöhnt, verspottet, und Alles, was dem Menschen heilig und theuer ist, mit Füßen getreten! Wehe dem weniger Verdorbenen, welchen eine, vielleicht im Augenblick unbewachter Leidenschaft begangene Gesetzübertretung in die Mitte dieser Rotte führt! Die Spuren vorhandener Sitte, Zeichen der Reue und Schaam, oder gar Mißbilligung der Schandthaten, die er sieht, machen ihn zum Feinde Aller; er wird verhöhnt, verspottet, mißhandelt, und geht endlich selbst unter in dem Schlamme, der ihn umgibt, um einen nach ihm Kommenden eben so hinabzuziehen, wie es ihm geschah!"

Der französische Minister Duchatel äußerte in der Sitzung der französischen Deputirtenkammer vom 11. Mai 1844, Moniteur Seite 1332: „Wissen Sie, meine Herren, was das Resultat unserer Gefängnisse ist? Es bildet sich in denselben eine Art von verbrecherischer Gesellschaft, inmitten der großen menschlichen; dieselbe unterhält ihre Verbindungen mit der äußern, sie findet außerhalb des Gefängnisses Entlassene, Mitschuldige, ohne Unterlaß beschäftigt, Hilfe und Unterstützung denen zu ertheilen, welche noch zurückgehalten sind. Man beurtheile nicht das Uebel nach der Zahl der Gefangenen, man überschaue diese Population nach ihren Verzweigungen, die sie sich durch Einimpfen des Verderbnisses und der Verbrechen in allen Classen der Gesellschaft geschaffen hat, und dann wird man mit Schaudern die wahre Gefahr für die Moralität der Völker erblicken."

In den Verhandlungen über das einzuführende Strafsystem in der zweiten niederländischen Kammer im Jahr 1843 (Julius, Jahrbücher IX. S. 216) klagte der Minister über die schreckliche Unsittlichkeit, die sich sowohl bei Männern als Weibern, bei Bejahrten wie bei Kindern in den Gefängnissen verbreitet hat. Sie vereitle alle Bemühungen aller verdienstvollen Gefängnißadministrationen, sie ersticke jeden Keim, welchen die Geistlichen streuen, um den Verbrecher zur Einkehr in sich zu bringen; der letzte Funken von Schaam werde beim Eintreten in die Gefängnisse ausgelöscht; die am wenigsten Verdorbenen treten dort, auch wider ihren Willen, in Bekanntschaft mit Bösewichtern, die größere Fortschritte auf dem Wege des Verderbens gemacht haben. Ohnmächtig gegen Spötteleien, herrscht bei den Meisten der elende Ehrgeiz, die ersten unter den Schlechtesten zu sein oder wenigstens zu scheinen, und eine so große Gefühllosigkeit für Alles, was nur Sittlichkeit heißt, zu zeigen, daß jeder heilsame Einfluß der Strafe vernichtet wird. Begangene Verbrechen werden von der freundlichsten Seite dargestellt, Plane für die Zukunft geschmiedet, die neu Angekommenen theilen den Heraustretenden die vortheilhaftesten Gelegenheiten zu Verübung neuer Verbrechen mit; die meisten Verbrechen, welche in Verbindung mehrerer verübt wurden, verdanken der Zeit des Aufenthaltes derselben im Gefängnisse ihren Ursprung.

2) Das Auburn'sche, s. g. Schweigsystem.

Dasselbe besteht in gemeinschaftlichem Arbeiten der Gefangenen bei Tag unter dem Gebote des strengsten Stillschweigens, und Absonderung der Sträflinge bei Nacht und an den Sonn- und Feiertagen in Zellen.

Eine Kritik dieses Haftsystemes ist in den Motiven zum Gesetzentwurf, den Strafvollzug im neuen Männerzuchthaus betreffend, durch den Regierungscommissär Ministerialrath Dr. v. Jagemann erstattet, in der 134. Sitzung der zweiten badischen Kammer am 13. Januar 1845 enthalten, aus der wir Folgendes entnehmen: „Zur Zeit, als von dem Beginne der Bauarbeiten der neuen Anstalt die Rede war, glaubte die Regierung noch, dem sogenannten Auburn'schen oder Schweigsysteme, modifizirt durch eine Klassenabtheilung der Verbrecher, den Vorzug geben zu dürfen, und es bot sich in der 1838 eröffneten neuen Weiberstrafanstalt Gelegenheit dar, dasselbe einstweilen einzuführen. Die hier seither gemachten Erfahrungen haben sich nicht nach Erwarten gestaltet. Durch eine sorgfältige Auswahl des Aufsichtspersonals, wie durch zweckmäßige Beschäftigung der Sträflinge, durch angemessenen Gottesdienst und gründlichen Unterricht suchte man den moralischen Zustand der Sträflinge möglichst zu heben. Wenn aber auch Einzelne zur bessern Gesinnung gebracht wurden, so scheinen dieß nur solche gewesen zu sein, welche überhaupt für gute Lehren leicht empfänglich waren; denn eine noch größere Anzahl, wie in den auf altem Fuße fortbestehenden Männerstrafanstalten, gab sich nach der Entlassung dem früheren schlechten Lebenswandel hin, und die traurige Folge davon ist, daß von dem jährlichen Zugang in der Weiberstrafanstalt immer

$1/5$ bis $1/4$ aus Rückfälligen besteht, deren Anzahl in der Männerstrafanstalt zu Bruchsal zwischen $1/10$ und $1/8$ schwankt.

Die Hauptursache, warum diese Gefängnißeinrichtung ein befriedigendes Resultat weder geliefert hat, noch liefern kann, liegt in folgenden Verhältnissen: Es gewinnt zwar den Schein, daß, wenn man die Sträflinge bei Tag in angemessenen Abtheilungen unter dem Gebote des Schweigens gemeinschaftlich arbeiten, dagegen die Nächte und Sonn- und Feiertage in Einzelzellen zubringen läßt, der Zweck der Strafe vollkommen erreicht werden wird. Allein dies beruht auf der Täuschung, daß der Verkehr unter den Sträflingen aufgehoben sei. Solcher besteht vielmehr, wie man sich überzeugte, wenn auch in geringerem Maße, als in den älteren Zuchthäusern, daneben immer vielfältig genug fort, um die moralische Ansteckung sowohl, als Anknüpfung von Kameradschaften für die wiederkehrende Freiheit, also gerade das verderblichste Gift, was man in der früheren Einrichtung erkannte, in die neuen Anstalten zu übertragen. Mag man die strengsten und häufigsten Hauszuchtmittel anwenden, so werden Menschen, und zwar besonders Menschen von widerspenstiger Art, stets streben, den in Gesellschaft lebhaft erwachenden Mittheilungsdrang zu befriedigen. Wie vorsichtig man auch die Sträflinge im Arbeitssaal stellen oder setzen mag, so finden sie, je nachdem der Aufseher sich wendet, leicht Gelegenheit, durch Flüstern, durch Winke und Gebärden zu communiziren, und man konnte behaupten, daß es dabei noch vorzuziehen wäre, den Verkehr ganz frei zu geben, weil sonst die Gefahr entsteht, aus der vermeintlichen Besserungsschule eine Schule der Ränke und Heuchelei zu machen. Zudem erhält es für das Aufsichtspersonal bald etwas Widerstrebendes, in den so häufigen Fällen des Bruchs des Stillschweigens oder ähnlicher Uebertretungen die Sträflinge regelmäßig anzuzeigen, theils weil sie selbst eine Härte darin erkennen mögen, theils weil sehr oft wiederkehrende Disciplinarstrafen ihre Wirkung verlieren und eher erbittern. Die Berichte aller Directoren von Auburn'schen Strafanstalten stimmen, so weit sie öffentlich bekannt geworden, darin überein, daß es unmöglich sei, das Gebot des Schweigens unter den Gefangenen strenge zu handhaben, ja es sind Geständnisse von einzelnen Sträflingen erfolgt, wonach sie stündlich das Gebot übertreten haben, und in den meisten

Fällen straflos durchkamen. Daraus erklärt sich denn auch, daß die Zahl der aus solchen Anstalten gebessert Entlassenen verhältnißmäßig so gering und in unserer Weiberstrafanstalt sogar geringer ist, als in den Männerstrafanstalten.

Hiernach steht die Thatsache fest, daß die nach dem Schweigsysteme eingerichteten Strafanstalten nicht geeignet sind, eine wesentliche Verbesserung im Moralzustande der Verbrecher herbeizuführen. Sie tragen zwar durch gewisse Formen den Schein, dergleichen leisten zu können, liefern aber nicht in den Früchten ihrer Wirksamkeit den Beweis, oder mit andern Worten, die ihnen zu Grund liegende Idee hat etwas Bestechendes, was im praktischen Leben sich ganz und gar nicht bewährt. Unter solchen Umständen kann die Regierung nicht geneigt sein, bei der Einrichtung des neuen Männerzuchthauses einen wiederholten Versuch mit dem Auburn'schen Systeme zu machen."

Der tüchtige Moser, Director der Auburn'schen Strafanstalt St. Jakob in St. Gallen selbst hält dieses System bei Verbrechern, die an ein müßiges, leichtsinniges Leben gewöhnt, alles Schaam- und Ehrgefühls baar, und daher gleichgiltig gegen das Urtheil der Welt, wie gegen die Lehren der Religion, ohne Willen und Kraft immer und immer wieder auf sündigem Wege wandern, für völlig ungenügend und zu human.

„Soll bei dieser Art von Verbrechern die Strafe ihren Zweck erreichen, so muß sie viel rigoroser und so beschaffen sein, daß sie dieselben auf der verwundbaren Stelle treffe; solches vermag aber allein das Isolirungssystem. Nichts ist drückender für solche Menschen, als die Einsamkeit. Getrennt von ihres Gleichen, ohne alle andere Zerstreuung als die der Arbeit, sind sie allein eingeschlossen mit ihrem Eigensinn, ihrer Bosheit und ohnmächtigen Wuth, allein mit ihrem Gedächtnisse, ihrem Gewissen und ihrem Gott. Dieser Strafe können sie nicht entfliehen, ihren Druck nicht mindern; sie ist mit jedem Tage neu, und erzeugt Furcht vor einer Strafe, welche allen Neigungen auf die empfindlichste Weise Schranken setzt, und jedem Charakter Erinnerungen einprägt, die sich in der Freiheit noch lange nicht verwischen lassen." Und weiter sagt Moser: „Das Auburn'sche System leidet außerdem, daß dasselbe bei kurzzeitigen Strafen nicht nachhaltig genug einwirkt, an gewissen Gebrechen, die eben bei kurzzeitigen Strafen um so bestimmter hervortreten. Wir haben nämlich vielfältig die Erfahrung gemacht, daß das Beisammenleben der, von den nämlichen Leidenschaften verfolgten, denselben heftigen Gemüthsbewegungen unterworfenen Menschen am Tage, so große Vortheile dasselbe in manchen Beziehungen bietet, Veranlassung gibt zu vielen Uebertretungen, denen auch die gewissenhafteste Aufsicht nicht gänzlich vorzubeugen vermag.

Weit nachtheiliger aber ist, daß der Böse, wenn er auch nicht sich mittheilen kann und darf, unter seines Gleichen sich fühlt, und daher seine Kraft und sein Muth, diese Hebel menschlicher Thätigkeit, nicht leicht gebrochen werden können, und er bei muthwilligen Uebertretungen, absichtlichem Widerstreben oder trotzigem Auftreten gegen die Anordnungen des zunächst über ihm stehenden Aufsehers sich des, wenn auch nur stummen Beifalls eines Theils seiner Unglücksgefährten erfreut.

Obschon durch eine strenge Zucht zur Ordnung und zum Gehorsam angehalten, verfolgen sich diese Menschen noch gegenseitig in ihrem Unglücke. Da sehen wir den Neid, die Mißgunst, die Unverträglichkeit, die Verfolgungssucht, die Schadenfreude in verschiedenen Graden und Stufen zu Tage kommen. Die zum Theil unterdrückten Leidenschaften treten mitunter mit verstärkter Kraft wieder hervor, und in einem fruchtbaren Boden tief eingewurzelt, finden sie neue Nahrung und treiben neue Schosse. Diesen Uebelständen hat das Schweigsystem kein anderes Gegengewicht entgegenzustellen, als Belehrung und Strafen; wie wenig weit aber diese bei kurzen Strafzeiten reichen, ist nachgewiesen worden." St. Jacob, S. 329 bis 333.

Wenn wir nun auch damit einverstanden sind, daß in einer kleinen Strafanstalt von nur 70—100 Sträflingen, bei guter Leitung und genügendem Aufsichtspersonal, und besonders bei längerzeitigen Strafen auch das Auburn'sche System geeignet ist, bei manchen Verurtheilten Besserung zu bewirken, weil die geringe Zahl der Gefangenen eine fast tägliche Einwirkung der Beamten auf jeden Einzelnen und eine genaue Beaufsichtigung des ganzen Betragens derselben, sowie auch der Aufseher möglich macht, so wird Moser unserer Ansicht seine Zustimmung nicht versagen, wenn wir behaupten, daß dieses System in einer Strafanstalt mit 400 und mehr Köpfen nicht nur nichts zu leisten vermöge, sondern alle die schon angegebenen Nachtheile in erhöhtem Grade im Gefolge haben müsse. —

In dem Werke: Die neuesten Fortschritte des Gefängnißwesens in Frankreich, England, Schottland, Belgien und der Schweiz von Dr. J. v. Würth sind vielfältige Erfahrungen über die praktische Unausführbarkeit dieses Systemes angegeben; als kurzer Auszug mögen folgende Schlußfolgerungen dienen (Seite 275—291).

1) Die Vorschrift des unnatürlichen Stillschweigens in unmittelbarer Nähe seiner Mitgefangenen ist unausführbar.

2) Nothwendigkeit sehr strenger und zahlreicher Disciplinarstrafen.

3) Es gibt zu Verstellung, Hinterlist und Erbitterung Veranlassung.

4) Das System des Stillschweigens verhindert nicht die gegenseitige moralische Verschlimmerung der Gefangenen.

5) Die Einwirkung dieses Systemes auf das Gemüth der Gefangenen ist in vielen Fällen eine ungünstige.

6) Das System des Stillschweigens verhindert nicht die Association der Sträflinge für die Zeit ihrer Entlassung.

7) Das System erfordert ein sehr zahlreiches und geschicktes Aufsichtspersonal.

3. Das Classificationssystem

beruht auf der Anordnung, daß die Sträflinge einige Zeit der Einzelhaft unterworfen, und dann in gemeinschaftlichen Sälen in verschiedenen Abtheilungen beschäftigt werden, jedoch so, daß immer die auf gleicher Stufe der Moralität befindlichen Sträflinge in eine Abtheilung zusammenkommen, und dann je nach dem Betragen in höhere oder niedere Classen versetzt werden.

Die bekannten englischen Gefängnißinspectoren Crawfort und Russel äußern sich über die Erfolge desselben folgendermaßen: „Die Meinung, daß man durch eine gute Classification das Uebel der gegenseitigen Verschlechterung der Gefangenen beseitigen könne, beruht auf Gründen, welche Vernunft und Erfahrung als trügerisch darstellen. Die Classification muß nämlich entweder nach der Verschiedenheit der Verbrechen, oder der Charaktere gemacht werden. Der Versuch, die Gefangenen nach ihrer erwiesenen Strafbarkeit in Abtheilungen zu bringen, ist ganz verwerflich, denn der Maßstab ist dann rein technisch, da das Gesetz Verbrechen, welche in Hinsicht auf die moralische Schlechtigkeit unendlich weit von einander entfernt sind, oft in eine Kathegorie bringt. Es kann ja ein höchst entarteter Mensch wegen eines geringen Vergehens in die Strafanstalt kommen; ist es denn wohl recht, wenn er mit andern noch nicht tief gesunkenen Uebertretern, welche sich nur geringere Vergehen zu Schulden kommen ließen, in Eine Abtheilung versetzt wird? Manche Vertheidiger dieses Systems haben in Anerkennung der Mißlichkeit einer solchen Anordnung ein anderes Princip der Classification aufgestellt; sie wollen die Abtheilung, in welche der Sträfling gebracht werden soll, nach dem moralischen Seelenzustande und der Gemüthsbeschaffenheit desselben bestimmen. Allein sie gründen ihre Eintheilung auf Voraussetzungen, welche sie nicht zu erkennen vermögen; sie verlassen sich auf die Erforschung von Thatsachen, welche jedem menschlichen Auge durch einen undurchdringlichen Schleier entzogen sind, auf die Kenntniß der innersten Falten des Herzens.

Man trennte ferner die Jugendlichen von den Erwachsenen; man wollte den Neuling von dem geübten Verbrecher absondern. Bald fand man weitere Unterabtheilungen in dem Maße nöthig, als man entdeckte, daß in jeder Classe Individuen von sehr verschiedenen Graden der Verderbtheit waren. So wurden die Abtheilungen vervielfältigt, bis in manchen derartigen Gefängnissen Englands 15 und selbst mehr Classen gemacht waren. Allein dabei hat man übersehen, daß man nie im Stande sein wird, die Schuldbarkeit eines Menschen so genau zu würdigen, um jedem Individuum seinen richtigen Platz in der Scala der Moralität anzuweisen; ferner hat man übersehen, daß in einer Classe von lauter Individuen, welche auf ganz gleicher Stufe moralischer Verderbtheit stehen, deren Zusammensein gewiß nur Fortschritte derselben in ihrer Verderbtheit zur Folge haben könnte. Jede Vereinigung von Verbrechern wird dieselben nie bessern, sondern immer verschlechtern, und es gibt selbst zu Fortschritten im Bösen keinen größeren Reitz, als die durch die Gemeinschaft der Sträflinge unter ihnen hervorgerufene Aemulation."

Aubanel, der Vorsteher der Genfer Strafanstalt, erklärte nach 18. jährigem Dienste daselbst das Classificationssystem in größeren Gefängnissen für ganz unmöglich. Ebenso eine Menge der ge=

wichtigsten Autoritäten im Gefängnißwesen, Moreau=Christophe, Toqueville, Hudtwalker u. s. w. —

Die Haupteinwürfe gegen dasselbe werden also folgende sein:

1) Das Classificationssystem hat alle Mißstände, welche durch gemeinschaftliche Arbeit der Gefangenen, selbst mit Stillschweigen, hervorgerufen werden, im Gefolge.

2) Eintheilung der Gefangenen in Classen nach den Verbrechen ist verderblich, weil Menschen von der entgegengesetztesten Sinnesart das gleiche Verbrechen begehen können.

3) Eintheilung der Gefangenen nach deren moralischem Seelen= und Gemüthszustande ist unmöglich, weil dieser häufig nicht, oder doch nicht vollständig erkannt werden kann.

4) In größeren Gefängnissen, besonders mit starkem Ab= und Zugange, ist eine derartige Classification aus leicht einzusehenden Gründen gar nicht durchführbar.

5) Sollen die Sträflinge aus den niederen Classen in die höheren vorrücken, so müssen mit dem Systeme gewisse Milderungen der Haft für die höhern, Verschärfungen für die niederen Classen verbunden sein, weil sonst der Sporn zum guten Betragen behufs des Vorrückens in die höheren Classen fehlt; dieß wird aber immer zu Heuchelei und Verstellung Veranlassung geben, und die Vortheile der höheren Classen werden fast immer den Rückfälligen, besonders den Dieben zu Gute kommen, weil sich diese Erfahrungsgemäß in der Regel gut in den Strafanstalten betragen.

6) Die Beförderung oder Rückversetzung Einzelner wird immer zu Neid gegen die vorrückenden Mitgefangenen und zu Unzufriedenheit mit den Beamten von Seite der Zurückbleibenden führen, und so theils den letzteren viele Schwierigkeiten bereiten, theils Reibungen unter den Gefangenen veranlassen.

7) Die Zahl der in einer Classe zu Vereinigenden wird sich sehr oft nach der Größe des Locales richten müssen, denn bei Ueberfüllung der einen oder andern Classe wird kein zum Vorrücken Würdiger in die höhere Classe mehr aufgenommen werden können.

8) Häufige Versetzungen der Gefangenen aus einem Saale in den andern sind in einer Anstalt mit gutem und ausgedehntem Gewerbsbetriebe rein unmöglich. Man müßte jedesmal die Werkgeräthe,

Webstuhl, Hobelbank u. s. w. denselben mitgeben, und wie können die Werkmeister die ihnen untergebenen Arbeiter unterrichten und controliren, wenn sie in allen Abtheilungen zerstreut sind?

9) Auch in Beziehung auf die polizeiliche Aufsicht ist ein häufiger Wechsel nicht ersprießlich, indem es immer einige Zeit erfordert, bis der Gefangene an den neuen Aufseher, und dieser an jenen sich gewöhnt.

Nachdem wir uns nun von der Erfolglosigkeit und den Nachtheilen der bisher üblichen Haftsysteme durch die Meinungsäusserung der Regierungen, welche die Einzelhaft eingeführt haben, sowie durch die mitgetheilten Erfahrungen der gewichtigsten Stimmen über das Gefängnißwesen überzeugt haben, gehen wir zur Darstellung des Wesens, des Geistes und der Principien der Einzelhaft über.

Der verstorbene Ministerialrath Dr. v. Jagemann hat als Regierungs-Commissär in der zweiten badischen Kammer zur Begründung des Gesetzes über den Strafvollzug im neuen Männerzuchthause das Wesen und die Idee der Einzelhaft folgendermaßen gezeichnet:

„Die bürgerliche Freiheit kann nur innerhalb der gesetzlichen Schranken bestehen; wer sie mit Willkür und Nichtachtung der Rechte Anderer ausübt, befindet sich auf bedrohlichen Irrwegen; wer aber einem positiven Strafgesetze entgegenhandelt, macht sich entschieden eines Mißbrauchs der Freiheit schuldig, welcher als natürlichste Retorsion eine angemessene Beschränkung derselben hervorruft. Diese Beschränkung entspringt aus dem zweifachen Grunde, weil man die Staatsgesellschaft vor fortgesetzten Uebelthaten eines Subjekts so gefährlicher Art schützen, und weil man den Uebertreter des Gesetzes dessen Macht so fühlen lassen will, daß er Beherrschung des Willens und Mäßigung der Leidenschaft lerne, d. h. wo möglich zu einer bessern Erkenntniß seiner Rechte und Pflichten komme.

Wenn nun aus diesen Gründen geboten ist, einen Menschen aus der Mitte der gesetzmäßig belebenden Staatsbürger eine Zeit lang auszuscheiden, so kann die Aufgabe nur darin bestehen, daß man ihm einen Aufenthalt anweist, welcher ihn von jedem andern Umgang, als dem mit redlichen, auf sein Wohl bedachten Personen schlechthin ausschließt, denn die bessere Gesellschaft will von ihm ferner nicht beunruhigt sein, und durch Versetzung in schlimme Gesellschaft kann die gefährliche Willensstimmung nicht besiegt, sondern nur eher noch gesteigert werden. Aus der Zufälligkeit, daß man viele Verbrecher in das nämliche Gebäude einsperrt, wird wohl Niemand eine Nothwendigkeit dafür ableiten wollen, daß solche unter sich in gesellige Verbindung zu treten haben, denn nur zur Vereinfachung der Administration geschieht Jenes, und es wird gewiß kein Gericht einen Verbrecher in der Intention zum Zuchthaus verurtheilen, daß er in dieser Anstalt in Gemeinschaft mit gleichmäßig verdorbenen Menschen komme. Der Sträfling selbst muß es, wenn er nur einigermaaßen zur Besinnung kommt, mit Dank erkennen, wenn er während seiner Haft in die Lage versetzt wird, sich zum nützlichen Staatsglied auszubilden, und wieder der Achtung seiner Mitbürger würdig zu machen. So nothwendig jedoch Natur und Zweck der Freiheitsstrafe die Absonderung der Gefangenen fordern, ebenso zweifellos entsteht auf der andern Seite die Pflicht der Staatsverwaltung, dafür zu sorgen, daß diese Absonderung nicht zur Vereinsamung werde.

Drang zur Mittheilung und Geselligkeit gehören zu den Grundzügen des menschlichen Wesens, und ein Streben, sie zu unterdrücken, darf daher naturwidrig, ja grausam genannt werden. Eben deßhalb ist auch das sogenannte Schweigsystem, will man es mit aller Strenge durchführen, eine der härtesten Detentionsarten, denn es gewährt auf der einen Seite Gesellschaft, verpönt aber zugleich jeden Versuch eines Austausches der Gedanken, so daß es unter dem Schein der Vergünstigung nur Qualen schafft. Diese Betrachtung ist es auch, welche die Aufsichtsbehörde solcher Anstalten häufig nöthigt, die Hausordnung auf eine sehr schonende, ja unconsequente Weise zu handhaben.

Das Trennungssystem sucht beide Bedürfnisse, das der Gesellschaft und das der Mittheilung, zu befriedigen; es versagt zwar eine fortwährende Vereinigung des Sträflings mit andern Menschen; allein es verpflichtet die höheren und niederen Beamten des Hauses zum abwechselnden Umgang mit allen Gefangenen in der Weise, daß Besprechungen über religiöse, moralische und gemeinnützige Gegenstände sowohl, als über den Lebenslauf des Sträflings, seine Gesundheit, Familienverhältnisse und Wünsche jeder Art mehrmals im Tage stattfinden. Daneben wird ihm eine, seinem Berufe und seinen Fähig=

keiten entsprechende Beschäftigung mit einem kleinen Taglohnsantheil angewiesen, und, wenn er sich auf keine versteht, erhält er geeigneten Unterricht. Für die Ruhestunden werden ihm Lesebücher belehrenden Inhalts zugestellt, dem Gottesdienst wohnt er gemeinschaftlich mit den Hausgenossen an, und wenn hier auch die Einrichtung getroffen wird, daß keiner den andern sehen kann, so haben sie doch das Gefühl, einer Kirchengemeinde anzugehören.

Solcher Gestalt kann das oft vorgebrachte Bedenken, daß das Trennungssystem eine unerträgliche Einsamkeit auferlege, nicht mehr aufkommen; es muß vielmehr anerkannt werden, daß die Gelegenheit für wohlthätige Mittheilung und Zerstreuung in sehr reichlichem Maße eröffnet ist, zumal, wenn man auch braven Verwandten und Menschenfreunden den Zutritt zu den Sträflingen erleichtert.

Zwei wesentliche Vortheile dieses Systemes sind noch anzuführen, es gewährleistet eine Verminderung der Verbrechen und namentlich der Rückfälle, und gestattet eine Abkürzung der zu erkennenden Strafe.

Beides folgt mit Nothwendigkeit daraus, daß die Einzelhaft unstreitig intensiver wirkt, als jeder andere Strafvollzug. Darf man auch nicht hoffen, daß alle Sträflinge das Isolirhaus gebessert verlassen werden, so ist dies doch von einer weit größern Anzahl, als bisher, zu erwarten. Im Staate Pennsylvanien haben die Verbrecher seit dem Bestehen der neuen Gefängnisse, bis zum Jahre 1842, also in 14 Jahren, um 33% abgenommen, ein Ergebniß, welches um so auffallender ist, wenn man erwägt, daß die Gesammtbevölkerung dort in gleichem Zeitraume um mehr als 30% zugenommen hat. Kann man aber auf einen so mächtigen Eindruck der Strafe rechnen, so läßt sich mit Sicherheit behaupten, daß eine kürzere Haft an die Stelle einer bisher für das gleiche Verbrechen ausgesprochenen längeren treten kann. Es werden sonach alle relativen Strafzwecke in erhöhtem Maaße erreicht; neben der Besserung wird auch Sicherung und Abschreckung die Folge der Strafe sein. Sie dient nicht nur zur Beruhigung der Staatsgesellschaft, sondern entzieht ihr auch für geringere Zeiträume nützliche Kräfte, und erfordert zugleich geringeren Kostenaufwand für den Unterhalt vermögensloser Verbrecher." —

Diese Ideen und Erfahrungen wurden bei der Abfassung des Gesetzes über den Strafvollzug im neuen Männerzuchthause als leitende oberste Grundsätze angenommen, und aus denselben wird erkannt werden, daß die Großherzogliche Regierung allen, zur Erhaltung der körperlichen und geistigen Gesundheit der Zellengefangenen erforderlichen Anforderungen darin in einer Weise entsprochen hat, die jede Befürchtung wegen etwaiger Nachtheile desselben durch eine zu lange fortgesetzte Trennungshaft beseitigen muß. Das Gesetz über den Strafvollzug in unserer Anstalt lautet:

Leopold von Gottes Gnaden

Großherzog von Baden, Herzog von Zähringen.

Mit Zustimmung Unserer getreuen Stände haben Wir beschlossen und verordnen, wie folgt:

§. 1. Grundsatz der Einzelhaft. Die gegen Personen männlichen Geschlechts erkannte Zuchthausstrafe ist künftig, so weit es der Raum des zu Bruchsal neu erbauten Männerzuchthauses gestattet, unter den im folgenden §. 5. festgesetzten Beschränkungen zu vollziehen, daß jeder Sträfling in eine besondere Zelle gebracht und hier bei Tag und Nacht außer Gemeinschaft mit andern Sträflingen gehalten wird.

§. 2. Beschäftigung. Unterricht. Die Sträflinge werden mit Ausnahme an Sonn- und Feiertagen beschäftigt. Sie erhalten, so weit sie dessen noch bedürfen, Unterricht in einem Gewerbe und in den Gegenständen, die in den Volksschulen gelehrt werden.

§. 3. Zellenbesuche. Jeder Sträfling wird in seiner Zelle täglich wenigstens sechsmal besucht. Es werden hiebei die Besuche der Werkmeister, der Aufseher, gleich jenen der Geistlichen, der Aerzte, der Lehrer, der Directionsmitglieder, der Inspectoren, der Bekannten und Verwandten des Sträflings und anderer Personen, welche Zutritt erhalten, mit in Rechnung gebracht. Besuche von Personen, die nicht bei der Anstalt angestellt sind, noch sonst im öffentlichen Interesse zum Besuche derselben die Ermächtigung erhalten, kann sich der Sträfling verbitten.

§. 4. Spaziergang. Lesen. Briefe. Jeder Sträfling darf täglich wenigstens eine halbe Stunde in einem dazu bestimmten Raume im Freien sich Bewegung machen.

In der zur Erholung bestimmten Zeit ist dem Sträflinge gestattet, sich auch mit Lesen oder auf andere mit der Hausordnung verträgliche Weise zu beschäftigen. Von Zeit zu Zeit kann er auch, so weit es für den Strafzweck unnachtheilig ist, an Freunde oder Verwandte Briefe schreiben oder solche von denselben empfangen.

§. 5. Längste Dauer der Einzelhaft. Die völlige Absonderung (§. 1.) darf die Dauer von sechs Jahren nicht übersteigen. Haben Sträflinge eine längere Strafzeit zu erstehen, so ist ihre völlige Absonderung auf sechs Jahre beschränkt, es wäre denn, daß sie die Fortdauer derselben ausdrücklich verlangen. Ohne solches Verlangen findet die völlige Absonderung auch nicht gegen Sträflinge statt, welche in das siebenzigste Lebensjahr eingetreten sind.

§. 6. Ausnahmsweise Gemeinschaft. In so weit nach dem vorhergehenden §. 5 einzelne Sträflinge der völligen Absonderung nicht unterworfen bleiben, wird je eine Mehrzahl derselben in bisheriger Weise im nämlichen Arbeitssaale beschäftigt. An Sonn- und Feiertagen, sowie an Werktagen, bis zu Anfang und nach Umfluß der Arbeitszeit, darf gleichwohl keiner seine besondere Zelle verlassen. Die Abtheilung geschieht mit Rücksicht auf die persönlichen Eigenschaften der Sträflinge.

Die Vorschrift des §. 4 findet auch hier Anwendung.

§. 7. Verhältniß der alten und neuen Haftweise. Zwei Monate in völliger Absonderung (§. 1) erstanden, gelten für drei Monate gewöhnlicher Strafzeit.

§. 8. Berechnung im Strafurtheil. Von dem Zeitpunkte an, wo gegenwärtiges Gesetz in Wirksamkeit tritt, haben die Gerichte alle Zuchthausstrafen gegen Mannspersonen zwar nach den Bestimmungen des Strafgesetzbuches so auszumessen, wie wenn sie in bisheriger Weise zu erstehen wären, im Urtheil aber zugleich zu bestimmen, auf welche Dauer die hiernach erkannte Strafe mit Rücksicht auf die §§. 5 und 6 nach dem im §. 7 angegebenen Verhältniß herabzusetzen sei. Die Entscheidungsgründe enthalten die Minderungsberechnung.

§. 9. Uebergang aus den alten Zuchthäusern in das neue. Mit dem Eintritt des nämlichen Zeitpunktes (§. 8) werden auch die, in den jetzigen Zuchthäusern befindlichen Sträflinge in das neue Zuchthaus verbracht und für den Rest ihrer Strafzeit der Absonderung nach Maßgabe der §§. 1 – 7 unterworfen; ebenso diejenigen, gegen welche eine Zuchthausstrafe schon vorher erkannt, allein noch nicht zum Vollzug gekommen war.

Fehlt es in dem neuen Zuchthause an Raum, um Alle gleichzeitig unterzubringen, so bleiben zunächst diejenigen ausgeschlossen, deren übrige Strafzeit früher, als die Strafzeit Anderer ablaufen wird. Von den Sträflingen, deren Strafzeit noch länger als ein Jahr dauert, bleiben jedoch zuerst diejenigen ausgeschlossen, deren Strafzeit später, als die Strafzeit Anderer abläuft.

§. 10. Lange Strafzeiten. Hat ein Sträfling zur Zeit, wo dieses Gesetz in Wirksamkeit tritt, an der gegen ihn erkannten Zuchthausstrafe schon zwölf Jahre erstanden, so wird er der völligen Absonderung (§. 1) nicht mehr unterworfen, es sei denn, daß er es ausdrücklich verlange. Dasselbe gilt in Beziehung auf diejenigen Sträflinge, welche schon vor jenem Zeitpunkte zu lebenslänglicher Zuchthausstrafe verurtheilt wurden; im Falle der Absonderung werden ihnen, gleich anderen Sträflingen, die schweres Zuchthaus zu erstehen haben, die Ketten abgenommen.

§. 11. Strafverwandlung. Hinsichtlich der im §. 9 gedachten Sträflinge, sowie hinsichtlich derjenigen, welche die völlige Absonderung, beziehungsweise deren Fortdauer nach §. 5 oder §. 10 besonders verlangen, hat dasjenige Gericht, welches in erster Instanz über ihr Verbrechen erkannte, auf Veranlassung des Justizministeriums die Strafminderung (§. 8) zu berechnen, und das Ergebniß in einem Decret auszusprechen. Dieses Decret ist den Sträflingen vor dem Eintritte des veränderten Strafvollzugs gerichtlich zu eröffnen.

§. 12. Aufsichtsrath. Der Aufsichtsrath, zu dessen Mitgliedern außer der als Inspector zu bestellenden Gerichtsperson und außer dem Director, den Aerzten und Geistlichen der Anstalt, auch noch andere Staatsbürger ernannt werden können, ist ermächtigt, Sträflinge, deren leibender körperlicher oder Seelenzustand es nöthig macht, auch während der, im §. 5 bestimmten Zeit in gemeinsamen

Arbeitssälen beschäftigen zu lassen. Es ist jedoch hiezu die vorgängige, oder in dringenden Fällen die nachträgliche Genehmigung des Justizministeriums einzuholen.

§. 13. Anträge wegen Einzelner nach 18 Monaten. Ebenso kann der Aufsichtsrath, jedoch nur mit vorgängiger Genehmigung des Justizministeriums, einzelne Sträflinge auf deren Ansuchen auch ohne die Voraussetzungen des §. 12 schon vor Ablauf der im §. 5 bestimmten Frist, jedoch nicht früher, als nachdem sie wenigstens achtzehn Monate in völliger Absonderung zugebracht haben, in gemeinsamen Arbeitssälen (§. 6) beschäftigen oder unterrichten lassen, sofern und solange er nach ihrem Betragen und ihren Eigenschaften ihr Beisammensein für unnachtheilig hält.

§. 14. Strafberechnung in diesem Fall. Die Zeit welche der Sträfling nach Maßgabe des §. 12 an der Stelle völligen Absonderung in gemeinsamen Arbeitssälen zubringt, wird ihm gleichwohl eben so angerechnet, wie wenn er sie in völliger Absonderung zugebracht hätte.

§. 15. Vollzugsverordnungen. Für angemessene Beaufsichtigung der Strafanstalt, für Erhaltung einer gesunden Luft, Erwärmung und Erleuchtung der Strafzellen und Arbeitssäle, für gesetzliche und humane Behandlung, für gesunde Ernährung, Bekleidung und Lagerung der Sträflinge, für zweckmäßige Einrichtung des Gottesdienstes, und für religiösen und moralischen Unterricht, so wie für Zurücklegung eines Theils des Arbeitsverdienstes zu ihrem Vortheile, wird durch Regierungsverordnungen gesorgt.

§. 16. Eintritt der Wirksamkeit. Der Zeitpunkt, mit welchem das gegenwärtige Gesetz in Wirksamkeit tritt, wird durch eine Vollzugsverordnung nachträglich bestimmt.

Gegeben zu Karlsruhe in Unserem Staatsministerium den
6. März 1845.
Leopold.

Durch hohen Staatsministerialerlaß vom 8. August 1851 wurde dieses Gesetz definitiv zum Vollzuge genehmigt.

Der edle Field sagt: „Gegenstand der abgesonderten Haft ist fortwährendes moralisches Wohl für den Gefangenen, und er muß vollständig erkennen, daß das System nur diesen Gegenstand im Auge hat. Unter der Herrschaft des Absonderungssystemes wird an das moralische Gefühl und an den Verstand des Gefangenen appellirt; er wird als Mensch, und mit der Achtung und dem Wohlwollen behandelt, welche man der Menschheit selbst in der tiefsten Erniedrigung schuldig ist."

Die Zwecke des Systemes und die Art, wie sie durch dasselbe erreicht werden, sind eben so treffend in der Hausordnung des philadelphischen Einzelhaftgefängnisses dargestellt: „Die verderbliche, gegenseitig verschlechternde Einwirkung eines Verbrechers auf den andern im Gefängniß soll aufgehoben, die nach der Entlassung noch fortwirkenden schädlichen, in Gefängnissen geschlossenen Bekanntschaften sollen verhütet, der Gefangene in der Stille seiner Zelle auf sich selbst hingeleitet, zur Selbstprüfung, Selbsterkenntniß und hierdurch zur Reue und guten Vorsätzen geleitet werden. Als Hilfsmittel hierzu wird ihm der Besuch rechtschaffener Leute, das Lesen nützlicher Bücher und Arbeit gewährt; diese letztere soll er durch seine Einsamkeit lieb gewinnen."

Der erste Jahresbericht der Inspectoren des philadelphischen Zellengefängnisses bezeichnet das Wesen und die Einwirkung des Trennungssystemes auf die Gefangenen folgendermaßen: „Unmäßigkeit und thörichter Leichtsinn erzeugen Verbrechen, und die Gefängnißmauern sind in der Regel von solchen bevölkert, die noch nie ernstlich nachgedacht haben; die erste Aufgabe der Beamten ist daher, die Gedanken der Gefangenen auf ihr inneres Sein zu lenken, und sie zu lehren, nachzudenken; in der Einsamkeit ruht ein mächtiger Hebel dazu. Der Sträfling, seiner früheren Laster- und Schuld-Gefährten beraubt, hört und liest mit Begierde, weil diese Abwechslung ihm die Schwere des Alleinseins mindert; hören und lesen kann er hier nur, was darauf berechnet ist, ihn tugendhaft und arbeitsam zu machen. Die persönliche Eitelkeit, welche so oft den Gefangenen in gemeinsamer Haft dahin führt, sich in dem Maße zu schätzen, wie ihn seine Genossen als Freigeist und vollendeten Verbrecher hochstellen, läßt ihn hier im Stiche; es ist Niemand da, ihn hier zu bewundern, auch nur zu sehen. Solchergestalt wird der Starrsinn verhärterter Verbrecher gebrochen, und wenn der Gefangene einmal die Einwirkung der Grundsätze der Einzelhaft auf ein gebeugtes Herz an sich erfahren hat, so lernt und fühlt er, daß moralisches und religiöses Nachdenken, mit industrieller Arbeit verknüpft, ihn geistig und körperlich zufrieden stellt und erhebt. Solche Eindrücke, statt von Spitzbuben und Schurken verhöhnt zu werden, werden von den Beamten des Hauses mit Freuden begrüßt und befestigt; die Gefangenen nehmen nach einiger Zeit ein ernstes, gesetztes, sinniges Wesen an, bekommen Lust und Liebe zur Arbeit, machen in ihren Gewerben sowie im Elementarunterrichte rasche Fortschritte und sind so durch die Einzelhaft dem Laster und Verbrechen entrissen!

Statistik

über den Personalstand der Anstalt aus den Jahren 1850, 1851, 1852, 1853 und 1854.

I. Sträflinge.

a. Zahl.

	Jahrgang					Summe.	Durchschnitt pr. Jahr.
	1850.	1851.	1852.	1853.	1854.		
Rest vom vorigen Jahr . .	359	364	359	380	378	1840	368,00
Zugang	296	288	255	186	172	1197	239,40
Summe der Bevölkerung . .	655	652	614	566	550	3037	607,40
Abgang	291	293	234	188	180	1186	237,20
Rest am Ende des Jahres .	364	359	380	378	370	1851	370,20

b. Lebensalter.

	Jahrgang					Summe.	Durchschnitt pr. Jahr.
	1850.	1851.	1852.	1853.	1854.		
Von 15 bis 20 Jahren . .	21	7	12	29	23	92	18,40
„ 20 „ 30 „ . . .	325	344	255	241	230	1395	279,00
„ 30 „ 40 „ . . .	179	187	180	157	153	856	171,20
„ 40 „ 50 „ . . .	97	97	106	91	84	475	95,00
„ 50 „ 60 „ . . .	29	14	52	36	44	175	35,00
„ 60 „ 70 „ . . .	4	3	9	12	16	44	8,80
Summe	655	652	614	566	550	3037	607,40

c. Religion.

	Jahrgang 1850.	1851.	1852.	1853.	1854.	Summe.	Durchschnitt pr. Jahr.
Katholiken	428	406	382	366	363	1945	389,00
Evangelische	220	241	226	195	180	1062	212,40
Israeliten	7	5	6	5	7	30	6,00
Summe	655	652	614	566	550	3037	607,40

d. Vermögens-Verhältnisse.

	Jahrgang 1850.	1851.	1852.	1853.	1854.	Summe.	Durchschnitt pr. Jahr.
Es besaßen Vermögen . . .	56	49	60	55	40	260	52,00
Es hatten solches zu hoffen	83	75	68	66	53	345	69,00
Ohne Vermögen	516	528	486	445	457	2432	486,40
Summe	655	652	614	566	550	3037	607,40

e. Heimaths-Verhältnisse.

	Jahrgang 1850.	1851.	1852.	1853.	1854.	Summe.	Durchschnitt pr. Jahr.
Inländer	586	605	585	534	518	2828	565,60
Ausländer	69	47	29	32	32	209	41,80
Summe	655	652	614	566	550	3037	607,40

f. Stand.

	Jahrgang 1850.	1851.	1852.	1853.	1854.	Summe.	Durchschnitt pr. Jahr.
Ledig	515	482	450	397	386	2230	446,00
Verheirathet	128	157	149	154	148	736	147,20
Wittwer	12	13	15	15	16	71	14,20
Summe	655	652	614	566	550	3037	607,40

g. Strafdauer.

	Jahrgang 1850.	1851.	1852.	1853.	1854.	Summe.	Durchschnitt pr. Jahr.
Unter 1 Jahr	74	83	23	3	5	188	37,60
Von 1 bis 2 Jahren . . .	237	234	90	141	145	847	169,40
" 2 " 5 "	186	192	249	203	204	1034	206,80
" 5 " 10 "	118	112	172	132	110	644	128,80
Ueber 10 Jahre	34	24	69	70	69	266	53,20
Lebenslang	6	7	11	17	17	58	11,60
Summe	655	652	614	566	550	3037	607,40

h. Abgang.

	Jahrgang 1850.	1851.	1852.	1853.	1854.	Summe.	Durchschnitt pr. Jahr.
Durch Tod	12	12	16	5	7	52	10,40
" Begnadigung	151	186	84	61	50	532	106,40
" Strafende	98	68	125	112	114	517	103,40
" Versetzung in andere Anstalten	18	19	6	8	6	57	11,40
" Beurlaubung wegen Krankheit	7	6	1	2	2	18	3,60
" Zurückversetzung in Untersuchungshaft . . .	5	2	2	—	—	9	1,80
" Entweichung	—	—	—	—	1	1	0,20
Summe	291	293	234	188	180	1186	237,20

II. Verbrechen.

1) Gegen das Leben.

	Jahrgang 1850.	1851.	1852.	1853.	1854.	Summe.	Durchschnitt pr. Jahr.
Nothzucht, Blutschande und Unzucht mit Kindern . .	7	14	16	23	22	82	16,40
Widernatürliche Unzucht . .	2	2	1	2	2	9	1,80
Verwundung	4	2	1	1	1	9	1,80
Tödtung	72	73	68	51	45	309	61,80
Mord, Mordversuch und Vergiftung	—	2	3	5	8	18	3,60
Summe	85	93	89	82	78	427	85,40

2) Gegen das Eigenthum.

a. Diebstahl.

	Jahrgang 1850.	1851.	1852.	1853.	1854.	Summe.	Durchschnitt pr. Jahr.
Erster großer Diebstahl . .	9	12	36	35	27	119	23,80
Zweiter großer Diebstahl . .	—	1	4	1	3	9	1,80
Dritter Diebstahl mit Einbruch, Einsteigen, Mitführung von Waffen, gefährliche Diebstähle	134	80	72	67	79	432	86,40
Summe	143	93	112	103	109	560	112,00
Rückfälle: (Rückfall in den dritten Diebstahl)							
erster	45	38	49	44	62	238	47,60
zweiter	26	32	47	32	39	176	35,20
dritter	13	16	22	30	34	115	23,00
vierter	3	13	12	13	10	51	10,20
fünfter	2	9	9	6	13	39	7,80
sechster	2	5	5	4	3	19	3,80
siebenter	—	1	—	2	2	5	1,00
achter	2	1	—	—	—	3	0,60
Summe	93	115	144	131	163	646	129,20

Die wiederholt Rückfälligen waren früher in gemeinschaftlicher Haft, und es sollten diese Gewohnheitsdiebe gar nicht in Einzelhaft verbracht, sondern als Unverbesserliche in gemeinschaftlicher Haft mit strenger Haltung und Zucht verwahrt werden.

b. Raub.

	Jahrgang 1850.	1851.	1852.	1853.	1854.	Summe.	Durchschnitt pr. Jahr.
Raub und Raubversuch . .	31	19	15	20	19	104	20,80
Straßenraub	8	5	5	3	3	24	4,80
Straßenraub mit Tödtung .	—	1	1	2	1	5	1,00
Raubmord	—	6	4	5	3	18	3,60
Sicherheits-Verhaft	2	1	2	1	1	7	1,40
Summe	41	32	27	31	27	158	31,60

c. Verbrecherische Beschädigung des Eigenthums.

α. Des Staates.

	Jahrgang 1850.	1851.	1852.	1853.	1854.	Summe.	Durchschnitt pr. Jahr.
Falschmünzerei	9	5	7	19	19	59	11,80
Münzfeilschaft	10	2	4	5	1	22	4,40
Wilderei	6	2	2	1	2	13	2,60
Summe	25	9	13	25	22	94	18,80

β. Von Privaten.

	Jahrgang 1850.	1851.	1852.	1853.	1854.	Summe.	Durchschnitt pr. Jahr.
Wechselfälschung	2	1	1	2	1	7	1,40
Urkundenfälschung, Betrug und Unterschlagung	10	5	5	6	12	38	7,60
Brandstiftung	17	18	21	22	27	105	21,00
Meineid	—	2	5	8	9	24	4,80
Boshafte Zahlungsflüchtigkeit	—	—	3	3	2	8	1,60
Rachsüchtige Beschädigung	18	13	13	14	—	58	11,60
Summe	47	39	48	55	51	240	48,00

3) Gemeine militärische Verbrechen.

	Jahrgang 1850.	1851.	1852.	1853.	1854.	Summe.	Durchschnitt pr. Jahr.
Insubordination	6	11	16	24	20	77	15,40
Plünderung	2	—	—	1	—	3	0,60
Desertion	6	11	16	12	11	56	11,20
Diebstahl	—	—	22	17	18	57	11,40
Nothzucht	—	—	—	3	1	4	0,80
Widernatürliche Unzucht	—	—	—	3	3	6	1,20
Tödtung	—	—	—	2	3	5	1,00
Raub	—	—	—	1	2	3	0,60
Summe	14	22	54	63	58	211	42,20

1) Politische Verbrechen.

	Jahrgang					Summe.	Durchschnitt pr. Jahr.
	1850.	1851.	1852.	1853.	1854.		
Majestätsbeleidigung	3	2	1	—	—	6	1,20
Hochverrath	140	192	83	42	12	469	93,80
Meuterei und Treulosigkeit .	64	52	35	34	30	215	43,00
Summe	207	246	119	76	42	690	138,00

Zusammenstellung aller Verbrechen.

	Jahrgang					Summe.	Durchschnitt pr. Jahr.
	1850.	1851.	1852.	1853.	1854.		
Gemeine Verbrechen:							
a) gegen das Leben	85	93	89	82	78	427	85,40
b) gegen das Eigenthum . .	277	240	291	265	299	1372	274,40
Verbrecherische Beschädigung des Eigenthums:							
a) des Staates	25	12	13	25	22	97	19,40
b) von Privaten	47	39	48	55	51	240	48,00
Gemeine militärische Verbrechen	14	22	54	63	58	211	42,20
Politische Verbrechen	207	246	119	76	42	690	138,00
Summe	655	652	614	566	550	3037	607,40

Gottesdienst, Religionsunterricht, Wirksamkeit der Hausgeistlichen, Schule und Bibliothek.

In vielen früher erbauten Zellengefängnissen war keine eigene Kirche eingerichtet, und der Religionsunterricht durch die Hausgeistlichen auf die Unterweisungen der Gefangenen in den Zellen beschränkt, oder die Kirche in der Centralhalle der Anstalt in der Weise angebracht, daß die Gefangenen, hinter ihren halbgeöffneten Zellenthüren stehend, alle den Geistlichen und die von ihm celebrirten heiligen Handlungen sehen, ihn aber nicht wohl verstehen konnten. Das Ungenügende und die Unzweckmäßigkeit einer derartigen Einrichtung bedarf wohl keiner Nachweisung. In allen besseren neuen Einzelhaftgefängnissen sind besondere Kirchen vorhanden.

Die Construktion unserer Kirche ist eine in jeder Beziehung entsprechende, ihren Zweck erfüllende; alle Gefangenen sehen und verstehen genau aus den amphiteatralisch aufsteigenden Stühlen den Geistlichen und werden alle von demselben überblickt. Das Ab- und Zuführen der Gefangenen geht mit Leichtigkeit und ohne Störung des Systemes vor sich, wie aus der Beschreibung der Anstalt zu ersehen ist; der Kirchengesang wird in zwei Stunden jede Woche, eine für die Katholiken und eine für die Protestanten, eingeübt, und ist ein überraschend guter, so daß der Gottesdienst in unserer Kirche würdig und erhebend gefeiert wird, und einen tiefen Eindruck auf die Gefangenen hervorbringt.

Der frühere katholische Hausgeistliche, Pfarrer Welte, war vor seinem Eintritt in unsere Anstalt fünf Jahre im hiesigen Zucht- und Arbeitshause mit gemeinschaftlicher Haft im Amte, und hat seine Erfahrungen nach zehnjährigem Zuchthausdienste in einem trefflichen Berichte an seine geistliche Oberbehörde niedergelegt. Einige Auszüge aus demselben werden die unendlichen Vorzüge der Einzelhaft in den Erfolgen des Gottesdienstes, Religions-Unterrichtes, sowie in Einwirkung der Hausgeistlichen auf die Gefangenen in überzeugender Weise beleuchten. „Ueber das Verhalten der Gefangenen während des Gottesdienstes kann ich in gemeinschaftlicher wie in Einzelhaft durchaus nicht klagen; Störungen und Klagen wegen ungeziemenden Benehmens der Gefangenen in der Kirche gehörten zu den Seltenheiten in beiden Anstalten. Eine Vergleichung des Verhaltens der Gefangenen nach dem Gottesdienste in beiden Haftarten fällt aber entschieden zu Gunsten der Einzelhaft aus.

Kaum sind die Gefangenen in gemeinschaftlicher Haft aus der Kirche in die gemeinschaftlichen Säle zurückgekehrt, so beginnt, ungeachtet des wachhabenden Aufsehers, und mitunter zu dessen Vergnügen, eine Kritik dessen, was sie gehört und gesehen, die jeden Eindruck, welchen die Predigt oder der Gottesdienst überhaupt auf Einzelne gemacht hat, nothwendigerweise wieder aufheben und verwischen muß.

Zwar ging es anfänglich nach dem Antritte meines Dienstes in gemeinschaftlicher Haft ganz gut. Meine Predigten gefielen außerordentlich, die Gefangenen schwärmten für mich, ich schien eine ganz außerordentliche Gewalt über sie zu haben, sie zerflossen in Thränen, sie drängten sich in meinen Beichtstuhl, sie schienen mir ihre innersten Geheimnisse anzuvertrauen, sie machten mir die heiligsten Versprechungen; ich war ganz erbaut von ihrem Eifer und bildete mir schon ein, ein zweiter Vincenz de Paula zu sein, der diese armen Sünder alle retten und wieder zu Gott führen könne.

Es ging jedoch kein Vierteljahr herum, so war dieses Strohfeuer schon verflackert, und Alles anders. Diese reumüthigen und bußfertigen Sünder begehrten bald andere Bedürfnisse als geistige, sie suchten bald andern Trost als den, welchen ich ihnen geben kann, es zeigte sich bei den meisten ein anderer Hunger und Durst als der nach Gerechtigkeit.

Zuerst sandten sie eine Deputation an mich, die mir erklärte, daß sie bei der gegenwärtigen Kost nicht leben könnten, und daß es Gewissenspflicht eines christlichen Seelsorgers sei, sie vom Hungertode zu erretten. Bald wollte Einer begnadigt sein, bald wurde mir Fleisch und Brod gezeigt, welches nicht vorschriftsgemäß sei, bald wollte Einer von der Verwaltung ungerechte Strafe erhalten haben; ein Anderer hatte Streit mit seinen Mitgefangenen und wollte, daß ich die Sache ausgleichen, aber natürlich nur ihn hören, und nur ihm Recht geben sollte.

Diese und tausend andere Wünsche alle zur Zufriedenheit der Klagenden zu entscheiden, war mir natürlich nicht möglich, und deßhalb wurde die Zahl Derer, die mit mir unzufrieden waren, täglich größer.

Als ich endlich gar anfing, an der Unschuld so Mancher zu zweifeln, die doch Himmel und Erde als Zeugen ihrer Schuldlosigkeit anriefen, als ich mir bald von diesem und jenem die Untersuchungsakten kommen ließ, und mich auch sonst noch auf andere Weise über ihr früheres Leben erkundigte, und sie zum offenen Bekenntnisse ihrer Verbrechen und zur aufrichtigen Buße bringen wollte, als ich anfing, Einzelnen selbst Verweise wegen ihres Betragens zu geben, da machte ich mir immer mehr Gegner unter den Gefangenen, die dann ihren Haß gegen mich besonders dadurch ausließen, daß sie theils meine Gesinnungen gegen die Gefangenen, theils meinen Lebenswandel verdächtigten, theils und besonders das Gute, was ich predigte und lehrte, durch Verdrehung, Mißdeutung und Spott zu entkräften suchten: „Der hat gut von Mäßigkeit reden, er ißt und trinkt was er mag, und uns läßt er Hunger sterben; er hat gut gegen Diebstahl und Betrug eifern; wenn man uns für puren Müßiggang und ein wenig Messe lesen wie ihm 800 fl. gäbe, würden wir auch nicht stehlen.“ Wollte dann Einer mich in Schutz nehmen, beweisen, daß ich mir doch die Belehrung und Erbauung der Gefangenen angelegen sein lasse, mich um sie annehme, so hieß es: so, du bist auch noch so dumm und glaubst, der thue dieß wegen uns, der will damit sich nur bei der Regierung in Gunst setzen, damit er recht bald eine fette Pfründe bekommt. Auch mein Lebenswandel wurde auf die abscheulichste Weise verläumdet; ebenso wurde mit dem Heiligsten, der Religion, auf gleiche Weise verfahren. Alles, was nun solche Lästerer und Verläumder sagen, ist für ihre Mitgefangenen ein wahres Orakel; was sie erfinden, ist allein klug, wahr, bewunderungswürdig; jene sind ja, wie sie selbst, Unglückliche, Verfolgte, Unterdrückte, während der Geistliche zur Gegenpartei, zu ihren Unterdrückern gehört. Freilich gab es immer auch brave, verständige Gefangene, aber ihre Zahl war immer nur klein; die Meisten hörten mit Lust und Freude auf jene verruchten Tonangeber.

Anders ist dieß Alles in der Einzelhaft.

Nicht als ob dorthin nicht auch solche Verächter der Wahrheit, des Glaubens, des Wortes Gottes kämen; auch hier giebt es Ungläubige, Spötter, Lästerer, wenigstens in der ersten Zeit ihrer Haft, aber diese bleiben auf ihre Zellen gebannt, haben keine Gelegenheit, Andere zu verderben, zu verführen, im Gottesdienste oder in ihrer Morgen- und Abendandacht zu stören, bösen Saamen auszustreuen oder die aufkeimende gute Saat zu zertreten. Die erhöhte Stimmung durch die heiligen Handlungen in der Kirche, den schönen erhebenden Kirchengesang, den Inhalt der Predigt nimmt der Zellengefangene mit in seine stille Zelle, und hier tönt Alles lange in seinem Innern nach; er fängt an nachzudenken über seine Jugend, über die Seinigen, zu Hause im Elende durch seine Schuld schmachtend; in seiner Zelle ist Niemand, der ihm glaubt, wenn er von seiner Unschuld spricht, denn sein Gedächtniß und sein Gewissen verdammen ihn; Niemand, der ihn zerstreut, an dem er seinen Zorn und Unmuth auslassen kann, aber auch Niemand, der Argwohn, Haß, Mißtrauen in seine Vorgesetzten und seinen Seelsorger in ihm pflanzt und nährt.

Viele Gefangene schreiben das, was ihnen von der Predigt noch im Gedächtnisse geblieben ist, in ihr Schreibheft nieder, manche wenden die vorgetragenen Lehren auf ihr früheres Leben und ihre Verbrechen an; andere sprechen bei den Zellenbesuchen mündlich über das Gehörte und vielleicht nicht ganz richtig aufgefaßte, erbitten sich Auskunft über die Glaubenslehren, oder kirchliche Feste und Gebräuche. Die Einzelhaft bietet also den ungeheuern Vortheil, daß sie es dem Seelsorger leicht macht, mit jedem Gefangenen über den Inhalt der religiösen Vorträge auf seiner Zelle zu sprechen, wo dann der gute Saame, selbst wenn er auf den Weg gefallen wäre, nicht wie dort sogleich zertreten oder von den Vögeln aufgefressen wird, sondern liegen bleibt, bis das Wasser der Trübsal endlich auch den hart getretenen Boden aufweicht und das noch daliegende Saamenkorn doch noch eindringen und Wurzel schlagen kann.

Ein nicht minder wichtiges Mittel, an der Bekehrung und Besserung der Gefangenen zu arbeiten, als Kirche, Schule und Lectüre, sind die Unterredungen mit denselben ohne Zeugen.

In der gemeinschaftlichen Haft nun fanden diese auf meinem Geschäftszimmer statt, und jeder Gefangene konnte sich an mich wenden so oft er wollte. Es wurde auch häufig von dieser Gelegenheit Gebrauch gemacht, aber wozu? der Eine klagte über die Kost, über den Vorsteher, über den Arzt, die Aufseher; der Andere wollte Tabak, oder begnadigt sein; der Dritte zu einer andern Arbeit, oder sonst alle mögliche Erleichterung der Haft. Wohl kamen auch Manche, die ein religiöses Bedürfniß hergeführt zu haben schien, aber meistens war es doch nur irgend ein anderes Anliegen. Diejenigen, welche in der That aus religiösem Antriebe kamen, und gerne Belehrung und Trost bei mir gesucht hätten, kamen in der Regel am seltensten. Weil sie in den gemeinschaftlichen Sälen an den gottlosen Reden ihrer Mitgefangenen keinen Theil nahmen, und keine Freude zeugten, wurden sie verdächtigt, als verachteten sie die Andern, als machten sie die Denuncianten; gingen sie dann öfters zu mir, ohne daß ich sie rufen ließ, so wurde dieser Verdacht zur Gewißheit; berührte oder verdammte ich dann in der Predigt oder dem Religionsunterrichte zufällig etwas, was schon im Saale gesprochen wurde, so mußten es nothwendig diese mir hinterbracht haben, und es schien nicht mehr als billig, daß man sich an diesen Verräthern räche und ihnen die Lust zu Aehnlichem für die Zukunft benehme. Ebenso verhielt es sich, wenn ich Einzelne, bei denen ich auf Erfolg meiner Ermahnungen und Belehrungen hoffte, öfter rufen ließ; wie diese in den Saal zurückkamen, wollten die Andern gleich wissen, was sie bei mir zu schaffen gehabt hätten. War es etwas, was jeder wissen durfte, so glaubte man ihnen nicht, wenn sie es auch sagten; gaben sie aber keinen Bescheid, so war man überzeugt, daß etwas Nachtheiliges für die Andern vorgekommen war. So kam es denn, daß gerade die Bessern und Unverdorbeneren, bei denen Privatunterredungen am meisten Nutzen gebracht hätten, am wenigsten zu mir kamen. Diejenigen aber, welche sich am meisten zu mir melden ließen, mißbrauchten mich nicht nur dadurch, daß sie ganz andere Dinge bei mir suchten, als sie vermöge meines Berufes und Amtes von mir erwarten konnten, sondern daß sie auch nachher bei den Andern über mich lästerten, wenn sie nicht erreichten, was sie verlangten, prahlten auch gar, wie sie grob gegen mich gewesen seien, während sie vielleicht demüthig kriechend um eine Prise Schnupftabak gebeten hatten. Ließ ich neu Eingelieferte vorrufen, so wurden sie vorher unterrichtet, wie sie sich bei mir zu benehmen haben, wie sie sich namentlich in Acht nehmen sollten, daß ihnen durch meine Schlauheit kein Geständniß abgelockt werde, was unvermeidlich den Gerichten angezeigt und ihnen noch schwerere Strafe zuziehen werde; läugneten sie aber nicht und wurden sie durch meine Ermahnungen gerührt, da hieß es, wenn sie wieder in den Saal kamen, du dummer Kerl, nicht wahr, der hat dir die Hölle heiß gemacht; was hilft dir das Alles, du mußt doch im Zuchthause zu Grunde gehen. Wie sehr sich die Gefangenen Mühe gaben, einander das Zutrauen zu mir zu rauben, und namentlich von Geständnissen abzuhalten, geht am deutlichsten aus den Aeußerungen eines Gefangenen hervor, die er, aus der gemeinschaftlichen Haft in die Einzelhaft versetzt, dort später gegen mich aussprach. „Sie können nicht glauben, sagte er, wie Angst es mir jedesmal wurde, wenn Sie früher zu mir kamen. Je mehr mich mein Gewissen antrieb, Ihnen mein Verbrechen zu bekennen, desto größere Furcht flößte mir das ein, was die anderen Gefangenen mir von Ihnen gesagt hatten; ich glaubte nichts anderes, als Sie werden sogleich Alles den Gerichten anzeigen, und ich längere Strafe und härtere Behandlung erhalten. Statt daß Ihre Freundlichkeit diese Furcht verminderte, vermehrte sie dieselbe nur noch, denn sie wurde mir immer nur als das hinterlistige Netz geschildert, womit Sie die armen Gefangenen fangen und in's Verderben zu bringen suchen; ich konnte daher nicht eher zu diesem Geständnisse kommen, als bis mir hier in meiner Zelle die Qualen des Gewissens keine Ruhe mehr ließen und größer und unerträglicher schienen als Alles, was mir durch Sie begegnen konnte."

So konnte ich in der gemeinschaftlichen Haft von dem Mittel der Unterredung mit einzelnen Gefangenen unter vier Augen weder häufig Gebrauch machen, noch dasselbe zu ihrer Bekehrung und Besserung anwenden.

Ganz anders gestaltete sich die Sache in der Einzelhaft bei den Zellenbesuchen.

Als ich nach Eröffnung der neuen Anstalt meine Zellenbesuche einige Zeit fortgesetzt hatte, so merkte ich schon, daß manche Gefangene sich freuten, wenn ich zu ihnen kam, und gerne ein Gespräch mit mir anknüpften. Natürlich fangen die Meisten zuerst von ihrem „Unglücke" an zu sprechen, denn als Unglück wird die Strafe von Jedem angesehen, von dem einen als verschuldetes, von dem andern als rein unverschuldetes. Als Ursache wird nun angegeben, von Manchen der Untersuchungsrichter, der durch falsche Zeugen, Ränke und Schwänke, verfälschte Protokolle u. s. w. sie in's Zuchthaus gebracht habe, weil er für Jeden, den er verurtheilen kann, eine Belohnung erhält. Diese Meinung ist bei den gewöhnlichen gemeinen Verbrechern so häufig und so fest gewurzelt, fast traditionell zu nennen, und wird nicht aufhören, so lange es Zuchthäuser mit gemeinschaftlicher Haft giebt.

Bei andern, besonders den rückfälligen Dieben, müssen häufig die Ortsvorgesetzten die Ursache ihrer neuen Vergehen sein, indem ihnen nicht zu Arbeit und Verdienst geholfen wurde, oder sie suchten sie aus Angst der Concurrenz in den Gewerben, wenn sie tüchtige Professionisten sind, wieder fortzuschaffen, oder sie fürchteten sich vor ihnen wegen ihrer Mitwissenschaft an angeblich von jenen begangenem Unrechte, oder sie haben denselben einmal tüchtig die Wahrheit gesagt und werden jetzt dafür verfolgt. Bei Andern waren es sonst einflußreiche, angesehene, wohlhabende Personen, die entweder aus Rachsucht, Habsucht, oder um Verdacht, den sie durch selbstbegangene Verbrechen befürchten, von sich abzuwenden, sich alle Mühe gaben, durch Bestechung, falsche Anklage und alle andere mögliche Mittel sie ins Unglück zu bringen.

Ueberhaupt glauben weitaus die meisten Gefangenen, selbst wenn sie ihrer That geständig waren, es sei ihnen zu viel geschehen, man habe die erschwerenden Umstände viel zu hoch, die mildernden viel zu gering angeschlagen; die Strafe würde gewiß ganz anders ausgefallen sein, wenn sie, die Gestraften, reich und einflußreich gewesen wären.

Bei den Geständigen ist meistentheils nicht die Begehung der Verbrechen selbst Schuld an ihrem „Unglück". Bei den Einen war es Noth, Arbeit= und Verdienstlosigkeit, und die Sorge für Weib und Kind, die sie zu einem Verbrechen gegen fremdes Eigenthum „nöthigte"; der Andere war so betrunken, daß er gar nicht wußte, was er that; der Dritte wollte gar nichts entwenden, sondern er verwechselte nur das Eigenthum eines Anderen aus Versehen mit dem Seinigen, oder wollte es nur kurze Zeit gebrauchen und dann wieder zurückgeben, oder nur Scherz machen, oder sich nur schadlos halten für eine ihm von dem Beschädigten früher zugefügte, viel größere Verkürzung.

Welch großen Unterschied auf den Erfolg der Besprechungen des Seelsorgers muß bei solchen Gefangenen die Haftart ausüben? Während in der gemeinschaftichen Haft die Gefangenen in allen solchen und ähnlichen Behauptungen von ihren Mitgefangenen bestärkt, ja den Reumüthigen derartige Ursachen ihrer Vergehen klar bewiesen werden, sind solche Leute in der Einzelhaft ganz in die Hand ihres Seelsorgers und ihres Gewissens gegeben. Niemand verwischt und vernichtet von einem Zellenbesuch zum anderen die erhaltenen Belehrungen, Widerlegungen der sophistischen Auslegungen ihrer Thaten und Motive dazu, Niemand pflanzt Argwohn in ihre Seelen gegen die wohlmeinenden Rathschläge, Niemand regt sie wegen erhaltenen ernsten Mahnungen gegen die Geistlichen auf.

Nach und nach aber faßten sie Zutrauen in die Redlichkeit meiner Absichten, erkannten die Wahrheit und Richtigkeit meiner Belehrungen, lernten die heiligen Lehren der Religion kennen und konnten von mir zur Erkenntniß und zum offenen Bekenntniß ihrer Schuld gebracht werden. War ich über diese Punkte mit ihnen im Reinen, so fingen sie gewöhnlich auch an, über ihre Familien-Verhältnisse mit mir zu reden, die bei den Meisten allerdings über alle Maßen trostlos sind, und hier öffnete sich mir ein weiteres Feld, auf sie einzuwirken. Während in der gemeinschaftlichen Haft den Besseren und Gedrückten die Gegenwart ihrer rohen Mitgefangenen den Mund schloß, erfuhr ich hier in der Zelle ihre Familienverhältnisse, konnte aus denselben so häufig nicht nur die Ursache ihres Falles ihnen ableiten, sondern fand auch den zugänglichsten Weg zur Anbahnung guter Grundsätze und Vorsätze. Ebenso konnte ich auf diese Weise sie noch genauer auf die Pflichten aufmerksam machen, die sie früher vernachlässigt hatten.

Auch in Hinsicht auf den Beichtstuhl hat die Einzelhaft große Vortheile vor der gemeinsamen.

Wenn in der gemeinschaftlichen Haft auch ein Gefangener von seinem Gewissen beunruhigt, gepeinigt, und nach dem Troste, der aus dem würdigen Empfange des heiligen Bußsacramentes hervorgeht, recht sehnsüchtig ist, so kann er desselben doch nicht leicht theilhaftig werden, wenn nicht gerade österliche Zeit, oder ein für Alle angeordneter Beichttag ist, denn fürs erste würde es der Werkmeister nicht gerne sehen, weil die Arbeit versäumt würde; fürs zweite der Aufseher, weil ihm dadurch Extrabemühung verursacht würde; fürs dritte die Mitgefangenen, weil sie befürchteten, der Beichtende komme beim Geistlichen in größere Gunst, oder er mache den Wohldiener und Denuncianten, weßhalb sie es an Spott, Verdächtigungen und Neckereien nicht fehlen ließen. Es schwindet deßhalb bei manchen Gefangenen die günstige Gemüthsstimmung wieder unbenützt, und kann zur gewöhnlichen Beichtzeit nicht mehr hervorgerufen werden.

Anders dagegen in Einzelhaft. Hier hat jeder Gefangene jede Woche Gelegenheit, ganz allein mit seinem Geistlichen zu sprechen, und kann zu jeder Zeit die wichtigsten Geheimnisse seines Herzens seinem Beichtvater anvertrauen, und dieser ist ebenfalls dabei im Vortheil, weil er auf der Zelle ungehinderter als an jedem anderen Orte und längere Zeit mit dem Gefangenen verkehren, das genaueste Examen des Gewissens mit demselben vornehmen und die geeignetste Zeit zur Beichte sich auswählen kann. Aus Allem dem wird man erkennen, daß die Einzelhaft es dem Seelsorger viel eher möglich macht, an der Besserung der Gefangenen zu arbeiten, als die gemeinsame. Den ganz verdorbenen und unverbesserlichen Gefangenen nimmt sie die Gelegenheit, dem Seelsorger entgegen zu wirken, die Reumüthigen von guten Vorsätzen abzuhalten, und die Guten und für dessen Lehren Empfänglichen vollends um ihren Glauben zu bringen.

Schon häufig ist zwar gefragt worden, ob denn nur die Schlechten im Stande seien, auf ihre Mitgefangenen Einfluß zu üben, die Guten aber nicht? Die Erfahrung weist nach, daß Sträflinge, die nicht nur den Willen, sondern auch die Kraft und Fähigkeit haben, auf ihre Mitgefangenen gut einzuwirken, eine sehr große Seltenheit sind. Die Guten in den Strafanstalten sind meistens schwache, schüchterne Leute, die schon sehr viel thun, wenn sie es wagen, den gottlosen Reden ihrer Kameraden ihren Beifall zu versagen. Von einem Einwirken auf die Anderen kann gar keine Rede sein, und es darf schon als eine Ausnahme bezeichnet werden, wenn sie nur für ihre Person der entgegengesetzten Einwirkung beharrlich widerstehen. Trifft es sich aber zufällig einmal, daß ein moralischer Held sich in ein Gefängniß verirrt und seinen Einfluß auf seine Umgebung auszuüben sucht, so wird er bald gewahr werden, daß seine Gegner sich in einer weit günstigeren Lage befinden als er, daß weitaus der größte Theil seiner Mitgefangenen weit mehr Sinn für die Lehren der Apostel des Lasters als der Tugend haben; er wird bald gewahr werden, daß er fast ganz vereinzelt dasteht, und will er nicht als Spion verdächtigt, oder als Zielscheibe des allgemeinen Spottes, Witzes und Hasses gequält werden, er sich zurückziehen und wo möglich in einen andern Saal versetzen lassen muß.

Kommt es auch vor, daß ein Mensch, der von Natur aus einen Abscheu gegen jeden Betrug und alle Unredlichkeit hat, durch die Erzählungen der Diebe und Räuber von ihren Heldenthaten und durch die verbrecherischen Plane, die sie für die Zukunft schmieden, nur noch mehr dagegen eingenommen wird, so wird er dagegen in seinem Unglauben, seiner Rachsucht und seinen überspannten Ideen durch Andere nur bestärkt. Will ein Anderer von den Diebskniffen, von politischen Kannegießereien oder religiösen Zänkereien auch nichts hören, so lauscht er mit gierigem Ohre den Erzählungen einer verdorbenen, wollüstigen Phantasie, und nimmt die Zoten und wollüstigen Bilder in sein Gedächtniß auf. Die Ansteckung in gemeinschaftlicher Haft ist eine so mannigfache, daß Jeder von der einen oder andern Art betroffen werden muß.

Ein weiterer Vortheil entspringt für den Seelsorger aus der Einzelhaft dadurch, daß er dort die Gefangenen besser und genauer kennen lernt.

Dem Anscheine nach sollte dieses gerade in gemeinschaftlicher Haft eher möglich sein, weil ihm dort ein vorzügliches Hilfsmittel zur Erreichung obigen Zweckes mehr zu Gebot steht, nämlich die Beobachtung des Umganges der Gefangenen unter einander, wobei sich der Charakter, die Sitten und Sinnesart derselben ja am besten kund geben müssen.

Es wäre dieß richtig, wenn der Geistliche diesen Umgang unbemerkt beobachten könnte. Bei seiner Anwesenheit im gemeinschaftlichen Saale aber ist Alles in Ordnung, da kommen keine ungeziemenden Reden und Handlungen vor; ein Beobachten der Gefangenen durch ein Späherloch, das Horchen an der Wand ist seines Amtes und Berufes nicht würdig, das blinde Vertrauen auf die Angaben einzelner Gefangenen würde ihn häufig täuschen und ihm bei den Anderen alles Vertrauen rauben. Als einziges, einigermaßen sicheres und verläßiges Mittel bleibt ihm nur die öftere Besprechung mit den Aufsehern über die Gefangenen übrig, und auch diese Kritik darf er aus natürlichen Gründen nur mit der größten Vorsicht als wahrheitsgetreuen Maßstab zur Beurtheilung der Gefangenen aufnehmen. Auch geben sich die Gefangenen unter einander nicht immer vollkommen so wie sie sind; einige prahlen mit ihrer Schlechtigkeit, ihren schon verübten Greuelthaten, und stellen sich ruchloser als sie sind; andere bewundern sie aus Furcht vor ihnen und Feigheit, während sie dieselben vielleicht im Herzen verachten, und verabscheuen; wieder Andere spielen stets die demüthigen, und reuevollen, weil sie in ihrer Umgebung Spione und Denuncianten vermuthen, die ihr Benehmen der Verwaltung hinterbringen; mit einem Worte, die kleine Welt im Zuchthause gleicht der großen in der Freiheit; die wenigsten zeigen sich und ihren Charakter in der wahren Gestalt.

Der Geistliche in der Einzelhaft verliert deshalb wenig oder nichts durch den Mangel dieses eben so trügerischen als unsicheren Hilfsmittels zur Erkennung seiner Pfarrkinder; die hier gebotenen Unterredungen auf der Zelle und die mächtige Einwirkung des Systemes ersetzen sie in vollem Maße."

Nächst dem Religionsunterrichte ist die Schule eines der wichtigsten Beihilfsmittel zur Besserung der Gefangenen.

Dr. Martin Luther sagt: „Löbliche Schulen sind der Brunnen alles sittlichen Wesens im menschlichen Leben, und wo sie verfallen, muß große Blindheit folgen in der Religion und in anderen nützlichen Künsten, Gesetzen und Kenntnissen, und folget ein grob viehisches Leben bei den Leuten. Ja, um der Kirche willen muß man christliche Schulen haben und erhalten, denn Gott erhält die Kirchen durch die Schulen; die Schule muß das Nächste sein bei der Kirche; wenn Schulen zunehmen, steht es wohl."

Mit Recht hat man daher mit den Strafanstalten, in welchen der größte Theil ihrer Bewohner durch Unwissenheit und Verwilderung gelangt, Schulen verbunden, und der Zustand wie die Erfolge derselben geben wohl den besten Maßstab für die mögliche Wirksamsamkeit der Anstalten selbst ab.

Es ist erwiesene Thatsache, daß der Schulunterricht in gemeinschaftlicher Haft nur geringe Erfolge haben kann, weil der zu Unterrichtende außer den Schulstunden fast nie Zeit und Muse hat, über das Gelehrte nachzudenken und ungestört die Schulaufgaben anzufertigen; der Unterricht bleibt somit fast allein auf die Schulstunden beschränkt, und auch während derselben treten durch das enge Beisammensein Vieler, oft nur durch Zwang, nicht aus innerem Antriebe hier Versammelter der Aufmerksamkeit der Schüler und einem gesegneten Erfolge des Unterrichtes eine Menge Hindernisse und Zerstreuungen in den Weg; eine Nachhilfe des Lehrers außer den Schulstunden ist mit dem Systeme unvereinbar und liegt deshalb außer der Möglichkeit, und auch an Sonn- und Feiertagen wird in den meist dichtgefüllten Sälen unter dem Geflüster und Muthwillen der Sträflinge und dem Commandiren der Aufseher ein ernstes, ruhiges Nachdenken und Fleiß im Lernen unmöglich sein. Durch den Schulunterricht in gemeinschaftlicher Haft wird also wohl in der Regel nur erreicht werden, daß die Schüler Erlerntes nicht vergessen, Halbvergessenes sich wieder aneignen, und nur in selteneren Fällen werden begabte Gefangene nützliche und fruchtbringende Fortschritte machen.

Anders gestalten sich diese Verhältnisse in Einzelhaft. Hier bildet gerade die Schule einen integrirenden Theil, ich möchte sagen den Glanzpunkt des Systemes, und einen Hauptweg zur Besserung der Verbrecher.

Schon die Absonderung in der Schule trägt, wie in der Kirche, viel zur größeren Aufmerksamkeit, zur Möglichkeit der Fixirung der Gedanken auf das Vorgetragene, zur Fernhaltung alles Muthwillens und aller Zerstreuung bei; sie weckt und unterhält die zum Lernen nöthige ernste, aufmerksame und willige Stimmung; kein neu Angekommener und keine auffallende Physionomie wird von den Andern bemerkt.

Durch die in den Schulzimmern befindlichen Einzelabtheilungen — jede Schule hat deren 36 — ist die Zahl der Schüler für die einzelnen Schulstunden beschränkt, und gerade so groß, daß sie alle vom Lehrer überwacht, beschäftigt, in einer Stunde befragt und belehrt werden können, und der Lehrer nach jedem Unterrichte weiß, bei wem und in welchem Gegenstande er in der Zelle nachhelfen muß. Es herrscht deshalb auch immer lobenswerthe Ruhe, gehöriger

Ernst und freudige Wißbegierde in unseren Schulen, und ein Wetteifer in guter Anfertigung der Aufgaben, rascher und verständiger Beantwortung der gestellten Fragen, welche dem Zuhörer Erstaunen einflößen. In die Zelle zurückgekommen, tönt das im Unterrichte Gehörte lange im Innern des Sträflings nach. Das irrig Aufgefaßte oder nicht vollkommen Verstandene kommt durch Nachdenken und Nachlesen zur vollkommenen Klarheit, oder wird durch den Lehrer beim nächsten Zellenbesuche erläutert, und weder böser Wille noch Unverstand hat irgend Gelegenheit und Macht, die Aufmerksamkeit der Schüler zu zerstreuen, oder dem Studium der Gefangenen in der Zelle hindernd in den Weg zu treten.

Dem Zellengefangenen sind nach der Hausordnung an den Werktagen die Ruhestunden, die Sonn- und Feiertage aber ganz zu geistiger Beschäftigung und Ausbildung überlassen. Dadurch ist denn auch die bei den meisten Sträflingen rasch und sichtlich zunehmende Erweiterung ihrer Kenntnisse, die Erhaltung einer guten, zugänglichen Stimmung, die Veredlung des Gemüthes, der rege Eifer, das Nachfragen von allen Seiten, wenn einmal der Lehrer mit den Schulstunden aussetzen muß, das rasche Aufsteigen mancher Sträflinge von den niederen Schulklassen in die höheren, die auf diesem Wege mögliche Zugänglichkeit der Gefangenen für religiöse und moralische Einwirkung der Geistlichen und Beamten zu erklären.

Leute, die in der Anstalt erst lesen und schreiben lernten, verwenden häufig ihr Peculium zur Anschaffung nützlicher Bücher; die meisten fertigen sich Auszüge aus den wöchentlich vertheilten Büchern, um sie bei ihrer Entlassung mit nach Hause zu nehmen; manche Väter, welche in der Strafanstalt erst lesen, schreiben und rechnen lernten, sind mit dem Entschlusse heimgekehrt, ihre bisher verwahrlosten Kinder zu unterrichten und sie dadurch vor Verbrechen zu bewahren; Gefangene, welche bereits das schulpflichtige Alter überschritten haben, bitten oft um Erlaubniß, die Schule besuchen zu dürfen, und erlernen dann noch im spätern Alter die Anfangsgründe des Elementarunterrichtes.

In der Schulprüfung überzeugen sich die derselben beiwohnenden Fachmänner von den Kenntnissen und Fortschritten unserer Schüler und sind überrascht über die schnellen und richtigen Antworten, das verständige Lesen und Erzählen des Gelesenen, über die richtige Betonung im Vortrage auswendig gelernter Erzählungen und Gedichte, über das gute Gedächtniß und die große Uebung der Gefangenen im Tafel- und Kopfrechnen, sowie über die richtige Auffassung der gelehrten Gegenstände aus der Technologie, Naturlehre und Landwirthschaft.

Durch die raschen Fortschritte der Zellengefangenen in der Schule wird eine Ausdehnung des Unterrichtes auf verschiedene, zum Theil höhere Lehrgegenstände erfordert, die nicht selten als unvereinbar mit den Strafzwecken, und zur Ueberbildung und Halbwisserei führend, getadelt wird. Wenn man aber bedenkt, daß Einzelhaft nur bei fortwährender körperlicher und geistiger Beschäftigung überhaupt durchführbar ist, und daß bei zunehmenden Gefangenschaftsjahren die Isolirung drückender und gefährlicher wird, so daß man ja vielfach geneigt ist, eine mehrjährige Einzelhaft als unbedingt für den Geist nachtheilig anzunehmen, so wird man auch leicht begreifen, daß bei zunehmender Dauer der Einzelhaft den Gefangenen mehr Aufmerksamkeit zugewendet, und besonders fortwährend für geistige Beschäftigung gesorgt werden muß, daß also gerade in den höheren Schulklassen, in welche die Gefangenen immer nur nach mehrjähriger Haft gelangen, ein Stillstand im Unterrichte um so weniger eintreten darf, als mit zunehmenden Kenntnissen und vermehrter geistiger Ausbildung auch der Wissensdrang der Gefangenen sich steigert, ein Stillstehen im Unterrichte deßhalb in dieser Zeit von den Gefangenen doppelt schmerzlich empfunden würde, und in der That für die geistige Gesundheit derselben gefährlich werden müßte. Aus Mangel an anderen äußern Eindrücken und Zerstreuungen ist der Geist der Zellengefangenen zum Denken genöthigt; Wissen und Kenntnisse sind keine schwere Bürde, und können jedem Menschen, und dadurch wieder der Gesellschaft nützen, und daß in den höheren Lehrgegenständen unserer Schule immer eine praktische, besonders für den Gewerbsmann nützliche Richtung eingehalten wird, davon zeugen die in dem Verzeichnisse der Lehrgegenstände gegebenen Nachweisungen. Halbwisserei ist Wissen ohne Zusammenhang und ohne gehöriges Verständniß, und ist immer am Ende noch besser, als vollkommene Unwissenheit; sollten aus unserer Schule je auch zuweilen einige Halbwisser hervorgehen, so war eben die Strafzeit derselben nur zu kurz, um mehr Harmonie und Zusammenhang in ihr Wissen zu bringen, und dieß kann nach erlangter Freiheit durch eigenes Studium oder durch anderweitigen Unterricht nachgeholt werden.

Der Schul=Unterricht wird in unserer Anstalt durch zwei Lehrer, einen Hauptlehrer und einen Hilfslehrer, ertheilt, deren Funktionen und Wirkungskreis durch die Dienstordnung festgesetzt ist. Die Beaufsichtigung und Ueberwachung der Schule ist den beiden Hausgeistlichen übergeben.

Pfarrer Welte spricht in dem oben berührten Berichte seine Erfahrungen über die Erfolge des Unterrichtes in den beiden Haftarten folgendermaßen aus: „Jeder Gefangene bis zum 30. Jahre mußte in gemeinschaftlicher Haft viermal die Schule besuchen; auch wurde der Schulunterricht älteren gestattet, wenn sie es besonders verlangten; sie wurden unterrichtet im Lesen, Schreiben und Rechnen, in der Geographie, Naturlehre, deutschen Sprachlehre, einige Zeit auch im Zeichnen und in Fertigung verschiedener schriftlicher Aufsätze; in neuerer Zeit ist die Zahl der Unterrichtsstunden von vier auf sechs vermehrt worden.

In der Einzelhaft dagegen hat jeder Gefangene bis in das 36. Jahr wöchentlich nur drei Schulstunden; es kann aber jedesmal kaum dreiviertel Stunden Unterricht ertheilt werden, weil immer eine Viertelstunde mit dem Ab= und Zuführen der Gefangenen verloren geht.

Wollte man nun aus dieser viel kürzeren Unterrichtszeit schließen, daß in Einzelhaft weniger gelernt werde als in der gemeinschaftlichen, so würde man sich sehr irren, denn nach meinen Erfahrungen findet gerade das Gegentheil statt.

Dieser Unterschied hat seinen Grund vorzüglich in der Verschiedenheit der Haftart.

In der gemeinschaftlichen Haft sitzen die Schüler dicht gedrängt neben einander in gewöhnlichen Schulbänken; sie sprechen mit einander, benützen die Gelegenheit zu Schmuggeleien, namentlich mit Tabak, wodurch natürlich die Aufmerksamkeit von dem Vortrage des Lehrers abgeleitet wird. Werden schriftliche Aufgaben an=

gefertigt, so schreiben sie von einander ab; werden sie aufgerufen und examinirt, so blasen sie einander ein, und täuschen dadurch den Lehrer.

Anders ist dieses in Einzelhaft; jeder Gefangene ist hier, wie in der Kirche, in einer kleinen Zelle, einem Stuhle, eingeschlossen, in welchem er bequem sitzen, schreiben und außer dem Lehrer und dem Aufseher sonst Niemanden sehen kann. Nichts stört hier seine Aufmerksamkeit, Niemand kann einsagen, wenn er gefragt wird, Niemand kann ihm helfen den Lehrer täuschen, wenn er etwas nicht recht angefertigt, gelernt oder verstanden hat. Es ist in der That eine Freude, zuzusehen, mit welcher Aufmerksamkeit die Leute den Unterricht anhören und wie schnell sie das Vorgetragene begreifen.

Diese Einrichtung des Schullokales ist aber nicht das Einzige, was dem Unterrichte in Einzelhaft so förderlich ist. Noch viel mehr geschieht dieß auf der Zelle der Gefangenen. Was er in der Kirche und Schule gehört hat, bildet dort den einzigen Gegenstand seiner Unterhaltung, das einzige Mittel, die arbeitsfreie Zeit auszufüllen, weßhalb namentlich solche Gefangene, die nicht lesen können, selbst schon in vorgerückterem Alter sich erstaunliche Mühe in Erlernung desselben geben. Das im Unterricht Gehörte sitzt mit ihm zu Tische, begleitet ihn in den Spazierhof, es schwebt ihm bei der Arbeit vor, er verarbeitet es durch und durch, er liest darüber in seinen Büchern nach, merkt sich oder notirt sich, was ihm nicht klar wird, um beim nächsten Zellenbesuche eines Beamten sich darüber Aufschluß zu erbitten.

Aehnlichen Eifer und gleiche Erfolge wird man in gemeinsamer Haft nur selten finden. Wenn sich auch da und dort einzelne, sehr lernbegierige Gefangene vorfanden, und diese wirkliche Fortschritte machten, und auch Einzelne an Sonn- und Feiertagen sich Mühe gaben, die Andern zu unterrichten, so hatten weitaus die Meisten ein weit größeres Vergnügen daran, sich einander im Bösen zu bestärken, und jene Wenigen klagten mir häufig genug, wie sehr sie von den Andern gestört werden. Diese Störung war theils eine unvermeidliche, denn in einem Saale, in welchem 50—60 Menschen ohne Arbeit beisammensitzen, kann Ruhe und Ordnung unmöglich genau aufrecht erhalten werden, theils eine muthwillige, weil die Faulen in dem Fleiße der Andern einen Vorwurf für sich erkannten; auch verdroß es sie, daß die Besseren an ihren gottlosen Reden und Gesprächen keinen Antheil nahmen, oder sie befürchteten gar, von diesen bei den Vorgesetzten verrathen zu werden.

In der Einzelhaft ist der Schulunterricht unumgänglich nöthig. In ihr hat er nicht blos die Bedeutung, daß er den Gefangenen fähiger macht, nach der Entlassung sein Brod zu erwerben, sondern er dient hier zunächst dem Religionslehrer als fast unentbehrliches Hilfsmittel.

In der Kirche muß der Geistliche den Religionsunterricht so einrichten, wie er für die Mehrzahl der Gefangenen passend und verständlich ist; er muß einen gewissen Grad religiöser Kenntniß voraussetzen und sich mehr allgemein halten. In der Zelle aber trifft er Leute, die von Religion so zu sagen gar Nichts wissen, die weder mit der heiligen Geschichte, noch mit den einfachsten Lehren des Katechismus bekannt sind. Welche Zeit werden ihm nun solche rauben, die er alle einzeln unterrichten und belehren soll, wenn sie nicht lesen können, und wie sehr wird er durch die Schule in seinem Amte und in seinen Erfolgen erleichtert? Es hat ferner fast jeder Gefangene in dieser oder jener Hinsicht noch besondere Belehrung nöthig, die ihm durch Verabreichung eines Buches, welches speciell den fraglichen Gegenstand behandelt, am besten ertheilt wird.

Der Schulunterricht ist ferner nothwendig, um die psychischen Gefahren der Einzelhaft ferne zu halten. Wenn auch durch körperliche Arbeit die Zeit ausgefüllt und die Einsamkeit erträglicher gemacht wird, so wären sie allein doch nicht im Stande, den Einen gegen trübe, kummervolle Gedanken, von denen er gequält wird, zu schützen, dem Andern die bösen und lasterhaften Begierden, durch die er versucht wird, ferne zu halten, und den Dritten vor Stumpfsinn zu bewahren, der sich seiner bemächtigen will. Religionsunterricht und Gottesdienst würden sicherlich nicht hinreichen, alle Gefahren für die Erhaltung der Geisteskraft und Gesundheit der Zellengefangenen zu entfernen, da sie, als einzige geistige Nahrung und Anregung geboten, den Einen mit sehr belastetem Gewissen und mangelnder innerer Kraft oder fehlendem Muthe zur Besserung zur

Schwermuth, Melancholie, selbst zur Verzweiflung bringen könnten, den Anderen aber der Schwärmerei und selbst dem religiösen Wahnsinne in die Arme werfen müßte, wenn nicht durch den Schulunterricht andere Gedanken in dem Gefangenen geweckt und angeregt würden, und durch das Lesen von Büchern nicht religiösen, sondern unterhaltenden, belehrenden, für das Leben nützlichen Inhaltes die Gedanken von religiösem Grübeln abgelenkt, zerstreut und so die arbeitsfreie Zeit ausgefüllt würde."

Unser tüchtiger Oberlehrer Müller sagt in einem Berichte über die Schule unserer Anstalt unter anderem folgendes: „Wie nothwendig der Schulunterricht für solche Gefangene, denen die nothwendigsten Elementarkenntnisse mangeln, überhaupt, und insbesondere in Einzelhaft sei, sieht Jedermann leicht ein; daß aber auch Leute, die bereits einige Kenntnisse besitzen, die Schule noch besuchen sollen, können viele nicht begreifen, und halten es deßhalb zum mindesten für überflüssig, ja sogar für bedenklich, sie besser zu unterrichten, indem sie glauben, man mache aus ihnen geschicktere und darum gefährlichere Verbrecher.

Es ist allerdings nicht in Abrede zu stellen, daß ein ruchloser Mensch um so gefährlicher ist, je mehr Kenntnisse er hat; wenn man daher annimmt, die Gefangenen alle, oder doch die Mehrzahl derselben seien und bleiben ruchlose Menschen, dann könnte man kaum etwas Verkehrteres thun, als in der Strafanstalt ihnen Schul- und Religionsunterricht ertheilen. Wenn aber die Erfahrung nachweist, daß die Mehrzahl eher Verirrte als Verboste sind, ihre Verbrechen mehr aus Leidenschaft, aus Willens- und Charakterschwäche, mitunter auch aus Noth und Unwissenheit als aus Lust zum Bösen begangen haben, so wird man zunächst zugeben müssen, daß es am Platze sei, sie wenigstens in der Religion zu unterrichten; wer aber dieses zugesteht, wird gewiß auch zugeben müssen, daß man sie auch in jenen Schulkenntnissen unterrichte, die den Religionsunterricht und die religiöse Erbauung fördern, also zunächst im Lesen und zwar im geläufigen, verständigen und verständlichen Lesen.

Wenn ein Gefangener das beste, lehrreichste Buch in die Hand erhält, aber kaum recht übers Buchstabiren oder Lautiren hinaus ist, so wird er keinen Nutzen daraus ziehen; er wird aber auch dann noch wenig Vortheil vom Lesen haben, wenn er nicht gewöhnt ist, so zu lesen, daß ihn jeder Zuhörer leicht und richtig verstehen könnte. Das Lesen, wie es leider gar Manche aus der Volksschule mitbringen, genügt daher nicht, und es ist nothwendig, die Gefangenen, selbst wenn sie früher die Elementarschule regelmäßig besucht haben, noch besser in dieser Kunst zu unterrichten, damit man sie im Guten und Nützlichen nicht nur mündlich, sondern auch schriftlich belehren kann.

Ebenso hielt man es für nöthig, sie im Schreiben und Abfassen schriftlicher Aufsätze zu unterrichten, damit sie im Stande sind, das Gute, was sie in Schule und Kirche gehört haben, nieder zu schreiben, mit ihren Angehörigen und Verwandten in nützlichen Verkehr zu treten und nach ihrer Entlassung Alles, was ihr Stand und Beruf erfordert, zu schreiben, und gerade dadurch sich leichter ehrlich und rechtschaffen durchzubringen. Das Gleiche gilt vom Rechnen, das besonders jedem Handwerksmann so nöthig ist. Man macht heutzutage Anforderungen an den Handwerker und Gewerbetreibenden, denen er nur dann genügen kann, wenn er mehr gelernt hat, als ihm dies in der Elementarschule ermöglicht ist. Es sind deßhalb fast in allen Städten unseres Landes Gewerbeschulen errichtet worden. Weitaus die größere Zahl der Sträflinge hat kein Gewerbe erlernt, und erst in der Strafanstalt wird ihnen Gelegenheit hierzu gegeben, damit sie fähiger werden, nach ihrer Entlassung ihren Lebensunterhalt zu verdienen; damit es ihnen aber nicht an den zu ihrem Gewerbe nothwendigen Schulkenntnissen mangle, so sind die oberen Classen unserer Schule hinsichtlich der Lehrgegenstände fast ganz übereinstimmend mit einer Gewerbschule eingerichtet; die Schule in der Anstalt will also den Handwerker in seinem Gewerbe unterstützen, sie will den Sträfling zu einem denkenden Arbeiter machen, denn ein gedankenloser, blos mechanischer Arbeiter steht unter der Maschine und wird sich stets vergebens bemühen, emporzukommen.

Wie sehr der Unterricht den Handwerker in seinen Arbeiten unterstütze, kann man sich nach kurzer Unterredung mit den Sträflingen überzeugen, die als Schreiner, Dreher, Schlosser, Blechner, Schmiede, Anstreicher u. s. w. beschäftigt sind. Namentlich ist es der Unterricht in der Geometrie, den sich fast alle Handwerker mehr oder weniger zu Nutzen machen können. Ein Schreiner soll z. B. einen Ovaltisch von bestimmter Länge und Breite machen; im geometrischen Unterrichte hat er die verschiedensten Ovale, sowie andere Figuren construiren gelernt und kommt also hierwegen nicht in Verlegenheit; er weiß den Holzbedarf zu jeder Arbeit zum Voraus zu berechnen; er findet mit Leichtigkeit, wie viel Holz ein roher Baumstamm ihm liefern werde; der Küfer berechnet, welche Dimensionen Fässer, Zuber u. s. w. haben müssen, um ein bestimmtes Maß zu fassen; der Zimmermann, welchen Umfang ein Baustamm haben muß, um daraus einen Balken von bestimmter Größe zimmern zu können; der Maurer bestimmt durch geometrische Rechnung zum Voraus den Bedarf von Steinen und Baumaterialien zu seinen Gebäuden u. s. w.

Abgesehen aber von all dem materiellen Vortheil, den die Schule den Sträflingen nach ihrer Entlassung gewährt, ist derselbe in einem Zellengefängnisse auch noch aus anderen Gründen unumgänglich nothwendig, weil dadurch dem Gefangenen ein Ersatz für den Mangel des geselligen Zusammenlebens und des Verkehrs mit anderen Menschen geboten wird. Sie hören den Lehrer mit ihren Mitgefangenen reden und können selber mit ihm sprechen; sie erhalten Stoff zum Nachdenken, und dies bewahrt ihren Geist vor Einseitigkeit, Stumpfsinn, Denkfaulheit, nöthigt sie, das Gedächtniß und alle geistigen Kräfte fortwährend zu üben und jenen Gefahren zu entziehen, welche sonst die Einzelhaft hervorrufen kann.

Die Schule regt ferner die Gefangenen auf eine sehr heilsame Weise an. Dem Gebete und den religiösen Betrachtungen kann und soll der Gefangene sich nicht immer in seinen arbeitsfreien Stunden hingeben; es muß ihm daher möglich gemacht werden, auch noch auf andere Weise seinen Geist nützlich zu beschäftigen, wenn derselbe sich nicht verirren soll. Geschieht dieß nicht, so wird der Eine so scrupulös und ängstlich werden, daß er an der Gnade Gottes verzweifelt, oder so erleuchtet, daß er göttliche Offenbarungen und himmlische Erscheinungen erhält, oder so zweifelhaft, daß er Alles angreift und verwirft, oder so orthodox, daß ihm Niemand mehr rechtgläubig genug ist; einem Anderen wird sein Elend, seine Noth, seine Familie, seine Zukunft beständig vor Augen schweben, und ihn quälen und foltern; oder die Sinnlichkeit wird in ihm mächtig, es erwachen unreine Gedanken, die Phantasie malt Bilder dazu, die Seele kann oder will sie nicht mehr los werden, und er fällt als Opfer jener schrecklichen Verirrung, die ohnedieß wie Raupenfraß an unserer Jugend nagt; ein dritter, geistig Träger, gewöhnt sich ans Nichtdenken, an eine geistige Faulheit und Erschlaffung, die zuletzt mit Blödsinn endet.

Gegen alle diese Gefahren der Einzelhaft ist die Schule ein vorzügliches, ja fast das einzige Vorbauungs-Mittel, und dasselbe muß, wenn es sonst auch keinen andern Zweck hätte, fortgesetzt werden, so lange die Gefahr, d. h. die Einzelhaft fortdauert, da jene bei längerer Dauer der Gefangenschaft eher zu- als abnimmt, und die Behauptung, daß die Einzelhaft ohne Schule gar nicht durchgeführt werden könne, ist wohl keine zu gewagte. Es wird deßhalb begreiflich sein, daß in der Schule eines Zellengefängnisses mit länger dauernder Einzelhaft Manches gelehrt werden muß, was über den gewöhnlichen Bedarf eines gemeinen Mannes hinausgeht. — Dieser höhere Unterricht trägt wesentlich dazu bei, den Charakter der Gefangenen zu mildern, ihnen Lust und Eifer zu nützlicher Beschäftigung einzuflößen, sie mit ihrem Loose und ihren Mitmenschen auszusöhnen, gegen ihre Vorgesetzten offener, vertraulicher, anhänglicher und für die Aufnahme der Lehren der Religion empfänglicher zu machen; die besten Schüler sind in der Regel auch die folgsamsten und fleißigsten Gefangenen, während von den stets rückfällig werdenden Gewohnheitsdieben selten einer große Fortschritte macht."

Es folgt hier eine Uebersicht der Lehrgegenstände, in welchen im Jahre 1854 in den sechs Schulklassen unserer Anstalt Unterricht ertheilt wurde.

Uebersicht

der Lehrgegenstände, in welchen in den verschiedenen Schulklassen im Jahre 1854 Unterricht ertheilt wurde.

I. Klasse.

Lesen. Hierzu wurde benutzt: „Lesebuch, von Chr. Döll." Schüler, die bei ihrer Einlieferung in die Anstalt noch wenige oder gar keine Vorkenntnisse im Lesen besaßen, erhielten hierin in den Zellen Unterricht, und je nach den Fortschritten nahmen sie an den Leseübungen in der Schule Antheil.

Schreiben. Einübung der deutschen Schreibschrift. Um die Schüler im Rechtschreiben zu üben, wurden öfters kleine Sätze dictirt.

Aufsätze. Kleine, vorerzählte oder vorgelesene Geschichten belehrenden Inhalts wurden niedergeschrieben. Leichte Beschreibungen wurden nach mündlicher Besprechung von den geübteren Schülern schriftlich ausgearbeitet.

Rechnen. Kennen und Schreiben der Ziffern. Die vier Rechnungsarten mit unbenannten Zahlen und leichte Aufgaben mit benannten.

II. Klasse.

Lesen. Die leichteren Abschnitte in Döll's Lesebuch.

Schreiben. Wie in der I. Klasse.

Aufsätze. Ebenso, nur erweitert.

Rechnen. Die vier Rechnungsarten mit unbenannten und benannten Zahlen. Anwendung derselben in einfachen Beispielen aus dem Leben.

III. Klasse.

Lesen. Uebungen im richtigen, wohlbetonten Lesen. Nacherzählen des Gelesenen.

Schreiben. Wie in der vorhergehenden Klasse.

Aufsätze. Nachschreiben vorgelesener und vorerzählter lehrreicher Geschichten, sowie der Predigt. Ausarbeitung leichterer Themata. Zusammenfassende Auszüge gelesener Abschnitte des Döll'schen Lesebuches.

Rechnen. Die vier Rechnungsarten mit benannten Zahlen. Die Lehre von den gemeinen Brüchen; leichte Zweisatzrechnungen.

IV. Klasse.

Lesen. Uebungen aus dem Döll'schen Lesebuch; dabei wurde auf das Fertiglesen und insbesondere auf richtige Auffassung und Betonung der Lesestücke Rücksicht genommen. Uebungen im Lesen des Geschriebenen fanden in der Zelle statt. Ausgewählte passende

Lesestücke in gebundener Sprache wurden von den Schülern auswendig gelernt und vorgetragen.

Schreiben. Die deutsche Schrift. Die englischen Schriftzeichen wurden mit einzelnen Schülern in der Zelle eingeübt. Zur Erzielung der Rechtschreibung wurde von Zeit zu Zeit dictando geschrieben und analisirt. Bei dieser Gelegenheit wurden die Schüler mit den wichtigsten Regeln der Rechtschreibung bekannt gemacht.

Aufsätze. Wie in der III. Klasse.

Rechnen. Wie in der III. Klasse, nur mit erhöhten Anforderungen. (Nach Gruber's Rechenbuch IV. Stufe.)

Geographie. Das wichtigste aus der allgemeinen Geographie als Einleitung zum geographischen Unterricht. Das Großherzogthum Baden mit geschichtlichen Bemerkungen, nach Stern.

Naturkunde wurde mit Zugrundelegung des Döll'schen Lesebuches ertheilt.

V. Klasse.

Lesen und Schreiben wie in der IV. Klasse. Ferner: Beschreibungen und Vergleichungen von Gegenständen aus der unmittelbaren Anschauung wie auch solcher aus dem Gedächtnisse. Auslegung von Sprüchwörtern. Ausgewählte Lesestücke in gebundener Sprache wurden in Prosa übersetzt. Aufsätze aus dem Gebiete der Landwirthschaft, Naturkunde u. s. w. Briefe und Geschäftsaufsätze.

Rechnen. Das Rechnen mit gemeinen und Dezimalbrüchen. Zwei- und mehrgliederige Zweisatzrechnungen, Zins-, Rabatt-, Theilungs-, Gesellschafts-, Gewinn- und Verlustrechnungen. Verschiedene Aufgaben aus dem Gebiete der Landwirthschaft.

Formen- und Raumgrößenlehre. Von den Linien und Winkeln. Die verschiedenen Flächenfiguren. Verwandlung der Figuren. Ausmessung und Berechnung der von geraden Linien eingeschlossenen Flächen und des Kreises. Das Zeichnen der Körpernetze; Berechnung des Oberflächeninhaltes der Körper; Berechnung des Kubikinhaltes der gleichdicken Körper. Es wurde in diesem Unterrichtszweige fortwährend die praktische Anwendung der gegebenen Lehrsätze in den verschiedenen Gewerben im Auge behalten.

Geographie. Wie in der vorhergehenden Klasse, sodann: Deutschland ausführlich, die Nachbarländer desselben übersichtlich.

Die wichtigsten geschichtlichen Ereignisse wurden bei Ertheilung des geographischen Unterrichtes (mit besonderer Rücksichtsnahme auf das Döll'sche Lesebuch) eingeflochten.

Naturkunde und Landwirthschaftlicher Unterricht wurden mit Zugrundelegung des Döll'schen Lesebuches ertheilt.

VI. Klasse.

Lesen, Schreiben und Aufsätze wie in der vorhergehenden Klasse.

Rechnen. Dasselbe wie in der V. Klasse. Ferner: Mischungsrechnungen, Ziel-, Agio- und Zinseszinsrechnungen. Aufgaben über merkantilische Gegenstände. Verschiedene Berechnungen nach dem spez. Gewichte der Körper. Praktische Aufgaben aus dem Gebiete der Landwirthschaft, Naturlehre und Mechanik. Das französische Maaß und Gewicht. Reduction anderer Maaße nach dem französischen. Das Erheben der Zahlen in die zweite und dritte Potenz. Das Ausziehen der Quadrat- und Kubikwurzel. Einfache leichte Gleichungen.

Formen- und Raumgrößenlehre. Wie in der vorhergehenden Klasse, nur in erweitertem Umfange. Berechnung der zugespitzten und abgekürzten Körper und der Kugel. Verschiedene praktische Aufgaben aus der Stereometrie.

Geographie. Die wichtigsten Lehren aus der allgemeinen Erd- und Himmelskunde, woran die Erklärung des Kalenders geknüpft wurde. Die fünf Erdtheile und die sie begrenzenden Meere übersichtlich. Die einzelnen Länder Europas. Bei der Geographie von Asien wurde besondere Rücksicht auf die Länder des biblischen Schauplatzes und deren Geschichte genommen.

Naturlehre. Die Lufterscheinungen. Die allgemeinen Eigenschaften der Körper. Die Wirkungen des einseitigen Luftdruckes. Erklärung verschiedener hierauf sich gründender Einrichtungen. Die Gesetze des Hebels. Das Wichtigste aus der Lehre von der Wärme. Bei Ertheilung dieses Unterrichtes wurde fast ausschließlich Rücksicht auf das genommen, was für die Schüler in landwirthschaftlicher oder gewerblicher Beziehung von besonderem Nutzen sein kann. Dasselbe geschah auch im Unterricht in der

Naturgeschichte. Die wichtigsten in Baden vorkommenden Mineralien und deren technische Verwendung.

Landwirthschaftlicher Unterricht wurde nach Babo's Ackerbaulehre ertheilt.

Zeichnen. Darin übten sich einzelne Schüler in der Zelle, da in der Schule nur die Konstruction geometrischer Figuren vorgenommen werden konnte.

Nachfolgende statistische Tabellen geben Aufschluß über die Zahl der schulpflichtigen, von dem Besuch der Schule entbundenen und zum Unterrichte untauglichen Gefangenen, sowie über den Bildungsgrad derselben bei ihrer Einlieferung, ihre Fortschritte und die dadurch bedingte Beförderung von einer Schulklasse in die andere.

Tabelle I. Bildungsgrad unserer Gefangenen.

Jahr.	Gesammtzahl der Sträflinge.	Bildungsgrad derselben bei ihrer Einlieferung.			Gesammtzahl.
		Es konnten weder lesen noch schreiben.	Nur lesen.	Beides, aber theilweise mangelhaft.	
1850	655	32	38	585	655
1851	649	40	25	584	649
1852	614	36	31	547	614
1853	566	21	11	534	566
1854	550	17	8	525	550

Aus dieser Tabelle ist die geringe Anzahl der ohne alle Kenntnisse Eingelieferten ersichtlich, und giebt, im Vergleich mit andern Ländern, ein günstiges Zeugniß für den guten Zustand unserer Volksschulen und den Bildungsgrad unseres Volkes; es kann deßhalb aber auch die Einzelhaft bei uns ohne Bedenken und Befürchtung eines nachtheiligen Einflusses auf den Geist der Gefangenen längerzeitig durchgeführt werden, weil geistige Beschäftigung fast aller Gefangenen dadurch ermöglicht, deren Weiterbildung begünstigt, somit die freie Zeit derselben nützlich ausgefüllt und sie vor Langeweile und Stumpfsinn bewahrt werden.

Tabelle II. Schülerzahl.

Jahr.	Gesammtzahl der Sträflinge.	Davon besuchten die Schule.	Die Schule besuchten nicht			Gesammtzahl der Sträflinge.
			Altershalber (über 35 Jahr alt).	Wegen höherer Bildung.	Wegen Unfähigkeit zum Unterricht.	
1850	655	394	171	76	14	655
1851	649	351	197	96	5	649
1852	614	344	205	62	3	614
1853	566	331	197	35	3	566
1854	550	327	206	16	1	550

Die nicht unbedeutende Zahl der wegen höherer Bildung in den Jahren 1850, 1851 und 1852 von der Schule Dispensirten rührt von den vielen politisch verurtheilten, in der Anstalt befindlichen Gefangenen her, welche höhere Bildung genossen hatten. Unfähigkeit zum Unterrichte wurde bedingt durch bedeutende Schwerhörigkeit, sehr kurzes Gesicht oder große geistige Beschränktheit; bei diesen wurde von den Lehrern auf der Zelle nachgeholfen.

Tabelle III. Zahl der Schüler in den einzelnen Klassen.

Jahr.	Zahl der Schulpflichtigen.	Davon waren durchschnittlich in den einzelnen Schulklassen: Klasse						Zahl der Schulpflichtigen.
		1	2	3	4	5	6	
1850	394	71	65	70	62	67	59	394
1851	351	60	59	63	49	66	54	351
1852	344	58	60	59	58	61	48	344
1853	331	56	63	52	59	52	49	331
1854	327	67	56	50	63	53	38	327

Von den Schülern der obersten Klasse sind manche bei ihrer Einlieferung wegen ihrer geringen Schulkenntnisse einer der beiden untersten Klassen zugetheilt worden und haben sich durch alle Abtheilungen emporgearbeitet.

Tabelle IV. Befördert wurden

Jahr.	von der I. in die II. Klasse.	II. in die III.	III. in die IV.	IV. in die V.	V. in die VI.
1850	35	31	33	25	21
1851	27	38	34	24	24
1852	43	43	35	32	18
1853	42	40	32	22	17
1854	45	52	54	39	21

Aus dieser Nachweisung ist zu ersehen, daß immer eine große Anzahl Schüler in allen Schulklassen solche Fortschritte machten, daß sie am Schlusse des Jahres in eine höhere Schulklasse befördert werden konnten; manche hatten ihre Strafzeit beendigt oder wurden begnadigt entlassen, bevor sie in die höheren Schulklassen aufstiegen; fast Alle ohne Ausnahme haben aber wesentliche, Viele erstaunliche Fortschritte in ihrer geistigen Bildung gemacht.

Ein weiteres, vorzüglich wirksames Mittel zur Belehrung und Besserung der Gefangenen ist in Zellengefängnissen durch **die Gefängnißbibliothek** geboten.

Unzertrennlich mit der Schule, dem Unterrichte und dem Lernen ist die Nothwendigkeit der öfteren Verabreichung von Büchern an die Gefangenen auf die Zellen. Die Bücher müssen die Fortsetzung des mündlichen Vortrages in der Schule bilden; aus ihnen muß das Vorgetragene auswendig gelernt, in der Schule nur kurz Erwähntes und Erklärtes verarbeitet und zum Verständnisse gebracht werden; die Bücher müssen in Einzelhaft die Gesellschaft und das Zusammenleben mit andern Menschen ersetzen, den Geist vor Langerweile mit allen ihren Folgen, wie vor Erstarrung oder einseitiger Richtung bewahren, denselben wecken, weiterbilden und das Gemüth erheitern.

In einer größeren Anstalt mit 400—500 Gefangenen wird schon der einmalige wöchentliche Besuch jedes Beamten bei jedem

Gefangenen der Anstalt häufig die Kräfte und den besten Willen derselben übersteigen; die Belehrung und geistige Anregung durch Zellenbesuche werden also zu selten sein, um an und für sich schon zu genügen, und gute und nützliche Bücher müssen diesen Umgang mit den Beamten bei den Gefangenen ersetzen. Je seltener also diese Besuche sind, d. h. je größer die Zahl der Gefangenen in einem Zellengefängnisse ist, desto mehr Aufmerksamkeit muß der Auswahl der in die Bibliothek aufzunehmenden Bücher gewidmet werden.

Die Bibliothek der Zellengefängnisse muß deßhalb mit Büchern verschiedenen, religiösen, erbauenden, belehrenden, zerstreuenden und gewerblichen Inhaltes in nicht zu beschränkter Auswahl versehen sein, wie sie verschiedenen Charakteren, Bildungsstufen, und besonders für die in Einzelhaft vorkommenden Gemüthszustände passen und wohlthätig einwirken. Bücher rein unterhaltenden Inhaltes werden, als mit dem Strafzwecke unvereinbar, streng ausgeschlossen bleiben.

Die Bibliothek unserer Anstalt ist gegen 3000 Bände stark, wobei jedoch manche religiöse und nützliche, in vielen Exemplaren vorhandene Bücher eingerechnet sind, so z. B. die in jeder Zelle als Zellenrequisit befindlichen drei Bücher: das Neue Testament, ein katholisches oder ein evangelisches Gesangbuch und das Döll'sche Lesebuch; letzteres ist besonders für Gefangene geschrieben, und dürfte wegen seines Gehaltes für alle Strafanstalten zu empfehlen sein.

Eine Theilung der Bibliothek in eine katholische, evangelische und eine gemischte, hat sich durch die Erfahrung zur Erhaltung des confessionellen Friedens und zur Befestigung der confessionellen Glaubenslehren der Gefangenen als nöthig erwiesen, indem eben die meisten geschichtlichen, erzählenden, selbst manche naturgeschichtliche Werke confessionell gehalten sind, und in unrechten Händen Zweifel, Aergerniß oder gar Unglauben erregen, jedenfalls den Geistlichen Schwierigkeiten in Erfüllung ihres Berufes und in den Erfolgen ihrer Wirksamkeit bereiten können.

In den ersten amerikanischen Einzelhaftgefängnissen hat man den Gefangenen nur die Bibel, als Urquell alles Lichtes, aller Wahrheit und religiöser Erkenntniß in die Zellen zum Lesen gegeben; man hat jedoch mannigfach die Absicht verfehlt, sogar nachtheilige

Folgen für den Geist der Gefangenen dadurch hervorgerufen und war genöthigt, den Gefangenen auch Bücher andern als nur religiösen Inhaltes zu verabreichen. Auch in unserem Hause hat sich in mehreren Fällen die Verabreichung der ganzen Bibel an Gefangene als nachtheilig erwiesen, und bei Dreien gab sie, besonders die Apokalypse mit ihren schwer verständlichen Bildern, den letzten Grund zu ausbrechender Seelenstörung.

Ueber das Unpassende, häufig Schädliche der Bibellectüre bei ungebildeten Gefangenen spricht sich Dr. J. Hast in seinem, bis auf sein Urtheil über die Einzelhaft, deren Principien und Durchführung ihm völlig unbekannt zu sein scheinen, verdienstlichen Werke: der Pauperismus, Berlin 1853, Seite 209, treffend aus: „der grobsinnliche, rohe Mensch, und die Mehrzahl der Gefangenen besteht ja aus solchen, wird sich hüten, das zu lesen, was sein Innerstes zerknirscht und zur bußfertigen Reue bringt. Da er freie Wahl aus so reichhaltigem Stoffe hat, wird er, wenn er diese nicht dem Zufalle beim Aufschlagen der Abschnitte überläßt, nur das aufsuchen, was seine Einbildungskraft in Thätigkeit versetzt, ihm freundlichere Bilder als das grauenvolle Gemälde seiner Unthat aufstellt, ja vielleicht gar diese durch Beispiele, wenn auch nicht rechtfertigt, denn doch entschuldigt, oder ihn wenigstens damit beschwichtigt, daß sein Verbrechen auch in jener frommen Vorzeit begangen und der Urheber nichts destoweniger oft noch gepriesen wurde. So heißt Loth, trotz zweifacher Blutschande, ein Gerechter; David unter Ehebruch und Todtschlag ein Mann Gottes. Welche Verwirrung der Begriffe, welcher Widerstreit der Gefühle bei einem Unglücklichen, der um derselben Missethat wegen langjährige Strafe abzubüßen hat! Auch bei dem besten Willen, den wahren, tiefern Wortsinn solcher Bibelstellen zu erfassen, fehlt es Leuten dieser Klasse zum richtigen Verstehen an Kenntniß der Vorzeit, ihrer Sitten und Sprache, um aus der übervollen Saat orientalischer Begeisterung den fruchttragenden Keim des Wahren und Guten zu sondern. Nicht mit dem empfänglichen Sinn, sich zu erbauen, sich reuig zu bessern, liest ein großer Theil der Gefangenen; er entweiht das heilige Buch, indem er es mit sündiger Hand seiner Phantasie zum Blättern und zum Mißbrauch übergiebt. In seinen vier öden Mauern schaut er sich um in der bunten Gallerie orientalischer Bilder bei dem ersten und zweiten Kapitel des Buches Esther; bald schweift vom ersten Kapitel des ersten Buches der Könige sein Blick auf glänzende Hoffeste hin, bald dringt er in die Geheimnisse des Harems. Es bedarf gewiß keiner weiteren Ausführung, um die Gefährlichkeit oder die offenbare Schädlichkeit einzelner Theile der Bibel, wenn sie ohne Erläuterung den unteren Volksklassen oder Gefangenen überliefert werden, darzuthun."

Ueber die Nothwendigkeit einer Gefängnißbibliothek und den Nutzen der Verabreichung von Büchern an Gefangene in gemeinschaftlicher und Einzelhaft finden wir wieder in dem Berichte des Pfarrer Welte gewichtige Aufschlüsse; er sagt: „In gemeinschaftlicher Haft hatte man durch Verabreichung von Büchern an die Gefangenen an Sonn= und Feiertagen die Absicht, denselben eine nützliche Unterhaltung zu gewähren, und zugleich die unsittlichen verderblichen Gespräche und Unterredungen zu verhindern oder doch zu vermindern. Durch die Bücher profanen Inhaltes erreichte man diesen Zweck noch am ehesten; die religiösen dagegen gaben nicht selten zu ähnlichen Erörterungen Anlaß, wie die Predigten und Christenlehre. Die Spötter und Verächter der Religion benützten sie, um ihren Witz auszukramen, um Andere in ihrem Glauben wankend zu machen, mit ihrem Unglauben zu prahlen, und zertraten so die Perlen, die man ihnen dargeboten hatte. Am allerwenigsten fanden die Bücher Gnade, die für Gefangene geschrieben waren.

Auch die heilige Schrift, besonders das Alte Testament, wovon für Protestanten mehrere Exemplare angeschafft worden waren, gab zu den wunderlichsten und unsittlichsten Gesprächen Anlaß. Jeder wußte für sich darin die prächtigsten Vor= und Ebenbilder zu finden, und seine eigenen Verbrechen damit zu entschuldigen. Am allerschlimmsten aber war der Umstand, daß Katholiken und Protestanten häufig aus Neugierde ihre confessionell gehaltenen Bücher vertauschten, dadurch entweder zu einer unverständigen und gehässigen Polemik, oder zur Verachtung und Geringschätzung der Eigenthümlichkeiten ihrer eigenen Kirche und zur Verwerfung der Autorität derselben geführt wurden, was sie zuerst zum Indifferentismus und nach und nach zum völligen Unglauben brachte.

Sehr nachtheilig und schlimm wirkt in der gemeinschaftlichen Haft der Umstand ein, daß man die Auswahl der für die einzelnen Gefangenen gerade passenden Lectüre nicht immer überwachen und controlliren kann, denn in der Regel lesen dort die Gefangenen gerade das offen oder heimlich, was am wenigsten für sie paßt. So werden die geistig Aermsten und Unwissenden, die geistige Anregung und Ausbildung am nöthigsten hätten, am liebsten gar nichts lesen, und die Sonntage mit trägem Hinsitzen oder schädlicher Unterhaltung zubringen. Die Ueberspannten, an kein ernsthaftes Lesen eines Buches Gewöhnten oder die Träumer werden am liebsten nach Dichtungen haschen, während nüchterne Belehrung und Aufmerksamkeit für sie heilsam wäre; die zum Aberglauben oder zur religiösen Schwärmerei hinneigen, werden die geheimnißvollsten und unverständlichsten Bücher der heiligen Schrift zum Lesen auswählen, wenn sie sonst nichts Mysteriöses auftreiben können.

Ganz anders aber ist dies in der Einzelhaft. Der verständige Seelsorger kann hier die Lectüre gerade so benützen, wie der verständige Arzt die Arznei bei seinen Kranken.

Den trägen schläfrigen Seelen, die nie ein Buch zur Hand nehmen möchten, kann er jene unterhaltenden, lieblichen und auf die angenehmste Weise belehrenden Volks- und Jugendschriften anbieten, die Andern so nachtheilig sind, und er wird sehen, daß die Gefangenen, durch die Langeweile angetrieben, sie lesen, durch deren Inhalt aufgeweckt und zur Aufnahme auch derberer geistiger Nahrung fähig gemacht werden. Der Lesesüchtige kann auf schmale Kost gesetzt und dadurch genöthigt werden, dieselben Bücher öfter zu lesen, das Gelesene zu verarbeiten und darüber nachzudenken. Den Grüblern und Geheimnißkrämern kann entzogen werden, was ihrer krankhaften Neigung Vorschub leistet, und dafür das geboten werden, was einen schlichten, lebendigen, in Liebe thätigen Glauben erzeugt. Tausch von Büchern, die für Angehörige einer andern Confession bestimmt sind, hört in Einzelhaft auf; auch ist man nicht genöthigt, bei der Abgabe der Bücher religiösen Inhaltes an die Gefangenen aus Rücksicht auf die andern Confessionen nur zu den farblos gehaltenen und ganz indifferenten zu greifen; kurz, das individuelle Bedürfniß eines jeden Gefangenen kann hier auf das vollkommenste berücksichtiget werden." — Es folgt hier ein Auszug aus dem Katalog der Gefängnißbibliothek von solchen Büchern, welche wir für Gefangene geeignet halten und deßhalb zur Anschaffung für Strafanstalten empfehlen können.

Gebet- und Erbauungsbücher.

Für die katholische Confession.

Das neue Testament sammt den Psalmen, Uebersetzung von Allioli. Katholisches Gesangbuch für die Erzdiöcese Freiburg. Goffine, Unterrichts- und Erbauungsbuch. Lindenbauer, die christliche Religion. Galura, die christliche Religion. Th. v. Kempis, Nachfolge Christi. Müller, Erbauungsbuch für Strafgefangene. Suringar, christliche Besuche im Gefängnisse. Haubers Gebetbuch. Devis, Gebet- und Erbauungsbuch. Chateaubriand, der Geist des Christenthums. Alban Stolz, das Vaterunser und die zehn Gebote. Rippel, die Schönheit der katholischen Kirche. Schmid, kleine biblische Geschichte. Hirscher, die Geschichte Jesu Christi. Philothea, oder Anleitung zu einem gottseligen Leben. Jung, Antrieb zur Buße. Jung, Peter Debord, oder die Folgen des Umganges mit bösen Menschen.

Für die evangelische Confession.

Das neue Testament sammt den Psalmen, Uebersetzung von Luther. Gesangbuch für die evangelisch-protestantische Kirche Badens. Starks Gebetbuch. Hofaker, Betrachtungen für Gefangene. Goldholds zufällige Andachten. Biblisches Denkbüchlein für einsame Gefangene. Suringer, religiöse Betrachtungen für Gefangene. Luthers kleiner Katechismus. Evangelisches Hausbüchlein. Trostbüchlein für bekümmerte Herzen. Biblische Andachten. Der Friedesbote. Die Pforte ist weit und der Weg breit, der zum Verderben führt. Die Frage „was fehlt mir noch?" Dietz, Evangelien-Predigten. Ranke, des Christen Wallfahrt nach der heiligen Stadt. Handbuch der Bibelerklärung vom Calwer Verlagsverein. Zweimal zweiundfünfzig biblische Geschichten. Kurtz, Biblische Geschichte. Kurtz, Lehrbuch der heiligen Geschichte. Kurtz, Christlicher Religionsunterricht. Gerhards erbauliche Betrachtungen von Schneider. Arndt, vier Bücher des wahren Christenthums.

Für die Israeliten.

Wessely, die Gebete der Israeliten für das Synagogenjahr. Präger, Gebet- und Erbauungsbuch für Israeliten. Dr. Salomon, deutsche Volks- und Schulbibel. Budinger, Leitfaden beim israelitischen Religionsunterricht. Moses Mendelson, Erklärung der fünf Bücher Moses. Eppstein, die heiligen Schriften in der Ursprache. Sommerfeld, das Leben der Patriarchen.

Erbauliche Unterhaltungsschriften.

Für die katholische Confession.

Schwäbl, Beispiele des Guten. Stöger, die Himmelskrone. Huber, Isidor, Bauer in Ried. Christoph Schmidt's sämmtliche Werke in 24 Bänden. Parabeln des Vaters Bonaventura. Conscience, flämisches Stillleben.

Für die evangelische Confession.

Burk, Vorsehung und Menschenschicksale. Ewald, Beispiele des Guten. Warnungsbeispiele für Jünglinge und Jungfrauen. Birnazki, die Hallig, oder die Schiffbrüchigen. Günnel, Ländlich, sittlich. Redenbacher, christliches Allerlei. Schubert, Seelenkunde. Schubert, der Meeresstrom, eine Erzählung. Schubert, der Krüppel von Rottenstein. Schubert, bei Gott ist kein Ding unmöglich. Jeremias Gotthelf, der Bauernspiegel. Käthy, die Großmutter. Uli, der Knecht. Uli, der Pächter. Der Brantweinsäufer. Tholuk, die Sonntagsbibliothek. Glaubrecht's Erzählungen für das Volk. Ahlfeld, Erzählungen. Wildenhahn, gesammelte Erzählungen. von Horn, Franz Kerndörfer, eine Erzählung. Lehrgeld, oder Meister Conrad's Erfahrungen. Hofmann, Parabeln. Zschokke, das Goldmacherdorf. Caspari, der Schulmeister und sein Sohn.

Belehrende Schriften.

Für die katholische Confession.

Annegarn, Weltgeschichte für die katholische Jugend. Schlez, Denkfreund für katholische Schulen. Schuster und Bumüller,

Lesebuch für katholische Schulen. Geramb, Pilgerreise nach Jerusalem; Reise von La Trappe nach Rom.

Für die evangelische Confession.

Allgemeine Weltgeschichte nach biblischen Grundsätzen, vom Calwer Verlagsverein. Christliche Kirchengeschichte vom Calwer Verlagsverein. Populäre Weltgeschichte in 6 Bänden. Schlez, Denkfreund für evangelische Schulen. Kurtz, Bibel und Astronomie. Lesebuch für die evangelischen Volksschulen Würtembergs. Zander, wie entgeht man der Armuth? Heinzelmann, die Weltkunde nach Harnisch bearbeitet.

Ohne Unterschied der Confession.

Döll, der Erzähler, ein belehrendes Lesebuch für Jedermann. Vogel, Geschichte der denkwürdigsten Erfindungen. Becker, Noth- und Hilfsbüchlein. Das landwirthschaftliche Wochenblatt. Maria Flink, die kleine Gemüsegärtnerin. Carl Will, der kleine Obstzüchter. Aus den Stuttgarter Wochenbänden: Der Obstgarten. Der Blumengarten. Die Pflanzenstoffe. Die Wunder der Pflanzenwelt. Die Waldbäume. Die Bienenzucht. Die Schätze des Erdreiches. Die Schöpfung in ihrer Herrlichkeit. Verschiedene Gewerbe und Künste. Die Mechanik und Maschinenkunde. Beschreibung der Vereinigten Staaten Amerika's. Auswanderung nach den Vereinigten Staaten. Das Meer. Die Schifffahrt. Holzmann, Mechanik und Maschinenlehre. Huber, Mechanik für Handwerkerschulen. Karmarsch, Handbuch der mechanischen Technologie. König, Grundzüge der Schlosserkunst. Spangenberg, Hand- und Modellbuch für Schlosser. Stöckel, Tischlerkunst in ihrem ganzen Umfange. Oskar Schmidt, Praktisches Handbuch für Tischler. Naturlehre aus dem Calwer Verlagsverein. Naturgeschichte aus dem Calwer Verlagsverein. Hellmuths Volksnaturlehre, bearbeitet von Fischer. Schödler, das Buch der Natur. Dick, die Wunder des Himmels. Stern, Natur-, Erd-, Menschen- und Völkerkunde und deren Geschichte. Grube, Biographien aus der Naturkunde. Erste und zweite Reihe. Unterhaltungen und Studien aus dem Natur- und Menschenleben. Geographische Charakterbilder.

Biblische Geographie aus dem Calwer Verlagsverein. Stern, Geographie des Großherzogthums Baden. Schlipf, populäres Handbuch der Landwirthschaft. von Babo, der Ackerbau nach seinen monatlichen Verrichtungen. Die Hauptgrundsätze des Ackerbaues. Fries, Handbuch der populären Landwirthschaft. Vogelbacher, Anleitung zur nützlichen Bienenzucht. Metzger, der Bauernspiegel. Das Mistbüchlein, oder des Bauern Goldgrube.

Behandlung der Gefangenen.

Der Straf-Vollzug, die Aufrechthaltung der Hausordnung und die Behandlung der Gefangenen in Einzelhaft ist eine schwierige, mancherlei Eigenschaften des Verstandes, Gemüthes und Charakters der Straf-Anstalts-Beamten erfordernde Aufgabe.

Ungebildet und roh, voll Erbitterung gegen die Behörden und Richter, voll Mißtrauen gegen die Straf-Anstalts-Beamten, in der Schule der Laster und Verbrechen erzogen, unwahrhaftig und im Lügen gewandt, träg und arbeitsscheu, verschlagen, jähzornig, rachsüchtig und ohne alle religiöse Erkenntniß kommen die meisten Verurtheilten in die Gefängnisse, um für ihre Vergehen zu büßen und zu rechtschaffenen, arbeitsliebenden und nützlichen Gliedern der bürgerlichen Gesellschaft herangebildet zu werden.

In gemeinschaftlicher Haft und in dem Auburn'schen Schweigsysteme wird diese Absicht meistentheils nicht erreicht, weil bei den Einrichtungen derselben eine individuelle Behandlung der Gefangenen unmöglich ist und eine genaue Kenntniß der Eigenschaften und Charaktere der zu Bessernden deßhalb nur selten erlangt werden kann. Die Nothwendigkeit, sogar das Unvermeidliche dieser individuellen Einwirkung des Systemes wie der Beamten auf die Gefangenen ist einer der Haupt-Vorzüge der Einzelhaft, und es wird deßhalb auch nur in diesem Systeme eine aus Einsicht, freiem Entschlusse und Ueberzeugung hervorgegangene Besserung der verderbten und verstockten Gemüther hervorgebracht werden können.

Durch die Trennung der Gefangenen, durch das System an und für sich wird jedoch in den meisten Fällen nur die gegenseitige Verschlechterung verhindert, durch eine verständige Behandlung aber allein jene bezweckte Sinnesänderung erreicht werden können; es ist deßhalb die Behandlung der Zellengefangenen zur Besserung durch die Hausbeamten von hoher Wichtigkeit, und muß mit größter Sorgfalt überwacht und durchgeführt werden.

Die oberste Leitung des ganzen Dienstes und der Verwaltungs-Geschäfte ist dem Vorsteher übergeben; die allgemeinen Bestimmungen über die Behandlung der Gefangenen, sowie die denselben auferlegten Pflichten und eingeräumten Rechte sind durch die Hausordnung festgesetzt, welche in jeder Zelle aufgehängt ist, damit einerseits die Gefangenen beständig an ihre Obliegenheiten erinnert werden, andrerseits aber auch erkennen können, daß die Regierung in ihrem Wohlwollen den Straf-Vollzug in einer Weise eingerichtet hat, durch welche deren Gesundheit erhalten und eine gerechte und humane Behandlung gesichert wird.

Der Dienst des Vorstehers eines Zellen-Gefängnisses ist ein äußerst schwieriger und aufreibender. Strenge Rechtlichkeit, unerschütterliches Pflichtgefühl, energische Willenskraft, Selbstbeherrschung, Selbstverläugnung, Menschenkenntniß, Bildung, Humanität, Nächstenliebe, tiefe Religiosität, feste Ueberzeugung von der Wichtigkeit und Wohlthätigkeit der treuen Pflichterfüllung, sowie moralischer und persönlicher Muth müssen denselben in seinem dienstlichen Handeln leiten und in den Mühen und Sorgen seines schweren Berufes aufrecht erhalten.

Die Grundbedingung jeglicher erfolgreichen Wirksamkeit des Vorstehers eines Zellengefängnisses aber ist ein ihm von allen Seiten zugewendetes Vertrauen.

Er muß vor Allem das Vertrauen des ihm vorgesetzten Ministeriums in vollem Maße besitzen, damit er im Bewußtsein desselben und durch dasselbe gehoben, freudig den täglichen Mühen, Schwierigkeiten und selbst Gefahren seines Dienstes entgegengeht; damit er aber auch, wo es Noth thut, energisch nach allen Seiten hin eingreifen und seinen Anordnungen Achtung und Geltung verschaffen kann. In der Leitung des inneren Dienstes der Straf-Anstalt muß ihm freie Hand gelassen, seinen Anträgen auf Abänderung und Verbesserung der baulichen und inneren Einrichtung, sowie insbesondere über die Behandlung der Gefangenen Gewicht beigelegt, und seinen Erfahrungen selbst ein Einfluß auf die Gesetzesbestimmungen über den Straf-Vollzug eingeräumt werden, da die zur obersten Leitung einer großen Straf-Anstalt erforderlichen Kenntnisse doch nur durch den täglichen praktischen Dienst erworben werden, die leitenden Oberbehörden die Straf-Anstalten zur Erwerbung derselben zu selten besuchen, auch die Verhältnisse der bisher allerwärts üblichen gemeinschaftlichen Haft selbst für einen langjährigen und dadurch im bisherigen Gefängnißwesen erfahrenen Respicienten bei dem neuen Systeme durchaus nicht maßgebend sein können. Zu Direktoren der Zellengefängnisse sollten deßhalb nur Männer ernannt werden, welche das volle und unbedingte Vertrauen ihrer Vorgesetzten besitzen.

Der Vorsteher muß ferner die Achtung und das Vertrauen der ihm untergebenen Beamten des Hauses genießen, damit ihm der zur einheitlichen Behandlung der Zellengefangenen erforderliche Einfluß auf ihre Dienstführung gesichert ist, damit seine Anordnungen bei den Gefangenen durch sie vertreten und ihm offen und ohne Rückhalt alle Wahrnehmungen im Hause mitgetheilt werden; damit es ihm endlich immer gelingt, die sich häufig widerstreitenden Interessen der einzelnen Beamten auszugleichen und unter ihnen dasjenige freundschaftliche Einvernehmen und Zusammenwirken zu erhalten, welches den Aufsehern und den Gefangenen gegenüber zu einem gesegneten Erfolge erforderlich ist.

Der Vorsteher muß die Achtung und das Vertrauen der Aufseher sich erwerben, damit sie willig und mit Freuden seiner Oberleitung sich unterziehen, ihr ganzes Wirken in Wort und That nach seinen Anordnungen einrichten und schon aus Achtung vor ihm ihre schweren Berufspflichten gewissenhaft und eifrig erfüllen. Alle Erfolge des Systemes sind durch eine verständige Behandlung der Gefangenen bedingt. Während in der gemeinschaftlichen Haft die Sträflinge selbst die sicherste Controle über das Benehmen der Aufseher, sowie über eine vorschriftsmäßige Verköstigung u. s. w. ausüben, ist in der Einzelhaft eine genaue Ueberwachung des täglichen Umganges der Aufseher mit den Gefangenen auf den Zellen unmöglich und deßhalb bei mangelndem moralischen Einfluß des Vorstehers etwaiger Rohheit, Leidenschaftlichkeit, Nachlässigkeit der Aufseher ein weiter Spielraum gegeben, wodurch die Erfolge des Systemes vielfach beeinträchtigt und vereitelt werden können.

Die Gefangenen endlich müssen in eine Lage versetzt werden, die es ihnen möglich macht, Vertrauen zu dem Vorsteher zu fassen, bevor an irgend eine moralische und bessernde Einwirkung desselben zu denken ist. Dieses Vertrauen wird erworben durch strenge Sorge für gerechte und vorschriftsmäßige Behandlung, Verköstigung und Haltung, ernste aber wohlwollende Umgangsweise, Geduld mit Mangel an Einsicht, Bildung und langjährigen üblen Angewohnheiten, unerschütterliche Ruhe und Mäßigung bei Ausbrüchen der Rohheit und Heftigkeit derselben, Vergeben und Vergessen begangener Uebertretungen der Haus-Ordnung nach erfolgter Strafe und gezeigter Besserung, Sorge für gutes Arbeitsmaterial, richtige Berechnung und Eintragung des Arbeitsantheiles u. s. w.

Wahr und treffend schildert Commissionsrath Burchardt in Sonneberg in einem Sendschreiben eines Zuchtbeamten an einen, der es werden will, die Lasten, Mühen und Sorgen eines Strafanstalten-Vorstehers: „Als ich mir bei Ihrem Hiersein erlaubte, die Frage an Sie zu richten, ob Sie zu dem neugewählten Stande sich auch berufen fühlen? hatte ich mehr Ihr Wohl und Wehe, als das Ihrer künftigen Untergebenen im Auge. Die Letzteren können bei der Anstellung eines verständigen und wohlgesinnten Beamten nur gewinnen, und jedenfalls ist ihnen der Glaube an menschliche Güte und Gerechtigkeit und an die wohlwollenden Absichten der Regierung, welcher durch eine offene und redliche Verwaltung nach und nach auch in den feindseligsten Gemüthern hervorgerufen zu werden pflegt, eine unaussprechliche Wohlthat, indem er ihre Aussöhnung mit der bürgerlichen Ordnung, und in weiterer Folge mit sich selbst vermittelt. Ihr Loos aber wird Kummer und Sorge, eine stete innerliche aufreibende Gemüths-Bewegung und ein endloser Kampf mit Schwierigkeiten sein. Sie nehmen unsere amtliche Bestimmung so sehr von ihrer schönen und edeln Seite, von der eines Familienvaters, dem jede Strafe, die nicht bessert, eine zwecklose Grausamkeit ist, denn es giebt auf dieser Seite, so lange uns von der Justiz und der Regierung nicht hinreichende Zeit dazu und genügende Mittel gegeben sind, so viele Täuschungen und niederschlagende Erfahrungen, daß nur der feste und unerschütterliche Glaube an die endliche Erreichbarkeit des Zieles, und der unbeugsame Wille, es selbst unter den ungünstigsten und abschreckendsten Umständen zu verfolgen, vermögend ist, vor Entmuthigung und Umkehr zu bewahren.

Kein Stand ist, der so viele Urtheile und Kennerschaften von außen her über sich hervorriefe, und keiner, der so viele Zerwürfnisse in seinem Innern nährte, als der eines Strafanstalts-Vorstehers. Sind Sie strenge, so werden Sie dem Vorwurf der Unmenschlichkeit, sind Sie menschlich und nachsichtig, dem der unzeitigen Milde an den Störern der öffentlichen Sicherheit nicht entgehen; halten Sie aber die Mittelstraße, so müssen Sie darauf gefaßt sein, den einen wie den andern auf sich zu laden. Die beständige Fehde mit ihren verwilderten Zuchtbefohlenen und mit ihren Subalternen wird Sie nie zur Ruhe kommen lassen. Der mißlichste Kampf aber, aus welchem Sie nie als Sieger und selten als Begnadigter hervorgehen können, steht Ihnen häufig mit den Ansichten Ihrer höheren Vorgesetzten bevor. —

Wir haben bis jetzt keine Vorschule für die Vollstreckungskunde der Zuchthausstrafen, als das bürgerliche Leben und die individuelle Erfahrung der Aspiranten, und doch ist kaum eine Wissenschaft, die wichtigere und schwierigere Probleme zu lösen hat. Sie greift in alle Verhältnisse und Interessen des bürgerlichen Lebens und der Staatsregierung ein, und wenn es nicht geläugnet werden kann, daß die Tausende, die jährlich aus den Zuchthäusern entlassen werden, auch die Träger und Verbreiter alles Guten und Bösen sind, was sie während ihrer Straferstehung gehört, gesehen, gelernt und angenommen haben, so leuchtet von selbst ein, welch unermeßlichen Einfluß die Zuchthäuser auf die Moralität der Bevölkerung und namentlich der unteren Stände zu üben im Stande sind, und wie viel demnach von der Art ihrer Verwaltung abhängt. Die Ansprüche, welche an die Strafanstalts-Vorsteher gemacht werden müssen, sind erst in neuester Zeit erkannt worden, und man ist bereits dahin gelangt, ihre Stellen nicht mehr als Sinekuren zu betrachten, oder als Abfindungen für anderweit geleistete Dienste zu vergeben.“ Jahrbücher d. G. K. II. Seite 285.

Die Dienstvorschriften für den Vorsteher sind in der Dienstordnung in umfassender Weise enthalten. Mehrere Bestimmungen derselben haben sich durch die Erfahrung als unpraktisch und undurchführbar erwiesen, die wir hier näher besprechen wollen.

Mit besonderer Sorgfalt, man könnte sagen, mit einer gewissen Aengstlichkeit, sind die Verordnungen über die Zahl der den Gefangenen zu erstattenden Zellenbesuche abgefaßt, weil man mit Recht eine häufige Gelegenheit zur Ansprache der Gefangenen an die Beamten für nöthig hielt, um die nachtheilige Einwirkung des Systems durch eine zu strenge und zu wenig unterbrochene Isolirung zu vermeiden.

Der §. 96 der Dienstordnung ordnet den täglichen Zellenbesuch des Vorstehers bei wenigstens dem vierten Theile der Gefangenen, der §. 97 die tägliche summarische Zusammenstellung aller bei den Gefangenen gemachten Zellenbesuche an, und der §. 12 der Hausordnung, daß jeder Gefangene täglich wenigstens sechs Zellenbesuche erhalte. Ebenso genau ist die von den übrigen Hausbeamten täglich oder wöchentlich zu machende Zahl der Zellenbesuche bestimmt; so für den Hausgeistlichen, §. 14, wöchentlich 140; für den Hauslehrer, §. 38, täglich 50; für den Hausarzt, §. 47, wöchentlich alle Gefangenen in den Arbeitszellen einmal; für den Verwalter, §. 83, alle 14 Tage jeden Gefangenen einmal; für den Buchhalter, §. 90, wöchentlich jeden Gefangenen einmal; für die Zellenaufseher, §. 184, jeden Gefangenen ihrer Abtheilung täglich wenigstens einmal; für die Werkmeister, §. 201, jeden Arbeiter ihres Gewerbes täglich ein- bis dreimal, und für den Oberaufseher der Hauspolizei, §. 232, täglich den vierten Theil der Gefangenen. Rechnet man dazu die täglichen öfteren Gelegenheiten der Gefangenen, ihre Aufseher beim Ab- und Zuführen in die Spazierhöfe, Kirche, Schule, und beim Essenaustheilen zu sehen, den auf den Zellen ihnen zu ertheilenden Unterricht in den Gewerben, die Besuche des Inspectors und der bürgerlichen Aufsichts-Raths-Mitglieder, so wird man einsehen, daß bei der Einzelhaft ein beständiges Abgeschlossensein von der Welt und allem Umgang mit Menschen nicht nur nicht stattfindet, sondern daß den Zellengefangenen öftere und längerzeitigere Gelegenheit zu Unterredungen mit ihren Beamten und Aufsehern gegeben ist als bei jedem andern Haftsysteme.

Diese Bestimmungen werden wohl im Allgemeinen eingehalten, so daß die Gefangenen jedenfalls täglich die vorgeschriebenen sechs Zellenbesuche erhalten, wenn man die Besuche der Aufseher und die Gelegenheiten zur Ansprache an dieselben mit einrechnet.

Eine strenge und pedantische Befolgung dieser Vorschriften aber ist für die höheren Beamten häufig unmöglich, weil einestheils die bei den einzelnen Gefangenen zuzubringende Zeit nicht nach Minuten, sondern nach dem Seelenzustande und Bedürfnisse derselben abgemessen werden muß, sollen die Zwecke des Systems erreicht werden, anderntheils aber die Zellenbesuche mit der erforderlichen Aufmerksamkeit, Geduld und Geistesgegenwart nicht sehr lange anhaltend fortgesetzt werden können, weil schon durch das beständige dabei nöthige Sprechen, mehr aber durch den Umgang mit den einzelnen Gefangenen ein gar nicht zu vermeidender, fortwährender und rascher Wechsel der verschiedenartigsten und entgegengesetztesten Gemüthsstimmungen, sowie durch den längerzeitig, oft stundenlang nöthigen Aufenthalt bei einzelnen Gefangenen eine große körperliche und geistige Abspannung und Ermüdung hervorgerufen wird. In der einen Zelle befindet sich ein gemüthlich Gedrückter und Hoffnungsloser, in der nächsten ein über sein Urtheil und seinen Untersuchungsrichter Erbitterter, in der dritten ein Scheinheiliger und Kriechender, in der vierten ein Geschwätziger und Aufdringlicher, in der fünften ein mit der Kost, dem Aufseher, seiner Arbeit u. s. w. Unzufriedener, in der sechsten ein Unordentlicher, Träger, Widerspenstiger, und für alle diese verschiedenen Charaktere und Gemüthsstimmungen der Gefangenen soll der besuchende Beamte die entsprechende Behandlung und passende Sprache finden, um tröstend, beruhigend, belehrend oder zurechtweisend auf sie einzuwirken. Rechnet man die beständig zu beobachtende Rücksicht auf die in Einzelhaft vorkommenden eigenthümlichen Gemüthszustände der Gefangenen noch hinzu, damit man nicht Gefahr läuft, eine krankhafte Heftigkeit und Gereiztheit als wirkliche Unart oder Rohheit zu beurtheilen und zu bestrafen, so wird das Aufreibende einer solchen, täglich sich mehrere

Stunden wiederholenden Dienstverrichtung keiner weitern Begründung bedürfen.

Ich kann deßhalb in der Regel nur den sechsten Theil der Gefangenen jeden Tag auf ihren Zellen besuchen, so daß ich im Verlauf der Woche alle Gefangene des Hauses gesehen und gesprochen habe, was auch genügt, da ja die übrigen Beamten ebenfalls Zellenbesuche machen, und bei der jeden Vormittag stattfindenden Conferenz alle außergewöhnlichen Erscheinungen und auffallenden Gemüthsstimmungen einzelner Gefangenen zur Kenntniß des Vorstehers gelangen.

Von der Art der Unterredungen mit den Gefangenen und von der darauf verwendeten Zeit hängt natürlich deren Erfolg und Wirksamkeit ab.

Besteht der Zellenbesuch darin, daß der Besuchende die Zellenthüre öffnet, kurz nach dem Befinden des Gefangenen fragt, die Ordnung und Reinlichkeit der Zelle mit einem Blicke überschaut und sich rasch wieder entfernt, damit der begreiflicherweise redselige Gefangene ihn nicht aufhält, so wäre dieß ein widerliches, einförmiges Geschäft für den Beamten, eine gleichgiltige oder gar lästige Einrichtung für den Gefangenen, im Ganzen eine erfolglose Maßregel, weil derartige Zellenbesuche weder Vortheil für den Beamten, noch Erleichterung für den Gefangenen gewähren würden.

Besteht aber ein Besuch darin, daß der Beamte 5—20 Minuten in jeder Zelle verweilt, so forderten sechs tägliche derartige Besuche in jeder Zelle eine bedeutende Vermehrung des Beamtenpersonals, die Besuche würden die Arbeit der Gefangenen zu häufig unterbrechen und den Gefangenen selbst lästig werden, da sie vor lauter Besuchen niemals zu sich selbst kommen könnten.

Längere Besuche bei den Gefangenen sind aber erforderlich, um ihre sittliche Genesung anzubahnen, da ihnen häufig alle Grundbegriffe der Moral und Religion fehlen, und zu ihrer Belehrung, wie schon zur Erforschung ihres Charakters und ihrer Sinnesart längere Unterredungen mit ihnen nöthig sind; es ist aber genügend und zweckmäßig zugleich, wenn der Gefangene nur alle 2—3 Tage *einen* solchen längerzeitigen Zellenbesuch erhält, damit er Zeit und Muße hat, über die erhaltenen Belehrungen nachzudenken, sie in sich zu verarbeiten und am Ende, trotz seines anerzogenen oder im Leben erworbenen Vorurtheiles und Mißtrauens gegen alle Höherstehenden und Beamten, doch das Wohlwollen, die gute Absicht und Uneigennützigkeit ihrer Belehrungen einzusehen; dabei hat der Gefangene ja noch täglich öftere Gelegenheit zur Ansprache an seine Aufseher.

Während in der gemeinschaftlichen Haft jeder Gefangene unter seinen Kameraden Genossen zum Austausche seiner Ansichten, Schicksale und Plane findet, und ein hoch über ihm stehender Beamter wohl der letzte ist, dem er die innersten Gedanken und Wünsche seines Herzens offenbart, wird in der Einzelhaft der bei den meisten Gefangenen vorhandene Drang nach Mittheilung oft außerordentlich gesteigert, so daß selbst die Verstocktesten und Mißtrauischen, und deßhalb im Anfange Zurückhaltenden nicht in die Länge verschlossen bleiben können, und das bei den öfteren Zellenbesuchen ihnen gezeigte Wohlwollen und Interesse für ihre Person, verbunden mit einer menschenfreundlichen Behandlung, öffnet bald die Schleußen des Herzens gegen ihre Beamten, die sie hier allein zu Vertrauten machen können. Dieses wachsende Vertrauen hat für den Zellenbewohner immer gesegnete Folgen, weil er dadurch den Beamten und ihren Belehrungen zugänglich, und der Anfang zur Besserung gelegt wird; der Besucher wird aber dadurch sehr angestrengt, und wer einige Stunden von Zelle zu Zelle wandert, in jeder einen andern Menschen und eine andere Seelenstimmung findet, tausend alte Fragen abermals beantworten, tausend unsinnige Dinge abermals widerlegen muß, der wird seine geistigen und körperlichen Kräfte unendlich angestrengt fühlen, und bald finden, daß sein Amt ein schweres Opfer ist, welches er der erhabenen Idee der Besserung seiner gefallenen Mitbrüder bringt.

Ebenso unpraktisch, und in der Durchführung für den Vorsteher unmöglich, oder wenigstens mit so vielem Zeitaufwande verbunden, als er ohne Beeinträchtigung seines übrigen Dienstes nicht aufzuwenden vermag, ist die Bestimmung des §. 97, nach welcher derselbe täglich eine summarische Zusammenstellung der von allen Beamten und Aufsehern des Hauses gemachten Zellenbesuche behufs der Controlle derselben verfertigen soll. In unserer Anstalt übergeben deßhalb sämmtliche höhere Beamten am Ende der Woche dem Vorsteher das Verzeichniß der von ihnen gemachten Zellenbesuche, aus welchen dieser mit Leichtigkeit ersehen kann, ob sie ihren Dienstvorschriften nachgekommen sind.

Durch die §§. 16, 17 und 18 der Hausordnung ist der Briefwechsel der Gefangenen, und deren Verkehr mit ihren Angehörigen und Freunden bestimmt und geregelt.

Sämmtliche, an die Gefangenen einkommenden und von ihnen abgehenden Briefe müssen durch den Vorsteher und die Geistlichen gelesen werden, weil deren Inhalt eines der gewichtigsten Hilfsmittel zur Erkennung des Charakters, der Sinnesart, der Sitten und aller zur Beurtheilung derselben wichtigen Verhältnisse abgiebt.

Bei den Gesprächen mit den Beamten und Aufsehern bestimmen hundert, oft absichtlich verborgen gehaltene Beweggründe den Ton, die Redeweise und den Inhalt derselben; das Benehmen ist häufig ein ordnungsgemäßes, untadelhaftes, oft scheinbar vorzügliches, in den Briefen an die Ihrigen aber offenbaren die Gefangenen in der Regel ihre wahre innere Seelenstimmung, und wir haben häufig aus der geführten Correspondenz einzelne Gefangene gründlicher kennen gelernt, als durch häufige Zellenbesuche während ihres längerzeitigen Aufenthaltes in der Strafanstalt.

Die Zahl der den Gefangenen gestatteten Briefe ist in den verschiedenen Strafanstalten eine sehr verschiedene, und denselben der Briefwechsel bald jährlich viermal, bald monatlich ein=, höchstens zweimal erlaubt. Im Allgemeinen dürfte die letztere Bestimmung die richtige, und auch in der Einzelhaft genügende sein.

In gemeinschaftlicher Haft wird ein öfterer Briefwechsel schon durch die ununterbrochen mit der Außenwelt unterhaltene Verbindung der Gefangenen überflüssig werden. Jeder Abgehende erhält von seinen Landsleuten Aufträge und wohl auch heimlich geschriebene Briefe zur Besorgung an seine Angehörigen und Freunde, sowie die Neueingelieferten solche, oder wenigstens sonstige Nachrichten mit in die Strafanstalten hereinbringen. In der Einzelhaft ist dies durch das System unmöglich gemacht, und es muß schon deßhalb dem Zellengefangenen ein öfterer schriftlicher Verkehr mit den Seinigen gestattet werden.

Wie die Briefe, so gewähren auch die Besuche der Angehörigen, der Aeltern, Frauen und Kinder, den Gefangenen Trost, Beruhigung, Aufmunterung, und dürfen deßhalb ebenfalls nicht erschwert werden.

Solche Besuche darf in unserer Anstalt jeder Gefangene monatlich einen in dem besonders dazu hergerichteten Sprachzimmer empfangen. Dasselbe ist durch zwei Gitterwände in drei Theile getheilt; in dem einen befindet sich der Gefangene, in dem anderen der Besuchende, und in dem mittleren ein Aufseher zur Ueberwachung des Gespräches. Diese Einrichtung hat sich zur Verhütung von heimlichen Correspondenzen, sowie des Zusteckens von Geld und Nahrungsmitteln als praktisch bewährt, wenn sie auch manchen Gefangenen, besonders Familienvätern, schmerzlich ist, weil sie dadurch bei den Unterredungen von den Ihrigen ferne gehalten sind. Besuche und Briefe der Angehörigen wirken bei Zellengefangenen tiefer und mächtiger ein, weil ihnen die Klagen über die Noth ihrer Familie, die Vorwürfe und Ermahnungen auch in der Zelle immer vorschweben; ebenso werden Zeichen von Liebe, Theilnahme und Anhänglichkeit ihrer Angehörigen inniger empfunden, erwecken gleiche Gefühle, und wir haben schon häufig wahrgenommen, daß durch dieselben leichtsinnige und lieblose Aeltern und Ehemänner, sowie undankbare Söhne dadurch gebessert, und an ihre heiligen Pflichten für die Ihrigen erinnert wurden.

Zwei Zeitabschnitte während der Haft sind es besonders, welche einen wesentlichen und gewichtigen Einfluß auf das Betragen der Gefangenen in der Anstalt und die Bewährung der Besserung nach der Entlassung ausüben: die Aufnahme und Entlassung der Gefangenen.

Die Behandlung der Gefangenen bei der Einlieferung, die Art ihrer Aufnahme in die Anstalt, die erste Ansprache des Vorstehers und Hausgeistlichen ist von großer Wichtigkeit, und oft entscheidend für das Betragen der Gefangenen während ihrer ganzen Haftzeit. Schon durch die Dienstordnung ist dem Vorsteher und Hausarzte der Anstalt deßhalb besondere Aufmerksamkeit auf den körperlichen und geistigen Gesundheitszustand der Neueingelieferten zur Pflicht gemacht, damit alle zur Erstehung der Einzelhaft Ungeeigneten aus ihr fern gehalten, bei zweifelhaften oder ungewöhnlichen Zuständen in den ersten 4 bis 6 Wochen besondere Aufmerksamkeit auf sie verwendet, jeder Neueingelieferte in ein seinen Geisteskräften angemessenes und sein späteres Fortkommen förderliches Gewerbe, sowie in eine seiner geistigen Bildung entsprechende Schulklasse eingetheilt, die Häufigkeit der nöthigen Zellenbesuche der einzelnen Beamten ermessen, ihm der Strafantritt erleichtert, und der Vorsatz zur vorschriftsmäßigen Aufführung in ihm erweckt werde.

Die Verurtheilten werden in verschiedenen Gemüthsstimmungen in die Strafanstalten gebracht, und nur die wenigsten, in der Regel nur die rückfälligen Diebe, denen das Zuchthaus häufig ein willkommenes Asyl ist, treten mit Gleichgiltigkeit und Gemüthsruhe ihre Strafe an; die meisten zum erstenmale Verurtheilten, und besonders alle wegen in der Leidenschaft oder aus Fahrlässigkeit begangener Verbrechen Verurtheilten sind in einer eigenthümlichen, aufgeregten oder deprimirten Gemüthsstimmung, welche durch die Entdeckung ihres Verbrechens, ihre Verhaftung, Untersuchung und Urtheilseröffnung hervorgerufen wurde.

Eine ernste aber freundliche Ansprache, die Erklärung der Hausordnung und Ermahnung zu deren Befolgung, die Anhörung der Bitten und Wünsche, oft ein Trost, eine Ermuthigung werden deßhalb dem Neueingelieferten den Antritt seiner Strafe erleichtern, und ihm Vertrauen zu den Hausbeamten, und Beruhigung über seine Zukunft einflößen.

In den ersten Monaten der Haft muß den Gefangenen Zeit gelassen werden, sich zu beruhigen, zu sammeln, sich an die Hausordnung zu gewöhnen, und mit den Beamten und Aufsehern bekannt zu werden, bevor an die Möglichkeit einer Einwirkung auf sie von irgend einer Seite her gedacht werden kann. Bei den Zellenbesuchen werden deßhalb die Beamten in dieser Zeit mehr allgemeine Gegenstände in Anregung bringen, sich nach der Gesundheit, der früheren Beschäftigung, den Familienverhältnissen, dem Fortschritte in ihrer Arbeit und anderem Aehnlichen erkundigen, wodurch der Gefangene das Interesse derselben an seiner Person und seinem Ergehen erkennt, und über seine Lage beruhigt wird. Unterdessen erhalten die Beamten aus dem eingeholten pfarramtlichen Zeugnisse und den eingekommenen Untersuchungsakten Aufschluß über deren Jugend, Erziehung, Charakter, Sitten, sowie über die Ursache und den Hergang des Verbrechens. Nie lasse man sich mit Neueingelieferten auf eine Erzählung ihres Verbrechens ein, bevor man dasselbe selbst aus den Untersuchungsakten genau kennt, damit man im Stande ist, jede Beschönigung oder unrichtige Darstellung desselben zu widerlegen, denn man läuft sonst Gefahr, belogen, getäuscht, für leichtgläubig gehalten zu werden, und die Achtung des Gefangenen zu verlieren; man hat sich dadurch deren Behandlung erschwert, weil sie sich nun für klüger und listiger halten, als ihre Vorgesetzten, und häufig später entweder aus falscher Schaam, als Lügner entlarvt zu sein, oder aus Furcht vor einer Strafe sich nicht mehr entschließen, die Wahrheit einzugestehen. Kennt aber der Zuchthausbeamte das Verbrechen eines Gefangenen genau, widerlegt er jede versuchte unrichtige Angabe mit Ruhe und Gelassenheit, gelingt es ihm insbesondere, den Gefangenen zu überzeugen, daß er selbst fest an dessen Schuld und die Gerechtigkeit der Strafe glaubt, daß der Gefangene aber dennoch bei guter Aufführung eine gerechte und humane Behandlung zu erwarten habe; dringt der Beamte nicht unklug und vorzeitig auf ein Geständniß des bisher geläugneten Vergehens, sondern wartet er ab, bis der Gefangene nach einigen Monaten Vertrauen zu ihm gefaßt hat, so kann er dann in den meisten Fällen getrost anklopfen, und wird in der Regel ein um so offeneres und in vielen Fällen umfassenderes Geständniß erhalten, als der Gefangene jetzt fest überzeugt ist, daß der Beamte dasselbe nicht gewünscht hat, um es dem Richter zur weiteren Untersuchung mitzutheilen, sondern weil er Offenheit und Wahrhaftigkeit als ersten Schritt zur Einsicht, Reue und Besserung betrachtet, und nur diese durch seine Ansprache zu erreichen sich bestrebt hat. Auf diese Weise und durch eine solche Behandlung haben wir in weitaus den meisten Fällen Geständnisse von solchen Gefangenen erhalten, welche in ihrer Untersuchung und der ersten Zeit der Haft auf das hartnäckigste geläugnet haben, und solche Geständnisse sind allein als durch Einsicht und beginnende Besserung hervorgerufen zu betrachten; durch eine solche Behandlung erwirbt man sich das moralische Uebergewicht über den Gefangenen, welcher sich jetzt in Allem der Leitung des Beamten anvertraut.

Es müssen deßhalb die Untersuchungsakten aller Gefangenen eingesehen, ein kurzer Auszug aus denselben angefertigt, und den Personalakten des Gefangenen angeschlossen, sowie von den Pfarrämtern Erkundigungen über das frühere Leben des Gefangenen eingezogen werden.

Es ist ferner nicht unwichtig, daß alle Neueingelieferten vor die, jeden Vormittag bei dem Vorsteher stattfindende Beamtenconferenz vorgeführt werden, damit alle Beamten sie kennen lernen, damit die Gefangenen aber auch gleich bei dem Eintritte in die Strafanstalt sich überzeugen, daß ihre Vorgesetzten Hand in Hand gehen und zusammenhalten, daß also eine, bei dem einen oder anderen derselben versuchte Lüge oder Verstellung auch den übrigen Beamten bekannt werde; der Neueingelieferte erkennt dadurch aber auch, daß man sich für ihn interessire, und dieß besonders erweckt in ihm Beruhigung und Vertrauen.

Die Neueingelieferten sollen in der ersten Zeit der Haft öfter in der Zelle besucht werden, damit sie in dem schwersten Abschnitte ihrer Gefangenschaft häufigere Ansprache finden, und bei Bedenken oder Zweifeln dieselbe beseitigen können, damit aber auch die Beamten von deren richtiger und vorschriftsmäßiger Behandlung durch die Aufseher sich überzeugen. Die Geduld der Beamten wird zwar durch solche Zellenbesuche bei Neueingelieferten häufig auf eine harte Probe gestellt, denn sie müssen den durch das beständige Alleinsein redselig gewordenen Gefangenen oft längerzeitig anhören, und zwar nicht allein über die versuchte Darlegung seiner Unschuld oder geringeren Schuld, als der Richterspruch angenommen hat, sondern auch über alle den Gefangenen, dessen Familie, Vermögen und sonstigen Verhältnisse betreffenden Angelegenheiten.

Werden diese Zellenbesuche nur kurz, das Benehmen der Besuchenden dabei abstoßend und theilnahmlos, das Gespräch nur auf die Arbeit und Hauszucht gerichtet sein, so wird es nicht leicht gelingen, den Charakter, die Sitten und Sinnesart der Gefangenen kennen zu lernen, und dieselben offen, vertrauend und wahrhaftig zu machen; es werden die mit der Thürklinge in der Hand an die Gefangenen gerichteten Fragen eben so kurz beantwortet werden, und hundert solcher Besuche nicht das bewirken, was durch eine wohlwollende und längerzeitige Unterredung erreicht wird.

Wird ein Gefangener wegen Uebertretung der Hausordnung zur Anzeige gebracht, so soll er nie ungehört abgeurtheilt werden, denn die Aufseher können bei ihrem anstrengenden und aufregenden Dienste sich nicht immer von aller Leidenschaft oder Parteilichkeit ferne halten; auch haben einzelne derselben, bei allen sonstigen guten Eigenschaften, nicht immer den erforderlichen Grad geistiger Bildung und Menschenkenntniß, um die verschiedenen Seelenzustände und Stimmungen der Zellengefangenen zu beurtheilen; jedenfalls beweist ein mit dem Gefangenen vor der Bestrafung angestelltes Verhör demselben immer, daß die Beamten den Willen haben, streng aber gerecht zu sein.

Nach erstandener Disciplinarstrafe soll den Gefangenen verziehen und ihr Fehltritt nicht nachgetragen werden, und es muß die angelegentliche Sorge des Vorstehers sein, den Aufsehern die Richtigkeit dieses Grundsatzes klar zu machen; der Aufseher muß sich über die Gefangenen stellen, Uebertretungen der Hausordnung und selbst persönliche Beleidigungen vergeben und vergessen können, und in dieser christlichen Tugend denselben zum Vorbilde dienen.

Die höheren Beamten des Hauses müssen in Behandlung der Gefangenen Hand in Hand gehen, in freundlichem, collegialischen Einvernehmen zu einander stehen, und sich beständig ihre Beobachtungen über die einzelnen Gefangenen mittheilen, die Art und Weise der Behandlung derselben besprechen, und diese gleichmäßig durchführen. Zur Erreichung dieser Absicht ist das tägliche Zusammenkommen derselben auf dem Zimmer des Vorstehers, §. 125 der Dienstordnung, von größter Wichtigkeit, weil dieß dadurch am leichtesten und vollständigsten erreicht wird. Ebenso hat das Vorführen der rohesten, unartigsten und widersetzlichsten Gefangenen vor dieselben schon häufig mehr gewirkt, als die Ansprache des einzelnen Beamten auf der Zelle, weil jene in der Regel immer noch zu einem der dort anwesenden Beamten Vertrauen und Zuneigung haben, und besonders, weil sie daselbst die Einigkeit und Uebereinstimmung sämmtlicher Beamten erkennen; auch haben Gefangene, welche dem Oberaufseher oder einem Beamten begangene Uebertretungen der Hausordnung läugneten, dieselben vor der Conferenz schon häufig zugestanden.

Das größte Anliegen der Gefangenen bei den Hausbeamten, besonders bei dem Vorsteher und dem Hausgeistlichen, ist deren Bitte um Unterstützung der eingereichten Begnadigungsgesuche.

Der §. 12 der Hausordnung bestimmt, daß Begnadigungsgesuche, welche vor Ablauf der halben Strafzeit eingereicht werden, in der Regel unberücksichtigt bleiben, und die Verwaltung ist ermächtigt, Begnadigungsgesuche von Gefangenen im Verlaufe eines Jahres nur einmal vorzulegen.

Die Begnadigungsgesuche werden in der Regel von den Gefangenen selbst angefertigt, wobei denselben die Geistlichen und Lehrer behilflich sind; bei älteren, des Schreibens gar nicht oder nur sehr mangelhaft kundigen Sträflingen wird ihre Bitte durch die Verwaltung zu Protokoll genommen, und dem betreffenden Gerichtshofe oder dem Gr. Justizministerium vorgelegt; die Hausgeistlichen fügen nur dann Zeugnisse bei, wenn sie aus besonderen Gründen, z. B. wegen sehr guter Aufführung, sehr betrübter Familienverhältnisse der Gefangenen u. s. w. ihre Befürwortung für geeignet halten; ebenso hat der Hausarzt im Falle körperlicher oder geistiger Leiden des Bittstellers ein Gutachten abzugeben.

Begnadigungen sollen nach meiner Ansicht nur in außergewöhnlichen Fällen, bei langer urtheilsmäßiger Strafzeit, bei sehr gutem Verhalten der Gefangenen, bei sehr geschwächter und durch die Haft untergrabener Gesundheit, und vorzüglich nur bei Verurtheilten erfolgen, deren Vergehen aus Fahrlässigkeit oder Leidenschaft begangen wurde, weil bei diesen eine mehrjährige Strafzeit zur Abbüßung und Abgewöhnung der Leidenschaft, des Jähzornes und der Heftigkeit hinreicht, somit eine moralische Besserung in der erstandenen Haftzeit erreicht werden kann. Bei den Dieben, Meineidigen, Falschmünzern, Urkundenfälschern u. s. w., überhaupt bei Vergehen, welche aus vollkommen vernachlässigter Erziehung, ehrloser Gesinnung und wirklicher Verdorbenheit hervorgegangen sind, und insbesondere bei den Rückfälligen sollten Begnadigungen nur in den allerseltensten Fällen ertheilt werden, weil die tiefwurzelnden, schlechten Sitten, Gewohnheiten und Grundsätze ohnedies nicht immer in der kürzeren, für solche Vergehen ertheilten Strafzeit getilgt und gründlich vernichtet werden können.

Wie im ganzen Umgange mit den Gefangenen, so müssen auch die Beamten bei der an sie gerichteten Bitte um Unterstützung eines Begnadigungsgesuches offen und wahr gegen die Gefangenen sein, ihnen nicht mehr versprechen, als sie zu halten gesonnen sind, denselben insbesondere niemals mehr Hoffnung auf Erfüllung ihres Wunsches in Aussicht stellen, als sie mit Sicherheit gewähren können; die Gefangenen sind ohnedieß nur zu leicht geneigt, eine abschlägliche Entscheidung ihrer Bitte dem Mangel an Unterstützung durch die Beamten zuzuschreiben, und durch einen aus der Luft gegriffenen Trost geht das Vertrauen der Gefangenen nicht selten für immer verloren.

Bitten Gefangene gleich im Anfange ihrer Haft schon um die Erlaubniß, ein Begnadigungsgesuch einreichen zu dürfen, so muß dieß denselben freundlich, aber entschieden abgeschlagen werden, weil sie sonst immer nur an ihre Befreiung denken, sich nicht in ihrer neuen Lage eingewöhnen, den Ernst und die Schwere der Strafe nicht erkennen, und den Ermahnungen der Beamten, sowie der Stimme ihres Gewissens verschlossen bleiben werden. Die Beamten sollen ferner den Gefangenen niemals Unterstützung versprechen, so lange diese ihr Vergehen nicht unumwunden und reumüthig eingestanden haben, weil durch eine solche übel angebrachte Hilfe die Gefangenen nur verstockter, und in der Meinung bestärkt werden, daß die Beamten selbst von ihrer Unschuld, somit von der Ungerechtigkeit des Richterspruches und der verhängten Strafe überzeugt sind.

Zu häufigen Bitten eines Gefangenen um Wiederholung eines Begnadigungsgesuches gebe man kein Gehör, weil derselbe dadurch immer zwischen Furcht und Hoffnung schweben, von fleißiger Arbeit und ernstlichem Nachdenken über sich selbst abgehalten wird; werden Begnadigungsgesuche von den Hausbeamten nur selten, und nur in besonderen Fällen befürwortet, so erhält deren Unterstützung bei den entscheidenden Obergerichten mehr Gewicht, und wird häufiger berücksichtigt.

Glaubt aber ein Zuchthausbeamter durch das Studium der Untersuchungsakten, durch Geständnisse anderer, bei der That betheiligter Gefangener, durch eingezogene Erkundigungen, und nach reif=

licher Ueberlegung aller Verhältnisse zu der Ueberzeugung gelangt zu sein, daß einem Verurtheilten durch den Richterspruch zu viel geschehen, so ist es dessen heilige Pflicht, dieß offen und ohne Scheu seiner vorgesetzten Behörde mitzutheilen, und dem ihm anvertrauten Gefangenen in den Beweisen seiner geringeren Schuld oder völligen Schuldlosigkeit zur Seite zu stehen; nur hüte er sich, der Täuschung und Verstellung leichtgläubig Vorschub zu leisten, weil er dadurch das Vertrauen seiner Obern, und die Achtung der betreffenden Gefangenen verlieren muß.

Bei Zellengefangenen ist es endlich von Nachtheil, wenn öfter eingereichte und von den Hausbeamten unterstützte Begnadigungsgesuche stets abweislich beschieden werden, weil in der Einzelhaft, besonders nach längerzeitiger Dauer derselben, alle betrübenden Eindrücke nachhaltiger auf die Gefangenen einwirken; mit jedem abgeschlagenen Gesuch wird deren Stimmung trüber, gedrückter oder erbittert; die Gedanken an die Noth ihrer zu Hause darbenden Familie, die Besorgniß wegen der sichtbar schwindenden Körperkraft, die dadurch in Aussicht stehende Unmöglichkeit, sich nach späterer Rückkehr in die Freiheit durch ihrer Hände Arbeit ernähren zu können, schwebt ihnen beständig vor, und hat in mehreren Fällen in unserem Hause schon zu Seelenstörungen Veranlassung gegeben.

Durch die Einzelhaft werden ferner nicht selten eigenthümliche Gemüthszustände bei den Gefangenen hervorgerufen, welche besondere Berücksichtigung verdienen, weil sie, richtig erkannt und geleitet, meistentheils wieder vorübergehen, und häufig die Sinnesänderung und Besserung der Gefangenen anbahnen, falsch beurtheilt aber, und für Laune, Ungehorsam, Widerspenstigkeit und Trotz angesehen, den Anfang zu Seelenstörungen bilden und selbst in diese übergehen können.

Es sind dieß die mächtigen Gemüthserschütterungen, welche sich früher oder später der meisten Zellengefangenen bemächtigen, und sich durch ganz verschiedene Gemüthsstimmungen kund geben.

Bald ist es eine unerklärliche, durch völlig eingebildete Krankheit hervorgerufene, oder eine, außer Verhältniß mit wirklich vorhandenen körperlichen Leiden stehende Angst, durch welche die Gefangenen überall verfolgt und gequält werden; bald eine sehr gedrückte Gemüthsstimmung, die sie ihr nahes Ende, jedenfalls den Tod vor Ablauf ihrer Gefangenschaft voraussehen läßt; bald und häufiger vorkommend, zeigt sich eine ungemeine Reizbarkeit, die durch jedes falsch aufgefaßte oder rauhe Wort, selbst durch einen vermeintlichen höhnischen, verächtlichen oder argwöhnischen Blick des Aufsehers gesteigert wird, und heftige Reden, Drohungen, Widersetzlichkeiten veranlaßt; bald, und dieß sind wohl deutlich hervortretend, oder nicht erkannt, in den meisten Fällen die Hauptursachen der wirklich ausgebrochenen Seelenstörungen, sind es nicht mehr zu beruhigende Gewissensbisse, die sich dem Gefangenen unwiderstehlich aufdrängen, oft in dem Grade, daß selbst die tröstenden Zusprachen und Belehrungen der Geistlichen nichts zu deren Bewältigung und Beruhigung vermögen, weil die Gefangenen zwar ihr von Jugend an sündhaftes Leben, ihre moralische Verwilderung und die Schwere ihrer Verbrechen einsehen, ihnen aber alle höhere religiöse Erkenntniß, und der beruhigende Glaube an die Möglichkeit einer Vergebung ihrer Sünden mangelt, weil sie unter ihrem Schöpfer nur einen strafenden und rächenden Gott, aber nicht auch einen vergebenden und allbarmherzigen Vater zu begreifen vermögen.

Da derartige Gemüthsstimmungen nicht selten in wirkliche Seelenstörungen übergehen, so wird deren Würdigung in jenem Kapitel ausführlicher abgehandelt werden.

Wollte man gegen derartige Seelenstimmungen der Zellengefangenen, mit Verkennung der Eigenthümlichkeit und des wirklich krankhaften, aufgeregten Zustandes derselben, mit Strenge und mit Strafen einschreiten, so würde man bald durch völlige Wuthausbrüche, Verzweiflung, Seelenstörungen und Selbstmorde von dieser unrichtigen Behandlungsweise zurückgebracht werden.

Naht endlich die Zeit der Entlassung heran, so muß für das weitere Fortkommen der Gefangenen so viel als möglich Sorge getragen, und ihre Wiederaufnahme in die bürgerliche Gesellschaft erleichtert werden. Zu diesem Zwecke muß die Verwaltung sich mit den geistlichen und weltlichen Heimathsbehörden des zu Entlassenden ins Benehmen setzen, jene vom Tage der Entlassung benachrichtigen, ihnen über dessen Charakter, Sitten, Geistesgaben, Gesundheitsverhältnisse, Gewerbskenntnisse und Fleiß Aufschluß geben, damit möglicherweise dem Entlassenen schon vor seiner Zurückkunft, jedenfalls nach erfolgter Heimkehr die Auffindung von Arbeit erleichtert, und derselbe auch ferner geleitet, unterstützt und wo nöthig, zurechtgewiesen werden kann.

Die Entlassenen sollen ferner ihrem Stande, der Jahreszeit gemäß und reinlich gekleidet werden, damit sie auf einige Zeit gegen Witterungseinflüsse geschützt, und in ihrer Bewerbung um einen Dienst und um Arbeit erleichtert werden, denn jeder Meister wird sich besinnen, einen Arbeiter in zerfetztem oder unreinlichem Anzuge in sein Haus aufzunehmen, weil von dem Aussehen auf den Charakter und das Benehmen der Arbeitsuchenden geschlossen wird.

Ueber die Schwierigkeit der Lage der Entlassenen, und über die Nothwendigkeit der Schutzvereine habe ich mich in meiner Schrift: „die Beziehungen des neuen badischen Strafgesetzes zur Einzelhaft" ausführlich ausgesprochen.

Nach erfolgtem Austritt aus der Strafanstalt ist es vor Allem nöthig, daß die Entlassenen ohne allen Aufenthalt unterwegs so rasch als möglich in ihre Heimath oder an den Ort ihrer Bestimmung gelangen, damit die jetzt gewohnte Arbeit nicht unterbrochen wird, und sie nicht durch Leichtsinn oder Verführung in ihren früheren Lebenswandel zurückfallen; es kann daher unsere Einrichtung nur zur Nachahmung empfohlen werden, nach welcher den Gefangenen von ihrem Guthaben nur das zu ihrer Heimreise Nöthige eingehändigt, das übrige aber dem Pfarramte ihres Heimathsortes zur Uebergabe an dieselben zugesendet wird; wo Schutzvereine bestehen, wird das Peculium der Entlassenen dorthin geschickt. Es hat dies den großen Vortheil, daß die Gefangenen nicht unterwegs sich in den Wirthshäusern aufhalten, in schlechte Gesellschaften gerathen, ihr Gutmachgeld vertrinken oder verspielen, und dadurch wieder auf die Wege des Lasters und Verbrechens gerathen; nach mehrjährigem Aufenthalte in der Strafanstalt ist die Einhändigung einer, an und für sich auch unbedeutenden Summe an die Entlassenen oft ein zu großer, und für die nicht vollkommen Gebesserten unwiderstehlicher Reiz, sich für die überstandenen Leiden zu entschädigen, und der erste Gang in das Wirthshaus wird auch häufig wieder die erste Veranlassung zum Rückfalle.

Wir halten das Pfarramt zum Empfang des Peculiums für geeigneter, als die weltlichen Behörden, weil die Art der Aufnahme des Entlassenen zu Hause viel zu der Bewährung der Besserung desselben beiträgt. Dem Geistlichen sind die Entlassenen in der Regel eher zugänglich, als dem Bürgermeister, weil dieser in den Zurückkehrenden immer noch die früheren, verdorbenen und arbeitsscheuen Menschen zu erkennen glaubt, und sie deßhalb nicht immer in aufmunternder und ermuthigender Weise empfängt. Entlassene, welche durch ihr schlechtes Betragen in der Strafanstalt zu der Vermuthung Veranlassung geben, daß sie nicht nach Hause gehen, müssen durch Transport dorthin gebracht werden.

Gefangenen, von deren Besserung wir überzeugt sind, wird, wenn sie ein Gewerbe so weit verstehen, daß sie als Gesellen arbeiten und in der Welt fortkommen können, häufig auf ihren Wunsch durch unsere Vermittlung ein Wanderbuch eingehändigt, damit sie nicht genöthigt sind, unmittelbar aus der Strafanstalt in ihre Heimath zurückzukehren, wo ihr Verbrechen und ihre erstandene Strafe überall bekannt, ihnen deßhalb die Erhaltung von Arbeit und der Rücktritt in die bürgerliche Gesellschaft erschwert ist; nach längerzeitigem, tadellosen Aufenthalte in der Fremde aber werden sie leichter wieder von ihren Anverwandten, Freunden und Mitbürgern aufgenommen, und das vor Jahren begangene Verbrechen der Vergessenheit übergeben.

Die hier ausgesprochenen Grundsätze in Behandlung der Zellengefangenen haben sich uns Beamten der Anstalt durch eine sechsjährige Erfahrung als die allein richtigen und erfolgreichen bewährt; ihnen verdanken wir die zugängliche Stimmung, die Fortschritte im gewerblichen und Schulunterrichte, die Liebe zur Arbeit, das durchgängig gute Betragen, die genaue Befolgung der Hausordnung und die geringe Anzahl der nöthigen Hausstrafen, mit einem Worte, die in sehr vielen Fällen wirklich erzielte Besserung der Gefangenen, ein Erfolg, welcher nun und nimmermehr durch körperliche Züchtigung, Ketten, urtheilsmäßige Strafschärfungen, Hungerkost und Dunkelarrest, und wie die Zuchtmittel der Abschreckungstheorie alle heißen mögen, erzwungen, sondern allein durch humane Behandlung und Veredlung des Geistes und Gemüthes erreicht werden kann.

Von dem gewichtigsten Einflusse auf die Erfolge des Systemes ist die Persönlichkeit, die Dienstführung und der Bildungsgrad

des niederen Dienstpersonals, der Aufseher.

In frühern Zeiten, als man durch den Strafvollzug nur Abschreckung, Sühnung und Züchtigung erreichen wollte, als Folterwerkzeuge, Ketten und körperliche Züchtigung nothwendige Attribute der Gefängnißzucht waren, und dunkle, ungesunde Kerker zur Verwahrung der Gefangenen dienten, wurden unbedingter Gehorsam, genauer Vollzug der vorgeschriebenen Torturmittel, und körperliche Kraft als Haupteigenschaften der Zuchtknechte verlangt, und der Grad ihrer Rohheit bestimmte in der Regel ihren dienstlichen Werth.

Als später mit Zunahme der Intelligenz und unter den Einflüssen milderer Sitten das Erfolglose, sogar Schädliche eines solchen Strafvollzuges eingesehen, die Besserung der Strafgefangenen von den Regierungen als Nothwendigkeit und Pflicht erkannt, deren Sorgfalt dem Gefängnißwesen mehr zugewendet, sanitätspolizeiliche Einrichtungen, Ordnung, Reinlichkeit und Arbeit in den Strafanstalten eingeführt wurden, steigerten sich auch die Anforderungen an das Aufsichtspersonale; die Anstellung guter und gebildeter Gefangenwärter zeigte sich als unerläßliche Bedingung zur Erreichung eines erfolgreichen Strafvollzuges, und die Klagen aller Gefängnißdirektoren über zum großen Theile ungeeignete Aufseher bewiesen die Schwierigkeit, tüchtige Leute für diese Stellen zu finden.

In noch höherem Grade, als in den bisher üblichen Haftsystemen, ward diese Erfahrung in der Einzelhaft empfunden.

Während in der gemeinschaftlichen Haft die Hauptpflichten und Dienstverrichtungen der Aufseher nur in Sorge für die Sicherheit der Verwahrung, strenger Aufrechthaltung der Hauszucht, Ruhe, Reinlichkeit, des Stillschweigens und Anhaltung zur Arbeit bestehen; auch die Aufhetzungen, Reibereien und Anfeindungen der Sträflinge unter einander und gegen ihre Oberen ein mildes und freundliches Auftreten der Aufseher fast unmöglich machen, und letztere sich bei ihrem Umgange mit den einzelnen Gefangenen wegen der Beaufsichtigung des ganzen Saales auf die nöthigsten Worte beschränken müssen, und während bei dem Auburn'schen Schweigsysteme die Aufseher von den Gefangenen als ihre Quäler und Feinde gehaßt sind, weil sie schon bei der Uebertretung des unnatürlichen Schweiggebotes von ihnen zur Anzeige gebracht, oder augenblicklich selbst bestraft werden, und deßhalb von Zutrauen der Gefangenen zu ihren Aufsehern nicht die Rede sein kann, ist in der Einzelhaft den niedern Dienern eine wichtigere und lohnendere Stelle angewiesen, weil sie die Beamten in Erreichung der Zwecke des Systemes unterstützen, die Gefangenen auf den Zellen besuchen, unterrichten und belehren müssen, und diese individuelle Behandlung eine Menge geistiger und moralischer Eigenschaften erfordet, ohne welche das Wirken der Aufseher bei dem Pönitiarsysteme erfolglos bleiben, sogar schädlich werden muß.

Sollen überhaupt die in Laster und Müssigang groß gewordenen, aller Ordnung und Zucht widerstrebenden Bewohner der Strafanstalten zur Einsicht gebracht und gebessert werden, so müssen sie vor Allem zu sämmtlichen Bediensteten der Anstalt Vertrauen fassen können.

In dem Pönitiarsysteme müssen sich daher die Aufseher als ernste, aber wohlmeinende Vorgesetzte und Rathgeber, als eifrige und freundliche Lehrer, als gebildete Gehilfen der höheren Beamten erweisen und bethätigen, deren ganzes dienstliches Handeln von Menschenkenntniß, Geduld, Nachsicht, Selbstbeherrschung, unerschütterlichem Pflichtgefühl und christlicher Nächstenliebe geleitet werden muß. Sie sollen den Gefangenen in Wort und That mit gutem Beispiele vorangehen; sie müssen in dem Verbrecher nicht den Auswurf der menschlichen Gesellschaft, sondern den gefallenen und unglücklichen Bruder erkennen, den sie nicht zu verachten, sondern zu bessern, nicht nieder zu treten, sondern wieder zu erheben, die Pflicht haben.

Wie der Gebildete im Leben überall das geistige und moralische Uebergewicht über den Ungebildeten und Rohen sich erwirbt, so zwingt in kurzer Zeit eine ernste aber humane Behandlung von Seiten des Aufsehers selbst dem verwildertsten Gefangenen Anerkennung, Achtung und Gehorsam ab; wo Gemeinheit, Rohheit und Brutalität von Seiten der Aufseher an der Tagesordnung sind und geduldet werden, wird die Verwilderung, der Trotz und der schlechte Geist unter den Gefangenen überhand nehmen; ein roher Aufseher kann in Einzelhaft in einer Stunde mehr verderben, als die Beamten in Wochen wieder gut machen können, und die Stimmung, wie das Betragen der Gefangenen in den einzelnen Abtheilungen gibt stets ein treues Bild des Charakters und der Dienstführung des ihr vorgesetzten Aufsehers.

Bei dem Zellengefangenen wirken in der Stille seiner Zelle und in seiner Einsamkeit alle äußern Eindrücke nachhaltiger, jedes Wort, jede Belohnung, jeder Tadel des Aufsehers haftet länger in seinem Gedächtnisse und gibt ihm Stoff zum Nachdenken, während in den gemeinschaftlichen Arbeitssälen jedes Lob oder jeder Verweis durch den Spott oder die Lästerung der Mitgefangenen unwirksam gemacht und im Augenblicke wieder verwischt wird. In der Einzelhaft ist der Gefangene ganz in die Behandlung des Aufsehers gegeben; der Zellengefangene findet bei Trägheit, Trotz und Widersetzlichkeit keine Genossen und Aufhetzer, die ihm zur Seite stehen und ihm Beifall spenden, bei Lüge und Verstellung keine Zeugen, die ihn gegen den Aufseher unterstützen.

Es fallen aber auch in der Einzelhaft eine Menge Veranlassungen zu Mißstimmungen und Reibereien zwischen Aufsehern und Gefangenen hinweg, denn der Gefangene ist nicht den ganzen Tag in der unmittelbaren Nähe des Aufsehers, und seinen Blicken ausgesetzt, während er sich doch von ihm beobachtet weiß; in gemeinschaftlicher Haft veranlassen häufig geringere Geschicklichkeit und Intelligenz, oder auch geistige Ueberlegenheit der Gefangenen bei den Aufsehern eine Abneigung gegen Einzelne, die sich in täglichen Quälereien und Chikanen kund gibt.

In Einzelhaft bleibt jede Uebertretung der Hausordnung und jede Strafe eines Gefangenen allen Uebrigen verborgen; die Bestraften werden deßhalb die Gerechtigkeit der erhaltenen Strafe leichter einsehen, und von ihren Genossen weniger wegen der erhaltenen Strafe gegen die anzeigenden Aufseher aufgereizt und erbittert werden; in gemeinschaftlicher Haft hat jeder Aufseher in dem ihm untergebenen Saale die Trägen oder die öfters zur Anzeige Gebrachten und Bestraften zu Feinden, die sich alle Mühe geben, die Bessern und neu Zugegangenen gegen ihn einzunehmen.

In der Einzelhaft kann jeder Gefangene sich dem Aufseher auf seiner Zelle mit Vertrauen nähern, mit ihm über seine Familienver=

hältnisse, seine Wünsche und Bedürfnisse, seine Vergangenheit und Zukunft sprechen und seinen Rath erbitten; in der gemeinschaftlichen Haft macht schon die Aufrechthaltung des nöthigen Stillschweigens jedes längere Gespräch zwischen Aufseher und Sträfling unmöglich, und die Gegenwart der Mitgefangenen verschließt dem gemüthlich Gedrückten oder Reumüthigen den Mund. In der Einzelhaft entwickelt sich in kurzer Zeit bei freundlicher Behandlung Zutrauen, Achtung, Zuneigung der Gefangenen zu den Aufsehern; in der gemeinschaftlichen Haft halten die Meisten gegen die Aufseher zusammen, und kein Gefangener wird bei Uebertretung der Hausordnung um Zeugen zu seinen Gunsten gegen die Aufseher verlegen sein.

In der Einzelhaft bleibt jede Ungeschicklichkeit, Taktlosigkeit oder Nachlässigkeit der Aufseher den Sträflingen entweder ganz verborgen, oder gelangt wenigstens immer nur zur Kenntniß Eines Gefangenen; in gemeinschaftlicher Haft werden die Schwächen, dienstlichen Fehler, und meist auch die Bestrafungen der Aufseher den Gefangenen bekannt, und untergraben das Ansehen und den Einfluß der Betreffenden für immer.

Eine gebildete und humane Behandlung der Gefangenen durch das Aufsichtspersonal ist auch allerorts als Grundbedingung der Durchführbarkeit des Zellensystemes erkannt worden.

Blouet fand bei seiner Untersuchung der amerikanischen Gefängnisse, daß in dem Trennungssysteme die Wärter von den Gefangenen geliebt seien, während sie bei dem Auburn'schen gehaßt sein müssen! Welch' großen Einfluß dies auf die Hauszucht und Besserung der Gefangenen hat, ist begreiflich.

In allen englischen und französischen Zellengefängnissen haben sich dieselben Erfahrungen bestätigt. Wo Achtung, Zutrauen und Liebe der Gefangenen zu den Vorgesetzten vorhanden sind, werden viele Vergehen und Uebertretungen der Hausordnung unterlassen, die bei roher Behandlung keine Strenge der Strafen zu unterdrücken im Stande sind. Es werden sich deßhalb auch eher rechtschaffene und gebildete Männer zu Wärterstellen in Einzelhaft, finden, als in gemeinsamer, weil hier, bei dem Zusammenleben Vieler, und dem dadurch hervorgerufenen beständigen Hader, Neid und Streite in den gemeinschaftlichen Sälen die Aufseher nur Zuchtmeister sein können und müssen, und nur durch Strenge und Durchgreifen äußere Ordnung aufrecht erhalten können, während in Einzelhaft jeder Besuch auf der Zelle von dem Gefangenen als eine Erleichterung der Haft und eine Wohlthat dankbar anerkannt, und der Gefangene sich hüten wird, dem Aufseher die Lust zur häufigen Wiederholung derselben durch ungebührliches Betragen zu benehmen.

Groß ist die Schwierigkeit, tüchtige Aufseher für die Einzelhaft aufzufinden, welche sich dem anstrengenden Dienste mit Aufopferung und Liebe unterziehen, und die erforderlichen geistigen und moralischen Eigenschaften besitzen; mühevoll ihre Heranbildung, Ueberwachung und Leitung; vielfach sind die Möglichkeiten eines schädlichen Einflusses, den sie durch ungeschicktes oder pflichtwidriges Benehmen bei den Gefangenen ausüben können, und selbst niedrigen Leidenschaften, Rachsucht gegen die Beamten wegen erhaltener Strafe, oder Mißstimmung, über Fehlschlagen sonstiger Wünsche und vermeintlicher Ansprüche der Aufseher ist in Einzelhaft ein weiter Spielraum geboten.

Es muß deßhalb mit unausgesetzter Sorgfalt über die dienstliche und außerdienstliche Aufführung der Aufseher gewacht, ihr Ehrgefühl geweckt, in ihnen die Ueberzeugung der Wichtigkeit und des lohnenden Erfolges einer treuen Pflichterfüllung gestärkt, sie selbst dadurch gehoben, gebildet und veredelt werden; das Verhältniß zwischen den höheren und niederen Bediensteten in der Einzelhaft muß deßhalb ein, mehr auf gegenseitige Achtung und Vertrauen, als nur auf blinden Gehorsam gegründetes sein, sollen die Zwecke des Systemes erreicht werden.

Der Dienst der Aufseher in Einzelhaft ist aber auch viel schwieriger, als in gemeinsamer, weil hier die Gefangenen zur Aushilfe in Allem, im Ab- und Zutragen der Werk- und Arbeitsstoffe u. s. w., verwendet werden können, während in jener jedem Gefangenen sein Arbeitsmaterial in die Zelle gebracht, ihm dort Unterricht ertheilt, bei allen seinen Bedürfnissen dort nachgesehen werden muß.

Das Aufsichtspersonale in den badischen Anstalten wird größtentheils aus der Zahl der gedienten Unteroffiziere des Großherzoglichen Armeekorps gebildet und erneut, welche nach zwölfjährigem Militärdienste zu einer Prüfung zugelassen, nach Erstehung derselben in die Wartliste eingetragen, bei Bedürfniß in den Dienst eingerufen, und zuerst mit einer Tagsgebühr von 48 kr. bis 1 fl., nach mehreren Monaten provisorisch, und nach einem Jahre bei bewiesener Brauchbarkeit definitiv angestellt werden, und dadurch in die Klasse der niederen Diener mit Anspruch auf Pension bei eingetretener Untauglichkeit, und bei ihrem Tode auf einen Sustentationsgehalt für ihre Frauen und Kinder einrücken.

Finden sich unter der Zahl der auf der Wartliste vorgemerkten Militärs bei nöthiger Besetzung der Stellen der Werkmeister keine Bewerber mit hinlänglicher Gewerbskenntniß zur Oberleitung der größeren Gewerbe, so werden diese aus dem Civilstande ausgewählt.

Die Gehalte der Aufseher sind folgendermaßen bestimmt: Zwei Oberaufseher von 550—600 fl.; ein Bauaufseher von 400—500 fl.; vier Werkmeister von 400—500 fl.; sieben Werkaufseher von 350 bis 450 fl.; zwölf Zellenaufseher von 300—400 fl.; ein Büreaudiener von 300—400 fl.; ein Thor- und ein Hilfsthoraufseher von 300—400 fl.; zwei Krankenwärter von 300—400 fl.; ein Koch von 350—400 fl.; zwei Küchengehilfen von 250—300 fl.; zwei Hilfsaufseher mit 48 kr. bis 1 fl. Tagsgebühr.

Zu Remunerationen für besonders eifrige Dienste sind 400 fl. büdgetmäßig aufgenommen, und werden halbjährig zu 200 fl. vertheilt. Die Regierung hält dieselben als wirksamen Sporn für nothwendig in einer Anstalt, wo Fleiß, Eifer und Unverdrossenheit der Aufseher zu den ersten Bedingungen des Gedeihens des Straffystemes gehören. Ebenso werden aus den etwaigen Ersparnissen an dem Gehaltsetat des Aufsichtspersonales jährlich Gratificationen ertheilt.

In der Dienstordnung sind die Pflichten des Aufsichtspersonals in umfassender Weise bestimmt.

Ein Drittheil sämmtlicher niederer Diener soll in der Regel ledigen Standes sein; nach meinen Erfahrungen sind verheirathete Aufseher den ledigen vorzuziehen, weil schon die Sorge für die Existenz der Familie dieselben von aller Dienstuntreue abhalten wird, auch anzunehmen ist, daß sie einen sittlicheren, nüchterneren und geregelteren Lebenswandel führen werden, und das Leben in einer glücklichen, zufriedenen Ehe mildernd und bildend auch auf rohere oder heftigere Charaktere einwirkt. Freilich müssen dieselben so bezahlt sein, daß sie der drückendsten Nahrungssorgen überhoben sind, wie überhaupt die

Aufseher in Einzelhaft immer einen höheren Gehalt verdienen, als in gemeinschaftlicher Gefangenschaft, weil in ersterer bei schwierigerem Dienste höhere Anforderungen an sie gemacht werden.

Die Aufseher sollten ferner wo möglich ganz in der Nähe der Strafanstalt wohnen, damit sie nicht durch das täglich öfter nöthige Hin- und Hergehen zum Essen u. s. w. ermüdet, und in Folge von Durchnässungen oder Erkältungen bei ungünstiger Witterung Erkrankungen ausgesetzt werden; zudem kann der ganze Familien- und Hausstand des Aufsichtspersonales und dessen außerdienstliche Aufführung nur dann von der Verwaltung gehörig beaufsichtigt und im Auge behalten werden. Als Hauptpflichten ist den Aufsehern auferlegt: Gehorsam gegen die Obern, Friedfertigkeit unter sich, festes aber freundliches Benehmen gegen die Gefangenen, und strenge Sittlichkeit in ihrem Lebenswandel.

Besondere Aufmerksamkeit muß bei Anstellung der Oberaufseher aufgewendet werden, damit zu diesen wichtigen Posten nur treue, zuverlässige, gebildete, und vor Allem intelligente und taktvolle Leute ausgewählt werden. Die Oberaufseher sind die vermittelnden Glieder zwischen den höhern und niedern Bediensteten einer Strafanstalt, wie zwischen letztern und den Gefangenen.

Der Oberaufseher der Hauspolizei hat die Aufseher heranzubilden und zu überwachen; von seinem richtigen Takte hängt in der Regel die Behandlung der Gefangenen und somit der unter denselben herrschende Geist ab; auf seine Angaben muß sich der Vorsteher in jeder Beziehung verlassen können; seiner Umsicht ist der geordnete Gang der Hauspolizei anvertraut, seiner Einsicht die tägliche Durchführung des Mechanismus des Dienstes und das Ineinandergreifen der complicirten, durch die Hausordnung vorgeschriebenen Anordnungen in Beziehung auf Ab- und Zuführen der Gefangenen in die Höfe, die Kirche und Schule.

Als erste und vorzüglichste Eigenschaft muß an den Oberaufseher der Hausverwaltung die Anforderung eines durch und durch redlichen und unbestechlichen Characters gestellt werden, da ihm die Ueberwachung der Kost- und Brod-Bereitung und der dazu erforderlichen Einkäufe der Victualien, sowie deren zweckmäßige Aufbewahrung und Verwendung anvertraut ist; er ist vielfachen Bestechungsversuchen der Lieferanten ausgesetzt, und das leibliche Wohl der Gefangenen ist in manchen Stücken in seine Hand gegeben. In Führung der Listen und Rechnungen muß er erfahren und bewandert sein, und überall sorgfältige Eintheilung und weise Sparsamkeit üben.

Wir haben alle Ursache, mit unserm Aufsichtspersonal zufrieden zu sein, und verdanken der Umsicht, dem Diensteifer und der Diensttreue desselben einen großen Theil der Erfolge unsers Hauses.

Inspector und Aufsichtsrath.

Zur Ueberwachung der vorschriftsmäßigen Behandlung der Gefangenen und der Dienstführung der Beamten ist der Inspector der Anstalt und der Aufsichtsrath bestellt, deren Befugnisse und Pflichten in den §§. 136—156 der Dienstordnung enthalten sind.

Der Aufsichtsrath besteht aus zwei bis vier bürgerlichen Mitgliedern, den höheren Beamten des Hauses, dem Buchhalter als Secretär und dem Inspektor der Anstalt als Vorsitzender. Er soll das Vermittlungsglied zwischen der leitenden Oberbehörde und der Verwaltung, und zwischen dieser und den Gefangenen sein; er soll die Verwaltung in ihrer administrativen Thätigkeit überwachen und leiten, dem Justiz-Ministerium und der öffentlichen Meinung für gesetzmäßige Behandlung der Gefangenen bürgen, und endlich Beschwerden der Gefangenen gegen die Verwaltung oder einzelne Angestellten untersuchen. Er ist aber ein principiell verfehltes Institut; dafür sprechen: dessen Zusammensetzung, dessen Befugnisse und dessen Stellung zur Oberbehörde, zur Verwaltung und zu den Sträflingen.

Was die Zusammensetzung desselben betrifft, so sollte nothwendig jede Vermittlungsstufe nach Oben die Natur und das Wesen der vorhergehenden, zu vermittelnden, in höherem Grade enthalten, und dazu noch in sich selbst Anknüpfungspunkte für die folgende höhere Stufe darbieten. Dieß ist aber bei dem Aufsichtsrathe unserer Straf-Anstalten nicht der Fall, und nicht möglich. Den Beamten der Anstalt stehen eine fast gleiche Anzahl Staatsbürger gegenüber, deren persönliche, pecuniäre und bürgerliche Interessen denen der Anstalt häufig geradezu entgegengesetzt, deren Erfahrung im Gefängniß=

wesen oft gering, deren Urtheil deßhalb häufig beschränkt ist, und deren allgemeine und wissenschaftliche Bildung jedenfalls die der Straf-Anstalts-Beamten nicht übersteigt.

Die Zusammensetzung des Aufsichtsrathes ist deßhalb zu heterogen, als daß von einer, nur die Vortheile der Anstalt des Dienstes und des Aerars im Auge habenden Vermittlung die Rede sein könnte. Sind, wie dieß immer der Fall sein wird, Kaufleute unter den Mitgliedern des Aufsichtsrathes, so widerstreiten deren eigene, pecuniäre Intressen bei den Soumissions-Vergebungen, sind es überhaupt Bürger, die ihrer Mitbürger, der Professionisten und Gewerbtreibenden der Stadt häufig denjenigen der Straf-Anstalt, besonders wenn es sich darum handelt, Roh- und Arbeitsstoffe aus besseren und billigeren auswärtigen Quellen zu beziehen. Ob unter solchen Verhältnissen immer eine partheilose, und mit der Stellung der Beamten des Hauses, den Bürgern gegenüber, verträgliche Ueberwachung geschäftskundiger, verpflichteter und, troß dieser Controle, doch nur allein für den Dienst verantwortlicher Staatsdiener billig und gerechtfertigt ist, muß ich dahin gestellt sein lassen.

Ist schon die Zusammensetzung des Aufsichtsrathes im Allgemeinen eine auffallende, so wird sie es noch mehr durch die demselben eingeräumten Befugnisse und auferlegten Pflichten.

In §. 137 der Dienstordnung ist die Aufgabe des Aufsichtsrathes in einer Weise bestimmt, deren Durchführung weder in seiner jetzigen, noch überhaupt in irgend einer Zusammensetzung von Beamten und staatsbürgerlichen Mitgliedern möglich ist, und wenn vielleicht in England, besonders in London, einzelne durch ihre Geburt, Erziehung und staatliche Stellung hervorragende Männer sich des Gefängnißwesens warm annahmen, durch Studien, Reisen, Besichtigung vieler Strafanstalten, häufige Besuche in denselben, und durch thatsächliche Unterstützung der Gefängnißbeamten, das Gefängnißwesen kennen gelernt, und sich ein competentes Urtheil über dasselbe erworben haben, wenn solchen Männern, die jedenfalls auf gleicher wissenschaftlicher, häufig auf höherer Stufe allgemeiner und specieller Fachbildung, als die Gefängniß-Beamten stehen, solche Befugnisse und Pflichten, wie sie in den Bestimmungen über den Aufsichtsrath enthalten sind, eingeräumt und auferlegt werden, so ist dies aus den geschilderten englichen Verhältnissen hervorgegangen, und zu erklären, und der Aufsichtsrath mag dort die ihm angewiesene Stellung erkennen und ausfüllen.

Ganz anders aber gestalten sich die Verhältnisse bei uns, und eine Vergleichung der Stellung, Beschäftigung und möglicher Fachbildung im Gefängnißwesen der dem Aufsichtsrathe beigegebenen bürgerlichen Mitglieder zeigt klar, daß dieselben nun und nimmermehr, schon wegen des dazu erforderlichen Zeitaufwandes, die Strafanstalten so oft besuchen können, um sich die, selbst zu einer nur oberflächlichen Erfüllung der Aufgaben des Aufsichtsrathes erforderlichen Erfahrungen und Kenntnisse zu erwerben. Der §. 137 lautet:

Die Aufgabe des Aufsichtsraths besteht darin:

1) die vorschriftsmäßige Behandlung der Gefangenen zu sichern, und bezüglich einzelner Gefangenen die, die Zuständigkeit des Vorstandes übersteigenden Ausnahms-Bestimmungen, Belohnungen und Strafen zu verfügen;
2) die Abhaltung des Kirchen- und Schuldienstes zu regeln und zu überwachen;
3) Beschwerden der Gefangenen gegen die Verwaltung oder einzelne Angestellte zu untersuchen;
4) in Fällen, welche die Zuständigkeit des Vorstandes überschreiten, das Erkenntniß wegen Dienstfehlern niederer Diener zu geben;
5) über die Rekurse der Gefangenen gegen Straf-Erkenntnisse des Vorstandes zu entscheiden;
6) über die Urlaubs-Gesuche sämmtlicher Beamten, mit Ausnahme des Vorstehers, bis zu acht Tagen zu verfügen;
7) die Einkäufe und Lieferungs-Accorde der Anstalt zu genehmigen;
8) den Gewerbs-Betrieb zu regeln, und die Arbeits- und Verkaufs-Preise zu bestimmen;
9) die aufgetragenen Kassen-, Natural- und Inventarstürze vorzunehmen;
10) die Voranschläge und Budgets- Entwürfe der Verwaltung zu prüfen, und mit Gutachten dem Justiz-Ministerium vorzulegen;
11) Gesuche und Anträge wegen Anstellung, dienstlicher Verwendung, Beförderung und Besserstellung, beziehungsweise Entlassung aller nicht mit Staats-Diener-Eigenschaft bekleideten Diener

der Anstalt auf Begehren des Justiz=Ministeriums zu begutachten;

12) die vorgeschriebene Quartals= und Haupt= Jahres=Berichte zu erstatten;

13) alle vom Justiz=Ministerium vorgelegten Fragen zu begutachten, überhaupt jeden von diesem ausgehenden Auftrag zu besorgen.

Daß die Erfüllung dieser, dem Aufsichtsrathe gemachten Auflagen für die bürgerlichen Mitglieder desselben theils wegen Mangel an Personal= und Sach=Kenntniß der zu beurtheilenden Gegenstände undurchführbar, theils die denselben eingeräumte Oberaufsicht über die Strafanstaltsbeamten mit deren Stellung als Staatsdiener und Strafanstaltsbeamte unvereinbar ist, bedarf wohl keiner weiteren Begründung. Was nun die Stellung des Aufsichtsrathes, resp. der bürgerlichen Mitglieder in demselben betrifft, so ist sie

a) dem Justizministerium gegenüber in den ihm auferlegten Functionen eine maßgebende, dabei aber eine vollkommen unverantwortliche, da dieselben nicht verpflichtet sind, auch zu regelmäßiger, vorschriftsgemäßer Durchführung dieser Functionen nicht angehalten werden können, und die Art und Weise ihrer Dienstführung, der Zellenbesuche, der Behandlung der Gefangenen, der Unterredungen ꝛc. eine uncontrollirte ist, da sie über der Verwaltung stehen, und ihre Zellenbesuche allein machen.

b) Der Verwaltung gegenüber keineswegs eine vermittelnde, sondern eine herrschende, entscheidende, wenn, wie hier in Bruchsal, vier bürgerliche Mitglieder ernannt sind, besonders da die Beschlüsse nach relativer Stimmenmehrheit entschieden werden, und in allen Fällen, wo über Verfügungen oder Erkenntnisse des Vorstandes oder der Verwaltung zu entscheiden ist, die betreffenden Beamten nur eine berathende Stimme haben, und dabei wieder eine völlig unverantwortliche, und

c) gegen die Sträflinge eine, alle Autorität und alles Ansehen der Beamten möglicherweise schwächende oder vernichtende, besonders in Anstalten mit gemeinschaftlicher Haft, oder bei einem, gegen die Entscheidung des Vorstehers ausfallenden Urtheile derselben, wenn die Sträflinge sehen, daß Staats=Bürger über Beamte der Anstalt zu Gericht sitzen, und deren Urtheil abändern können.

Gehen wir zu der Frage über, was der Aufsichtsrath sein soll, und in jeder Zusammensetzung von Gefängnißbeamten und nicht Gefängnißbeamten, einerlei ob staatsbürgerliche Beisitzer, oder solche aus dem Staatsdienerstande, nur sein kann, so gibt uns schon der Name „Aufsichtsrath“ genügenden Aufschluß.

Jeden Vormittag zu einer gewissen Stunde kommen alle Beamten des Hauses bei dem Vorsteher zu einer Conferenz zusammen, in welcher alle Vorkommnisse der Anstalt besprochen, durch die Beamten alle auffallende Ereignisse, und die gemachten Beobachtungen über einzelne Sträflinge zur Kenntniß der Uebrigen gebracht, über alles vorzunehmende Beschlüsse gefaßt werden, damit der Dienst von allen Beamten in gleichem Sinne aufgefaßt, und in übereinstimmender Weise durchgeführt werden kann.

Sollen nun dieser Beamten-Conferenz, theils zu ihrer Unterstützung in ihrem Wirkungskreise, theils zur Rathsertheilung, z. B. in einzelnen Zweigen des Gewerbsbetriebes, bürgerliche Mitglieder beigegeben werden, so dürfen diese nothwendigerweise nur eine berathende Stimme haben, und deren Einmischung in den Zuchthausdienst dürfte sich beschränken auf die Ziffer 7. wo statt „genehmigen“ „begutachten“, Ziffer 8. wo statt „regeln und bestimmen“ ebenfalls „begutachten“, Ziffer 9. statt „vorzunehmen“, „anzuwohnen“ zu setzen wären, und auf Ziffer 10 und 13. des §. 137 der Dienstordnung, nach welchen ihnen immer noch ein weiter, umfassender und möglicher Wirkungskreis angewiesen wäre.

Einen weiteren lohnenden Wirkungskreis könnten sich die bürgerlichen Mitglieder des Aufsichtsrathes durch regelmäßige Zellenbesuche bei den Gefangenen eröffnen, wodurch am sichersten allem Mißbrauche der Strafgewalt von Seiten des Vorstehers, roher und inhumaner Behandlung durch die Aufseher oder sonstigen Unordnungen und Gesetzwidrigkeiten vorgebeugt, den Sträflingen Gelegenheit, ihre Wünsche, Bitten und Beschwerden auch Nichtbeamten vorzutragen gegeben, und, wenn der Charakter und die Dienstführung der Verwaltungsbeamten dafür nicht hinlänglich Sicherheit bietet, der öffentlichen Meinung die Beruhigung zu Theil würde, daß auch in den Strafanstalten Gesetzlichkeit und Humanität geübt wird.

Der Inspektor der Anstalt, ein Mitglied des hiesigen Gerichtshofes, oder überhaupt ein höherer Staatsbeamter aus dem Justizfache am Orte der Strafanstalt, ist mir ein in jeder Beziehung wichtiger, immer willkommener Rathgeber, und mit der Nothwendigkeit und Nützlichkeit dieser Stelle sind wir Beamte des Hauses, so lange keine Staatsanstalten=Commission besteht, in jeder Beziehung einverstanden; er soll Vorsitzender der Beamten=Corporation und der ihr beigegebenen bürgerlichen Mitglieder sein, und sich häufig persönlich von der Führung des Dienstes nach allen Richtungen hin überzeugen; er bietet als Aufsichtsbehörde dem Justizministerium hinlängliche Garantie für die Dienstführung der Beamten, da er verpflichteter Staatsdiener ist, und ihm dabei gemäß seiner wissenschaftlichen Fachbildung, Stellung und Erfahrung in Justiz und Administration ein maßgebendes und billiges Urtheil zugetraut und zugestanden werden muß.

Würden die Funktionen des Aufsichtsrathes auf die oben bezeichneten §§. beschränkt, so wäre er ein lebenskräftiges Institut, welches den Gang der Geschäfte und des Dienstes nicht nur förderte, sondern auch abkürzte, alles Gehässige für sämmtliche Theilnehmer verlöre, eine richtige, Zutrauen verdienende Controle in sich und seiner innern Organisation trüge, und mit dem Justiz=Ministerium im innigsten Zusammenhang bliebe. Innerhalb dieser natur= und sachgemäßen Grenzen würde die Thätigkeit der bürgerlichen Mitglieder des Aufsichtsrathes allein eine für das Gefängnißwesen ersprießliche sein.

Soll aber eine Aufsichtsbehörde über die Strafanstalten eines Landes bestehen, und deren Wirken für den Staat und die Gefangenen ersprießliche Erfolge haben, so muß sie aus ganz anderen Elementen, als der Aufsichtsrath der badischen Strafanstalten, zusammengesetzt, es müssen aber auch alle Landesstrafanstalten ihrer Leitung und Beaufsichtigung übergeben werden, damit durch dieselbe die Erfahrungen Aller gesammelt, geprüft, und wieder zum Vortheile der einzelnen Anstalten, je nach ihrem Zwecke und ihrem System angewendet werden können; nur dann wird den Oberbehörden Gediegenes, aus vielseitigen Erfahrungen Hervorgegangenes unterbreitet, die Durchführung des Dienstes der einzelnen Verwaltungen mit Rücksicht auf die Interessen aller geleitet, und ein Zusammenwirken und Ineinandergreifen aller Landesstrafanstalten erzielt werden können.

Die Gefängnißkunde hat sich in den letzten Decennien zu einer besondern und umfassenden Disciplin erhoben, die theoretisch und praktisch erlernt sein muß, in der schon vieles verbessert und festgestellt ist, ebenso viel aber noch zu thun übrig bleibt.

Mit der humaneren Auffassung des Strafzweckes und Strafvollzuges, welcher nicht allein Abschreckung und Sühnung, sondern auch Besserung der Verbrecher erreichen soll; mit der größeren Ausdehnung der zur Erziehung der Sträflinge nöthigen Einrichtungen in den Strafanstalten, des Religionsunterrichtes und der Schule; mit der erkannten Wichtigkeit eines gut eingerichteten Gewerbsbetriebes für die Zuchthauskassen und für die zu Entlassenden hat sich der Dienstkreis der Gefängniß-Verwaltungen an Mühen und Pflichten sehr erweitert, werden aber auch andere, höhere Ansprüche als früher an die Gefängnißbeamten gestellt; ebenso ist die oberste Leitung des Gesammt-Gefängnißwesens eine schwierigere geworden, und sind die dazu nöthigen Kenntnisse und Erfahrungen nicht schon in anderweitiger Fachbildnng enthalten.

Bei Mangel einer derartigen Aufsichtsbehörde fehlen die in Amerika, England, Frankreich, Belgien 2c. so ausgezeichnet bearbeiteten, und zur Zusammenstellung von maßgebenden Resultaten nöthigen statistischen jährlichen Nachweisungen über die Gesammtergebnisse aller Anstalten, der Untersuchungs- und Strafgefängnisse, in Erkrankung, Todesfällen, Seelenstörungen, Rückfällen, und wieder die Vergleichung der einzelnen Anstalten unter sich; es fehlt eine vergleichende Darstellung des Ertrages des Gewerbsbetriebes der einzelnen Anstalten, die Ausmittelung der besten Bezugs- und Absatzquellen, und die Beschaffung aller im Soumissionswege bezogenen Roh- und Werkstoffe für alle Anstalten von denselben Lieferanten, wobei bedeutende Summen erspart, bedeutend bessere Qualität der Rohstoffe erzielt werden könnten; es fehlt eine zweckmäßige Vertheilung der einzelnen Gewerbe in den einzelnen Anstalten, je nach ihrem Zweck, der Strafdauer, der Landesgegend 2c., wodurch die häufige Concurrenz der Strafanstalten unter einander vermieden würde; es fehlt, ich möchte sagen, die wissenschaftliche Abrundung des Gesammtgefängnißwesens, die eben nur bei dessen einheitlicher Gesammtleitung möglich und denkbar ist.

Steht das Gesammtgefängnißwesen nur unter der Leitung eines

Respicienten, so hängt das Wohl und Wehe der Strafanstalten häufig von dessen Ansichten über Strafzwecke oder einer vorgefaßten Meinung für oder gegen ein System ab; es werden mühsam errungene Einrichtungen und Verbesserungen in Frage gestellt, auch dem Drange der jeweiligen Richtung der öffentlichen Meinung, oder den Ansichten leitender hochstehender Persönlichkeiten zu viel Einfluß eingeräumt; wechselt der Respicient, so muß dessen Nachfolger häufig sich erst in das Gefängnißwesen einarbeiten, und da anfangen, wo sein Vorgänger beim Antritte seines Amtes auch begonnen hat. Aus allen diesen Gründen wäre wohl überall die Errichtung einer Staatsanstalten-Commission, nicht als Rechnungsbehörde allein, sondern aus einem Juristen, Cameralisten und einem Arzte nebst dem erforderlichen Canzleipersonale zusammengesetzt, für die Ministerien, den Dienst und die Verwaltungen am ersprießlichsten.

Die Stellung der einzelnen Gefängnißverwaltungen direkt unter die betreffenden Ministerien erleichtert zwar den Dienst und den Geschäftsgang in manchen Stücken; der einsichtsvollere Theil der Gefängnißbeamten aber würde einer, durch Errichtung jener Commission entstehenden Vermehrung der Dienstgeschäfte zum Nutzen und Frommen des Gesammtgefängnißwesens sich gerne unterziehen, da er längst eingesehen hat, daß durch den nur losen Zusammenhang der verschiedenen Respiciate über die einzelnen Landesstrafanstalten in den betreffenden Ministerien, über die Zucht- und Arbeitshäuser, Kreisgefängnisse, polizeiliche Verwahrungsanstalt und Amtsgefängnisse ein gleichmäßiger, von einem leitenden obern Princip ausgehender Strafvollzug unmöglich gemacht wird, beständige Rivalitäten und mangelnde Dienstfreundschaft zwischen den einzelnen Verwaltungen begünstigt, stete Concurrenz in dem Absatze der Fabrikate hervorgerufen, kurz Mißstände bedingt werden, durch welche das wahre Interesse aller Strafanstalten gehemmt, die Einnahme derselben beeinträchtigt, und eine gleichmäßige Durchführung des innern Dienstes in den verschiedenen Landesstrafanstalten unmöglich gemacht wird, daß somit ohne eine einheitliche Oberleitung des Gesammtgefängnißwesens durch ein Strafanstalten-Collegium oder eine Staatsanstalten-Commission auch keine, zu maßgebenden Resultaten hinreichenden statistischen Nachweisungen über die Ergebnisse aller Landesstrafanstalten erzielt werden können. —

Wenn wir mit Freude und Genugthuung berichten können, daß ein nicht unbeträchtlicher Theil unserer Zellengefangenen, insbesondere die zu längerzeitiger Strafe Verurtheilten in größerer Zahl, durch das System und unsere Bemühungen geistig und sittlich gebessert wurden, und wenn uns auch durch die Pfarr= und Bürgermeisterämter bezeugt wird, daß sehr viele Entlassene sich durch einen arbeitsamen, ehrbaren und christlichen Lebenswandel auszeichnen, so stehen dennoch der Entfaltung aller *möglichen* gesegneten Erfolge der Einzelhaft in unserem Vaterlande mancherlei, zum Theil sehr gewichtige Hindernisse bis zur Stunde noch im Wege.

Zu einer gedeihlichen Wirksamkeit des neuen Systemes sind gewisse Vorbedingungen erforderlich, ohne welche selbst ein gut eingerichtetes Zellengefängniß, die größte Tauglichkeit und Anstrengung der Beamten, so wie der beste Wille der Gefangenen zur Besserung erfolglos bleiben werden.

Es müssen nämlich einerseits die Gesetzesbestimmungen über die Strafarten mit der Idee und dem Geiste der Einzelhaft übereinstimmen, und die Durchführung des Strafvollzugs nach den Principien derselben gestatten, und anderseits dürfen die Entlassenen durch das Gesetz in keine Lage versetzt werden, die ihnen die Bewährung ihrer guten Grundsätze und Besserung zu sehr erschwert oder unmöglich macht.

Daß diese nothwendigen Vorbedingungen eines glücklichen Erfolges der Einzelhaft leider in dem neuen badischen Strafgesetze nicht berücksichtigt werden konnten, weil dasselbe in seinen Grundzügen in einer Zeit entworfen wurde, in welcher die Einführung der Einzelhaft bei uns noch in weiter Ferne stund, daß deßhalb die Erfolge des Systemes durch die Gesetzesbestimmungen über die *kurzen Strafzeiten* von ein bis anderthalb Jahren bei wiederholt Rückfälligen, früher in gemeinschaftlicher Haft gewesenen Dieben vereitelt, durch die mit dem Geiste, den Principien und der Durchführung der Einzelhaft völlig unverträglichen *urtheilsmäßigen Straffschärfungen* des Dunkelarrestes und der Hungerkost vielfach beeinträchtigt, und die Bewährung der Besserung nach der Entlassung durch die Stellung eines großen Theiles der Entlassenen unter *polizeiliche Aufsicht* in sehr vie=

len Fällen erschwert, oft unmöglich gemacht worden, glaube ich in meiner Schrift: „die Beziehungen des neuen Großh. bad. Strafgesetzes zur Einzelhaft" nachgewiesen zu haben.

Es müssen ferner die Gesetzesbestimmungen über die Behandlung der Verbrecher von Einem leitenden obersten Grundsatze ausgehen, und vom ersten Momente der Verhaftung in Untersuchungshaft bis zum Aufhören der nöthigen Ueberwachung der Entlassenen nach bewährter mehrjähriger guter Aufführung und Besserung in einandergreifen und harmoniren, und deßhalb alle Haftlocale von den Untersuchungsgefängnissen bis zu den Zuchthäusern nach den Principien des als richtig erkannten Straffystemes eingerichtet sein.

Vor der Verbringung der Verurtheilten in die Strafanstalt werden dieselben als Angeklagte in dem Amtsgefängnisse gehalten und leider durch deren unzweckmäßige Einrichtung dort schon vielfach der Grund zu der moralischen Verschlechterung derselben gelegt.

Es ist eine traurige Wahrheit, daß sich die Untersuchungsgefängnisse fast allerorts in einem äußerst vernachläßigten, häufig allen sanitätspolizeilichen Vorschriften, so wie den Geboten der Klugheit und Pflicht hohnsprechenden Zustande befinden.

Oft zu klein für den längerzeitigen Aufenthalt eines Mannes in einer solchen Zelle, werden aus Mangel an Raum zwei und mehr Untersuchungsgefangene darin zusammengesperrt; dem Alter, ja selbst der Trennung der Geschlechter sind nicht immer die nöthigen Rücksichten getragen; junge Buben finden daselbst in der Gesellschaft rückfälliger, in allen Lastern und Verbrechen abgefeimter Diebe und alter Wollüstlinge Unterricht und Anweisung. Hier ist die erste und um so mehr zu beklagende Schule der Laster und Verbrechen, als ihr häufig Solche unterworfen sind, welche unschuldig aus der Untersuchungshaft hervorgehen, aber während derselben moralisch so zu Grunde gerichtet werden, daß sie nun in der That als angehende Verbrecher in die bürgerliche Gesellschaft zurückkehren.

Alle Untersuchungsrichter haben längst die Nothwendigkeit der Isolirung der Angeschuldigten erkannt, und die der Regel kürzere

Dauer der Untersuchungen bei betrennten Inquisiten gewährt allerorts die Zweckmäßigkeit der Zellenhaft auch für Untersuchungsgefangene.

Vieles ist zwar in unserem Lande zur Verbesserung der Untersuchungsgefängnisse schon geschehen, und alle Neubauten werden mit gut eingerichteten Zellen versehen, aber mehr noch ist zu thun, und nicht selten kommen auch die zum erstenmale Verurtheilten schon so verderbt aus den Untersuchungsgefängnissen in unsere Anstalt, daß die oft nur kurze Einzelhaft nichts mehr zu ihrer Besserung vermag. Trennung sämmtlicher Untersuchungsgefangenen in Zellen ist also die erste Vorbedingung eines gedeihlichen Erfolges der Einzelhaft.

Die Strafanstalten für die Verurtheilten sind in unserem Lande: die (Amts-) und Kreis-Gefängnisse, die Arbeits- und Zuchthäuser.

Die Freiheitsstrafen wegen geringer Vergehen werden im Amts-, oder Kreisgefängniß und im Arbeitshaus erstanden, die schweren Verbrechen mit Zuchthausstrafe geahnt, und unsere Anstalt mit Einzelhaft ist nur zur Abbüßung der Vergehen dieser letzteren Klasse bestimmt.

In den Kreisgefängnissen unseres Landes wird zum Theil das Auburn'sche Schweigsystem, zum Theil die gemeinschaftliche Haft durchgeführt. Die beiden Männerarbeitshäuser und das Männerzuchthaus zu Freiburg sind nach letzterem Systeme, das Weiberzucht- und Arbeits-Haus nach dem Auburnschen Systeme eingerichtet.

Wenn nun die, wegen leichterer Vergehen zum erstenmal Verurtheilten mit Kreisgefängniß oder Arbeitshaus bestraft werden, so muß ein großer Theil der in unsere Anstalt Eingelieferten aus Rückfälligen bestehen, welche schon wegen kleinerer Vergehen in gemeinschaftlicher Haft den verschlechternden Einflüssen jenes Systemes ausgesetzt waren, und in höherem Grade verdorben sind, als vor ihrer ersten Verurtheilung, und als während einer kürzeren Einzelhaft wieder gut gemacht werden kann. Und so ist es denn auch in der That.

Es sollte deßhalb nothwendig gerade in jenen Strafanstalten für kürzere Strafzeiten die Gemeinschaftshaft ganz abgeschafft, und für die beiden ersteren Klassen der Haftlokale, mehrwöchentliches Amts- und Kreisgefängniß, wenigstens das Auburn'sche System eingeführt, die Arbeits- und Zuchthäuser aber unbedingt nach dem Systeme der Einzelhaft eingerichtet werden. Erst die Rückfälligen aber, und zwar nur auf die Zeit von 12 bis 18 Monate der Einzelhaft unterwerfen, muß und wird in den meisten Fällen erfolglos bleiben, und die bei denselben erzielten Resultate können in keinem Verhältniß zu den Kosten der Einzelhaft, und den Mühen der Beamten des Hauses stehen.

Es werden ferner allerorts beim Uebergange aus dem alten Haftsysteme zur Einzelhaft manche Mißstände nicht zu vermeiden sein, durch welche die günstigen Resultate der neuen Anstalt auf einige Zeit wenigstens beeinträchtigt und geschmälert werden.

Die Erfahrung hat nämlich gezeigt, daß durch Anfüllung neu eröffneter Zellengefängnisse mit Gefangenen aus der gemeinschaftlichen Haft eine Menge Uebertretungen der Hausordnung, Vermehrung der Kranken- und Todtenzahl, der Seelenstörungen und mancherlei Erschwerungen des Dienstes für die Beamten hervorgehen, und daß aus gemeinschaftlicher in Einzelhaft versetzte Aufseher in der Regel in dem neuen Systeme weniger entsprechen, weil einerseits von jenen Verwaltungen nicht immer die besten und diensttauglichsten abgegeben werden, andererseits auch die Aufseher durch die Verhältnisse der gemeinschaftlichen Haft an unfreundlichere und barschere Behandlung der Gefangenen gewöhnt sind und deßhalb sich weniger in die Einzelhaft eignen und schwerer finden; daß aber eine Besetzung des ganzen Aufsichtspersonales mit lauter neu eintretenden, im Zuchthausdienste und im Umgange mit Gefangenen noch ganz unbewanderten Leuten diese Schwierigkeiten noch vermehren werden, ist um so leichter begreiflich, wenn man bedenkt, daß die höheren Beamten selbst ja völlig mit ihrem neuen Dienste unbekannt sind, und sich selbst erst darin einarbeiten müssen.

Die Schwierigkeiten für die Verwaltung, einen ausgedehnten Gewerbsbetrieb einzurichten, und in kurzer Zeit gute Bezugs- und Absatzquellen aufzufinden; die Unmöglichkeit für den Hausgeistlichen, die Verbrechen, die Sitten, die Charaktere von 300 bis 400 zu gleicher Zeit zugegangenen Gefangener, behufs ihrer Behandlung zur Besserung, im ersten halben oder ganzen Jahre kennen zu lernen;

das beinahe Erdrückende der Gesammtleitung einer mit 400 Gefangenen eröffneten Zellenanstalt für einen, mit den Sträflingen und dem Aufsichtspersonale, dem nicht leichten Mechanismus des hauspolizeilichen Dienstes, und den mancherlei Vorkommnissen einer Zellenanstalt noch nicht vertrauten Vorsteher bedarf sicher keiner weiteren Begründung.

Die Anfüllung eines neuen Zellengefängnisses mit Gefangenen aus gemeinschaftlicher Haft ist deßhalb unbedingt verwerflich, die meisten Erfolge des Systemes auf Jahre hinaus behindernd und benachtheiligend; Mißstände und Mißbräuche schleichen sich leichter ein, als sie wieder gehoben sind, und man bedenke vor Allem, daß in einer Zellenanstalt das dienstliche Wirken der Beamten und Aufseher in den Zellen nicht von Tag zu Tag controlirt werden kann, und die Nachtheile einer unzweckmäßigen Behandlung der Gefangenen oder der ungeeigneten Durchführung des Systemes häufig erst dann zu Tage kommen, wenn es zu spät zur Abhilfe ist. Es dürfte deßhalb am zweckmäßigsten sein, bei Eröffnung eines Zellengefängnisses für den Anfang höchstens 80—100 jüngere, womöglich erst kürzere Zeit in gemeinschaftlicher Haft befindliche, nicht wegen Rückfalls in den Diebstahl verurtheilte Sträflinge mit längerer Haftzeit in dasselbe zu verbringen, und die Anstalt dann nach und nach durch neu Verurtheilte zu bevölkern.

Auf diese Weise wird es den Beamten möglich, den Dienst, die Aufseher und Gefangenen genau kennen zu lernen und zu leiten; die Aufseher werden bei einer geringeren Zahl Sträflinge die Umgangsweise mit Zellengefangenen und den Mechanismus des Dienstes beim Ab- und Zuführen in Kirche, Schule, Höfe und die Ueberwachung daselbst leichter begreifen, und die Gefangenen werden gleich von ihrem Eintritte in das Haus an nach den Principien des Systemes und dem Geiste der Dienstordnung behandelt und gehalten, was von besonderer Wichtigkeit ist, da anerkannt die erste Zeit in Einzelhaft als die schwerste, somit auch für Entstehung von Seelenstörungen als die gefährlichste sich erwiesen hat.

Betragen der Gefangenen, Strafen.

Den sichersten Maßstab zur Beurtheilung eines Strafsystemes, der Zweckmäßigkeit der eingeführten Hauszucht und des in einer Strafanstalt herrschenden Geistes geben die Zahl, Art und Weise der vorkommenden Uebertretungen der Hausordnung — die Straflisten. —

Wenn im Allgemeinen dem pennsylvanischen System die geringe Zahl der nöthigen Strafen als unendlicher Vorzug zugestanden werden muß, so können wir insbesondere unsere Anstalt allen anderen, nach dem Systeme der Einzelhaft eingerichteten in Beziehung auf äußere und innere Ordnung, Stimmung und Betragen der Gefangenen an die Seite stellen.

Das Auburn'sche System ist ein in seiner Idee — gemeinschaftliche Arbeitssäle mit dem Gebote des Stillschweigens — undurchführbares, indem tausendfältige Erfahrungen in allen derartigen Strafanstalten nachweisen, daß die gegenseitigen Mittheilungen der Gefangenen unmöglich verhütet werden können, theils aber auch ein, durch die sehr häufigen, wegen Uebertretung dieses Verbotes nöthigen Strafen verwerfliches, weil einerseits Heuchelei, Verstellung und Lügen bei den Gefangenen zur Verhütung derselben veranlaßt werden, andererseits aber bei Entdeckung durch die vielen und täglich vorkommenden Strafen das Bestraftwerden entweder bei Rohen und Verdorbenen allen Werth und alle Abschreckung verliert, oder weichere und noch nicht tief gesunkene Gemüther statt gebessert, empört und verhärtet werden, insbesondere, da bei einer solchen Menge von Strafen der Parteilichkeit und Willkür der Aufseher, selbst bei dem besten Willen und der größten Rechtlichkeit des Vorstehers, zu viel Spielraum gegeben ist.

So wurden z. B. in der englischen Auburn'schen Anstalt in Coldbathfields im Jahr 1837 13812, 1839 17656, 1840 20974 Strafen bei durchschnittlich 1050 Gefangenen; und in Westmünster Briedwel im Jahr 1837 4878, 1839 8996, und 1840 6740 Strafen bei durchschnittlich 350 Gefangenen wegen Bruch des Stillschweigens verhängt.

In den französischen Auburn'schen Strafanstalten finden sich überall die gleichen Resultate.

Der Commissionsbericht der französischen Deputirtenkammer über den Gesetzentwurf der Gefängnißreform, verfaßt von Tocqueville, und erstattet in der Sitzung vom 15. Juli 1843, sagt unter Andern: „Zu der großen Menge von Disciplinarstrafen, welche in den Auburn'schen Anstalten schon durch die Vorschrift des Stillschweigens allein nothwendig gemacht werden, kommt noch die Härte derselben hinzu. Die Beschränkung der Nahrung auf Wasser und Brod und Anwendung der Strafzellen wurde für unzureichend gefunden; obschon das französische Gesetz die körperliche Züchtigung ausdrücklich verbietet, haben doch einige Gefängnißdirectoren Zuflucht in manchen Fällen zu derselben genommen."

In einem Centralgefängnisse fanden im Jahr 1842 auf eine Bevölkerung von durchschnittlich 1200 Sträflingen mehr als 12000 Disciplinarstrafen wegen Bruchs des Stillschweigens statt; in einem andern kamen auf 300 Köpfe beinahe 6000 Strafen, so daß mehr als fünf von hundert Sträflingen täglich in Strafe waren. Nach amtlichen Nachrichten belief sich die Zahl der Strafen in den drei letzten Monaten des Jahres 1842 in den Centralgefängnissen zu Passy mit 935 Köpfen auf 1033, also im Jahr über 4000; in Fontevrault auf 1550, im Jahr auf 6200 bei 607 Köpfen; in Melan auf 1080, also 4320 im Jahr bei 1101 Sträflingen.

In der durch den tüchtigen Moser geleiteten Strafanstalt St. Jakob mit Auburn'schem Systeme in St. Gallen kamen bei einer Durchschnittsbevölkerung von 88 Sträflingen jährlich durchschnittlich 548 Bestrafungen vor, wobei noch zu bemerken ist, daß natürlich in kleineren Strafanstalten Ordnung und guter Geist viel leichter als in größeren aufrecht erhalten werden kann; es kämen somit auf eine tägliche Bevölkerung von 370 Köpfen, wie in unserem Hause, etwa jährlich 2200 Strafen, — Zahlen, die gewiß keines Commentars bedürfen.

In den letzten fünf Jahren wurden in unserer Anstalt folgende Uebertretungen der Haus-Ordnung begangen:

Vergehen.	1850	1851	1852	1853	1854
Unreinlichkeit	15	28	16	2	5
Trägheit bei der Arbeit	10	18	13	5	2
Verderben von Zellenrequisiten, Werkgeräthen, Büchern u. s. w.	14	29	8	11	14
Unanständiges Benehmen in Rede, Gang, Haltung	13	49	15	20	16
Unarten gegen Aufseher oder Beamte	4	12	10	5	7
Versuchte und gelungene heimliche Correspondenz	36	60	52	33	27
Sprechen durch die Luftheizung	41	38	18	10	16
Zum Fensterhinaussehen	35	62	21	19	14
Arbeitsverweigerung	—	—	1	1	3
Drohung gegen Aufseher, Angriffe auf dieselben	—	—	1	1	2
Ruhestörung durch Husten, Klopfen, Pfeifen, Singen, unnöthiges Schellen	130	31	17	10	9
Sonstige Uebertretungen der Haus-Ordnung, Nichteinhalten des Abstands, Vergessen der Zellen-Nummer, Umsehen beim Gehen, unordentliche Kleidung, Vergessen eines Buchs in Kirche und Schule, Unachtsamkeit daselbst, das Licht Abends brennen lassen 2c.	208	43	32	40	20
Summe	506	370	204	157	135
Dieselben wurden folgenderweise bestraft:					
Verweis	285	57	12	23	2
Hungerkost 1 Tag	42	106	71	40	47
" 2 "	21	15	17	10	18
" 3 "	10	—	—	—	1
" 4 "	13	—	2	2	1
" 8 "	—	—	1	1	—
Dunkelarrest 1 "	82	121	50	44	34
" 2 "	16	40	27	21	13
" 3 "	10	5	3	1	—
" 4 "	14	15	13	10	6
" 8 "	—	—	2	2	2
" 12 "	—	—	—	—	1
" 14 "	—	—	—	—	2
Strafstuhl 6 Stund	3	8	3	1	6
" 2 mal 6 "	—	—	2	1	1
" 6 " 6 "	—	—	—	1	1
Entziehung der Schreibmaterialien und Bücher	10	2	1	—	—
Entziehung des Bettes auf vier Wochen	—	1	—	—	—
Summe	506	370	204	157	135

Manche Gefangene wurden öfter bestraft, und zwar:

	1850.	1851.	1852.	1853.	1854.
1 mal	285.	118.	91.	71.	64.
2 "	108.	37.	27.	21.	11.
3 "	16.	16.	6.	6.	8.
4 "	9.	9.	1.	2.	—
5 "	4.	3.	2.	2.	2.
6 "	6.	2.	1.	—	1.
7 "	—	1.	3.	—	1.
8 "	—	2.	—	1.	—
9 "	1.	—	—	—	—
11 "	—	1.	—	—	—
14 "	—	1.	—	—	—
Summe	429.	190.	131.	103.	87.
In der Anstalt waren	655.	649.	614.	566.	550.
Somit wurden gar nie bestraft	226.	459.	483.	463.	463.

Dieses Resultat im Vergleiche mit der vorgekommenen Zahl der Strafen in den Auburn'schen und gemeinschaftlichen Strafanstalten beweist am besten den herrschenden Geist, die Ordnungsliebe, den Fleiß und die gute Aufführung unserer Gefangenen, und berechtigt jedenfalls zu mehr Hoffnung auf Bewährung der Besserung nach der Entlassung, als die Wahrnehmung der vielen, in jenen Anstalten vorkommenden Ordnungswidrigkeiten.

Wenn aus diesen Zusammenstellungen hervorgeht, daß in den ersten Jahren nach Eröffnung der Anstalt eine größere Anzahl Uebertretungen der Hausordnung, als später, vorgekommen sind, so hatte dieß seinen Grund theils in Mängeln des Baues und der inneren Einrichtung des Hauses, wodurch Communikationen und Bekanntschaften der Sträflinge unter einander, so wie sonstige Uebertretungen der Hausordnung begünstigt wurden, theils in zu beschränktem und mangelhaftem Gewerbsbetriebe, bei welchem durch die eingeführten Handarbeiten, z. B. Caffeebohnen verlesen, Stricken, Garnspinnen, Ströhzöpfe flechten 2c. an Lust und Liebe zur Arbeit nicht zu denken war, theils in zu geringem Aufsichtspersonal, wodurch die Ueberwachung eine mangelhafte und ungenügende wurde, auch der Unterricht und das Nachsehen bei der Arbeit Noth leiden mußte, und Veranlassung zu Nichtsthun, Langeweile, Muthwillen und sonstigem Unfug gegeben war; theils kamen auch erfahrungsgemäß bei den aus der gemeinschaftlichen Haft zu uns Versetzten, mit welchen die Anstalt bei ihrer Eröffnung angefüllt wurde, mehr Uebertretungen der Hausordnung vor, als bei den gleich nach dem Urtheile Eingelieferten. Die ersichtliche bedeutende Abnahme der Strafen in den letzten Jahren zeigt am deutlichsten, daß viele Mißstände jetzt gehoben sind.

Die vorgekommenen Uebertretungen der Hausordnung waren weitaus in den meisten Fällen nur leichterer Art, und wurden in der Regel von den neu Zugegangenen in der ersten Zeit ihrer Haft begangen; theils hingen sie mit der Bildungsstufe und den früheren Gewohnheiten der Sträflinge zusammen, z. B. Unreinlichkeit, Trägheit; theils gaben, wie oben angegeben, wirkliche Fehler des Baues den Gefangenen zu Vergehen Veranlassung.

Eigentliche gröbere Excesse und thätliche Widersetzlichkeit sind, mit Ausnahme eines Falles, in welchem ein, wie er behauptete, ungerecht verurtheilter Gefangener um jeden Preis eine neue Untersuchung durch das Schwurgericht erlangen wollte, und mit Vorbedacht einen, jedoch erfolglosen Angriff mit seinem Federmesser auf den Vorsitzenden des Aufsichtsrathes, und später auf einen Aufseher zur Erreichung seines Zweckes machte, nicht vorgekommen.

Das Sprechen durch die Luftheitzung ist durch die in der Beschreibung der Anstalt angegebenen baulichen Fehler derselben ermöglicht und dort gewürdigt; häufig werden die von den Gefangenen gemachten Versuche von ihren Zellennachbarn zur Anzeige gebracht; die meisten, denen dieser Communikationsweg bekannt ist, benutzen ihn nicht, weil es ihnen, wie sie sagen, gleichgiltig ist, wer neben ihnen sitzt.

Der besonders bei weniger Gebildeten so mächtige Drang nach Mittheilung hat in unserem Hause schon alle mögliche Wege und Mittel versucht, sich den Zellennachbarn oder Bekannten zu nähern, und eine Verbindung mit denselben anzuknüpfen. Im Spazierhofe werden Zettelchen von einer Abtheilung in die andere über die Trennungsmauer geworfen; in der Kirche werden dergleichen durch entstandene Ritzen in den hölzernen Scheidewänden zwischen den einzelnen

Stühlen durchgesteckt; beim Ab= und Zuführen aus der Kirche, Schule, dem Spazierhofe versucht der Vordermann beim Umbiegen um eine Ecke ein Zettelchen für den Hintermann fallen zu lassen u. s. w. Alle diese Communikationswege sind jedoch dem Aufsichtspersonal bekannt, und deßhalb gelingen derartige Versuche nur selten; jedenfalls gibt die geringe Zahl der deßfalls nöthigen Bestrafungen den Beweis, daß die Sträflinge derartige Ordnungswidrigkeiten nur selten begehen.

Durch die in den Zellen befindlichen Werkgeräthe, Webstühle, Hobelbänke u. s. w. ist den Gefangenen das Hinaufsteigen zum Fenster ermöglicht, und die dadurch gebotene Gelegenheit, einen Blick in die freie Natur zu werfen, oder die in den Spazierhöfen befindlichen Mitgefangenen zu sehen, und vielleicht irgend einen Bekannten zu erkennen, wird nicht unversucht gelassen; die Schildwachen auf der Ringmauer sind deßhalb angewiesen, die Zellenfenster zu überwachen und jeden am Fenster erblickten Gefangenen zur Anzeige zu bringen.

Die größte Zahl der Strafen ist unter der Rubrik: „Uebertretung der Hausordnung" angegeben; die Hausordnung eines Zellengefängnisses ist aber eine sehr complicirte und der Gefangene hat bei so vielen Verrichtungen besondere Regeln einzuhalten, welche häufig seinen Neigungen und Gewohnheiten widerstreben, so daß eine Uebertretung oder Nichteinhaltung dieser kleineren, zur Aufrechthaltung des Systemes aber nöthigen hauspolizeilichen Maßregeln wohl überall vorkommen wird, und nicht zu den eigentlichen Vergehen gerechnet werden kann; dahin gehört: Nichteinhalten des Abstandes von 15 Schritten vom Vordermann beim Verlassen der Zelle, zu rascher oder zu langsamer Gang, Vergessen der Zellennummer, des Wasserkruges, eines Buches in die Schule, Umsehen beim Gehen, offene Jacke, Stehenbleiben im Spazierhofe, das Licht Abends brennen lassen, fehlerhafte Stellung der Zellenrequisiten und manche andere kleine Versehen gegen bestehende Vorschriften, die streng aufrecht erhalten werden, weil der Gefangene dadurch am besten an Ordnung gewöhnt wird.

Wie sich mit Vervollkommnung aller Einrichtungen unseres Hauses die gewerblichen und sanitätlichen Resultate von Jahr zu

Jahr günstiger gestalteten, so wirkten diese Verbesserungen auch sichtlich wohlthätig auf das Betragen der Gefangenen ein. Als Hauptursachen der geringeren Zahl der nöthigen Hausstrafen in den letzten Jahren, und des durchschnittlich guten und willigen Betragens unserer Sträflinge glauben wir annehmen zu müssen:

1) Den gut geregelten und ausgedehnten Gewerbsbetrieb, die beständig guten Arbeitsstoffe, wodurch Fortschritte in Erlernung der Professionen ermöglicht, Lust und Liebe zur Arbeit geweckt, und den Gefangenen Gelegenheit zur Erwerbung von Ueberverdienst gegeben wird.

2) Den in Zellengefängnissen so wirksamen Religions- und Schulunterricht, unterstützt durch eine Bibliothek von Büchern verschiedenen Inhaltes, durch welche die arbeitsfreien Stunden am nützlichsten ausgefüllt, die Langeweile und mit ihr die Veranlassung zu vielem Verbotenen fern gehalten werden, was in Zellengefängnissen besonders an Sonn- und Feiertagen von Wichtigkeit ist.

3) Die Vermehrung unseres Aufsichtspersonals gegen die ersten Jahre, und das diensteifrige und taktvolle Benehmen desselben, welches, von der Wichtigkeit seines Dienstes durchdrungen, sich bestrebt, den Gefangenen in Wort und That mit gutem Beispiel voranzugehen, und ebensoweit entfernt ist von Lauheit in strenger Aufrechthaltung der Hausordnung und zu vertraulicher Stellung zu den Gefangenen, als von rohem, inhumanen Benehmen, von jenem Zuchtmeisterthum, welches noch nirgends gute Früchte getragen hat.

Was die Strafarten betrifft, so wurden die leichteren Vergehen mit einem Verweis auf der Zelle oder vor der Conferenz aller Beamten, einem Tage Hungerkost oder Dunkelarrest, je nach ihrem Grade bestraft, stets im Wiederholungsfalle die Strafe gesteigert, und Dunkelarrest auf mehrere Tage, sowie Strafstuhl nur bei öfter schon stattgehabter Bestrafung eines Gefangenen, oder bei schwereren Vergehen angewendet.

In weitaus den meisten Fällen reichten einfache und leichte einmalige Strafen oder auch schon Verweise hin, die Gefangenen zur Einsicht zu bringen und sie für ihre ganze Haftzeit in Ordnung zu erhalten; immer hat sich mir die Wahrnehmung bestätigt, daß durch ruhige und wohlwollende Zusprache, sowie durch eine richtige, ernste

Erweckung des Ehrgefühls mehr ausgerichtet wurde, als durch eine allzustrenge, barsche und nicht individualisirende Behandlung und Hauszucht. Auch die rohesten und verdorbensten Gefangenen haben noch eine gute, für Belehrung und Besserung zugängliche Seite ihres Charakters; war diese einmal aufgefunden und angeregt, so konnte man in der Regel für immer einer guten und vorschriftsmäßigen Aufführung derselben sicher sein.

Die Zahl der zum öftern Bestraften ist in der dritten Nachweisung angegeben, und kann im Vergleich mit der Menge der Gefangenen, die während ihres ganzen, oft mehrjährigen Aufenthaltes im Hause nie bestraft wurden, eine geringe genannt werden. Es waren dieß entweder ganz vernachlässigte und verwahrloste Leute, oder unverbesserliche Rückfällige, welchen auch nicht das kleinste Vergehen gegen die Hausordnung nachgesehen wurde.

Gleich günstige Resultate in Beziehung auf die geringe Zahl der nöthigen Hausstrafen, wie unsere Anstalt, weisen auch die Jahresberichte aus den übrigen Einzelhaftgefängnissen nach. So z. B. aus dem Zellengefängnisse zu Perth im Jahresberichte von 1844 (Jahrbücher d. G. H., Band IV. 1845. S. 187): „die Hauszucht war musterhaft und die Gefangenen strebten darnach, sich an Fleiß, Sauberkeit und Ordnung zu gewöhnen. Bei 563 durch die Anstalt gegangenen Gefangenen wurden 135 gestraft. Und 1845: von 541 Sträflingen wurden 172 gestraft.“ In einem späteren Berichte ist angegeben: „die Aufführung der Sträflinge, mit nicht vielen Ausnahmen, war ruhig, friedlich und ordentlich, als habe ihr Geist einen gehörigen Eindruck ihrer Lage empfangen, sowie sie sich auch in den Gewohnheiten der Reinlichkeit sehr gebessert haben. Von 627 Sträflingen im Jahre 1843 haben sich 526 gut aufgeführt; die Zahl der Bestraften betrug 101, also ein Sechstel der Bevölkerung; unter den Bestraften waren 24 — 10 bis 15 Jahre, 56 — 15 bis 21 Jahre, 17 — 21 bis 30 Jahre und 4 über 30 Jahre alt.

Dieselben Resultate ergaben die ausführlichen Jahresberichte des Mustergefängnisses Pentonville in London. Es wurden daselbst gestraft:

1843	von	525	Sträflingen	139,	und	zwar	mit	188	Strafen.
1844	"	741	"	69,	"	"	"	84	"
1845	"	616	"	148,	"	"	"	245	"
1846	"	727	"	121,	"	"	"	188	"
1847	"	701	"	149,	"	"	"	220	"
1848	"	1048	"	131,	"	"	"	213	"
1849	"	1106	"	151,	"	"	"	237	"
1850	"	1223	"	227,	"	"	"	296	"
1851	"	1202	"	225,	"	"	"	409	"
1852	"	1278	"	285,	"	"	"	461	"
1853	"	981	"	240,	"	"	"	486	"

Gewerbsbetrieb.

Die Beschäftigung der Gefangenen in unserer Anstalt ist durch das Gesetz über den Strafvollzug im neuen Männerzuchthaus geregelt, welches bestimmt, §. 4: „die Sträflinge werden, mit Ausnahme der Sonn- und Feiertage, beschäftigt. Sie erhalten, soweit sie dessen noch bedürfen, Unterricht in einem Gewerbe, und in den Gegenständen, die in den Volksschulen gelehrt werden."

Die Hausordnung setzt ferner fest, §. 21: „die Beschäftigungsart der Gefangenen bestimmt die Verwaltung; sie besteht in harter Arbeit, und wird denselben, wenn sie noch nicht darin erfahren sind, der nöthige Unterricht ertheilt. Der Arbeitsertrag gehört der Verwaltungscasse; für jedes volle Tagwerk wird jedoch dem Sträfling ein Kreutzer, und für die Mehrarbeit soviel gutgeschrieben, als der aufgehängte Tarif bestimmt." Und ferner, §. 6: „die Arbeitszeit geht von Morgens 5 bis Abends $7^1/_2$ Uhr mit folgenden Unterbrechungen:

1) Zum Frühstück und Reinigen der Zelle von 7 bis $7^1/_2$ Uhr;
2) Zur Bewegung im Freien, Vor- und Nachmittags je $^1/_2$ Stunde;
3) Zum Mittagessen und Ausruhen von 12 bis 1 Uhr;
4) Zum Schulbesuch wöchentlich 3 Stunden, und
5) Zum Kirchenbesuch wöchentlich 3 Stunden.

Es ergeben sich hiernach 11 Arbeitsstunden; das Tagewerk ist jedoch mit Rücksicht auf die durch Besprechungen mit den Beamten ꝛc. entstehenden weiteren Unterbrechungen nur auf 10 Stunden berechnet."

Die Arbeit der Sträflinge, der Gewerbsbetrieb in den Strafanstalten übt auf alle Verhältnisse derselben, auf die geistige und körperliche Gesundheit, die Aufrechthaltung der Ordnung und Hauszucht, die Einnahme der Strafanstaltscasse, und auf die Zukunft der Sträflinge einen gewichtigen Einfluß aus, und es ist deshalb diesem Verwaltungszweige von allen Strafanstaltsbeamten besondere Aufmerksamkeit zu widmen.

Schon bei der Auswahl des Ortes für eine zu errichtende Strafanstalt sollte nächst den, durch die Sanitätspolizei gebotenen Rücksichten, den Grundbedingungen eines rentablen Gewerbsbetriebes am meisten Rechnung getragen, und Zuchthäuser immer in der Nähe großer Städte erbaut werden, in welchen sowohl der Bezug der Roh- und Arbeitsstoffe, als auch der Absatz der gefertigten Fabrikate geringeren Schwierigkeiten, als auf dem Lande und in kleinen Orten, unterliegt. —

Die Einrichtung eines guten Gewerbsbetriebes in den Gefängnissen ist überall großen Schwierigkeiten unterworfen.

Die Beschäftigungsweise in Strafanstalten gestaltet sich im Vergleiche mit dem Geschäftsbetrieb in den Fabriken oder bei den verschiedenen Professionen ganz eigenthümlich, und die Verhältnisse beider, und das zur Arbeit antreibende Motiv sind völlig verschieden. Während der Fabrikarbeiter das Interesse seines Fabrikherrn theilt, bei dessen Gewinn oder Verlust für seine eigene Einnahme Vortheil oder Nachtheil sieht, und die bei bürgerlichen Meistern arbeitenden Gesellen nur durch Anfertigung guter Fabrikate sich ihre Stellen erhalten können, betrachten die meisten Sträflinge die Zuchthausarbeit als einen lästigen Zwang, arbeiten deshalb häufig gerade so viel, und nur mit der Sorgfalt, daß ihnen wegen Nachlässigkeit oder schlechter Arbeitslieferung keine Strafe zu Theil werden kann. Zudem hegt der Zuchthausarbeiter häufig einen schwer zu beseitigenden Widerwillen gegen jede einträgliche Beschäftigung in der Strafanstalt, weil er sich von dem Staate bedrückt und benachtheiligt glaubt, und ihm dafür lieber Schaden als Vortheil zufügt, während der Fabrikarbeiter seiner Arbeit alle seine Kräfte und Fähigkeiten widmet.

Ein großer Theil der Zuchthausarbeiter zeigt sich deshalb im Geschäfte nur wenig fördernd und nutzbringend, indem er auf den Verbrauch der Rohstoffe und die Abnützung der Werkzeuge wenig Rücksicht nimmt, während das Interesse des freien Arbeiters das Gegentheil bewirkt; eine Menge Arbeitsmaterial wird in den Strafanstalten absichtlich verdorben, weil für Träge dadurch wieder ein Aufenthalt in der Arbeit entsteht, ohne daß ihnen gerade immer die Schuld zugemessen werden kann, oder es geht aus Nachlässigkeit zu Grunde, weil dem Sträfling an dem Arbeitsertrag für den Staat in der Regel wenig liegt, und er ihn lieber geschmälert als befördert sieht.

Zudem wird der Einträglichkeit des Gewerbsbetriebes in Strafanstalten die Menge der daselbst betriebenen Gewerbe stets hindernd im Wege stehen, indem unmöglich immer für alle gute Absatzwege gefunden werden können, und ein einmaliger größerer Verlust in einem Fabrikationszweige den bei den andern erzielten Gewinn aufwiegt und vernichtet. Der Fabrikant, dem noch dabei ein nach dem Umfange seines Geschäftes berechnetes, nach seiner Auswahl angestelltes, stets tüchtiges Hülfspersonal zur Seite steht, wird sich ferner nicht leicht dazu verstehen, mehrere heterogene Fabrikationen zu unternehmen, sondern meist nur einen, höchstens einen zweiten, zur Bereitung des ersteren nöthigen, oder dabei gewonnenen Artikel zu liefern; auch wird seine Geschäftsbetreibung weder durch eine, auf Sträflinge berechnete Hausordnung mit den vielen täglichen Arbeitsunterbrechungen, noch durch manche andere zu nehmenden Rücksichten und Hemmnisse, wie die Strafanstaltsverwaltungen, benachtheiligt, wie z. B. durch die vielen, meist übertriebenen Klagen der Gewerbtreibenden aus der Stadt und Umgegend, welche gerne alle Vortheile einer großen Strafanstalt durch den Aufenthalt der vielen Bediensteten, den Ankauf der Lebensmittel, Roh- und Arbeitsstoffe rc. genießen, über jede vermeintliche Concurrenz aber einen großen Lärm erheben.

Zu diesen Hindernissen von Außen gesellen sich noch manche aus den Verhältnissen der Sträflinge selbst hervorgehende hinzu, indem durch hohes Alter, geschwächte Gesundheit, Ungeschicklichkeit, Mangel an Uebung in feinerer Arbeit von Jugend an bei Taglöhnern und Bauern, oder in härterer Arbeit bei Verurtheilten aus den höheren Ständen, durch zu kurze Strafzeit zur Erlernung eines

Gewerbes, durch plötzliche Stockung in einem Gewerbe in Folge des Abgangs mehrerer der besten Arbeiter durch Erkrankung, Begnadigung, Strafende ꝛc. die Schwierigkeiten eines rentablen Gewerbsbetriebes in Strafanstalten ins Unendliche vermehrt werden, und wenn auch eine umsichtige Verwaltung manchen derartigen Hemmnissen vorzubeugen weiß, so wird doch jeder Sachverständige bei Beurtheilung und Vergleichung der Resultate des Gewerbsbetriebes in verschiedenen Anstalten die angedeuteden Schwierigkeiten nicht unberücksichtigt lassen, und die besonderen Verhältnisse des Orts, der Umgegend, der Strafanstalt selbst, und deren Bewohner in die Wagschale legen.

Wie in andern Staaten, so war auch in den badischen Strafanstalten der Verkauf der angefertigten Fabrikate gewissen Beschränkungen unterworfen, und bestimmt, daß dieselben nur unter der Voraussetzung im Detail verkauft werden durften, wenn sie vorher den betreffenden Gewerbsleuten in der Stadt um ein Fünftel billiger angeboten worden waren, als die Verwaltung dieselben selbst zu verkaufen beabsichtigte; meistentheils aber wurde Kundenarbeit für Handwerker aus der Stadt und Umgegend angefertigt, und der Selbstbetrieb der Gewerbe war früher in unseren Anstalten unbekannt, oder nur in ganz unbedeutender Ausdehnung in Uebung. Im Jahre 1850 wurden jedoch auf die Anträge aller Verwaltungen, in Anbetracht der äußerst geringen Rentabilität der Zuchthausarbeiten, der mancherlei, durch die bisherige Uebung entstandenen Mißhelligkeiten für die Hausordnung, welche besonders durch die zu große Vertraulichkeit zwischen den arbeitgebenden Meistern und den Aufsehern hervorgerufen wurden, und in Anbetracht der geringen Fortschritte der Sträflinge in den einzelnen Gewerben, weil meist nur schlechtes Arbeitsmaterial oder Flikarbeit in die Anstalt gegeben wurde, jene Verordnung aufgehoben, und den Verwaltungen überlassen, alle ihre Fabrikate nach Gelegenheit unmittelbar abzusetzen.

Zwei Voraussetzungen bedingen allerorts und unter allen Verhältnissen die Rentabilität des Gewerbsbetriebes, einerseits der vortheilhafte Bezug der Roh- und Arbeitsstoffe, und anderseits gute Absatzwege.

Für den Bezug der Roh- und Arbeitsstoffe war in den badischen Strafanstalten bisher der Soumissionsweg als Regel vorgeschrieben, und der Ankauf durch einen Privatvertrag der Verwaltung mit dem Lieferanten nur als Ausnahme, und bei Lieferungen von untergeordneter Bedeutung gestattet.

Der Bezug der Roh- und Arbeitsstoffe, so wie der Bedürfnisse der Administration kann auf dreierlei Weise geschehen, durch öffentliche Versteigerung, durch Soumission und durch freien Handankauf, und es lassen sich Gründe für und gegen alle diese Verfahren anführen.

Die, vorher in öffentlichen Blättern bekannt gemachte Vergebung mancher Bedürfnisse der Strafanstalten auf dem Wege der Versteigerung sollte der oberen beaufsichtigenden Behörde durch die Oeffentlichkeit dieses Verfahrens Sicherheit gegen Begünstigungen einzelner Lieferanten durch die Verwaltungen, und leichter mögliche Controle gewährleisten, und es wurden dabei häufig sehr niedere Preise erzielt, wenn sich die Steigerer und Uebernehmer hinreißen ließen, ihre Mitbewerber um jeden Preis zu beseitigen.

Dagegen hatten häufig, besonders bei Gegenständen, welche nur Wenige zu liefern vermochten, die Steigerer vorher Verabredungen und Verbindungen geschlossen, in deren Folge die Preise sehr hoch blieben, und die Verwaltungen in Nachtheil geriethen, oder bei sehr herabgedrückten Preisen waren die Lieferungen von so schlechter Qualität, daß dadurch beständige Veranlassung zu Klagen, und selbst zu Auflösung des Vertrags gegeben wurde.

Diese Vergebungsart ist in neuerer Zeit in unseren Strafanstalten nicht mehr üblich gewesen; dagegen war der Soumissionsweg ein alt herkömmlicher Gebrauch und bei der Regierung und den Lieferanten beliebt; für Beschaffung mancher Bedürfnisse war er Vorschrift, und es ist unbestritten, daß er bei Lieferungen für die Administration, namentlich für Brod, Fleisch, Mehl, Oel, Seife, Lichter u. s. w., welche Lieferungen sich regelmäßig in gewissen Zeiträumen wiederholen, das Verfahren der Anschaffung vereinfacht, ohne die Controle zu gefährden, weil z. B. bei schlechter Lieferung des Brodes, des Oeles u. s. w. die Gefangenen sich beklagen, also etwaige Unterschleife auf diesem Wege zur Anzeige kämen.

Dagegen hat sich der Soumissionsweg, gleich wie das Verfahren der öffentlichen Versteigerung, bei allen Ankäufen der Roh- und Arbeitsstoffe, für den Gewerbsbetrieb als unzweckmäßig, das Interesse des Aerars, und der Verwaltung gefährdend erwiesen, weil erfahrungsgemäß entweder die Preise durch Verabredungen der Soumittenten sehr gesteigert, oder bei deren Uneinigkeit so sehr herabgedrückt wurden, daß der ausgewählte Lieferant entweder verlieren, oder schlechte Waaren liefern mußte. Aber noch eine Menge anderer Nachtheile haben sich uns hier in Bruchsal, einer kleinen Stadt, bemerklich gemacht. In der Regel waren die eingereichten Soumissionen nicht so niedrig gesetzt, wie wir diese Gegenstände jetzt durch freien Handankauf beziehen; Fabrikanten und Großhändler betheiligten sich nicht an den Soumissionen, weil sie dadurch den Verlust ihrer Abnehmer in der Stadt zu befürchten hatten; es reichten also nur Commissionäre oder Kleinhändler ihre Gebote ein, und diese wollten natürlich auch ihren Gewinn an der Waare herausschlagen; der Soumittent muß sich für etwaige Preisschwankungen zu decken suchen, und wird deshalb meist höhere Angebote einreichen; hat er dieß nicht gethan, und es steigen die zu liefernden Waaren im Preise, so erfolgen in der Regel Reclamationen, Entschädigungsgesuche, und bei nicht erfolgender Berücksichtigung, Lieferung von schlechten Waaren; zur Uebernahme mancher Soumissionen ist auch ein größeres Capital erforderlich, das nicht jedem Gewerbtreibenden zu Gebote steht; man geräth daher oft in die Hände der Wucherer, und die beabsichtigte Concurrenz findet nicht statt. Durch den Soumissionsweg übernimmt ferner der Staat die Verbindlichkeit zum Bezuge des ganzen vertragsmäßigen Quantums zu dem Soumissionspreise, selbst wenn die Waare während der Zeit der Lieferung bedeutend wohlfeiler wird, wie wir z. B. längere Zeit für das Brod einen weit höheren Preis bezahlen mußten, als das Kundenbrod in der Stadt kostete; ebenso können andere wohlfeilere Kaufgelegenheiten nicht benützt werden. Eine Sicherheit gegen Unterschleife der Vewaltungsbeamten oder niederen Bediensteten gewährt der Soumissionsweg nicht, weil die höhere controlirende Behörde, der Aufsichtsrath oder das Ministerium, nur die Muster und Proben, nicht aber beständig die nachfolgenden Lieferungen beaufsichtigen kann; im Gegentheil ist die Diensttreue des Aufsichtspersonals bei dem Soumissionsweg mehr gefährdet, als dieß je bei den Handeinkäufen möglich ist, weil letztere in kleinerem Quantum geschehen, die der Verwaltung meist wieder zu Gesicht kommen, während die im Soummissionsweg gelieferten Waaren häufig in kleinen Quantitäten, je nach Bedarf, z. B. für die Woche, bei den Lieferanten von den Werkmeistern und Aufsehern in Empfang genommen und zur Verarbeitung abgegeben werden, die Verwaltung meist nur bei Klagen die Waaren sieht, und sich bei schlechter Lieferung dann nicht immer anders wohin wenden kann.

Bei dem Handankaufe der Bedürfnisse für den Gewerbsbetrieb kann die Verwaltung nicht nur die besten Quellen für ihre Einkäufe selbst benützen, ohne den Zwischen- oder Kleinhändlern ihren Soumissionstribut entrichten zu müssen, sondern sie wird auch selbst auf den großen Märkten einkaufen, und ihre Zahlungsfähigkeit verschafft ihr überall Vortheile, die selbst ein Kaufmann nicht immer genießt; wegen der prompten und sichern Zahlung bei großem Bedarfe werden aus entfernten Fabriken Angebote zu sehr billigen Preisen eingereicht; durch Geschäftsreisen eröffnen sich im Auslande vortheilhafte Bezugs- und Absatzquellen, und besonders letzteres ist sehr erwünscht, weil dadurch alle Concurrenz mit den inländischen Gewerbtreibenden vermieden wird. Darf die Verwaltung ihre Arbeitsstoffe aus der Hand ankaufen, so werden ihr nicht selten Waaren zu äußerst billigen Preisen von ausländischen Fabriken bei eintretender Stockung des Geschäfts, Trennung einer Geschäfts-Gesellschaft, Aufhebung der Fabrikation u. s. w. gemacht, oder bei Versteigerungen ganzer Waarenlager können solche unter dem Fabrikpreise erworben werden. So beziehen wir jetzt eine Menge Gegenstände im Großen, z. B. Garn für die Weberei zu Futterleinwand und Hosendrillich, im Soumissionswege um 6 bis 8 Krzr. per Pfund theurer angeboten, aus den Fabriken in Belgien, Baiern und Schlesien, wodurch wir allein an einer Lieferung von 40000 Ellen Futterleinwand für das Großh. Montirungs-Commissariat zwölfhundert Gulden, und bei 30000 Ellen Hosenzeug sechshundert Gulden erspart haben; im Soumissionswege sollten 400 Klafter Eichenholz 22 fl das Klafter kosten, während wir dasselbe Quantum um 2 fl 15 kr. per Klafter, mithin im Ganzen um 900 fl billiger unter der Hand angekauft haben; das Schmalleder wurde an die hiesigen Lederhändler stets 6 bis 8 Krzr. per Pfund theurer in Accord vergeben, als wir solches auf den großen Ledermärkten zu Heilbronn und Frankfurt a/M. eingekauft haben, und es beträgt die Ersparniß an einem Bedarf von 4000 Pfund per Jahr mithin 400 bis 500 fl; der Bedarf an Wollentuch für Dienstkleider der Straßenwarte u. s. w. wurde um 30 bis 40 Proc. per Elle billiger aus der Hand angekauft, als im Soumissionswege angeboten, wodurch weitere 500 Gulden gewonnen wurden, u. s. w.

Der Handankauf der Arbeitsstoffe geschieht durch den Verwalter und den betreffenden Werkmeister, welcher die Rechnung mit zu beurkunden hat; der Verwalter ist also von dem verpflichteten Techniker berathen und controlirt, und es wird ein unvortheilhafter Kauf, wenn beide Beamte ihr Fach verstehen, nicht leicht möglich sein.

Nach unseren Erfahrungen hat sich dieses Verfahren in einer Weise bewährt, daß wir dasselbe allen gewissenhaften und tüchtigen Verwaltungen, denen das Wohl und Gedeihen ihrer untergebenen Anstalt und der Vortheil des hohen Aerars am Herzen liegt, nur zur Nachahmung empfehlen können; daß damit eine größere Thätigkeit, vermehrte Mühe, auch größere Verantwortlichkeit für die Verwaltung verbunden ist, als bei dem bequemen Soumissionswege, wird wohl von selbst einleuchten, und unserm Verfahren wohl manche Gegner verschaffen, die, besonders wo der Soumissionsweg als Regel vorgeschrieben ist, in ihrem Gewissen beruhigt sind, und vollkommen ihre Pflicht gethan haben, wenn sie in ihrem Arbeitszimmer die Soumissionen ausschreiben, die eingekommenen Angebote eröffnen, und dem niedrigsten die Lieferung zuschlagen.

Die zweite Grundbedingung eines vortheilhaften und rentabeln Gewerbsbetriebes ist in der Nothwendigkeit guter *Absatzwege* für die Fabrikate gelegen.

Die Gefängnißarbeiten können entweder für einen *Arbeitsunternehmer*, oder für *Kunden*, oder auf Rechnung der Verwaltung im Großen als *Selbstbetrieb* angefertigt werden.

Das System der *Arbeitsunternehmer*, wie es früher in den meisten, und leider jetzt wieder in vielen französischen Gefängnissen besteht, ist ein in jeder Beziehung *verwerfliches und demoralisirendes*, fast alle Strafzwecke geradezu vereitelndes.

In den Jahrbüchern der Gefängnißkunde, XI. 1848, S. 91 ist dasselbe folgendermaßen geschildert: „Bei jenem alten französischen

Systeme hat der Arbeitsunternehmer nicht nur sämmtliche rohe Arbeitsstoffe zur Beschäftigung der Sträflinge zu liefern, und sie nicht blos für einzelne Zweige, wie in Deutschland, zu beschäftigen, sondern auch deren Kost, Kleidung u. s. w., kurz alle ihre sachlichen Bedürfnisse irgend welcher Art zu liefern und zu befriedigen. Alles dieses läßt er durch seine Angestellten im Haus besorgen, und besitzt hierdurch eine Herrschaft in demselben, die ihn fast zum unbeschränkten Gebieter macht, seine Werkmeister über die weltlichen und geistlichen Aufseher erhebt, und seinen Willen zur Hauptquelle über das Wohl oder Wehe der Sträflinge einsetzt. Hierdurch wird nun ganz folgerecht alle Gefängnißzucht erdrückt, und die Brauchbarkeit des Sträflings als Arbeiter zum alleinigen Maßstabe seiner Geltung und Behandlung erhöht, dabei aber jede geistige und versittlichende Bestrebung zum Besten der Missethäter, sowie die Anleitung zu ehrlich nährenden Gewerben nach der Entlassung in den tiefsten Hintergrund gedrängt. Es wird dadurch auf die Bewohner dieser Strafanstalten rücksichtslos speculirt, und die Regierungsbehörde hat kaum noch einige Gewalt über dieselben auszuüben." Ebenso ist dieses Verfahren geschildert in der Union monarchique vom Jahre 1847: „der Unternehmer hat allein das Recht, die Gefangenen arbeiten zu lassen; meistens giebt er sich nicht die Mühe, dieß selbst zu betreiben; er zieht es vor, die Kräfte der Gefangenen wieder an andere Unternehmer zu vermiethen. Es liegt also in seinem Vortheil, daß die größtmögliche Zahl ununterbrochen arbeite. Da er auch die Arzneimittel liefert, so ist die Krankenabtheilung nicht vor seinem Einflusse geschützt; auch hat man schon Kranke aus diesem Ruheorte vertreiben sehen, die ihre Kräfte noch nicht wieder erlangt hatten und auf der Schwelle vor Entkräftung starben. Jetzt, wie früher, führen die Unternehmer in den Gefängnissen die Arbeiten ein, bei denen sie hoffen, am Meisten zu verdienen, ohne sich im geringsten um die Zukunft der Gefangenen oder Entlassenen zu bekümmern. In den Centralgefängnissen werden Stahl- und Kupferperlen, Bleistifte, Knöpfe, geschnittene Kämme, gemalte Vorstecknadeln u. s. w. verfertigt; man benutzt Männer zu Frauenarbeiten, zu unbestimmten, vergänglichen Gewerbszweigen, wie z. B. die Verfertigung von Tasten, welche einen großen Theil der jugendlichen Gefangenen in La Roquette beschäftigt; es wäre weniger schlimm, wenn der Arbeiter wenigstens in allen Theilen des elenden Geschäftes unterrichtet würde, dem man ihn zutheilt; aber was sprechen wir von Arbeitern; in den Gefängnissen giebt es nur lebende Maschinen, und man wundert sich noch, daß bei solchem Verfahren die Rückfälle zunehmen, wenn man den Gefangenen kein anderes Mittel giebt, ihr Brod zu verdienen, als die elende und lächerliche Beschäftigung, die sie im Gefängniß treiben."

Dieses Verfahren ist in Deutschland längst gerichtet; es bedarf deßhalb keiner weiteren Widerlegung.

Eine zweite allerwärts beliebte Art der Arbeitsvergebung ist die an Kunden in der Stadt und Umgegend, und je nach den ökonomischen und gewerblichen Verhältnisse der Städte, in welchen die Strafanstalten sind, mag sie rentabel und auch die andern Zwecke der Strafe fördernd sich zeigen. Besonders in großen Städten würden sich immer eine Anzahl Meister finden, welche es vorziehen, einen Theil ihrer Arbeiten in der Anstalt anfertigen zu lassen, statt sich selbst Gesellen zu halten; auch ist es hiebei möglich, daß die Sträflinge verschiedene Gewerbe gut und vollständig erlernen, und daß die Kasse ihre Rechnung dabei findet.

Hier in Bruchsal haben wir die Kundenarbeit so viel als möglich ganz abgeschafft, weil die Erfahrung uns lehrte, daß eben meist nur geringere und schlechte Rohstoffe zum Verarbeiten in die Anstalt abgegeben wurden, daß die Meister aus der Stadt nur ganz niederen Taglohn bezahlen wollten, und daß wir bei dem Selbstbetrieb der Gewerbe auf eigene Rechnung in jeder Beziehung günstigere Resultate erreichten.

Durch den Selstbetrieb auf Rechnung des Staates und für den Staat haben wir, in Verbindung mit dem Handankauf unserer Rohstoffe, sehr günstige Resultate erzielt, und die Einnahmen aus dem Gewerbsbetrieb auf eine nicht unbedeutende Höhe gesteigert, wie später nachgewiesen werden wird.

Auch in Belgien, wo dieses Verfahren schon längst eingeführt ist, wurde es von demselben Erfolge gekrönt, und der Generalinspector der Belgischen Gefängnisse, Ducpetiaux, sagt in seinem Berichte vom 6. Januar 1847 an das Ministerium: „die Arbeitswerkstätten der

Belgischen Gefängnisse arbeiten für den Staat; die in ihnen gefertigten Gegenstände dienen größtentheils dem Heere, der Steuerverwaltung, der Seemacht, der Gefängnißverwaltung selbst, und anderen öffentlichen Anstalten. Anstatt daß der Gewinn anderwärts zum Nutzen einiger Unternehmer dient, fällt er hier dem Gemeindewesen anheim und in den Staatsschatz.

In den wenigen französischen Strafanstalten, in welchen gleiches Verfahren versucht wurde, hat es die Folge gehabt, daß, während jeder Sträfling dem Staate zur Zeit der Arbeitsübernehmer täglich 40 Centimes kostete, die Ausgabe per Kopf im ersten Jahre der Selbstübernahme auf 20, im zweiten auf 19, und im dritten gar auf 9 Centimes gesunken ist.

Dieselben günstigen Erfahrungen können wir aus unserer Anstalt mittheilen, indem der tägliche reine Arbeitsertrag per Kopf im Jahre 1850 4½ Krzr., im Jahre 1851 8½ Krzr. bei Beschäftigung der Sträflinge mit Kundenarbeit, im Jahre 1853 bei Selbstadministration und meist Arbeiten für den Staat aber über 12 Krzr., im Jahre 1854 den gleichen Betrag geliefert hat. Rechnet man noch dazu, daß durch den Selbstbetrieb der Gewerbe und den Handankauf der Arbeitsstoffe stets gutes Arbeitsmaterial herbeigeschafft, dadurch eine gute Stimmung, wie Lust und Liebe der Sträflinge zur Arbeit hervorgebracht, die vollständige Erlernung einer Profession für die meisten Gefangenen ermöglicht, und dadurch die Aussicht für ehrlichen Erwerb nach deren Entlassung gegeben ist, so dürfte dieses Verfahren sowohl aus Klugheits- als Erfahrungsgründen allerorts zu empfehlen sein.

Von der größten Wichtigkeit, besonders für die Zukunft der Sträflinge nach ihrer Entlassung, ist die Wahl der in den Anstalten zu betreibenden Arbeiten und Gewerbe.

Wie durch den Religions- und Schulunterricht die verwilderten, in sittlicher und religiöser Beziehung vernachlässigten Bewohner der Gefängnisse zur Erkenntniß ihrer Schuld, zu Reue und guten Vorsätzen gebracht werden sollen, so muß ihnen durch Erlernung eines Gewerbes in der Strafanstalt die Aussicht auf die Möglichkeit der Durchführung ihrer guten Vorsätze für die Zukunft, auf ehrlichen Erwerb ihres Lebensunterhaltes nach ihrer Straferstehung eröffnet werden. Es muß deßhalb dem Gewerbsbetriebe in Beziehung auf die Auswahl der zu treibenden Gewerbe in einer Strafanstalt, und besonders der Zutheilung der Sträflinge in die verschiedenen Professionen bei deren Aufnahme in die Anstalt alle Aufmerksamkeit geschenkt, und nicht nur auf deren Alter, Constitution und Gesundheit, sondern auch auf deren Stellung nach der Entlassung, die Möglichkeit, das erlernte Gewerbe auch weiter treiben zu können, und auf die Wünsche der Sträflinge, wenn möglich, Rücksicht genommen, stets für gutes Arbeitsmaterial gesorgt, die Sträflinge keiner ihrer früheren Beschäftigung zu sehr entgegengesetzten Arbeit zugetheilt, und endlich ihnen Aussicht auf einen entsprechenden Antheil am Arbeitsverdienst eröffnet werden.

Als vorzüglich geeignet für eine Strafanstalt werden also diejenigen Gewerbe erscheinen, deren Erlernung nicht schwierig und langdauernd ist, zu deren Betreibung keine sehr kostspieligen Werkgeräthe und große Vorräthe nöthig sind, durch welche keine Luxusgegenstände, sondern überall nöthige Fabrikate erzeugt, und welche nicht bloß in einer beschränkten kleinen Landesgegend, sondern allerorts betrieben werden.

Durchaus nicht geeignet für Strafanstalten, in welchen Strafen von längerer Dauer verbüßt werden, sind alle Maschinenarbeiten, und solche, welche keine selbstständige Gewerbe bilden, z. B. Stricken, Wollzupfen, Schlumpen, Spinnen; ebenso müssen diejenigen entfernt bleiben, welche der Gesundheit oder der Aufrechthaltung der Hausordnung nachtheilig sind, z. B. Cigarrenfabrikation; ebenso Arbeiten, welche starken Staub oder schädliche Ausdünstungen erzeugen; im höchsten Grade aber zu verwerfen sind die öffentlichen Arbeiten der Sträflinge an Eisenbahnen, Chausseen und für Private, wie ich dieß in meiner Schrift: „die Beziehungen des neuen badischen Strafgesetzes zum Pönitentiarsysteme, insbesondere die öffentlichen Arbeiten, die richterlichen Strafschärfungen und die Polizeiaufsicht der Entlassenen“ darzuthun versucht habe.

Als besonders für Strafanstalten geeignete Gewerbe möchten wir die Schneiderei, Schusterei und Weberei bezeichnen; die beiden ersten für solche Sträflinge, welche auch später gedenken, diese Profession fortzubetreiben, weil dazu weder kostspielige Werkge=

räthe, noch viele vorräthige Arbeitsstoffe nöthig sind, die Entlassenen sich von der Anstalt aus gleich als Handwerksgesellen in die Fremde begeben können, und ihnen dadurch der Uebergang in das bürgerliche Leben erleichtert wird. In der Strafanstalt können diese Gewerbe mit einer großen Zahl Arbeiter beständig auf Rechnung des Staates für das Heer beschäftigt werden. Die Weberei lassen wir besonders Bauernknechte, Taglöhner, weniger geschickte, nicht mehr ganz junge Leute und Maurer erlernen, welche für den Sommer überall mit Leichtigkeit Arbeit erhalten, im Winter aber, da ihre Beschäftigung und ihr Erwerb stockt, häufig der Noth und dadurch der Versuchung zum Verbrechen preisgegeben sind; für dieselben eignet sich auch die Stroh- und Weidenflechterei, je nach der Bodenbeschaffenheit ihrer Heimath und der dadurch bedingten Möglichkeit, das Arbeitsmaterial leicht und billig zu bekommen; ebenso die Litzen- und Sahlbandschuhflechterei.

Wenn dagegen Schreinerei, Dreherei, Schlosserei und Küferei als der Gesundheit sehr vortheilhafte Gewerbe bezeichnet werden müssen, so zeigen einestheils unsere 6jährigen Erfahrungen durchaus keine vermehrte Erkrankungen in den ersten, mehr sitzenden Gewerben, anderntheils können diese letzteren hauptsächlich nur von Sträflingen mit längerzeitiger Haft erlernt, und denselben nur solche Gefangene mit Aussicht auf die Möglichkeit des späteren Betriebes zugetheilt werden, welche entweder noch etwas Vermögen zur ersten Einrichtung und Anschaffung der nöthigen Arbeitsstoffe besitzen, oder in Städten zu Hause sind, wo dergleichen Gewerbe mehr Aussicht auf Absatz der gefertigten Waaren zu erwarten haben. Das später folgende Verzeichniß der, bei den einzelnen Gewerben in unserer Anstalt beschäftigten Zahl der Arbeiter weist nach, daß auf die gesünderen Holzarbeiten in unserer Anstalt genügend Rücksicht genommen ist.

Die Schwierigkeit der einträglichen Betreibung der Gefängnißarbeiten wächst aber auch mit der zunehmenden Zahl der Strafanstaltsbevölkerung. Die kleinen Gefängnisse der Schweiz: Genf, Lausanne, St. Gallen mit 100 Sträflingen können mit Leichtigkeit ihre Einnahmen aus dem Arbeitsverdienst der Sträflinge auf einer Höhe halten, daß sie beinahe keines Staatszuschusses mehr bedürfen, da ihnen neben der kleinen Bevölkerung noch die Vortheile der Gewerbsfreiheit zur Seite stehen. Ebenso haben die Strafanstalten in großen Städten oder in der Nähe von großen Fabriken in der Regel weniger Mühe mit der Leitung ihrer Sträflingsarbeiten; die Nähe einer Eisenbahn ist hierbei sehr förderlich, und bei Anlage neuer Strafanstalten sollte hierauf immer Rücksicht genommen werden.

Stehen schon dem Gewerbsbetriebe in Strafanstalten mit gemeinsamer Haft, wie wir gesehen haben, vielseitige und gewichtige Hindernisse im Wege, so könnte man versucht sein, zu glauben, daß dieß in noch höherem Grade bei der Einzelhaft der Fall sein werde, weil jeder Arbeiter in einer besonderen Zelle sich befindet, und die Ertheilung des gewerblichen Unterrichtes, die Beischaffung der Werkgeräthe, der Roh- und Arbeitsstoffe, sowie die Ueberwachung des Fleißes und der Arbeit selbst mit kaum zu überwindenden Schwierigkeiten verbunden sein müßte. Die Unmöglichkeit eines erfolgreichen Unterrichtes der Sträflinge in den verschiedenen Gewerben und eines guten rentabeln Gewerbsbetriebes wurde deßhalb auch immer von den Gegnern des Pönitentiarsystemes als einer der Haupteinwürfe gegen dasselbe aufgestellt.

Sowohl fremde, als besonders unsere Erfahrungen und Resultate haben aber diesen Einwurf vollkommen widerlegt. In den amerikanischen und englischen Zellengefängnissen werden 73 verschiedene Gewerbe betrieben, und jeder Besucher von Pentonville, Perth, Glasgow 2c. und auch unseres Hauses kann sich überzeugen, daß die Sträflinge nicht nur in ihren Gewerben rasche Fortschritte machen, sondern auch das Erlernen der feinsten und schwierigsten Arbeiten möglich ist, und daß eben so gute Fabrikate, wie in gemeinschaftlichen Anstalten, geliefert werden.

In den Jahrbüchern der Gefängnißkunde, III. Band, sagt Professor David aus Kopenhagen über die Strafanstalt La Rouquette in Paris Seite 220: „der Arbeitsbetrieb und das gewerbliche Leben in der Strafanstalt widerlegt die gegen das philadelphische System gemachte Einwendung, daß die Einführung desselben es unmöglich macht, die Gefangenen mit Erfolg zu beschäftigen. Guillot, der Oberunternehmer des Arbeitsbetriebes in mehreren Zuchthäusern, bezeugte, daß nach seinen Erfahrungen die Arbeit in Einzelhaft für den Gefangenen und die Verwaltungskasse vortheilhafter betrieben werden könne, als in gemeinschaftlicher Haft, und hat, in Folge seiner in Roquette gemachten Erfahrungen, der französischen Regierung angeboten, dieselbe Bezahlung, die für die Gefangenen in Gemeinschaft entrichtet wurde, für dieselben erlegen zu wollen, wenn sie vereinzelt werden, wie denn auch aus dem Berichte des Polizeipräfecten von Paris für 1841 hervorgeht, daß der Gefangene in seiner Einsamkeit ungefähr denselben Taglohn verdiente, welcher der Anstalt für jeden Kopf zufloß, als noch das Zusammenarbeiten und zum Theil auch die Maschinenarbeit eingeführt war. Das Räthselhafte hiebei verschwindet jedoch, wenn man gesehen hat, mit welchem Fleiße, welcher Sorgfalt, welcher Liebe zur Arbeit der Zellengefangene sein Geschäft in seiner Einsamkeit vollführt, wo nichts ihn stört, nichts seine Gedanken von der Arbeit ableitet, und nichts ihn in Versuchung bringt, aus Muthwillen und Gefangenenstolz das Material zu verderben und die Zeit zu vergeuden. Auch ist in Betracht zu ziehen, daß der vereinzelte Gefangene allein für seine Arbeitserzeugnisse und deren Güte einsteht; wo Mehrere zusammen arbeiten, wird, wenn die Arbeit nicht gut vollführt ist, der Eine sehr oft die Schuld auf den Andern schieben können, und dieß trägt gleichfalls dazu bei, daß die Arbeit in den einzelnen Zellen ganz anders ausgeführt wird, als wo das Zusammenarbeiten stattfindet. Daher kam es denn auch, daß die Gefangenen im Jahre 1841 durch die bloße Handkraft eben so viel verdient haben, als in der Zeit, wo ihre Arbeitskraft mit Maschinen betrieben wurde. So oft ich die Anstalt besuchte, fand ich in den Zellen, die ich entweder öffnete oder von außen, ohne gesehen zu werden, beobachtete, überall denselben Fleiß, dieselbe Geschäftigkeit, und viele von den jungen Leuten, mit denen ich mich unterhielt, sprachen davon mit einem Verstande und einer Theilnahme, woraus deutlich hervorging, daß sie ihre Arbeit lieb hatten. Hierzu mag auch der Umstand beitragen, daß der Arbeiter in der Einzelhaft sich bewußt ist, daß die Früchte seines Fleißes ihm zu Gute kommen, denn von mehreren, namentlich jüngeren Gefangenen erfuhr ich, daß während des Zusammenarbeitens, obgleich angenommen wurde, daß ein allgemeines Stillschweigen stattfände, dennoch die älteren die jüngeren zwangen, für sie zu arbeiten, oder ihnen einen Theil ihres Arbeitsverdienstes zu Gute kommen zu lassen. Jeder, der sich mit Strafanstalten einigermaßen bekannt gemacht hat, wird auch wissen, welche Despotie die älteren und mehr verworfenen Verbrecher über die jüngeren und diejenigen ausüben, die es auf der Bahn des Lasters noch nicht so weit gebracht haben, und es ist fast unglaublich, welchen Einfluß dieß nicht nur auf die Sittlichkeit, sondern auch auf das Arbeitserzeugniß und den Fleiß im Ganzen hat."

Aus Pentonville lauten die Nachrichten gleichmäßig günstig für die Möglichkeit eines guten Gewerbsbetriebes und des Unterrichtes der Lehrjungen in Einzelhaft. Schon im zweiten Jahresberichte pro 1844 ist angegeben: „von 366 in die Strafcolonien Versendeten erlernten 201, die zuvor gar kein Handwerk verstanden, ein solches; 141 wurden in einem neuen Handwerk neben ihrem früher betriebenen unterrichtet, um sie zur Ausübung zweier Gewerbe zu befähigen, und 24 blieben bei ihren früheren Gewerben. Von den 404 im Laufe des Jahres als Schneider (133), Schuster (114), Teppich- und Mattenweber (75), Korbmacher (30), Zinkplattenarbeiter (20), Schmiede (3), Baumwoll- und Leinenweber (29) Beschäftigten waren beim Jahresabschluß schon 103 im Stande, durch das erlernte Handwerk einen guten Lebensunterhalt zu gewinnen." Gleiche Nachrichten sind in den Jahresberichten der pennsylvanischen Anstalten in Amerika enthalten.

Mit diesen fremden Erfahrungen stimmen die seit 6 Jahren in unserer Anstalt gemachten vollkommen überein, und eine Vergleichung der Jahreseinnahmen unseres Hauses, sowohl mit denjenigen der beiden anderen inländischen, als auch mit allen fremden Strafanstalten wird durch Zahlen am deutlichsten die Unrichtigkeit der fast allgemein verbreiteten Meinung über die Unmöglichkeit eines rentabeln Gewerbsbetriebes in Einzelhaft beweisen.

Allerdings stellen sich dem Gewerbsbetriebe in Einzelhaft, besonders dem gewerblichen Unterrichte der Gefangenen, Schwierigkeiten entgegen, die, wenn sie nicht durch andere günstige Verhältnisse und Einflüsse ausgeglichen würden, der Arbeit der Zellengefangenen sehr hindernd im Wege stehen müßten.

In der Einzelhaft hängen, besonders in der ersten Zeit, die Fortschritte der Lehrjungen von dem Fleiße, dem guten Willen und auch der Mittheilungsgabe der Werkmeister und Aufseher ab, und deren Wirken in den Zellen kann nicht immer controlirt werden. Durch die isolirte Lage des Einzelgefangenen ist der Lehrling nicht den ganzen Tag unter der Aufsicht der Aufseher, ebensowenig kann er so Manches von seinen Nebenarbeitern absehen.

Während bei gemeinsamer Haft die Roh- und Arbeitsstoffe durch Sträflinge selbst in den Arbeitssaal gebracht, und dort jedem Einzelnen der nöthige Bedarf abgegeben wird, zeigt sich in Einzelhaft das Zutragen und Austheilen des Arbeitsmaterials in jede Zelle für die Aufseher als sehr zeitraubend, häufig die Arbeit aufhaltend, und angeblicher Mangel an Arbeitsstoffen dient zuweilen trägen Sträflingen als Vorwand zum Nichtsthun. Jede Anweisung und jeden Tadel des Werkmeisters vernimmt in gemeinschaftlicher Haft der ganze Saal, während in Einzelhaft jeder Befehl und jeder gewerbliche Unterricht in jeder Zelle wiederholt werden muß. Die Werkzeuge müssen in Einzelhaft für jeden Arbeiter vollständig in allen Zellen vorhanden sein, weil das Hin- und Hertragen derselben nach Bedarf mit großem Zeitverlust verbunden wäre.

Dennoch haben sich die aus diesen Schwierigkeiten gefolgerten Befürchtungen in Beziehung auf die Resultate des Gewerbsbetriebes, die Zeit der Erlernung einer Profession, und die Quantität und Qualität der gelieferten Arbeit als völlig grundlos gezeigt; auch der Vortheil des Zusammenarbeitens der Gefangenen ist in manchen Stücken nur scheinbar, und gibt zu vielen Mißständen, welche am Ende die Vortheile überwiegen, Veranlassung.

Wer den Charakter und die Neigungen der Gefangenen kennt, wird leicht einsehen, daß in den Arbeitssälen der gemeinschaftlichen Haft wohl mehr Leute versammelt sind, die nicht aus freiem Antriebe arbeiten, und denen der gewerbliche Unterricht eher zur Last, als erwünscht ist, und daß diese die Gemeinschaft mit andern häufiger als Gelegenheit zur Unterhaltung, als zum Unterricht benützen werden.

Die Erfahrung zeigt ferner, daß in gemeinschaftlicher Haft die fleißigen Gefangenen von den trägen häufig an der Arbeit aufgehalten und veranlaßt werden, weniger zu arbeiten, damit letztere nicht auch ein höheres Arbeitspensum erhalten; geben Jene diesen Anmuthungen kein Gehör, so entstehen Anfeindungen, und da diese Aufwiegler meist Rückfällige und in den Zuchthauskünsten der Ueberredung gegen ihre Mitgefangenen und der Verstellung gegen die Beamten und Aufseher bewandert sind, auch im Falle einer Anzeige häufig durch Lug und Trug Recht behalten, und auf Unterstützung des größten Theiles ihrer Mitgefangenen sicher rechnen können, so ist die Furcht vor ihnen bei den Jüngeren und weniger Verdorbenen groß, und ihr Einfluß zum Nachtheil der Arbeit oft ein nicht unbedeutender.

Der tüchtige Direktor Moser in St. Jakob sagt in seinem Werke, „die Pönitentiar-Anstalt St. Jakob bei St. Gallen": „die Arbeit, nach der die Gefangenen verlangen, ist ihnen nur Mittel, und wohl das einzige Mittel, sich zu zerstreuen, die Härte der Strafe zu mildern, ihre traurige Lage eher vergessen zu können. Fänden diese Leute auf anderem Wege Zerstreuung, es verlangten viele von ihnen keine Beschäftigung. Dieß zeigt sich unzweifelhaft, wenn man sie schon nach einigen Tagen bei einer von ihnen gewünschten Beschäftigung nachlässig und träge dasitzen sieht, wobei man auf ihrem Gesichte lesen kann: warum soll ich dem Staate, der mir meine persönliche Freiheit genommen, mich in diese peinliche Lage versetzt, der mich straft, umsonst arbeiten? Ja, wir hatten selbst Beispiele, daß Sträflinge über ihre Mitgefangenen, welche fleißig und nach Kräften arbeiteten, bitter erzürnt waren."

In gemeinschaftlicher Haft wird aber häufig auch mehr fabrikmäßig gearbeitet, indem den bessern Arbeitern die Anfertigung der feinen, den weniger geschickten und Anfängern lange Zeit die gröbere und Hilfsarbeit überlassen bleibt. Diese Arbeitsaustheilung ist freilich bequemer für die Werkmeister und einträglicher für die Kasse; auf die Zukunft der Gefangenen wirkt sie aber nachtheilig, weil viele, besonders die mit kürzerer Strafzeit, ihr Gewerbe nicht so weit erlernen, daß sie sich nach der Entlassung damit ihren Lebensunterhalt verdienen können.

Wenn tief eingewurzelte Arbeitsscheu und Hang zu ungebundenem Leben als veranlassende Ursache zu den meisten Verbrechen, insbesondere gegen das Eigenthum, betrachtet werden müssen, so wird Angewöhnung an Arbeit, geregelte Thätigkeit und ununterbrochenen Fleiß als eine Hauptaufgabe der Gefängnißzucht betrachtet werden müssen, und man wird dem Haftsysteme den Vorzug einräumen, durch welches diese Umwandlung der Trägen und Arbeitsscheuen in fleißige und thätige Menschen am sichersten und in den meisten Fällen erzielt wird.

Erfahrungsgemäß ist Arbeit in gemeinschaftlicher Haft meist Zwang, in Einzelhaft Bedürfniß und Erholung, und es entwickelt sich bei der zunehmenden Fertigkeit in den Gewerben eine Lust und Liebe zur Arbeit, die wir weit aus bei den meisten Gefangenen wahrgenommen haben. „Man muß diesen Fleiß, diese Sorgfalt, ich möchte sagen diese Liebe zur Arbeit gesehen haben, mit welcher der Gefangene in seiner Zelle dieselbe verrichtet, wo nichts ihn stört, nichts seine Gedanken von der Arbeit ableitet, und nichts ihn in Versuchung bringt, sein Material aus Muthwillen oder Gefangenenstolz zu verderben, und die Zeit zu vergeuden."

Die Auswahl der in Einzelhaft einzuführenden Gewerbe muß mit noch größerer Umsicht geschehen, als bei gemeinschaftlicher Haft, weil hier durch das Zusammensein vieler Arbeiter in einem Saale das Drückende einer, dem Gefangenen lästigen oder unproduktiven Arbeit gemindert, und in der Regel nur zu viele Zerstreuung geboten wird.

In Einzelhaft sollte nie ein Sträfling zu einer Arbeit eingetheilt werden, gegen welche er entschiedene Abneigung hat, welche mit seinen körperlichen oder geistigen Eigenschaften nicht vereinbar, oder seiner früheren Lebensweise zu sehr entgegengesetzt ist, denn die plötzliche Umänderung der gewohnten Lebensweise ist häufig Erkrankungsmoment.

Dem Systeme an angemessendsten und die Einsamkeit und Langeweile in der Zelle am besten ausfüllend, haben sich die Gewerbe gezeigt, welche dem Gefangenen neben körperlicher Bewegung und Anstrengung, stets Stoff zum Nachdenken geben, dessen Aufmerksamkeit in Anspruch nehmen und fesseln, und es ist uns häufig von den, bei solchen Gewerben beschäftigten Gefangenen versichert worden, daß sie nicht wissen, wie ihnen der Tag herumgehe; aus diesem Grunde sollten die rein mechanischen, sich in ewigem Einerlei, ohne alle Abwechslung wiederholenden Maschinen Arbeiten, so wie die Aushilfsarbeiten für andere Gewerbe aus Zellengefängnissen ganz entfernt bleiben.

Vor Allem aber muß in Einzelhaft für gutes Arbeitsmaterial Sorge getragen werden, denn die Arbeit wird zur wahren Qual, wenn der Erfolg nicht mit den Anstrengungen im Verhältniß steht, und es hat sich leider durch einen Selbstmord in der Anstalt bestätigt, daß schlechtes Arbeitsmaterial auf die Dauer selbst den fleißigsten und willigsten Sträfling in der Einsamkeit seiner Zelle, wo noch so manche andere Gemüthseindrücke mächtig einwirken, zur Verzweiflung führen kann.

Sehr feine Arbeiten, Künsteleien und Besteleien, sollten entweder nicht, oder nur als Erholung in den freien Stunden und als Ausnahme betrieben werden, weil die Aufseher durch dieselben zu sehr auf Kosten der andern Arbeiter in Anspruch genommen sind, lieber dabei nachhelfen, und dadurch das Nachsehen bei andern Arbeiten vernachlässigen, auch der Gefangene von deren Erlernung keinen Vortheil für die Zukunft sieht; hingegen muß die Fabrication der überall nothwendigen Bedürfnissen des Volkes, der Kleider, Stiefel, Möbel ꝛc. als die zweckmäßigste Beschäftigung bezeichnet werden.

Der Einfluß der Gewerbe auf die Gesundheit der Gefangenen ist ein entschieden großer. Es sollten deshalb alle Arbeiten in Strafanstalten nicht geduldet sein, bei welchen schon im bürgerlichen Leben nachtheilige Folgen beobachtet werden, also alle diejenigen, durch welche besonders viel Staub oder Ausdünstung vegetabilischer und mineralischer Stoffe erzeugt wird. In gemeinschaftlicher Haft, wo die Sträflinge in besonderen Sälen arbeiten und schlafen, kann dieß noch eher gestattet sein; in Einzelhaft aber, wo der Gefangene in derselben Zelle arbeitet und schläft, ist dieß unbedingt verwerflich. Als die den Athmungsorganen in Einzelhaft nachtheiligsten Arbeiten haben sich das nach Eröffnung der Anstalt eingeführte Wollgeschäft und Fourniersschneiden gezeigt, und sind deshalb beide bald wieder abgeschafft worden.

Am Schlusse des verflossenen Jahres wurden in unserer Anstalt folgende Gewerbe betrieben, und waren folgendermaßen eingetheilt:

I. Flügel: Weberei. 80 Weber und 16 Spuler und Zettler.

II. Flügel: 1. und 2. Stock: Schreiner 59, und in der ihr beigegebenen Dreherei 3; Buchbinder 2. Dritter Stock: Schusterei 32.

III. Flügel: 1. Stock: Schlosserei 5, Küferei 15, Schlafzellen für Gefangene im gemeinschaftlichen Arbeitssaale 12.

2. Stock: Weber, Spuler, Strumpfwirker 32.
3. Stock: Stroh=Weidenflechterei 18.
Weber 14.
IV. Flügel: 1. Stock: Krankenabtheilung.
2. und 3. Stock: Schneiderei 50.
Litzen= und Sahlbandschuhflechterei 14.

Wie aus diesem Verzeichniß ersichtlich, entsprechen die in unserer Anstalt eingeführten Gewerbe allen Rücksichten, welche das Alter, die Körperkräfte, die besondere Geschicklichkeit, die Wünsche der Gefangenen, die Fürsorge für deren Zukunft, die Verhältnisse unseres Landes und die Anforderungen der Einzelhaft verlangen. Daß in der Einzelhaft in der Regel die Gewerbe von den Lehrjungen ebenso rasch, häufig in kürzerer Zeit erlernt werden, als in gemeinschaftlicher, hat sich durch eine Vergleichung der in unserem Hause herangebildeten Sträflinge mit denjenigen, aus gemeinschaftlicher Haft zu uns versetzten immer gezeigt und bestätigt.

In der Weberei wurde die früher fast durchgängig eingeführte Kundenarbeit beinahe ganz aufgegeben, weil in der Regel nur schlechtes, von den Webern in der Stadt und Umgegend zurückgewiesenes Garn, so wie nur Zettel von 20 bis 40 Ellen, welche dieselbe Zeit zum Einziehen und Andrehen erfordern, wie 120 bis 200 Ellen, in Arbeit gegeben wurden, in Einzelhaft aber die Stimmung der Sträflinge durch die Unmöglichkeit der Anfertigung des Tagewerkes bei meist schlechtem Arbeitsmaterial durchgängig eine sehr gedrückte und unwillige war.

So lange fast ausschließlich Kundenarbeit betrieben wurde, betrug der durchschnittliche tägliche reine Arbeitsertrag auf den Kopf 4,54 kr., während derselbe sich jetzt bei dem Selbstbetrieb auf 18,80 kr. gesteigert hat.

Die Strumpfweberei wird nur mit 3 Stühlen für das Haus zur Anfertigung von Strümpfen und wollenen Unterjaken für den Winter mit Vortheil betrieben.

Die Schreinerei, früher in ausgedehnterem Maße eingeführt, wurde auf 50 bis 60 Arbeiter beschränkt, weil in diesem Gewerbe fast immer mit Verlust gearbeitet worden war, und wenn der reine Ertrag auch von 66/100 kr. im Jahr 1850 auf 8,5 kr. im Jahr 1854 sich steigerte, so steht derselbe immer noch hinter dem Ertrage der meisten anderen Gewerbe zurück. Die Hauptursache der geringen Rentabilität derselben ist besonders in der Lage unserer Anstalt in einer kleinen Stadt zu suchen, wo der Bedarf an Möbeln ein geringer, und durch die Meister in der Stadt hinlänglich befriedigter ist, der kostspielige Transport derselben aber das Arbeiten nach Außen auf Bestellung beeinträchtigt. In Strafanstalten in größeren Städten muß sich dieses gesunde und schöne Gewerbe durch Anlegung eines Möbelmagazins oder Arbeiten für Meister vorzüglich rentiren. Die Einzelhaft selbst hat sich der Betreibung der Schreinerei in keiner Weise hindernd gezeigt, indem aus unserer Anstalt die feinsten Möbel in Machagoniholz mit eingelegter Arbeit, ja ganze Aussteuern, wie die gewöhnlichsten und einfachsten Schränke hervorgehen. Aus der Zahl der, in der Anstalt mit Schreinerei beschäftigten Gefangenen ist aber ersichtlich, daß wir die Rentabilität eines Gewerbes nicht als höchsten Zweck desselben betrachten, sondern den Gesundheitsrücksichten immer gebührende Rechnung tragen.

Die Dreherei ist der Schreinerei als Hilfsgewerbe beigegeben, wird nur mit 3—5 Arbeitern betrieben, und liefert theils die Spulen und Leeren für die Weberei, besonders aber die Dreherarbeit zu den Möbeln und Stühlen.

Die Schusterei hat sich von jeher in unserem Hause am erträglichsten gezeigt, und wurde mit wenigen Ausnahmen für das Großh. Armee-Corps beschäftigt. In neuerer Zeit gehen häufig Bestellungen für die niederen Bediensteten der Eisenbahnen, der Wasser- und Straßenbau-Inspektionen, der Bezirksforsteien und der Grenzschutzwache ein, weil diese Leute häufig an Orten wohnen, in denen ihnen gute, Schutz gegen Durchnässung bietende Fußbekleidung gar nicht, oder zu sehr theuern Preisen geliefert werden können. Versuche mit Exportgeschäften nach Amerika und Neuholland scheinen zu einem günstigen Resultat zu führen. Dieselbe wird mit 36 Arbeitern betrieben; der reine Ertrag beträgt 23,67 kr. täglich für den Kopf.

Die Küferei beschäftigt 12 bis 20 Arbeiter, je nach den eingangenen Bestellungen. Sie ist, wie die Schreinerei, das gesundeste Geschäft, und erträgt einen Arbeitsgewinn von 16,12 kr. täglich für den Kopf.

Die Schlosserei hat mit den Reparaturen des Hauses vollauf das ganze Jahr für 5 Arbeiter zu thun, da bei der großen Menge der Thüren, Schlösser, Fenster rc. stets Ausbesserungen nöthig sind. Der Arbeitsverdienst beträgt 20,54 kr. täglich für den Kopf.

Die Stroh- und Weidenflechterei wird mit 12 bis 18 Arbeitern, je nach dem Absatze der angefertigten Fabrikate betrieben. In der Strohflechterei werden Strohmatten auf Bestellung in die benachbarten größeren Städte und für die Eisenbahn-Waggons angefertigt. Der Arbeitsertrag berechnet sich täglich für den Kopf auf 11,46 kr.

Die Schneiderei mit der Sahlband- und Litzenschuhflechterei beschäftigt 64 Sträflinge, meistentheils, wie die Schusterei, für das Großh. Armee-Corps und die niederen Bediensteten verschiedener Staatsbranchen. Durch die Anfertigung der Kleider für alle Beamten und Aufseher der Anstalt, so wie für Magazine in größern Städten werden ebenfalls immer eine Anzahl Sträflinge mit feineren Arbeiten beschäftigt, so daß sich jeder Gefangene auch in diesem Gewerbe vollkommen ausbilden kann. Der Arbeitsertrag beträgt 13,21 kr. täglich für den Kopf.

Als Resultat unserer Erfahrungen über die Arbeit der Zellengefangenen im Vergleich mit der Beschäftigung der Sträflinge in gemeinsamer Haft, glaube ich als erwiesen anführen zu können:

1) Arbeit in gemeinsamer Haft ist Zwang, weil es daselbst an sonstiger Zerstreuung und Unterhaltung nicht fehlt, in Einzelhaft Bedürfniß.

2) Es wird in Einzelhaft ebenso viel und ebenso gut gearbeitet, wie in gemeinsamer.

3) In gemeinsamer Haft wird häufig nur fabrikmäßig gearbeitet, und dadurch die Ausbildung der Gefangenen, auch der ungeschickteren, in den Gewerben nicht so vollkommen ermöglicht, als in Einzelhaft.

4) Die größere Aufmerksamkeit und Liebe zur Arbeit ersetzt beim Zellengefangenen weitaus das mögliche Absehen vom Nachbar in gemeinschaftlicher Haft. Die Lehrjungen erlernen deshalb ihr Gewerbe ebenso schnell, und häufig schneller als in Gemeinschaft.

5) Es ist in Einzelhaft die Betreibung aller selbstständigen, für Sträflinge geeigneten Gewerbe ebenso gut durchführbar, als in ge-

meinsamer, wofür fremde und die angegebenen Resultate unseres Gewerbsbetriebes unwiderleglich sprechen.

Es folgen hier die Nachweisungen unserer Resultate des Gewerbsbetriebes der letzten 5 Jahre in Zahlen:

I. Brutto=Einnahme.

	1850.		1851.		1852.		1853.		1854.	
	fl.	kr.	fl.	kr.	fl.	kr.	fl.	kr.	fl.	kr.
Taglohnsgewerbe .	1989	32	2778	31	2618	21	2406	45	2542	40
Leinengewerbe . . .	9701	7	9414	16	21397	23	26388	30	33965	46
Wollengewerbe . .	799	25	2299	33	1844	10	1294	39	730	39
Schneiderei	8887	53	10514	19	14917	46	23106	4	16603	54
Schusterei	4256	21	7974	43	9843	15	11724	47	9952	2
Schreinerei	11344	7	11979	56	9784	56	7345	1	5964	57
Küferei	1098	57	1813	39	4718	51	5516	48	1898	54
Schlosserei	—	—	965	53	1481	58	932	41	718	4
Buchbinderei . . .	229	56	190	14	192	51	158	14	168	30
Stroh= und Weidenflechterei . . .	800	11	1124	47	1308	15	1004	2	786	13
Dreherei	37	5	427	3	362	57	—	—	—	—
Sattlerei	—	—	1099	51	294	45	—	—	—	—
Summe	39144	34	50582	45	68765	28	79877	31	73331	39

II. Netto=Verdienst.

	1850.		1851.		1852.		1853.		1854.	
	fl.	kr.	fl.	kr.	fl.	kr.	fl.	kr.	fl.	kr.
Taglohnsgewerbe .	1732	14	2337	24	2549	21	2364	47	2497	12
Leinengewerbe . . .	2075	5	1772	11	6218	52	9667	55	11093	6
Wollengewerbe . .	17	46	410	34	549	35	363	18	305	52
Schneiderei	1408	41	1353	18	2996	9	5347	21	3584	36
Schusterei	1062	19	1813	31	2750	8	4072	37	3443	27
Schreinerei	304	46	628	17	2552	7	2950	2	1893	41
Küferei	191	40	334	2	1297	39	1325	42	661	32
Schlosserei	—	—	138	2	453	31	208	1	368	42
Stroh= und Weidenflechterei . . .	31	13	299	8	931	33	654	31	632	29
Dreherei	—	—	282	42	336	49	—	—	—	—
Sattlerei	—	—	142	20	116	58	—	—	—	—
Buchbinderei . . .	89	32	80	11	123	51	88	8	96	42
Summe	6913	16	9591	40	20876	33	27042	22	24577	19

III. Arbeits=Ertrag der Gefangenen.

a) Auf alle Sträflinge berechnet, christliche und jüdische Feiertage, Krankentage, Straftage u. s. w. inbegriffen, und die Lehrjungen für voll gerechnet:

pro	1850	von	131387	Köpfen	3,13	kr.	durchschnitt.	tägl.	per Kopf.
"	1851	"	131982	"	4,36	"	"	"	"
"	1852	"	134141	"	9,34	"	"	"	"
"	1853	"	135489	"	11,98	"	"	"	"
"	1854	"	137005	"	10,76	"	"	"	"

b) Nur auf die beschäftigten Sträflinge berechnet, die Lehrjungen zur Hälfte angenommen:

	1850.		1851.		1852.		1853.		1854.	
	Köpfe.	Verdienst.	Köpfe.	Verdienst.	Köpfe.	Verdienst.	Köpfe.	Verdienst.	Köpfe.	Verdienst.
		Kreuzer.		Kreuzer.		Kreuzer.		Kreuzer.		Kreuzer.
Taglohnsgewerbe	7456	13,94	9494	14,76	10341	14,78	9419	15,60	9774	15,41
Leinengewerbe . .	27358	4,54	21293	5,00	24034	15,52	30861	18,80	34448	19,29
Wollgwerbe . . .	8393	0,13	5875	4,19	2406	13,70	1968	11,07	2010	9,13
Schneiderei . . .	10875	7,77	8389	9,67	12211	14,72	14823	21,64	16153	13,31
Schusterei	7520	8,47	8227	13,22	7907	20,86	8666	28,19	8729	23,67
Schreinerei . . .	27734	0,66	26954	1,40	16411	9,33	12651	13,99	12695	8,95
Küferei	2396	4,85	2902	6,91	4477	17,40	5594	14,20	2461	16,12
Schlosserei . . .	—	—,—	1310	6,32	1667	16,32	1479	8,39	1077	20,54
Buchbinderei . .	578	9,34	603	7,96	544	13,67	357	14,25	366	15,85
Stroh= und Weidenflechterei . .	3238	0,57	2277	7,90	4249	13,15	2519	15,58	3311	11,46
Dreherei	—	—,—	1397	12,15	1194	16,58	—	—,—	—	—,—
Sattlerei	—	—,—	605	14,08	463	15,16	—	—,—	—	—,—
Summe	95548	4,31	89326	6,44	85904	14,58	88337	18,36	91024	16,20

Zu diesen Nachweisungen ist zu bemerken:

1) Durch den großen Unterschied des Ertrages der Sträflingsarbeit zwischen dem Jahr 1850 bei Beschäftigung der Gefangenen mit Kunden=Arbeit, und dem Ankauf der Arbeitsstoffe auf dem Soumissionswege, und den vier übrigen Jahren bei der Fabrikation auf eigene Rechnung und dem Ankauf der Arbeitsstoffe aus der Hand

durch die Verwaltung wird wohl am besten die aufgestellte Behauptung über die größere Rentabilität der letzteren, von uns eingeführten Verfahrungsweisen begründet.

2) Zu der bedeutenden Steigerung der Einnahme in den letzten vier Jahren haben die uns durch Großh. Kriegs-Ministerium übertragenen Lieferungen von Kleinmonturstücken, Stiefeln und Drilchhosen für das Großh. Armee-Corps Vieles beigetragen.

3) Die Einnahme des letzten Jahres dürfte wohl von jetzt an immer erreicht, und als der normale, für die Zukunft in unserem Hause zu erzielende Arbeitsertrag angenommen werden.

4) Die Erhöhung oder Verminderung der Einnahme in den verschiedenen Gewerben hängt von so vielen Zufälligkeiten ab, daß wohl eine Erklärung hier unmöglich ist.

5) Die von Gefangenen für die Anstalt angefertigte Arbeit, wenn entweder ein Gewerb für das andere, oder für die Administration arbeitet, wird nach den laufenden Preisen berechnet, und im Hauptbuch sowohl, als in der Ertragsberechnung berücksichtigt. Diese schwierige und mühsame Arbeit ist nothwendig, um einerseits eine richtige Uebersicht über den vollen Ertrag aller Sträflingsarbeit zu gewinnen, anderseits, um die Ausgaben jedes einzelnen Gewerbes sowohl, als auch für die Administration, z. B. für Kleidungsstücke, Bettwerk, Bauaufwand ꝛc. genau kennen zu lernen.

6) Aus demselben Grunde wurden auch die für Hausreinigung, Holzmachen, Einfeuern ꝛc. verwendeten Sträflinge berechnet, und ist der, unter der Bezeichnung „Taglohnsgewerbe" laufende Ertrag die entsprechende Einnahme dafür.

7) Die geringere Einnahme im Jahr 1854 als im Jahr 1853 ist dadurch entstanden, daß auf 1. Januar 1855 ein bedeutend größerer Vorrath an Rohstoffen und Fabrikaten vorhanden war, als am Schlusse des vorigen Jahres.

Wie oben schon berichtet, ist in allen badischen Strafanstalten für die verschiedenen Gewerbe ein Tagewerk, welches jeder gesunde Gefangene liefern muß, und der Arbeitsantheil der Sträflinge festgesetzt. Die Hausordnung sagt darüber §. 21. „Der Arbeitsertrag gehört der Verwaltungscasse; für jedes volle Tagwerk wird jedoch dem Sträfling ein Kreuzer, und für die Mehrarbeit so viel gutgeschrieben, als der aufgehängte Tarif bestimmt."

Nach unseren Erfahrungen hat sich die genaue Bestimmung eines Tagewerks in den meisten Gewerben als unmöglich, das vorgeschriebene Aufhängen der Arbeitsregulative in den Zellen als unzweckmäßig, und endlich der in denselben für die Sträflinge festgesetzte Antheil am Arbeitsertrag, der Ueberverdienst, in den meisten Fällen als dem Fleiße und den sonstigen Eigenschaften der Sträflinge nicht entsprechend herausgestellt, und wir können deßhalb diese Bestimmungen nicht als zweckmäßig bezeichnen.

Durch das Aufhängen der Arbeitsregulative in den Zellen wollte man den Gefangenen zu fleißiger und guter Arbeit aneifern, und in den Stand setzen, seinen Verdienstantheil für's Tagewerk und den Ueberverdienst selbst bemessen zu können, weßhalb der §. 21 der Hausordnung bestimmt: „er kann über das Gutmachgeld eine Gegenliste führen, welche der Werkmeister von Zeit zu Zeit mit seinen Einträgen vergleicht," und §. 22: „alle 6 Monate wird dem Sträfling eine Abrechnung über sein Guthaben in einem besonderen Büchlein zur unterschriftlichen Anerkennung vorgelegt." Für den Sträfling soll dadurch eine Controle über den Werkmeister und die Verwaltung geschaffen, derselbe gegen Willkühr und Beeinträchtigung geschützt, die wohlmeinenden Absichten des Gesetzes, selbst dem Verbrecher die zugestandenen Rechte zu sichern, demselben bewiesen, dessen Vertrauen in die Redlichkeit und Gerechtigkeit der Regierung, wie der Verwaltung gehoben, und dadurch Sinnesänderung und gute Vorsätze für die Zukunft hervorgerufen werden.

Die aus dem Aufhängen der Arbeitsregulative in den Zellen erwarteten Vortheile haben sich nach unseren Erfahrungen nicht nur nicht bewährt, sondern es haben sich sogar wesentliche Nachtheile durch dieses Verfahren herausgestellt, durch welche der dadurch erzielte Nutzen mehr als aufgewogen wird.

Vor Allem gab es, bei dem Charakter der Verbrecher, deren Gewinnsucht und häufiger Scheu vor aller geistiger Beschäftigung, Veranlassung zu Versäumniß aller Körperbewegung im Spazierhofe und in Zelle, zur Vernachlässigung ihrer Schulaufgaben und geistigen Ausbildung. Sehr viele arbeiteten auch in ihren, zur Erholung oder zur Vorbereitung für die Schule bestimmten Stunden, um nur recht viel zu verdienen; sie überarbeiteten sich, lieferten das doppelte Tagewerk und mehr, wodurch besonders in der Weberei häufige Brustbeschwerden entstunden, so daß die davon Befallenen dann entweder ganz von diesem Gewerbe entfernt, oder wenigstens längere Zeit in der Krankenabtheilung behandelt werden mußten; viele Sträflinge wurden ferner durch die Aussicht auf ein großes Peculium zu leichtfertiger und schlechter Arbeit verleitet, und die Qualität derselben mußte unter der Quantität Noth leiden.

Wollte man für alle Abtheilungen solche Arbeitsregulative entwerfen, so mußten natürlich auch alle zu fertigenden Fabrikate darin aufgenommen werden; die Erfahrung ergab aber sehr bald, daß dieß in manchen Gewerben eine Unmöglichkeit war. In den feineren Gewerben, der Schreinerei, Schneiderei, Dreherei, Schlosserei, hängt das Quantum der zu liefernden Arbeit vollständig von der Form der Fabrikate und dem Arbeitsmateriale ab; es mußte deßhalb in den Arbeitsregulativen für diese Gewerbe ein solcher Spielraum in Bestimmung des täglich zu liefernden Arbeitsquantums gelassen werden, daß sich Trägheit und böser Wille ganz leicht dahinter verbergen konnten, so z. B. steht in dem Arbeitsregulativ für die Schreinerei: Lehnstühle 6 bis 10 Tage, Kleiderkasten 20 bis 30 Tage; in der Schneiderei: Ueberrock 4 bis 6 Tage u. s. w

In den anderen Gewerben aber, wo ein Tagewerk genau bestimmt werden konnte, z. B. Weberei, Schusterei, Stroh- und Weidenflechterei u. s. w. zeigten die Arbeitslisten bald wieder einen solchen Unterschied in den Einträgen über das, von den einzelnen Sträflingen gelieferte Arbeitsquantum, daß die Anfertigung des Tagewerks fast als Ausnahme gelten konnte, die tarifmäßigen Bestimmungen besonders den rückfälligen Dieben, die bei ihrem längerzeitigen Aufenthalte in Strafanstalten Gelegenheit und Zeit hatten, ein Gewerbe gründlich zu erlernen, zu Gut kamen, und deßhalb diese, gewiß gegen die Absicht des Gesetzes, in der Regel das meiste Peculium sich erwarben.

Daß die Anlagen und Körperkräfte der Sträflinge verschieden

seien, und von Einem vielleicht das doppelte Tagewerk geliefert wird, während der Andere seine Aufgabe nur mit Mühe und Anstrengung zu lösen vermag, ist eine Erfahrung, die nicht allein in der Strafanstalt, sondern auch bei freien Arbeitern gemacht wird. Wird ein schon gelernter Professionist eingeliefert, welcher keine Lehrzeit zu erstehen hat, so erhält er vom ersten Tage an seinen Arbeitsantheil, wogegen ein Anderer, der ein Gewerbe erst in der Anstalt erlernt, längere Zeit, in der Schusterei und Schreinerei bis zu einem Jahre, nach den aufgehängten Arbeitsregulativen sich nichts erwerben kann. Sträflinge mit geschwächter Gesundheit oder im höheren Lebensalter vermögen bei aller Anstrengung kaum das Tagewerk zu liefern, während Andere mit rüstiger Körperkraft oft so viel arbeiten, daß sie alle andere Rücksichten ganz aus den Augen verlieren.

Den größten Einfluß auf den Fortgang der Arbeit aber übt die Beschaffenheit des Arbeitsmaterials, und es kann z. B. beim Spulen und in der Weberei ein Sträfling, der zufällig schlechtes Garn zu verarbeiten hat, mit der größten Anstrengung oft nur den vierten Theil der Arbeit zu Stande bringen, die ein anderer, vielleicht weniger gewandter Gefangener mit gutem Garne abliefert. Auch kann beim Zetteln oder Umbäumen ein Fehler unterlaufen, der erst im Verlaufe des Webens zum Vorschein kommt, und das ruhige Fortarbeiten hindert. In solchen Fällen können wir auf der Ablieferung des vorgeschriebenen Tagewerks nicht bestehen, und dem betreffenden Arbeiter seinen Verdienstantheil um so weniger entziehen, als ihm die Lust zum Arbeiten ohne dies genommen wird, wenn er ohne seine Schuld durch schlechtes Arbeitsmaterial nur mit Hindernissen und Schwierigkeiten zu kämpfen hat.

Es gibt ferner viele Arbeiten, namentlich in der Schreinerei, bei denen sich im Voraus gar nicht genau bestimmen läßt, wie lang dieselben einen Arbeiter in Anspruch nehmen werden, weil dabei Alles auf die Art der Ausführung ankommt. Nicht selten tritt der Fall ein, daß einem Arbeiter andere dringende Arbeiten, namentlich Reparaturen fürs Haus, die oft nur einige Stunden, oft auch längere Zeit beanspruchen, zugewiesen werden, die dann eine Erweiterung des Ablieferungstermins für die Hauptarbeit bedingen. Einen Maßstab zur Ausgleichung der, auf diese Weise veranlaßten Unterbrechungen zu finden, ist oft unmöglich, und es muß deßhalb hier, so wie überhaupt bei kleineren Reparaturen angenommen werden, daß der Sträfling sein Tagewerk und oft darüber geliefert habe, wenn ihm das Zeugniß des Fleißes zur Seite steht.

Wir halten es endlich für billig, daß die Belohnung des Sträflings nach Fleiß, Geschicklichkeit und auch nach dem Ertrag bemessen wird, den die von ihm gefertigte Arbeit der Verwaltung abwirft. In den Arbeitsregulativen ist diesem letzteren Momente keine Rechnung getragen, und es kann auch darauf keine Rücksicht genommen werden, so lange im Allgemeinen für die Lieferung jeden Tagewerkes ein Kreutzer, und für den tarifmässigen Ueberverdienst eine gewisse weitere Summe festgesetzt ist.

Die Wohlthaten der Bestimmung des Ueberverdienstes werden endlich meistens nur den gröberen und einfachen Beschäftigungen zu Theil werden; Spuler mit einer achttägigen Lehrzeit verdienen zuweilen 6 Kreutzer täglich von ihrer Einlieferung an, während ein Arbeiter in der Schusterei mit 12 Monaten Lehrzeit, in welcher dem Sträfling nichts gutgeschrieben wird, bei dem größten Fleiße in dem ersten Jahre nichts, und dann nicht mehr als zwei, höchstens drei Kreuzer verdienen kann.

Es dürfte deßhalb nach unseren Erfahrungen zweckmäßig sein, wenn von der Aufstellung der Regulative und deren Aufhängen in den Zellen Umgang genommen, und der Verwaltung überlassen würde, bei den ihr bekannten Arbeiten das Tagewerk für jeden einzelnen Sträfling im Voraus, bei sonstigen Arbeiten aber, für welche durch die Erfahrung noch kein Maßstab an die Hand gegeben ist, die Thatsache des unausgesetzten Fleißes und der dem Arbeiter zur Seite stehenden Zeugnisse seines Werkaufsehers zur Grundlage der Berechnungen des Verdienstantheiles zu nehmen, wobei zugleich auf den Ertrag der gefertigten Arbeit, und das sonstige Betragen des Gefangenen Rücksicht zu nehmen sein dürfte.

In Betreff der Größe des Verdienstantheiles gehen wir von der Ansicht aus, daß zwar dem Sträflinge auf seine Entlassung hin einige, sein Fortkommen erleichternde Mittel geboten werden sollen, daß er aber keineswegs mehr verdienen soll, als ein freier Arbeiter nach Abzug für seinen Lebensunterhalt sich erübrigen kann. Die Einrich=

tungen der Gefängnißdisciplinen anderer Länder, wo den Gefangenen ein größerer Verdienstantheil bewilligt ist, und häufig ein Theil desselben schon während der Strafzeit zur Anschaffung von Nahrungsmitteln und mancherlei Extragenüssen zur Verfügung gestellt wird, weil die reglementarisch gegebene Kost für ihr Bedürfniß kaum ausreicht, halten wir für verwerflich, und können sie nicht zur Nachahahmung empfehlen.

Eine Scala von 1, 2, 3 und 4 kr. (letzteres bei langer Haft) täglichen Verdienstantheiles wäre nach meiner Ansicht für gewöhnliche Fälle genügend; für außergewöhnliche Leistungen dagegen dürfte der Verwaltung Befugniß zur Gutschrift bis auf 6 kr. täglich eingeräumt werden.

Die Aussicht auf einen entsprechenden Antheil am Arbeitsertrage ist bei Sträflingen unbedingt der mächtigste Hebel, welcher die Lust und Liebe zur Arbeit, und alle Erfolge und Vortheile eines gut eingerichteten und geleiteten Gewerbsbetriebes in einer Strafanstalt steigert.

Die Vortheile des Gutmachgeldes erstrecken sich auf die ganze Gefängnißdisciplin, auf die Stimmung und den herrschenden Geist unter den Gefangenen, erleichtern die Erreichung der Strafzwecke und wirken noch nach der Entlassung wohlthätig ein. Sie werden also erheblich sein für die Strafanstalt selbst, für die Sträflinge während der Haft und nach der Entlassung, und für die bürgerliche Gesellschaft.

I. Für die Strafanstalt.

a. Für die Casse: durch Aussicht auf Gutmachgeld wird mehr und gut gearbeitet; es steigern sich also die Einnahmen der Verwaltung.

b. Für die Hauspolizei: um einen Ueberverdienst zu erwerben, wird der Sträfling den ganzen Tag arbeiten; so lange er thätig ist, wird er von allem Unfug, besonders von der langen Weile mit ihren Folgen abgehalten. Die Ruhe der Anstalt wird nicht muthwillig gestört, ebenso die Sicherheit erhöht, denn Abends ist er müde, und den Tag über beschäftigt.

II. Für den Sträfling. 1. Während der Haft.

a. er lernt rascher ein Gewerbe, macht schnellere Fortschritte darin, da er erst dann etwas verdienen kann, wenn er als Geselle eingeschrieben ist.

b. Arbeit trägt zur Erhaltung der Gesundheit bei, sie hebt die Verdauungskraft, befördert Appetit und Schlaf, und unterhält dadurch eine gute Stimmung; sie hält von Onanie ab, ist das beste Mittel zur Vorbeugung der Enstehung von Gemüthsleiden; sie gewährt jenen innern Frieden, der durch das Bewußtsein treuer Pflichterfüllung hervorgebracht wird; in solcher Stimmung ist der Sträfling leichter für Belehrung und Besserung zugänglich.

c. Durch das Peculium wird der Sträfling in den Stand gesetzt, sich Bücher, Schreibmaterialien u. s. w., kurz Mittel zu seiner weitern geistigen Ausbildung schon in der Anstalt anzuschaffen, und es eröffnet sich den Beamten dadurch ein neuer Weg, durch Auswahl der Bücher zu dessen moralischer Umänderung beizutragen;

d. Er kann damit seine, oft bittern Mangel zu Hause leidende Angehörigen unterstützen, wodurch für den Gefangenen wenigstens ein Theil seines Kummers gemindert wird; es gibt Gelegenheit, seine Reue zu zeigen; manche Sträflinge unterstützen damit die Kinder der von ihnen Getödteten.

2. Nach der Entlassung.

a. Mit dem erworbenen Verdienstantheile kann der Entlassene leben, bis er wieder Arbeit gefunden hat; wer die Schwierigkeiten berücksichtigt, mit denen ein entlassener Züchtling bei seinem Wiedereintritt in die bürgerliche Gesellschaft zu kämpfen hat, wird die Wohlthätigkeit des Peculiums für die erste Zeit nach der Entlassung einsehen.

b. Es dient zur ersten Anschaffung der Werkgeräthe und Arbeitsstoffe. Credit hat in den meisten Fällen ein entlassener Sträfling keinen, was nützen ihn die in der Anstalt erworbenen Gewerbskenntnisse, wenn ihm die Mittel fehlen, sein Gewerbe einrichten und betreiben zu können?

c. Es setzt ihn in die Lage sich ordentliche, seinem Stande angemessene Kleider anzuschaffen. Niemand wird einen schlecht gekleideten Menschen in Dienst aufnehmen, da man immer von der äußeren Erscheinung auf das Betragen und das Innere schließt. Sehr wohlthätig erweißt sich somit das Peculium auch

III. Für die bürgerliche Gesellschaft, weil dem Entlassenen durch das Peculium die Möglichkeit, Arbeit zu erhalten, erleichtert, und er durch letztere am besten vor Rückfall geschützt wird, denn Mangel an Arbeit erzeugt Müssiggang, und Müssiggang ist aller Laster Anfang. Wer den Charakter, das frühere Leben, die Neigungen und Gewohnheiten der Verbrecher kennt, weiß, daß vor Allem Arbeitsscheu und Müssiggang zu Trunk, Spiel und Ausschweifen verleiten; es muß also behufs der Erlernung eines Handwerks zuerst Liebe zur Arbeit erweckt werden, und bei selbstsüchtigen, unselbstständigen Menschen wird dieß am besten durch Aussicht auf irgend einen pekuniären Nutzen und Gewinn zu erreichen sein. Moser sagt: „Hoffnungen und Aussichten sind die Triebfedern aller Handlungen des freien bürgerlichen Lebens, sie wecken die Thatkraft, stählen den Muth, sie mehren den Fleiß des Sträflings, machen ihm sein Schicksal leichter, und schützen vor Verzweiflung.“ Man kann die Sträflinge zwingen zu arbeiten, man kann sie aber nicht zwingen, viel und gut zu arbeiten, wenn sie nicht wollen; ebenso kann, man sie zwingen sich in die Hausordnung zu fügen; die wahre Besserung aber kann nicht erzwungen werden, sondern muß aus Einsicht und Erkenntniß hervorgehen, diese aber müssen freiwillig sein, sollen sie zur Besserung führen. —

Die Art der Verwendung und Auszahlung des Arbeitsantheiles an die Gefangenen ist in der Dienstordnung bestimmt. Unsere Hausordnung sagt darüber: „Ueber die Hälfte des durch Mehrarbeit erworbenen Betrages darf der Sträfling zu seiner und seiner Freunde Gunsten verfügen.“ Er darf sich aber in unserem Hause nur Bücher, Schreib- und Zeichenmaterialien ꝛc., überhaupt nur Gegenstände zu seiner geistigen Ausbildung, und vor Abgang aus der Anstalt Werkgeräthe und Kleidungsstücke anschaffen, nie aber Extraspeisen oder Getränke, mit Ausnahme einer täglichen Brodzulage von einem halben Pfunde, oder bei Schwächlichkeit zeitweise Milch, und nur einer geringen Anzahl alter Gewohnheitsschnupfer ist der Genuß des Schnupftabaks auf ihre Rechnung gestattet.

Den Seinigen darf der Sträfling die Hälfte seines durch Mehrarbeit über das Tagewerk erworbenen Ueberverdienstes ebenfalls als Unterstützung zukommen lassen; es wäre zweckmäßig, daß diese Erlaubniß auf die Hälfte seines ganzen Peculiums ausgedehnt würde, weil sich viele Gefangene wegen vorgerückten Alters, weniger Geschick, Schwächlichkeit u. s. w. keinen Ueberverdienst durch Mehrarbeit erwerben, und somit die Ihrigen nicht unterstützen können; Mangel und Noth sind aber bei den Familien der Züchtlinge häufig so groß, daß die geringste Gabe das Elend mildert und gut angewendet ist; dem Gefangenen gewährt die Unterstützung der Seinen Trost und Beruhigung, weil er wenigstens einen Theil seiner Schuld an ihnen wieder gut machen kann; bei der Familie desselben wird dadurch die bittere Erinnerung an dessen Vergehen und das über sie gebrachte Elend gesühnt, und so schlingt diese kleine, von Gefangenen aus der Strafanstalt nach Hause gesendete Summe ein Band des Dankes und der Anhänglichkeit um den Gefangenen und seine Angehörigen, wodurch oft der Grund zu einem späteren glücklichen Familienleben gelegt wird.

Ausbezahlt wurde von unserer Verwaltung für Peculium an Gefangene:

1850	bei 655	Gefangene	1814 fl.	50 kr.
1851	„ 649	„	1934 fl.	16 kr.
1852	„ 614	„	2244 fl.	2 kr.
1853	„ 566	„	2604 fl.	39 kr.
1854	„ 550	„	2523 fl.	13 kr.
In 5 Jahren also	bei 3034	Gefangenen	11,121 fl.	— kr.

Es berechnet sich somit der Verdienstantheil der Gefangenen

a. auf alle, von Gefangenen in der Anstalt zugebrachten Tage:

1850 bei 655 Gefangenen, 131387 in der Anstalt zugebrachte Tage, 0,83 kr. Arbeitsantheil;

1851 bei 649 Gefangenen, 131982 in der Anstalt zugebrachte Tage, 0,88 kr. Arbeitsantheil;

1852 bei 614 Gefangenen, 134141 in der Anstalt zugebrachte Tage, 1,04 kr. Arbeitsantheil;

1853 bei 566 Gefangenen, 135489 in der Anstalt zugebrachte Tage, 1,15 kr. Arbeitsantheil;

1854 bei 550 Gefangenen, 137005 in der Anstalt zugebrachte Tage, 1,10 kr. Arbeitsantheil:

b. nur auf die Arbeitstage berechnet:

1850	bei 655	Gefangenen	95548	Arbeitstage	1,14	kr.	Arbeitsantheil
1851	„ 649	„	89326	„	1,29	kr.	„
1852	„ 614	„	85904	„	1,57	kr.	„
1853	„ 566	„	88337	„	1,77	kr.	„
1854	„ 550	„	91024	„	1,66	kr.	„

c. für den Kopf jährlich:

1850	bei 655	Gefangenen	auf	2 fl. 46 kr.
1851	„ 649	„	„	2 fl. 59 kr.
1852	„ 614	„	„	3 fl. 40 kr.
1853	„ 566	„	„	4 fl. 36 kr.
1854	„ 550	„	„	4 fl. 35 kr.

Dabei ist jedoch zu berücksichtigen, daß sich diese Summe in Wirklichkeit nie in dieser Weise herausstellt, da alle Gefangenen mit Ausnahme der wenigen, schon als gelernte Professionisten zugehenden, eine Lehrzeit ohne Peculium erstehen müssen, was jedoch meist wieder durch den später durch Mehrarbeit erworbenen Ueberverdienst ausgeglichen wird. Die hier angegebene Summe kann so ziemlich als das Minimum des Arbeitsantheils eines fleißigen und arbeitsfähigen Gefangenen betrachtet werden. Die höchsten, an Entlassene nach 6 bis 10 jähriger Haft ausbezahlten Summen betrugen, nach Abzug der während der Haft von derselben gemachten erlaubten Ausgaben für Tabak, Brod, Bücher, Briefporto, Geschenke an Angehörige ꝛc., 40 bis 60 Gulden. Die Summe des ganzen Arbeitsantheils in jener Zeit 60 bis 80 Gulden; nach zweijähriger Einzelhaft betrug der Durchschnitt des Peculiums 10 bis 15, nach einjähriger aber nur 2 bis 5 Gulden.

Die ersichtliche Steigerung des Peculiums in den letzten Jahren hängt mit der Hebung des Gewerbsbetriebes und den Einnahmen der Casse durch die Arbeit innig zusammen, gibt aber auch zugleich den besten Beweis des Fleißes und der zunehmenden Geschicklichkeit der Gefangenen in den Gewerben.

Zur Unterstützung für unbemittelte Gefangene bei ihrer Entlassung ist nach dem Beispiele anderer Strafanstalten in dem Wartzimmer für Fremde eine Casse aufgestellt, in welche freiwillige Beiträge zu diesen Zwecken unaufgefordert eingelegt werden können.

Manche schwächliche, ältere, öfter kranke, oder nur zu kurzer Strafzeit verurtheilte Gefangene können sich kein, oder nur eine geringe Summe von Peculium erwerben, und sind bei ihrer Entlassung ohne Mittel zum Lebensunterhalt für die erste Zeit, oder zur Anschaffung von Werkgeräthen behufs der Betreibug ihres Gewerbes. Durch die hier eingelegten milden Gaben ist die Verwaltung in den Stand gesetzt, solchen Entlassenen einige Unterstützung zu gewähren, wodurch ihnen der Rücktritt in die bürgerliche Gesellschaft erleichtert, und das Aufsuchen und Beginnen der Arbeit ermöglicht wird.

Die oberste Leitung des ganzen Gewerbsbetriebes ist dem Verwalter übergeben; er ist verantwortlicher Kassen- und Rechnungsführer, sowie alle Magazine, Vorräthe und Fahrnisse der Anstalt unter seiner Aufsicht stehen. Als Gehilfe ist ihm der Buchhalter beigegeben. Die Pflichten dieser beiden Beamten sind in der Dienstordnung in umfassender Weise enthalten.

Den einzelnen Gewerben sind die Werkmeister vorgesetzt; diese sollen jedoch nicht selbst arbeiten, sondern ihre Zeit lediglich zu fleißigen Zellenbesuchen, zur Arbeitsleitung und pünktlichen Führung der Werkbücher und der Arbeitslisten verwenden. Unter ihnen stehen die Werkaufseher, welche besonders den Unterricht der Lehrjungen, das Beischaffen und Austheilen der Roh- und Arbeitsstoffe, sowie die Ablieferung der Fabrikate an die Werkmeister zu besorgen, und dabei im Zellendienste, beim Ab- und Zuführen der Sträflinge in die Kirche, Schule, den Spazierhof, sowie in der Aufsicht daselbst auszuhelfen haben. Die Zahl der Letzteren muß in Einzelhaft größer sein, als in gemeinschaftlicher, weil zu dem Beischaffen der Arbeitsstoffe und dem Unterrichte der einzelnen Lehrjungen in den Zellen mehr Zeit erfordert wird.

In den ersten Jahren nach Eröffnung der Anstalt war die Anzahl der gewerblichen Aufseher eine geringere, als jetzt, weil meist nur Gewerbe betrieben wurden, welche keine besondere Geschicklichkeit der Arbeiter erforderten, in einigen Tagen erlernt waren, und bei welchen den Gefangenen die Arbeitsstoffe immer auf mehrere Tage, oft auf längere Zeit in die Zellen gegeben werden konnten, z. B. Wollschlumpen und Spinnen, Fourniersägen, Garnspinnen, Stricken,

Strohzöpfeflechten u. s. w.; bei diesen reichte ein Aufseher für den gewerblichen und polizeilichen Dienst in einem Stockwerke vollkommen aus.

Seit der besseren Einrichtung unseres Gewerbsbetriebes, und der Einführung von nur eigentlichen Gewerben und feineren Arbeiten hat sich das Bedürfniß einer größeren Zahl gewerblicher Aufseher herausgestellt, indem häufig, so lange diese nicht vorhanden waren, einzelne Sträflinge aus Mangel an Arbeitsmaterial oder Nachhilfe einige Stunden, oft Tagelang unbeschäftigt waren, auch sehr viele schlechte Fabrikate geliefert wurden; ebenso war der Dienst der Aufseher ein sehr anstrengender und ermüdender, und sie konnten dennoch bei dem besten Willen nicht überall herumkommen. Die Quantität und Qualität der jetzt gelieferten Arbeit ersetzen weitaus den etwas erhöhten Betrag der Gehalte für Aufseher, ganz abgesehen von der vorschriftsmäßigeren Durchführung des Systemes, und besseren Aufrechthaltung der Hauszucht.

Der Ankauf der Roh- und Arbeitsstoffe wird durch den Verwalter oder Buchhalter im Großen besorgt; die Art der Abgabe, Verwendung und Verrechnung derselben durch die Werkmeister ist in der Dienstordnung enthalten.

Die Bestellungen einzelner Gegenstände oder größerer Lieferungen von Fabrikaten geschehen in unserer Anstalt nur bei der Verwaltung, und es ist den Werkmeistern streng untersagt, solche für sich anzunehmen, es sei denn, daß sie zu deren Uebernahme durch die Verwaltung für einzelne Fälle beauftragt werden. Zu diesem Behufe ist ein Bestellungsbuch vorhanden, in welches jede Bestellung sogleich eingetragen, und dem betreffenden Werkmeister ein Bestellzettel ausgefertigt wird; ist ein Fabrikat zur Ablieferung fertig, so zeigt dieses der Werkmeister der Verwaltung an, gibt den Bestellzettel zurück, auf welchem der für die Arbeit in Ansatz gebrachte Preis specificirt nachgewiesen und eingetragen werden muß.

Die vorgeschriebenen Arbeitslisten der Werkmeister werden in der Weise geführt, daß dieselben täglich, oder wo dieß nicht möglich ist, wöchentlich, oder nach Vollendung des Fabrikates das gelieferte Arbeitsquantum der einzelnen Sträflinge, sowie deren Mehrarbeit in die Liste eintragen.

Die in dieser Weise aufgestellten Arbeitslisten dienen der Verwaltung als Grundlage der dem Großh. Justiz-Ministerium monatlich, vierteljährlich und jährlich vorzulegenden Nachweisungen der auf Anfertigung der Fabrikate verwendeten Zeit.

Im Eingangsbaue der Anstalt ist ein Magazin zur Aufstellung der nicht bestellten Fabrikate errichtet, wohin diese Gegenstände durch den Buchhalter verbracht, und dem Hilfsthoraufseher mit Preisangabe zum Verkaufe übergeben werden. Der rasche Absatz der dort aufbewahrten Gegenstände veranlaßte eine Vergrößerung desselben, und es zeigt sich diese Einrichtung besonders zur Weiterbildung der Lehrlinge in den einzelnen Gewerben sehr vortheilhaft, weil nicht immer die eingehenden Bestellungen den Fertigkeiten derselben entsprechen, sondern häufig längere Zeit nur feinere und dann wieder nur einfachere Gegenstände bestellt werden, dort aber Alles, auch die weniger gelungenen Fabrikate verwerthet werden können.

Nachstehende kurze Notizen aus dem Jahre 1853 werden dem Leser eine nähere Einsicht in den Umfang des Geschäftskreises der Verwaltung verschaffen.

1) Das Geschäfts-Journal (Einlaufprotokoll), worin alle einkommenden und durch Schreiben, Berichte u. s. w. zu erledigenden Verfügungen, Requisitionen ꝛc. eingetragen werden, enthielt im Jahr 1853 9599, 1854 11233 Nummern.

2) Das Geld-Journal (Cassabuch) enthält im Ganzen 12616 Einnahme- und Ausgabeposten.

3) Die Rechnungen zählen, und zwar

die Hauptgeldrechnung	1267	Seiten,	12085	Einträge
die Naturalienrechnung	584	"	6989	"
die Victualienrechnung	48	"	493	"
die Sparcassenrechnung	198	"	4345	"
das Sparcassenbüchlein	—	"	8952	"
zusammen	2097	Seiten,	32864	Einträge.

Außerdem werden bei der Verwaltung noch das Facturen-, Calculations-, Contobuch und das Inventarium geführt.

4) In das Inventarium werden alle neue Anschaffungen an Werkzeugen, Kleidungsstücken, Einrichtungsgegenständen, Büchern ꝛc. eingetragen.

Am 1. Januar 1853 waren an solchen Inventarienstücken vorhanden:

A. Bei der Administration:

	33343 Stück im Werth von	35549 fl. 20 kr.
im Lauf des Jahres sind neu dazu gekommen	5588 Stück im Werth von	4638 fl. 1 kr.
zusammen	38931 Stück im Werth von	40187 fl. 21 kr.
in Abgang kamen, beziehungsweise durch den Gebrauch entwerthet wurden	4875 Stück im Werth von	6476 fl. 55 kr.
Stand am 1. Jan. 1854:	34056 Stück im Werth von	33710 fl. 26 kr.

B. Bei den Gewerben:

Stand am 1. Jan. 1853:	19171 Stück im Werth von	5575 fl. 28 kr.
Zugang	6140 Stück im Werth von	892 fl. 52 kr.
zusammen	25311 Stück im Werth von	6468 fl. 20 kr.
Abgang und Werthsverminderungen	8392 Stück im Werth von	1133 fl. 28 kr
Stand am 1. Jan. 1854:	16919 Stück im Werth von	5334 fl. 52 kr.

5) Verkäufe wurden im Jahre 1853 angemeldet an 4174 Personen, also durchschnittlich monatlich 347,84; dagegen wurden Einkäufe gemacht 3477, also durchschnittlich monatlich 289,75.

Der Ertrag aus den verkauften Gegenständen vertheilt sich im Jahr 1853 auf folgende Abnehmer:

1)	an das Armee-Corps und Montirungs-Commissariat in Ettlingen	20698 fl. 8 kr.
2)	an die Aemter für Gefängniß-Requisiten	1255 fl. 59 kr.
3)	an das Justizministerium für Muster	36 fl. 39 kr.
4)	an die Kreisregierungen und Hofgerichte	42 fl. 49 kr.
5)	an das Zucht- und Arbeitshaus dahier	3 fl. 18 kr.
6)	an die Baucasse des neuen Männerzuchthauses dahier	91 fl. 53 kr.
7)	an die Kreisgefängnißverwaltung Mannheim	189 fl. 57 kr.
8)	an die Heil- und Pflegeanstalt Pforzheim	45 fl. — kr.
	Summa:	22363 fl. 43 kr.

	Transport:	22363 fl.	40 kr.
9)	an die Heil= und Pflegeanstalt Illenau	1213 fl.	33 kr.
10)	an die Hüttenverwaltung Albbruck	56 fl.	57 kr.
11)	an die Hüttenverwaltung St. Blasien	22 fl.	27 kr.
12)	an die Armen= und Waisenhäuser	172 fl.	19 kr.
13)	an die Bezirksforsteien des Landes	2046 fl.	20 kr.
14)	an die Hauptsteuer= und Hauptzollämter	2796 fl.	11 kr.
15)	an die Post= und Eisenbahnverwaltungen	795 fl.	— kr.
16)	an die Wasser= und Straßenbauinspectionen	2120 fl.	31 kr.
17)	an die Gensdarmerie=Divisionen	294 fl.	24 kr.
18)	an die Bediensteten der Anstalt	2369 fl.	52 kr.
19)	an die Sträflinge der Anstalt	393 fl.	48 kr.
20)	an die inländischen Kaufleute	10731 fl.	51 kr.
21)	an Ausländer	5376 fl.	57 kr.
22)	an Privaten	6030 fl.	4 kr.
	zusammen	56783 fl.	54 kr.

Hierzu kommen die Einnahmen der einzelnen Gewerbe für Arbeiten, welche von einem Gewerbe für das andere, und der Administration, beziehungsweise dem eigentlichen Staatsaufwande geleistet wurden, und zwar:

1)	vom Taglohnsgewerbe, für verwendete Sträflinge zum Mauern, Weißeln, Kochen, Einfeuern, Lampenreinigen, Hausreinigen, Schreibaushilfe und besonders für Holzmachen	2350 fl.	15 kr.
2)	vom Leinengewerbe, für das an die Schneiderei abgegebene Getüch, welches zu Drillichhosen und Jacken verarbeitet wurde	12760 fl.	36 kr.
3)	vom Wollgewerbe, für die zum Gebrauche der Sträflinge angefertigten wollenen Unterjacken und Strümpfe	790 fl.	48 kr.
4)	von der Schneiderei, für Hauskleider und Weißzeug, sowie Reparatur derselben	4434 fl.	44 kr.
5)	von der Schusterei, für Hausschuhe	989 fl.	41 kr.
	Summa:	21326 fl.	4 kr.

Transport:	21326 fl. 4 kr.
6) von der Stroh= und Weidenflechterei, für Korb= und Strohdecken in die Zellen	128 fl. 22 kr.
7) von der Schreinerei, für Reparaturen an dem Gebäude, den Zellenthüren, Fensterrahmen, sowie den Werkzeugen, Webstühlen ꝛc.	673 fl. 43 kr.
8) von der Küferei, für 400 neue Wasserstützen in die Zellen	193 fl. 18 kr.
9) von der Buchbinderei, Arbeiten für die Bibliothek und Schule	53 fl. 21 kr.
10) von der Schlosserei, für Arbeiten an dem Gebäude, den Zellenschlössern, Schlüsseln, Werkgeräthen	772 fl. 46 kr.
zusammen	23147 fl. 34 kr.
Hierzu die durch Absatz nach Außen erzielte Einnahme	56783 fl. 31 kr.
Summa:	79930 fl. 5 kr.

Gesundheits=Pflege.

I. Sanitäts=Polizei.

Die klimatische und topographische Lage der Stadt Bruchsal, die baulichen und sanitätspolizeilichen Verhältnisse der Anstalt, deren innere Einrichtung, die Heitzung, Ventilation, Beleuchtung, Einrichtung der Abtritte, der Wasserleitung, der Zellen und der Spazierhöfe sind in der von mir herausgegebenen Beschreibung der Anstalt ausführlich geschildert und gewürdigt; die Vorschriften über Handhabung der Ordnung, Reinlichkeit, Bewegung der Gefangenen im Freien, Arbeits= und Schlafzeit, Körper= und Fußbäder, Wechsel der Kleidung und Leibwäsche sind in der in jeder Zelle aufgehängten Hausordnung enthalten.

Die Leibwäsche, Kleidung und Bettfurnituren sind im neuen Männerzuchthause in gutem Zustande und in hinreichender Zahl vorhanden.

Die Leibwäsche besteht aus einem leinenen Hemde, für den Sommer leinenen, für den Winter wollenen Strümpfen, und in einem leinenen Nastuche. Die Kleidung der Gefangenen ist aus grober dicker Leinwand, sog. Zwillich, von weißgraulicher Farbe, und zwar Hosen und Jacke, die Weste und das Halstuch von blauem leinenen Zeug angefertigt; für den Winter sind leinene Unterhosen und wollene, den Unterleib bedeckende Unterwämser bestimmt; dicke Lederschuhe bilden die Fußbekleidung. Die Mütze ist mit einem beweglichen Schilde versehen, welcher, so oft der Sträfling seine Zelle verläßt, um in Gemeinschaft mit anderen Gefangenen in die Kirche, Schule oder den Hof zu gehen, heruntergeschlagen wird und die obere Hälfte des Gesichtes bis über die Nase bedeckt, so daß die Gesichtszüge nicht erkannt werden können; zum Sehen sind zwei hinreichend große Oeffnungen darin angebracht; sobald der Sträfling an dem Orte seiner jedesmaligen Bestimmung angekommen und daselbst wieder isolirt ist, kann er die Mütze ganz herunternehmen oder den Schild hinaufschlagen.

Das Bett besteht aus einer Seegras-Matraze, einem gleichen Kopfpolster, zwei Leintüchern und einer wollenen Decke. Längerzeittig angestellte Versuche mit Stroh-Matrazen haben ein sehr günstiges Resultat, sowohl in Beziehung auf die Dauer als auf Reinlichkeit, ergeben, weßhalb für die Zukunft unsere Matrazen mit Stroh, statt wie bisher mit Seegras gefüllt werden; zum Gebrauche beim Waschen hat jeder Sträfling sein Handtuch und ein Stück Seife in der Zelle. Die Leibwäsche wird jede Woche, die Bettwäsche jeden Monat, und die Kleidung nach Bedürfniß gewechselt.

Die Gefangenenkost in den badischen Strafanstalten besteht aus:

a) Gesundenkost.

Morgens: Jeden Tag ohne Ausnahme auf den Kopf ein Schoppen mit reinschmeckendem Butterschmalz abgeschmälzte Brod-, Zwiebel-, Mehl-, Kartoffel- oder Rahmsuppe.

Mittags: Ein Schoppen Fleischbrühsuppe per Kopf, welche durch das Kochen von je einem Pfunde Mastochsenfleisch auf 8 Köpfe gewonnen wird. Der Abwechslung wegen muß diese Suppe aus Brod, gerollter Gerste, Reis oder Kernengries bereitet werden. Das Gemüse, an den Fleischtagen 1 Schoppen, an den übrigen Wochentagen 1½ Schoppen auf den Kopf, kann je nach der Jahreszeit in Sauerkraut, süßen oder eingemachten Rüben, Kartoffeln, eingemachten Bohnen, Weiskraut, Erbsen, Linsen, weißen Bohnen, Hirsen und verschiedenen Wurzel= oder grünen Gemüsen gegeben werden. Das Sauerkraut und die Kartoffeln dürfen nicht in der Brühe schwimmen, das erstere Gemüse wird mit Kartoffeln vermischt verabreicht. Jeder Gefangene erhält über den andern Tag vier Loth knochenfreies Ochsenfleisch.

Abends: Ein Schoppen Suppe wie am Morgen. An den fünf Feiertagen: Neujahr, Osterfest, Christi Himmelfahrt, Pfingstfest und Weihnachtsfest, sowie an dem Geburtstage des Großherzogs erhält jeder Gefangene Mittags ein Viertelpfund knochenfreies Mastochsenfleisch.

Alle Suppen müssen mit dem erforderlichen Grüns und Gewürz versehen und überhaupt gut und schmackhaft zubereitet werden, insbesondere dürfen die Hülsenfrüchte nur weich und markig gekocht ausgegeben werden. Wenn Schweinefleisch gereicht wird, darf statt Butterschmalz auch Schweineschmalz zur Anwendung kommen. Die israelitischen Sträflinge erhalten in solchen Fällen ihre betreffende Portion in Mastochsenfleisch. Jeder Gefangene erhält wöchentlich einen Eßlöffel voll Salz in die Zelle.

b) Krankenkost.

1) Ganze Krankenkost. Morgens: Ein Schoppen Rahm=, Mehl=, Zwiebel= oder Brodsuppe mit 3 Loth Weck oder anderem Weißbrod.

Mittags: Ein Schoppen Fleisch=, Schleim=, Nudel=, Weck=, Kernengries= oder Eiergerst=Suppe. Ein Schoppen Gemüse, Kohlraben, süße Rüben, grüne Bohnen, Kohl, Weiskraut, gelbe Rüben, Kartoffeln, einmal in der Woche Nudeln oder leichte Mehlspeise, auch Reisbrei, 8 Loth knochenfreies Mastochsenfleisch oder 10 Loth Kalbfleisch.

Abends: Ein Schoppen Suppe und ein Schoppen Gemüse, wie am Mittag, aber anderer Gattung als zuvor. Dabei sechszehn Loth weißes oder ein Pfund gemischtes Brod.

2) Halbe Krankenkost: Suppe und Gemüse wie bei der ganzen Krankenkost. Mittags 6 Loth knochenfreies Mastochsenfleisch oder 8 Loth Kalbfleisch, und 16 Loth Weißbrod.

3) Viertels Krankenkost. Morgens, Mittags und Abends Suppe wie oben. Mittags ein Schoppen leichtes Gemüse, ein Weck.

4) Diät. Morgens, Mittags und Abends ein Schoppen Suppe.

Dabei ist zu beobachten:

a) Daß die Abendsuppen und Gemüse nicht vom Mittag gewärmt, sondern frisch gekocht und anderer Gattung, als am Mittag, abgegeben werden.

b) Daß alle anderen, als Fleischsuppen, sowie alles Gemüse per Kopf mit einem halben Loth Butterschmalz geschmälzt werden.

c) Als Extra-Verordnungen an die Kranken dürfen nur die, durch den Hausarzt schriftlich gegebenen Befehle vollzogen, und diese müssen gesammelt und jeden Monat auf die Verwaltung abgeliefert werden.

Es folgt hier das nach längerzeitiger Beobachtung aufgestellte, und in unserem Hause eingeführte

Regulativ

zur Selbstbereitung der Kost im neuen Männerzuchthause in Bruchsal.

A. Morgen- und Abendsuppen.

Ein Schoppen per Mann.

Bezeichnung der Suppenarten	Zuthaten.	Anzahl der Leute. 1.		5.		10.		100.		300.	
		Pfd.	Lth.	Pfd.	Lth.	Pfd.	Lth.	Pfd.	Lth.	Pfd.	Lth.
Rahm-Suppe.	Brod	—	$4\frac{164}{175}$	—	$24\frac{24}{35}$	1	$17\frac{13}{35}$	15	$13\frac{5}{7}$	46	$9\frac{1}{7}$
	Rahm, Schoppen ..	—	$\frac{19}{350}$	—	$\frac{19}{70}$	—	$\frac{19}{35}$	—	$5\frac{3}{7}$	—	$16\frac{2}{7}$
	Salz	—	$\frac{8}{25}$	—	$1\frac{3}{5}$	—	$3\frac{1}{5}$	1	—	3	—
Brod- oder Zwiebel-Suppe.	Brod	—	$4\frac{164}{175}$	—	$24\frac{24}{35}$	1	$17\frac{13}{35}$	15	$13\frac{5}{7}$	46	$9\frac{1}{7}$
	Butterschmalz	—	$\frac{72}{175}$	—	$2\frac{2}{35}$	—	$4\frac{4}{35}$	1	$9\frac{1}{7}$	3	$27\frac{3}{7}$
	Salz	—	$\frac{8}{25}$	—	$1\frac{3}{5}$	—	$3\frac{1}{5}$	1	—	3	—
	Pfeffer, Zwiebeln ꝛc. für 4 kr. für 350 Mann	—	—	—	—	—	—	—	—	—	—
Mehl-Suppe.	Mehl	—	$1\frac{89}{175}$	—	$7\frac{9}{35}$	—	$15\frac{3}{35}$	4	$22\frac{6}{7}$	14	$4\frac{4}{7}$
	Brod	—	$4\frac{4}{175}$	—	$20\frac{4}{35}$	1	$8\frac{8}{35}$	12	$18\frac{2}{7}$	37	$22\frac{6}{7}$
	Butterschmalz	—	$\frac{72}{175}$	—	$2\frac{2}{35}$	—	$4\frac{4}{35}$	1	$9\frac{1}{7}$	3	$27\frac{3}{7}$
	Salz	—	$\frac{8}{25}$	—	$1\frac{3}{5}$	—	$3\frac{1}{5}$	1	—	3	—
	Pfeffer für 2 kr. für 350 Mann.										

Verabreicht werden diese Suppen nach folgendem Turnus:

	Morgens.	Abends.
Sonntag	Rahmsuppe	Brodsuppe.
Montag	Mehlsuppe	Rahmsuppe.
Dienstag	Brodsuppe	Mehlsuppe.
Mittwoch	Rahmsuppe	Brodsuppe.
Donnerstag	Brodsuppe	Rahmsuppe.
Freitag	Mehlsuppe	Brodsuppe.
Samstag	Brodsuppe	Mehlsuppe.

B. Mittagssuppen.

Ein Schoppen per Mann.

Bezeichnung der Suppenarten	Zuthaten.	Anzahl der Leute. 1.		5.		10.		100.		300.	
		Pfd.	Lth.	Pfd.	Lth.	Pfd.	Lth.	Pfd.	Lth.	Pfd.	Lth.
Reis-Suppe.	Reis	—	$1\frac{113}{175}$	—	$8\frac{8}{35}$	—	$16\frac{16}{35}$	5	$4\frac{4}{7}$	15	$13\frac{5}{7}$
	Weißmehl	—	$\frac{16}{35}$	—	$2\frac{3}{7}$	—	$4\frac{4}{7}$	1	$13\frac{5}{7}$	4	$9\frac{1}{7}$
	Salz	—	$\frac{8}{25}$	—	$1\frac{3}{5}$	—	$3\frac{1}{5}$	1	—	3	—
	Gewürz für 4 kr. für 350 Mann	—	—	—	—	—	—	—	—	—	—
Gerst-Suppe.	Gerst	—	$2\frac{2}{175}$	—	$10\frac{2}{35}$	—	$20\frac{4}{35}$	6	$9\frac{1}{7}$	18	$27\frac{3}{7}$
	Weißmehl	—	$\frac{88}{175}$	—	$2\frac{18}{35}$	—	$5\frac{1}{35}$	1	$18\frac{2}{7}$	4	$22\frac{6}{7}$
	Salz	—	$\frac{8}{25}$	—	$1\frac{3}{5}$	—	$3\frac{1}{5}$	1	—	3	—
	Gewürz für 4 kr. für 350 Mann		—	—	—	—	—	—	—	—	—
Gries-Suppe.	Gries	—	$2\frac{2}{175}$	—	$10\frac{2}{35}$	—	$20\frac{4}{35}$	6	$9\frac{1}{7}$	18	$27\frac{3}{7}$
	Weißmehl	—	$\frac{88}{175}$	—	$2\frac{18}{35}$	—	$5\frac{1}{35}$	1	$18\frac{2}{7}$	4	$22\frac{6}{7}$
	Salz	—	$\frac{8}{25}$	—	$1\frac{3}{5}$	—	$3\frac{1}{5}$	1	—	3	—
	Gewürz für 4 kr. für 350 Mann	—	—	—	—	—	—	—	—	—	—
Brod-Suppe.	Brod	—	$4\frac{68}{175}$	—	$21\frac{33}{35}$	1	$11\frac{31}{35}$	13	$22\frac{6}{7}$	41	$4\frac{4}{7}$
	Salz	—	$\frac{8}{25}$	—	$1\frac{3}{5}$	—	$3\frac{1}{5}$	1	—	3	—
	Gewürz für 4 kr. für 350 Mann	—	—	—	—	—	—	—	—	—	—
Halbweißbrod-Suppe.	Halbweißbrod	—	$2\frac{98}{175}$	—	$12\frac{28}{35}$	—	$25\frac{21}{35}$	8	—	24	—
	Salz	—	$\frac{8}{25}$	—	$1\frac{3}{5}$	—	$3\frac{1}{5}$	1	—	3	—
	Gewürz für 4 kr. für 350 Mann	—	—	—	—	—	—	—	—	—	—

Verabreicht werden diese Suppen nach folgendem Turnus:

Sonntag	Reissuppe.
Montag	Brodsuppe.
Dienstag	Gerstsuppe.
Mittwoch	Brodsuppe.
Donnerstag	Griessuppe.
Freitag	Brodsuppe.
Samstag	Halbweißbrodsuppe.

C. Mittagsgemüse.

Da die Hälfte der Gefangenen jeden Tag wegen des leichteren Abwägens Fleisch, somit auch nur einen Schoppen Gemüse, die andere Hälfte aber einen und einen halben Schoppen erhält, so ist das Gemüse auf ein und ein viertel Schoppen per Mann berechnet.

Bezeichnung der Gemüse-Arten.	Zuthaten.	Anzahl der Leute.																								
		1.					5.					10.					100.					300.				
		Pfund.	Loth.	Sester.	Meßl.	Schopp.	Pfund.	Loth.	Sester.	Meßl.	Schopp.	Pfund.	Loth.	Sester.	Meßl.	Schopp.	Pfund.	Loth.	Sester.	Meßl.	Schopp.	Pfund.	Loth.	Sester.	Meßl.	Schopp.
Gelbe Rüben.	Gelbe Rüben . . .	—	$25\frac{3}{5}$	—	—	—	4	—	—	—	—	8	—	—	—	—	80	—	—	—	—	240	—	—	—	—
	Kartoffeln	—	—	—	$\frac{1}{7}$	—	—	—	—	$\frac{5}{7}$	—	—	—	—	$1\frac{3}{7}$	—	—	—	1	$4\frac{2}{7}$	—	—	—	4	$2\frac{6}{7}$	—
	Schwarzmehl . . .	—	$\frac{64}{175}$	—	—	—	—	$1\frac{29}{35}$	—	—	—	—	$3\frac{23}{35}$	—	—	—	1	$4\frac{4}{7}$	—	—	—	3	$13\frac{5}{7}$	—	—	—
	Butterschmalz . . .	—	$\frac{96}{175}$	—	—	—	—	$2\frac{26}{35}$	—	—	—	—	$5\frac{17}{35}$	—	—	—	1	$22\frac{6}{7}$	—	—	—	5	$4\frac{4}{7}$	—	—	—
	Salz	—	$\frac{8}{25}$	—	—	—	—	$1\frac{3}{5}$	—	—	—	—	$3\frac{1}{5}$	—	—	—	1	—	—	—	—	3	—	—	—	—
	Gewürz für 2 kr. für 350 Mann . . .	—	—	—	—	—	—	—	—	—	—	—	—	—	—	—	—	—	—	—	—	—	—	—	—	—
Linsen.	Linsen	—	—	—	$\frac{3}{35}$	—	—	—	—	$\frac{3}{7}$	—	—	—	—	$\frac{6}{7}$	—	—	—	—	$8\frac{4}{7}$	—	—	—	2	$5\frac{5}{7}$	—
	Kartoffeln	—	—	—	$\frac{1}{7}$	—	—	—	—	$\frac{5}{7}$	—	—	—	—	$1\frac{3}{7}$	—	—	—	1	$4\frac{2}{7}$	—	—	—	4	$2\frac{6}{7}$	—
	Schwarzmehl . . .	—	$\frac{96}{175}$	—	—	—	—	$2\frac{26}{35}$	—	—	—	—	$5\frac{17}{35}$	—	—	—	1	$22\frac{6}{7}$	—	—	—	5	$4\frac{4}{7}$	—	—	—
	Butterschmalz . . .	—	$\frac{16}{35}$	—	—	—	—	$2\frac{2}{7}$	—	—	—	—	$4\frac{4}{7}$	—	—	—	1	$13\frac{5}{7}$	—	—	—	4	$9\frac{1}{7}$	—	—	—
	Salz	—	$\frac{8}{25}$	—	—	—	—	$1\frac{3}{5}$	—	—	—	—	$3\frac{1}{5}$	—	—	—	1	—	—	—	—	3	—	—	—	—
	Essig u. Gewürz für 17 kr. für 350 M.	—	—	—	—	—	—	—	—	—	—	—	—	—	—	—	—	—	—	—	—	—	—	—	—	—
Rahmkartoffeln	Kartoffeln	—	—	—	$\frac{13}{35}$	—	—	—	—	$1\frac{6}{7}$	—	—	—	—	$3\frac{5}{7}$	—	—	—	3	$7\frac{1}{7}$	—	—	—	11	$1\frac{3}{7}$	—
	Rahm	—	—	—	—	$\frac{12}{175}$	—	—	—	—	$\frac{12}{35}$	—	—	—	—	$\frac{24}{35}$	—	—	—	—	$6\frac{6}{7}$	—	—	—	—	$20\frac{4}{7}$
	Weißmehl	—	$\frac{96}{175}$	—	—	—	—	$2\frac{26}{35}$	—	—	—	—	$5\frac{17}{35}$	—	—	—	1	$22\frac{6}{7}$	—	—	—	5	$4\frac{4}{7}$	—	—	—
	Salz	—	$\frac{8}{25}$	—	—	—	—	$1\frac{3}{5}$	—	—	—	—	$3\frac{1}{5}$	—	—	—	1	—	—	—	—	3	—	—	—	—
	Gewürze für 2 kr. für 350 Mann .	—	—	—	—	—	—	—	—	—	—	—	—	—	—	—	—	—	—	—	—	—	—	—	—	—

Sauerkraut.	Sauerkraut	—	21	—	—	—	3	9	—	—	—	6	18	—	—	—	65	30	—	—	—	197	26	—	—	—
	Kartoffeln	—	—	—	$\frac{6}{35}$	—	—	—	—	$\frac{6}{7}$	—	—	—	—	$1\frac{5}{7}$	—	—	—	1	$7\frac{1}{7}$	—	—	—	5	$1\frac{3}{7}$	—
	Schwarzmehl . . .	—	$\frac{96}{175}$	—	—	—	—	$2\frac{26}{35}$	—	—	—	—	$5\frac{17}{35}$	—	—	—	1	$22\frac{6}{7}$	—	—	—	5	$4\frac{4}{7}$	—	—	—
	Schweineschmalz . .	—	$\frac{96}{175}$	—	—	—	—	$2\frac{26}{35}$	—	—	—	—	$5\frac{17}{35}$	—	—	—	1	$22\frac{6}{7}$	—	—	—	5	$4\frac{4}{7}$	—	—	—
	Salz	—	$\frac{8}{35}$	—	—	—	—	$1\frac{1}{7}$	—	—	—	—	$2\frac{2}{7}$	—	—	—	—	$22\frac{6}{7}$	—	—	—	2	$4\frac{4}{7}$	—	—	—
	Gewürz für 1 kr. für 350 Mann . . .	—	—	—	—	—	—	—	—	—	—	—	—	—	—	—	—	—	—	—	—	—	—	—	—	—
Erbsen oder Bohnen.	Erbsen oder Bohnen	—	—	—	$\frac{16}{175}$	—	—	—	—	$\frac{16}{35}$	—	—	—	—	$\frac{33}{35}$	—	—	—	—	$9\frac{1}{7}$	—	—	—	2	$7\frac{3}{7}$	—
	Kartoffeln	—	—	—	$\frac{1}{7}$	—	—	—	—	$\frac{5}{7}$	—	—	—	—	$1\frac{3}{7}$	—	—	—	1	$4\frac{2}{7}$	—	—	—	4	$2\frac{6}{7}$	—
	Schwarzmehl . . .	—	$\frac{96}{175}$	—	—	—	—	$2\frac{26}{35}$	—	—	—	—	$5\frac{17}{35}$	—	—	—	1	$22\frac{6}{7}$	—	—	—	5	$4\frac{4}{7}$	—	—	—
	Butterschmalz . . .	—	$\frac{16}{35}$	—	—	—	—	$2\frac{2}{7}$	—	—	—	—	$4\frac{4}{7}$	—	—	—	1	$13\frac{5}{7}$	—	—	—	4	$9\frac{1}{7}$	—	—	—
	Salz	—	$\frac{8}{25}$	—	—	—	—	$1\frac{3}{5}$	—	—	—	—	$3\frac{1}{5}$	—	—	—	1	—	—	—	—	3	—	—	—	—
	Gewürz für 2 kr. für 350 Mann .	—	—	—	—	—	—	—	—	—	—	—	—	—	—	—	—	—	—	—	—	—	—	—	—	—
Griesbrei.	Gries	—	$4\frac{4}{175}$	—	—	—	—	$20\frac{4}{35}$	—	—	—	1	$8\frac{8}{35}$	—	—	—	12	$18\frac{2}{7}$	—	—	—	37	$22\frac{6}{7}$	—	—	—
	Milch	—	—	—	—	$\frac{38}{175}$	—	—	—	—	$1\frac{3}{35}$	—	—	—	—	$2\frac{6}{35}$	—	—	—	—	$21\frac{5}{7}$	—	—	—	—	$65\frac{1}{7}$
	Salz	—	$\frac{8}{25}$	—	—	—	—	$1\frac{3}{5}$	—	—	—	—	$3\frac{1}{5}$	—	—	—	1	—	—	—	—	3	—	—	—	—
	Gewürz für 2 kr. für 350 Mann .	—	—	—	—	—	—	—	—	—	—	—	—	—	—	—	—	—	—	—	—	—	—	—	—	—
Kartoffelschnitze.	Kartoffeln	—	—	—	$\frac{14}{35}$	—	—	—	—	2	—	—	—	—	4	—	—	—	4	—	—	—	—	12	—	—
	Butterschmalz . . .	—	$\frac{16}{35}$	—	—	—	—	$2\frac{2}{7}$	—	—	—	—	$4\frac{4}{7}$	—	—	—	1	$13\frac{5}{7}$	—	—	—	4	$9\frac{1}{7}$	—	—	—
	Salz	—	$\frac{8}{25}$	—	—	—	—	$1\frac{3}{5}$	—	—	—	—	$3\frac{1}{5}$	—	—	—	1	—	—	—	—	3	—	—	—	—
	Gewürz für 2 kr. für 350 Mann .	—	—	—	—	—	—	—	—	—	—	—	—	—	—	—	—	—	—	—	—	—	—	—	—	—
Mastochsenfleisch.	Fleisch, gekocht ohne Knochen	—	$3\frac{99}{175}$	—	—	—	—	$17\frac{29}{35}$	—	—	—	1	$3\frac{23}{35}$	—	—	—	10	$36\frac{4}{7}$	—	—	—	33	$13\frac{5}{7}$	—	—	—

Verabreicht werden diese Gemüse nach folgendem Turnus:

Sonntag Rüben; Montag Linsen, Bohnen oder Erbsen; Dienstag Rahmkartoffeln; Mittwoch Sauerkraut; Donnerstag Gelbe-Rüben; Freitag Griesbrei; Samstag Kartoffelschnitze.

Dabei bleibt der Verwaltung überlassen, statt der Rüben ein anderes Gartengewächs abwechselnd zu wählen.

Die Kost in den badischen Strafanstalten ist in Qualität und Quantität in der Regel genügend; für besonders kräftige oder mit sehr anstrengenden Arbeiten beschäftigte Sträflinge ist eine Brodzulage von einem halben Pfund täglich gestattet, die ihnen entweder von der Verwaltung oder auf eigene Kosten verabreicht wird. Außer den ärztlichen Verordnungen von Milch, des weißen Brodes, oder einer kleinen Fleischzulage nach langer Haftdauer und geschwächten Verdauungsorganen, auf Anordnung des Hausarztes, erhalten unsere Gefangenen keine Lebensmittel, wie Butter, Käse, Würste oder gar geistige Getränke, wie dieß in manchen anderen Strafanstalten gestattet ist. Das, bei ausreichender Verköstigung in Beziehung auf den Strafzweck Unstatthafte, und in Beziehung auf die Hausordnung Verwerfliche der Strafanstaltswirthschaften, wie sie in Frankreich und anderen Ländern bestanden, bedarf wohl keiner Begründung.

Die Gefängnißkost darf nicht so beschaffen sein, daß sie dem Verbrecher und Arbeitsscheuen als Genuß erscheint, und derselbe dadurch das Gefängniß als erwünschten Zufluchtsort betrachtet; sie darf deßhalb nicht reichlicher und besser gegeben werden, als die landesübliche Arbeiterkost; aber ebensogut muß der Staat die Pflicht erkennen, in den Strafanstalten eine solche Kost einzuführen, daß bei den Verhältnissen und Arbeiten der Gefangenen die Gesundheit derselben erhalten werden kann.

Nach den Erfahrungen aller gewissenhaften Gefängnißbeamten und Aerzte müssen zu diesem Zwecke folgende allgemeine Bestimmungen bei Regulirung jeder Gefängnißkost festgehalten werden:

1) Ein großer Theil der Nahrung muß fest sein.
2) Verschiedenheit der Kost und Abwechslung der Speisen sind nöthig.
3) Ein Theil der Nahrung der Gefangenen muß *in allen Fällen aus animalischer Kost* bestehen.
4) Alles Uebermaß der animalischen oder vegetabilischen Nahrungsmittel muß vermieden werden.
5) Als Gefangenenkost darf, wie schon der edle *Howard* vorschreibt, *nicht das Minimum* der zur Erhaltung der Ge-

sundheit nöthigen Menge bestimmt, sondern es muß ein etwas höheres Quantum gestattet werden, um die niederdrückenden moralischen Ursachen der Krankheiten auszugleichen.

Ueber die Zweckmäßigkeit der Abwechslung, Consistenz und über die nöthige Quantität der Gefangenenkost bestehen wenig abweichende Meinungen unter den Fachkundigen, und es ist dieselbe auch in dieser Beziehung in den besseren Strafanstalten allerwärts ziemlich gleichmäßig geregelt.

Dagegen ist die absolute Nothwendigkeit einer gemischten, animalischen und vegetabilischen Nahrung für Gefangene entweder noch nicht überall erkannt, oder dem ärztlichen Urtheile über diesen wichtigen sanitätspolizeilichen Gegenstand in der Gesetzgebung einzelner Länder der gebührende und allein maßgebende Einfluß noch nicht eingeräumt; in den meisten deutschen Staaten z. B. wird nur an den vier höchsten Feiertagen und am Geburtstage des Landesregenten Fleisch verabreicht. Nach den Fortschritten in der Physiologie und organischen Chemie kann es sich aber nicht mehr darum handeln, ob überhaupt den Gefangenen Fleisch zur regelmäßigen Nahrung gegeben werden soll, sondern die Frage ist unbedingt die: wie oft und wie viel animalische, stickstoffreiche Kost dem Gefangenen verabreicht werden müsse, um ihn gesund, zur Arbeit kräftig und hinreichend ernährt zu erhalten.

Der erfahrene Moser, Direktor der Strafanstalt St. Jakob in St. Gallen, spricht sich folgendermaßen darüber aus: „Die reglementarische Verordnung, vermöge welcher der Sträfling wöchentlich zweimal und jedesmal ein halbes Pfund Fleisch erhält, wurde seiner Zeit ernsthaft angefochten, und hatte zur Folge, daß die Austheilung von zweimal Fleisch in der Woche durch einen Beschluß des großen Rathes vom November 1843 auf einmalige Austheilung reducirt wurde. Man fand es mit der Strafe nicht vereinbar, daß der Verbrecher im Zuchthause auf Kosten des Staates noch eine bessere Kost erhalten solle, als der zur Arbeitshausstrafe Verurtheilte, der laut einer früheren Verordnung nur viermal im Jahre Fleisch bekam, ja noch besser als der unbemittelte aber rechtliche Bürger.

Dieser Meinung gegenüber wurden in einem besonderen Gutachten folgende Ansichten ausgesprochen: Die Lebensweise des freien Menschen ist eine ganz andere, als die eines Gefangenen. Der Freie bewegt sich willkürlich in einer erfrischenden, nährenden und die Verdauung befördernden Atmosphäre. Seine Lebensmittel, wenn auch weniger ausgesucht und von derberer Consistenz, werden bei anstrengender Arbeit, die er für sich und die Seinen vornimmt, leichter verdaut. Auch der ärmere Mann, und wenn er wöchentlich nicht einmal Fleisch bekommt, genießt doch täglich mehr oder weniger Milch, und nimmt unter dieser Form animalische, dem Körper so sehr zusagende Stoffe in sich auf. Dazu kommt, daß der Freie die Mühen und Bekümmernisse des alltäglichen Lebens im Kreise seiner Familie oder seiner Freunde, oder in der Sorge für Erwerbung der Existenzmittel für sich und die Seinen vergessen kann. Selbst dem Gefangenen im Arbeitshause, dem nach kurzer Haft die Freiheit wieder gegeben wird, und der dieselbe in der Nähe vor sich sieht, können die Entbehrungen aller der Vortheile des Freien nicht in dem Maße für den Körper nachtheilig sein, daß, wenn nicht ein Ersatz für dieselben geleistet würde, er den übeln Eindrücken jener erliegen müßte. Wie ganz anders steht es mit dem Criminalsträfling von längerer Strafdauer! Gewöhnt im Allgemeinen an ein bewegliches Leben und an verschiedene leibliche Bedürfnisse, deren Befriedigung der Ort, wo er sich befindet, und das Regime daselbst nicht mehr zulassen, theilweise abgehärtet für jeden Wechsel der Witterung, als Freier mehr Herr seines Willens, seiner Kräfte und seiner Zeit, ist der Sträfling einem fast entgegengesetzten Zustande unterworfen. Schon die Ordnung des Hauses gebietet, daß er an dem ihm angewiesenen Platze verbleibe, und nicht nach seinem Belieben frei im Saale herumlaufe. Seine Beschäftigung ist mit wenigen Ausnahmen eine sitzende oder stehende, und die täglichen Spaziergänge im Hofe ersetzen die willkürlichen Bewegungen im Freien nimmer. Durch stetes Eingeschlossensein in temperirten Sälen verweichlicht er allmählig den Körper und macht ihn für äußere Einflüsse, große Kälte und Wärme, und besonders für schnellen Wechsel derselben empfänglich. Die ihn umgebende Stubenluft ist weniger zehrend, weniger belebend, somit auch weniger die Verdauung befördernd. Endlich, und das darf nicht übersehen werden, wirkt die

Strafe in hohem Grade deprimirend auf das Gemüth, und daher mittelbar nachtheilig auf den Körper ein.

Sind die Lebensmittel nun von großer Consistenz oder meistens kleisterartig, so kann der Magen unter solchen Verhältnissen die Speisen nicht mehr gehörig verarbeiten; eine Masse von unverdauten Stoffen häuft sich in demselben und in den Gedärmen an; die Lymphgefäße und Drüsen werden verstopft; dadurch wird die freie Circulation der Säfte gehemmt, der so nöthige Stoffwechsel unterbrochen, der thierische Chemismus und die normale Blutbereitung gestört, und somit der Grund zu den in den Gefängnissen einheimischen Scropheln, Tuberkeln und Wasseransammlungen gelegt.

Der Mensch ist vermöge seiner Gesammtorganisation, der Construction seiner Zähne und seiner Verdauungsorgane zum Genuß gemischter Nahrungsstoffe angewiesen. Lang andauernder Entzug der einen oder der anderen ist derselben nachtheilig, und es ist daher Gebot der Nothwendigkeit, ja Pflicht, dem Gefangenen auch gemischte Nahrung zukommen zu lassen; durch Einführung animalischer Nahrungsstoffe, durch öfteres Verabreichen von Fleisch und Fleischsuppen, können allein jene eben angeführten Uebelstände beseitigt, oder wenigstens gemindert werden." —

Mit diesen Grundsätzen stimmen auch unsere Erfahrungen und Ansichten vollkommen überein.

Die Physiologie weist nach, daß in jedem thierischen Körper ein beständiger Stoffwechsel stattfindet, durch welchen nach einer gewissen Zeitdauer die verbrauchten Stoffe aus dem Körper ausgeschieden, und durch andere, von außen in den Körper aufgenommene, ersetzt werden. Die Nahrungsmittel, welche zur Vermittelung eines naturgemäßen Stoffwechsels dienen, sind entweder pflanzliche oder thierische.

Es ist nun erwiesen, daß einzelne Bestandtheile der Nahrungsmittel nur zum Stoffwechsel, zum Ersatze der festen Organe des Körpers tauglich sind, während andere dagegen nicht in seine Substanz eingehen, sondern in dem Blute der eingeathmeten Luft entgegengeführt, und durch Unterhaltung des Athmungsprocesses zur Wärme-Entwickelung im Körper verwendet werden; man hat deßhalb die Ersteren plastische, die Letzteren wärmeerzeugende Nahrungsmittel genannt.

Ohne die Integrität und die beständige naturgemäße Function dieser Lebensprocesse kann der thierische Körper nicht auf die Dauer gesund erhalten werden; eine richtig gemischte Nahrung muß deßhalb beiderlei Bestandtheile in dem Verhältniß enthalten, wie es diesen Verrichtungen entspricht, und zur Unterhaltung des nöthigen Gleichgewichtes und der Wechselwirkung beider erforderlich ist. Da die plastischen Nahrungsmittel nahrhafter sind, als die wärmeerzeugenden, und die größere Nahrhaftigkeit der ersteren durch ihren Stickstoffgehalt bedingt ist, so hat man überhaupt den Stickstoffgehalt eines Nahrungsmittels als Maßstab der Ernährungsfähigkeit angenommen; der meiste Stickstoff ist nun in der Muskelsubstanz des thierischen Organismus enthalten.

Es ist ferner erwiesen, daß zum Wiederersatz der Muskelfaser hauptsächlich stickstoffreiche Nahrungsmittel erfordert werden, daß deßhalb Fleischkost in Verbindung mit vegetabilischen Nahrungsmitteln zur Ernährung des Körpers unbedingt nothwendig ist, und wenn auch manche andere Nahrungsstoffe, wie z. B. alle Pflanzensaamen, ebenfalls Stickstoff enthalten, so kömmt derselbe doch nur in einer zur Erreichung des nöthigen Wiederersatzes zu geringen Menge darin vor, abgesehen von der in der Regel schwereren Verdaulichkeit dieser vegetabilischen Stoffe, weßhalb durch pflanzliche Nahrung allein die Ernährung nur unvollkommen vor sich gehen kann, bald Abmagerung eintritt, insbesondere die Muskelkraft geschwächt und die Arbeitsfähigkeit herabgesetzt wird, wie dieß auch größtentheils die mageren Gestalten und das schlechte, wachsgelbe Aussehen der Gefangenen in Strafanstalten, in denen nur vegetabilische Nahrungsmittel gereicht werden, zur Genüge erweisen.

Man hat das Fleisch bei der Gefangenenkost durch andere Nahrungsmittel zu ersetzen versucht, in Frankreich durch Knochengallerte, in Deutschland durch Butter oder Schmalz in vermehrten Zuthaten an die Gemüse und Suppen, hat aber damit den beabsichtigten Zweck nicht erreicht. Daß die Knochengallerte das Fleisch nicht ersetzen kann, und daß die Fette zwar zur Unterhaltung des Athmens und zur Erzeugung der thierischen Wärme dienen, nicht aber in Muskelsubstanz übergehen können, ist durch ein ausführliches Gutachten der Académie des Sciences in Paris vom 2. August 1841 entschieden, in welchem unter Anderem festgestellt wird:

1) Es läßt sich durch kein bekanntes Verfahren ein Nahrungsstoff aus den Knochen ziehen, der für sich oder in Verbindung mit anderen Substanzen das Fleisch ersetzen könnte.
2) Das Muskelfleisch reicht, selbst in geringer Quantität genossen, zur vollständigen Ernährung unbegrenzte Zeit lang hin.
3) Fettige Substanzen können, unvermischt genommen, das Leben eine Zeit lang aufrecht erhalten, veranlassen aber eine unvollständige und unvollkommene Ernährung.

Auch die Anatomie weist durch den Bau und die Beschaffenheit der Kau- und Verdauungsapparate des Menschen darauf hin, daß der menschliche Organismus zur Aufnahme von animalischer und vegetabilischer Nahrung bestimmt sei, was in dem gediegenen Werke des Dr. J. Moleschott über die Nahrungsmittel, S. 163, folgendermaßen nachgewiesen ist: „Wenn der physiologisch-chemische Gesichtspunkt bereits eine Verbindung von thierischer Nahrung mit pflanzlicher als Bedingung der vollkommenen Ernährung erscheinen läßt, so wird dieser Satz in überraschender Weise bestätigt durch die Betrachtung des Baues der Verdauungswerkzeuge des Menschen, welche ihm eine Stelle zwischen den Pflanzenfressern und den Fleischfressern zutheilt. Sowie die Mischung den Bau der Organe bedingt, so hängt die Function von der Organisation ab. Was sich aber bei den Pflanzenfressern und bei den Fleischfressern als Instinkt oder Wille zeigt, ist nichts anderes, als eine Aeußerung stofflicher Verwandtschaft in Folge des formellen Gepräges ihrer Organe. Aus diesem Gesichtspunkte hat es Werth für uns, daß in der Organisation der Verdauungswerkzeuge des Menschen die äußersten Unterschiede der Carnivoren und Herbivoren in einer Weise ausgeglichen sind, daß wir den Genuß pflanzlicher und thierischer Nahrung als unmittelbare Folge davon ansehen müssen.

Betrachten wir den Bau der Zähne, so finden wir beim Menschen die Schneidezähne nicht so lang, wie bei den Nagern, noch so zahlreich und zusammengesetzt, wie bei den Wiederkäuern, aber auch nicht so zugespitzt, wie bei den Raubthieren. Die Backenzähne sind weder so zugespitzt, wie bei den Fleischfressern, noch so gefurcht, wie bei den Pflanzenfressern. Während die Bildung und die Befestigungspunkte der Kaumuskeln zwischen diesen und jenen die Mitte halten, ist der Gelenkkopf des Unterkiefers nicht so geflacht, wie bei den Wiederkäuern, noch so von den Seiten zusammengedrückt, wie bei den Nagethieren, aber auch nicht so stark in die Quere gezogen, wie bei den Raubthieren.

Die Speicheldrüsen des Menschen sind größer als die der Fleischfresser, und kleiner als die der Grasfresser.

Dem Magen des Menschen fehlt es nicht an einem ordentlichen Blindsak, wie so oft dem der Fleischfresser, aber er bleibt auch weit hinter dem vierfach zusammengesetzten Magen der Wiederkäuer zurück. Auch die Größe des Darmkanals, sowie die Größe des Blinddarms läßt es nicht verkennen, daß beim Menschen die Gegensätze der Fleisch- und Pflanzenfresser zur Indifferenz gekommen sind. Der Dickdarm, welcher länger ist, als bei den Raubthieren, und kürze als bei den Wiederkäuern, hat mit letztern die haustra des Grimm-r darmes gemein.

Die größte Aehnlichkeit haben unsere Verdauungswerkzeuge im Allgemeinen mit denen des Affen. Vom Orang-Outang erzählen aber Vosmär und Cuvier, daß er Vegetabilien und Fleisch durcheinander fresse.

Es ist klar, daß die großen Speicheldrüsen und die Länge des Verdauungskanals bei den Wiederkäuern die Umsetzung und Auflösung des Stärkmehls und der Cellulose, sowie auch die Verflüssigung des harten Klebers erleichtern, während der kurze Darmkanal der Raubthiere Speisen bedingt, denen, wie dem Fleisch, ihre nahrhaften Bestandtheile in kurzer Zeit entzogen werden können."

Ueber die Menge des zu verabreichenden Fleisches, welche als geringstes Quantum für Sträflinge ausreicht, bestehen verschiedene Ansichten. Die Académie de Médecine hat in einem Gutachten über die Mittel zur Verminderung der Sterblichkeit in den Gefängnissen die zweimalige Austheilung einer Portion Fleisch für nöthig erachtet; in England wird in allen Zuchthäusern Fleisch verabreicht, in Pentonville 56 Loth in der Woche.

In den badischen Strafanstalten erhält der Gefangene 4 Loth knochenfreies Ochsenfleisch über den anderen Tag; es dürfte dieß zwar für kürzere Strafzeiten ausreichen; jedenfalls ist dieses Quantum das Minimum des Nothwendigen; für längere Strafdauer aber ist es zu wenig, und unsere 6jährigen Erfahrungen sprechen entschieden für die Nothwendigkeit eines größeren Zusatzes von Fleisch bei der Gefangenenkost für alle etwa zu mehr als 2jähriger Zuchthausstrafe Verurtheilten.

Als Erfahrungsgründe können wir dafür anführen:

1) Eine Anzahl jüngerer und älterer — längerzeitig schon in Haft befindlicher Sträflinge können nur manche Gemüse, z. B. Hülsenfrüchte nicht, andere überhaupt gar keine Gemüse mehr ertragen; diese Leute sind ohne Fleisch nur auf die Suppen und das Brod beschränkt, welche wohl zur Körperernährung allein nicht ausreichen.

2) Bei vielen Sträflingen, welche die schweren Arbeiten verrichten, Schreiner, Küfer, Dreher, Schuster u. s. w. reicht nach den gemachten Erfahrungen unsere gewöhnliche Kost mit 4 Loth Fleisch über den andern Tag nicht aus; es muß deßhalb noch eine Brodzulage gegeben werden, so daß diese Leute zwei Pfund Brod täglich genießen; eine Vermehrung des Fleisches wäre aber unbedingt zur Erhaltung ihrer Gesundheit zweckmäßiger.

3) Die nahrhafteren, an Stärkemehl, Schleim und Kleber reichhaltigeren Gemüse, besonders Hülsenfrüchte, verlangen stets mehr Verdauungskraft; dieselben werden aber bei Schwäche der Verdauungsorgane häufig nicht verdaut und assimilirt, und gehen nicht selten unverdaut wieder ab. Leute mit geschwächter Verdauung erhalten also nicht hinreichend Kräfte-Ersatz bei anstrengender Arbeit, während auf der anderen Seite die krautartigen Pflanzenspeisen, Wurzelgemüse, z. B. gelbe Rüben, Rüben, Kraut, Salat u. s. w. zu viel vegetabilische Faser und Wasser enthalten, und ihren geringen Gehalt an Nahrungsstoff nur dem Schleimzucker und Eiweiß verdanken. Es würden deßhalb durch tägliche Verabreichung von Fleisch etwa nach dem zweiten Haftjahr beide Mißverhältnisse ausgeglichen, indem die längerzeitig Inhaftirten mit geschwächten Verdaungsorganen und heruntergekommener Ernährung durch die Suppe, Fleisch und Brod und vielleicht wenig Gemüse hinreichend Nahrungsstoff erhalten, dadurch weniger Verdauungsstörungen vorkommen, und bei Gemüsen

mit zu geringem Nahrungsgehalte das Fleisch diesen Mangel ersetzt.

4) Daß eine zu große Menge vegetabilischer, schwer verdaulicher kleberreicher Speisen durch gehinderte und verminderte Assimilation und Chylification, und dadurch hervorgerufene allmälige Depotenzirung des Blutes Scropheln und Phthisis erzeugen hilft, beweisen die Kranken= und Todenregister der Strafanstalten. In den englichen Strafanstalten hat man dieß schon längst eingesehen, z. B. in Pentonville, wo der Sträfling, nach viermaliger Abänderung der Kost, wöchentlich 56 Loth Fleisch erhält, und wenn man davon auch eine ziemliche Quantität, sogar die Hälfte, auf Englands Klima und Gewohnheit rechnet, so ist doch der Unterschied von 56 Loth Fleich in England, und 16 Loth in unsern Strafanstalten ein zu bedeutender.

7) Daß zu geringer Ersatz für den Kräfteverbrauch in unserer Zuchthauskost liegt, beweist einerseits der Charakter aller vorkommenden Erkrankungen, welche sich immer als Blutentmischungskrankheiten darstellen; andererseits haben wir dieß in unserer Anstalt in vielen Fällen dadurch erprobt, daß Leute mit Dispepsie, verschiedenen Verdauungsbeschwerden, Körperschwäche u. s. w. Krankenkost ohne Medikamente erhalten, und sich dabei meist rasch wieder erholen; der Entfernung von ihrer Arbeit allein kann ich solchen Einfluß nicht zuschreiben, da schwächliche Sträflinge nur mit leichter Arbeit beschäftigt werden, und sie den übrigen Gefangenschaftsverhältnissen auch in den Krankenzellen ausgesetzt bleiben.

In den badischen Strafanstalten wurde früher die Kostbereitung im Soumissionswege an den Wenigstnehmenden vergeben. Die vielfältigen hauspolizeilichen und sanitätlichen Nachtheile dieses Verfahrens bestimmten unsere Verwaltung, auf Bereitung derselben durch Selbstadministration anzutragen, was für das Jahr 1852 und 1853 versuchsweise, und bei den äußerst günstigen Resultaten jetzt für immer genehmigt wurde.

Gesundheit, Leben und Erfolg der Krankenbehandlung sind durch die Kost vorzugsweise bedingt; eigene und fremde Erfahrungen haben zur Genüge erwiesen, daß allerorts im Soumissionswege meist nur eine mittelmäßige, in der Regel aber eine schlechte Kost geliefert wurde, während dabei noch eine Menge anderer Mißstände gar nicht ver=

mieden werden konnten. Schon eine Vergleichung des die Kost bereitenden Personals bei der in Frage stehenden Kostbereitungsart ist hinreichend, jeden Zweifel über die Wahl zu beseitigen.

Bei Vergebung der Kost im Soumissionswege kommen fremde, der Anstalt und deren Interessen nicht verpflichtete, im Gegentheil nur auf ihren eigenen größtmöglichen Vortheil bedachte, durch den niederen Uebernehmungspreis, und die meist kurze Dauer ihres Lieferungsaccordes auf möglichst großen Gewinn hingewiesene Personen, oft weiblichen Geschlechtes in eine Männerstrafanstalt, während die Selbstbereitung durch einen eidlich verpflichteten, zu seinem Lebensunterhalte hinlänglich besoldeten Aufseher geschieht, dem bei gutem Verhalten dauernde Anstellung und Versorgung im Alter in Aussicht gestellt ist.

Wer Lieferung der Gefangenkost im Soumissionswege unternimmt, will dadurch gewinnen, und das Wohl der Gefangenen wird Sache einer Speculation, da der Lieferant bei unvorhergesehenem Steigen der Lebensmittel entweder verlieren, oder schlechte Kost liefern muß, und daß er das letztere wenigstens versucht, wird wohl allgemein angenommen werden müssen.

Diesem Mißstande könnte vielleicht durch eine genaue Controle und Ueberwachung des Lieferanten vorgebeugt werden; wer aber an die Möglichkeit und Durchführbarkeit einer solchen zu allen Zeiten und in allen Fällen glaubt, beweist, daß er nie einem solchen Dienste praktisch vorgestanden hat. Visitationen der Einkäufe nützen wenig, weil diese nachher mit schlechteren Sorten vermischt werden können; in der Küche erhält man immer das beste oben herunter, und in den Zellen können nur wenige Schüsselchen untersucht werden. Die Zuthaten sind beständig von geringster Qualität, und die Schmälzung wird so gering als möglich ausfallen. Wurde ja doch in einer uns bekannten Anstalt das Fett stets wieder herunter geschöpft, nachdem es in Gegenwart des Oberaufsehers gewogen und in den Kessel gethan worden war, und in einem andern Falle waren in das Fett Gewichtsteine eingeknetet, welche natürlich beim Kochen auf den Boden des Kessels fielen, und dort zurückblieben, bis der Unfug entdeckt wurde.

Der nachtheilige Einfluß der Kostvergebung im Soumissionswege erstreckt sich aber nicht allein auf die Beschaffenheit der Kost in Qualität und Quantität, sondern auch auf das Aufsichtspersonale, und zunächst sind die mit Visitation der Kost beauftragten Oberaufseher allen möglichen Bestechungsversuchen ausgesetzt, damit sie ein Auge bei schlechter nicht vorschriftsmäßiger Lieferung zudrücken, und wenn diese sich auch als diensttreue Männer erweisen, so sind deren Frauen häufig weniger standhaft, besonders bei großer Familie und unzureichender Besoldung, und den Männern werden dadurch die Hände im Dienste gebunden.

Die unverheiratheten Aufseher erhalten in unserer Anstalt die Kost gemeinschaftlich aus der Anstaltsküche gegen eine angemessene Vergütung an die Verwaltung; es ist dies für die Verwaltung, den Dienst und die Aufseher von Vortheil, indem den letzteren dadurch die Veranlassung zu vermehrten Ausgaben in den Wirthshäusern der Stadt während des Essens, und die Gelegenheit zu unpassenden Bekanntschaften entzogen wird, die Verwaltung deren außerdienstliche Aufführung und pekuniäre Verhältnisse besser überwachen kann, und der Dienst nur gewinnt, wenn während des gemeinsamen Essens sich ein freundliches und kameradschaftliches Verhältniß unter ihnen bildet, wie auch viele Zeitversäumniß durch das sonst nöthige Hin- und Hergehen zum Essen vermieden wird. Bei Kostbereitung im Soumissionswege kann ein solcher gemeinsamer Tisch für die Diensttreue der Aufseher gefährlich werden, wenn der Lieferant denselben ein gutes Essen zu niederen Preisen verabreicht, damit sie bei schlechter Kostlieferung für die Gefangenen dazu schweigen sollen; erreicht er aber seinen Zweck nicht, so werden die Aufseher ein schlechtes Essen erhalten, sich mit ihm überwerfen, und den gemeinsamen Mittagstisch bald aufgeben.

Als weiteres Motiv zu unseren öfteren Anträgen auf Selbstbereitung der Kost leitete uns die Ueberzeugung der bedeutenden Ersparniß bei diesem Verfahren, und die dreijährigen Resultate desselben haben unsere Annahmen in einem Maße gerechtfertigt, das unsere Erwartungen, trotz mehrfacher unvorhergesehener Verluste, und dem Lehrgelde, das wir als Neulinge in solchem Geschäfte bezahlen mußten, noch überstiegen hat, wie aus nachfolgender Zusammstellung des in den letzten drei Jahren entstandenen Aufwandes für Kostbereitung im Soumissionswege im hiesigen Arbeitshause, und der Selbstadministration in unserer Anstalt hervorgeht, nach welcher in dieser Zeit in unserem Hause gegen 10,000 fl. weniger für die gleiche Anzahl Sträflinge ausgegeben wurde.

Jahr.	Selbstbereitung der Kost in unserer Anstalt.					Kostbereitung im Soumissionswege im hiesigen Arbeitshause.					Ersparniß in unserer Anstalt.	
	Jährlich per Kopf.		Täglich per Kopf.	Gesammtkosten im Jahr auf 350 Gefangene.		Jährlich per Kopf.		Täglich per Kopf.	Gesammtkosten im Jahr auf 350 Gefangene.			
	fl.	kr.	kr.	fl.	kr.	fl.	kr.	kr.	fl.	kr.	fl.	kr.
1852.	31	17	5,17	10949	10	45	15	7,75	15837	30	4888	20
1853.	29	12	4,80	10220	—	34	36	5,68	12110	—	1890	—
1854.	34	—	5,49	11900	—	42	35	7,00	14904	10	3004	10
Summa in 3 Jahren . .	94	29	15,46	33069	10	122	26	20,43	42851	40	9782	30
Durchschnitt auf 1 Jahr . . .	31	30	5,15	11023	3	40	49	6,81	14283	53	3260	50

Von gleicher Wichtigkeit für die Erhaltung der Gesundheit der Gefangenen, wie die Kost, ist das Brod.

Die Zuchthaussträflinge erhalten in den badischen Anstalten täglich ein und ein halbes Pfund Brod; besonders kräftigen, oder mit sehr anstrengender Arbeit beschäftigten Gefangenen wird eine tägliche Zulage von einem halben Pfunde auf Kosten der Verwaltung oder aus ihren eigenen Mitteln verabreicht.

Die Beschaffung desselben geschieht bis jetzt im Soumissionswege; es ist jedoch Hoffnung auf Einführung der Selbstbereitung vorhanden. Dasselbe soll bestehen zur Hälfte aus Kernen oder Waizenmehl, ein Viertel aus Korn-, und ein Viertel aus Gerstenmehl; es muß bei der Ablieferung wenigstens 24 Stunden alt, gut ausgebacken, und gehörig gesalzen sein; die Laibe dürfen nicht wässerig, klotzig, sandig oder aufgerissen geliefert werden; auch muß es frei von bitterem Geschmack und reinlich, überhaupt nach den allgemeinen Polizeivorschriften bereitet sein. Nicht vorschriftsmäßiges Brod kann zurückgeschickt, oder nach Umständen der Polizeibehörde übergeben werden; bei wiederholter vertragswidriger Lieferung steht der Verwaltung das Recht der Strafe bis zu 25 fl. zu.

Wie bei der Kostlieferung, so geben wir auch der Selbstbereitung des Brodes durch eigene Bäckerei bei Weitem den Vorzug. Erfahrungsgemäß wird das Mehl bei Vergebung der Brodbereitung im Soumissionswege theils mit wohlfeileren, weniger nahrhaften, oft nachtheiligen Surrogaten gemengt, Welschkorn-, Wicken- und s. g. Saubohnenmehl, oder es werden dem Teige geradezu schädliche Substanzen beigemischt, die das Aussehen, das s. g. Aufgehen, und die Weiße des Brodes befördern, Alaun, Potasche, oder die Beimischungen sollen das Gewicht desselben befördern, Holzrinden-, Knochenmehl 2c. Da nun solche Beimischungen des Brodes in der Regel nicht augenblicklich einen nachtheiligen Einfluß ausüben, wird die Verfälschung häufig nicht sogleich bemerkt; sie wirkt aber nur desto sicherer allmählig nachtheilig auf die, durch die sonstigen Einflüsse der Gefangenschaft ohnedies geschwächten Verdauungsorgane; die vegetabilischen Beimischungen lassen sich auch chemisch nicht sicher nachweisen; auch wird das Brod von den Lieferanten häufig zu leicht gebacken.

Daß durch die Selbstbereitung des Brodes, wie bei der Kost, Ersparniß entsteht, dafür sprechen die Resultate der eigenen Bäckereien des Freiburger Zuchthauses, der Heil- und Pfleganstalt Illenau und Pforzheim.

Die Qualität und Mischung des Gefangenbrodes ist nicht überall gleich, und richtet sich in der Regel nach der Beschaffenheit des im Lande üblichen Brodes in bürgerlichen Familien; daher erhalten in England und Frankreich die Gefangenen meist schönes, weißes Waizenbrod, bei uns ein gemischtes Schwarzbrod, in Norddeutschland rauhes Kornbrod u. s. w.

Das aus Waizenmehl bereitete weiße Brod ist viel nahrhafter, weil es bedeutend mehr stickstoffhaltige Bestandtheile enthält, als das aus Roggen-, Gersten-, Hafermehl bereitete Schwarzbrod, indem guter Waizen 8 bis 14% stickstoffreiche Bestandtheile, die anderen Früchte nur 3 bis 5% enthalten. Eine geringere Quantität weißen Brodes mit mehr Waizenmehl ist also ebenso nahrhaft, und dabei viel leichter verdaulich, als eine größere Menge Schwarzbrod. Ganz irrig ist es, wenn man glaubt, das Brod durch Kartoffeln ersetzen zu können, oder durch eine Beimischung von Kartoffelmehl zum Brod etwas zu nützen. Der Begriff der Nahrhaftigkeit der Kartoffeln ist überhaupt ein übertriebener, wie jetzt hinlänglich nachgewiesen ist. Wenn man bedenkt, daß die Kartoffeln 75% Wasser, und nur 2,45% blutbildende Bestandtheile, Kornmehl dagegen nur 15% Wasser, und 16% blutbildende Bestandtheile enthält, so wird man finden, daß 20 Gewichtstheile Kortoffeln so viel Nahrung enthalten, als 3 Gewichtstheile Kornmehl, und der Zusatz der Kortoffeln wird nur dann eine wahre Ersparniß, wenn dieselben für gleiches Gewicht weniger als $^3/_{20}$ von Kornpreis gelten. Hat man nun Brod mit $^1/_3$ Kartoffeln gebacken, so geben drei Laibe dieses Brodes etwa so viel Nahrung, als 2 Laibe Kornbrod, abgesehen davon, daß das Kartoffelbrod, obgleich ziemlich gut aussehend, auch wohlschmeckend, sehr leicht fest, teigig und wasserrandig wird, und schwer zu verdauen ist. Jede einfache Suppe von Grauppen, Hirsen, Griesmehl rc. ist deßhalb auch nahrhafter, als Kartoffeln, welche leider in vielen Gefängnissen noch die Hauptnahrung der Gefangenen ausmachen.

Das umgekehrte Verhältniß in Beziehung auf die Nahrhaftigkeit gilt von den Hülsenfrüchten, besonders den Erbsen, die einen sehr bedeutenden Nahrungs-Gehalt besitzen, und deswegen das Brod verbessern; sie geben für sich kein Brod, d. h. kein lockeres Gebäck; doch verträgt das Getreide einen starken Zusatz davon, und gibt ein treffliches Brod, was sehr zu berücksichtigen ist, wenn die Erbsen sehr wohlfeil, und das Getreide sehr theuer ist; drei Gewichtstheile Erbsen sind so nahrungsreich, als fünf Gewichtstheile Korn.

II. Heilanstalten und Heilmittel.

Die Heilanstalten sind in dem neuen Männerzuchthause unvollkommen durch den Mangel eines zur Aufnahme aller Kranken hinlänglich großen Krankenhauses, wodurch der Mißstand entsteht, daß dieselben in zwei verschiedenen, von einander entfernten Lokalen behandelt werden müssen. Vorschläge zur Abhülfe sind in der Beschreibung der Anstalt enthalten; dagegen sind:

Die Heilmittel in hinreichender Zahl und vorzüglicher Beschaffenheit vorhanden; die nöthigen Hospital-Requisiten, Nachtstühle, Uringläser, Spuckschalen, Ordinationstafeln, eigene ausreichende Krankenwäsche und Kleider, Bettfournituren, Krankenmäntel hat der Krankenwärter unter Aufsicht und Verschluß; die täglich nöthigen Arznei-Mittel, Thee, Pflaster, Blutegel werden in größeren Quantitäten angekauft, und stets vorräthig in der Anstalt gehalten. In einer gut eingerichteten Theeküche werden beständig warmes Wasser, und Thee in Bereitschaft gehalten.

Zur Behandlung und Kranken-Pflege sind angestellt, ein Haus-Arzt, Hauswundarzt, welcher zugleich das Rasiren und Haarschneiden der Gefangenen zu besorgen hat, ein Krankenwärter, und dessen Gehülfe behufs der Abwechslung in der Abwartung der schwer Kranken und im Nachtdienste. Die Anstellung eines besonderen Haus-Wundarztes zum Rasiren der Gefangenen ist der Einrichtung mancher Strafanstalten, in welchen dieses Geschäft durch Wundarzneidiener aus der Stadt besorgt wird, vorzuziehen, da die Letzteren häufig wechseln, nicht verpflichtet sind, und deßhalb nicht selten zu Schmuggeleien und heimlichen Correspondenzen nach Außen die Hand bieten.

Die Arznei-Lieferung wechselt in vierteljährigem Turnus unter den Apotheken der Stadt.

Die leichteren, fieberlosen und voraussichtlich in mehreren Tagen wieder hergestellten Kranken werden auf ihren Zellen, die fieberhaften oder chronischen Erkrankungen in den Krankenzellen, und die schwer und lebensgefährlich Kranken, sowie insbesondere die letzten Stadien der Phthisen und Colliquations-Krankheiten, welche beständig besondere Pflege und Abwartung bedürfen, im Krankenhause behandelt.

Die Erfahrung hat uns gelehrt, daß nur die Leichterkrankten sich zur Belassung in der Arbeits-Zelle eignen, indem bei nöthiger Arznei und Krankenkost die Austheilung derselben in die Arbeitszellen theils mit Mühe und sonstigen Mißständen verbunden ist, theils die richtige Einhaltung der gegebenen ärztlichen Vorschriften der Verköstigung, und das Einnehmen der Arznei nicht controlirt werden kann.

Besondere Berücksichtigung bedürfen die chronisch und die schwer erkrankten Gefangenen in der Einzelhaft. Es ist eine täglich überall wahrzunehmende Erfahrung, daß mit Abnahme und Schwächung der Körperkraft durch Alter oder lange Krankheit auch die Energie und Spannkraft des Geistes und Characters sich vermindert, und daß die meisten, in gesunden Tagen sehr entschlossenen und willenskräftigen Menschen durch lang andauernde Erkrankung weicher, empfindlicher und ängstlicher werden. Reconvalescenten von schweren Krankheiten befinden sich oft Wochen- und Monatelang in einem eigenthümlichen Zustande der Schwäche; nicht kräftig genug zu körperlicher Arbeit, nicht aufgelegt zu ernster geistiger Beschäftigung oder Lectüre, bedürfen sie selbst zu ihrer rascheren Wiedergenesung der Zerstreuung und Erheiterung durch eine freundliche Umgebung. Derartige Kranke werden deßhalb in den Zellen längerer Behandlung bedürfen, und mehr Noth leiden, als es das Gesetz beabsichtigt, und es müssen deßhalb solche schwer Erkrankte in dem letzten Stadium der Phthisen und Colliquations-Krankheiten, welche das Bett nicht mehr allein verlassen können, und zu allen leiblichen Verrichtungen der Unterstützung bedürfen, abgesehen davon, daß bei ihnen die Isolirung gar keinen Zweck mehr hat, schon behufs der Pflege und Abwartung entweder zu anderen leichteren Kranken gebracht, oder denselben besondere Wärter beigegeben werden. Es ist deßhalb in unserm Krankenhause ein kleiner gemeinschaftlicher Krankensaal mit sechs Betten, und neben demselben ein Zimmer mit zwei Betten hergerichtet, wohin alle länger als 3 Monate Erkrankten, und die schwer Kranken verbracht, und durch einige von der Einzelhaft entbundenen Gefangene oder dort befindliche Reconvalescenten gepflegt und abgewartet werden. Die Rückversetzung solcher Gefangener in ihre Zelle nach erfolgter Genesung kann ohne allen Anstand geschehen, und der Umstand, daß sie im gemeinschaftlichen Krankensaale einige Mitgefangene haben kennen lernen, wird das System nicht beeinträchtigen, weil man dieselben nach erfolgter Wiederherstellung in verschiedene Flügel versetzen kann; meistentheils aber werden solche schwer Kranke nicht mehr zur Einzelhaft tauglich, und in den gemeinschaftlichen Arbeitssaal verbracht.

III. Krankheiten.

Jede Gefangenschaft in jedem Gefängniß und nach jedem Haftsystem ist ein widernatürlicher Zustand des Menschen, welcher die Gesundheit der ihr Unterworfenen naturgemäß mehr oder weniger gefährden muß; es werden deßhalb die Krankheits- und Mortalitäts-Verhältnisse in den Straf-Anstalten immer ungünstiger sein, als bei der freien Bevölkerung.

Die baulichen und inneren Einrichtungen der Gefängnisse, die Strafdauer und Art des Strafvollzuges muß natürlich den mächtigsten Einfluß auf die Gesundheit der Gefangenen ausüben, und es ist eine erfreuliche Wahrnehmung, daß durch die in neuerer Zeit allerorts dem Gefängnißwesen zugewendete vermehrte Aufmerksamkeit der Regierungen und der öffentlichen Meinung der Zustand der Gefängnisse in allen Ländern wesentlich verändert, insbesondere die sanitätspolizeilichen Verhältnisse bedeutend vervollkommnet wurden, und daß auch die allmählige Verdrängung der strengen Abschreckungstheorie mit ihren ebenso inhumanen als unwirksamen Zuchtmitteln als alleiniger Strafzweck nicht wenig zur Verbesserung der körperlichen und geistigen Lage der Gefangenen, somit des Gesundheitszustandes derselben beigetragen hat.

Die Krankheiten der Gefangenen sind im Allgemeinen eigenthümlicher, durch die Verhältnisse der Gefangenschaft bedingter Natur. Während bei der freien Bevölkerung das Alter, die Körper-Constitution, die Lebens-Verhältnisse, die Jahres-Zeit und die Witterung einen mächtigen Einfluß auf die Entstehung derselben, auf ihre Art, Zahl und Dauer ausüben, zeigt sich bei der Gefängniß-Bevölkerung ein, unter den verschiedensten Verhältnissen ziemlich gleichmäßig ausgeprägter eigenthümlicher Krankheits-Charakter, indem die meisten Erkrankungen das Gepräge der Blutschwäche und Säfteentmischung tragen, in Folge deren dann die eigentlichen Zuchthaus-Krankheiten, die Dyscrasien und Cachexien sich entwickeln. Durch die in den Verhältnissen der Strafanstalten gelegenen schädlichen Einflüsse muß deßhalb besonders die Butmischung und Ernährung in ihrer normalen und gesundheitsgemäßen Funktion beeinträchtigt und untergraben werden, und schon ein Blick auf das blasse, häufig wachsgelbe und abgemagerte Aussehen der Gefangenen in vielen Strafanstalten kann jeden Sachverständigen von der Richtigkeit dieser Annahme überzeugen.

Als die vorzüglichsten Ursachen dieses atonischen und kachectischen Krankheits-Charakters glaube ich, annehmen zu müssen:

1) Häufig schon sehr geschwächte, durch ungeregeltes, unmäßiges und ausschweifendes Leben, oder durch schlechte Ernährung in Folge der Armuth vor der Verhaftung, oder durch lange Untersuchungs-Haft heruntergekommene Gesundheits-Verhältnisse der Neueingelieferten, welche dann die Keime und Anlagen zu den sich in der Gefangenschaft entwickelnden Krankheiten schon mit in die Strafanstalt bringen.

2) Schlechte ungenügende Lufterneuerung der Zellen und Säle, also bauliche Fehler, oder Ueberfüllung der Anstalten, worüber ich

mich in der Beschreibung unserer Anstalt ausführlich ausgesprochen habe.

3) Zu wenig Körperbewegung im Freien, deren Nothwendigkeit zur Erhaltung der Gesundheit allgemein anerkannt ist. In Einzelhaft ist dem Gefangenen mehr Gelegenheit dazu gegeben, da er außer dem täglich zweimaligen Spaziergange im Hofe, in seinen arbeitsfreien Stunden, sodann an Sonn- und Feiertagen in der Zelle auf und abgehen kann, während die nöthige Ordnung in den gemeinschaftlichen Sälen den Sträflingen das Verlassen des angewiesenen Platzes nicht gestattet.

4) Ungesunde Beschäftigung der Gefangenen, worüber in dem Kapitel über den Gewerbsbetrieb bereits die erforderlichen Winke gegeben sind.

5) Gemüthsbewegungen, welche zwar in den Verhältnissen der Gefangenen nicht zu vermeiden sind, aber sicher durch verständige und vorschriftsmäßige Behandlung und eine menschliche Hauszucht verringert werden. Der gemüthlichen Depression wird im Allgemeinen viel zu wenig Einfluß auf die Erkrankungen in Gefängnissen zugeschrieben, und jeder erfahrene Gefängnißarzt wird die Erfahrung bestätigen, daß bei gemüthlich sehr gedrückten Gefangenen durch oft ganz unbedeutende Krankheits-Ursachen schwere, in keinem Verhältnisse zu jenen stehende Erkrankungen hervorgerufen werden.

Vor Allem aber muß der fast in allen Straf-Anstalten Deutschlands eingeführten unzweckmäßigen, in Qualität und Quantität ungeeigneten, insbesondere der vorherrschend vegetabilischen, kleberreichen und schwer verdaulichen Nahrung der Gefangenen nach meiner Ueberzeugung der größte Theil des nachtheiligen Einflusses der Gefangenschaft auf die Gesundheit der ihr Unterworfenen zugeschrieben werden, und es ist in der That auffallend, daß dieser nächste und natürlichste Erklärungs-Grund der Blutzersetzung und des Mangels an Körperernährung nicht allerorts erkannt, und wie in Amerika, England, Belgien, Italien und andern Ländern, den Gefangenen die zur Erhaltung der Gesundheit erforderliche Nahrung in Qualität und Quantität verabreicht wird.

Man hat vielfach die Gefangenenkost nach der Menage des Militairs eingerichtet; es entstunden aber bald Klagen der Gefangenen über Hunger und Kräfteabnahme, welche Erscheinungen durch die vollkommen verschiedenen Verhältnisse des Soldaten und des Gefangenen, und des deshalb auch verschiedenen Nahrungsbedürfnisses bei beiden hinreichend erklärt werden. Während die Soldaten alle im kräftigsten Lebensalter und vollkommen gesund aus dem elterlichen Hause oder sonstigen günstigen Verhältnissen zu nur 1—3 jährigem Dienste in die Regimenter eingereiht werden, und ihre Beschäftigung abwechselnd in, der Gesundheit äußerst förderlichen körperlichen Uebungen in freier Luft, oder dem weniger anstrengenden Wachedienst besteht; während sie Alle Löhnung, und die meisten noch beständig Unterstützung von Hause erhalten, wofür sie sich in der Kost aufbessern können, und in dem ganzen Militairdienst durchaus keinerlei niederdrückende, im Gegentheile durch das gemeinschaftliche Zusammenleben in der Kaserne, der Garnison durch die zur Erholung hinlänglich gestattete Zeit, durch das zeitweise während ihres Urlaubs mögliche Wiedersehen ihrer Eltern und Freunde, und das Fehlen der Sorgen für eine zu Hause darbende Familie rc. nur erheiternde und ermundernte Gemüthseindrücke auf sie einwirken, kommen die Gefangenen in jedem Lebensalter auf längere, 3—6—12 jährige bis lebenslängliche Haftzeit, oft schon nach längerer Untersuchungshaft, meist aus elenden und dürftigen Verhältnissen geschwächt in die Strafanstalten, werden das ganze Jahr über zu harter und angestrengter, mehr oder weniger der Gesundheit nachtheiliger Arbeit in geschlossenen Räumen angehalten, und sind durch die gezwungene Trennung von den Ihrigen, deren Noth, durch Gewissensbisse und durch die Aussicht auf eine langjährige Gefangenschaft niedergedrückt. Daß zur Erhaltung der Gesundheit unter solchen Verhältnissen mehr Widerstandskraft des Körpers gegen entstehende Erkrankung bei derartigen, täglich einwirkenden schädlichen Einflüssen vorhanden sein muß, als bei den in jeder Beziehung günstigeren Lebensverhältnissen des Militairs, bedarf wohl keiner weiteren Begründung.

Es folgen hier

I. Die Tabelle der eigentlichen Erkrankungen der fünf letzten Jahre, welche besondere Krankenpflege bedurften, und in den Krankenzellen oder in dem Krankenhaus behandelt wurden.

Krankheiten.		1850	1851	1852	1853	1854
Allgemeine Erkrankungen.	Rheumat. Fieber, Gelenksrheumatismen	65	21	10	17	20
	Wechselfieber	70	5	3	12	11
	Hämorrhoidalleiden	7	3	—	3	5
	Augenleiden	6	6	8	4	5
Krankheiten des Halses, Herzens und der Lunge.	Halsentzündung	3	7	7	3	1
	Katarrhfieber und Katarrhe	47	41	36	42	23
	Brustfell- und Lungenentzündung	1	4	2	1	10
	Lungenschwindsucht	16	14	9	7	6
	Bluthusten, scorbutischer oder aus Blutschwäche	2	5	3	1	6
	Asthma	—	4	4	2	5
	Brustwassersucht	—	3	1	—	—
	Herzkrankheiten	2	—	2	1	—
Krankheiten der Verdauungs-Organe.	Typhus, Schleimfieber	5	1	—	4	2
	Gastrische, gallichte u. s. w. Fieber	88	49	55	50	34
	Unterleibs-Entzündung, chronische	1	—	—	1	5
	Blutbrechen	1	2	—	—	—
	Ruhr, Durchfall	—	2	7	2	2
	Kolik	—	5	2	3	2
	Verdauungsschwäche, Dyspepsie	18	21	22	18	18
	Bandwurm	—	2	1	—	—
Cachexien, Blutzersetzungs, Blutschwäche-Krankheiten.	Scrophelsucht	15	9	10	8	9
	Wassersucht	1	—	1	—	—
	Allgemeine Kacherie, Marasmus	—	—	—	2	1
	Hirnschlag, in Folge von wässrigem Exsudat	1	1	1	—	—
	Breigh'sche Krankheit	—	—	1	1	—
Nerven-Leiden.	Neuralgie	—	—	—	2	—
	Epilepsie	1	2	—	1	—
	Rückenmarks-Lähmung	—	—	—	2	2
Krankheiten der Harn- u. Geschlechts-Theile.	Blasenkatarrh	2	—	1	5	—
	Incontinens, Striktur	3	—	—	1	—
	Wasserbruch	3	—	2	—	—
	Syphilis, secundäre	3	4	1	1	—
Aeußerliche Leiden.	Hautausschlag	12	7	8	5	3
	Absceß, Wunden, Contusion, Geschwüre	27	16	7	9	12
	Summe	410	234	204	211	182

II. Tabelle der leichteren, in den Arbeitszellen behandelten Erkrankungen, die in den meisten Fällen keine Arbeitsunfähigkeit zur Folge hatten.

	Krankheiten.	1850	1851	1852	1853	1854
Innere Leiden.	Fieberlose Katarrhe	25	54	76	51	52
	Blutspeien ohne Entzündung oder Fieber	—	4	1	—	—
	Gastricismus, Obstruction, Sodbrennen u. s. w.	105	87	60	68	66
	Verdauungsschwäche Dispepsie	41	29	25	12	24
	Kolik	3	11	4	7	12
	Würmer	2	11	11	12	10
	Durchfall	10	16	10	10	40
	Rheumatismus	85	105	80	48	70
	Hals-Entzündung	4	10	10	4	7
	Wechselfieber, leichtere	8	3	1	—	5
	Hämorrhoidalleiden	14	13	24	15	29
	Leichtere Augenleiden, Nachtnebel	10	5	10	6	8
	Scropheln	29	20	16	19	24
Aeußerliche Krankheiten.	Hautausschläge, Absceß, Geschwüre	19	20	26	19	40
	Kropf, Sattthals	1	—	—	3	6
	Syphilis, zur Beobachtung	—	2	1	—	—
	Summe	441	420	301	310	393

Ueberblicken wir die in den vorliegenden Tabellen enthaltenen Erkrankungen in ihrer Zahl und Art, so treten als auffallende Erscheinungen hervor: die Abnahme der Krankenzahl in den letzten Jahren gegen die ersten, das seltene Auftreten der entzündlichen Krankheitsformen bei der großen Menge Gefangener aus den jugendlichen und kräftigsten Lebensjahren, und das Vorwiegen der Störungen der Respirations- und Verdauungsorgane mit den daraus hervorgehenden dyscrasischen Leiden. —

Die höhere Krankenzahl in den ersten Jahren nach Eröffnung der Anstalt war hauptsächlich hervorgerufen durch mangelhafte bauliche und innere Einrichtungen, Anfüllung derselben mit Gefangenen aus gemeinschaftlicher Haft nach schon längerzeitiger Gefangenschaft, die große Zahl der politisch Verurtheilten aus den höhern Ständen und vorgerückten Lebensaltern im Jahr 1849 und 1850, durch unzweckmäßig eingerichteten Gewerbsbetrieb und häufig schlechte Kost, so lang dieselbe im Soumissionswege bereitet wurde. Daß diese nachtheiligen Einwirkungen zum großen Theil gehoben sind, beweist die Abnahme der Erkrankungen und die, anderen Strafanstalten gegen=

über nicht ungünstigen, in den letzten Jahren ziemlich constanten Krankheitsverhältnisse.

Die wenigen vorgekommenen entzündlichen Krankheitsformen waren einige Augen-, Hals- und Lungenentzündungen, die ersteren nur leichterer Natur, und in kurzer Zeit gehoben; die letzteren dagegen zeigten in ihrem ganzen Auftreten und Verlaufe den atonischen Krankheits-Charakter, waren mehr passive Entzündungen mit häufig schon in den ersten Tagen auftretenden wässerigen und eitrigen Ausschwitzungen, und gingen in mehreren Fällen in Lungenschwindsucht über. Allgemeine und örtliche Blutentziehungen wurden deßhalb äußerst selten, und immer nur mit großer Vorsicht angewendet, indem die Erfahrung uns lehrte, daß man den Gefangenen eher Blut geben, als entziehen sollte.

Dagegen traten die rheumatischen und einfachen katarrhalischen Leiden in überwiegender Zahl auf, wurden besonders durch die, bei dem beständigen Aufenthalte der Gefangenen in geschlossenen Räumen, wohl auch bei der allgemeinen mit der Zeit eintretenden Schwächung des Gesammt-Organismus hervorgerufene weichere, gegen Witterungseinflüsse empfindlichere Beschaffenheit der Haut bedingt, wobei dann bei den neu eingelieferten und kräftigeren Gefangenen in Folge ihrer größeren Widerstandsfähigkeit einfache Rheumatismen, bei von Natur aus schwachen, durch die Ausdünstung des Gewerbes, den dabei erzeugten Staub, oder die vermehrte Anstrengung der Brustorgane gereizten, und deßhalb zur Erkrankung geneigten Lungen, Katarrhe sich entwickelten. Hinlängliche Bewegung in freier Luft, Berücksichtigung der Gesundheitsverhältnisse und Strafdauer der Gefangenen bei Zutheilung derselben zu den Gewerben, und insbesondere in Zellengefängnissen Sorge für gut schließende Zellenfenster und Thüren, wodurch der feine, beständig den schwitzenden Körper des zwischen Fenster und Thüre arbeitenden Gefangenen treffende Zug vermieden wird, beugen am besten der Entstehung dieser Krankheiten vor.

Die Zahl der wirklich vorgekommenen rheumatischen Leiden darf in Strafanstalten sicher auch geringer angenommen werden, als sie in den Tabellen erscheint, weil dieselben durch keine äußerlich wahrnehmbare Krankheitserscheinung vom Arzte mit Sicherheit erkannt werden können, sondern die Klage des Erkrankten allein, in den leichteren Fällen wenigstens, demselben deren Vorhandensein und den Sitz des Uebels anzeigt. Als eine Gelegenheitsursache zur Entstehung der Rheumatismen wurde in neuerer Zeit in England die Füllung der Matrazen mit Seegras angenommen, weil dasselbe durch seinen nicht unbedeutenden Salzgehalt Feuchtigkeit und Kälte erzeugt, welcher der entkleidete Körper während der Nacht ausgesetzt ist.

Bedenklicher als die einfachen Brustkatarrhe sind die *Katarrhfieber* in den Strafanstalten, weil sie häufig das erste Stadium der Lungenschwindsucht bilden; es sollte deßhalb bei jedem Auftreten einer auch noch so unbedeutend scheinenden Brustaffektion eine genaue und öftere Untersuchung der Brust nie unterlassen werden, weil bei dem subacuten Charakter dieser Krankheitsform alle auf anderen Wegen wahrnehmbare Krankheitserscheinungen das schon vorhandene tiefere Brustleiden nicht immer erkennen lassen, und bei Vernachlässigung dieses ausgezeichneten Hilfsmittels in der Diagnose der Brustkrankheiten die Kranken in das unheilbare Stadium treten können, ohne daß es der Arzt bemerkt.

Am zahlreichsten unter allen Erkrankungen waren *die Leiden der Verdauungsorgane* vertreten, zum größten Theile nur von leichterer, vorübergehender Art und Bedeutung, nicht selten nachweisbar bedingt durch schlechte, nicht vorschriftgemäße Kostlieferung, so lange dieselbe noch auf dem Soumissionswege bereitet wurde. So zeigten sich an gewissen Tagen nach dem Genusse mancher Speisen, z. B. des Sauerkrautes, eine Menge Durchfälle und Coliken; in anderen Fällen ertrugen ältere oder schon längerzeitig gefangene Sträflinge die Hülsenfrüchte nicht mehr, welche unverdaut wieder abgingen, und Gastricismen, Magensäure &c. verursachten. Die bedeutende Abnahme dieser Erkrankungen in den letzten drei Jahren beweist, daß auch diese Gelegenheitsursache zu Erkrankungen jetzt entfernt ist. Durch längerzeitige Einwirkung dieser schädlichen Einflüsse, besonders bei geschwächten Verdauungsorganen, bildeten sich allmählig die in jeder Strafanstalt einheimischen chronischen Verdauungsstörungen, Dyspepsien, und in Folge derselben die Scropheln in ihren verschiedenen Formen aus. Die bewährteste Behandlung aller dieser Krankheiten bestand einfach in längerzeitiger Verabreichung der Krankenkost mit mehr animalischer Nahrung, und Gestattung von vermehrter Bewegung in freier Luft und Gartenarbeit.

In einem eigenthümlichen Zusammenhange mit den Erkrankungen des gastrischen Systemes stand in vielen Fällen die Entwickelung der Lungenleiden. Nach öfteren Verdauungsbeschwerden entwickelten sich chronische Katarrhe mit schmerzhaften Stichen in der Brust, Beklemmung, Hüsteln und Kurzathmigkeit; nach längerer oder kürzerer Dauer dieser Krankheitserscheinungen stellte sich häufig plötzlich Blutauswurf, oder ohne diesen vermehrter Husten und Auswurf und alle Zeichen der entwickelten Lungenschwindsucht ein. Daß durch Untergrabung der Blutmischung und Ernährung Phthisis erzeugt werden kann, bestätigen auch die Erfahrungen englischer Aerzte, welche diese Krankheitsform deßhalb Phthisis dispeptica genannt haben.

Daß Tuberkulosis und Scrophulosis mehr und mehr als identische, wenigstens ganz nahe verwandte Krankheitsformen zu betrachten sind, und oft nur durch ihren Sitz sich unterscheiden, haben uns zahlreiche Erfahrungen überzeugt, und wird durch ihren physikalischen Charakter sowohl, als durch ihre gleichen Ursachen, gleichen Verlauf und gleiche Behandlung begründet, und wenn auch ein und dieselbe Cacherie im jugendlichen Alter als Scrophulosis, im späteren als Tuberkulosis auftritt, in den verschiedenen Lebensperioden also verschieden scheinende Krankheitsformen zeigt und verschiedene Organe befällt, so ist dieß dadurch zu erklären, daß in der Periode des größten Wachsthums des Körpers, im jugendlichen Alter, die Thätigkeit der den Stoffwechsel vermittelnden Organe, der Drüsen, mehr in Anspruch genommen wird, und diese dann der Sitz dieser Erkrankung werden, während im Jünglings- und Mannesalter die stärkere Entwickelung der Brustorgane einen vermehrten Zug der Säfte dorthin bedingt, und diese mehr zur Erkrankung geneigt macht, und so dieselbe Cacherie dort Scrophelsucht, hier Schwindsucht erzeugt.

In gewöhnlichen Lebensverhältnissen ist zwar das Auftreten der Scropheln, insbesondere der in den Strafanstalten am häufigsten vorkommenden und leichtesten Formen derselben, der Halsdrüsen-Anschwellungen, auf das kindliche und jugendliche Alter beschränkt, und die meisten bei Erwachsenen in Behandlung kommenden derartigen

Erkrankungen sind Ueberreste der in jener Lebensperiode nicht zur Heilung gekommenen Cachexie. Das Auftreten derselben in den Strafanstalten auch noch in den späteren Lebensperioden wird durch die Einwirkung derselben Gelegenheitsursachen bedingt, welche deren Entwickelung im jugendlichen Alter zu Grunde liegen, in der Freiheit aber bei der ärmeren Bevölkerung in der Regel durch andere, ihrer Entstehung entgegenwirkenden Factoren, Licht, Luft, Bewegung u. s. w., wieder ausgeglichen werden, nämlich in zu sehr in Anspruch genommener, oder mehr noch in krankhaft veränderter Thätigkeit der Drüsen, ungenügender und unzweckmäßiger Ernährung, und Beeinträchtigung der übrigen, zur Beförderung eines normalen Stoffwechsels erforderlichen Bedingungen; auch muß bei der Gefängnißbevölkerung immer ein Theil der entstandenen Scrophel-Leiden constitutionellen und erblichen Anlagen zugeschrieben werden.

Die Zahl der an Scropheln aller Art in Behandlung gewesenen Kranken ist als eine, im Verhältniß zu den meisten anderen Strafanstalten höchst geringe zu betrachten; es waren meist leichtere Halsdrüsen-Anschwellungen und Geschwüre, und nur wenige Augenentzündungen, Knochenaufreibungen und tiefere, aus der Theilnahme des Gesammtorganismus entstandene Leiden. Die aus der gemeinschaftlichen Haft zu uns versetzten Gefangenen waren dieser Krankheitsform häufiger unterworfen, brachten wohl auch meist die Keime derselben mit in unsere Anstalt, wo sie dann zur Entwickelung kamen; auch gewannen die schon vollkommen entwickelten und zum Theil bösartigen Formen dieser Cachexie in unserem Hause bald ein besseres Ansehen, und wurden meistentheils in kürzerer oder längerer Zeit bei dem Gebrauche des Leberthran's ohne weitere Krankenverpflegung geheilt, welche günstige Resultate wir hauptsächlich der guten Ventilation in den Zellen und der gut zubereiteten Kost zuschreiben.

Die schwersten, jeder Kunsthilfe trotzenden Zuchthauskrankheiten, die Phthisen, sind auch in unserer Anstalt in nicht unbeträchtlicher Anzahl zur Behandlung gekommen, und es wird das Bestreben, durch zweckmäßige bauliche und innere Einrichtungen der Strafanstalten der Entstehung derselben vorzubeugen, immer günstigere Erfolge bieten, als die umsichtigsten Bemühungen der Aerzte in der Heilung der schon entwickelten Krankheit.

Als Hauptursachen der Lungenschwindsucht in den Gefängnissen sind nach unseren Erfahrungen anzunehmen:

I. Den Gesammtorganismus schwächende Einflüsse, wodurch die Widerstandskraft des Körpers gegen die Nachtheile der Haft vermindert, und Depotenzirung des Blutes und plastischen Lebens erzeugt wird. Diese sind:

a) Ungenügende Ventilation, verdorbene Luft, Mangel an hinreichender Bewegung im Freien, besonders bei sitzender Beschäftigung.

b) Den Verdauungskräften nicht entsprechende oder zum Kräfteersatz unzureichende Nahrung.

c) Onanie.

d) Anhaltend niedergedrückte Stimmung, häufige Gemüthsbewegungen.

II. Spezielle Schwächung der Lungen, und daher Steigerung der Krankheits-Empfänglichkeit derselben; dies geschieht:

a) Durch wiederholte Erkrankungen derselben, häufige Catarrhe.

b) Durch fortwährende mechanische Reizung der Lungen durch Einathmen einer mit vielen Staubtheilchen vegetabilischer oder mineralischer Stoffe verunreinigter oder zu sehr animalisirter Luft.

c) Durch eine, mit den Kräften des Gesammtorganismus und der Lungen nicht im Verhältniß stehende Ueberreizung derselben durch allzugroße körperliche Anstrengung bei den harten Gewerben, bei schon vorhandener Krankheitsanlage oder schwächlicher Constitution.

III. In unserer Anstalt wirkten in den ersten Jahren nach der Eröffnung einige weniger zweckmäßige bauliche und innere Einrichtungen prädisponirend zur Lungenschwindsucht ein. Dahin sind zu zählen:

1) Die zu weich gebrannten Backsteinplättchen der Fußboden in den Zellen, wodurch ein großer, den Athmungsorganen nachtheiliger Staub entstand. Dieselben werden jetzt nach und nach durch härter gebrannte Bodenplatten ersetzt, oder mit einer Mischung von heißem Leinöhl und Silberglätte bestrichen, wodurch deren Oberfläche dichter und fester wird.

2) Der durch den Gebrauch des Oeles als Beleuchtungsmaterial entstehende dicke, den Augen und den Lungen nachtheilige Oeldampf wird im nächsten Jahre durch Einführung der Gasbeleuchtung beseitigt.

3) Die Luftheizung war nach Eröffnung der Anstalt in mancher Beziehung in unvollkommenem Zustande, wodurch zu große Hitze in der einen, und zu geringe Zuleitung der Wärme in anderen Zellen entstand, und mußte durch mancherlei Verbesserungen nach und nach geregelt werden, wie in der Beschreibung der Anstalt dargethan ist.

4) Die Einführung mancher geradezu ungesunden, für einen Mann zu schweren, und die zu große Ausdehnung der sitzenden Gewerbe in der ersten Zeit nach Bezug des Hauses. (Fournierschneiden, Cigarrenkistenfabrikation, Garnspinnen, Stricken, zu große Ausdehnung des Wollgewerbes.)

Ob vielleicht auch das Schweigen während des größten Theiles des Tages, und der dadurch bedingte Mangel an Uebung und Thätigkeit der Lungen in den Strafanstalten prädisponirend zu Lungenkrankheiten einwirken kann, da bekanntermaßen durch lautes Sprechen Singen u. s. w. selbst schwache Lungen gestärkt werden, lassen wir dahingestellt.

Die in den ersten Jahren in ziemlicher Anzahl aufgetretenen Wechselfieber haben jetzt, mit Ausnahme einiger sporadischer, zum Theil eingeschleppter Fälle, fast ganz aufgehört, und waren theils durch die Verhältnisse der Haft im Allgemeinen bedingt, theils aber wohl auf Rechnung örtlicher, in dem Neubau selbst gelegener, und durch allmählige Austrocknung des Gebäudes und des etwa 20 Fuß tief abgegrabenen Platzes, auf welchem die Anstalt steht, entstandener Ursachen zu setzen.

Die übrigen in der Tabelle aufgeführten Erkrankungen sind theils allerorts vorkommende, weniger mit der Gefangenschaft, als mit den besonderen Gesundheitsverhältnissen der Erkrankten zusammenhängende Leiden, theils durch das vorgerücktere Lebensalter bedingt, theils äußere Krankheiten, und bedürfen deßhalb keiner besonderen Würdigung.

Die in der Tabelle Nr. II. angegebenen leichteren Erkrankungen sind ihrer Zahl nach, wie die schwereren, nicht sehr bedeutend. Dieselben wurden in den Arbeitszellen behandelt und waren größtentheils nur leichtere, vorübergehende Erkrankungen der Verdauungsorgane oder äußere Leiden, die in wenigen Tagen, oft ohne Arzneimittel, durch Diät, Ruhe, ein Brech- oder Abführmittel, einen Thee, ein Pflaster, oder eine Einreibung gehoben waren, bei denen die Erkrankten in der Freiheit meist nicht daran gedacht hätten, ärztliche Hilfe zu suchen; auch mag immerhin Simulation aus allen möglichen Gründen ihren Antheil bei manchen dieser Krankmeldungen gehabt haben; bei Verdacht derselben war Diät auf einige Tage, ein Senfteig oder ein Vesikator die schnellste und sicher wirkende Kurmethode. In der Strafanstalt beeilen sich die meisten Gefangenen bei jedem, wenn auch noch so unbedeutenden Leiden, den Arzt zu Rathe zu ziehen, theils um Befreiung von der Arbeit, oder bessere Kost zu erhalten, theils um für eine einzureichende Begnadigungs-Bitte die Unterstützung eines ärztlichen Zeugnisses zur Seite zu haben, theils aber auch, weil besonders nach längerer Gefangenschaft und bei abnehmender Körperkraft jedes noch so unbedeutende Unwohlsein die Gefangenen beängstiget, und die Krankenverpflegung ja nichts kostet.

Unter den äußeren Leiden bildet der Nachtnebel eine interessante, hauptsächlich nur in Strafanstalten vorkommende Erkrankung.

In den fünf hier verzeichneten Jahren ist dieses Augenleiden nur in wenigen Fällen aufgetreten; dagegen waren im Jahre 1849 mehr als 70 Gefangene davon befallen, wie es auch bald häufiger, bald seltener in allen Strafanstalten zeitweise sich zeigt.

Die Hemeralopia, Coecitas nocturna, ist in unseren Zuchthäusern bei allen alten Sträflingen unter dem Namen des „Nachtnebels" hinlänglich bekannt. Die Kranken klagen alle den Tag über schon, die jüngeren Sträflinge mit ganz gutem Sehvermögen weniger, als die älteren mit schwächlicheren Augen über Abnahme der Sehkraft und große Ermüdung der Augen durch die Arbeit; gegen Abend beginnen alle Gegenstände in ihrer Zelle, besonders aber das Licht, mit einem dicken Nebel oder Dunstkreis sich zu umhüllen, erscheinen grauschwarz, oft wie unterbrochen; diese Empfindung nimmt nach Anzünden des Lichtes etwa eine Stunde lang zu, bleibt sich dann gleich, und ist Morgens beim Erwachen bis auf eine große Empfindlichkeit der Augen verschwunden.

An den Augen selbst war in manchen Fällen keine andere Veränderung, als große Trägheit der Bewegung der Regenbogenhaut,

Mangel an Reaction derselben gegen das Licht, und mattes, glanzloses Aussehen derselben wahrzunehmen; bei den meisten Kranken aber zeigte sich die Pupille beständig erweitert, fast unbeweglich, in mehreren Fällen verzogen und eckig, die Bindehaut des Auges schmutzig, oder bläulich weiß, auch öfters injicirt; die Augen selbst weit aufgerissen, der Blick starr, der Kopf meist vorwärts geneigt, dem zu erkennenden Gegenstande genähert, und die Nothwendigkeit einer Anstrengung zum Sehen deutlich wahrnehmbar; es erkrankten stets beide Augen zugleich.

Diese Krankheit erschien meist als Reflex eines Leidens der Verdauungsorgane, und es waren in der Regel Gastricismen, Obstructionen, Dyspepsien, schlechtes, blasses, erdfahles Aussehen der Gefangenen vorausgegangen. Es wurden meist Sträflinge nach schon längerzeitiger Haft und öfteren Erkrankungen, mehr alte als junge Leute davon befallen; die meisten Erkrankungen kamen bei den Gewerben mit sitzender und feinerer Arbeit vor; unter 21 im Frühjahr 1849 davon Befallenen waren 5 Weber, 4 Schuster, 6 Schneider, 2 Litzenschuhmacher und nur 4 Schreiner und Küfer. Die Durchschnittsdauer betrug 4 Wochen, und es wurden alle davon Erkrankten ohne irgend eine bleibende Augenschwäche oder einen Rückfall geheilt.

Daß die Nachtblindheit besonders durch gestörte Hautausdünstung, in Verbindung mit gastrischen und gallichten Unreinigkeiten hervorgerufen wird, ist theils durch die Zeit ihres Auftretens in den Strafanstalten, im Frühjahr und Spätjahr, theils durch die Kost der Sträflinge wahrscheinlich, und wird durch die Erfahrungen deutscher Aerzte in St. Petersburg bestätigt, welche dieselbe Krankheit dort während der Zeit der strengen Fasten häufig beobachten, und dem Mangel animalischer Nahrung und dem alleinigen Genuß einer schwer verdaulichen, vegetabilischen Kost zuschreiben. Seit der Selbstbereitung der Kost durch unsere Verwaltung und die bessere Qualität derselben hat auch diese Erkrankung, wie die Erkrankungen der Verdauungsorgane überhaupt, abgenommen, und ist nur noch in einzelnen wenigen Fällen aufgetreten.

Die Behandlung bestand in Hebung ihrer Hauptursachen, der gastrischen Krankheitserscheinungen, je nach den Anzeigen, in einem Brech- oder Abführmittel, und später lösenden und die Verdauung stärkenden Medicamenten. Eine von allen Sträflingen gekannte Behandlung besteht in dem, gegen die Augen geleiteten Dampf von gekochter Ochsenleber, besser aber noch in dem innerlichen Genuß derselben von dreimal 10—12 Lothen, über den andern Tag, und wurde in den meisten Fällen mit dem besten Erfolge angewendet.

Ein merklicher Einfluß der verschiedenen Jahreszeiten auf den Krankenstand war nicht wahrzunehmen, wie aus der nachfolgenden Tabelle über die in den einzelnen Monaten der letzten fünf Jahre vorgekommenen Krankenzahl, den durchschnittlichen täglichen Krankenstand und die Verpflegungstage der in den Krankenzellen behandelten und arbeitsfähigen Kranken zu ersehen ist.

Den höchsten Krankenstand zeigten die Monate Mai mit 256, Juli 249, April 245, März und Juni mit 243 Kranken; einen niedereren der Februar mit 222, Januar 212, und August 207; und einen noch geringeren der October mit 195, November 193, December 175, und September 173 Kranken.

Ein Einfluß der Witterung kann vielleicht im Monat Mai angenommen werden, in welchem die katarrhalischen und rheumatischen Leiden am häufigsten vorkamen, weil die Gefangenen durch den Aufenthalt in den erwärmten Zellen und die wärmere Kleidung während des Winters mehr an Wärme gewöhnt, nach Aufhören der Heizung und Ablegung der Winterkleider an den kühleren Maitagen, besonders des Morgens und Abends, leichter von Erkältungskrankheiten befallen wurden.

Die Krankenverpflegungstage betrugen in allen fünf Jahren 42,815, durchschnittlich also 8563 Tage in einem Jahre. Dieselben werden im Vergleich zu denjenigen der Hospitäler, und mehr noch zu der freien erkrankten Bevölkerung immer wegen der vorherrschend in Behandlung befindlichen chronischen Leiden, der nach allen Erkrankungen langsamer eintretenden Wiedergenesung, und in Zuchthäusern in Folge der nach langjähriger Haft eintretenden Abschwächung des Gesammtorganismus der Gefangenen, eine höhere Zahl ergeben. Auch sind die, in der folgenden Tabelle angenommenen Krankentage höhere, als in Wirklichkeit, weil die Extraverpflegten — immer 3 bis 6 — nicht, wie in den englischen Anstalten, besonders geführt, sondern zu den Kranken gerechnet werden.

Monate.	Kranken-Zahl. 1850.	1851.	1852.	1853.	1854.	Summe.	Täglicher Durchschnitt-Kranken-Stand. 1850.	1851.	1852.	1853.	1854.	Summe.	Verpflegungstage. 1850.	1851.	1852	1853.	1854.	Summe.
Januar . .	50	49	45	36	32	212	28,22	23,5	24,38	16,71	22,35	23,03	890	718	756	518	693	3575
Februar . .	64	44	39	44	31	222	30,23	24,18	24,6	22,57	24,46	25,10	863	690	715	632	685	3585
März . . .	71	43	35	41	43	233	31,9	20,13	26,64	22,61	26,12	25,32	939	633	702	701	810	3785
April . . .	65	57	47	37	39	245	26,13	20,7	26,1	22,43	22,7	23,34	793	697	789	673	771	3633
Mai. . . .	67	54	55	42	38	256	26,13	20,23	26,0	22,96	25,29	24,12	819	878	806	712	784	3999
Juni . . .	61	52	41	38	41	233	28,12	26,47	25,33	20,60	25,90	25,24	852	794	762	618	777	3803
Juli. . . .	70	41	46	41	51	249	35,13	20,71	21,71	21,51	27,38	25,24	1098	647	675	667	849	3936
August . .	64	27	39	34	43	207	26,17	15,80	20,74	22,13	23.87	21,74	823	490	643	680	740	3376
September .	44	29	33	35	32	173	24,2	16,83	20,56	22,63	19,93	20,79	721	550	617	679	598	3165
October . .	51	34	39	36	35	195	25,7	17,64	22,90	18,58	19,83	20,93	782	547	710	576	615	3230
November .	49	38	35	40	31	193	24,8	23,0	21,90	19,13	18,4	21,23	769	690	657	574	586	3276
December .	40	41	28	36	30	175	23,1	26,77	19,55	22,77	19,12	22,24	714	830	606	728	574	3452
Summme	696	509	482	460	446	2593	27,57	22,12	23,11	21,25	23,23	23,45	10063	8074	8438	7758	8482	42815

Der allgemeine Gesundheitszustand unserer Gefangenen muß als ein sehr günstiger bezeichnet werden. Dafür sprechen das gesunde, oft blühende Aussehen des größten Theiles, selbst nach längerer Haft, die herrschende zufriedene und ergebene Stimmung, die bedeutende Einnahme durch den Gewerbsbetrieb, und die geringe Zahl der Erkrankungen und Todesfälle.

Bei manchen weniger kräftigen Constitutionen, und bei vorhandener Krankheitsanlage war allerdings ein schwächender Einfluß der Gefangenschaft nicht zu verkennen, welcher durch die häufig erkannten urtheilsmäßigen Strafschärfungen, besonders die Hungerkost natürlicher Weise noch vermehrt werden mußte; ebenso haben sich die öfter oder längerzeitig Erkrankten langsamer und schwerer erholt, indem sie in den Verhältnissen der Gefangenschaft immer wieder denselben schädlichen Einflüssen ausgesetzt waren; am meisten wurden, besonders im Anfange der Haft, die politisch Verurtheilten aus den höheren Ständen und dem vorgerückterem Lebensalter ergriffen, weil sie an die rauhe, mehr vegetabilische Gefängnißkost und an die harte Arbeit nicht gewöhnt waren, und bei den Meisten durch den raschen Uebergang aus dem geistig bewegten und aufgeregten Leben und die Stille der Zelle, den Ruin ihres Vermögens, die Trennung von den Angehörigen, die Aussicht auf eine lange Gefangenschaft, wie auch durch die strenge Hauszucht eine äußerst gedrückte oder aufgeregte Gemüthsstimmung hervorgerufen, und dadurch ihre Körperkraft aufgerieben wurde; in der Regel trat jedoch schon nach dem ersten Haftjahr eine Angewöhnung an die Verhältnisse der Gefangenschaft ein, und der größere Theil derselben erfreute sich in der späteren Zeit der Gefangenschaft einer völlig guten Gesundheit. Bei der großen Menge der jüngeren, im kräftigeren Lebensalter stehenden politisch Verurtheilten erwies sich dagegen die Ruhe der Zelle, das mögliche Nachdenken, der Religions= und Schulunterricht, sowie bei Manchen die Angewöhnung an Nüchternheit, Ordnung und nützliche Thätigkeit für ihre körperliche und geistige Gesundheit entschieden vortheilhaft, wie viele derselben uns dieß mündlich und schriftlich nach ihrer Entlassung, selbst durch Briefe aus Amerika bezeugt haben.

Ebenso haben sich die Gesundheitsverhältnisse vieler wegen gemeiner Verbrechen Verurtheilter in unserer Anstalt entschieden verbessert; dieß erklärt sich, wenn man bedenkt, daß die meisten Verbrecher in der Freiheit ein Leben führen, welches der Gesundheit sehr nachtheilig ist, während sie in der Strafanstalt zur Ordnung,

Reinlichkeit und Arbeit bei guter Kost und warmem Lager angehalten werden.

Diese wohlthätigen Einwirkungen werden in der Einzelhaft noch erhöht durch das Fernhalten aller niederen Leidenschaften, des Zornes, Haders, Neides, Hasses, welche in der Freiheit wie in gemeinschaftlicher Haft durch das dichte Zusammenleben von Menschen mit geringer Bildung hervorgerufen und genährt werden, und es entsteht bald jener innere, durch Erkenntniß der Schuld, Reue und Besserung hervorgerufene Seelenfrieden, welcher so wohlthätig auf die körperliche Gesundheit zurückwirkt.

Die Einwirkung der Haft auf die Gesundheitsverhältnisse der Gefangenen in unserer Anstalt wird wohl am besten durch nachfolgende statistische Tabellen über die 291 in den letzten vier Jahren in unserer Anstalt befindlichen Gefangenen mit zwei- und mehrjähriger Einzelhaft, über welche genaue und zuverlässige Aufzeichnungen vorhanden sind, erkannt werden können.

Der Gesundheitszustand der Gefangenen mit kürzerer Haftzeit ist absichtlich hier nicht angegeben, weil dieselben natürlich günstiger sind, und die erhobenen Bedenken gegen die Einführung der Einzelhaft hauptsächlich auch nur gegen eine mehr als 12- bis 18monatliche Dauer derselben gerichtet werden.

Die körperlichen Gesundheitszustände sind durch den Hausarzt, die geistigen durch die Hausgeistlichen und Lehrer bestimmt worden, welche letztere besonders wohl am besten in der Schule wie bei den Zellenbesuchen Gelegenheit hatten, sich über die Ab- oder Zunahme des Verstandes, der Fassungskraft, des Gedächtnisses, überhaupt der geistigen Fähigkeiten ein maßgebendes Urtheil zu bilden. Beiderlei Angaben sind in Uebereinstimmung mit den übrigen Beamten, und besonders mit meinen Wahrnehmungen festgestellt worden.

Da ein großer Theil unserer Gefangenen aus gemeinschaftlicher Haft in unsere Anstalt versetzt wurde, so lassen wir hier zwei Tabellen folgen, in welchen bei der ersten die Gesundheitsverhältnisse der Gefangenen nach zwei- oder mehrjähriger Einzelhaft angegeben sind, in der zweiten aber die unmittelbar vorher erstandene Gemeinschaftshaft mit eingerechnet ist. Die vor der letzten Gefangenschaft in gemeinschaftlicher Haft von den Rückfälligen, welche etwa einen

Drittheil der Gesammtzahl betragen, zugebrachten Haftjahre sind hier nicht in Berechnung gezogen, da zwischen jener Haftzeit und der letzten kürzere oder längere Unterbrechung der Gefangenschaft stattgefunden hatte, obgleich manche in Folge derselben schon in geschwächten Gesundheitsverhältnissen eingeliefert wurden. Beide Tabellen bieten sehr günstige Resultate dar. Daß von 291 Zuchthausgefangenen jeden Alters nach zwei= bis zehnjähriger Gefangenschaft 57 nicht mehr ihre volle Gesundheit und Körperkraft besitzen, wird von keinem Fachmann als ein ungünstiges Verhältniß bezeichnet werden; ebenso wird die Zahl der 15 Gestorbenen nicht zu hoch erscheinen, wenn sie mit dem Mortalitätsverhältnisse der Gesammtbevölkerung unseres Hauses verglichen wird. Das Verhältniß der geistig gleich gebliebenen und in Ausbildung des Verstandes fortgeschrittenen zu den geistig zurückgekommenen und verschlechterten Gefangenen ist aber ein so überwiegend günstiges und erfreuliches, daß wohl die wenigen in unserer Anstalt vorgekommenen Seelenstörungen und Schwächungen der geistigen Fähigkeiten zu keinem gegründeten Einwurfe gegen die Einzelhaft Veranlassung geben können, denn die 26 geistig zurückgekommenen und geschwächten Gefangenen sind keineswegs alle zu den Seelengestörten zu rechnen, sondern es wurden unter diese Zahl auch diejenigen aufgenommen, die wegen ihrer sehr niedrigen geistigen Bildung, nicht vollen Zurechnungsfähigkeit, oder ihres Gemüthszustandes besondere Berücksichtigung und Aufmerksamkeit erforderten.

Tabelle Nr. 1.

	Gesundheits=Verhältnisse.	Zwischen 2 u. 3 Jahren. 178.	Zwischen 3 u. 4 Jahren. 60.	Zwischen 3 u. 4 Jahren. 41.	Zwischen 5 u. 6 Jahren. 12.	Summe 291.	
Körperl.	Gestorben . . .	12.	2.	—	1.	15.	291.
	Geschwächte . .	26.	17.	12.	2.	57.	
	Gut	140.	41.	29.	9.	219.	
Geistige.	Verschlechtert .	12.	8.	4.	2.	26.	291.
	Gleich geblieben	101.	28.	16.	7.	148.	
	Verbessert . . .	65.	24.	21.	3.	117.	

Tabelle Nr. 2.

Gesundheits-Verhältnisse.	Zwischen 2 und 3 Jahren. 120.	Zwischen 3 und 4 Jahren. 61.	Zwischen 4 und 5 Jahren 53.	Zwischen 5 und 6 Jahren. 24.	Zwischen 6 und 7 Jahren. 18.	Zwischen 7 und 8 Jahren. 11.	Zwischen 8 und 9 Jahren. 3.	Zwischen 14 u. 15 Jahren. 1.	Summe 291.	
Körperliche.										
Gestorben . . .	6.	3.	2.	2.	1.	1.	—	—	15.	291.
Geschwächte . .	16.	14.	10.	6.	5.	4.	1.	1.	57.	
Gut	98.	44.	41.	16.	12.	6.	2.	—	219.	
Geistige.										
Verschlechtert. .	6.	7.	4.	3.	3.	2.	1.	—	26.	291.
Gleich geblieben	66.	28.	21.	16.	8.	8.	1.	1.	148.	
Gebessert . . .	48.	26.	28.	5.	7.	1.	1.	—	117.	

Daß die Sinne bei Zellengefangenen im Allgemeinen mehr, als bei anderer Gefangenschaft Noth leiden, haben wir nicht wahrgenommen; doch können verschiedene Verhältnisse in Einzelhaft nachtheilig auf dieselben einwirken.

Die Sehkraft der Augen wird, wie überhaupt bei zunehmendem Alter, so mehr noch bei langdauernder Gefangenschaft auch in den kräftigsten Lebensjahren schon durch das beständige Verweilen in geschlossenen, oft schlecht gelüfteten und mangelhaft erleuchteten Räumen, sowie durch ungenügende Körperernährung geschwächt; in Zellen-Anstalten kann dies in höherem Grade theils durch zu kleine Zellenfenster, und unzweckmäßige Construktion derselben hervorgerufen werden, weil bei zu geringer Beleuchtung der Zellen die Augen durch die Arbeit mehr angestrengt werden müssen, theils und besonders aber entsteht durch das zur Verhinderung des Hinaussehens häufig angebrachte matt geschliffene oder gerippte Glas ungenügende Beleuchtung durch zu mattes Licht bei trüben Tagen, und Blendung durch zu grelles beim Durchscheinen der Sonne.

Auch der Mangel an Uebung von Farbensehen und Abwechslung in den, dem Auge vorgeführten Gegenständen scheint in Einzelhaft nicht immer ganz ohne nachtheilige Wirkung auf die Sehkraft zu bleiben, denn die Zellengefangenen erblicken eben nur ihre wenigen Zellen-Requisiten, ihre Arbeitsstoffe, die Farbe ihrer Zellenwände und des Himmels, während in gemeinschaftlicher Haft durch die größern Fenster der Blick in die Umgebung, auf Berge und Gärten gelangen kann, und schon die größeren Räumen der Säle, die verschiedenen in denselben befindlichen Gegenstände, das Hinblicken auf die weiter von ihnen entfernt sitzenden Gefangenen ꝛc. das Auge beständig in Uebung erhält. Gleich wie derjenige, welcher sich angewöhnt hat, das Buch beim Lesen zu nahe an die Augen zu halten, am Ende kurzsichtig wird, so kann der Zellengefangene bei nicht hinreichender Bewegung in freier Luft und dabei gegebener Gelegenheit zur Fernsicht auch an Stärke der Sehkraft verlieren; Blumen-Rabatten längs der Flügel, und Anpflanzung der Höfe mit Küche-Kräutern und grünen Gemüsen, wie in unserem Hause, sind deßhalb nicht allein eine Zierde, sondern gewähren dem Gefangenen die nöthige Abwechslung im Farbensehen, erheitern und erfreuen sein Gemüth, und der zweimalige halbstündige Anblick der Natur täglich ist gewiß keine zu große Erleichterung der Haft. —

Daß eine in Folge dieser Verhältnisse eingetretene Gesichts-Abnahme nur Schwäche und Mangel an Uebung der Sehkraft ist, hat uns die Erfahrung gelehrt, indem einige ältere Gefangene, welche während ihrer Haft einer Brille bedurften, und wegen der abnehmenden Sehkraft sehr besorgt waren, uns schon mehrere Wochen nach ihrer Entlassung benachrichtigten, daß ihre Augen sich zusehens stärkten, und sie die Brille wieder entbehren konnten.

Einen auffallend nachtheiligen Einfluß der Einzelhaft auf die Sehkraft unserer Gefangenen haben wir bei der zweckmäßigen Construction unserer Zellenfenster und hinlänglicher Bewegung der Gefangenen in freier Luft entschieden nicht wahrgenommen, was schon aus der Zahl der jährlich nöthigen Brillen hervorgeht, die meist nur bei den ältern, häufig schon fernsichtig in die Anstalt eingelieferten Gefangenen nöthig waren. Brillen mußten an Sträflinge abgegeben werden: (dabei jedoch die meisten gleich bei der Einlieferung wegen Fernsichtigkeit); im Jahr 1850 20, 1851 24, 1852 21, 1853 6 und im Jahr 1854 6 Stücke.

Die nachtheiligen Einwirkungen der urtheilsmäßigen Strafschärfungen des Dunkel-Arrestes und der Hungerkost auf die Sehkraft der Gefangenen sind an andern Orten mitgetheilt.

Dagegen wird das Gehör der Gefangenen in Einzelhaft auffallend geschärft. Während bei dem Freien der Gesichts-Sinn am meisten und fast beständig in Thätigkeit ist und in Anspruch genommen wird, steht der Zellengefangene hauptsächlich durch die Wahrnehmungen des Gehör's mit der Außenwelt in Verbindung. Das Geräusch der Arbeiten in den übrigen Zellen, das Gehen der Aufseher in den Gängen, das Sprechen derselben, das Geläute der Glocken in der Stadt, und alle an dem Freien spurlos vorübergehenden Gehörs-Eindrücke zerstreuen und unterbrechen die Einsamkeit des Zellengefangenen, und erhalten ihn mit der Außenwelt in beständiger Verbindung; das Gehör bildet seine Unterhaltung, und wird deßhalb in der Regel auch sehr geschärft, so daß viele Zellengefangene jeden Beamten des Hauses am Tritte, und am Oeffnen der Zellenthüren der Mitgefangenen schon von weitem erkennen. Daher kommt es auch hauptsächlich, daß die meisten entstehenden Sinnestäuschungen Gehörshallucinationen sind, weil natürlich dasjenige Organ des Körpers am leichtesten erkrankt, welches am meisten in Anspruch genommen wird.

Auf die übrigen Sinne hat wohl keine Haftart eine unmittelbare Einwirkung.

Auf die verschiedenen Lebens-Alter übte die Einzelhaft keinen wesentlichen, den Verhältnissen der freien ärmeren Bevölkerung verschiedenen Einfluß aus. Wenn, wie natürlich, bei den Gefangenen in den mittleren Jahren und dem kräftigsten Mannesalter im Verhältniß zu deren Gesammtzahl auch die wenigsten Erkrankungen vorkommen, so zeigten sich doch weder bei den jüngern, zwischen dem 20. und 30. Lebensjahre stehenden, noch bei den ältern Gefangenen außergewöhnliche nachtheilige Einwirkungen der Haft.

Von den eigentlichen Zuchthaus-Krankheiten, den Phthisen und Scropheln, wurden freilich hauptsächlich die jüngeren Gefangenen befallen, wie ja auch unter der freien Bevölkerung diese Leiden ihre meisten Opfer in den Jünglingsjahren dahin raffen; daß deren Zahl aber keineswegs eine außergewöhnliche ist, kann aus den mitgetheilten Tabellen ersehen werden. Ebensowenig wurden die Gefangenen im höhern Lebensalter von der Gefangenschaft besonders ergriffen; im Gegentheile haben viele aus gemeinschaftlicher Haft zu uns versetzten älteren Leute sich dahin ausgesprochen, daß sie sich in ihrer Zelle wohler und gesunder fühlen, als in den gemeinschaftlichen Schlaf- und Arbeits-Sälen. Im Jahr 1853 befanden sich in unserer Anstalt 36 Gefangenene zwischen 50—60, und 12 zwischen 60 und 70 Jahren; von den ersteren waren die Gesundheitsverhältnisse sehr gut bei 12, gut bei 16, geschwächt bei 5, kränklich bei 2, gestorben ist 1; von den letzten sehr gut bei 3, gut bei 5, altersschwach waren 2, kränklich 2, von denen der eine mit ausgebildetem grauem Staare eingeliefert worden war. Gleiche Resultate boten die im Jahr 1854 in der Anstalt befindlichen zwischen 50 und 70 Jahr alten 60 Gefangenen dar.

Der Einfluß der einzelnen Gewerbe auf die Gesundheit, besonders aber auf die Muskelkraft und das Aussehen der Gefangenen ist immer ein bemerkbarer, jedoch nicht so sehr hervortretender, daß aus dem Erkrankungs- und Mortalitäts-Verhältniß wesentliche Nachtheile des einen oder des andern Gewerbes erkannt werden könnten. Während der größte Theil der Weber, Schneider, Litzen- und Sahlbandschuhmacher, Stroh- und Weidenflechter zwar keine schlechte Gesundheit und geschwächte Körperkraft besitzen, so nimmt das Aussehen vieler von ihnen doch besonders nach längerer Haftdauer, mehr oder weniger den characteristischen Zuchthaustypus an, wobei jedoch nicht zu übersehen ist, daß alle diejenigen, welche vor ihrer Verurtheilung solche Gewerbe betrieben haben, in der Regel schon bei ihrer Einlieferung kein frisches und gesundes Aussehen mehr hatten, weil sie den schädlichen Einflüssen des beständigen Sitzens, des Mangels an an reiner frischer Luft in den kleinen, meist überfüllten, bei Webern feuchten Arbeitswerkstätten oft von Jugend an ausgesetzt waren. Im Gegentheile gewinnen viele derselben in der Anstalt auch bei diesen Gewerben an Körperkraft und gutem Aussehen, weil in der Regel nur Sträflinge mit kürzerer Haftzeit solchen weniger gesunden Beschäftigungen zugetheilt werden, und die gute Kost, warme Lagerung, regelmäßige und nüchterne Lebensweise die etwaigen ungünstigen Einflüsse des Gewerbes mehr als ausgleichen.

Dagegen finden wir allerdings bei den härteren, meist stehend betriebenen, und mit gleichmäßiger Uebung des ganzen Körpers verbundenen Arbeiten, bei der Schreinerei, Dreherei, Küferei und auch bei der Schusterei selbst nach längerer Haft gutes, gesundes Aussehen, vortrefflichen Appetit und Schlaf, kräftige Muskulatur, kurz alle Zeichen voller Gesundheit, und wir haben nur zu bedauern, daß die größere Ausdehnung dieser Gewerbe in der Anstalt mit manchen wichtigen Interessen der Verwaltung nicht in Einklang zu bringen ist. Die bei dem Gewerbsbetrieb angegebene Zahl der zu den Holzarbeiten verwendeten Gefangenen zeigt jedoch, daß in unserem Hause bei der Auswahl der Sträflings-Arbeiten den sanitätlichen Rücksichten der Gefangenen alle mögliche Rechnung getragen wird.

Noch müssen wir eines Lieblingsgenusses der Gefangenen erwähnen, welcher nicht gewährt oder zu beschränkt, häufig zu Krankheits-Simulation Veranlassung gibt.

Das Tabakschnupfen hat sich in allen Strafanstalten als eine zur Leidenschaft gesteigerte Gewohnheit der Gefangenen erwiesen, und wenn die Gewährung desselben auch in gemeinschaftlicher Haft wegen der dabei nicht zu vermeidenden Schmuggeleien und sonstigen Uebertretungen der Hausordnung mancherlei Bedenken unterliegt, so fallen doch in der Einzelhaft die meisten dieser Mißstände durch das System hinweg, und eine nicht zu ausgedehnte Erlaubniß hierzu hat sich uns in manchen Beziehungen vortheilhaft erwiesen.

Es ist bekannt, daß manche Krankheitserscheinungen, Kopfweh, Augenschwäche, Stokschnupfen u. a. m. durch Genuß des Schnupftabaks erleichtert, und daß durch plötzliche Unterbrechung dieses gewohnten Reizes der Schleimhaut der Nase und der Geruchs-Nerven derartige Symptome hervor gerufen werden. Ist das Tabakschnupfen nun in einer Strafanstalt nicht gestattet, so simuliren Gewohnheitsschnupfer alle möglichen Kopf- und Augenleiden, um ihren Lieblingsgenuß zu erhalten, und ertragen längere Zeit geduldig Hunger, Senfteige, Vesikantien und andere für ihr vorgegebenes Leiden passende Mittel; ebenso wird die bei älteren Leuten, insbesondere aber bei Gefangenen nach längerer Haft häufig eintretende Abnahme der Sehkraft von denselben der Entziehung des Schnupftabaks zugeschrieben, und der Arzt, wie die übrigen Haus-Beamten sind beständigen Plagereien und Vorwürfen deßhalb ausgesetzt.

Die besonderen Verhältnisse der Einzelhaft dürfen eine nicht zu sehr ausgedehnte Erlaubniß des Tabakschnupfens befürworten. Die Sträflinge müssen in denselben Zellen schlafen und arbeiten, und werden deßhalb durch den Geruch der Arbeitsstoffe und der nächtlichen Körperausdünstung mehr belästigt, als die Gefangenen in gemeinschaftlicher Haft, welche wenigstens Morgens und Abends immer gut gelüftete Arbeits= und Schlafsäle vorfinden. Die Zellengefangenen müssen ihre Nothdurft in den Zellen verrichten, und die zweckmäßigste Einrichtung der Abtritte und die beste Ventilation kann den nach diesem Vorgange immer noch einige Zeit zurückbleibenden üblen Geruch nicht verhindern; sie müssen ihre Zellen bei geschlossenen Thüren auskehren, daher die Luft durch den aufsteigenden Staub verunreiniget wird, weil derselbe bei den hoch oben angebrachten Zellenfenstern nur langsam abziehen kann. Durch Entziehung des Schnupftabaks wird ferner bei Gewohnheits=Schnupfern eine äußerst ärgerliche oder gedrückte Stimmung den Beamten gegenüber hervorgerufen, und deren Einwirkung auf diese Leute erschwert und beeinträchtigt. Zur strengen Einhaltung der Hausordnung, Reinlichkeit und zu Fleiß in der Arbeit können die Gefangenen wohl angehalten und gezwungen, eine gute, zufriedene, für Belehrungen und Besserung zugängliche, somit die zur Erreichung der Zwecke des Systems erforderliche Stimmung kann aber nicht erzwungen werden; Sträflinge, welche ein ganzes Jahr lang während der Entziehung des Schnupftabaks wortkarg, unzufrieden und unzugänglich waren, wurden durch Gewährung desselben wie umgewandelt, und ihre bessere Stimmung zeigte wesentlichen Einfluß auf deren Fortschritte in ihrem Gewerbe und in der Schule.

Es hat sich endlich, besonders bei rohen und ungebildeten Gefangenen, die Aussicht auf Gewährung des Schnupftabaks als vorzügliches Mittel zur Angewöhnung an Fleiß und Gehorsam erwiesen, und mehr zur genauen Befolgung der Hausordnung beigetragen, als alle Ermahnungen oder Furcht vor Strafe, sowie andererseits die Entziehung des Schnupftabaks auf längere Zeit oder auf immer als die härteste Disciplinarstrafe betrachtet wird. Viele Gefangene haben mir schon gesagt, lieber acht Tage Dunkelarrest, als Entziehung des Schnupftabaks. Es ist deßhalb in unserer Anstalt eine verständig bemessene Erlaubniß zum Tabakschnupfen durch den Hausarzt gestattet. Rückfällige erhalten dieselbe schwerer, als zum erstenmale Verurtheilte, junge Bursche nur aus ärztlichen Gründen; alle aber müssen den Tabak aus ihrem Arbeitsverdienste bezahlen. —

Die Resultate der vorgenommenen Körperwägungen der Gefangenen bei der Einlieferung und in bestimmten spätern Zeitabschnitten der Haft bestätigen die allerwärts in den Strafanstalten gemachten Erfahrungen über die vorhandene vermehrte Krankheitsanlage der Gefangenen in der ersten Haftzeit und Abnahme derselben nach erfolgter Angewöhnung und Acclimatisation in den Strafanstalten. Dieselben ergaben:

1) In fast allen Fällen eine mehr oder minder beträchtliche Körpergewichts-Abnahme im ersten und zweiten Halbjahre der Haft, woran natürlich in den badischen Strafanstalten die häufig erkannte Strafschärfung der Hungerkost ihren bedeutenden Antheil hat.

2) Darauf in den meisten Fällen im zweiten, dritten oder vierten Halbjahre ein Gleichbleiben, das nur durch Krankheit gestört wurde.

3) Eine Zunahme des Körpergewichtes nach erfolgter Angewöhnung an die Verhältnisse der Haft, in der Regel im 3. und 4. Halbjahr der Gefangenschaft, jedoch meistentheils nicht wieder bis zu dem bei der Einlieferung stattgehabten Maße; bei den rückfälligen Dieben aber oft ein auffallendes Ueberschreiten desselben.

4) In den spätern Haftjahren zuweilen Abnahme der Gesundheit und des Körpergewichtes als natürliche Folge langer Gefangenschaft bei zunehmendem Lebensalter; in den meisten Fällen aber Gleichbleiben der Gesundheit nach 4, 5 und 6jähriger Einzelhaft, wie sie sich nach dem 2. Haftjahre gestaltet hatte.

Eine auf den ersten Anblick überraschende, und meine Behauptungen über die Nachtheile der Hungerkost scheinbar widerlegende Erfahrung war die nicht selten beobachtete Zunahme des Körpergewichtes einzelner Sträflinge während der Erstehung der urtheilsmäßigen Schärfungen. Diese Gewichtszunahme ist jedoch keineswegs als ein Zeichen gehobener Gesundheit und Zunahme des Muskelvolumens der Sträflinge, sondern als ein durch fehlerhaften Stoffwechsel, Zunahme des Fettes, des Zellengewebes und Anschwellung der Drüsen bedingter krankhafter Zustand anzusehen, denn solche Leute bekommen ein aufgedunsenes, blasses, erdfahles Aussehen, einen aufgetriebenen Unterleib, und es entstunden alle Zeichen der lymphatischen Konstitution; es ist somit diese Erscheinung als der Anfang der scrophulösen Dyscrasie zu betrachten. Schon die Erfahrung in der gewöhnlichen Armen-Praxis weist gleiche Erscheinungen nach, indem viele scrophulösen Kinder bei aufgedunsenem, erdfahlem Aussehen dicke Köpfe und Bäuche haben, und immer ein größeres Körpergewicht als gesunde zeigen werden.

Die allerwärts gemachte Erfahrung hat sich auch bei uns bestätigt, daß die Rückfälligen trotz ihres öftern und längerzeitigen Aufenthaltes in den Strafanstalten seltener erkranken, als die zum erstenmal eingelieferten Gefangenen, weil sie einmal schon mehr an die Verhältnisse der Gefangenschaft gewöhnt sind, und durch Gemüthsbewegungen seltener ergriffen werden, dann aber, und besonders weil sie häufig in der Freiheit entweder ein ausschweifendes, dem Trunke ergebenes, oder aus Noth ein ärmliches und dürftiges Leben führen, und in der Strafanstalt bei der regelmäßigen Lebensordnung, der warmen Kost und der vorgeschriebenen Arbeit ihre Gesundheitsverhältnisse zusehens sich verbessern.

Das Sterblichkeits-Verhältniß in den Strafanstalten ist, wie das der Erkrankungen, wesentlich durch die Einrichtung derselben, die Hauszucht und die Strafdauer bedingt. So werden in den Kreisgefängnissen weniger Todesfälle, als in den Arbeitshäusern, in diesen weniger als in den Zuchthäusern vorkommen, und unter diesen wieder diejenigen mit milderer Hauszucht und besserer Verpflegung der Gefangenen die günstigsten Erfolge aufzuweisen haben. In dem hiesigen Männerzuchthause mit gemeinschaftlicher Haft kam in den Jahren 1840 bis 1850 ein Todesfall auf 23 Gefangene, es starben somit über 3%, während in dem damit verbundenen, in Kost und Hausordnung ganz gleich eingerichteten Männerarbeitshause die Sterblichkeit nur 1 auf 80 Gefangene, oder 1,2% betrug.

Das Sterblichkeitsverhältniß ist in der Regel in den Gefängnissen ein weit beträchtlicheres, als bei der freien Bevölkerung; der Unterschied schwindet aber bedeutend, wenn man nicht die ganze freie Bevölkerung dabei in Vergleichung zieht, sondern nur diejenigen Volksschichten, aus welchen weitaus die größte Zahl der Strafanstaltsbewohner hervorgeht. So betrug in den Pariser Gefängnissen Grande Force und Madelonettes, deren Bewohner den besseren Ständen angehören, die Sterblichkeit in mehrjährigem Durchschnitte 1:40, dagegen im Bicêtre und St. Lazare, in denen meist nur Personen aus den dürftigsten Klassen sich befanden, 1:17, im Armenhause zu St. Denis sogar 1:3.

Es folgt hier ein Verzeichniß der in unserer Anstalt in den letzten fünf Jahren Gestorbenen, mit genauer Angabe aller hierher bezüglichen Lebens- und Krankheitsverhältnisse derselben.

Ordnungs-Zahl.	Stand.	Alter.	Verbrechen.	Urtheilsmäßige Strafzeit. Jahr	Urtheilsmäßige Strafzeit. Monat	Krankheit.	Todestag. Monat	Todestag. Tag	Krankheitstage.	Erstandene Haftzeit. Gemeinschaftl. Haft. Jahr	Erstandene Haftzeit. Gemeinschaftl. Haft. Monat	Erstandene Haftzeit. Einzelhaft. Jahr	Erstandene Haftzeit. Einzelhaft. Monat	Gesundheitszustand bei der Einlieferung.	Beschäftigung in der Anstalt.	Frühere Beschäftigung.	Bemerkungen.
1850																	
1	ledig	22	Diebstahl.	3	4	Unterleibsentzündung.	April	7	27	—	—	—	10	Gut.	Schusterei.	Schusterei.	Rückfällig, früher in Gemeinschaftshaft in der Schweiz.
2	led.	35	Diebstahl.	3	4	Hirnlähmung in Folge v. Exsudat.	April	23	12	—	—	1	—	Gut.	Wollspinnen.	Taglöhner.	
3	led.	40	Urkundenfälsch.	1	6	Lungenschwindsucht	Mai	4	200	—	—	—	11	Gut.	Schneiderei.	Landwirth.	
4	led.	31	Diebstahl.	1	6	Lungenentzündung.	Mai	22	7	—	—	—	11	Gut.	Strumpfstricker	Taglöhner.	Rückfällig, früher in Gemeinschaftshaft.
5	led.	26	"	2	5	Lungenschwindsucht	August	16	230	—	4	1	10	Gut.	Küferei.	Müller.	
6	verh.	50	Urkundenfälsch.	4	1	" "	August	23	35	1	7	1	10	Kränklich.	Wollspinnen.	Hafner.	Phthisis acuta.
7	led.	17	Diebstahl.	1	4	" "	Sept.	20	123	—	—	1	2	Gut.	Stricken.	Taglöhner.	
8	verh.	60	Hochverrath.	6	8	Altersschwäche.	Sept.	30	69	—	3	—	8	Altersschwach.	Salbandschuhfl.	Landwirth.	
9	led.	26	Diebstahl.	7	—	Lungenschwindsucht	Octob.	9	18	—	—	1	10	Hektische Constitut.	Schreinerei.	Taglöhner.	Wiederholt rückfällig, früher in Gemeinschaftshaft. Phthisis florida.
10	led.	53	"	2	8	Scrophulöser Knochenfraß.	Dez.	13	217	—	—	1	4	Gut.	Wollspinnen.	Küferei.	Wiederholt rückfällig, früher in Gemeinschaftshaft.
1851																	
11	led.	30	Tödtung.	12	—	Lungenschwindsucht	Jan.	26	160	—	—	1	2	Brustkrank, in Folge einer penetrirenden Brustwunde.	Weber.	Taglöhner.	
12	led.	23	Rachsücht. Beschädigung.	6	1	Lungenschwindsucht	März	21	114	—	1	1	—	Gut.	Fournirsägen.	Taglöhner.	
13	led.	27	Raub.	3	4	" "	März	24	99	—	7	2	5	Scrophulös.	Weber.	"	
14	led.	25	Meuterei.	9	—	" "	April	8	41	—	—	1	3	Schmale Brust.	Schreinerei.	Schreiner.	
15	led.	35	Diebstahl.	2	10	" "	April	11	98	—	—	1	10	Schwächlich.	Stricken.	Metzger.	

16	led.	23	Raub.	7	—	Lungenschwindsucht	April	30	69	—	8	1	1	Gut.	Korbmacher.	Maurer.	Lange Untersuchungshaft.
17	verh.	40	Münzfälschung	2	—	„ „	Mai	21	38	1	—	1	8	Gut.	Wollspinnen.	Taglöhner.	
18	led.	38	Nothzucht und Raub.	4	8	„ „	Juni	1	26	—	10	2	7	Schwächlich.	Schneiderei.	Schneider.	Wiederholt rückf., früher in Gemeinschaftshaft.
19	led.	25	Tödtung.	6	—	„ „	Juli	23	280	1	10	2	8	Sehr geschwächt, Onanist.	Schusterei.	Schuster.	
20	led.	41	Diebstahl.	1	6	Typhus.	August	29	33	—	8	—	3	Gut.	Wollspinnen.	Taglöhner.	Wiederholt rückf., früher in Gemeinschaftshaft.
1852																	
21	led.	24	Tödtung.	7	—	Lungenschwindsucht	Jan.	26	50	—	—	2	8	Schmale Brust.	Schreinerei.	Landwirth.	
22	led.	32	Tödtung.	4	5	„ „	Febr.	4	244	3	3	1	10	Scrophulös.	Weberei.	Taglöhner.	Hat in gemeinschaftlicher Haft lange Zeit Ketten getragen.
23	led.	23	Diebstahl.	1	8	„ „	März	23	99	—	—	—	3	Schwindsüchtig eingeliefert.	Immer krank.	Maurer.	Wiederholt rückfällig, früher in Gemeinschaftshaft.
24	led.	33	Tödtung.	5	—	Wassersucht.	April	8	134	—	6	1	2	Gut.	Schneider.	Landwirth.	
25	led.	22	Diebstahl.	1	11	Herzfehler.	April	10	121	—	1	—	11	Gut.	Schleifer.	Scherenschl.	Wiederholt rückf., früher in Gemeinschaftshaft.
26	ledig	41	Tödtung.	5	4	Lungenschwindsucht	April	18	152	—	—	2	2	Scrophulös.	Spuler.	Landwirth.	
27	verh.	42	Hochverrath.	6	8	Scrophulöser Knochenfraß.	Mai	6	209	—	—	2	6	Durch und durch syphilitisch.	Litzenschuhflecht.	Decopist.	Wiederholt rückfällig, früher in Gemeinschaftshaft.
28	led.	22	Hochverrath.	3	11	Lungenschwindsucht	Mai	13	77	—	1	2	—	Gut.	Schusterei.	Schuster.	Lungenblutsturz.
29	verh.	41	Nachf. Beschäd.	3	9	Brustwassersucht.	Mai	21	204	—	—	2	11	Gut.	Wollspinnen.	Landwirth.	
30	led.	33	Tödtung.	9	—	Lungenschwindsucht	Juni	14	90	—	—	3	7	Hecktischer Habitus.	Schneiderei.	Schneider.	Hatte eine Kindskopf große Struma cystica, wurde operirt.
31	led.	21	Brandstiftung.	4	—	„ „	Juli	9	39	—	—	1	4	Schwächlich.	Weberei.	Weber.	Schon in Gemeinschaftshaft, Onanist.
32	led.	25	Tödtung.	12	—	„ „	Juli	16	186	—	—	1	7	Schwächlich.	Schreinerei.	Maurer.	Vomica, Colliquation.
33	led.	44	Unzucht.	4	—	Asthma.	Juli	30	25	—	—	—	7	Mit Asthma eingeliefert, halb Cretine, Kropf.	Spinnen.	Keine.	Hat 44 Tag Hungerkost als urtheilsmäßig Schärfung erstanden.
34	led.	36	Brandstiftung.	17	—	Ruhr.	Sept.	12	8	—	—	3	6	Gut.	Weberei.	Weber.	
35	verh.	40	Tödtung.	12	—	Lungenschwindsucht	Sept.	23	143	6	2	1	7	Geschwächt.	Schusterei.	Schuster.	Kam schon geschwächt durch die lange gemeinschaftliche Haft in unsere Anstalt.
1853																	
36	led.	39	Diebstahl.	3	4	Rückenmarklähmung.	Juli	19	33	3	7	2	5	Gut.	Spuler.	Taglöhner.	Wiederholt rückfällig, früher in Gemeinschaftsh

Ordnungs-Zahl.	Stand.	Alter.	Verbrechen.	Urtheilsmäßige Strafzeit. Jahr	Urtheilsmäßige Strafzeit. Monat	Krankheit.	Todestag. Monat	Todestag. Tag	Krankheitstage.	Erstandene Haftzeit. Gemeinschaftl. Haft. Jahr	Gemeinschaftl. Haft. Monat	Einzelhaft. Jahr	Einzelhaft. Monat	Gesundheitszustand bei der Einlieferung.	Beschäftigung in der Anstalt.	Frühere Beschäftigung.	Bemerkungen.
37	led.	26	Raub.	6	8	Unterleibsentzündung, chronische.	August	6	90	1	5	1	3	Schwächl., schmale Brust.	Korbmacher.	Korbmacher	Kam sehr geschwächt aus Gemeinschaftshaft unsere Anst. Immer gemüthlich sehr gedrück Hatte früher lange Zeit Ketten getragen.
38	led.	36	Wechselfälsch.	2	4	Allgem. Kacherie u. Blutdissolution	Nov.	28	100	—	—	—	7	Kränklich.	Spuler.	Kaufmann.	Hat 21 Tage Dunkelarrest u. Hungerkost u theilsmäßige Schärfung erstanden. Ersch pfendes Nasenbluten.
1854																	
39	led.	60	Diebstähle.	30	—	Marasmus.	Febr.	14	104	—	—	2	—	Allgem. geschwächt.	Salbandschuhfl.	Bauer.	15 monatliche Untersuchungshaft.
40	verh.	49	Diebstahl.	5	4	Lungenschwindsucht	März	21	131	—	—	—	8	Gut.	Weberei.	Schmied.	Hat 33 Tg. Dunkelarr. und 34 Tg. Hunge kost als urtheilsmäßige Schärfung erstanden er war zu 100 Tg. beider Schärf. verurtheil
41	led.	32	Tödtung.	12	—	Chronische Unterleibsentzündung.	Juli	1	109	—	—	5	3	Gut.	Schneider.	Bauer.	
42	led.	34	Diebstahl.	4	—	Typhus.	Oct.	17	10	—	—	2	—	Gut.	Weber.	Maurer.	
43	led.	35	"	1	4	Lungenschwindsucht	Nov.	6	240	—	—	—	9	Schlecht.	Krank.	Taglöhner.	Im 2. Stadium der Lungenschwinds. eingeliefer
1850			**Selbstmorde.**			**Ursache d. Selbstmords.**											
1	led.	50	Brandstiftung.	17	—	Seelenstörung.	Dez.	21	—	1	8	—	4 Tg	Seelengestört.	Wollgeschäft.	Taglöhner.	Wurde seelengestört in unsere Anstalt versetz und es war bereits der Antrag gestellt, ihn i die Irrenanst. zu verbringen, als er sich erhängte
1851																	
2	led.	25	Meuterei.	3	4	Verdruß üb. schlechtes Garn zum Weben u. Abschlagung seiner Begnadigungsbitte.	Jan.	22	—	—	—	1	1	Gut.	Weberei.	Soldat.	

1852																	
3	led.	24	Tödtung.	5	—	Urtheilsm. Strafschärfungen des Dunkelarrestes u. Hungerskost.	Juni	18	—	—	—	—	5	Gut.	Küferei.	Metzger.	Hatte 23 Tage Dunkelarrest und eben so v Hungerkost als urtheilsmäßige Schärfung standen.
1853																	
4	led.	37	Diebstahl.	1	4	Urtheilsm. Strafschärfung.	Juli	5	—	—	—	—	11	Gut.	Weberei.	Weber.	War schon 2 Mal früher in Gemeinsch., u erhängte sich 14 Tage nach seiner Einlie rung im Dunkelarrest.
5	led.	37	Raub.	4	8	Unbekannt.	Juli	9	—	2	5	—	1 21 T.	Gut.	Korbmacher.	Taglöhner.	War aus der Gemeinschaftshaft versetzt und h um Rückversetzung in Gemeinsch. gebeten.
1854																	
6	led.	23	Desertion.	1	9	Heftige Aufregung wegen einer ausgesprochenen Disciplinarstrafe.	April	9	—	—	—	1	3	Gut.	Schneider.	Hutmacher.	Sehr überspannter Mensch.
			Unglücksfälle.			**Ursache des Todes.**											
1850																	
1	led.	40	Brandstiftung.	17	—	Schußwunde durch die Brust.	Juni	6	2	4	2	—	5	Gut.	Maurer.	Maurer.	Wurde von einer Schildwache aus Mißständniß erschossen.
1851																	
2	led.	22	Diebstahl.	2	6	Fall auf den Kopf, Fissur und Blut Extravasat.	Febr.	12	8	—	1	2	3	Gut.	Weberei.	Taglöhner.	Kränklich.
1854																	
3	led.	26	Nothzucht.	3	4	Alkoholvergiftung, Geistes-Zustand zweifelhaft, Magen- und Unterleibsentzündung.	April	6	3	2	—	—	10	Gut.	Weberei.	Taglöhner.	Trank Weingeist in zu großem Maße, nicht in der Absicht des Selbstmordes.

In den einzelnen Jahren kamen Todesfälle vor:

1850	bei	655	Gefangenen	13,	oder	2,0%
1851	„	652	„	13,	„	2,0%
1852	„	614	„	16,	„	2,6%
1853	„	566	„	5,	„	0,9%
1854	„	550	„	7,	„	1,27%

Die Zahl, der in Folge von Krankheiten in der Anstalt vorgekommenen Todesfälle betrug 43, der Selbstmorde 6, und der tödtlich abgelaufenen Unglücksfälle 3, der Durchschnitt der Gesammt-Mortalität in fünf Jahren beträgt also 1,77%.

In Folge von Krankheiten sind in den einzelnen Jahren gestorben:

im Jahr	1850	bei	655	Gefangenen	10,	oder	1,5%
„ „	1851	„	652	„	10,	„	1,5%
„ „	1852	„	614	„	15,	„	2,4%
„ „	1853	„	566	„	3,	„	0,5%
„ „	1854	„	550	„	5,	„	0,91%

Durchschnittlich also auf ein Jahr 1,41%; die tägliche Durchschnittsbevölkerung betrug 370 Köpfe.

Die Zahl der Todesfälle hat, wie die der Erkrankungen, in den letzten 2 Jahren sich bedeutend vermindert, und wir haben allen Grund, anzunehmen, daß das Mortalitätsverhältniß für die Zukunft ein gleich günstiges bleiben werde. Dieses erfreuliche Resultat ist neben der Vervollkommnung mancher Einrichtungen unseres Hauses, besonders durch das Aufhören der Transferirungen der Gefangenen aus gemeinschaftlicher Haft in unsere Anstalt nach schon längerzeitiger Gefangenschaft, und durch die Selbstbereitung der Kost hervorgerufen worden.

Von den 43 in Folge von Krankheiten Gestorbenen wurden 2 mit ausgebildeter Lungenschwindsucht, und 1 körperlich mißstalteter, wegen Nothzucht verurtheilter Halbcretin mit heftigem Asthma, Nr. 23, 33 und 43, schon krank in die Anstalt eingeliefert, so daß die Zahl der während der Haft erkrankten Gestorbenen sich auf 40 vermindert.

Aber auch von diesen wurden Einzelne schon geschwächt, oder mit besonderen Krankheitsanlagen eingeliefert. Es war nämlich der Gesundheitszustand der Eingelieferten gut nur bei 20; dagegen kränklich oder allgemein geschwächt bei 10; mit schmaler Brust und hectischer Anlage 7, scrophölös waren 3, so daß gerade bei der Hälfte der Gestorbenen die Gefangenschaft allein nicht als Ursache des Todes angenommen werden kann.

Die geschwächten Gesundheitsverhältnisse der mit Krankheitsanlagen in unser Haus eingelieferten 20 Gefangenen waren theils durch ihre Körperbeschaffenheit bedingt, theils durch den Aufenthalt in gemeinschaftlicher Haft vor ihrem Eintritt in unsere Anstalt entstanden. Von den Gestorbenen waren nämlich aus gemeinschaftlicher Haft in die Einzelhaft verbracht worden 15, und zwar nach einer Haftdauer:

unter 1 Jahr	—	9
von 1 bis 2 Jahren	—	3
von 3 bis 4 Jahren	—	2
von 6 bis 7 Jahren	—	1

und weitere 11 hatten früher schon öfter, oder längerzeitige gemeinschaftliche Haft erstanden; nach sehr langer Untersuchungshaft wurden eingeliefert 2.

Ledig waren 36, verheirathet 7, welche Zahlen ungefähr dem Verhältniß der ledigen zu den verheiratheten Gefangenen in unserer Anstalt entsprechen.

Bei dem größten Theile der Gestorbenen ist der Tod schon in den ersten Jahren der Haft erfolgt, wodurch einerseits der größere Einfluß der ersten Zeit der Gefangenschaft, anderseits aber auch wieder die bei mehr als der Hälfte der Gestorbenen vorhandenen Krankheitsanlagen, oder besonders schwächliche Gesundheit erwiesen wird. Es hatten nämlich bei dem Tode Haft erstanden:

unter 1 Jahr	— 8	von 188	Gefangenen	oder	4,25%
von 1 bis 2 Jahren	— 14	von 847	"	"	1,65%
" 2 " 3 "	— 11	von 1034	"	"	1,64%
" 3 " 4 "	— 5				
" 4 " 5 "	— 1				
" 5 " 6 "	— 2	von 644	"	"	0,62%
" 6 " 7 "	— 1				
" 7 " 8 "	— 1				
	43				

Mit zunehmendem Lebensalter nahm auch das Sterblichkeitsverhältniß zu; es starben in einem Alter

unter	20 Jahren	—	1	von	92	Gefangenen oder	1,08%
zwischen	20—30 Jahren	—	15	„	1395	„ „	1,08%
„	30—40 „	—	15	„	856	„ „	1,75%
„	40—50 „	—	8	„	475	„ „	1,69%
„	50—60 „	—	3	„	175	„ „	1,71%
„	60—70 „	—	1	„	44	„ „	2,27%
			43				

wobei theils lange Gefangenschaft, theils wiederum besondere constitutionelle Anlage gleichmäßig eingewirkt haben mochten.

Die Zahl der Krankheitstage der Gestorbenen belief sich von 8 bis 244, in Summa 4486 Tage; auf einen Gestorbenen kamen also 104 in Behandlung zugebrachte Tage, woraus hervorgeht, daß der größte Theil der vorgekommenen Erkrankungen lange andauernde und chronische gewesen sind.

Das Verhältniß der bei den einzelnen Gewerben Gestorbenen zu der Gesammtzahl der damit beschäftigten Arbeiter bietet auch wesentliche Verschiedenheiten dar. Es starben nämlich:

Schuster	4	auf durchschnittlich	32	Arbeiter.
Wollgeschäft	7	„ „	24	„
Schneider	5	„ „	50	„
Stricker	3	„ „	12	„
Küfer	1	„ „	18	„
Salbandschuhmacher .	2	„ „	12	„
Schreiner	4	„ „	50	„
Weber	12	„ „	90	„
Fournir=Schneider .	1	„ „	6	„
Korbmacher	2	„ „	16	„

Kein Geschäft, weil krank eingeliefert 2.

Der Einfluß der Beschäftigung auf die Gesundheit der Gefangenen kann jedoch nach diesem Verhältniß allein nicht bemessen werden, indem häufig die Zutheilung der neu Eingelieferten zu den einzelnen Gewerben durch deren Gesundheit bestimmt, und z. B. zu den Schneidern, Strickern und Salbandschuhmachern besonders die schwächlicheren Leute eingetheilt wurden, wodurch die Sterblichkeit bei diesen

Gewerben erhöht werden mußte; zu der schwieriger zu erlernenden Schusterei wurden nur Gefangene mit langer Strafe ausgewählt, weshalb bei solchen das beständige Sitzen und die nicht unbedeutende Anstrengung der Brust einzelne schwerere Erkrankungen dieser Organe zur Folge hatten, denen Einige erlegen sind. Die der Gesundheit zuträglichsten Gewerbe sind die Holzarbeiten, Schreinerei, Küferei und Dreherei; es können aber auch nur die kräftigsten Gefangenen dazu verwendet werden, aus welch' beiden Ursachen auch hier die Sterblichkeit eine äußerst geringe gewesen ist.

Die meisten Todesfälle sind in Folge von Blutzersetzungskrankheiten eingetreten. Es starben nämlich an chronischer Unterleibsentzündung 3, passiver Lungenentzündung 1, Lungenschwindsucht 24, Asthma 2, scrophulösem Knochenfraß 2, allgemeiner Blutdissolution 1, Wassersucht 2, Gehirn- und Rückenmarkslähmung in Folge von Exsudat 2, Marasmus 2, Typhus 2, Herzfehler 1, Ruhr 1.

Daß Tuberkelbildung durch den Aufenthalt im Gefängniß erzeugt, jedenfalls ihre Entwickelung bedeutend befördert wird, ist eine allerwärts, wie auch in unserer Anstalt bestätigte Erfahrung. In den amerikanischen Gefängnissen waren fast $^3/_4$ Theile aller Todesfälle in Folge der Tuberkelkrankheit hervorgerufen. Im Gefängniß von Auburn starben durchschnittlich $^3/_5$, oder 60 von 100, in Charlestaun ebensoviele, und in Philadephia sogar $^4/_5$, oder 80 von 100 Gestorbenen an Tuberkelkrankheit; bei letzterer Zahl sind aber alle in Folge der scrophulösen Diathese Gestorbenen mit inbegriffen, und ist die große Anlage der Neger zu Phthisis im Gefängniß wohl zu berücksichtigen. Im Milbank in London starben durchschnittlich $^2/_3$ Theil, oder 66 von 100 an Schwindsucht. Ganz dieselben Resultate ergeben die Nachweisungen der Gefängnisse Frankreichs, der Schweiz, und aller deutschen Strafanstalten.

Während an Scropheln nur 2 Gefangene in fünf Jahren in unserer Anstalt starben, und wie früher schon berichtet, meist nur die leichteren Formen derselben sich entwickelten, war die Zahl der an Lungenschwindsucht Gestorbenen 24.

Von diesen trat der Tod bei 4 im ersten, bei 9 im zweiten, bei 4 im dritten, bei 4 im vierten, bei 1 im fünften, bei 1 im sechsten, und bei 1 im achten Haftjahre ein. Wie bei der freien Bevölkerung, so wurden die meisten an Schwindsucht gestorbenen Gefangenen in dem besten Lebensalter hinweggerafft, nämlich 1 unter 20, 13 zwischen 20 und 30, 7 zwischen 30 und 40, und 3 zwischen 40 und 50 Jahren. Die Gesundheitsverhältnisse derselben waren bei der Einlieferung gut nur bei 8; dagegen allgemein geschwächt bei 6, mit hectischer Anlage behaftet oder scrophulös 8, und zwei wurden schon mit ausgebildeter Phthisis in die Anstalt verbracht.

Aus diesen Nachweisungen ist mit Sicherheit zu ersehen, daß bei mehr als der Hälfte der an Schwindsucht Gestorbenen besondere Krankheitsanlage vorhanden war, und deren Tod nicht den Einflüssen der Haft allein zugeschrieben werden kann. Daß Onanie einen wesentlichen Einfluß auf die Entwickelung der Lungenleiden, besonders der Phthisen, und auf den rascheren Verlauf derselben ausübt, haben wir in mehreren Fällen, Nr. 7 und Nr. 19, mit Sicherheit beobachtet, in mehreren anderen zu vermuthen Ursache gehabt.

Bei einer vergleichenden Beurtheilung des Mortalitätsverhältnisses verschiedener Strafanstalten ist es endlich von Wichtigkeit, nicht zu übersehen, ob in den einen oder andern Begnadigungen im Allgemeinen und besonders aus Gesundheitsrücksichten häufig oder seltener stattgefunden haben, weil in diesem Falle immer anzunehmen ist, daß eine Anzahl schwächlicher, oder in Folge von Krankheit entlassener Gefangener kurze Zeit nach ihrer Begnadigung oder urlaubsweisen Entlassung zu Hause stirbt, welche dann natürlich noch der Todeszahl der betreffenden Anstalt beigerechnet werden müssen, wenn man maßgebende statistische Angaben erhalten will. Die Mortalitätsverhältnisse unserer Anstalt würden durch Zuzählung der etwa nach erfolgter urlaubsweisen Entlassung Gestorbenen nicht wesentlich vermehrt, indem Begnadigungen im Allgemeinen nur in geringer Zahl ertheilt, urlaubsweise Entlassungen wegen Krankheit aber in der Regel von uns nur in den seltensten Fällen beantragt werden, weil die Krankenverpflegung und Behandlung in unserem Hause eine sehr sorgfältige, jedenfalls weit bessere ist, als die meisten erkrankten Sträflinge zu Hause zu erwarten hätten. Es wurden aus unserer Anstalt aus Gesundheitsrücksichten urlaubsweise entlassen; 1850 7, 1851 6, 1852 1, 1853 2, und 1854 2, so daß höchstens die Mortalitätsverhältnisse der Jahre 1850 und 1851 durch Zurechnung einiger nach der Entlassung erfolgter Todesfälle unbedeutend höher zu berechnen wären.

Wir haben ferner sechs Selbstmorde, und drei tödtlich abgelaufene Unglücksfälle zu beklagen, welche in den letzten fünf Jahren in der Anstalt vorgekommen sind.

Daß Selbstmorde in Strafanstalten begangen werden, kann Niemand besonders auffallen, der das Leben der Verbrecher, die Verhältnisse der Haft, und die Aussichten der Entlassenen in Betracht zieht.

Die Gefangenschaft wirkt natürlicher Weise auf die ihr Unterworfenen nach ihrem moralischen Seelenzustande, ihrem Temperamente, Character und Bildungsgrade sehr verschieden ein.

Am leichtesten wird dieselbe von den meisten Dieben ertragen, weil sie in Folge ihrer Arbeitsscheu, oder ihrer früheren Stellung als Bauernknechte und Taglöhner an Entbehrungen aller Art und Aufgeben jedes eigenen Willens gewöhnt sind, und im Gefängniß durch die Zuchthauskost, das warme Obdach und Lager hinlänglich für den Verlust der Freiheit entschädigt werden; dieselben betragen sich in der Regel still, fleißig, der Hausordnung gemäß, und finden durch das Zuchthausleben in keiner Weise Veranlassung zu Kummer und Gemüthsbewegungen.

Schwerer lasten die Eindrücke der Gefangenschaft auf Verbrechern aus Leidenschaft oder aus wirklicher moralischer Verdorbenheit. Während die ersteren oft einer rechtschaffenen Familie angehören, eine christliche Erziehung genossen haben, und zu keiner gesetzwidrigen Handlung aus Vorsatz fähig sind, werden sie in der Uebereilung, in Jähzorn oder in der Trunkenheit das Opfer ihres Temperaments und ihrer Leidenschaft. Wegen Körperverletzung, Tödtung, Vergehen gegen die Sittlichkeit, auch wegen militärischer Verbrechen verurtheilt, entsteht bei Manchem in der Strafanstalt durch die lange Haft, die geschwächte Gesundheit, die verlorene Existenz, die Noth ihrer zu Hause darbenden Familie, die Regungen des aufgewachten Gewissens und die Aussicht auf Elend und Verachtung nach der Entlassung eine verzweifelte Seelenstimmung, in welcher alle Lebenslust schwindet, und der Tod als willkommener Erlöser betrachtet wird.

Die Verbrecher aus innerer Verdorbenheit und aus Lust am Bösen dagegen kommen mit unbegrenztem Hange zu zügellosem und ungebundenem Leben, mit Widerwillen gegen angestrengte und geregelte Thätigkeit, mit Haß gegen die Wohlhabenden, wie gegen die Gesetze, mit tiefer religiöser Verkommenheit, oft mit cynischem Unglauben hinter die Mauern des Gefängnisses, und hier beginnt nun ein fortwährender, mächtiger und aufreibender Kampf zwischen ihren bisherigen schlechten Sitten, Gewohnheiten und Grundsätzen und dem Zwange des Zuchthauslebens, durch welchen Mancher schon dem Wahnsinne oder dem Selbstmorde in die Arme geführt wurde.

In den meisten Fällen werden jedoch diese mächtigen Eindrücke der Gefangenschaft durch andere, in den Verhältnissen der Haft liegende Gegenwirkungen gemildert oder ganz verwischt, und zwar in den verschiedenen Haftsystemen auf die verschiedenste und entgegengesetzteste Weise.

In der gemeinschaftlichen Haft ist durch den ununterbrochenen Verkehr, und das Zusammenleben der Gefangenen bei Tag und Nacht die vielfältigste Gelegenheit zur Zerstreuung, Unterhaltung, Fortsetzung des Leichtsinnes und der Sittenlosigkeit, wie zum gegenseitigen Unterrichte in allen Lastern und Verbrechen gegeben; es entsteht deßhalb bei den Meisten nur größere Entsittlichung und Verwilderung, neue Lebenslust und verwegener Lebensmuth, und nur in seltenen Fällen Erkenntniß der Schuld, Reue, Gewissensbisse und sonstige nachtheilig einwirkende Gemüthsbewegungen.

Dagegen wird der Zellengefangene durch die Trennung von seinen Schuldgenossen allen verschlechternden Einflüssen derselben entzogen, und den Einwirkungen der im Systeme liegenden Besserungsmittel zugänglich; durch freundliche Behandlung erwacht Vertrauen zu den Beamten, durch die Schule höhere geistige Bildung, durch Erlernung eines Gewerbes Liebe zur Arbeit, durch den Religionsunterricht Erkenntniß der göttlichen Wahrheiten, und so allmählig Erkenntniß seiner Schuld, Reue, Glaube, Hoffnung, und eine ergebene, zufriedene und gehobene Seelenstimmung, in welcher alle Leiden der Gefangenschaft als weise Fügungen und verdiente Prüfungen betrachtet werden, und wenn es auch nicht gelingt, bei Allen die in der Stille der Zelle sich mächtig aufdrängenden Reuegedanken und Gemüthserschütterungen zu bewältigen und zum Guten zu lenken, so werden gerade durch die Opfer dieses Seelenkampfes die mächtigen Ein=

wirkungen des Systemes auf die Gefangenen erwiesen, und die wenigen vorgekommenen Selbstmorde oder Seelenstörungen durch die große Zahl der auf diesem Wege Geretteten und Gebesserten mehr als aufgewogen.

Nicht alle Selbstmorde in Strafanstalten sind aber einer tieferen und andauernden Gemüthsbewegung zuzuschreiben, sondern einzelne werden erfahrungsgemäß ohne längeren Seelenkampf in einem rasch auflodernden Zorne, einer momentanen Aufregung oder Mißstimmung beschlossen und ausgeführt. Diese Vorkommnisse finden ihre Erklärung durch die bedauernswürdige Gleichgültigkeit solcher Unglücklichen gegen ein von Jugend an in Noth und Elend durchgeschlagenes und ohne belebende und erhebende Hoffnung für die Zukunft werthloses Dasein, durch den Mangel jedes innern moralischen Haltes, jedes religiösen Bewußtseins und Glaubens, bei schwereren Verbrechern auch durch jene leichtfertige Geringschätzung des Lebens, das ja bei jedem nächtlichen Einbruch oder offenem Raubanfall auf's Spiel gesetzt wurde, und jetzt in der Gefangenschaft in den Unwillen über den auferlegten Zwang, in dem Gefühle der Ohnmacht und in dem Trotze eines unreumüthigen Sinnes freventlich mit eigener Hand geopfert wird.

Daß auch zu strenge Hauszucht, rohe Behandlung und ungenügende Ernährung der Gefangenen zu Selbstmord führen können, ist eine allerwärts bewährte Erfahrung; in der Einzelhaft müssen alle Maßregeln, welche die Strafe schärfen, als veranlassende Momente zu Geistesstörung und Selbstmord bezeichnet werden, wie fremde und leider auch eigene Erfahrungen beweisen.

Auch in gemeinschaftlicher Haft gehören Selbstmorde keineswegs zu den ungewöhnlichen Vorkommnissen; die unternommenen Selbstmordversuche werden aber meist durch die beständige gegenseitige Ueberwachung vereitelt, während in der Einzelhaft leichtere Gelegenheit zur Ausführung derselben gegeben ist, und schon deßhalb in diesem Systeme auch immer mehr Selbstmorde vorkommen werden. Strafanstaltsinspektor Sanden in Sonneberg erklärt, er habe in einigen Strafanstalten mit gemeinschaftlicher Haft bei einer Kopfzahl von 360—400 Gefangenen jährlich 4—6 Selbstmordversuche und nur 2 gelungene Selbstmorde beobachtet, eine Erfahrung, welche alle Gefängnißdirectoren bestätigen werden.

Eine nähere Betrachtung der einzelnen Selbstmorde dürfte hier am Platze sein.

Der erste Selbstmord wurde durch einen seelengestörten, aus gemeinschaftlicher Haft zu uns versetzten Gefangenen am vierten Tage nach seiner Einlieferung begangen, nachdem bereits der Antrag auf Verbringung desselben in die Irren-Anstalt gestellt war.

Der zweite, ein schöner, kräftiger, wegen Theilnahme an der Revolution verurtheilter Soldat, erhängte sich den Tag nach Eröffnung eines abschläglichen Bescheides auf seine eingereichte Begnadigungsbitte, nach etwas mehr als einjähriger Einzelhaft; getäuschte Hoffnung, in Verbindung mit Unmuth über schlechtes Arbeitsmaterial (Garn in der Weberei) muß als Ursache dieses Selbstmordes bezeichnet werden.

Der dritte, wegen Tödtung zu einer Zuchthausstrafe von 5 Jahren 4 Monate Einzelhaft, geschärft durch 90 Tage Hungerkost und 30 Tage Dunkelarrest verurtheilt, wurde, als er zur Erstehung des 23. Dunkelarrest- und Hungerkosttages aus seiner Zelle abgeführt werden sollte, in derselben erhängt gefunden; durch seine häufigen Klagen bei den Beamten und Aufsehern über die Schwere der Strafschärfungen, sowie durch schriftlich hinterlassene Aeußerungen ist erwiesen, daß die Schärfungen den Entschluß des Selbstmordes in ihm hervorgerufen hatten.

Der gleichen Ursache müssen wir den vierten in der Tabelle angeführten Selbstmord zuschreiben. Ein geistig und körperlich vollkommen gesunder, wegen dritten Rückfalls in den dritten Diebstahl verurtheilter, also an die Verhältnisse der Gefangenschaft gewöhnter Gefangener, wurde am vierten Schärfungstage im Dunkelarrest erhängt gefunden, nachdem er sich bei seinem Aufseher wiederholt über die Schwere der Schärfungen beklagt hatte.

Der fünfte in der Tabelle verzeichnete Gefangene war erst seit vier Wochen aus der Strafanstalt Freiburg, wo er bereits $2^1/_2$ Jahr zugebracht hatte, in unsere Anstalt versetzt worden. Bald nach seiner Einlieferung klagte er über die Schwere der Einzelhaft, und bat um Rückversetzung in gemeinschaftliche Haft. Da jedoch weder sein körperlicher noch geistiger Gesundheitszustand die Gewährung seines Wunsches uns dringlich erscheinen ließ, wurden ihm einige Erleichterungen der Haft gewährt, er öfters auf seiner Zelle besucht, und wir hofften, er werde sich bei aufmerksamer und freundlicher Behandlung bald an seine neue Lage gewöhnen. Gerade vier Wochen nach seinem Eintritt in die Anstalt wurde er in seiner Zelle erhängt gefunden, obgleich er in den letzten Tagen vorher ruhiger, und wie es schien, zufriedener geworden war; der Entschluß zum Selbstmorde scheint aus dem ersten Eindruck der Einzelhaft hervorgegangen zu sein.

Der sechste Selbstmord wurde durch einen während seiner 15 monatlichen Gefangenschaft stets überspannten, eingebildeten, heftigen, und sich selbst sehr überschätzenden Hutmachergesellen begangen; derselbe hatte wegen einer groben Uebertretung der Hausordnung eine Strafe zu erwarten, und glaubte annehmen zu können, daß wegen seines Vergehens und der erfolgten Bestrafung eine gerade beabsichtigte Begnadigungsbitte abgeschlagen würde, weßhalb er sich in der ersten Aufregung erhängte.

Wir haben auch mehrere vorgekommene Selbstmordversuche zu berichten, welche jedoch, mit Ausnahme eines Einzigen, nach dem späteren Geständnisse der Gefangenen selbst, im Zorne, oder aus Bosheit simulirt waren, um die Aufseher zu schrecken, oder einer Strafe zu entgehen; die Angaben der Gefangenen sind um so wahrscheinlicher, als die Selbstmordsimulationen alle zu einer Zeit, in welcher die betreffenden Gefangenen mit Sicherheit den alsbaldigen Besuch eines Aufsehers auf ihrer Zelle voraussehen konnten, oder in einer Weise, daß der Nagel oder der Strick brechen mußte, sobald sie sich fallen ließen, angestellt worden waren.

Nach diesen Nachweisungen können somit nur drei von den in der Anstalt in fünf Jahren vorgekommenen sechs Selbstmorden den Verhältnissen der Gefangenschaft an und für sich zugeschrieben werden, und es steht sehr zu bezweifeln, ob mit Ausnahme von Nr. 5, die beiden andern Selbstmorde durch die Einwirkungen der Einzelhaft hervorgerufen worden sind.

Von den vorgekommenen drei tödtlich abgelaufenen Unglücksfällen bedarf wohl nur der dritte eine Erklärung, indem die Ursache des Todes bei den beiden ersten aus der Tabelle zu ersehen ist.

Nr. 3, ein früher in einer Zuckerfabrik beschäftigter und dort an den Genuß des Weingeistes gewöhnter Gefangener, trank in der

Krankentheeküche, wo er zur Aushülfe verwendet wurde, aus einer zu Dampfbädern, Ueberschlägen u. s. w. dort vorräthig gehaltenen Flasche Weingeist im Uebermaße bis zur vollkommenen Berauschung, wodurch eine heftige Magen- und Darmentzündung entstand, welcher er am dritten Tage nach unsäglichen Schmerzen erlegen ist. Nach seinem eigenen Geständniß lag die Absicht des Selbmordes dieser Alcoholvergiftung nicht zu Grunde.

Gewichtigere Bedenken gegen das neue System, als durch die in den Zellengefängnissen vorgekommenen Erkrankungen, Todesfälle und Selbstmorde, wurden durch die vielfältig erhobenen Befürchtungen über die nachtheiligen Einwirkungen der Einzelhaft auf die geistige Gesundheit der Gefangenen hervorgerufen, und die allerdings weniger günstigen Erfolge der ersten amerikanischen Zellengefängnisse schienen solchen Einwürfen volle Berechtigung zu verleihen. Mit der fortschreitenden Entwickelung des neuen Systems aber wurden wesentliche Modifikationen in dessen Durchführung, und Erleichterungen der strengen Isolirung durch öftere Zellenbesuche der Beamten, hinreichende Bewegung in freier Luft, religiösen und geistigen Unterricht, anhaltende körperliche Arbeit, so wie durch Aufhebung der Isolirung bei einzelnen, weniger dazu geeigneten Individualitäten für nöthig befunden, so wie auch durch Vervollkommnung der baulichen und innern Einrichtungen in den neuern Zellengefängnissen die Lage der Bewohner derselben sich verbesserte, so daß die, bei einer zu ununterbrochenen Einzelhaft allerdings möglichen Gefahren für die geistige Gesundheit der Gefangenen bei einer verständigen Durchführung des Systems als beseitigt betrachtet werden können.

Bis in die neueste Zeit vermochten jedoch die gründlichen und ausgezeichneten, in Menge vorliegenden Berichte der Direktoren, Geistlichen und Aerzte der amerikanischen, englischen, französischen, belgischen, italienischen, dänischen u. s. w. Zellengefängnisse, so wie der zur Untersuchung derselben niedergesetzten Commissionen nicht, die Gegner des neuen Systemes, besonders in Deutschland, über dessen Principien, Wesen und Erfolge aufzuklären und zu beruhigen; auch konnten mehrere in verschiedenen Strafanstalten angestellte, aber in der

Durchführung vollkommen verfehlte Versuche mit der Trennungshaft natürlicher Weise nur ungünstige Resultate zur Folge haben, und die dadurch hervorgerufenen, nicht immer ohne Leidenschaft und Partheilichkeit von den Gegnern der Einzelhaft, insbesondere von Zuchthausbeamten alten Styls gegen dieselbe geführten Fehden mußten nicht wenig zur Beirrung der Ansichten der betreffenden Regierungen und der öffentlichen Meinung über das neue System beitragen. Es wird deßhalb eine ausführliche und gründliche Würdigung der Ursachen, des Verlaufes und der Ausgänge der in den letzten fünf Jahren in der Anstalt vorgekommenen

Seelenstörungen

gerechtfertigt erscheinen.

Bei Beurtheilung der krankhaften Geistes- und Gemüthszustände der Zellengefangenen, und insbesondere des Einflusses, welcher dem Haftsysteme auf deren Entstehung beigemessen werden kann, müssen zweierlei Grade derselben unterschieden werden, die eigentlichen und vollendeten Seelenstörungen, welche mehr oder weniger durch die Gefangenschaft hervorgerufen wurden, besondere Behandlung und nicht selten Entfernung aus der Strafanstalt erfordern, und die leichtern Grade geistiger Alienation und abnormer Geistes- und Gemüths-Zustände, welche in jeder Strafanstalt, wie bei der freien Bevölkerung immer vorkommen, nicht in allen Fällen als Folge der Haft bezeichnet werden können, und in gemeinschaftlicher Haft häufig gar nicht bemerkt, oder wenigstens nicht beachtet werden, während sie in Einzelhaft besondere Aufmerksamkeit erfordern, da sie in wirkliche Seelenstörung übergehen können.

Es folgt zuerst die Tabelle der eigentlichen Seelenstörungen und schwereren Fälle von Geisteskrankheiten.

Nummer.	Alter.	Verbrechen	Urtheilsmäßige Strafe.	Tag des Zugangs in die Anstalt.	Zeit der Entstehung der Geistes-Krankheit.	Dauer der vorhergegangenen Haft. Einzelh. Jahr	Einzelh. Monat	Gem. Haft. Jahr	Gem. Haft. Monat	Form der Seelenstörung.	Geistige Fähigkeiten, Schulbildung, Erziehung.	Frühere Beschäftigung.	Beschäftigung in der Anstalt.	Ob Anlage zu Geistes-Krankheit vorhanden war.	Wann versetzt.	Wohin versetzt.	Geisteszustand nach der Versetzung.
1	25	Hochverrath	10 Jahre	19. Nov. 1849.	April 1850.	—	5	—	—	Monomania religiosa.	Ziemlich gut.	Soldat	Schreiner	Schon beim Militär als sonderbarer Mensch bekannt. Bluthusten, begin. Phthisis	17. Juni 1850.	Illenau.	Starb an Lungenschwindsucht den 15. März 1851; geistig eine Zeitlang gebessert, zuletzt verschlechtert.
2	37	Raub u. Nothzuchtversuch	12 Jahre	18. Okt. 1848.	Septbr. 1850.	1	1	2	2	Amentia.	Geist. sehr beschränkt, ohne Bildung.	Bauer	Spuler	Keine.	19. Nov. 1850.	In gemeinsame Haft.	Nach seiner Entlassung zu Hause geheilt.
3	23	Raub	8 Jahre	15. Okt. 1848.	März 1851.	2	6	1	10	Manie.	Geistig aufgeweckt, einige Schulbild.	Lakirer	Schreiner und Lakirer.	Sehr boshaft, roh und verschlagen.	28. April 1851.	Begnadigt.	Aus seiner Heimath in die Irrenanstalt versetzt, dort bald geheilt und entlassen. Jetzt noch vollkommen geistig gesund.
4	27	Tödtung	12 Jahre	1. Mai 1850.	Januar 1851.	—	9	4	9	Amentia.	Sehr gering.	Taglöhner.	Schuster	Hang zu Schwermuth. Geistige Beschränktheit.	8. Febr. 1851.	Gemeinschaftliche Haft.	Mußte wegen zunehmender Seelenstörung in die Irren-Anstalt verbracht werden, wo er sich noch befindet.
5	22	Tödtung	8 Jahre	6. Febr. 1849.	Juni 1851.	2	4	—	—	Melanchol. religiosa.	Geistig beschränkt, ungebildet.	Schuster	Schuster	Aberglauben und Gewissensbisse.	7. Oktob. 1853.	In den gemeinschaftl. Arbeitssaal.	Allmählig gebessert und bis auf seinen mitgebrachten Aberglauben mit Strafende geheilt abgegangen.
6	21	Hochverrath	3 Jahre	20. Aug. 1850.	Februar 1852.	1	5	—	3	Monomania religiosa.	Gut.	Kaufm.	Schreiner	Erbliche Familien-Anlage.	24. April 1852.	Nach Hause beurlaubt.	Geheilt nach Amerika ausgewandert.
7	42	Hochverrath	2 Jahr 6 Monate	5. April 1852.	April 1852.	—	—	—	—	Manie.	Gebildet.	Kaufm.	Krank	Geisteskrank eingeliefert, erbliche Familien-Anlage.	27. April 1852.	Illenau.	19. November 1852 genesen, in seine Heimath entlassen.
8	50	Hochverrath,	3 Jahre	27. Aug. 1851.	Novemb. 1852.	1	2	—	—	Monomania religiosa.	Ziemlich gut.	Bauer	Schreiner	Familien-Anlage. Ueberspannter Mensch.	10. Jan. 1853.	Illenau.	Nach mehrmonatlicher Behandlung geheilt entlassen.
9	27	Insubordination.	15 Jahre	14. Aug. 1851.	März 1853.	1	7	—	—	Monomania.	Gut.	Soldat	"	Keine.	14. März 1853.	In gemeinsame Haft nach Freiburg.	Von dort bald nach Illenau verbracht, dort geheilt und nach Amerika ausgewandert.

10	28	Meuterei und Hochverrath	20 Jahre	2. April 1850.	April 1853.	3	—	—	—	Manie.	Ziemlich gut.	Soldat	Schreiner später Spuler.	Früher ausschweifend, Onanist.	1. Juni 1853.	Illenau.	Gebessert aber noch nicht geheilt.
11	31	Tödtung	10 Jahre	19. Mai 1853.	August 1853.	—	3	2	—	Monomanie.	Schwach.	Bauer	Schreiner	Erschien gleich bei seiner Einlieferung verdächtig wegen Aberglauben und Traumdeuterei.	7. Juli 1854.	Illenau.	Geheilt.
12	25	Tödtung	15 Jahre	14. Mai 1850.	Septbr. 1833.	3	4	3	—	Iracundia morbosa.	Ueberspannt u. eingebildet.	Bauer	Schreiner	Neigung zu Jähzorn war schon die Ursache seines Verbrechens.	5. Jan. 1854.	Illenau.	Gebessert.
13	24	Tödtung	15 Jahre	20. Aug. 1852.	Novemb. 1853.	1	3	4	—	Mania periodica.	Gut.	Schreiner	Schreiner	Organische Lungenkrankheit, daher bedeutende Störungen der Blutcirkulation.	7. Nov. 1853.	Illenau.	Starb daselbst nach 4 Tagen; die Section erwies Lungen-Atrophie, als Ursache des Todes und der Tobsuchts-Anfälle.
14	24	Diebstahl	3 Jahre	1. Juli 1852.	Novemb. 1853.	1	4	—	—	Amementia.	Ganz vernachlässigt, ohne alle Schulbildung.	Bettler u. Vagabund.	Schneid.	In geistiger Schwäche.	1. Dec. 1853.	Gemeinschaftl. Arbeitssaal.	Gebessert mit Strafende entlassen.
15	34	Meuterei	Lebensl.	20. Aug. 1852.	August 1854.	2	—	2	3	Manie.	Gering.	Soldat	Küfer	Cholerisches Temperament, Streitsucht.	13. Okt. 1853.	Illenau.	Gleich.
16	30	Insubordination.	4 Jahre 6 Monate.	24. Jan. 1854.	April 1854.	—	3	—	—	Amentia.	Sehr vernachlässigt u. roh.	Soldat	Weber	Wüstes, dem Trunke ergebenes, ungezügeltes Leben. War in neapolitanischen Kriegsdiensten.	25. April 1854.	Gemeinschaftl. Arbeitssaal.	Gleich.
17	42	Diebstahl	6 Jahre	15. Juli 1853.	August 1854.	1	2	—	6	Amentia.	Sehr gering.	Taglöhner.	Strohfl.	Hatte im Zuchthaus zu Zürich 5 Jahre Ketten getragen. 150 Tage urtheilsmäßiger Schärfungen.	15. Dec. 1854.	Gemeinschaftl. Arbeitssaal.	Gleich.
18	27	Desertion	6 Jahre	4. Oktob. 1854.	Wahrscheinlich im Juli 1854.	—	—	—	—	Manie.	Ziemlich gut.	Soldat.	Schneid.	Seelengestört eingeliefert.	5. Dec. 1854.	Illenau.	Nach 4 Wochen dort an Phthisis acuta gestorben.

Wie aus dieser Tabelle hervorgeht, waren in den letzten fünf Jahren in der Anstalt eigentliche Seelenstörungen aufgetreten:

1850	bei	655	Gefangenen	2
1851	„	652	„	3
1852	„	614	„	3
1853	„	566	„	6
1854	„	550	„	4

bei 3037 Gefangenen 18 oder 0,60%,

auf ein Jahr also 3,60 bei einer täglichen Durchschnittsbevölkerung von 370 Gefangenen, oder 1,02%.

Das jugendliche Alter zeigte sich am meisten zu Seelenstörungen geneigt; es waren nämlich von den Erkrankten in einem Alter von 20 bis 30 Jahren 11, von 30 bis 40 Jahren 4 und von 40 bis 50 Jahren 3.

Die meisten Seelenstörungen traten bei Gefangenen auf, welche wegen, in der Leidenschaft begangener Verbrechen verurtheilt waren, nämlich wegen Hochverrath 7, Tödtung 5, Insubordination und Desertion 2, und nur 4 bei wegen Raub und Diebstählen Bestraften.

Die meisten Erkrankten waren zu sehr langer Strafe verurtheilt, nämlich zu einer Haft von 1 bis 2 Jahren keine, von 2 bis 5 Jahren 5, von 5 bis 10 Jahren 6, zu 12 Jahren 2, zu 15 Jahren 3, zu 20 Jahren 1, und lebenslänglich 1.

Beim Ausbruch der Seelenstörung hatten Einzelhaft erstanden: unter 6 Monaten 3, von 6 bis 12 Monaten 1, von 1 bis 2 Jahren 7, von 2 bis 3 Jahren 3, und von 4 bis 5 Jahren 2; geisteskrank eingeliefert wurden 2.

Von den achtzehn Seelengestörten hatten aber neun schon längerzeitige gemeinschaftliche Haft erstanden und waren aus jenen Anstalten in unser Haus versetzt worden, so daß die volle, bei Ausbruch der Seelenstörung erstandene Haftdauer betrug, unter 6 Monaten zwei, von 1 bis 2 Jahren vier, von 2 bis 3 Jahren drei, von 3 bis 4 Jahren zwei, von 4 bis 5 Jahren zwei, von 5 bis 6 Jahren zwei, von 6 bis 7 Jahren einer, seelengestört eingeliefert zwei.

Die Art der ausgebrochenen Seelenstörungen war: Allgemeine Verwirrtheit bei fünf, Manie bei sieben, Monomanie bei zwei und religiöser Wahnsinn bei vier.

Die geistigen Fähigkeiten der Erkrankten waren gut und normal nur bei sechs; dagegen schwach bei vier, und sehr beschränkt bei acht.

Die entstandene Seelenstörung war begründet oder wurde wenigstens begünstigt durch erbliche Familienanlage bei drei, durch schwere körperliche Leiden bei zwei, durch große Verdorbenheit und Verstocktheit bei einem, durch geistige Beschränktheit bei einem, durch Gewissensbisse bei zwei, durch Aberglaube und Traumdeuterei bei zwei, durch Ausschweifungen und Onanie bei zwei, durch heftiges Temperament und Jähzorn bei zwei; keine Ursache war aufzufinden bei zwei, und seelengestört eingeliefert zwei.

Von den Erkrankten wurden behufs ihrer Heilung versetzt: in die Irrenanstalt neun, in gemeinschaftliche Haft sieben (zwei von diesen später ebenfalls nach Illenau), und begnadigt und beurlaubt zwei.

Der Erfolg der eingeleiteten Behandlung war im Allgemeinen ein günstiger zu nennen; es wurden vollkommen geheilt acht, bis jetzt gebessert und lassen Heilung hoffen drei, gleich geblieben oder verschlechtert vier; gestorben sind in Folge der die Geisteskrankheit bedingenden körperlichen Leiden (Phthisis) drei.

Wir lassen hier die möglichst kurz gefaßten Krankengeschichten der einzelnen Fälle folgen, aus denen erkannt werden kann, daß die Ursache der Erkrankung meistentheils nicht, oder wenigstens nicht allein in dem Haftsystem gelegen war.

Nr. 1. Johann Sch..z zeigte schon während seines Militärdienstes ein, seinen Kameraden häufig auffallendes, sonderbares und excentrisches Benehmen. Wegen Meuterei und Theilnahme an der Revolution zu einer zehnjährigen Zuchthausstrafe verurtheilt, wurde er bald nach seiner Einlieferung von öfterem Unwohlsein befallen, und insbesondere durch wiederholten Bluthusten in Folge beginnender tuberkulöser Erweichung beunruhigt. Als einziges Rettungsmittel für sein Leben betrachtete er seine alsbaldige Entlassung aus der Strafanstalt, und da diese nicht zu erwirken war, entstand in ihm eine sehr gedrückte und bekümmerte Gemüthsstimmung. Er fing an, über sein früheres, leichtsinniges und ausschweifendes Leben nachzudenken, glaubte darin den Grund seines Brustleidens zu erkennen, und äußerte tiefe Reue über die Sünden seiner Jugend. Die mit Verschlimmerung seines körperlichen Leidens zunehmende grö=

ßere Gemüthsaufregung konnte während längerer Zeit immer wieder durch Vorstellungen und Zureden beschwichtigt werden; nach neunmonatlicher Einzelhaft steigerte sich der ihn stets quälende Gedanke, er habe seine Leiden selbst verschuldet, es könne ihm nie mehr vergeben werden, er müsse in der Strafanstalt sterben u. s. w. sehr rasch bis zum religiösen Wahnsinn und zu zeitweiser Tobsucht. Er wurde in die Irrenanstalt verbracht, und starb daselbst nach einem halben Jahre an der Lungenschwindsucht.

Nr. 2. Johann T.....e, wegen Raub und Nothzuchtsversuch zu einer Zuchthausstrafe von zwölf Jahren verurtheilt, wurde nach zweijähriger Gemeinschaftshaft in unsere Anstalt eingeliefert, und zeigte sich lange Zeit sehr still, fleißig und zufrieden, dabei aber sehr abergläubisch, einfältig und ungebildet. Durch Nachdenken und Vorstellungen erwachte allmälig in ihm die Erkenntniß seiner Schuld, zugleich aber auch Gewissensbisse über früher begangene Sünden mancherlei Art, und da er sich mit der, ihm vom Hausgeistlichen gegebenen Belehrung nicht beruhigen konnte, versuchte er durch Fasten und Beten seine Sünden abzubüßen, um Ruhe in seinem Innern zu erlangen. Dies letztere gelang ihm jedoch nicht, er betete eifriger, that Gelübde, längere Zeit zu hungern, und konnte durch keine Vorstellung davon abgebracht werden, bis er in allgemeine Verwirrtheit verfiel, Tage lang auf einen Punkt hinsah, und stets Gebete hersagte. Er wurde urlaubsweise entlassen, aber später wegen Verdachts der Simulation wieder eingeliefert und in das hiesige Zucht- und Arbeitshaus versetzt, wo er bis zu seiner Entlassung nach drei Jahren gebessert, aber nicht geheilt, zwar arbeitete, aber stets still und für sich lebte, und immer viel betete.

Nr. 3. August Sch..e, den 17. Dezember 1846 wegen Raub in gemeinschaftliche Haft eingeliefert, zeigte daselbst große Rohheit und Verschlagenheit, welche sich durch Ausübung vieler Bosheiten, so wie insbesondere durch eine öftere scheußliche Mißhandlung eines Geisteskranken kund gaben, so daß dessen vollkommene Zurechnungsfähigkeit von der dortigen Verwaltung schon bezweifelt wurde. Nach zweijährigem Aufenthalte daselbst in die Einzelhaft verbracht, entstand schon im ersten Jahre seines Aufenthaltes in unserer Anstalt, besonders durch Aufhetzung eines pflichtvergessenen Aufsehers, wie sich später herausstellte, ein großer Argwohn gegen alle Beamte und Aufseher und die stete Neigung, jedes ihm gesagte Wort als Neckerei, Spott oder Tadel auszulegen; dabei blieb er verschlossen, verstockt und wortkarg. Etwa im zwanzigsten Monate seiner Einzelhaft wurde derselbe besonders gegen den Hausgeistlichen zugänglicher, zeigte Freude und mehr Zutrauen bei den Besuchen der Beamten, und es gelang uns, durch Belehrungen und Vorstellungen Einsicht und Erkenntniß seines frühern verwerflichen Treibens in ihm hervorzurufen. Mit der tiefen und aufrichtigen Reue über den Leichtsinn und die Rohheit seiner Jugendjahre stiegen aber auch Zweifel in ihm auf, ob er je die moralische Kraft erringen werde, seine guten Vorsätze nach erlangter Freiheit durchzuführen. Die Erkenntniß seiner Verworfenheit war ihm geworden, aber nach so langer und tiefer Verwilderung fehlte ihm der Glaube, die Kraft, die Beruhigung. Während der nächsten sieben bis acht Monate steigerte sich dieser, zwischen Reue, guten Vorsätzen und Zweifeln an der Möglichkeit ihrer Erfüllung, nebst der Befürchtung für seine Zukunft schwankende Zustand trotz aller Zusprache der Beamten des Hauses, und ging endlich im neuundzwanzigsten Monate seiner Einzelhaft, und nach mehr als vierjähriger Gefangenschaft in förmliche Seelenstörung über, in welchem Zustande er beständig von seiner tiefen Verworfenheit sprach, und große Neigung zum Selbmord zeigte. Nach einigen Wochen ärztlicher Behandlung wurde er ruhiger, und am Ende April 1851 begnadigt entlassen. Da aber diese Zufälle zu Hause wiederkehrten, so mußte er in die Heil- und Pflegeanstalt Illenau verbracht werden, von wo er Anfangs Januar 1852 vollkommen geheilt entlassen wurde, sich auf die Wanderschaft begab, und später in seiner Vaterstadt ein eigenes Geschäft begründete.

Nr. 4. J a k o b K....e war wegen Tödtung zu einer Zuchthausstrafe von 15 Jahren verurtheilt, und hatte zur Zeit seiner Erkrankung bereits 5½ Jahre davon erstanden, und zwar 4 J a h r e 3 M o n a t e in g e m e i n s c h a f t l i c h e r, u n d 9 M o n a t e 8 T a g e in E i n z e l h a f t. Schon in gemeinschaftlicher Haft wurde an ihm ein g r o ß e r H a n g z u r M e l a n c h o l i e u n d S c h w e r m u t h bemerkt, ohne daß bei seiner Wortkargheit und Verschlossenheit der wahre Grund hievon aufgefunden werden konnte. Gewisse körperliche Erscheinungen, und ein scheuer, jeder Begegnung ausweichender Blick brachten auf die Vermuthung, es möge etwa Onanie die Veranlassung dieser Gemüthsstimmung sein; allein auch hierin konnte keine Gewißheit erlangt werden. Die Schwermuth steigerte sich bald zu Stumpfsinn, und konnte durch kein Mittel der Zerstreuung auch nur für einen Augenblick beseitigt werden. Bald war derselbe zu keiner Arbeit mehr zu vermögen, jeder Besprechung bei gänzlicher Schweigsamkeit unzugänglich, und endlich durchaus nicht mehr aus der Zelle zu bringen, in der er jedoch, den Blick auf eine Stelle geheftet oder scheu umherwerfend, sich ruhig verhielt. Da unter diesen Verhältnissen die Aufhebung der Einzelhaft dringend geboten war, so wurde dessen Transferirung in Gemeinschaftshaft unterm 8. Februar 1851 bewerkstelligt. Aber auch dort steigerte sich sein Seelenleiden in dem Grade, daß die Verbringung in die Heil- und Pflegeanstalt Illenau nöthig wurde, wo er sich noch jetzt, zeitweise an tobsüchtigen Anfällen leidend, befindet. Arbeitsscheu, Mangel an Charakterkraft, große geistige Beschränktheit und wahrscheinlich Onanie waren die ersten Ursachen seiner Erkrankung.

Nr. 5. Stephan B.......ck, wegen Tödtung zu 8 Jahren Zuchthausstrafe verurtheilt, war schon bei seiner Einlieferung ein vollkommner religiöser Schwärmer und ein sehr beschränkter und abergläubischer Mensch. Besonders glaubte er, mit dem Teufel schwere Kämpfe bestehen zu müssen, der ihn nicht nur zur Unkeuschheit und andern bösen Dingen antreibe, sondern auch körperlich quäle, ihm z. B. die Brust zusammendrücke, und ihn erwürgen wolle. In eben so lebhaftem Verkehr, wie mit dem Teufel, wollte er auch mit Gott stehen, der ihm von Zeit zu Zeit Offenbarungen mache und ihm Gelübde abverlange, wie z. B. die Erbauung einer Kirche, einer Kapelle, die Stiftung von Wachskerzen in dieselben, die Unterstützung und Versorgung der Frau und Kinder des von ihm Getödteten u. s. w. Seine größte Liebhaberei war Luftschlösser zu bauen. Bald errichtete er in seiner Heimath ein glänzendes Geschäft, wozu er brieflich eine geeignete Wohnung miethete, eine Anzahl Gesellen und Lehrlinge hielt, die er nicht nur beschäftigen, sondern auch in der Religion und zu einem gottesfürchtigen

Leben anleiten wolle; aus dem Ertrag der Arbeit würden dann Kirchen und Spitäler gebaut, und die Armen in der ganzen Gegend reichlich unterstützt. Bald wollte er nach Amerika, um dort Wunder der Menschenfreundlichkeit zu verrichten, und glaubte mit Reichthümern beladen in die Heimath zurückzukehren, um einen Strom des Segens auszugießen. Dabei hatte er einen starken Hang zur Wollust, dem er zwar mit großem Eifer entgegenarbeitete, jedoch bei aller Gewissenhaftigkeit sich kaum schwerer Versündigungen enthalten konnte. Um solchen Anfechtungen zu entgehen, hielt er es für seine heiligste Pflicht zu heirathen, weßhalb er in verschiedenen Briefen, die natürlich nicht abgingen, da und dort Heirathsanträge machte. Bei all' diesen Verkehrtheiten arbeitete er sehr fleißig und betrug sich stets der Hausordnung gemäß. Die angeordnete Versetzung in den gemeinschaftlichen Arbeitssaal brachte sehr bald, besonders in Verbindung mit vieler Beschäftigung im Freien, bedeutende Besserung seines Seelenzustandes hervor, er wurde, mit Ausnahme seiner natürlichen Beschränktheit und seines Aberglaubens, geheilt mit Strafende entlassen, und arbeitet als Schustergeselle in seiner Heimath.

Nr. 6. Karl S....l, ein junger, gutmüthiger, aber in religiöser Erziehung vernachläßigter Mensch, war durch den Umgang mit politisch überspannten Anverwandten und Freunden, wie durch das Lesen revolutionärer Tagblätter und Schriften zur Theilnahme an der Revolution bewogen, und wegen Hochverrath zu einer dreijährigen Einzelhaft verurtheilt worden. Schon in der ersten Zeit seiner Gefangenschaft zeigte er zeitweise auffallende Aeußerungen und Geistesrichtungen, die sich jedoch jedesmal sehr bald wieder verloren, und nie hauspolizeiliche Störungen veranlaßten; wir glaubten aber bei der constatirten erblichen Familienanlage desselben zu Seelenstörungen darauf aufmerksam sein zu müssen. Nachdem derselbe während des ersten Jahres seiner Haft für Religionsunterricht und die Belehrungen des Hausgeistlichen unzugänglich war, über die Bibel und kirchlichen Gebräuche spottete, und auf derselben tiefen und beklagenswerthen Stufe religiöser Erkenntniß stand, wie der größte Theil unserer Freiheitshelden und rothen Republikaner, schlug er plötzlich in das Gegentheil um, vernachläßigte die früher mit Liebe und Erfolg betriebenen Studien der Naturwissenschaften und fremden Spra=

chen, beschäftigte sich von nun an ausschließlich mit Bibellesen, und besonders gab ihm die Offenbarung St. Johannes vielen Stoff zum Nachdenken und zu Scruppeln; jedoch war er stets noch in seinen Antworten und seinem ganzen Benehmen vollkommmen verständig. Plötzlich, und nachdem ich bei einem Zellenbesuche Tags zuvor durchaus nichts Auffallendes in seinem Benehmen und Gespräche bemerkt hatte, traten alle Zeichen eines religiösen Wahnsinnes bei ihm auf; er hielt sich für den Heiland, den Welterlöser, und gerieth in heftige Aufregung oder in heftiges Weinen darüber, daß er uns Beamte, besonders den Hausgeistlichen nicht von der Wahrheit seiner Angaben überzeugen konnte; seinen Namen, so wie verschiedene Ereignisse seines Lebens brachte er im Zusammenhang mit Bibelsprüchen, und wurde immer aufgeregter, so daß er rasch aus der Anstalt entfernt werden mußte, um vollkommenem Wahnsinne oder der Tobsucht vorzubeugen. Er wurde urlaubsweise zu einem Verwandten, welcher sich zu seiner Aufnahme erbot, entlassen, woselbst sich sein Zustand allmählig besserte, so daß er später nach Amerika auswandern konnte.

Nr. 7. Der Sträfling Casimir G.....ch, wegen Hochverrath und Theilnahme an der Revolution zu einer vierjährigen Zuchthausstrafe verurtheilt, wurde seelengestört in die Anstalt eingeliefert, war früher schon an periodischer Manie in Folge nachgewiesener erblicher Familienanlage erkrankt und deßhalb öfter in ärztlicher Behandlung gewesen, wie auch vor seiner Einlieferung Bedenken über dessen Straferstehungsfähigkeit wegen seines gestörten Geisteszustandes entstanden waren, welche sich sehr bald in der Strafanstalt als vollkommen gegründet erwiesen. Während er sich die ersten Tage ziemlich ruhig verhielt, und besonders mit Bibellesen und religiösen Betrachtungen beschäftigte, auch über sein geistiges Leiden ziemlich klare Ansichten äußerte, wurde er in der fünften Nacht sehr unruhig, sang, pfiff, tanzte und trieb das närrischste Zeug; nach mehreren Tagen trat eine, dieser Aufgeregtheit entgegengesetzte Abspannung und Ruhe ein, er lag sprachlos, mit stierem, auf eine Stelle gerichtetem Blicke auf seinem Bette, seine Gesichtszüge waren völlig ausdruckslos, er lachte hie und da vor sich hin, verunreinigte die Zelle u. s. w. und wurde, sobald wir sämmtliche Beamte des Hauses uns von der vorhandenen Seelenstörung überzeugt hatten, nach dreiwöchentlichem Aufenthalte in unserer Anstalt, den 27. April 1852, nach Illenau verbracht, von wo er nach längerer Behandlung wenigstens momentan geheilt entlassen wurde.

Nr. 8. Johann K.......ch, ein früher vermöglicher und in seiner Heimath angesehener Landwirth, dessen Schwester wiederderholt wegen religiösen Wahn in Behandlung gewesen war, wegen Theilnahme an der Revolution verurtheilt, zeigte während des ersten Jahres seiner Haft, mit Ausnahme eines ausgebildeten Phlegma's, einer großen körperlichen und geistigen Trägheit, Wortkargheit und Verschlossenheit, in keiner Weise irgend etwas Auffallendes. Nach einjähriger Einzelhaft begann er über religiöse Gegenstände, über Prädestination u. s. w. in überspannter, und mit seiner geistigen Ausbildung in keinem Verhältniß stehender Weise zu sprechen, und an die Stelle seiner Ruhe und Gleichgültigkeit trat eine unnatürliche Lebendigkeit und Aufregung. Beschäftigung außer der Zelle hatte nur vorübergehenden Erfolg, und sein Hang zu religiösen Grübeleien steigerte sich, nachdem ein eingereichtes Begnadigungsgesuch wiederholt abgeschlagen worden war, rasch zur völligen Manie. Er glaubte sich zur Gründung einer neuen Religion berufen, behauptete, Gott geschaut zu haben, verlangte, man solle ihm besondere Verehrung erweisen, predigte laut ohne Unterlaß u. s. w. Er wurde in die Irrenanstalt verbracht und daselbst vollkommen in kurzer Zeit geheilt.

Nr. 9. Adolph B..k, ein wegen Meuterei und Theilnahme an der Revolution verurtheilter Soldat, zeigte mit Ausnahme einer gewissen Zurückhaltung und Verschlossenheit während der ersten Zeit seiner Gefangenschaft, vielen Fleiß und Eifer im Gewerbe und in der Schule, betrug sich still, bescheiden, in jeder Beziehung der Hausordnung gemäß, und war, wie es schien, mit seiner Lage zufrieden. Nach mehr als achtzehnmonatlicher Einzelhaft wurde eine ungewöhnliche Heiterkeit an ihm bemerkt, als deren Grund er seine baldige Befreiung vorgab. Er glaubte dies aus verschiedenen Zeichen entnehmen zu können, zeigte große Zerstreutheit und geringern Eifer zur Arbeit, und beging Ungeschicklichkeiten, die man geistiger Verwirrung zuschreiben konnte. Beschäftigung im Freien blieb ohne Erfolg; die Aufregung steigerte sich, und die eingetretene Schlaflosigkeit, so wie Gehörshallucinationen, und die tollsten Wahnvorstellungen, z. B. daß er Christus, daß er Großherzog sei, daß er bald hingerichtet werde u. s. w. ließen keinen Zweifel mehr über die rasch fortschreitende Geisteskrankheit entstehen. Da man die Einzelhaft als vorzüglichste Ursache dieser Seelenstörung annehmen zu müssen glaubte, wurde er in gemeinschaftliche Haft nach Freiburg, und da dort keine Besserung eintrat, in die Irrenanstalt versetzt, woselbst er sehr bald geheilt und zur Auswanderung nach Amerika begnadigt wurde.

Nr. 10. Karl E.....d, ein ebenfalls wegen Theilnahme an der Revolution zu lebenslänglicher Zuchthausstrafe verurtheilter Soldat, mit geringen geistigen Anlagen, war bei seiner Einlieferung, den 2. April 1850, schon, besonders durch Ausschweifungen körperlich geschwächt, und brachte 3½ Jahre Einzelhaft unter anhaltenden körperlichen Leiden zu. Scropheln, Onanie, in Verbindung mit den Einflüssen der Haft, hatten ihn mehrmals in einen Zustand gänzlicher Abmagerung und Erschöpfung gebracht, aus dem er sich schwer und nie vollständig erholte. Skelettartig abgemagert und so entkräftet, daß er nie zu ordentlicher Arbeit fähig war, der Gefahr tödtlichen Siechthums hoffnungslos preisgegeben, und von einem Laster beherrscht, gegen welches er vergebens anzukämpfen schien, bedurfte es bei ihm nur der mehrmals getäuschten Hoffnung auf Begnadigung, um den längst in ihm schlummernden Keim krankhafter Gemüthsstimmung zur Entwicklung zu bringen. Die seit dem 30. April 1853 beobachteten Anzeichen hievon: ängstliches Suchen nach Hilfe und Rath, auffallende Fragestellungen, Versinken in tiefes Nachdenken, mitunter unnatürliche Heiterkeit u. s. w. verbanden sich mit den tollsten Wahnvorstellungen und Tobsucht ähnlicher Aufregung. Beschäftigung im Freien schien Anfangs auf seinen Körper- und Gemüthszustand wohlthätig einzuwirken; die Wahnideen kehrten jedoch bald in verstärktem Grade zurück, und dessen Verbringung nach Illenau wurden für nothwendig erachtet. Nach den letzten von dort erhobenen Erkundigungen hat sich sein körperlicher und geistiger Gesundheitszustand bedeutend gebessert; die Wahnideen sind geschwunden, sein Betragen ist verständig und ordentlich, er nimmt an der Arbeit Antheil, lacht aber noch zeitweise vor sich hin, und ist von Stimmenhören nicht ganz frei.

Nr. 11. Wilhelm St..z war wegen Tödtung zu einer zehnjährigen Zuchthausstrafe verurtheilt, und nach dreijähriger gemeinschaftlicher Haft in unsere Anstalt transferirt worden. Schon in den ersten Wochen wurde von allen Beamten unseres Hauses eine auffallende Sucht zu Traumdeuterei bemerkt. Alles, den Besuch der Beamten, das Wetter, selbst unbedeutende Vorkommnisse in seinem Gefängnißleben u. s. w. hatten Träume ihm vorher verkündet, und er wußte sicher, daß er an dem und dem Tage frei werde. Ebenso verflocht er seine Familienverhältnisse und sein Verbrechen dergestalt mit Traumdeutereien und Weissagungen, daß schon diese, sogleich nach seiner Einlieferung bemerkten Eigenthümlichkeiten als die ersten, aus gemeinschaftlicher Haft mitgebrachten, und wahrscheinlich auch schon vorher bestandenen Momente eines beginnenden Seelenleidens zu betrachten sind. Dabei arbeitete er stets fleißig und ruhig, so wie auch in seinem übrigen Betragen nichts Auffallendes wahrzunehmen war. Zeitweise wurde er mit seinen Prophezeihungen zurückhaltender, behauptete, der ihn gerade besuchende Beamte wisse ja schon Alles, lächelte geheimnißvoll u. s. w., und wurde deßhalb in den gemeinschaftlichen Arbeitssaal versetzt. Nachdem er sich nun häufig in seinen durch Träume veranlaßten Annahmen getäuscht sah, wurde er nachdenklicher, unterbrach die bisher fleißig betriebene Arbeit öfter tagelang, benahm sich zeitweise sehr aufgeregt, heftig und ungebührlich gegen die Aufseher, sprach verwirrtes Zeug, so daß ein Fortschreiten seiner Geisteskrankheit nicht mehr zu verkennen war, und er deßhalb in die Irrenanstalt versetzt wurde, woselbst er jetzt schon gebessert ist.

Nr. 12. Georg B..z war wegen Tödtung zu einer fünfzehnjährigen Zuchthausstrafe verurtheilt und nach dreijähriger gemeinschaftlicher Haft in unsere Anstalt transferirt worden. Von äußerst lebhaftem und aufbrausendem Temperamente, konnte er über jede Kleinigkeit in heftigen Jähzorn gerathen, der sowohl die Ursache seines begangenen Verbrechens, als mehrerer Vergehen gegen die Hausordnnug in der Strafanstalt gewesen ist. In Folge der mehr als sechsjährigen Haft körperlich geschwächt und zeitweise kränklich, und in Folge mehrerer abschläglicher Bescheide seiner eingereichten Begnadigungsgesuche besorgt um seine Zukunft, bemächtigte sich seiner eine große Niedergeschlagenheit und gedrückte Gemüthsstimmung; er ergoß sich in beständigen Klagen über seine verlorne Jugendzeit, die geringe Aussicht auf endliche Befreiung, und die Befürchtung, im Zuchthause sterben zu müssen, die zeitweise in lauten Jammer ausbrachen. Bald traten Zeichen geistiger Verwirrung hinzu, durch welche seine Zornmüthigkeit bis zu böswilliger Widersetzlichkeit und tobsüchtigen Ausbrüchen gesteigert wurde, so daß seine Verbringung in die Irrenanstalt nöthig wurde, woselbst er jetzt schon sehr gebessert ist, und Aussicht auf vollkommene Heilung gewährt.

Nr. 13. Daniel B........t, wegen fahrläßiger Tödtung zu einer fünfzehnjährigen Zuchthausstrafe verurtheilt, hatte hiervon in Gemeinschaftshaft fünf Jahre erstanden, als er am 20. August 1852 hierher versetzt wurde. Schon bei der Einlieferung kränklich aussehend, mußte er den größten Theil seiner Einzelhaft in Krankenpflege bei größtentheils unterbrochener Arbeitsfähigkeit zubringen, ließ jedoch außer einer gewissen Aengstlichkeit und Gemüthsverstimmung, die mit Hämorrhoidalbeschwerden und einem allerdings bedenklichen, den Verdacht beginnender Tuberculose erweckenden Brustleiden in Verbindung zu bringen waren, keinerlei geistige Anomalie bemerken. Als er am 4. November 1853 wieder wegen einer circumspirten Lungenentzündung in Krankenpflege kam, erschien er gleich auffallend ängstlich, und konnte über die Gefahr seiner Krankheit nicht beruhigt werden. Seine Angst steigerte sich bald zur völligen Verwirrung, indem er ganz verzweifelt und fußfällig um Gnade und Schenkung des Lebens bat, ohne Unterlaß die Worte: „O süßer Name Jesu" ausrief, Sinnestäuschung verrieth, und am folgenden Tage in tobsüchtige Anfälle verfiel, die einige Male von völlig lichten Zwischenräumen unterbrochen wurden. Auffallend war, daß die schweren körperlichen Leiden gegen das geistige in Hintergrund traten, und die größten Kraftanstrengungen erlaubten. In Illenau, wohin er am 7. Nov. gebracht wurde, erfolgte der Tod nach wenigen Tagen, und die vorgenommene Sektion ergab, nebst einigen Merkmalen neuerer Entzündung, sehr vorgeschrittene Atrophie beider Lungen und bedeutende alte Verwachsungen, durch welche organische Veränderungen der Respirationsorgane die bedeutenden Störungen in der Blutcirculation, die heftigen Congestionen und Convulsionen vollkommen erklärt werden.

Nr. 14. Johann L....r, ein körperlich und geistig völlig vernachläßigter, wegen dritten Diebstahls zu einer dreijährigen Zuchthausstrafe verurtheilter junger Mensch von 25 Jahren, von frühester Jugend an von seinen Eltern zum Betteln und Stehlen angehalten, in Sünden und Lastern groß geworden, zeigte von Anfang seiner Haft ein kindisches und läppisches Benehmen, und wenig Freude an geistiger Beschäftigung, machte daher auch wenig Fortschritte in der Schule, ohne daß übrigens ein besonderer Eindruck der Gefangenschaft auf ihn bemerkt werden konnte. Nach sechszehnmonatlicher Einzelhaft jedoch erschien er auffallend zerstreut und unruhig, zuerst in der Schule, dann auf der Zelle, verweigerte bald die Arbeit, und schien, sich mit allen möglichen Gedanken und Phantasiegebilden zu beschäftigen, in Gesellschaft von Kameraden zu sein, war bald traurig, jammerte und weinte, bald tanzte er johlend und singend in der Zelle umher; in Blick und Gesichtsausdruck war die steigende Aufregung und Verwirrung nicht zu verkennen, und sämmtliche vorhandene Erscheinungen ließen keinen Zweifel über die entwickelte Manie. Der gemeinschaftliche Arbeitssaal schien bei der bedeutenden Geistesschwäche das geeignete Mittel gegen den weiteren Fortschritt der Krankheit zu sein. Während dort im Anfange noch Aufregung und Wahnvorstellungen zeitweise auftraten, und ihn zu einem ernstlichen Selbstmordversuche trieben, trat allmälig mehr Ruhe und Klarheit bei ihm ein, und er verließ die Strafanstalt nach Umfluß seiner Strafzeit gebessert.

Nr. 15. Joseph Sch......r, ein wegen Theilnahme an der Revolution zu lebenslänglicher Zuchthausstrafe verurtheilter Soldat, wurde im Mai 1850 in das Zuchthaus zu Freiburg, und nach 2 Jahren 3 Monaten gemeinsamer Haft im August 1852 in unsere Anstalt eingeliefert. Nach eingezogenen Erkundigungen zeigte derselbe schon früher zu Hause, wie beim Militär, einen sonderbaren, sehr heftigen, streit- und händelsüchtigen Charakter. In der Strafanstalt fiel an ihm immer eine große Schweigsamkeit und Zurückhaltung auf, als deren Grund er auf Befragen stets nur kurz angab, daß er unschuldig sei, und nicht hierher gehöre. Nach zweijähriger Einzelhaft und vierjähriger Gefangenschaft äußerte er zum ersten Male Wahnideen, die in ihm schon tiefe Wurzel geschlagen zu haben schienen und sich trotz der Bemühungen aller Hausbeamten rasch steigerten. Er hielt sich für den Welterlöser und gehöre als solcher nicht hierher, erinnerte sich noch ganz gut an seine Geißelung und Kreuzigung, und sprach in pathetischem, seiner Bildungsstufe nicht entsprechendem Tone Dinge, die Ueberspanntheit verriethen. Als vorbereitende Momente zu seiner Seelenstörung sind die Aufregungen der Revolution, die darauf erfolgte Flucht, die Untersuchung nach seiner Zurückkunft, Verurtheilung zum Tode, und Begnadigung zu lebenslänglicher Zuchthausstrafe bei heftigem und leidenschaftlichem Temperamente und nachgewiesenem Hange zum Trunke zu betrachten. Die Anfänge seiner krankhaften Geistesrichtung waren sicher schon in der ersten Zeit seiner Gefangenschaft entstanden, bei seiner, durch das Mißtrauen in die Beamten und die Mißstimmung über seine vermeintliche ungerechte Verurtheilung zu erklärenden Schweigsamkeit aber bei ihrem Ausbruche schon zu tief gewurzelt, als daß Besserung oder Heilung in der Anstalt erwartet werden konnte; es wurde deßhalb dessen Verbringung nach Illenau beschlossen, und dieselbe durch die in einem Anfalle von Tobsucht begangene Verwundung eines Hausbeamten beschleunigt, woselbst er sich noch in Behandlung befindet.

Nr. 16. Markus St..n, ein von Jugend an roher, unsittlicher und arbeitsscheuer Mensch, schon im badischen Militärdienste wegen verschiedener schwerer Vergehen häufig bestraft, war in Folge der Revolution flüchtig geworden und in neapolitanische Kriegsdienste getreten, wo er nach seiner eigenen Angabe sein wüstes, dem Trunke und allen möglichen Ausschweifungen ergebenes Leben fortsetzte. Nach seiner Zurückkunft wieder zum Militär einberufen, wurde er bald wegen grober Insubordination zu einer $4^1/_2$jährigen Einzelhaft verurtheilt und in unsere Anstalt eingeliefert. Unter den Erscheinungen eines congestiven Hirnleidens begann er schon nach zweimonatlicher Einzelhaft über Verwirrung zu klagen, fieng mitunter an heftig zu weinen, weil er verdammt sei und sterben müsse; einem sehr energischen Selbstmordversuche folgte tiefe gemüthliche Depression, die auch durch die seit dieser Zeit angeordnete gemeinschaftliche Beschäftigung und abwechselnde Arbeit im Freien nicht ganz und anhaltend zu verscheuchen war. Manche an Wahnsinn grenzende Vorkommnisse aus seinem früheren unmoralischen Treiben lassen auf Anlage zu Seelenstörung schließen;

der rasche Uebergang aus einem der Trunksucht und Ausschweifung ergebenen Leben in die Einzelhaft muß als veranlassendes Moment zum Ausbruche derselben bezeichnet werden. Die Erscheinungen seines gestörten Seelenlebens traten in verschiedenen Formen auf. Bald herrschten Unverträglichkeit und Streitsucht, die seine Beschäftigung im gemeinschaftlichen Arbeitssaale unthunlich machten, bald die Idee vor, man wolle ihn hier unglücklich machen, der dann eine Zeitlang das fast ausschließliche und natürliche Verlangen nach Freiheit folgte. In dem letzten Halbjahre hat sein Leiden mehr den Charakter der eigentlichen Narrheit angenommen, und offenbart sich in zeitweisem sinnlosem Geschwäze, jedoch stets mit längern, vollkommen lichten Zwischenräumen, in denen sein Selbstbewußtsein völlig klar und ungetrübt ist, und in denen er seine zeitweise Verwirrung selbst erkennt. Wir sind schon ermächtigt, bei eintretender Verschlimmerung ihn in die Irrenanstalt verbringen zu lassen.

Nr. 17. Blasius G.........r, ein zweiundvierzigjähriger, lediger Taglöhner von schwächlicher Körperconstitution, früher dem Schmuggel an der Schweizergrenze ergeben, schon wiederholt wegen Diebstahls bestraft, und früher in einer Strafanstalt der Schweiz fünf Jahre in Ketten verhaftet, bot einen Fall eigenthümlicher Verrücktheit dar, die sich in einer Fluth verkehrter Ideen, Einbildungen und unzusammenhängenden, sinnlosen Geschwäzes offenbarte. Durch eine große Zahl urtheilsmäßiger Hungerkosttage (150) herabgekommen, von Natur geistig schwach und gänzlich ungebildet, schien das Alleinsein in Verbindung mit der unablässigen Qual des Hungers einen tiefen Eindruck auf ihn zu machen. Längere Zeit sehr schweigsam und niedergeschlagen, tauchten allmälig krankhafte Ideen bei ihm auf; bald wollte er wegen vielen Geldes, das man ihm da und dort abgenommen, prozessiren; bald sprach er von vielen und vornehmen Heirathen, die er hätte machen sollen, von seinem Adelsbriefe, und einer Menge derartiger Dinge, welche die vollendete geistige Verwirrung, aber auch sein früheres, ungeregeltes, dem Trunke und der Wollust ergebenes Leben, wozu er durch den großen, beim Schmuggeln erworbenen Gewinn verleitet worden zu sein scheint, beurkundeten. Er wurde in den gemeinschaftlichen Arbeitssaal versetzt, woselbst er sehr fleißig arbeitet, sich vollkommen gut beträgt, und Besserung erwarten läßt.

Nr. 18. August G..s. Dessen ganze Erscheinung machte auf alle Beamten der Anstalt schon bei der Einlieferung den Eindruck der vorhandenen geistigen Unfreiheit, welche Vermuthung durch weitere Beobachtungen bestätigt wurde. Früher Soldat und in Folge der Revolution 1848 flüchtig, konnte über dessen Erlebnisse bis zur Rückkehr im Sommer 1854 nur so viel ermittelt werden, daß er unstät theils in Frankreich und der Schweiz, theils in Ober=Italien umhergewandert sei. Welcher Periode die ersten Anfänge seines geistigen Leidens angehören, ist ungewiß; daß aber die, noch kurz vor seiner Einlieferung zu uns in den Untersuchungsgefängnissen vorgekommenen Widersetzlichkeiten eben so sehr das Gepräge psychischer Störung, als die hiesigen Vorkommnisse an sich tragen, ist nach der Schilderung derselben in den Untersuchungsakten mehr als wahrscheinlich. Sein hiesiger Aufenthalt bot eine Reihe von Widersetzlichkeiten dar, deren Grundzüge Verwilderung und unbändige thierische Rohheit waren. Er schien sich in einem steten Kampfe mit Mißhandlungen zu befinden, und von seiner ganzen Umgebung nur Unbilden zu erwarten; der wohlwollendsten Zusprache setzte er oft ohne jede weitere Veranlassung die gemeinsten Schmähungen entgegen, und nicht selten waren seine Widersetzlichkeiten von offenbar verwirrten Aeußerungen begleitet, mit denen auch der verstörte, und in Augenblicken der Aufregung grimmige Ausdruck seines Gesichtes in Einklang stand. Seinem Benehmen fehlten alle Merkmale der berechneten oder zur Gewohnheit gewordenen Böswilligkeit, und es war offenbar Folge geistiger Störung; hinzugekommene höchst gefährliche Wuthanfälle machten dessen rasche Verbringung nach Illenau nothwendig, woselbst er nach vier Wochen an einer sich rasch entwickelnden Phthysis acuta starb.

Außer diesen eigentlichen Seelenstörungen sind noch in jedem Jahre eine Anzahl abnormer Geistes= oder Gemüths=Zustände, Mental=Affektionen, Eigenthümlichkeiten, Sonderbarkeiten, Delusionen, leichtere Grade von Hallucinationen und fixen Ideen vorgekommen, von denen die meisten den Namen einer Seelenstörung nicht verdienen, und zum größern Theil in gemeinsamer Haft wahrscheinlich entweder nicht bemerkt, oder wenigstens nicht beachtet worden wären, wie aus folgengenden Nachweisungen zu ersehen ist.

Tabelle Nr. II. Leichtere Grade der Mental-Affectionen, Hallucinationen und fixen Ideen.

Nummer.	Alter.	Verbrechen.	Urtheilsmäßige Strafe.	Tag des Zugangs.	Zeit der Entstehung des geist. Leidens.	Art der Geistesstörung.	Dauer der Einzelhaft vor dem Auftreten derselben.	Früher erstandene Haft.	Geistige Fähigkeiten, Charakter und Erziehung.	Frühere Beschäftigung.	Beschäftigung in der Anstalt.	Anlage zur Geisteskrankheit, oder sonstige Ursache derselben.	Wann entlassen oder versetzt.	Wohin entlassen oder versetzt.	Geisteszustand nach der Entlassung oder Versetzung.
1	45	Tödtung	8 Jahre	16. Okt. 1848.	Oktober 1849.	Gehörs-Hallucinationen.	1 Jahr.	2 Jahr 2 Monat Gemeinschaftshaft.	Ungebildet, beschränkt.	Bäcker	Spuler	Keine.	13. Aug. 1850.	In Gemeinschaftshaft.	Sehr bald vollkommen geheilt, und den 29. Oktober 1851 begnadigt entlassen.
2	29	Raub	5 Jahre	3. Juni 1849.	Septbr. 1850.	Fire Idee.	1 Jahr 2 M.	Keine.	Mittelmäßig.	Schuster	Schuster	Oefteres körperliches Unwohlsein, besonders Verdauungsstörungen, weßhalb er das Essen für vergiftet hielt.	13. Aug 1850.	In Gemeinschaftshaft.	Bald vollkommen geheilt.
3	44	Tödtung	12 Jahre	1. Mai 1850.	Dezemb. 1850.	Periodische Manie leichteren Grades	8 Monate.	8 Monate.	Ziemlich gut.	Metzger	Küfer	Beginnende Lungenschwindsucht, daher heftige Congestionen und Angst vor dem Tode.	26. Jan. 1851.	In Gemeinschaftshaft.	Gebessert, jedoch nicht geheilt; seine Anfälle geistiger Alienation sind in der Regel von seinem körperlichen Befinden abhängig.
4	20	Meuterei	10 Jahre	19. Nov. 1849.	Juni 1851.	Heftige Gemüthserschütterung von 2tägiger Dauer.	1 Jahr 7 M.	2 Monat Gemeinschaftshaft.	Gut.	Schuster	Schuster	Keine.	14. Juni 1851.	In Gemeinschaftshaft.	Durch Versetzung in die gemeinschaftl. Haft sogleich geheilt.
5	24	Tödtung	8 Jahre	27. Jan. 1851.	Oktober 1851.	Fire Idee u. Heimwehe.	9 Monate.	Keine.	Sehr beschränkt und ungebildet.	Taglöhn.	Schuster	Angeborene Geistesschwäche und Mangel an aller Schulbildung.	25. Mai 1852.	In Gemeinschaftshaft.	Noch daselbst und gebessert, bis auf sein Verlangen nach Befreiung.
6	28	Tödtung	20 Jahre	14 März 1850.	Mai 1851.	Gehörs-Hallucinationen.	1 Jahr 2 M.	3 Jahre.	Ungebildet, beschränkt.	Metzger	Weber	Erwiesenermaßen Onanie.	4. Sept. 1851.	In Gemeinschaftshaft.	Noch daselbst, gebessert, aber zeitweise noch von Hallucinationen beunruhigt.
7	21	Meuterei	10 Jahre	12. Okt. 1849.	Februar 1851.	Fire Idee.	1 Jahr 4 M.	Keine.	Ueberspannt, schwärmerisch, halbgebildet.	Musiker	Spuler	Ueberspanntheit, verbunden mit Arbeitsscheu und körperlichem Unwohlsein.	28. April 1851.	Nach Hause beurlaubt.	Geheilt nach Amerika ausgewandert.

Nummer.	Alter.	Verbrechen.	Urtheilsmäßige Strafe.	Tag des Zugangs.	Zeit der Entstehung des geist. Leidens.	Art der Geistes-Störung.	Dauer der Einzelhaft vor dem Auftreten derselben.	Früher erstandene Haft.	Geistige Fähigkeiten, Charakter und Erziehung.	Frühere Beschäftigung.	Beschäftigung in der Anstalt.	Anlage zur Geisteskrankheit, oder sonstige Ursache derselben.	Wann entlassen oder versetzt.	Wohin entlassen oder versetzt.	Geisteszustand nach der Entlassung oder Versetzung.
8	37	Brandstiftung	20 Jahre	1. Mai 1850.	Oktober 1851.	Fixe Idee, ungegründetes Mißtrauen.	1 J. 5 M.	4 Jahr 7 M.	Halbgebildet, hochmüthig, sich selbst überschätzend.	Sattler	Sattler	Keine.	31. Dez. 1851.	In Gemeinschaftshaft.	Wegen zunehmder Seelenstörung im März 1852 in die Irren-Anstalt versetzt, wo er zwar gebessert, aber nicht geheilt sich noch befindet.
9	47	2. Desertion	3 Jahre	4. März 1852.	August 1852.	Gemüthliche Depression.	7 Monate.	Keine.	Ziemlich gut.	Soldat	Weberei	Durch vieljährigen Militairdienst in Algier körperlich sehr geschwächt, Furcht vor Arbeitsunfähigkeit; Entziehung der gewohnten geistigen Getränke.	10. Nov. 1852.	Begnadigt.	Geheilt entlassen.
10	25	Tödtung	12 Jahre	20. Sept. 1851.	Dezemb. 1852.	Gehörs-Hallucinationen.	1 J. 3 M.	3 Jahr 7 M.	Gut.	Zimmermann.	Schreiner	Abnahme der Gesundheit, und Sehnsucht nach Befreiung.	20. Dez. 1852.	Begnadigt.	Zu Hause bald vollkommen geheilt, ist sehr brav.
11	21	Nothzuchtversuch.	3 Jahre	29. Sept. 1851.	Januar 1852.	Heimwehe.	4 Monate.	Keine.	Ganz ungebildet, konnte weder lesen noch schreiben.	Keine.	Spuler	Angeborene Geistesschwäche, Arbeitsscheue.	20. März 1852.	Nach Hause beurlaubt.	Wieder in gemeinschaftliche Haf eingeliefert, den 16. Juli 1853, wo er sich noch befindet.
12	27	Tödtung	12 Jahre	5. Febr. 1851.	27. März 1852.	Melancholie.	13 Monate.	3 Jahre Gemeinschaftshaft.	Gut.	Bauer	Weberei	Allgemeine Scrophelsucht, längere u. öftere Erkrankungen, Sehnsucht nach Befreiung.	7. Oktob. 1853.	Gemeinschaftlichen Arbeitssaal.	Noch immer sehr gedrückt und körperlich leidend, urlaubsweise entlassen.
13	40	Hochverrath.	4 Jahre	3. Juli 1850.	8. Jan. 1853.	Religiöse Ekstasen u. Schwärmerei.	2 J. 5 M.	Keine.	Halbgebildet.	Wirth	Spuler	Keine.	17. Jan. 1855.	Urlaubsweise in die Heimath.	Vollkommen zu Hause in kurzer Zeit geheilt.

14	25	Insubordination.	2 Jahre	24. Nov. 1852.	21. Jan. 1853.	Gehörs-Hallucinationen.	2 Monate.	Keine.	Schwach.	Soldat	Schreiner	Litt in Folge afrikan. Hitze viel an Kopfcongestionen; Branntweintrinker.	6. März 1853.	Urlaubsweise in die Heimath.	Von dort wegen Zunahme seiner Seelenstörung in die Irrenanstalt verbracht, wo er sich noch befindet.
15	26	Tödtung	9 Jahre	25. Mai 1852.	6. Sept. 1853.	Zornmüthigkeit u. unbegründ. Einbildungen.	16 Monate.	3 Jahre Gemeinschaftshaft.	Mißtrauisch, roh und vernachläßigt.	Taglöhn.	Küfer	Oeftere Erkrankung, beginnende Lungenschwindsucht.	17. Okt. 1853.	Gemeinschaftlich. Arbeitssaal.	Gut.
16	35	Diebstahl	2 J. 6 M.	27. Dez. 1852.	18. März 1853.	Halb cretin Geistesschwäche. Hallucinationen.	3 Monate.	Keine.	Schwachsinnig	Maurer	Strohfl.	Cretinische Körperbildung und Geistesschwäche. Urtheilsmäßige Strafschärfungen.	7. Oktob. 1853.	Gemeinschaftlich. Arbeitssaal.	Vollkommen geheilt, arbeitete fleißig bis zu der, über 1 Jahr später erfolgten Entlassung.
17	39	Diebstahl	7 J. 1 M.	25. Mai 1852.	20. Aug. 1853.	Monomanie (Simulat?).	15 Monate.	4 Jahre Gemeinschaftshaft.	Zeichnete sich stets durch Roheit und Verschlagenheit aus.	Taglöhn.	Weber	Keine.	21. Okt. 1853.	Gemeinschaftlich. Arbeitssaal.	Gut.
18	38	Diebstahl	6 Jahre	7. Mai 1851.	27. März 1854.	Heftige, gemüthliche Erschütterungen mit Wahnideen.	2 J. 9 M.	Keine.	Ziemlich gut.	Schneid.	Schneid.	Gewissensbisse, Furcht vor den Folgen seiner langen Haft.	Blieb in der Zelle und kehrte bald zu klarem Bewußtsein wieder.		
19	25	Diebstahl	2 Jahre	14. Juli 1853.	29. Juni 1854.	Hallucinationen u. Selbstmordversuch.	1 Jahr.	Keine.	Schwach.	Küfer	Küfer	Trunksucht und unstätes Leben in fremdem Kriegsdienste.	3. Juli 1854.	Gemeinschaftlich. Arbeitssaal.	Vollständig wiedergenesen entlassen.
20	21	Nothzucht	5 Jahre	29. Sept. 1853.	Januar 1854.	Große geistige Beschränktheit.	4 Monate.	Keine.	Sehr beschränkt u. bildungsunfähig.	Keine	Strohfl.	Galt in der Heimath für verrückt und geistig zerrüttet.	11. Sept. 1854.	Nach Hause beurlaubt.	Wie bei der Einlieferung.
21	45	Raub	30 Jahre	16. April 1852.	Dezemb. 1854.	Fixe Idee und religiöse Aufregung.	2 J. 8 M.	Keine.	Roh und ungebildet.	Schmied	Holzmacher.	Mehrere Jahre andauernder Hautausschlag und Mangel an aller geistigen und religiösen Bildung.	28. Jan. 1855.	In den gem. Arbeitssaal.	Bis jetzt wenig gebessert.

Die Zahl dieser leichtern Grade von abnormer geistiger Richtung war eine, besonders im Vergleich zu der in Pentonville und andern englichen Zellengefängnissen vorgekommenen, äußerst geringe, nämlich 1850 3, 1851 5, 1862 4, 1853 5, 1854 4, in Summe 21.

Wie bei den wirklichen Seelenstörungen, so kamen auch hier die meisten Fälle bei Gefangenen im Mannesalter vor, nämlich zwischen 20 und 30 Jahren 12, zwischen 30 und 40 Jahren 4, zwischen 40 und 50 Jahren 5.

Leidenschaftlichkeit des Charakters war auch hier bei den Meisten die Ursache ihrer Verurtheilung, wie vielleicht auch ihrer Erkrankung; es waren verurtheilt wegen Tödtung 7, Nothzucht 2, Meuterei und Hochverrath 3, Insubordination und Desertion 2; wegen Brandstiftung 1, Diebstahl und Raub 6.

Die Aussicht auf lange Strafdauer und die sich daran knüpfenden Gedanken und Empfindungen mochten zu der Entstehung des Leidens beigetragen haben; es waren verurtheilt unter 2 Jahren 0, von 2 bis 5 Jahren 5, von 5 bis 10 Jahren 8, zu 10 Jahren 2, zu 12 Jahren 3, zu 20 Jahren 2, zu 30 Jahren 1.

Die abnorme Geistesrichtung zeigte sich als von Hause mitgebrachte Geistesschwäche, Halbcretinismus bei 2, als fixe Idee, Mißtrauen, Wahnvorstellungen bei 7, als Melancholie, Heimweh, gedrückte Stimmung bei 5, und als religiöse Schwärmerei, Extase bei 2.

Beim Ausbruch der Mental-Affection war Einzelhaft vorhergegangen: unter 6 Monaten bei 4, von 6 bis 12 Monaten bei 4, von 1 bis 2 Jahren bei 10, von 2 bis 3 Jahren bei 3.

Von den 21 Erkrankten waren aber 9 aus gemeinsamer Haft in unsere Anstalt versetzt worden; die Dauer der ganzen dem Auftreten der Erkrankung vorhergegangenen Gefangenschaft betrug: unter 6 Monaten bei 4, von 6 bis 12 Monaten bei 3, von 1 bis 2 Jahren bei 4, von 2 bis 3 Jahren bei 3, von 3 bis 4 Jahren bei 1, von 4 bis 5 Jahren bei 4, von 5 bis 6 Jahren bei 1, von 6 bis 7 Jahren bei 1.

Die geistigen Fähigkeiten der Erkrankten waren: gut nur bei 5; dagegen mittelmäßig bei 6, sehr schwach und beschränkt bei 8; Halbcretinen waren 2.

Als veranlassende Gelegenheitsursachen der Geisteskrankheit können betrachtet werden: angeborne Geistesschwäche bei 4, körperliche Leiden bei 7, Ausschweifung und Trunksucht bei 3, Onanie bei 1, Gewissensbisse, Furcht vor dem Tode 1; keine Ursachen konnten aufgefunden werden bei 5.

Während der Behandlung blieb auf der Zelle 1, beurlaubt, begnadigt wurden 7, in gemeinschaftliche Haft versetzt 13, von denen später wegen zunehmender Seelenstörung noch 2 in die Irrenanstalt verbracht werden mußten.

Diese Versetzungen in gemeinschaftliche Haft hatten in den meisten Fällen einen günstigen Erfolg, denn es wurden geheilt in ganz kurzer Zeit 11, gebessert 5, bis jetzt gleich geblieben, aber noch in Behandlung sind 5.

Auch hier lassen wir die kurzen Krankengeschichten der einzelnen Fälle folgen.

Nr. 1. Johann G...m, ein äußerst beschränkter und ungebildeter, 45 Jahr alter Taglöhner, wurde nach zweijähriger gemeinschaftlicher Haft in unsere Anstalt verbracht, und befand sich lange Zeit fleißig, still und mit Ausnahme der öftern Behauptung, er sei zu hart bestraft, man möchte doch seine endliche Befreiung erwirken, auch zufrieden. Nach einjähriger Einzelhaft, und nach dreijähriger Gefangenschaft behauptete er, er sei begnadigt, man solle ihn entlassen, auch glaubte er, von allen Seiten geplagt, gezankt und namentlich wegen seines bedeutenden Appetites mit allerhand Schimpfnamen gerufen zu werden. Bei diesen Gehörshallucinationen arbeitete er stets fleißig, sprach über alles Andere ganz verständig, und wurde durch Versetzung in die gemeinschaftliche Haft rasch geheilt.

Nr. 2. Sebastian D.....t, 29 Jahre alt, ledig, wegen Raub zu 3 Jahren 4 Monate Einzelhaft verurtheilt, wurde in Folge schwächlicher Constitution öfters von Unwohlsein und dem Gefühle des Schwindens der Körperkräfte befallen, während er doch an keiner besonders ausgesprochenen Krankheit litt; dadurch wurde er sehr mißstimmt, arbeitete jedoch fleißig und gerne; da er besonders auf den Genuß des Brodes Verdauungsbeschwerden fühlte, entstand in ihm am Ende der Gedanke, das Brod sei vergiftet, und ließ sich diese fixe Idee durchaus nicht benehmen. Er wurde nach 14 monat=

licher Einzelhaft in die gemeinschaftliche Haft versetzt, wo er nur im Anfange zuweilen auf seine frühere krankhafte Idee zurück kam, und vollkommen geheilt entlassen wurde.

Nr. 3. Wilhelm E....r, 44 Jahre alt, ledig, wegen Tödtung zu 12 Jahren verurtheilt, früher schon wegen Diebstahl im hiesigen Zucht= und Arbeitshaus, hatte bereits 8 Monate 24 Tage erstanden, als er plötzlich in der Nacht sein Zellenfenster hinausschlug und behauptete, er hätte ersticken müssen, so heiß sei die Luft in der Zelle gewesen, und zeigte Zeichen geistiger Verwirrung. Schon längerzeitig wegen beginnender Lungenschwindsucht in Behandlung, äußerte er häufig große Besorgniß wegen seines Brustleidens, und namentlich große Angst vor seinem Tode und vor der Anatomie, wohin, wie er wußte, die Leichen der verstorbenen Gefangenen verbracht werden. Obgleich er sehr bald wieder ruhig und verständig wurde, hielten wir dennoch dessen Entfernung aus der Einzelhaft für nothwendig. Die erfolgte Verbringung desselben in gemeinschaftliche Haft hatte auch wohlthätigen Einfluß auf seinen Gemüthszustand; sein körperliches Leiden schreitet jedoch zwar langsam, aber unverkennbar vorwärts.

Nr. 4. Johann H.....r, wegen Theilnahme an der Revolution zu zehnjähriger Zuchthausstrafe verurtheilt, verfiel plötzlich ohne alle Vorboten nach anderthalbjähriger Einzelhaft, während welcher er sich sehr fleißig, still und verständig betragen hatte, in einen Zustand völliger Verwirrung und Angst, welche nach zweitägiger Dauer durch Versetzung in gemeinschaftliche Haft augenblicklich so vollständig gehoben wurde, daß die Beamten jener Anstalt an die stattgehabte geistige Störung gar nicht glauben wollten. Die zufällige Entladung der Gewehre zweier Schildwachen auf der Ringmauer, in Verbindung mit den Erinnerungen an die Revolution und die standrechtlichen Hinrichtungen hatten bei dem ängstlichen Menschen den Gedanken erregt, es werden in der Anstalt noch Hinrichtungen vorgenommen, und auch er sollte erschossen werden.

Nr. 5. August M.....r, wegen Tödtung zu einer achtjährigen Zuchthausstrafe verurtheilt, und geistig sehr beschränkt und ungebildet, zeigte im neunten Monate seiner Einzelhaft eine bedeutende Abnahme seiner Verstandeskräfte, und große Theilnahmlosigkeit gegen alle Belehrung und geistige Beschäftigung, verbunden mit einer großen Sehnsucht nach seiner Befreiung, bis sich endlich die fixe Idee ausbildete, daß er in kurzer Zeit begnadigt werden müsse. Da probeweise angestellte Gartenarbeit keine Besserung zur Folge hatte, wurde er wegen seiner Geistesschwäche in die gemeinschaftliche Haft versetzt, woselbst er sich wie in unserer Anstalt still, fleißig und der Hausordnung gemäß beträgt.

Nr. 6. Ignaz F...k, 28 Jahre alt, wegen Tödtung zu einer Zuchthausstrafe von 20 Jahren verurtheilt, wurde nach dreijähriger gemeinschaftl. Haft im März 1850 in unsere Anstalt transferirt, und war über ein Jahr lang vollkommen geistig nnd körperlich gesund. Im 13. und 14. Monate seiner Einzelhaft stellte sich bei ihm eine merkliche Körperschwäche und Kräfteabnahme ein, welche er selbst nach seinem Geständnisse der früher und noch jetzt von ihm stark betriebenen Onanie zuschrieb. Er wandte sich häufig in flehentlichen Bitten an einzelne Beamten des Hauses, ihm die Mittel zur Abgewöhnung dieses Lasters anzugeben, und suchte auch den ertheilten Rathschlägen nachzukommen. Da ihm die Unterlassung aber nicht gelingen wollte, so stellte sich ein wahrhaft verzweifelter Zustand, Schlaflosigkeit, und sehr bald Hallucinationen des Gehörs bei ihm ein. Er hörte, wie ihm von allen Seiten sein Laster vorgeworfen und zugerufen wurde: er solle es unterlassen. Sonst war er verständig und arbeitsam. Er wurde nach 2 monatlicher Dauer seiner Hallucinationen in gemeinschaftliche Haft versetzt, wo derselbe sich noch in ziemlich gleichem Zustande befindet.

Nr. 7. Karl Z....r, wegen Hochverraths zu 10 Jahren Zuchthaus verurtheilt, früher Musiker bei einer Regimentsmusik, war ein weichlicher, nur an Musiciren und Dichten gewöhnter, durch Romanenlesen und durch das Jahr 1848 überspannter junger Mensch, bei dem der Uebergang von seinem exaltirten Treiben vor und in der Revolution zu dem einsamen Zellenleben einen zu großen Abstand bildete, als daß er sich in seine neue Lage hätte eingewöhnen können. Von Anfang seiner Haft an stets gemüthlich gedrückt und still, konnte er durch kein Zureden zu einer härtern und zerstreuenden Arbeit vermocht, sondern stets nur mit leichtern Handarbeiten, wie Spulen, beschäftigt werden, wobei ihm zu viel Zeit zum Nachdenken und

Grübeln übrig blieb. So bildete sich bald ein körperliches und geistiges Mißbehagen, eine Abspannung, Erschlaffung und Verdauungsschwäche aus; beim Genusse der Hülsenfrüchte und des Brodes fühlte er jedesmal Magendrücken, Sodbrennen u. s. w., und kam endlich zu der fixen Idee, es werde ihm etwas in sein Essen gethan, was ihm diese Beschwerden verursache, eine Meinung, welche ihm selbst durch gelassene Auswahl des Brodes unter 30 Portionen nicht mehr genommen werden konnte. Im Uebrigen war derselbe vollkommen verständig, und wurde nach 1½ jähriger Einzelhaft urlaubsweise entlassen, erholte sich sehr rasch zu Hause körperlich und geistig, und ist nach Amerika ausgewandert.

Nr. 8. Gabriel A..r, wegen Brandstiftung zu einer 20 jährigen Zuchthausstrafe verurtheilt, und nach 4½ jähriger gemeinschaftlicher Haft in unsere Anstalt versetzt, zeigte bald nach seiner Einlieferung ein überspanntes und hochmüthiges Wesen, wie es bei Halbgebildeten nicht selten zu finden ist. Durch öftern Tadel, vielleicht auch durch einigen Spott von Seiten der Aufseher über seine Uebertriebenheiten wurde er zurückhaltender, mißmuthig und mißtrauisch in seine Umgebung, glaubte in jedem Worte und Blicke Mißachtung, Spott und absichtliche Kränkung zu entdecken, und gerieth darüber zeitweise in bedeutende Aufregung und Verwirrung. Nach anderhalbjähriger Einzelhaft und nach fünfjähriger Gefangenschaft wurde er deßhalb in die gemeinschaftliche Haft versetzt, woselbst sich aber sein Zustand bald zur vollkommenen Verrücktheit mit tobsüchtigen Anfällen steigerte, so daß er in die Irrenanstalt verbracht werden mußte, wo er sich kaum in Etwas gebessert noch befindet.

Nr. 9. Justin M...r, wegen Desertion im Jahre 1831 bei seiner 1852 erfolgten freiwilligen Rückkehr zu einer zweijährigen Einzelhaft verurtheilt, ein durch Strapazen und ungeregeltes Leben während seines langjährigen Dienstes in der Fremdenlegion in Algier körperlich heruntergekommener Mann von 44 Jahren, wurde bald in der Anstalt, vielleicht in Folge einer tiefen Brusthiebwunde brustleidend, wozu sich später Verdauungsstörungen gesellten, welche Krankheits-Erscheinungen in Verbindung mit der Aussicht auf eine elende, kümmerliche Existenz nach seiner Entlassung, eine sehr schwermüthige und gedrückte Stimmung in ihm hervorriefen, die sich jedoch mit Besserung seiner Gesundheit wieder verlor. Eigentliche Zeichen der Geisteskrankheit waren nicht wahrzunehmen; er wurde geheilt entlassen.

Nr. 10. Fridolin Sch....l, wegen Tödtung zu einer zwölfjährigen Zuchthausstrafe verurtheilt, hatte hieran in Gemeinschaftshaft schon drei Jahre und sieben Monate erstanden, als er in die Einzelhaft versetzt wurde. Während seiner beinahe fünfjährigen Gefangenschaft hatte er immer still, fleißig und zufrieden in seinem, in der Strafanstalt erlernten Gewerbe, der Schreinerei, gearbeitet; eine gewisse Schweigsamkeit war immer an ihm aufgefallen. Nach vierzehnmonatlicher Dauer der Einzelhaft und nach beinahe fünfjähriger Gefangenschaft, während welcher er öfter den Wunsch nach Befreiung ausgesprochen hatte, behauptete er, begnadigt zu sein, und widerrechtlich in der Anstalt zurückbehalten zu werden; er habe deutlich gehört, wie dies vor seiner Zelle gesagt worden sei. Weder durch Vorstellungen, noch durch die ihm gestattete Einsicht in seine Personal-Akten war er von der Unrichtigkeit seiner Annahme zu überzeugen, und kam bei jedem Zellenbesuche im Anfange bescheiden, später aber in einer Weise und Heftigkeit darauf zurück, welche das Bestehen einer fixen Idee nicht verkennen ließ; öfter verlangte er ungestüm eine Untersuchung in dieser Sache, und beklagte sich über eingebildete Verfolgungen von allen Seiten. Die hinzugekommenen Gehörs-Hallucinationen betrafen hauptsächlich Vorwürfe und Aufforderungen zu einem Laster, welches unter den Causal-Momenten der Seelenstörungen einen nicht untergeordneten Rang einzunehmen scheint. Dabei arbeitete er stets fleißig in seiner Zelle, und betrug sich vollkommen der Hausordnung gemäß. So blieb derselbe bis zu seiner durch Begnadigung erfolgten Entlassung, und seine letzten Worte in der Anstalt waren noch Vorwürfe gegen die Verwaltung wegen widerrechtlicher Zurückhaltung nach schon erfolgter Begnadigung. Nach eingezogenen Erkundigungen war sein Benehmen zu Hause im Anfange still, in sich gekehrt und zurückgezogen; bald aber stellte sich seine frühere Lebenslust wieder her, und er arbeitet, geistig und körperlich vollkommen gesund, fleißig als Zimmergeselle in seinem Heimathsort.

Nr. 11. Carl L..y, von jeher an ein arbeitsscheues Herumschländern gewöhnt, gehörte zu der lüderlichen Zunft der Eckensteher, war weder des Lesens noch Schreibens kundig, und bei dem Mangel aller innern Anregung stets äußerer Eindrücke bedürftig; daher bildete die einsame Zelle und die auferlegte anhaltende Arbeit einen zu grellen Contrast zu seiner frühern Lebensweise, als daß er sich ruhig darein hätte finden können. Die Arbeit war ihm eine Qual; andere Zerstreuungen konnten ihm bei seiner totalen geistigen Armuth nicht werden, und so richtete sich bald all sein Sinnen und Trachten nach Hause, und der Gedanke an seine Freilassung schien ihn allein zu beschäftigen. Aeußerungen, daß er frei sei, daß er verschiedentlich vor seiner Zelle habe sagen hören, jetzt komme er fort, und Anderes mehr, geschahen in einer Weise, daß man im Anfang darin mehr den Ausdruck der böswilligen Dummheit, als beginnender Geisteskrankheit erblicken zu müssen glaubte. Wenn es durch besondere Mühe vielleicht auch gelungen wäre, ihn körperlich anhaltend zu beschäftigen, und ihm dadurch Zerstreuung zu verschaffen, so würde es bei dessen äußerst niedriger Bildungsstufe und geringer Auffassungsgabe immer schwer gewesen sein, ihm die arbeitsfreien Stunden und Tage in der Zelle zweckmäßig auszufüllen, weßhalb er auf eine zeitlang urlaubsweise entlassen, und dann in gemeinschaftliche Haft versetzt wurde.

Nr. 12. Joseph M..t war wegen Tödtung zu einer zwölfjährigen Zuchthausstrafe verurtheilt und nach vierjähriger gemeinschaftlicher Haft den 27. April 1852 in unsere Anstalt versetzt worden. In Folge der langen Haft in den Kräften sehr heruntergekommen, an einem bedenklichen und quälenden Brustleiden und allgemeiner Scrophelsucht erkrankt, bemächtigte sich seiner nach einjähriger Einzelhaft und fünfjähriger Gefangenschaft eine große Muthlosigkeit und Niedergeschlagenheit, die sich allmälig bis zur krankhaften Melancholie mit Zeichen allgemeiner Verwirrung steigerte; dessen Versetzung in den gemeinschaften Arbeissaal hatte baldige Besserung zur Folge, und derselbe ist jetzt, nach zwei weitern Jahren, und nachdem sich sein Leiden lokalisirt, und als scrophulöse Caries der Fußwurzelknochen ausgebildet hat, bis auf eine gewisse Aengstlichkeit in seinem Benehmen, ob er auch immer die Zufriedenheit seiner Vorgesetzten besitze, und daß er zu vieles Brod esse, wodurch sein Leiden verschlimmert werde, geistig geheilt. Onanie scheint einen nicht unbeträchtlichen Antheil an seiner Körperzerrüttung gehabt zu haben, und immer noch als schwächende Ursache fortzuwirken; sein Scrophelleiden schreitet langsam, aber sichtlich fort.

Nr. 13. Der wegen Hochverrath zu einer vierjährigen Zuchthausstrafe verurtheilte Sträfling Johann R........d war früher Wirth, und wie es schien, nicht besonders an körperliche Thätigkeit gewöhnt, derselben jedenfalls abhold und mehr zu ernster Lektüre geneigt. Bei seiner Beschäftigung in der Anstalt, dem Spulen, blieb ihm zu viele Zeit zum Nachdenken und Grübeln, und so verlor er sich immer mehr und mehr in religiöse Speculationen und Auslegungen der heiligen Schrift; Erscheinungen aus allen Zweigen der Naturwissenschaften, der Geschichte, die Umgebungen seiner Heimath u. s. w. brachte er mit Bibelstellen in Verbindung, und besonders viel machte ihm die Offenbarung St. Johannes zu thun, so daß er nahe daran war, in religiösen Wahnsinn zu verfallen; er wurde deßhalb den 15. Januar 1853 urlaubsweise entlassen, später begnadigt, und zu Hause rasch und vollständig wieder hergestellt.

Nr. 14. Jakob R.u, ein von Jugend an träger, boshafter und sinnlicher Mensch, wegen zweiter Desertion zu einer sechszehnmonatlichen Einzelhaft verurtheilt, wurde den 24. November 1852 in die Anstalt eingeliefert, nachdem er nach fünfjährigem Dienste in der Fremdenlegion in Algier nach Hause zurückgekehrt war. Schon nach sechswöchentlichem Aufenthalte in der Anstalt klagte er über Gehörs-Hallucinationen, durch welche er verspottet und geplagt werde. Dabei war er träg in der Arbeit und zu geistiger Beschäftigung theils von Natur aus zu beschränkt, theils, wie er selbst angab, durch geschlechtliche Excesse und Brantweingenuß in Algier zu stupid geworden. Auf unseren Antrag wurde er nach viermonatlicher Einzelhaft entlassen, und da sich sein Seelenzustand in der Heimath verschlimmerte, im Mai 1854 in die Irrenanstalt verbracht, woselbst er zwar gebessert, aber immer noch zeitweise an Hallucinationen leidend sich befindet.

Nr. 15. Der wegen Tödtung zu einer neunjährigen Zuchthausstrafe verurtheilte, und nach 2½ jähriger gemeinschaftlicher Haft in unsere Anstalt transferirte Sträfling Roman M...r war von Jugend an dem Zorn und der Händelsucht ergeben, roh, wild und von heftiger Gemüthsart. Nach mehr als einjähriger Einzelhaft zeigten sich zuerst Spuren von Mißtrauen in die Hausbeamten; er behauptete, nicht wegen Tödtung, sondern wegen gewisser Unzuchtsvergehen, die er früher einem Geistlichen gebeichtet, und wovon dieser die Anzeige gemacht habe, in der Strafanstalt zu sein. Allen unsern Bemühungen konnte es nicht gelingen, ihm diese Idee zu benehmen, die ihn zeitweise zu solcher Heftigkeit hinriß, daß sich auch andere krankhafte Ideen dazu gesellten, z. B. man wolle ihn vergiften, weßhalb er häufig sein Essen stehen ließ. Versetzung in den gemeinschaftlichen Arbeitssaal brachte Beruhigung in sein Gemüth; es entwickelt sich jedoch hier ein körperliches Leiden, welchem so häufig nach unsern Erfahrungen große und öftere geistige und gemüthliche Aufregungen vorherzugehen pflegen, die Lungenschwindsucht, die seither zwar langsam, aber sicher fortschreitet.

Nr. 16. Johann Valentin Sch...r, wegen mehrfacher Diebstähle zu einer 1 Jahr 8 monatlichen Einzelhaft verurtheilt, den 27. Oktober 1852 in unsere Anstalt eingeliefert, ein geistig und körperlich verkümmerter Mensch mit zum Cretinismus hinneigender Kopfbildung, wurde durch Erstehung von 20 Tagen Dunkelarrest und Hungerkost als urtheilsmäßige Schärfungen in einen Zustand großer Aufregung, Angst und Verwirrung versetzt; vor jedem in seine Zelle Tretenden wich er scheu zurück, bat, man möchte ihn doch verschonen, ihm das Leben lassen u. s. w., so daß der Ausbruch einer Seelenstörung zu befürchten war. Mit Aussetzung der Schärfungen wurde er sofort wieder ruhiger, und in kurzer Zeit waren alle Zeichen irgend einer krankhaften Seelenthätigkeit geschwunden. Wegen seiner großen Geistesschwäche wurde dessen Versetzung in den gemeinschaftlichen Arbeitssaal angeordnet, wo er zufrieden bis zu seiner, mit Strafende über ein Jahr später erfolgten Entlassung arbeitete.

Nr. 17. Sträfling August S.....r, wegen Rückfall in den Diebstahl zu siebenjähriger Zuchthausstrafe verurtheilt, und früher deßhalb schon 3½ Jahr in gemeinschaftlicher Haft gewesen, jetzt wieder nach 3 Jahr 2 monatlicher gemeinschaftlicher Haft in unsere Anstalt transferirt, ein von Jugend an verwahrloster, roher, rachsüchtiger und ganz verkommener Mensch, hat alle seine Verbrechen bei Gerichte und in der Anstalt stets beharrlich geläugnet. In gemeinschaftlicher Haft galt er für einen der verschlagensten und gefährlichsten Gefangenen, der auszubrechen versuchte, sich sehr häufig aus Trägheit oder Bosheit krank stellte 2c. Die erste krankhafte Ideenäußerung war die Angst vor dem Teufel, dem er sich früher verschrieben hatte, und von dem er nun geholt zu werden fürchtete; deßhalb ersuchte er den Hausgeistlichen wiederholt, ihn auf einen andern Namen umzutaufen, damit der Teufel ihn nicht mehr erkenne. Bald behauptete er, der Teufel habe ihm die Macht gegeben zu zaubern, sich unsichtbar zu machen und derartiges unsinniges Zeug; bald war die Suppe vergiftet, bald waren die Kleider behext, und er blieb nakt im Bett, und immer mächtiger wurde der Wunsch nach Befreiung, damit er dem Teufel entgehen könne. Ohne Zweifel war die Macht des in der Einsamkeit erwachten Gewissens und der Mangel an Zerstreuung des, an geistige Thätigkeit nicht gewöhnten und arbeitsscheuen Menschen die Ursache der krankhaften Ideen, die durch Versetzung in den gemeinschaftlichen Arbeitssaal bald gebessert wurden, und schon längere Zeit vor seiner den 28. Dec. 1854 erfolgten Entlassung nie mehr zum Vorscheine kamen.

Nr. 18. Der Sträfling Jos. S...s, wegen Betrugs und Diebstahls zu einer 6jährigen Zuchthausstrafe verurtheilt, und den 7. Mai 1851 in unsere Anstalt eingeliefert, zeigte schon frühe in der Schule und während seiner Lehrzeit Hang zum Diebstahl, und hatte in Baden natürlich reichliche Gelegenheit, seine Neigung zu Arbeitsscheue und gutem Leben zu befriedigen. In der Strafanstalt betrug er sich sehr demüthig und unterwürfig. Nach etwa einjähriger Haft zeigte sich eine große Unruhe, Aengstlichkeit und Aufgeregtheit in seinem Benehmen, das nach längerer Dauer damit endete, daß er noch eine Reihe früher begangener Unterschlagungen und Betrügereien angab und um deren Untersuchung bat, was auch geschehen ist. Gewissensbisse, verbunden mit Angst vor einer längern Strafe hatten bei ihm jene, an das Krankhafte grenzende Aufregung veranlaßt, welche letztere seit dem erfolgten Geständnisse seither nie wiedergekehrt sind; dabei hat er die ganze Zeit sehr fleißig gearbeitet, und wurde den den 4. Mai 1855 vollkommen geistig gesund mit Strafende entlassen.

Nr. 19. Der Sträfling Johann Sch...t, ein sehr schlecht be-

leumundeter, dem Müßiggange und lüderlichen Leben ergebener Mensch, war mehrere Jahre in Algier bei der Fremdenlegion, und wegen Diebstahls früher schon zwei Jahre in gemeinschaftlicher Haft gewesen. Nach einjähriger Einzelhaft begieng er, nach seiner Angabe aus Angst vor Mißhandlungen von Seite seines Vaters und seiner Brüder bei seiner Nachhausekunft, einen Selbstmordversuch, welcher durch Brechen des Nagels, an welchem der Strick befestigt war, vereitelt wurde, und war mehrere Tage in großer Aufregung, so daß wir dessen Versetzung in den gemeinschaftlichen Arbeitssaal für nöthig hielten, wo sich sogleich seine Angst und Verwirrung verloren, und bis zu seinem Strafende nie wieder kehrten.

Nr. 20. Der Sträfling Peter H..s, wegen Nothzucht zu einer fünfjährigen Zuchthausstrafe, geschärft mit 40 Tagen Hungerkost verurtheilt, wurde schon mit der Weisung eingeliefert, daß, wenn er sich wegen seines Geisteszustandes nicht zu Erstehung der Einzelhaft eigne, er in gemeinschaftliche Haft verbracht werden solle. Derselbe galt in seinem Heimathsort für einen sehr beschränkten Menschen, für einen Narren, dessen Körper- und Geistesentwicklung durchaus nicht mit seinem Alter von 22 Jahren im Verhältniß stand. Sein Benehmen war durchaus kindisch und knabenhaft; er hatte eben so wenig Begriffe von Recht, Sitte und Ordnung, als Einsicht in sein Vergehen. In der Anstalt hatte er nur einen Gedanken und ein Streben, nach Hause gelassen zu werden; zu geregelter Arbeit war er weder durch Zureden noch durch die schärfsten Strafen zu bewegen; in der Schule machte er gar keine Forschritte, sondern verursachte durch Kindereien stets Störung, so daß er davon ausgeschlossen werden mußte; in dem gemeinschaftlichen Arbeitssaal, wohin er verbracht worden war, ging es nicht besser. Bei versuchter Beschäftigung im Freien suchte er auf die tollste Weise in Gegenwart der Aufseher und Wachen zu entspringen, so daß er beinahe erschossen worden wäre. Er wurde deßhalb als nicht vollkommen zurechnungsfähig urlaubsweise entlassen.

Nr. 21. Der wegen vieler Diebstähle zu einer 30jährigen Zuchthausstrafe verurtheilte Friedrich M..sch ein roher, geistig sehr beschränkter Mensch, war seit $2^1/_2$ Jahren in unsrer Anstalt. In Folge der zur Heilung der Kräze angewendeten Schmierkur und einer Anlage zu chronischen Hautausschlägen brachen an allen Körpertheilen Pusteln und Furunkeln aus, die bis auf die neueste Zeit der energischsten Behandlung widerstanden. Durch die immerwährenden quälenden, beißenden und jukenden Schmerzen kam er auf die Idee, die Krätzsalbe, die man ihm eingerieben habe, stecke noch zwischen Haut und Fleisch, verursache immer wieder die Entstehung der neuen Geschwüre, und sei absichtlich so tief eingerieben worden, um ihn durch die Schmerzen für seine vielen Vergehen zu züchtigen und büßen zu lassen. Aus seinem ganzen Benehmen und aus seinen Aeußerungen ist zu entnehmen, daß Reue über seine vielen Verbrechen, Kummer wegen der endlosen Gefangenschaft, und Sorge um seine verlassene Familie, in Verbindung mit obigen Leiden die veranlassende Ursache seiner fixen Idee, wie seines öftern aufgeregten Gemüthszustandes zu betrachten sind. Verbringung in den gemeinschaftlichen Arbeitssaal bewirkte bald einige Beruhigung, und Heilung seines Hautleidens so wie Aussicht auf einstige Begnadigung dürften als die beste Kur für seine geistige Alienation sich erweisen.

Nachdem wir nun die einzelnen in den letzten fünf Jahren in der Anstalt vorgekommenen geistigen Alienationen schwereren und leichteren Grades ausführlich geschildert haben, will ich versuchen, die Ursachen zusammenzustellen, durch welche in Einzelhaft überhaupt die Entstehung von Seelenstörungen bedingt oder begünstigt werden kann, weil dadurch einerseits für die Beamten in neu errichteten Zellengefängnissen die Beurtheilung der zu Seelenstörungen hinneigenden und deßhalb genauer zu beobachtenden Gefangenen und Seelenzustände erleichtert, andererseits aber das häufige Vorkommen der Geisteskrankheiten in der Gefangenschaft als eine nothwendige Folge der manigfaltigen, in dem Leben und den Verhältnissen der Verbrecher gelegenen Ursachen zu geistiger Erkrankung erkannt werden wird.

Jede längere Einsperrung, selbst bei den besten Haftsystemen und der zweckmäßigsten Hauszucht und Behandlung, muß, wie für die körperliche Gesundheit, so auch für den Geistes- und Gemüthszustand eines Gefangenen von nachtheiligen Folgen sein; es werden deßhalb in allen Haftsystemen mehr oder weniger zahlreiche Seelenstörungen vorkommen.

So erklärt Lélut, Irrenarzt an der Salpêtrière in Paris,

und Arzt in dem Gefangenenhause für die auf die Galeeren abzusendenden Sträflinge, in einer trefflichen Abhandlung über den Einfluß der Einzelhaft auf den Geist der Gefangenen (Jahrb. der Gefäng. Kunde V. S. 246):

1) Es wird stets ein größeres Verhältniß Seelengestörter in den Gefängnissen gefunden, als unter der freien Bevölkerung. In gewissen Lebensläufen voll Vergehen und Verbrechen, in der Vollführung dieser oder jener verdammungswerthen Handlung liegt die Enthüllung eines Seelenzustandes, der, ohne Seelenstörung zu sein, dennoch kein Zustand der Vernunft ist, welcher auch nur das geringste Maß der Willensfreiheit zugemessen werden könnte; auch wird es sich mehr als einmal ereignen, daß ein solcher Zustand, nachdem er zum Verbrechen geführt hat, endlich zum Wahnsinn wird.

2) Eine gewisse Anzahl von Vergehen und Verbrechen wird durch Menschen begangen, die gewißlich vor und während der Vollbringung der bösen That, durch die sie vor den Richter geführt werden, im Zustande des Irrseins gewesen sind.

3) Ein Leben voll Lüderlichkeit, welches zum Verbrechen führt, vermag mit der Länge der Zeit eine solch' heftige Aufregung oder Schwächung des Geistes herbeizuführen, die endlich den Wahnsinns-Charakter annimmt.

4) Die Wirkung der Verurtheilung auf den Geist eines Angeklagten kann Wahnsinns-Ursache werden."

In Deutschland sind diese, durch gründliche Untersuchungen aller amerikanischen, englischen und französischen Strafanstalten nachgewiesenen und in jenen Ländern längst zur Anerkennung gekommenen Erfahrungen noch weniger gewürdigt und bekannt, weil überhaupt über die Zustände und Erfolge der meisten deutschen Strafanstalten durchaus keine, oder wenigstens nur solch' dürftige Berichte vorhanden sind, daß aus denselben vergleichende und maßgebende Zusammenstellungen mit den Resultaten der Zellengefängnisse gar nicht gemacht werden können. Mit Unrecht haben deßhalb viele Gegner der Einzelhaft diesem Systeme allein einen nachtheiligen Einfluß auf die geistige Gesundheit, mancher Gefangenen zugeschrieben, das allgemeine Urtheil durch übertriebene, aus Unkenntniß oder Leidenschaftlichkeit hervorgegangene Befürchtungen irregeleitet, und die Regierungen wie die öffentliche Meinung gegen die Einführung des Systemes eingenommen.

Es kann allerdings nicht in Abrede gestellt werden, daß durch das beständige Zusammenleben der Gefangenen in gemeinschaftlicher Haft größere Zerstreuung und Ablenkung der Gedanken von krankhaften Ideen und Gemüthsrichtungen hervorgerufen werden müsse. Die Ursachen aber, aus welchen in gemeinschaftlicher Haft Seelenstörungen etwas seltener sein werden, als in Einzelhaft, weit entfernt, aus den Vorzügen jener Haftart hervorzugehen, sind gerade durch die Nachtheile derselben bedingt, und zwar:

1) In gemeinschaftlicher Haft wird durch das beständige Zusammenleben der Gefangenen eine so große Zerstreuung hervorgerufen, daß Keiner sich sammeln, in sich gehen, über sich nachdenken und seine Fehler erkennen kann, und wenn auch in Einzelhaft einige Wenige in ihrer Zelle sich über ihr vergangenes Leben voll Lüderlichkeit und Verbrechen hintersinnen, so kommen doch die meisten zur richtigen Erkenntniß und Besinnung, und werden durch das nur hier mögliche ungestörte Nachdenken und die Belehrungen der Beamten zur Besserung und Sinnesänderung gebracht.

2) Reue und Gewissensbisse werden in gemeinschaftlicher Haft nie Veranlassung zu Seelenstörungen geben, weil alle bei weniger Verdorbenen vielleicht bewirkte und aufkeimende Erkenntniß, Einsicht und Besserung durch die Belehrungen, Lästerungen, den Spott und Hohn der Mitgefangenen wieder vernichtet und vereitelt werden.

3) Religiöse Erkenntniß und aufrichtiger Glaube wird in gemeinschaftlicher Haft schon wegen Mangel an Gelegenheit zu ungestörter Besprechung der Geistlichen mit den einzelnen Gefangenen, mehr aber noch durch die vielfachen Lästerungen und Verdächtigungen ihrer Person wie ihrer Lehren nur selten erweckt werden können. Bei der vollkommenen Religionslosigkeit des größten Theiles der Gefangenen in gemeinschaftlicher Haft wird deßhalb auch religiöse Schwärmerei, Extase oder religiöser Wahnsinn nicht zu befürchten sein, wie sich solcher in der Einzelhaft vielleicht bei einigen Wenigen entwickelt, während weitaus der größere Theil durch die Lehren des Evangeliums bekehrt, gebessert, dem Laster und Verbrechen entrissen wird.

4) Besonders aber werden in gemeinschaftlicher Haft bei dem Zusammenleben der Gefangenen, und durch den Mangel des häufigen Verkehrs der Beamten mit den einzelnen Gefangenen viele Seelenstörungen leichtern Grades gar nicht bemerkt, oder nicht berücksichtigt, so lange die Erkrankten ihre vorgeschriebene Arbeit verrichten, und sich der Hausordnung gemäß betragen, während in der Einzelhaft durch die individuelle Behandlung der Gefangenen auf den Zellen alle ihre Geisteskräfte und verschiedenen Gemüthszustände mit Leichtigkeit erforscht, beobachtet, jede abnorme oder krankhafte Richtung sogleich erkannt, behandelt, und deßhalb in die Verzeichnisse der Seelengestörten eingetragen werden. Wie können bei dem Auburn'schen Systeme mit dem strengen Schweiggebote und der Furcht vor der, jeder Uebertretung desselben augenblicklich auf dem Fuße folgenden Bestrafung Hallucinationen und fixe Ideen leichteren Grade des zur Kenntniß der Beamten und Aufseher kommen?

In der Dienstordnung unseres Hauses ist dafür Sorge getragen, daß alle zur Einzelhaft Ungeeigneten aus ihr ferne gehalten, daß die Zellengefangenen von allen Beamten in der ersten Zeit ihrer Haft zur Erforschung ihres Charakters und ihrer Verstandeskräfte, wie zur Erleichterung des ungewohnten Alleinseins öfter besucht, und daß Gefangene mit Anlage zu Seelenstörungen oder mit beginnender geistiger Erkrankung sofort aus der Zelle entfernt werden. Eine Gefahr für die geistige Gesundheit der Gefangenen in Einzelhaft kann somit nur angenommen werden bei mangelhaften Gesetzesbestimmungen über den Strafvollzug in den Zellengefängnissen, wenn zur Einzelhaft ungeeignete Gefangene derselben unterworfen, und an beginnender Seelenstörung Erkrankte zu lange in der Zelle zurückgehalten werden, oder bei Untauglichkeit, Mangel an Einsicht und Diensttreue der Beamten und Aufseher, bei unpassender, roher, nicht individualisirender Behandlung, wodurch allerdings in Zellengefängnissen alle Erfolge des Systems vereitelt, und Seelenstörungen und Selbstmorde hervorgerufen werden müßten. Daß zur Vermeidung solcher Vorkommnisse deßhalb besondere Rücksichten bei der Auswahl des Beamten- und Aufseher-Personals genommen werden müssen, ist früher schon angedeutet.

Endlich muß bei der Beurtheilung der in einem Gefängnisse

vorgekommenen Zahl von Seelenstörungen außer den besondern Verhältnissen der Anstalt in Beziehung auf ihren Zweck, auf die Strafdauer, auf die Einrichtung des Gewerbsbetriebes, der Schule, der Hauszucht, Aufsicht der Entlassenen u. s. w. auch der Bildungsstufe, den Sitten, Gewohnheiten und den socialen Verhältnissen der ärmern Volksklassen des Landes Rechnung getragen werden, eine Rücksicht, die aus leicht begreiflichen Gründen nicht immer gehörig bemessen und in die Waagschale gelegt werden kann.

Die Ursachen der Seelenstörungen in Zellengefängnissen sind höchst mannigfaltige, und, wie wir aus den mitgetheilten ausführlichen Krankheitsgeschichten ersehen haben, häufig mehr durch die Verhältnisse der Verbrecher und den Zustand der Gefangenschaft überhaupt, als durch das Gefangenschaftssystem bedingt. Sie können deßhalb in vorbereitende, in der Gefangenschaft und in den Gefangenen selbstliegende eingetheilt werden.

I. Vorbereitende Ursachen, der Seelenstörungen bei Gefangenen.

1. Die Verbrecher führen häufig ein müßiges, arbeitsscheues, ungeregeltes und ausschweifendes Leben. Ein durch häufigen Wechsel von Entbehrungen und Uebermaß, durch Ausschweifungen und Trunksucht heruntergekommener Körper wird um so leichter den nachtheiligen Einwirkungen der Gefangenschaft erliegen, als dadurch auch erfahrungsgemäß die Willens- und Charakterkraft geschwächt und gebrochen wird. Aus diesen Ursachen geisteskrank geworden sind: Tab. I. Nr. 10 und 17. In den englischen und amerikanischen Zellengefängnissen waren der größte Theil der Seelengestörten notorische Trunkenbolde. In Bicêtre kamen auf 4518 Kranke 565 in Folge der Trunksucht wahnsinnig gewordene. Auch in Süddeutschland, wie in allen Weinländern, wird dem Uebermaß geistiger Getränke, und der Entziehung des gewohnten und zum Bedürfniß gewordenen Genusses in der Gefangenschaft ein Theil der vorgekommenen Seelenstörungen zugeschrieben werden müssen.

2. Rasche Uebergänge von einem längerzeitigen unsteten, umherschweifenden, an Abwechslung gewohnten Leben in die Stille der Zelle und in die gezwungene strenge Hauszucht werden immer, wenigstens für die erste Zeit der Haft, aufregend oder nie-

verdrückend auf die Gefangenen einwirken. Vagabunden, Bettler und Leute mit gewissen, nicht an einen bestimmten Ort gebundenen Gewerben, Spengler, Korbmacher, Hafenbinder, Zigeuner u. s. w. werden deßhalb in Einzelhaft immer mehr zu Seelenstörungen geneigt sein. Ebenso haben sich uns längerzeitige Militärdienste in südlichen, heißeren Klimaten, Algier und Neapel, in Verbindung mit den überstandenen Strapazen bei großer Hitze und reichlichem Genuß des Branntweins, in mehreren Fällen als vorbereitende Ursachen zu Seelenstörungen erwiesen. Dahin gehören Tab. I. Nr. 13 und 18. Tab. II. Nr. 9, 14 und 19.

3. Wie körperliche Krankheiten, Schwindsucht, Scropheln, Hautausschläge u. s. w., so können sich auch Seelenstörungen vererben, und von allen Irrenärzten ist Erblichkeit als eine der Hauptursachen von Seelenstörungen erkannt worden. Statistische Nachweisungen aus Charenton, Bicêtre und der Salpêtrière weisen nach, daß bei zwei Drittheilen der dort befindlichen Geisteskranken erbliche Anlage vorhanden war. Es gibt ganze Familien, in denen alle, oder doch die meisten Glieder von Wahnsinn befallen sind; häufig vererbt sich die Geisteskrankheit nicht direkt, sondern überspringt eine Generation, und geht vom Großvater auf den Enkel über. Auch bei Gefangenen wird erbliche Disposition häufiger als Ursache der ausgebrochenen Seelenstörungen angenommen, als nachgewiesen werden können, weil die Nachrichten über die Gefangenen selbst, mehr aber noch über deren Eltern in vielen Fällen mangelhaft oder gar nicht zu erhalten sind. Unter den vorgekommenen Seelenstörungen war erbliche Familienanlage nachgewiesen bei Tab. I. Nr. 6, 7 und 8.

4. Politisch bewegte Zeiten haben erfahrungsgemäß immer eine größere Anzahl von Seelenstörungen hervorgerufen, weil durch dieselben alle geistigen Kräfte und Leidenschaften in der heftigsten Weise aufgeregt werden, und wer schon solchen parlamentarischen Kämpfen angewohnt, die Parteischriften gelesen, die täglichen und stündlichen Ereignisse und Schrecken einer Revolution mit durchgelebt hat, dem wird eher die geringe Zahl der dadurch hervorgerufenen Geisteskrankheiten, als überhaupt das Vorkommen derselben auffallen. Esquirol sagt, man könne die Geschichte der französischen Revolution von der Eroberung der Bastille bis zum Sturze Napoleons am be-

sten durch die Geschichte der Geisteskranken studiren, deren Verrücktheit durch die Ereignisse jener Zeiten bewirkt wurde, und in den französischen Irrenhäusern befanden sich immer eine Menge Geisteskranker, welche lebende Blätter aus dem Buche der Geschichte der französischen Revolution waren. Im Jahr 1830 kam eine große Menge Wahnsinniger in die Irrenanstalten. In dem Jahre, in welchem die Gebeine Napoleons wieder nach Paris gebracht wurden, nahm Dr. Voisin 13 oder 14 Kaiser in seine Irrenanstalt auf. Aehnliche Erfahrungen wurden im Jahre 1848 und 1849 in allen deutschen Irrenanstalten gemacht.

Natürlicher Weise werden deßhalb die, wegen Theilnahme an Empörungen und Revolutionen Verurtheilten in der Gefangenschaft leichter zu Geistesstörungen geneigt sein, als gemeine Verbrecher, theils weil manche derselben nicht zur Ueberzeugung ihres Schuldbewußtseins gelangen und deßhalb die Freiheitsberaubung doppelt schwer empfinden, theils weil sie durch den Kummer über das Fehlschlagen ihrer langgenährten politischen Plane niedergedrückt werden, theils und besonders, weil häufig nach ihrer Verurtheilung und während ihrer längerzeitigen Haft alle möglichen deprimirenden Eindrücke, Verlust der Ehre, des Vermögens, der Existenz, häusliches Unglück, der Gesundheit rc. auf sie einstürmen und ihren Verstand zerrütten. In Einzelhaft kann insbesondere der rasche Wechsel aus dem längerzeitigen bewegten, wühlerischen Leben in die Stille der Zelle mächtig erschütternd und aufregend einwirken. Von den in der Anstalt Erkrankten waren politisch verurtheilt Tab. I. Nr. 1, 6, 7, 8, 10, 15 und Tab. II. Nr. 4, 7 und 13.

5) Heftige Leidenschaften, Gemüthsbewegungen und Erschütterungen vor, während und unmittelbar nach Verübung der bösen That hinterlassen häufig auf lange Zeit, oft für immer, tiefe und unauslöschliche Eindrücke in der Seele des Verbrechers, die dann in der Stille der Zelle wieder auftauchen und den Gefangenen beunruhigen; sind ja doch manche Verbrechen mit Selbstmord-Gedanken und Versuchen begleitet, z. B. Kindsmord, Mord aus Rache, Eifersucht u. s. w.

6) Endlich können auch während der Untersuchungshaft mancherlei Vorkommnisse nachtheilig und zu Geisteskrankheiten

prädisponirend einwirken. Angst vor der Verhaftung, Kummer über die Trennung von den Angehörigen, die stete Aufregung durch den Verlauf der Untersuchung, der Verhöre, die dadurch stets rege gehaltenen Erinnerungen an die That, die Confrontationen und der öftere Anblick der Mordinstrumente, das Vorführen vor die Leiche eines Getödteten; schlechte Untersuchungsgefängnisse, oft monatelange Einzelhaft daselbst ohne Bücher, Arbeit, geistige Beschäftigung, und meist ohne allen geistlichen Trost; die fieberhafte Spannung vor der Urtheilspublikation, die gewaltige Aufregung nach derselben, — sicher Momente genug, welche besonders bei längerzeitiger Einwirkung selbst verhärtete Seelen erschüttern, und häufig für immer bleibende Eindrücke hervorrufen können.

Aber auch das Haftsystem kann durch unverständige Durchführung, die einzelnen Strafanstalten durch unzweckmäßige Einrichtungen die Entstehung von Seelenstörungen begünstigen, und die Einwirkunkung solcher Ursachen wird in der Einzelhaft immer eine mächtigere und nachtheiligere sein, weil in ihr durch den Mangel an Zerstreuung und Aufheiterung des Gefangenen durch Schicksalsgenossen alle schmerzlichen Eindrücke länger haften und schwerer empfunden werden. Besondere Berücksichtigung verdienen deßhalb

II. die aus baulichen und innern Einrichtungen der Anstalten, und aus der Art der Durchführung des Systems hervorgehenden Ursachen zu Seelenstörungen, weil sie leicht vermieden werden können, nicht beobachtet aber häufig den Grund zu Seelenstörungen abgeben.

1. Fehlerhafte bauliche Einrichtungen der Zellengefängnisse, zu kleine, zu finstere, zu feuchte, zu kalte, zu schlecht gelüftete Zellen, wodurch häufige Veranlassung zu Unbehaglichkeit, Mißmuth, Arbeitsunterbrechung, körperlichem Unwohlsein oder zu Erkrankung entsteht; Mangel an besonderen Spazierhöfen, oder unzweckmäßige Einrichtung derselben, also fehlende oder ungenügende Körperbewegung in freier Luft, welche nicht allein für Verdauung und Respiration, sondern auch zur Aufheiterung des Geistes und Gemüthes erforderlich ist; wirken solche Einflüsse längerzeitig auf Zellengefangene ein, so können sie leicht Gelegenheitsursache zu Seelenstörungen geben. In unserer Anstalt haben die Zellen über 1000 Kubikfuß

Raum-Inhalt, in Pentoville und den meisten nach dem Muster jener Anstalt erbauten Zellengefängnissen nur 800; welch' mächtigen Einfluß aber der größere oder geringere Raum, in welchem sich ein Gefangener jahrelang aufhalten muß, auf die Gesundheit, Stimmung und Aufheiterung des Gemüthes ausübt, indem in zu kleinen Zellen der ganze Raum durch die Werkgeräthe eingenommen und alle Körperbewegung unmöglich gemacht wird, bedarf wohl keiner Begründung.

2. Unzweckmäßig eingerichteter Gewerbsbetrieb, zu harte und anstrengende Arbeit im Verhältniß zu den Körperkräften und zur eingeführten Kost, zu einförmige, mechanische und geisttödtende Gewerbe, fortwährend schlechtes Arbeitsmaterial, Ungeschicklichkeit, Verdrossenheit und Trägheit der Werkmeister werden Langeweile mit allen ihren Folgen, oder Mißstimmung, krankhafte Gereiztheit und Lebensüberdruß bei heftigeren Charakteren hervorrufen.

3. Zu harte Hauszucht, urtheilmäßige Strafschärfungen, wodurch der Zellengefangene in immerwährender Aufregung oder Depression erhalten wird; ungebildetes und ungeeignetes Beamten- und Aufsichtspersonal, rohe oder nicht individualisirende Behandlung, wodurch bei der Hilflosigkeit der Lage der Zellengefangenen beständige Angst und Furcht entsteht. Außer zwei Selbstmorden in Folge der urtheilsmäßigen Strafschärfungen sind dadurch zwei Seelenstörungen verursacht worden: Tab. I. Nr. 17. Tab. II. Nr. 16; bei andern Sträflingen waren sie wenigstens unterstützende Gelegenheitsursachen dazu.

4) Zu große Zahl der Zellengefangenen, zu geringe des Aufsichtspersonals, daher zu seltene Zellenbesuche und Gelegenheit zur Ansprache an die Beamten, zu ununterbrochene Isolirung, ungenügende geistige Anregung, Beschäftigung, Aufheiterung und Zerstreuung; zu wenig gewerblicher und Schulunterricht; zu kleine Bibliothek, insbesondere zu wenig Bücher belehrenden, zerstreuenden und gemeinnützlichen Inhaltes; nur religiöse Bücher erzeugen leicht religiöse Schwärmerei und Ueberspanntheit, wie die Erfahrung der ersten amerikanischen Zellengefängnisse gelehrt haben.

5) Auch ungenügende Kost und Körperernährung der Gefangenen muß als veranlassende Ursache zu Seelenstörungen betrachtet werden, und dies in der Einzelhaft um so mehr, als hier

einestheils keine Gelegenheit zu dem bei dem Zusammenleben der Gefangenen möglichen und üblichen Austausch von Nahrungsmitteln gegeben ist, anderntheils aber erfahrungs- und naturgemäß bei der beständigen Isolirung alle niederdrückenden Eindrücke schwerer empfunden werden. Sorgfältig müssen deßhalb in der Einzelhaft alle schwächenden, die Gesundheit und Körperkraft herunterstimmenden Einflüsse vermieden werden, und besonders die Kost der Zellengefangenen etwas reichlicher sein, als in den andern Haftsystemen, um den Körper zum Widerstande gegen die häufiger und mächtiger einwirkenden Gemütsbewegungen hinlänglich kräftig zu erhalten.

Welch' bedeutenden Einfluß der körperliche Gesundheitszustand auf die Geisteskraft, somit auch auf die Willens- und Charakterstärke ausübt, ist bekannt und hat jeder schon in der Reconvalescens von schwerer Erkrankung an sich selbst erfahren. Moleschott sagt: „Der Hunger verödet Kopf und Herz; der Hungernde fühlt jeden Druck mit Centnerschwere, darum hat der Hunger schon mehr Empörungen verursacht, als der Ehrgeiz unzufriedener Köpfe. Die Speisen werden zu Blut, das Blut zu Herz und Hirn, zu Gedanken und zu Gesinnungsstoff." Die Wahrheit dieses Ausspruches wird durch die Völker- und Weltgeschichte bestätigt. Die vorzüglich von Vegetabilien lebenden Völker sind schwächlicher und muthloser, zu anstrengenden Arbeiten unfähiger, unterliegen leichter nervösen und schleichenden Fiebern, und stehen insbesondere auch in geistiger Entwicklung tief unter denjenigen Völkerstämmen, welche gemischte, somit kräftigere Nahrung genießen. Die in den Hütten der Armen, wie in den Strafanstalten eingebürgerten Krankheiten werden am schnellsten und sichersten durch kräftige Nahrung geheilt. Als im höchsten Grade verderblich und verwerflich ist deßhalb die Verabreichung einer in Menge und Beschaffenheit ungenügenden Gefangenenkost zu bezeichnen, welche häufig in der Absicht so eingerichtet wird, um den Verbrechern den Aufenthalt in der Strafanstalt zu entleiden, weil dadurch nicht allein deren körperliche Gesundheit und Arbeitskraft untergraben, somit der Arbeitsertrag für die Anstaltskasse geschmälert und das Fortkommen der Entlassenen behindert, sondern auch alle Geistes-, Willens- und Charakterkraft gebrochen, der Lebensmuth und die Lebenslust zerstört, somit die Möglichkeit der Besserung vereitelt, und bei den Gefangenen während der Straferstehung entweder eine apathische, gegen alle Belehrungen, besseren Gefühle und Regungen gleichgültige, oder häufiger noch eine erbitterte, verzweifelte und rachsüchtige Stimmung hervorgerufen wird, durch welche viele bisher nur leichtsinnige Uebertreter der Gesetze zu erbosten und gefährlichen Feinden des Staates, wie der bürgerlichen Gesellschaft gemacht werden.

6) Sehr lange Strafdauer, somit Aussicht auf eine endlose Gefangenschaft, hat sich ebenfalls schon als Erkrankungsmoment gezeigt. Durch längerzeitige Haft wird die Gesundheit und die Körperkraft untergraben; es entsteht Muthlosigkeit, Besorgnisse wegen langwieriger Erkrankung in der Anstalt, oder dadurch bedingter Arbeitsunfähigkeit nach der Entlassung, oder des vor Erstehung der Strafe erfolgenden Todes u. s. w. Wie überhaupt der größte Theil der in den Tabellen angeführten, an Seelenstörung erkrankten Gefangenen zu einer langen Strafe verurtheilt waren, so muß insbesondere dem Kummer über dieselbe die Entstehung folgender Fälle zugeschrieben werden: Tab. I. Nr. 15. Tab. II. Nr. 12 und 21.

Es können aber auch die Ursachen zu Seelenstörungen in der der Einzelhaft

III. durch gewisse abnorme körperliche, geistige oder gemüthliche Zustände und Verhältnisse der Gefangenen begründet werden, welche den Aufenthalt in der Zelle erschweren oder gefährlich machen.

1. Vor Allem hat sich uns große geistige Beschränktheit, und daraus folgende Trägheit, mag diese nun durch vernachlässigte Erziehung und Schulbildung, oder durch geringe Naturanlagen bedingt sein, als besonders nachtheilig für Zellengefangene erwiesen. Schwache, schüchterne und geistig arme Menschen bedürfen um so mehr der Zerstreuung und äußeren Anregung, als sie in sich selbst nur geringe Hilfsquellen zur geistigen Beschäftigung und Aufheiterung besitzen; sie fühlen sich deßhalb in der Einzelhaft verlassen und von der Last der Langenweile niedergedrückt; im Gewerbe wie in der Schule machen sie in der Regel nur geringe Fortschritte, zeigen deßhalb weder Freude an der Arbeit noch an geistiger Beschäftigung, werden mißmuthig und verfallen häufig in einen Zustand

großer geistiger Verstimmung. Ebenso nachtheilig kann die Einzelhaft einwirken bei jenen unglücklichen, von der Natur vernachlässigten, schon durch ihre Körper-, besonders aber ihre Kopfbildung und ihren Gesichtsausdruck als Halbcretinen zu erkennenden Menschen, wie sie wohl in jeder Strafanstalt zu finden sind, welche bei Mangel an geistiger Anregung und Zerstreuung Gefahr laufen, vollends zu verdummen oder in allgemeine Verwirrtheit zu verfallen. Hierher gehören Tab. I Nr. 2, 3, 11, 14 und Tab. II Nr. 1, 5, 11, 16 und 20.

2. Mißtrauische und verschlossene Charaktere, besonders wenn damit Hochmuth und Selbstüberschätzung verbunden ist, entbehren in Einzelhaft des Trostes, der Beruhigung und der Aufheiterung vertraulicher Mittheilungen, wie sie den offeneren und zugänglicheren Gefangenen aus den Zellenbesuchen, Besprechungen und Belehrungen der Beamten erwachsen. Leicht zu Argwohn geneigt, und an dem Wohlwollen und der Rechtlichkeit ihrer Vorgesetzten zweifelnd, auch den Einflüsterungen taktloser oder unzufriedener Aufseher zugänglich, sehen sie nur Tadel, Bedrückung und Feindseligkeit von allen Seiten; jedes Wort, jeden Blick, jedes zufällige Ereigniß beziehen sie auf sich; die Predigt war nur gegen sie gerichtet, für sie wird immer das schlechteste Brod, die härteste Arbeit ausgesucht, und so können solche Gefangene nach und nach durch die fortwährende Aufregung und Mißstimmung über das vermeintlich ihnen zugefügte Unrecht und die beständige Bedrückung und Mißhandlung in krankhafte fixe Ideen und in wirklichen Wahnsinn verfallen, wie die Krankheitsgeschichten der Sträflinge Tab. I Nr. 3 und Tab. II Nr. 7, 8 und 15 beweisen.

3. Einseitige Gedankenrichtung, oder zu wenig unterbrochenes, zu intensives Nachdenken über einen Gegenstand, wodurch alle andern Gedanken in den Hintergrund gedrängt werden, und diese Eine Vorstellung den Verstand des Unglücklichen vollständig beherrscht. Und in der That ist ja auch in der Vergangenheit und Zukunft eines Gefangenen mehr als hinlängliche Veranlassung zu Schmerz und Betrübniß, zu Kummer und Besorgnissen, zu Reue und Vorwürfen gelegen! Bald sind es die Erinnerungen an die Zeiten des Glückes, der Wohlhabenheit und Sorg-

losigkeit, die ihm täglich durch seine schmale Kost und harte Arbeit ins Gedächtniß gerufen werden; bald die Noth und das Elend seiner durch ihn ins Unglück gestürzten Familie, die sich durch jeden Brief derselben erneuern, durch jeden Besuch vergegenwärtigen; bald der Verlust des Vermögens und der Ehre, bei Verbrechern aus Leidenschaft doppelt schmerzhaft, weil ein großer Theil derselben früher ganz unbescholten, und manche in guten Verhältnissen waren; bald die Sorge für die Zukunft, die ihn Tag und Nacht beunruhigt; bald vermeintliche Unschuld oder geringerer Grad von Schuld, als durch die Untersuchung nachgewiesen werden konnte, und das immerwährende Bestreben, dieselbe zu beweisen und zur Anerkennung zu bringen; bald geschlechtliche Liebe, Eltern- oder Kindesliebe, Heimweh, in Verbindung mit dem Kummer über die Unmöglichkeit der Erfüllung der daraus hervorgehenden Pflichten und Wünsche, die alle seine Gedanken einnehmen; bald alle möglichen Schicksalsschläge, die den Gefangenen während der Haft treffen, Krankheit, Tod theurer Angehörigen, Verlust des Vermögens, und wer vermag alle die menschlichen Schwächen und Leidenschaften, alle die Gegenstände menschlicher Wünsche und Bestrebungen aufzuzählen, deren Erwerb und Besitz oft das Ziel langjähriger Mühen und Anstrengungen ist, die schon den Freien mächtig bewegen, die aber, verloren und heftig zurückgesehnt, von den Gefangenen nie vergessen und verschmerzt werden können! Besonders sind es häufig höhere, über die Fassungskraft und Bildungsstufe des Gefangenen stehende Ideen, Nachsinnen über die Zukunft, über die Räthsel der menschlichen Schicksale, über die Geheimnisse der Religion, Grübeln über den Sinn einzelner Bibelstellen, besonders aus der Offenbarung St. Johannis, welche das ganze Sinnen und Trachten solcher Gefangenen einnehmen, und werden solche Gedanken, Zweifel und Phantasiegebilde nicht zeitig erkannt und mit aller Sorgfalt durch körperliche Arbeit, passende Lektüre und häufige Zellenbesuche bekämpft, abgeleitet und ausgeglichen, so entwickeln sich leicht fixe Ideen, Hallucinationen und alle möglichen Wahnvorstellungen. Tab. I Nr. 12, Tab. II Nr. 4 u. 8.

4. Das Temperament übt auf alle unsere Handlungen, wie auf die Auffassung der verschiedenen Lebenslagen einen entschieden großen Einfluß aus; ein sanguinischer Charakter ist weniger

geduldig und fügsam, ein cholerischer mehr zu Trübsinn und Melancholie geneigt. Große Heftigkeit, Leidenschaftlichkeit, Neigung zu Haß, Aerger, Zorn und Jähzorn waren in mehreren Fällen die Veranlassung, wie schon zur Begehung des Verbrechens, so auch zur Entstehung der Geisteskrankheit in unserer Anstalt. Schon von den Alten wurde der Zorn furor brevis genannt, und manche Arten von Wahnsinn sind nichts Anderes, als zu einem übermäßigen Grade gesteigerte Leidenschaften, in welchen letztere alle Gefühle und Seelenthätigkeiten beherrschen, und Besinnung und Bewußtsein untergehen. Oeftere und tägliche Erschütterungen des Nervensystems durch solche Affekte müssen dessen Kraft und normale Thätigkeit untergraben und dasselbe zu Erkrankungen geneigt machen. Die nachtheiligen Einwirkungen solcher Gemüthsstimmungen werden bei Zellengefangenen noch durch das demüthigende und niederdrückende Gefühl ihrer Ohnmacht, Hilfslosigkeit und Abhängigkeit gesteigert, weil dieselben ganz in die Gewalt des Aufsehers gegeben sind, und ihre thörichte Wuth spurlos an den stummen Wänden ihrer engen Zellen verhallt; und wenn es auch durch verständige Behandlung und freundliche Umgangsweise beinahe immer gelingt, bei Gefangenen mit solchem Temperamente Einsicht, Selbstbeherrschung und allmälige Abgewöhnung ihrer ungezügelten Leidenschaft zu bewirken, so muß doch solchen Charakteren in der Einzelhaft besondere Aufmerksamkeit und Sorgfalt gewidmet werden.

5. Nicht selten werden auch abnorme Geistes- und Gemüthszustände bei Zellengefangenen durch tiefe Reue und nicht zu bewältigende Gewissensbisse hervorgerufen.

Während des wüsten Lebens der Verbrecher in der Freiheit wird der innere Richter durch die stete verbrecherische Thätigkeit, wie durch Ausschweifungen und verbotene Genüsse betäubt und in einen verderblichen Schlaf eingewiegt; während der Untersuchung ist das ganze Bestreben des Angeklagten darauf gerichtet, seine That zu verhüllen, den Richter zu täuschen und der Verurtheilung zu entgehen; in der gemeinschaftlichen Haft wird durch das beständige Zusammenleben mit Schicksalsgenossen hinlängliche Zerstreuung geboten, auch die Stimme des Gewissens durch den täglichen Anblick von noch schlechteren und verderbteren Mitgefangenen, wie durch deren Rath und

Belehrung beschwichtigt und erstickt; in seiner Einsamkeit und in der Stille der Zelle aber erwacht das Gewissen und beunruhigt ihn Tag und Nacht; es schweben ihm beständig seine Verbrechen und bösen Thaten vor Augen, die Folgen seiner Jugendsünden, geschwächter Körper, zerrüttete Gesundheit, die über seine Familie gebrachte Noth und Schande, die lange Gefangenschaft, die verlorene Existenz. Solche Gedanken quälen ihn fortwährend, und wenn jetzt die Religion mit ihren Tröstungen, und der Glaube an eine sühnende und vergebende Vorsehung nicht zwischen ihn und sein Gewissen tritt, und ihm zu Hilfe kommt, kann durch diesen beständigen innern Kampf, Wahnsinn und Verzweiflung sich seiner bemächtigen.

6. Auch Onanie muß in manchen Fällen als Ursache entstandener Seelenstörungen in Strafanstalten bezeichnet werden. In der Regel wird aber wohl nur selten eine unmittelbare Herleitung der Geisteskrankheit aus einer solchen unnatürlichen Befriedigung des Geschlechtstriebes nachgewiesen werden können, sondern es wird dieses Laster seinen verderblichen Einfluß vielmehr durch Schwächung der Körper- und Geisteskraft und dadurch auch der Willenskraft und Energie des Charakters, somit der Widerstandsfähigkeit gegen die übrigen niederdrückenden Einwirkungen der Gefangenschaft ausüben. So versinkt der Onanist in einen Zustand von Willens- und Energielosigkeit, Niedergeschlagenheit und Selbstverachtung, in der es oft nur eines kleinen Anstoßes von Außen bedarf, um ihn dem Wahnsinn in die Arme zu werfen. In höherm Grade wird Onanie auch an und für sich Stumpf- und Blödsinn, oder Wahnsinn zu erzeugen im Stande sein. Der Einfluß der Onanie auf die Entwicklung der Lungenschwindsucht ist früher schon mitgetheilt. Hierher gehört Tab. II Nr. 6.

7. Die mächtige Wechselwirkung des Geistes und des Körpers wird wohl am deutlichsten aus den Wirkungen der Affekte und Leidenschaften auf die verschiedenen Körperfunktionen erkannt, und Jeder hat schon an sich selbst erfahren, welchen Einfluß Schrecken, Zorn, Angst oder Freude auf den Herzschlag, Puls, die Gesichtszüge, Farbe rc. auszuüben vermögen. Ebenso muß nothwendigerweise auch das körperliche Befinden mächtig auf die Gesundheit des Geistes zurückwirken, und schon die Alten waren von der Wahrheit des Satzes: Mens sana solum in corpore sano überzeugt. Daher wird denn auch durch

langwierige Erkrankung, fortwährende Körperschmerzen, und insbesondere durch Zehrungskrankheiten die Geistes- und Charakterkraft geschwächt und der Lebensmuth gebrochen, welche täglichen Eindrücke in der Lage der Zellengefangenen um so schwerer empfunden werden müssen. Insbesondere aber machen manche Erkrankungen einzelner Körperorgane zu Geisteskrankheiten geneigt, und der Hang der Unterleibs-, Leber- und Milzkranken zu Schwermuth, Melancholie und Selbstmord ist sprüchwörtlich geworden. In den Gefängnissen muß aber die Entstehung dieser Leiden durch Mangel an Körperbewegung, häufige Betreibung der sitzenden Gewerbe, in Verbindung mit der rauhen und schwerverdaulichen Kost begünstigt werden, wie auch in den Krankenlisten der Strafanstalten die gastrischen Erkrankungen, insbesondere die chronischen Verdauungsstörungen, die Dyspepsien, in sehr großer Zahl vertreten sind, und auch, wie wir gesehen haben, häufig den Anfang zu Lungenleiden bilden. Auch diese prädisponiren nach den Erfahrungen aller Irrenärzte in hohem Grade zu Seelenstörungen, und die geistigen Eigenthümlichkeiten, Launen, die zeitweise Heftigkeit oder Muthlosigkeit der Phthisiker sind bei der leider großen Verbreitung dieses Uebels allgemein bekannt. Höher entwickelte Naturen vermögen zwar derartigen, durch körperliche Zustände bedingten Eindrücken auf den Geist und das Gemüth länger und kräftiger zu widerstehen, und in manchen Fällen durch ihre Willenskraft einen merkwürdigen Einfluß auf das körperliche Befinden auszuüben; Leute aus den niedern Ständen aber, und diesen gehören zum größten Theile die Gefangenen an, sind zu sehr gewohnt, allen äußern Eindrücken, besonders den schmerzhaften, und betrübenden, in ausgelassener und maßloser Weise sich hinzugeben und werden deßhalb auch durch längerzeitige Erkrankung leichter in Seelenstörung verfallen.

Bei den in Folge von körperlichen Leiden in der Anstalt entwickelten Seelenstörungen waren theils die Befürchtung wegen dauernder Abschwächung und Arbeitsunfähigkeit durch dieselbe, oder Angst vor dem Tode in der Strafanstalt, Tab. I Nr. 1 und Tab. II Nr. 10 und 15, oder vor der Ablieferung auf die Anatomie nach demselben, Tab. I Nr. 3, als veranlassende Krankheitsursache zu betrachten, theils wurden durch heftige Congestionen in Folge der durch organische Lungenleiden bedingten Störungen in der Blutcirculation Wuth- und Tobsuchtanfälle hervorgerufen, deren Ursachen erst durch die Autopsie erkannt werden konnten, Tab. I Nr. 13 und 18, theils entstanden durch das öfter wiederkehrende Unwohlsein in Folge gastrischer Beschwerden unrichtige Ideen über deren Veranlassung, z. B. das Essen und Brod sei vergiftet, Tab. II Nr. 2 und 7, theils durch andere Körperleiden sonstige krankhafte Mißstimmung und Wahnideen, Tab. II Nr. 12 und 13. Immerhin ist die Zahl der in Folge körperlicher Erkrankungen entstandener krankhafter geistiger Alienation eine nicht unbedeutende zu nennen.

Daß zur Entstehung der meisten Seelenstörungen häufig mehrere der angegebenen Ursachen zusammenwirkten, bedarf wohl keiner besondern Erwähnung.

IV. Seelengestört eingeliefert in die Anstalt wurden 2 Gefangene, Tab. I Nr. 7 und 18. Es ist erfahrungsgemäße Thatsache, daß in alle Strafanstalten zeitweise Seelengestörte eingeliefert werden, und wenn es schon den Aerzten einer Irrenanstalt oft sehr schwer wird, sich in den ersten Wochen und selbst Monaten der Beobachtung über die Natur, ja sogar oft über die Existenz einer Seelenstörung gehöriges Licht zu verschaffen, obgleich sie den Kranken täglich sehen und sein ganzes Thun und Lassen bei Tag und Nacht beobachten können, so wird die Schwierigkeit dieser Aufgabe für Gerichtsärzte sich begreifen, die nach wenigen Besuchen und nach einer, oft unter sehr ungünstigen Verhältnissen vorgenommenen Untersuchung über den Geisteszustand eines Verhafteten ein Urtheil abgeben sollen.

In allen Jahrbüchern für gerichtliche Medizin und Staatsarzneikunde, und in besondern Schriften sind derartige zweifelhafte Fälle von Seelenstörungen mitgetheilt, und in jeder Strafanstalt können wohl einzelne Gefangene mit mehr oder minder beschränkter Zurechnungsfähigkeit beobachtet werden.

Durch vollendete Seelenstörungen, bei welchen sich das Krankhafte und Verkehrte in Rede und Benehmen schon nach kürzerer Beobachtung erkennen läßt, werden freilich nie Zweifel oder gar Verkennung des krankhaften Geisteszustandes eines Menschen veranlaßt werden; dagegen aber sind häufig die Anfänge, oder einzelne besondere Arten, oder die leichtern Grade von Seelenstörungen äußerst schwer zu unterscheiden, und vermögen selbst einen geübten und gewissenhaften Gerichtsarzt in seinem Urtheile zu beirren, besonders bei dem häufig verschlagenen und boshaften Charakter solcher Angeschuldigten, und bei dem schon durch die Lage des Inhaftirten hinglänglich begründeten Verdachte der Simulation. Baillarger, Irrenarzt an der Salpêtrière in Paris, hat nach jahrelangen Studien über die Frage, ob Gefangenschaft überhaupt, und welches Haftsystem besonders die Entstehung von Wahnsinn begünstige — als Resultat seiner Erfahrungen folgende Sätze aufgestellt (Annales médico-physiologiques, Tome IV, S. 74):

1. Seelenstörung ist in Gefängnissen und besonders in Bußgefängnissen häufig, und man begreift, daß in dieser Beziehung manche Uebersehen und Irrthümer stattgefunden haben können.

2. Es gibt Seelengestörte, deren Wahnsinn vor und nach dem Urtheile mißkannt, und erst in der Strafanstalt durch die ärztliche Untersuchung erkannt wird.

3. Manche Verbrechen werden im Zeitraume der Wahnsinnsbildung durch Kranke begangen, die noch nicht vollkommen seelengestört sind, die es aber kurz nach der Verurtheilung werden.

4. Unter den Gefangenen befindet sich eine gewisse Anzahl eigenthümlicher Organisationen, die fast allein schon einen Anfang der Krankheit abgeben, und die, zur höchsten Stufe gesteigert, zu allen Seelenstörungen geneigt machen.

5. Die Gefangenen unterliegen vor und nach dem Urtheile vielen Gelegenheitsursachen, die dazu geeignet sind, Seelenstörungen hervorzurufen.

Aehnliche Erfahrungen sind von allen Irrenärzten und in allen Strafanstalten gemacht worden. Ich will deßhalb versuchen, auf einige aus meiner geringen Erfahrung entnommene Seelenzustände aufmerksam zu machen, welche Veranlassung zu Verkennung der in der Entwicklung begriffenen oder schon ausgebildeten Alienation gegeben haben. Durch Einführung der Schwurgerichte und Oeffentlichkeit der Verhandlungen dürfte wohl am besten derartigen allerorts vorgekommenen Irrthümern vorgebeugt sein.

1. Baillarger sagt: Es gibt Seelengestörte, deren Wahnsinn vor und nach dem Urtheile mißkannt, und erst in der Strafanstalt durch die ärztliche Untersuchung erkannt wird. Solche Kranke sind in der Regel sehr still, in sich und in ihre krankhaften Ideen versunken, werden aber im Anfange und oft längere Zeit noch durch die Ansprache des Untersuchungsbeamten und Richters wieder zu sich gebracht, aus ihrem Traumleben geweckt, geben dann, wenn auch vielleicht etwas zerstreute und langsame, aber dennoch im Allgemeinen verständige Antworten, und werden meistentheils als zurechnungsfähig betrachtet, während die Seelenstörung schon bis zu einem gewissen Grade mehr oder weniger sich ihrer Geistesthätigkeit bemächtigt hat.

2. Es gibt Seelenstörungen mit längeren oder kürzeren vollkommen lichten Unterbrechungen, welche letztere gerade zur Zeit der ärztlichen Untersuchung und der Verhöre vorhanden sein können, die aber nach und nach, also während der Untersuchung oder schon in der ersten Zeit der Strafhaft in vollständigen Wahnsinn übergehen können. Auch bei Entstehung der Seelenstörungen in der Anstalt ist nicht selten das Urtheil der einzelnen Beamten über den Grad, selbst über die Existenz derselben längere Zeit ein getheiltes, weil die beginnende Krankheit oder fixe Idee im Anfang häufig nur gelegentlich, oder gegen einen besonders beim Gefangenen beliebten Beamten hervortritt, während die übrigen längere Zeit noch durchaus nichts Abnormes in seinem Benehmen aufzufinden vermögen.

3. Es gibt Kranke, bei denen bis auf eine krankhafte, verrückte Idee oder Geistesrichtung alle übrigen Seelenkräfte vollkommen normal und gesund sind, und gerade diese Idee kann Ursache zu Verbrechen werden. So lange diese irrige Idee nicht im Gespräche berührt oder durch ihr inneres Seelenleben in ihnen angeregt und erweckt wird, reden und handeln solche Leute in allem Andern vollkommen richtig und verständig; es ist deßhalb die Untersuchung solcher Kranken äußerst schwierig, besonders da es ihnen häufig noch gelingt, die Krankheit längere Zeit zu verbergen.

4. Bei einzelnen jüngern Leuten von 16 bis 20 Jahren ist zwar der Körper ganz gesund, kräftig und ihrem Alter gemäß entwickelt, deren Verstand und Vernunft aber aus Vernachlässigung

aller Erziehung und Schulbildung, oder aus großer Geistesschwäche vollkommen unentwickelt, schwach und auf der Stufe der Kindheit zurückgeblieben. Sie zeigen in der Regel ein kindisches, läppisches Wesen und Benehmen, während sie auf die ernst an sie gerichteten Fragen ziemlich richtige und verständige Antworten geben, sind, wie man zu sagen pflegt, böse Buben, und üben mancherlei Unarten und selbst Vergehen gegen das Eigenthum, gegen die Sittlichkeit u. s. w. aus, haben aber nur kindische Begriffe von Recht oder Unrecht, vermögen durchaus die Schwere und Strafwürdigkeit eines Verbrechens nicht einzusehen, und sollten deßhalb eher in eine Verwahrungsanstalt für jugendliche Verbrecher, als in eine Strafanstalt gebracht werden.

5. Leuten mit halbcretinischem Körper- und besonders Schedelbau fehlt meistentheils alle Geisteskraft, alle Vernunft, und deßhalb auch jede freie Willensbestimmung und Gewalt über ihre thierischen Triebe; diese werden meist wegen Diebstählen oder Unzuchtvergehen in Untersuchung genommen, wie ja erfahrungsgemäß bei solchen Halbmenschen Befriedigung des oft unnatürlich gesteigerten Nahrungs- oder Geschlechtstriebs ihr Hauptstreben bildet. Solche unzurechnungsfähige und für Zusprache und Belehrung geistig zu schwache Menschen dürften durch eine mäßige körperliche Züchtigung sicherer von ähnlichen Vergehen abgehalten werden, als durch lange Einsperrung.

Zur Erforschung solcher zweifelhafter Seelenzustände bei Angeklagten und zur Begründung der Zurechnungsfähigkeit derselben werden nicht selten die Aeußerungen von Mitgefangenen oder von Leuten, die mit denselben eigens zu obigem Zweck zusammengebracht werden, benützt; es ist dies aber ein in den meisten Fällen unzuverläßiges und deßhalb verwerfliches Verfahren, weil jenen in der Regel eine hinlänglich scharfe Beobachtungsgabe abgeht, um fixe Ideen oder leichtere Grade von Wahnsinn zu erkennen, auch wohl manche aus Wohldienerei dem inquirirenden Untersuchungsbeamten zu liebe reden. Ein merkwürdiger Beweis der möglichen Verschiedenheiten im Urtheile über Zurechnungsfähigkeit selbst zwischen Sanitätscollegien und Facultäten liefert die von Oberamtsarzt Dr. Kraus in Tübingen veröffentlichte Mittheilung: Der Cretin L. Kober, wegen Tödtung seiner beiden Eltern und seiner Schwester verurtheilt, vor Gericht. Tübingen, 1853.

Nachdem wir nun die Ursachen der Seelenstörungen in Einzelhaft betrachtet haben, wird es nicht uninteressant sein, die verschiedenen krankhaften Richtungen der Seelenthätigkeit, welche aus denselben hervorgingen, so viel aus unsern Erfahrungen zu entnehmen ist, mitzutheilen.

Zuerst war es entweder eine unrichtige Idee, die sich bei manchen Gefangenen in Folge öfter wiederkehrender Eindrücke aus seinem alltäglichen Leben, seiner Umgebung, der Außenwelt (Argwohn, Mißtrauen, Verdruß, Aerger, Zorn u. s. w.), oder durch eine öftere unangenehme Empfindung (Hunger, Kälte, Unwohlsein, große Körperermüdung), oder durch häufiges Nachdenken über die Vergangenheit und Zukunft (Kummer, Sehnsucht, Angst), oder über abstrakte und dem Gefangenen weniger verständliche Gegenstände (Ueberspanntheit, religiöser Wahn) entwickelte, sich ihm öfter aufdrängte, und immer und immer wiederkehrte. Von dem Charakter und Temperamente des Gefangenen, dessen Geistesgaben, Bildungsstufe, und besonders von der Behandlung desselben und dem dadurch hervorgerufenen größeren oder geringeren Vertrauen zu den einzelnen Beamten hing nun in den meisten Fällen die frühzeitige Wahrnehmung der krankhaften Geistesrichtung, wie die Möglichkeit der Berichtigung, oder aber die längerzeitige geistige Verarbeitung, Zurückhaltung und dadurch erfolgende Fixirung derselben ab, so daß dann bei irgend einer Veranlassung erst die schon entwickelte Krankheit sich zu erkennen gab.

Oder es trat, und zwar in sehr vielen Fällen, in Folge der gesegneten Einwirkung der Einzelhaft auf das Gemüth der noch nicht ganz verhärteten und verwilderten Gefangenen, früher oder später, mehr oder minder heftig, eine Gemüthserschütterung ein, durch welche einzelne Gefangene nur etwas empfindlich und gereizt, andere mehr aufgeregt oder niedergedrückt, andere sehr weich und bewegt, wieder andere trostlos und verzweifelnd wurden, alle aber in dieser Gemüthsstimmung Aufmunterung, Beruhigung und Trost verlangten, und den Beamten und Geistlichen mehr als sonst zugänglich waren. Bei beinahe allen in der Anstalt Gebesserten bildete diese Gemüthserschütterung den Wendepunkt ihrer Umwandlung und den Anfang zu Offenheit, Einsicht, Zutrauen und Zugänglichkeit. Richtig aufgefaßt, geleitet und behandelt, ging sie bald in eine bußfertige, gehobene und freudige Stimmung über, durch welche der Gefangene nicht allein gegen alle Gefahren einer selbst langjährigen Isolirung geschützt, sondern auch dem Laster und Verbrechen entrissen war. Wo aber die Gemüthserschütterung den unbußfertigen Sinn, das verhärtete Herz, den tief gewurzelten Haß und Argwohn nicht zu brechen vermochte, da begann jener innere Seelenkampf zwischen Erinnerungen und versuchter Betäubung derselben, zwischen Vorwürfen und Selbstentschuldigungen, zwischen Reue und Trotz, zwischen Gewissensbissen und ohnmächtiger Wuth, zwischen der strengen Hauszucht und dem beständigen Widerstreben, durch welchen naturgemäß eine große Aufregung, und bei langer Dauer oder beständiger Steigerung derselben Wahnsinn hervorgerufen werden mußte.

Endlich aber trat, in Folge der Geistesarmuth und Schwäche durch den Mangel an äußerer Anregung und Zerstreuung geistiges Zurückgehen und geistige Abschwächung ein, durch welche dann wieder, je nach der vorherrschenden Geistes- und Willensrichtung, sich verschiedene krankhafte Gebilde und Aeußerungen entwickelten. Bei der bedeutenden Zahl der bei der Einlieferung schon als geistig sehr beschränkt befundenen Erkrankten wird das häufigere Vorkommen dieser Krankheitsrichtung nicht auffallen.

Was die Zahl der aufgetretenen Seelenstörungen betrifft, so haben wir früher schon bemerkt, daß die leichtern derselben, Sonderbarkeiten, Monomanien, Hallucinationen und fixe Ideen, wie schon im bürgerlichen Leben, so auch in gemeinschaftlicher Haft eben so häufig vorkommen, wie in der Einzelhaft, ohne daß ihnen dort auch nur der geringste Werth beigelegt wird. Ist doch beinahe kein Mensch ganz frei von eigenthümlichen Gewohnheiten, und erzählt man sich von hochgeachteten Staatsmännern und Gelehrten Sonderbarkeiten, die in Einzelhaft sicher beobachtet, behandelt und deßhalb zur Aufnahme in die Krankenlisten geeignet befunden werden müßten. Eigenthümlichkeiten, die aber schon bei dem Freien und Glücklichen in mehr oder weniger auffallender Weise sich äußern, und vielleicht belächelt werden, können in dem unnatürlichen Zustande der Gefangenschaft und unter niederdrückenden oder aufregenden Affekten ins Außergewöhnliche und Krankhafte gesteigert, und Gegenstand ärztlicher

Untersuchung und Behandlung werden. Die Monomanieen werden deßhalb in Einzelhaft öfter beobachtet, weil es vielleicht keine Lage gibt, in der eines Menschen Verstandeskräfte und Sitten besser und gründlicher erkannt werden können. Die fixen Ideen und Hallucinationen müssen bei den täglichen Unterredungen der Gefangenen mit ihren Aufsehern und Beamten leichter erkannt werden, als in gemeinschaftlicher Haft, weil hier öftere Ansprache, wie überhaupt jede individuelle Behandlung unmöglich ist. Sind ja doch die in Folge des Säuferwahnsinnes vorkommenden Sinnestäuschungen allgemein bekannt, und erwiesenermaßen war ein großer Theil der Verbrecher diesem Laster früher ergeben. Ebenso entstehen die Sinnestäuschungen sehr häufig aus Leidenschaften und Affekten, denn nicht aus der Zahl der ausgezeichneten Menschen bevölkern sich die Gefängnisse, sondern aus solchen mit geringen Geistesgaben, mit heftigen, krankhaft gesteigerten Leidenschaften und rohen thierischen Trieben.

Wenn nach den mitgetheilten Krankengeschichten ein Theil der Seelenstörungen als religiöser Wahnsinn aufgetreten ist, so darf dies nach meinen sorgfältigen Beobachtungen auf das Bestimmteste nicht einem übertriebenen Bekehrungseifer, oder einer extremen Richtung unserer Hausgeistlichen zugeschrieben werden, wenn auch nicht in Abrede gestellt werden kann, daß durch eine derartige verkehrte Behandlung eine große Anzahl Seelenstörungen entstehen müßten.

Religiöse Schwärmerei und religiösen Wahnsinn haben wir auf zweierlei Art entstehen sehen.

Einzelne körperlich träge, arbeitsscheue, meist geistig beschränkte und häufig aus bessern Verhältnissen zurückgekommene Gefangene suchten sich so viel als möglich jeder anstrengenden Arbeit zu entziehen, und wendeten alle Mittel der Verstellung und Klage an, um den leichtern Beschäftigungen zugetheilt zu werden. Dabei entstand nun bald in der Einsamkeit der Zelle Langweile, die sie durch Lesen zu vertreiben suchten, was ihnen auch gelang, so lange ihnen die Gefängnißbibliothek immer wieder etwas Neues und Zerstreuendes zu bieten vermochte. Später aber, als die alle vierzehn Tage nur einmal gewechselten Bücher ihnen schon bekannt und im ersten oder zweiten Tage durchblättert waren, nahmen sie zu der Bibel ihre Zuflucht, in welcher sie, besonders bei dem so häufigen Hang zum Wunderbaren und Aberglauben ungebildeter Leute, gerade die aufregendsten und grauenhaftesten geschichtlichen Erzählungen des alten Bundes, oder die dunkelsten und unverständligsten Bilder der Offenbarung St. Johannes am liebsten zur Lektüre auswählten, woraus oft die sonderbarsten Phantasiegebilde und wahnsinnigsten Ideen sich entwickelten.

Bei andern Gefangenen wurde, wie wir gesehen haben, der religiöse Wahn durch Reue und Gewissensbisse erzeugt. Jede Sinnesänderung bei Verbrechern muß auf religiösem Boden beruhen, soll sie wahrhaftig und nachhaltig sein. Vom religiösen Standpunkte aus muß deßhalb der Zuchthausgeistliche dem Gefangenen die Größe seines Verbrechens, die Schlechtigkeit seines Charakters, die Heillosigkeit seines frühern Lebenswandels zum Bewußtsein bringen, und Erkenntniß seiner Schuld, Reue und gute Vorsätze zu erwecken suchen, und wenn nun dem von Jugend an in Unwissenheit und Gottlosigkeit, in Laster und Verbrechen erzogenen Gefangenen das Licht der göttlichen Wahrheiten aufging, und die ganze Tiefe seiner Verworfenheit und die Schwere der auf ihm lastenden Schuld zu seinem Bewußtsein gelangte, so konnten zuweilen selbst durch die Zusprache und die Zusicherung der göttlichen Gnade und Vergebung des Geistlichen die Vorwürfe und Gewissensbisse des in der Erkenntniß noch Schwachen, und im Glauben noch Wankenden nicht beruhigt, und Verzweiflung und Wahnsinn nicht fern gehalten werden, und gerade die durch solchen Seelenkampf hervorgerufenen religiösen Wahnsinnsfälle sind die sprechendsten Zeugen für die gewaltige Macht der Einwirkung der Hausgeistlichen, und der Regungen des innern bessern Menschen in Einzelhaft.

Die in den meisten amerikanischen und englischen Jahresberichten angegebene größere Niedergeschlagenheit und Depression der Zellengefangenen in der ersten Zeit der Einzelhaft haben wir, mit Ausnahme aller zu Strafschärfungen verurtheilten Gefangenen, durchschnittlich nicht wahrgenommen; die neu Eingelieferten, und insbesondere die aus gemeinschaftlicher Haft zu uns Versetzten zeigten im Gegentheile in weitaus den meisten Fällen eine gute, zufriedene, willige und ruhige Stimmung. Diese Verschiedenheit unserer Erfahrungen mag theils in dem schlechten Zustande der meisten Untersuchungsgefängnisse, oder in langer Untersuchungshaft ohne körperliche und geistige Beschäftigung gelegen sein, denn viele neu Eingelieferte erklärten uns, daß sie den Aufenthalt in der Anstalt jenem im Vorarreste weit vorziehen; theils aber auch in der allgemein im Volke verbreiteten Angst vor den Schrecken und Qualen der Einzelhaft, weil die neu Eingelieferten ihren Irrthum bald einsahen, und sich bei der herrschenden Ordnung, Reinlichkeit, körperlichen und geistigen Arbeit, und vor Allem bei der hier möglichen geistigen Ruhe und Einkehr in sich selbst zufrieden befanden.

Zur Behandlung beginnender Seelenstörungen, und besonders zur Verwahrung der Seelengestörten bis zur Verbringung in die Irrenanstalt muß in jedem Zellengefängniß ein besonders eingerichtetes, von den Gefangenenzellen entferntes Lokal vorhanden sein. Die beginnenden Seelenstörungen können nämlich so lange in den Arbeitszellen oder in dem Krankenhause behandelt werden, als die Kranken sich ruhig verhalten und dem Zuspruche der Beamten zugänglich sind. Sobald aber das Stadium der Unruhe, des Klagens, Schreiens und Tobens eintritt, so müssen sie nothwendig an einen, von den Abtheilungen der Gesunden entfernten Ort verbracht werden, damit jene den Lärm nicht hören, weil sonst bei Manchen die Meinung entsteht, es werde einer ihrer Mitgefangenen mißhandelt, und der Gedanke an die Möglichkeit gleicher Behandlung bei ihrer hilflosen und isolirten Lage sie sehr ängstigt und das Vertrauen zu den Beamten untergräbt, oder Manche, besonders mit langer Haftdauer, über ihre eigene Zukunft beunruhigt werden, wenn sie den wahren Grund des vernommenen Lärmes erfahren.

Die an beginnender Seelenstörung Erkrankten müssen so bald als möglich in den gemeinschaftlichen Arbeitssaal versetzt, oder zur Verhütung der Verschlimmerung ihrer Seelenstörung urlaubsweise entlassen, die vollkommen Geisteskranken aber sofort in die Irrenanstalt verbracht werden, weil eine schleunige Entfernung derselben aus der Einzelhaft zur Heilung am meisten beiträgt, und diese bei kurzer Dauer der Erkrankung rascher erfolgen wird. Auch ist die Strafanstalt nicht der Ort zur Behandlung von Seelenstörungen, weil einestheils die Ordnung und Ruhe des Hauses durch solche Kranke gestört wird, anderntheils aber die zur Heilung erforderlichen Mittel und Wege häufig sich nicht mit der Hausordnung vereinigen lassen, auch Zuchthausaufseher zur Pflege Geisteskranker die erforderliche Uebung, Geduld und Einsicht nicht immer besitzen.

Wie das neue System von Jahr zu Jahr sich weiter ausbreitet, und die Angst der Gefangenen wie die Befürchtungen der öffentlichen Meinung wegen der Gefahren der Einzelhaft zum größten Theile verschwunden sind, so wird auch das Auftreten von Seelenstörungen in der gemeinschaftlichen wie in Einzelhaft mehr und mehr als nothwendige Folge des Lebens der Gefangenen und der Verhältnisse der Gefangenschaft erkannt, die Ursachen und die Bedeutung der etwas höhern Zahl der Seelenstörungen in Einzelhaft richtig gewürdigt, und nicht mehr als Einwurf gegen die Einführung derselben erhoben, wohl aber als mahnender Ruf an das Pflichtgefühl und die Diensttreue der Hausbeamten, und als ernster Fingerzeig für die Regierungen zur Fernhaltung aller, mit den Principien und der Durchführung des Systems unverträglichen und althergebrachten Strafmittel der Abschreckungstheorie betrachtet werden.

Bei der mächtigeren Einwirkung des Systemes auf die Gefangenen wird die Frage,

welche Verurtheilten der Einzelhaft unterworfen werden können,

einer näheren Erörterung bedürfen.

Wenn durch die Erfahrungen aller Zellengefängnisse nachgewiesen wird, daß die Einzelhaft nur bei gesundem Seelenzustande, sowie bei beständiger Beschäftigung der Gefangenen ohne Nachtheile für Körper und Geist durchgeführt werden kann, so ist leicht einzusehen, daß sich unter den Verurtheilten immer Leute befinden werden, die diesen Anforderungen nicht, oder wenigstens nicht in vollem Maße entsprechen, und dann einerseits in einer Zelle mehr Noth leiden, als es das Gesetz verlangt, andererseits aber den Dienst der Aufseher sehr erschweren, während sie in einem gemeinschaftlichen Saale die Gefangenschaft leichter ertragen, und den Anforderungen der Hausordnung bei dem einfacheren Mechanismus des Dienstes eher entsprechen können. Es ist deßhalb eine genaue Untersuchung der Körperbeschaffenheit und geistigen Anlagen der neu Eingelieferten durch die Hausgeistlichen, den Hausarzt und den Vorsteher, sowie eine aufmerksame Beobachtung derselben in der ersten Zeit ihrer Haft schon in der Dienstordnung unseres Hauses vorgeschrieben, und aus den Bestimmungen der §§. 13, 48, 99 und 103 derselben ersichtlich, daß auch die Regierung diesem Gegenstande besondere Aufmerksamkeit zugewendet wissen will.

Für diejenigen Gefangenen, welche erst während der Einzelhaft zur ferneren Erstehung derselben durch einen leidenden Gesundheitszustand untauglich werden, ist durch das Gesetz über den Strafvollzug in Einzelhaft §. 12 und 13 Fürsorge getroffen; wir werden also hier nur diejenigen, mit der Einzelhaft unverträglichen Eigenschaften der Verurtheilten zu besprechen haben, welche schon bei der Einlieferung oder nach kürzerer Beobachtung erkannt werden können. Nach unsern Erfahrungen sind zur Einzelhaft weniger oder nicht geeignet:

1. Alle körperlich in dem Grade Gebrechlichen, daß sie durch ihre Körperbeschaffenheit an der Betreibung eines Gewerbes gehindert sind, also alle Krüppel, Halblahmen, welchen das Treppensteigen unmöglich ist; alle Epileptischen, die bei einem Anfalle in ihrer Zelle ohne Hilfe sich leicht beschädigen könnten; alle so Schwerhörigen, daß sie die Glocke als Zeichen zum Abgehen in die Kirche, Schule, Spazierhöfe u. s. w. nicht hören; alle in dem Grade Kurzsichtigen, daß sie auch vermittelst einer Brille auf den Gallerien und Wendeltreppen leicht fallen könnten, oder beim Zurückkehren ihre Zelle nicht wieder finden. Solche Leute, wie wir sie auch schon in der Anstalt hatten, stören die Hauspolizei und Ordnung einer Zellenanstalt ungemein, geben immer anderen unordentlichen Gefangenen Veranlassung zu Störungen und Muthwillen, und können in Einzelhaft nur schwer, häufig nur mit beständiger Nachhilfe beschäftigt werden.

2. Geistig sehr verkümmerte, schwache Menschen, halbe Simpel oder halb Cretinen, wie sie nicht selten in Strafanstalten zu finden sind, deren Zurechnungsfähigkeit schon vom Gericht als eine unvollkommene beurtheilt, und als Milderungsgrund angenommen wurde, die aber wegen ihrer Gefährlichkeit unschädlich ge=

macht werden müssen. Solche Leute sind häufig sehr muthwillig, verschlagen, ungefügig und stören die Ruhe und Ordnung des Hauses; zu aller angestrengteren Arbeit, sowie zu allem geistigen Unterricht unfähig, arbeiten sie nur mit Widerwillen, bringen ihre arbeitsfreien Stunden wie die Sonn- und Feiertage mit Nichtsthun und trägem Hinsitzen zu, und laufen bei längerzeitiger Einzelhaft Gefahr, ihren geringen Verstand vollens zu verlieren. In den gemeinschaftlichen Sälen finden sie schon durch den Anblick ihrer Mitgefangenen Zerstreuung, und stören die Hausordnung nicht; auch ist an ihnen nichts zu bessern, und wenig zu verderben.

3. Gemüthlich sehr gedrückte und melancholische Verurtheilte werden zwar nicht als zur Einzelhaft untauglich erklärt werden können, da für manche derselben, besonders die Besseren, der Aufenthalt in einer Zelle eine Wohlthat ist, während ihnen das Zusammenleben mit rohen, ihres Kummers spottenden Mitgefangenen nur Qual bereiten würde; nur muß denselben besondere Aufmerksamkeit gewidmet und beständig körperliche Arbeit und geistige Beschäftigung gewährt werden.

4. Die über 60 Jahr alten Gefangenen. Das Gesetz über den Strafvollzug in unserem Hause hat zwar das siebenzigste Lebensjahr als höchstes Alter zur Erstehung der Einzelhaft angenommen; die tägliche Lebenserfahrung aber lehrt, das der größte Theil der Menschen, selbst in den bessern und wohlhabenderen Ständen, mehr aber noch in den ärmeren Volksklassen, aus denen in der Regel die Zuchthausbevölkerung hervorgeht, durch ein Leben voll Arbeit, Entbehrung und Noth in der Regel schon in dem sechzigsten Lebensjahre gebrechlich und hinfällig wird, weßhalb die meisten über 60 Jahr alten Gefangenen vielfacher Nachsicht, Schonung und Hilfe bedürfen, mancherlei Störungen und Erschwerungen des Dienstes in einem Zellengefängnisse veranlassen, und sich für das System nicht mehr vollkommen geeignet erweisen.

Die Zahl der in unserer Anstalt aus diesen Ursachen von der Einzelhaft entbundenen und in gemeinschaftliche Haft versetzten Gefangenen war eine äußerst geringe; es befanden sich am Schlusse des Jahres 1854 in dem gemeinschaftlichen Arbeitssaale in unserer Anstalt 14 Gefangene.

Davon waren 4 wegen beginnender Seelenstörung, und 4 wegen körperlicher Gebrechen, die 6 übrigen aber, ältere, verständige und gesunde Gefangene, in den gemeinschaftlichen Arbeitssaal versetzt worden, um eine Trennung der daselbst befindlichen, an beginnender Seelenstörung erkrankten Sträflinge zu ermöglichen, weil sich der tägliche gegenseitige Umgang und Verkehr derselben für ihre Heilung, wie für die Ruhe und Ordnung im Saale nachtheilig erwiesen hatte. In den letzten fünf Jahren wurden in gemeinschaftliche Haft zurückversetzt: 1850 18, 1851 19, 1852 6, 1853 8 und 1854 8 Gefangene; die größere Zahl derselben in den Jahren 1850 und 1851 war eine Folge der Anfüllung unseres Hauses mit Gefangenen aus gemeinschaftlicher Haft bei der Eröffnung desselben, und der in den folgenden Jahren noch fortdauernden häufigen Transferirungen aus jenen Anstalten, von denen sich eben dann Einzelne wegen Gebrechen oder durch die erstandene lange Haft geschwächten Gesundheitsverhältnissen für die Einzelhaft als untauglich erwiesen, und wieder in Gemeinschaftshaft zurückversetzt wurden.

Es befindet sich ferner in jeder Strafanstalt noch eine Klasse Gefangener, welche nicht mehr besser aber auch nicht mehr verdorbener werden, mag man sie gut oder schlecht behandeln, in gemeinschaftlicher oder Einzelhaft gefangen halten; es sind dieß die zum öfteren rückfälligen Diebe. Für diese ist die Einzelhaft mit ihren, auf sittliche und geistige Veredelung berechneten Besserungsmitteln zu gut und zu human, die Kirche, der Religionsunterricht, die Schule gehen spurlos an ihnen vorüber, sie betrachten den Besuch derselben als eine angenehme Zerstreuung und Abwechslung der Haft, sind in der Regel äußerst fleißig, aber nicht aus Liebe zur Arbeit, oder Achtung vor der Hausvorschrift, sondern aus Egoismus, um sich eine möglichst große Summe Ueberverdienst zu erwerben; sie fluchen, schwören nie, sind demüthig und haben den Namen Gottes immer im Munde, und stehlen wieder, sobald sich ihnen Gelegenheit nach der Entlassung dazu bietet; sie sind die alten Stammgäste der Zuchthäuser, und mit Allem daselbst zufrieden, wenn sie nur zu essen haben. Daß die strengste Hauszucht in der gemeinschaftlichen Haft ohne Einwirkung auf die rückfälligen Diebe bleibt und sie nicht bessert, haben tausendfältige Erfahrungen allerwärts nachgewiesen, und auch die Einzelhaft wird spurlos an den meisten derselben vorüber gehen; sie sollten deßhalb dem Auburn'schen Systeme unterworfen, oder zu öffentlichen Arbeiten bei möglichst schmaler Kost und strenger Zucht verwendet werden. Nicht die schon öfter Rückfälligen zu bessern, sondern die Rückfälle zu verhüten, kann Aufgabe der Einzelhaft sein, und werden einmal alle jüngeren und zum erstenmale Verurtheilten derselben unterworfen, so müssen sich die wohlthätigen Einwirkungen des Systemes sehr bald durch Abnahme der Rückfälle zeigen. Nur verlange man einerseits nicht, daß die Einzelhaft Unmögliches leiste, und in 1—2 Jahre alten, verhärteten Sündern ihre verbrecherischen, während eines 20—40jährigen Lebens tief eingewurzelten Laster und schlechten Gewohnheiten tilge, und sie zu tugendhaften und arbeitsliebenden Menschen umwandle; andererseits lasse man dem neuen Systeme Zeit zu seiner Entwicklung, und erwarte nicht in die Augen springende Resultate, so lange ihm noch nicht einmal alle Grundbedingungen zu einer gedeihlichen Durchführung, und zur möglichen Entfaltung aller seiner Besserungsmittel gegeben sind! —

Dauer der Einzelhaft.

Die Ansichten über die Möglichkeit der Dauer der Einzelhaft ohne Nachtheile für Körper und Geist der ihr Unterworfenen sind bei den Regierungen, welche dieses Haftsystem eingeführt haben, und bei den Fachmännern und Gefängnißbeamten sehr verschiedene und weit auseinandergehende. Während in den amerikanischen Zellengefängnissen dieselbe auf 12 und mehr Jahre festgesetzt, und dieses Zeitmaß auch von verschiedenen Regierungen in Europa in den Entwurf der Strafgesetze aufgenommen wurde, glaubte die Gr. Bad. Regierung sechs Jahre als die höchste Zeitdauer der gesetzlich zu erkennenden Einzelhaft annehmen zu müssen; in andern Ländern, besonders in England, ist auch diese Dauer als eine zu ausgedehnte befunden und noch mehr abgekürzt worden. Hören wir zuerst, was die Erfahrungen der früheren und neueren Berichte aus Zellengefängnissen über die mögliche Dauer der Einzelhaft mittheilen.

In den Ergebnissen des pensylvanischen östlichen Staatsgefängnisses in Philadelphia von 1829—43 ist angegeben (Julius Jahrbücher, VI, Seite 42): Selbst durch eine lange Dauer der Haft litten in der Regel die Gefangenen sehr wenig. So sagt Dr. Darrach, der Hausarzt, im zwölften Berichte: Von den 175 Entlassenen waren 76 länger als 2 Jahre in Haft gewesen. Zwei Gefangene, von denen der eine gesund, der andere krank eingetreten war, verließen beide nach zehnjährigen Gefangenschaft gesund die Anstalt; ein Dritter, gesund eingetreten, verließ nach 12 Jahren das Haus ebenso gesund; ein Vierter mit Irrsinn und Syphilis aufgenommen, ward nach 7 Jahren mit gesundem Körper und Geist entlassen; ein Fünfter trat nach 5 Jahren gesund aus, wie er aufgenommen wurde. Genaue statistische Zusammenstellungen der Jahre 1840, 1841 und 1842 weisen nach, daß von 462 in diesen Jahren Entlassenen 224 mehr als 2 Jahre Einzelhaft erstanden hatten; von Hunderten traten aus

	in gleich gutem,	gleich schlechtem,	gebessertem,	verschlechtertem
		Gesundheitszustand.		
nach höchstens 2 Jahren Haft	47,7	12,5	33,9	5,9
nach längerer Haft . .	38	19	35,7	7,3

Dr. Med. Tellkampf sagt nach seinem Besuche des Zellengefängnisses zu Philadelphia in seinem Berichte über die amerikanischen Gefängnisse: „Ich besuchte mehrere Gefangene, welche gegen 9 Jahre in der Anstalt gewesen waren, sowohl Weiße als Farbige, und sprach lange Zeit mit ihnen. Es ließ sich bei Vielen kein bestimmter Einfluß jahrelang getrennter Gefangenschaft wahrnehmen!"

Aus dem 17. Jahresberichte des Philadelphischen Strafhauses, 1845, ist zu entnehmen, daß die Sterblichkeit der zu längerer Haft Verurtheilten nicht größer war, als die zu kürzerer, und daß nach einer gewissen Reihe von Jahren eine Acclimatisirung an das Gefangenschaftsleben eintritt, so daß die nachtheiligen Einwirkungen der Freiheitsberaubung durch die günstigen Momente eines regelmäßigen Lebens, geeignet schwerer Arbeit, guter Kost und Kleidung vollständig aufgewogen werden." In den Berichten neuester Zeit sind gleich günstige Erfahrungen mitgetheilt.

Dr. Lélut, Irrenarzt an der Salpêtrière in Paris, sagt, nachdem er im Jahre 1846 alle Zellengefängnisse Frankreichs im Auftrage der Regierung besucht, und besonders den Geisteszustand der Gefangenen genau geprüft hatte, in seinem Vortrag an den Minister des Innern: „Es ist eine unbestreitbare Thatsache, welche auch schon die Erfahrung unserer Zellengefängnisse gelehrt hat, daß der Zeitraum, in welchem ihre Einsperrungsweise am stärksten auf den Geist und durch den Geist auf den Körper wirkt, in den ersten Tagen, den ersten Wochen und den ersten Monaten dieser Gefangenschaftsweise liegt. In ihr findet ausschließlich die Sühne der Betrübniß statt, wenn die Gefangenschaftsweise sie hervorzurufen vermocht hat. Bald aber stillen sich diese traurigen Gemüthsbewegungen in Folge der Angewöhnung, in Folge der Zahl und der Art der erlaubten Mittheilungen, welche sie mildern, und durch die Wirkungen der Beschäftigung. Zuerst tritt die Gewöhnung ein, ihr folgt das Wohlsein, und zuletzt entstehen daraus, wie ich gesehen habe, physiologische und psychologische Zustände, welche bei weitem höher stehen, als die gemeinsame Einsperrung sie zu erzeugen vermag. Daß aber die gedachten Zustände fünf, ja selbst zehn Jahre anhalten können, daß man die Einzelhaft ohne Gefahr bis zu einer solchen Dauer verlängern dürfe, wird gegenwärtig nur noch wenig bestritten." Jahrbücher der Gefängnißkunde, 1847, X, Seite 145.

In den Gesetzentwurf über die Reorganisation der Gefängnisse in Frankreich vom Jahr 1843 wurde aufgenommen, §. 27: „Die von den Verurtheilten in der vereinzelten Haft, wie sie durch gegenwärtiges Gesetz festgesetzt worden ist, zugebrachte Zeit wird in der Dauer der Strafe für nur ein Viertheil länger als die wirklich in Gefangenschaft hingebrachte Zeit gerechnet werden. §. 28. Die zu zwölfjähriger oder zu lebenslänglicher Zwangsarbeit Verurtheilten werden, wenn sie zwölf Jahre ihrer Haft nach der eben angesetzten Vorschrift erduldet, oder ihr 70. Lebensjahr erreicht haben, fortwährend bei Nacht getrennt bleiben, bei Tag aber in Gemeinschaft unter Stillschweigen mit Andern beschäftigt werden."

Ganz verschieden von diesen Ansichten hat sich in der neuesten Zeit die Frage über die mögliche Dauer der Einzelhaft ohne Nachtheile für Körper oder Geist in England gestaltet, und wenn wir auch den in England gemachten Erfahrungen und angenommenen Grundsätzen in Beziehung auf das Gefängnißwesen einen gewichtigen Einfluß auf unsere Meinung zugestehen, weil in diesem Lande, wie sonst nirgends, alle auf die öffentliche Sicherheit und Sittlichkeit sich beziehenden Einrichtungen mit einer Gründlichkeit und Sorgfalt von der Regierung, wie von der öffentlichen Meinung geprüft werden, die alle Anerkennung verdient, so dürfen doch die anderwärts gemachten Beobachtungen nicht ignorirt oder als unrichtig betrachtet werden, besonders wenn sie mit unsern, mit Gewissenhaftigkeit und Unpartheilichkeit geprüften Erfahrungen übereinstimmen.

Mittermaier berichtet in seinem Werke über den neuesten Zustand der Gefängniß-Einrichtungen in England, Heidelberg 1850, Seite 54, daß die Mehrzahl der Mitglieder der zur Untersuchung der Gefängnisse niedergesetzten Commission, und gerade die Erfahrungsreichsten, die Einzelhaft nicht über 12 Monate ausgedehnt wissen wolle; es hänge freilich viel von der Individualität der Gefangenen ab, und von der Art, wie das System durchgeführt werde; wenn der Geist des Sträflings beschäftigt und erheitert werde, würde er wohl die Einzelhaft länger ertragen. Einzelne Mitglieder dieser Commission hielten eine über 12 Monate ausgedehnte Einzelhaft unbedingt für nachtheilig für die Gefangenen, andere wollten dieselbe auf 2 Jahre ausgedehnt haben, andere auf 18 Monate. In Pentonville ist die Dauer derselben auf 12 Monate beschränkt. Dieselben Ansichten sind bis jetzt in England noch maßgebend und in Geltung geblieben, wie aus Mittermaier's neuesten, in dessen Archiv des Criminalrechtes erscheinenden, ganz vorzüglichen Mittheilungen über den gegenwärtigen Zustand des Gefängnißwesens in den verschiedenen Ländern zu ersehen ist. Moser will die Einzelhaft nicht über zwei Jahre ausgedehnt wissen, eine Strafdauer, die nach seiner Ansicht aber zur Erzielung der sittlichen Wiedergeburt der Sträflinge keineswegs ausreicht. Pönitentiaranstalt St. Jakob, S. 336.

In Deutschland können jedoch weder die Erfahrungen von Pentonville, noch die der andern englischen Zellengefängnisse als unbedingt maßgebend betrachtet werden, weil ein Theil derselben nur als Uebergangsanstalten zu anderer Detention bestimmt ist, anderseits aber die meisten Verhältnisse der englischen Gefängnißbevölkerung von denjenigen unseres Vaterlandes so verschieden sind, daß den Resultaten der Strafanstalten aus jenem Lande nur mit gewisser Vorsicht ein Einfluß auf unsere Meinung und Gesetze über die Dauer der Einzelhaft eingeräumt werden sollte.

Das Eigenthümliche der socialen Verhältnisse Englands, das Klima, die Betreibung eines ausgedehnten Welthandels, die vielen großen Städte, das Fehlen eines in Zahl überwiegenden Bürger- und Mittelstandes, die Menge der Fabrikbezirke und Fabrikarbeiter rc. müssen in die Lebensweise, Erziehung, Sitten und Gewohnheiten dieses Volkes mächtig eingreifen, und einen großen Einfluß auf die ganze Lage, die körperliche und geistige Gesundheit und die gemüthliche Stimmung der ärmeren Klassen, somit auch der gewöhnlichen Zuchthausbevölkerung ausüben.

Die Fabrikarbeiter sind meist schlechter genährt und weniger gesund, als eine ackerbautreibende Bevölkerung. Von frühester Jugend an beständig einer, durch die Menge Menschen und die Ausdünstungen der Fabrikate verdorbenen Luft ausgesetzt, sind die Fabrikarbeiter bei dürftiger, oft ungenügender Nahrung, und Mangel an Bewegung in freier Luft in der Regel in früheren Jahren schon abgemagert und gealtert, häufig scrophulös, brustkrank, in vielen Fällen dem übermäßigen Genusse der geistigen Getränke ergeben, dadurch körperlich heruntergekommen und geistig abgestumpft, und bei Entziehung des gewohnten Reizes im Gefängnisse rasch zusammenfallend. Gefangene aus deren Zahl werden voraussichtlich in jeder Haft schneller und öfter erkranken, als solche aus dem, durch Arbeit in freier Luft und meist genügende Nahrung gekräftigten und gesund erhaltenen Bauernstande; die deutschen Handwerksgesellen befinden sich ebenfalls meistentheils in weit günstiger Lage, als die englischen Fabrikarbeiter. Auch der Straßenpöbel in großen Städten, den Ausschweifungen aller Art ergeben, den Nachtheilen eines elenden, dürftigen und ungeregelten Lebens, schlechter Nahrung, Wohnung unterworfen, lebt in weit ungünstigeren Verhältnissen, als unsere Armen. Daher mag es zum Theil auch kommen, daß man in England eine sehr reichliche und substanziöse Kost in den Gefängnissen für nöthig hält und eingeführt hat.

Aber auch die geistige Bildungsstufe unserer Sträflinge bei ihrer

Einlieferung ist eine durchschnittlich höhere, als die der englischen Gefängnißbevölkerung, was aus allgemeinen bekannten statistischen Nachweisungen hervorgeht. Selbst die bejahrteren deutschen Zellengefangenen werden deßhalb auch leichter in den arbeitsfreien Stunden Erholung durch geistige Beschäftigung finden, die jüngeren aber einer höheren Ausbildung zugänglicher sein, somit deren Geist stets rege erhalten und ihre arbeitsfreie Zeit auf eine nützliche Weise ausgefüllt werden. Unsere Zellengefangenen werden deßhalb auch aus diesem Grunde ohne Gefahr einer geistigen Verkümmerung oder Abschwächung länger in Einzelhaft gehalten werden können.

Endlich wird die gemüthliche Stimmung unserer Gefangenen in der Regel eine viel geeignetere für die Einzelhaft sein, als die der englischen Sträflinge. Während in England, besonders in den größeren Städten, die unteren Volksklassen schon in frühestem Alter Arbeit und Verdienst meist außer dem elterlichen Hause zu suchen gezwungen sind, und dadurch oft die nächsten Angehörigen weit auseinandergerissen, alle Bande des Bluts, der Liebe und Freundschaft gelockert, und eine Menge Armer in die weite Welt hinaus gestoßen werden, sind in unserem Lande die Kinder in der Regel bis in das Mannesalter, oft das ganze Leben über in der Nähe der Eltern, und wenn sie auch entfernt von ihnen sich ihren Lebensunterhalt erwerben, doch in fortwährender Beziehung zu denselben; es werden deßhalb in den meisten deutschen Strafanstalten nur Wenige zu finden sein, die mit ihren Eltern, Familien oder Anverwandten nicht in beständigem Verkehr stehen, die nicht wissen, wo sie nach ihrer Entlassung ein Unterkommen finden, nicht durch irgend ein geistiges Band mit der Außenwelt in inniger Verbindung erhalten und durch dasselbe in den trüben Stunden ihrer Gefangenschaft aufgeheitert und getröstet werden.

Es ist ferner die sittliche und religiöse Bildung noch nicht in dem Maße aus den ärmeren Klassen unseres Volkes gewichen, wie dies in der Hefe der Bevölkung der großen Städte und bei der massenhaften Anhäufung der Fabrikarbeiter in England der Fall sein muß, und wenn auch unsere moralischen Volkszustände noch viel zu wünschen übrig lassen, so haben die meisten Gefangenen doch in ihrer Jugend religiösen Unterricht genossen, so daß es oft nur der

Belehrung und Ermahnung bedarf, um das Vergessene und Entfremdete wieder in ihr Gedächtniß zurückzurufen, und ihnen in ihrer Einsamkeit doppelt heilig und werth zu machen. Auch aus dieser Quelle entspringt unseren Zellengefangenen gewiß häufiger Trost und Beruhigung, als den Bewohnern der englischen Zellengefängnisse. Es mußte ferner durch die Beschränkung der Dauer der Einzelhaft auf 12 Monate, wie durch die eingeführten Modifikationen, die Aufhebung der Trennung der Gefangenen in der Kirche, die Gestattung gemeinschaftlicher Gartenarbeit und Spaziergänge u. s. w., das System wesentlich beeinträchtigt werden, und die aus einer solchen Durchführung hervorgegangenen Resultate können zu einem Urtheile über dessen Erfolge, wie über die Vortheile und Nachtheile desselben in Erfüllung der Strafzwecke in keiner Weise maßgebend sein, denn:

1. Ist es erwiesene Thatsache, daß die erste Zeit der Zellenhaft für die Gefangenen die schwerste und die meisten körperlichen und geistigen Leiden hervorrufende ist; die nur aus dieser Zeitperiode genommenen Resultate müssen also immer ungünstigere Erfolge nachweisen. Im Jahre 1851 trat unter den acht, im Zellengefängniß zu Philadelphia vorgekommenen Wahnsinnsfällen bei sieben die Krankheit im ersten Haftjahre auf, und zwar einer nach 4 Monaten, einer nach 5 Monaten, einer nach 7, einer nach 8, zwei nach 10, einer nach 11 Monaten, wie Dr. Given berichtet. In Pentonville waren in den 8 ersten Jahren, bis Ende des Jahres 1850 3546 Gefangene, und zwar:

	bis zu 6 Monaten.	von 6 bis 12 Monaten.	von 12 bis 18 Monaten	von 18 Monaten bis 2 Jahre.
Summe der Verurtheilten	727	957	1147	715
Wahnsinnig wurden	14	5	3	—
Hallucinationen, geringere Grade von Seelenstörungen, Sonderbarkeiten	13	9	2	2
Selbstmord	2	1	—	—
	29	15	5	2

Bei 1684 nur zu einem Jahre Verurtheilten kamen also 44 Fälle von Seelenstörung vor, während nur 7 Fälle sich bei 1862 bei den zu längerer Zeit Verurtheilten zeigten. Schon im zweiten Haftjahre erholen sich viele Zellengefangene; im dritten findet aber regelmäßig wieder eine Zunahme der Gesundheit statt, und es wird deßhalb das, auf die Resultate einer nur einjährigen Einzelhaft gestützte Urtheil immer ein unrichtiges und einseitiges bleiben.

2. Eine nur zwölfmonatliche Einzelhaft ist unbedingt eine viel zu kurze Zeit zur Erreichung eines tiefern und nachhaltigen bessernden Einflusses auf die Gefangenen; der größte Theil, der nur auf eine so kurze Zeit in Einzelhaft Gehaltenen wird ungebessert in die gemeinschaftlichen Arbeitssäle versetzt werden, und selbst die wenigen dadurch Gebesserten laufen Gefahr, durch die Sträflingsgesellschaft wieder verdorben zu werden. Zur Erforschung des Charakters, der Sitten und Denkungsart vieler Gefangenen, insbesondere der schweren Verbrecher, reicht nach unseren Erfahrungen ein Jahr nicht aus, und wie kann ohne diese Grundbedingungen jeder Behandlung und jeder bessernden Einwirkung überhaupt nur von Erfolgen die Rede sein?

3. Aus den, an andern Orten gegebenen statistischen Nachweisungen über Pentonville ist zu ersehen, daß die Zahl der daselbst in der letzten Zeit jährlich befindlichen Gefangenen eine viel zu große ist, als daß die Beamten auch nur die Namen Aller im Gedächtniß behalten, viel weniger also deren sonstige Eigenschaften, Charaktere und Verbrechen genau zu erforschen im Stande sind. Wie können sich aber bei Mangel dieser Kenntnisse Anknüpfungspunkte für die Unterredungen bei den Zellenbesuchen bilden? Müssen diese dann nicht zu einem mechanischen Geschäfte, zu einer rein hauspolizeilichen Controle der Ordnung, Reinlichkeit und des Fleißes herabsinken, und werden solche Zellenbesuche dem Gefangenen Zerstreuung und Trost geben, oder müssen sie ihm vielmehr nicht lästig oder zuwider sein? Wie kann bei den Beamten Interesse für die Gefangenen entstehen, wenn sie dieselben nicht einmal dem Namen nach alle kennen, und zum Voraus die Unmöglichkeit und Vergeblichkeit einer bessernden Einwirkung einsehen? Wird der in dieser Weise behandelte Gefangene Vertrauen fassen können zu den Beamten, und ihren Belehrungen zugänglich werden?

4. Durch die eingeführten Modifikationen werden die Uebertretungen der Hausordnung, somit auch die nöthigen Hausstrafen vermehrt. Der tägliche öftere gegenseitige Anblick der Gefangenen in

der Kirche, Schule und den Höfen muß nothwendig den Drang der Mittheilung steigern, und in einer Weise zerstreuend einwirken, daß alles ernste Nachdenken, welches man ja gerade durch die Einzelhaft erreichen wollte, unmöglich wird. Man bildet sich doch sicher nicht ein, daß bei einem solchen Strafvollzuge die Unterredungen und Verständigungen der Gefangenen untereinander verhütet werden? Oder daß man schon während des ersten Haftjahres im Stande sei, die Charaktere der Gefangenen so genau kennen zu lernen, um eine unschädliche Klasseneintheilung bei den gemeinschaftlichen Spazierhöfen und Gartenarbeiten anordnen zu können? und ist denn nicht gerade zur Verhütung der immer verschlechternden Einwirkung der gegenseitigen Unterredungen und Sträflingsbekanntschaften die Einzelhaft eingeführt worden? oder befinden sich die Gefangenen, wenn man dieselben zusammen arbeiten und spazierengehen lassen, die Gespräche aber unterdrücken will, nicht in ähnlicher Lage, wie in dem, von den Anhängern der Einzelhaft früher so verpönten Auburnschen Haftsystem? Sicher wird bei einem gemeinschaftlichen Gottesdienste der Gefangenen die Aufmerksamkeit, Ruhe, Andacht und der Eindruck nicht erreicht werden können, wie wenn jeder in seinem besonderen Stuhle abgesondert ist. Wirkt ja selbst auf den Gebildeten, aus religiösem Bedürfniß, sich zu erbauen, und aus freiem innern Antrieb die Kirche Besuchenden der Anblick von Fremden, Bekannten und so manche andere Vorkommnisse während des Gottesdienstes zerstreuend ein, um wie viel mehr muß dies bei den, meist aus Zwang hier gemeinschaftlich versammelten, meist ohne alle religiöse Ueberzeugung, oft der Religion und des Verkündigers derselben spottender Zuchthausbewohnern der Fall sein?

Mit diesen Modifikationen der Einzelhaft waren auch nicht alle Beamte von Pentonville einverstanden, und besonders Kaplan Burt hat in einem gediegenen Werke über das Zellensystem in Pentonville seine abweichenden Ansichten öffentlich beurkundet und begründet. Derselbe hebt besonders die Nothwendigkeit der völligen Absonderung der Gefangenen, und der längeren, wenigstens achtzehnmonatlichen Dauer der Einzelhaft hervor, gibt als Resultat seiner Erfahrungen an, daß Einzelhaft keinen nachtheiligeren Einfluß auf geistige und körperliche Gesundheit der ihr Unterworfenen habe, als jede andere

Haft, und daß nach Abkürzung der Dauer der Einzelhaft mehr Seelenstörungen als bei längerer Haft vorgekommen seien. Einsame Haft, bei welcher der Gefangene immer allein sei, müsse unbedingt nachtheilig auf denselben einwirken, aber Einzelhaft, bei welcher der Gefangene nur von der Gesellschaft seiner Mitgefangenen getrennt sei, und dafür Besuche von den Beamten der Anstalt empfange, in Kirche und Schule komme, arbeite, und täglich sich Bewegung in freier Luft mache, könne in keiner Weise sich nachtheilig zeigen.

Mit diesen Ansichten der englischen Regierung über die mögliche Haftdauer der Einzelhaft und über die Nothwendigkeit bedeutender Modifikationen derselben stehen die neuesten belgischen und dänischen Gesetzesentwürfe über Einführung einer langjährigen Einzelhaft in directem Widerspruche, und die Namen und Erfahrungen der Vertreter dieser Verordnungen, der Generalinspectoren Ducpetiaux in Brüssel und David in Kopenhagen bürgen mit Sicherheit für reifliche Erwägung ihrer Vorschläge und vollkommene Berücksichtigung des moralischen und physischen Wohles der Gefangenen; diesen Ansichten widersprechen die Erfahrungen der amerikanischen Zellengefängnisse, in denen bis zur Stunde die langjährige Einzelhaft mit günstigen Erfolgen und mit voller Zustimmung der Gefängnißbeamten, der Gefängniß-Commissionen und der Regierung durchgeführt wird; jene Bedenken scheinen in Schweden, Italien und Holland keinen Wiederhall gefunden zu haben; in Frankreich wurde anerkanntermaßen die Einzelhaft aus ganz andern Rücksichten, als aus sanitätlichen, aufgehoben, und auch wir können uns weder mit der Nothwendigkeit derartiger Modifikationen, noch mit der Möglichkeit derselben einverstanden erklären, wenn überhaupt die Einzelhaft noch durchgeführt, und die von ihr gerühmten und erwarteten Resultate erreicht werden sollen. Auch die würtembergische Regierung hat in einem den versammelten Ständen bereits vorgelegten Gesetz-Entwurfe über die Einführung der Einzelhaft als längste Dauer sechs Jahre angenommen.

Noch mehr verschieden von unserer Gefängnißbevölkerung ist die der amerikanischen Strafanstalten. Welchen Auswurf aller Länder mögen dort die Gefängnißmauern bergen? Leute aus allen Nationen, Schiffbrüchige, mit Gott und sich selbst Zerfallene, der Sprache der

Gefängnißbeamten und Aufseher unkundig, von Kummer über die fehlgeschlagenen Hoffnungen, und Heimweh nach dem leichtsinnig verlassenen Vaterlande gequält, kurz Leute mit Gemüthsstimmungen, die ohne Gefangenschaft und Einzelhaft schon geeignet wären, Manche dem Wahnsinn oder Selbstmord in die Arme zu werfen. Ungünstige Resultate von Zellengefängnissen mit solcher Bevölkerung können doch wahrlich nicht für unsere deutschen Strafanstalten maßgebend sein, in denen, wenigstens in unserer Strafanstalt, schon die feineren Gauner und Diebe, wie sie in den größeren Städten so häufig vorkommen, eine Seltenheit genannt werden können.

Aber auch die baulichen und innern Einrichtungen der Zellengefängnisse, die Größe der Zellen, die Ausdehnung der Schule, des Gewerbbetriebs und manche andere Verhältnisse sind von dem gewichtigsten Einfluß auf die körperliche und geistige Gesundheit der Zellengefangenen, somit auf die Möglichkeit einer längeren oder kürzeren Dauer der Einzelhaft. So haben wir schon früher erwähnt, daß z. B. die Zellen des Pentonviller Strafhauses nur 800, die unsrigen über 1000 Cubikfuß Raum Inhalt enthalten, und welch' mächtigen Einfluß dies auf die Gesundheit und Stimmung der Gefangenen ausüben müsse; so können in manchen Zellengefängnissen die Fenster nicht geöffnet werden, so fehlen eine besondere Kirche, Schule, Spazierhöfe u. s. w.

In dem Großherzogl. Badischen Gesetzentwurfe über den Strafvollzug in Einzelhaft, in der 134. öffentlichen Sitzung der zweiten Kammer, 13. Januar 1845, war aufgenommen: „§. 2. Sträflinge, deren urtheilsmäßige Strafzeit die Dauer von zehn Jahren nicht übersteigt, bleiben solcher Absonderung während ihrer ganzen Strafzeit unterworfen; haben Sträflinge eine längere Strafhaft zu erstehen, so ist ihre völlige Absonderung auf 10 Jahre beschränkt", und der Commissionsbericht über diesen Gesetzentwurf äußerte sich folgendermaßen: „die wichtigste Frage ist die über die höchste zuläßige Ausdehnung der Einzelhaft. Daß hier eine Grenze und eine nicht allzuweite festgesetzt werde, dieses ist wesentlich. Nimmt man auch nach den neuesten Erfahrungen und den bedeutendsten ärztlichen Gutachten an, daß die Einzelhaft bei humaner und vorsichtiger Einrichtung keinen Wahnsinn erzeuge, so ist doch die Besorgniß noch keineswegs beseitigt, daß sie bei zu langer Ausdehnung für viele Individuen schädlich werden, und eine Schwächung und Niederdrückung, Ermattung und Abstumpfung der physischen und geistigen Kräfte bewirken können. Die Commission glaubt deßhalb, sechs Jahre als die längste Dauer ansehen zu müssen, und sie ist in der That noch sehr groß. Vielen ist sie zu groß, und sie wünschen sie auf fünf Jahre beschränkt; ein Theil der Commission schlug eine Beschränkung auf 18 Monate bis zwei Jahre vor. Die Mehrheit, indem sie allgemein sechs Jahre als äußersten Termin setzte, fand Momente der Beruhigung in den Bestimmungen, wornach, sobald die Einwirkung der Einzelhaft sich nachtheilig zeigt, das gemeinschaftliche Arbeiten auch lange vor Ablauf von sechs Jahren eintreten könne." — Die Richtigkeit dieser Ansicht wird durch unsere Erfahrungen in vollem Maße bestätigt.

Aus dem Verzeichnisse der seit Eröffnung der Anstalt in unserem Hause befindlichen Gefangenen mit mehr als zweijähriger Einzelhaft, welches bei dem Kapitel über die Krankheiten mit Angabe ihrer körperlichen und geistigen Gesundheit enthalten ist, kann ersehen werden, daß die Meisten derselben sich nicht nur einer guten körperlichen Gesundheit erfreuen und vollkommen arbeitsfähig sind, sondern daß weitaus der größte Theil in der Schule und geistigen Ausbildung wesentliche, in manchen Fällen außergewöhnliche Fortschritte gemacht haben, daß also bei ihnen durchaus keine, in Folge der langen Einzelhaft entstandenen Schwäche und Abnahme der Geisteskräfte, sondern im Gegentheile in den meisten Fällen eine wirkliche Zunahme und vermehrte Schärfe derselben bemerkbar war. Eine gemüthliche Depression nach längerer Haft haben wir im Allgemeinen ebensowenig wahrgenommen.

Ich stehe deßhalb nicht an, entschieden zu behaupten, daß weitaus die größte Zahl der deutschen Zellengefangenen wenigstens einer vierjährigen Einzelhaft, in der Durchführung nach unserer Hausordnung, und mit den Erleichterungen, die durch einen guten Gewerbsbetrieb, beständige geistige Weiterbildung, zweckmäßige sanitätliche Einrichtungen, hinreichende Kost, und besonders durch humane Behandlung geboten werden, ohne alle körperlichen und geistigen Nachtheile unterworfen werden können, daß im Gegentheile nach meiner festen Ueberzeugung eine längerzeitige Einzelhaft zu einer wirklichen Besserung der verhärteteren und schwereren Verbrecher erforderlich ist. Nur durch mehrjährigen Einfluß aller in dem Systeme gelegenen Besserungsmittel wird es möglich sein, die tiefwurzelnden schlechten Sitten, Gewohnheiten, Neigungen und die vollkommen moralische Verwilderung der Zuchthausbewohner zu vertilgen, weil die zur Besserung erforderliche Einsicht mit der geistigen Bildung Hand in Hand geht, und in kurzzeitiger Zellenhaft bei den wenigen, nach der Hausordnung zu geistiger Ausbildung gestatteten Stunden derjenige Grad derselben nicht erreicht werden kann, der zu Hoffnung auf wirkliche und standhaltende Besserung berechtigt.

Ebenso entschieden sprechen meine Erfahrungen dafür, daß eine 12- bis 18monatliche Einzelhaft bei schwereren und verdorbeneren Verbrechern nicht ausreicht, auch nur die Charaktere und den moralischen Seelenzustand derselben so genau kennen zu lernen, um diejenigen mit Sicherheit auszuwählen, die ohne Gefahr des Rückfalls in böse Sitten, oder eines nachtheiligen Einflusses auf Andere von der Einzelhaft entbunden und wieder gemeinschaftlich beschäftigt werden könnten.

Die gefährlichste Zeit für die geistige Gesundheit, sowie die schwerste in Erstehung der Einzelhaft sind erfahrungsgemäß die ersten Monate und das erste Jahr; ist dieses einmal überstanden, so hat sich der größte Theil der Gefangenen an seine Zelle gewöhnt, und kann ohne Gefahr auch länger als 18 Monate in dieser Lage belassen werden, während eine Versetzung in einen gemeinschaftlichen Arbeitssaal, auch mit dem Gebote des Stillschweigens, alle guten Erfolge der achtzehnmonatlichen Einzelhaft aufs Spiel setzt, oder wenigstens deren Erhaltung dem Zufalle Preis gibt.

Ob eine längere als vierjährige Einzelhaft ohne Gefahr für die geistige oder körperliche Gesundheit der Gefangenen als Regel festgestellt werden kann, wollen wir für unsern Theil noch dahin gestellt sein lassen; dafür sprechen viele und gewichtige Angaben von Beamten und Aerzten aus Zellengefängnissen, dagegen die entschiedenen Einsprachen aus England, mit welchen jedoch die an 16 Gefangenen nach sechsjähriger Einzelhaft in unserer Anstalt gemachten Erfahrungen geradezu im Widerspruch stehen, da dieselben alle körperlich und geistig so gesund sind, als Gefangene es nach solcher Haftdauer überhaupt sein können; einzelne sahen sehr kräftig aus, und geistig ist weitaus der größere Theil gebessert und fortgeschritten. Die Möglichkeit einer längerzeitigen, als vierjährigen Einzelhaft auch zugegeben, dürfte doch eine Nothwendigkeit derselben, zur Erreichung der Besserung bei der Mehrzahl der Gefangenen nicht geboten sein. Wir sämmtliche Beamte des neuen Männerzuchthauses, besonders die Hausgeistlichen, glauben deßhalb, daß bei den für Belehrung und Besserung empfänglichen Gefangenen die Zeit von vier Jahren ausreicht, eine auf Einsicht, Reue und gute Grundsätze gestützte Besserung zu bewirken, und daß, wo in solcher Zeit die Bemühungen der Beamten und die in dem System gelegenen Besserungsmittel erfolglos bleiben, auch eine längere Einzelhaft ohne Einwirkung auf die Besserung bleiben werde.

Solche Gefangene können als unverbesserliche bezeichnet, und entweder, wenn es ihre Geistes- und Körperkraft gestattet, am zweckmäßigsten auch ferner, um wenigstens unschädlich zu sein, in Einzelhaft, oder in Gesellschaft von Ihresgleichen gemeinschaftlich gehalten, die übrigen Gebesserten aber, nach erstandener vierjähriger Einzelhaft in kleineren Abtheilungen, je nach dem Charakter und der Stufe ihrer geistigen Ausbildung einem milden Auburn'schen System unterworfen werden.

Dieses sind die Erfahrungen unseres Hauses und unserer sorgfältigen und eifrigen, seit Eröffnung desselben angestellten Beobachtungen. Mögen Andere abweichender Meinung von uns sein, wir werden dieselben fortsetzen, und später gewissenhaft veröffentlichen; vor der Hand aber können wir nur das als wahr, für unsere Verhältnisse, für unser Haus und für unser Vaterland passend und geeignet anerkennen, wovon wir uns durch Selbstanschauung und eigene Erfahrung überzeugt haben; alle Gegner dieser Ansichten, und alle Zweifler an der Möglichkeit einer mehrjährigen Einzelhaft ohne Nachtheile für Körper und Geist der ihr Unterworfenen laden wir freundlich zu einem Besuche unseres Hauses und zur genauen Prüfung der Gesundheits-Verhältnisse unserer Gefangenen ein; sie werden uns willkommene Gäste sein.

Einwürfe gegen die Einzelhaft.

Die gegen das Pönitentiarsystem erhobenen Einwürfe sind ebenso zahlreich und gewichtig, als die von ihm gerühmten Vorzüge.

Vor Allem hat die Bezeichnung „Einzelhaft" viele irrige Vorstellungen über das Wesen, die Principien und die Durchführung des neuen Systemes hervorgerufen, weil man sich darunter häufig eine beständige absolute Einsamkeit der Gefangenen vorstellte, durch welche freilich die befürchteten Nachtheile hätten entstehen müssen, während doch durch das System, den Bau der Zellengefängnisse und deren Hausordnung nur eine vollkommene und beständige Trennung der Gefangenen, zur Verhütung der gegenseitigen verschlechternden Einwirkung bezweckt werden soll.

Die Neuheit und völlige Verschiedenheit des Systems von den bisher allerorts üblichen Haftarten mußte ferner nicht wenig zu irrigen Begriffen, wie über das Wesen, so auch über die Einwirkung der Einzelhaft auf die Gefangenen beitragen, welche durch die zu strenge Durchführung der ersten amerikanischen Zellengefängnisse, wie durch einzelne vollkommen verfehlte Versuche mit der neuen Haftart in andern Ländern ohne genügende und zweckmäßige Einrichtung der unerläßlich nöthigen Grundbedingungen aller Wirksamkeit derselben, der Kirche, Schule, Bibliothek, Zellenbesuche, Arbeit u. s. w. nur vermehrt werden mußten.

Vielfach sind deßhalb die gegen das neue System erhobenen Bedenken, zahlreich die Gegner desselben, verschieden deren Motive immer, und nicht über allen Zweifel erhaben ihre Urtheilsfähigkeit oder Unpartheiligkeit, wenn auch den Befürchtungen und Einwürfen Vieler eine lobenswerthe Absicht zu Grunde liegt.

Mangel an Kenntniß aller Grundprincipien der Einzelhaft, ja oft eine unbegreifliche Aengstlichkeit über die Einwirkung derselben auf die Gefangenen bei reinem und lobenswerthem Streben nach Wahrheit charakterisirt die eine Klasse der Gegner der neuen Strafart; diese kommen in der Regel mit beklommenem Herzen in unser Haus, glauben in jeder Zelle entweder einen Rasenden oder durch die Einzelhaft fast zum Cretinen herabgekommenen Unglücklichen zu finden, und staunen dann nicht wenig über die ruhige und ergebene Stimmung, die zufriedenen Mienen, die verständigen Antworten der Sträflinge, und die Anerkennung der Vorzüge des Systemes durch die Gefangenen selbst; diese Gegner verlassen als Freunde der Einzelhaft unser Haus, und sind öfter schon als dessen Vertheidiger aufgetreten.

Weit gefährlicher und für das System nachtheiliger ist die andere Reihe der Feinde unserer Haftart, weil sie bei dem großen Publicum durch ihre Stellung und Erfahrung im Gefängnißwesen den Schein der Wahrheit und Glaubwürdigkeit für sich haben; es sind dies die Gegner aus der Zahl der Zuchthausbeamten und Schriftsteller über das Gefängnißwesen. Diese preisen in der Regel nur ihre Haftart und Strafanstalt als die allein erfolgreiche und richtige an, verwerfen alle anderen, besonders aber die Einzelhaft, und treten nicht selten mit einer Leidenschaft und Heftigkeit gegen das neue System auf, welche schon jeder besonnenen und und unpartheiischen Beurtheilung auffallen muß. Eine derartige, in einer geachteten Zeitschrift über das Gefängnißwesen abgegebene Schilderung der Einzelhaft wird beweisen, bis zu welchem Grade von Uebertreibung vorgefaßte Meinung und unrichtige Auffassung führen kann; dieselbe ist von einem hochgestellten Rechtsgelehrten abgegeben, der wohl jetzt auch seine Ansichten über das Wesen der Einzelhaft geändert haben mag. Sie lautet:

„Viele hunderte von Menschen sollen alle ohne Unterschied, Jeder in eine kleine, enge Stube eingesperrt werden; darin soll ein Jeder auf gleiche Weise allein sitzen, von dem Morgen bis zum Abend, und vom Abend bis zum Morgen, und einen Tag wie den andern; darin soll er nicht arbeiten und sich beschäftigen, bis er darum, wie um eine Gnade bittet; darin soll er bleiben, bis seine Strafzeit um ist, mag diese Behandlung auf ihn wirken, wie sie will, mag er Reue oder Trotz, mag er Zerknirschung oder Erbitterung, mag er gute oder schlechte Vorsätze zeigen; immer ohne Unterschied, bleibt er in derselben Lage. Die einzige Veränderung die ihn treffen kann, besteht darin, daß man ihm Arbeit gibt, wenn er es wünscht. Und wenn er seine Zeit abgesessen hat, ein Jahr oder zwei Jahre, oder drei oder länger, dann läßt man ihn los, und nun soll er gebessert sein? In der That! Wodurch denn? dadurch, daß er keinen Menschen gesehen und gesprochen hat? daß er stier und stumpf, wie das vernunftlose Thier, seine Tage hingebrütet, oder gar in täglich erneuerter Wuth fortwährend Rachepläne gegen seine Mitmenschen ausgebrütet hat; daß er durch das zerstörendste, von so schrecklicher Einsamkeit doppelt genährte Laster die Kräfte seines Geistes und seines Körpers getödtet hat? Wer wagt die Behauptung, daß ein solches Geschöpf, der Schrecken, die Schande, die Schmach des Menschen, gebessert zu nennen sei? Wer den Menschen gegen seinen ersten Naturtrieb behandelt, wer ihn so ohne Wahl, ohne innere Nothwendigkeit, blos um einer einmal abstrakt und absolut hingestellten Regel willen, nach dieser Regel behandelt, der darf gewiß nicht auf Besserung rechnen, der erzeugt nur Bitterkeit und Erbitterung, der schafft gar zu leicht nur trotzige und verstockte, gefährliche Bösewichter. Die tägliche Erfahrung des gemeinen Lebens lehrt dies. Mögen wir nicht neue traurige Erfahrungen durch das pennsylvanische System hinzu bekommen!" Wenn solche Ansichten über die Einzelhaft durch hochgestellte Justizbeamte ausgesprochen werden, noch kann es befremden, wenn dieses System bei weniger Gebildeten und im Volke verabscheut und gefürchtet wird?

Die meisten Gegner des Pönitentiarsystemes sind jedoch keine Gefängnißbeamte, sondern Aerzte, Juristen, Literaten, Philantropen, Touristen ꝛc., die entweder überhaupt das Gefängnißwesen und Gefangene nicht kennen, und dennoch ihr in der Studierstube gemachtes Urtheil in die Welt hinaus schicken, oder noch kein Einzelgefängniß gesehen, oder doch wenigstens *nicht so lange in demselben verweilt haben*, um ein maßgebendes Urtheil fällen zu können, wenn sie überhaupt nicht zum Voraus so sehr gegen das System eingenommen waren, daß sie Alles mit andern Augen ansahen, als es sich in der Wirklichkeit verhält.

In neuerer Zeit sind derartige leidenschaftliche und unrichtige Urtheile seltener geworden, weil trotz derselben die Einzelhaft immer mehr Anhänger und Vertheidiger gefunden hat, und sie durch die von manchen Regierungen veröffentlichen Resultate guter Zellengefängnisse gründlich widerlegt worden sind. Der fahrende Ritter *Appert* ist verschwunden, und hat überall, wo ihm durch deutsche Gutmüthigkeit vergönnt war, einige Zeit zu rumoren, nur das hinterlassen, womit der Volksglaube die Häuser erfüllt, aus welchen Mephisto unverrichteter Sache abziehen mußte. Ueber das Leben, die Vergangenheit, die Titel und den Charakter dieses Mannes geben die Jahrbücher der Gefängnißkunde, Band IV, 1846, S. 182—190 hinlänglichen Aufschluß.

Die in der Schrift des englischen Romanschreibers Dikens (Boz) gegen die Einzelhaft gemachten Angriffe, welche sich auf die Beobachtungen eines zweistündigen Aufenthaltes in dem philadelphischen Zellengefängniß gründen, und mit seinem, bei dem, von den Anstaltsbeamten ihm zu Ehren veranstalteten Mahle ausgesprochenen Urtheile über die empfangenen Eindrücke und dem Systeme gespendeten Lobe in vollkommenem Widerspruche stehen, wurden in den Jahrbüchern über Gefängnißkunde, Band IX, 1846, S. 294 hinlänglich von Varrentrapp beleuchtet. Ebenso sind in der gleichen Zeitschrift die Einwürfe des Sir Peter Laurie gegen die Einzelhaft, Bd. IX, 1846, S. 242—252 von Julius gewürdigt.

Von größerem Einflusse auf das allgemeine Urtheil über die Einzelhaft waren die Angriffe Obermaiers in München auf das neue System, und die von ihm angerühmten günstigen Erfolge seiner Anstalt scheinen seinen Einwürfen großes Gewicht zu verleihen. Diese günstigen Resultate der Münchner Strafanstalt, besonders in Beziehung auf die Rückfälle, sind aber nach unserer Ansicht darin begründet:

1. Daß in dieselbe nur Gefangene mit vier und mehr Haftjahren aufgenommen werden, durch welche Strafdauer allerdings bei einer größern Anzahl von Verurtheilten Angewöhnung an Zucht, Fleiß und geordnetes Leben erzielt werden kann, als durch kürzere, nur ein= bis zweijährige Haft.

2. Besonders aber, weil erfahrungsmäß die wegen schwererer Vergehen bestraften Verbrecher nach Erstehung einer vieljährigen Haftzeit überhaupt selten rückfällig werden. Rückfälle in Mord, Tödtung, schwere Körperverletzung, Brandstiftung, Straßenraub, Meineid, qualifizirte Diebstähle u. s. w. gehören allerorts zu den Ausnahmen, während besonders die leichtsinnigen Diebe rückfällig werden, gegen welche nur in seltenen Fällen, z. B. bei Diebstählen unter sehr erschwerenden Umständen u. s. w. eine vier= und mehrjährige Zuchthausstrafe erkannt wird, welche also weder das erste Mal, noch wegen eines Rückfalls in die Münchner Strafanstalt zur Strafserstehung verbracht werden.

3. Ist ihm unter den Verurtheilten eine gewisse Auswahl und das Recht der Zurückweisung einzelner, weniger geeigneter Sträflinge gestattet.

Ich erlaube mir deßhalb entschieden zu bezweifeln, ob Obermaier bei Gefangenen mit nur ein- bis zweijähriger Strafdauer günstigere Resultate durch seine Haftart erzielen würde, als sie in jeder andern gut geleiteten gemeinschaftlichen Strafanstalt erreicht werden; es müssen deßhalb alle gegen die gemeinschaftliche Haft gemachten Einwürfe mehr oder weniger auch auf seine Anstalt Anwendung finden, weil es nach unwiderleglichen Erfahrungen aller andern Länder und Autoritäten unmöglich ist, bei dem Zusammenleben der Verbrecher bei Tag und Nacht die gegenseitige Verschlechterung derselben zu verhüten, und noch viel weniger eine tiefere, auf moralischem und religiösem Boden wurzelnde Besserung zu bewirken. Daß Obermaier vollkommen irrige Ansichten über die ganze Einrichtung der Zellengefängnisse, die Durchführung, das Wesen und die Wirkung der Einzelhaft hat, ist aus seinen verschiedenen Schriften, besonders aber aus „den Verhandlungen über Gefängnißreform — Frankfurt a. M. 1848“ zu ersehen, und nur zu bedauern, daß er sich bis jetzt weder die Mühe genommen, durch den Besuch einer guten Zellenanstalt das System kennen zu lernen, und sich von der Unrichtigkeit seiner Ansicht zu überzeugen, noch die von ihm so sehr angepriesenen Erfolge seiner Haftart in wissenschaftlicher und statistischer Form der Oeffentlichkeit zur Prüfung vorzulegen. Ein besonderes System, wie es seine Freunde und Anhänger dafür ausgeben, kann ich in der Haftweise Obermaiers nicht erkennen; da dieselbe eben gemeinschaftliche Haft mit gemeinschaftlichen Schlaf- und Arbeitssälen ist, mit einer guten Hausordnung, trefflicher Leitung und Anstrebung der Besserung der Gefangenen; für aus vielen Gründen verwerflich halte ich die Anstellung der Aufpasser und Unteraufseher aus der Zahl der Sträflinge. Näheres darüber ist zu finden: Jahrbücher der Gef.Kunde, Band IX, 1846, S. 283—349, und Band X, 1847, S. 290—326 und 355—375.

Ueber die Krankheits- und Mortalitätsverhältnisse der Münchner Strafanstalt, so wie über die Art des Strafvollzuges in derselben gibt Moser in St. Gallen, aus Anlaß einer kleinen Schrift des Zuchthausdirektors Steger in Zürich, in welcher dem s. g. Obermaier'schen Haftsysteme der Vorzug vor der Auburnschen und Pennsylvanischen Haftart zuerkannt wird, in der St. Galler Zeitung, 1855 Nr. 84, 85, 86, 87 und 88 interessante und gewichtige Nachweisungen. Nach denselben betrug am 23. Juli 1853 der Stand der dortigen Sträflinge 550, und zwar Arbeitshaussträflinge 89, Zuchthaussträflinge 351 und Kettensträflinge 110, letztere ohne Ausnahme auf lebenslang verurtheilt. Davon starben jährlich ungefähr 80, somit 14,5 Prozent (wohl zum Theil an der Cholera?); ebenso auffallend hoch ist der Krankenstand an jenem Tage, 89, die Mehrzahl an Scorbut leidend. Die Verpflegung ist eine gute und reichliche, Morgens und Abends je 2 Schoppen Suppe, Mittags Suppe und Gemüse und statt letzterm wöchentlich zweimal ein halbes Pfund Fleisch auf den Kopf, dabei fünf viertel Pfund Brod; zudem kommen in diese Anstalt meistentheils nur Leute im kräftigsten Alter; ältere und jüngere Gefangene werden in andere Anstalten verbracht. — Jeder neu Zugehende muß ohne Ausnahme sechs Monate als Leinenspinner arbeiten; bei guter Aufführung kann er nach Umfluß dieser Zeit zu einer andern Beschäftigung versetzt werden; die geringste Uebertretung bei einer andern Arbeit hat aber die Zurückversetzung des Fehlenden zur Leinenspinnerei auf wenigstens ein Jahr zur Folge. Im Ganzen mögen 180 bis 200 Gefangene mit Leinen- oder Wollenspinnen beschäftigt sein. Die Weberei wird sehr ausgedehnt betrieben, und zwar meistentheils mechanische Weberei mit allen bis zur völligen Verfertigung von Tuch erforderlichen Vorrichtungen, als: Wäscherei, Färberei, Kartatscherei, Spinnerei, Weberei, Tuchwascherei u. s. w.; die dazu nöthigen Maschinen werden theils durch Wasser, mehr noch aber von Menschenhänden in Bewegung gesetzt; acht Männer, von denen die eine Hälfte ruht, während die andere Hälfte arbeitet, und die sich viertelstündlich ablösen, haben je ein Rad zu treiben, von welchen fünf in Thätigkeit waren. Handwebestühle sind etwa 20 für Leinenweber und 15 für Wollenweber vorhanden. Die eigentlichen Gewerbe werden meist nur für den Bedarf der Strafanstalt betrieben, so Schneiderei mit 8 bis 10, Schreinerei mit 6 bis 8, Schusterei mit 4 und Schlosserei mit 3 Arbeitern. Besondere Handwerksmeister sind nicht angestellt, sondern ein

Sträfling muß durch den andern unterrichtet werden. Aus der Zahl der Gefangenen sind ferner in jedem Saale Aufpasser ernannt, welche den Fleiß und die Arbeitsleistungen ihrer Mitgefangenen zu überwachen und zu verzeichnen haben, und an die mehr oder weniger günstigen Berichte dieser Sträflinge ist die Bewilligung eines größern oder kleinern Pekuliums, und die Ermächtigung sich Lebensmittel anzukaufen zu dürfen, geknüpft. Ein derartiger Gewerbsbetrieb, und der Anblick von etwa 200 der zum Theil rüstigsten jungen Männer am Spinnrocken, die einen großen Theil des Lebens, die Kettensträflinge ihre ganze Lebenszeit, verspinnen oder die Maschinen treiben und als rein mechanische Kraft mißbraucht werden, wird Jedem, der von der Strafanstalt mehr als bloßes Beschäftigtsein der Sträflinge verlangt, den Werth und die Bedeutung der Münchner Strafanstalt klar machen. — Die Sträflinge beaufsichtigen sich selbst. Ein jeder Sträfling ist der Ausseher seines Nachbarn; wer seinen Nebenmann fehlen sieht und ihn nicht anzeigt, wird demselben gleichgeachtet und ebenso bestraft; über alle Sträflinge eines Saales sind ein oder zwei Aufpasser gesetzt, die die Aufsicht führen, während die Aufseher nur in den Gängen auf und abgehen. Die Disziplin beruht somit auf einer gehässigen gegenseitigen Angeberei, auf einem Spionirsystem, dessen verderbliche Folgen auf die Moralität der Sträflinge der kräftigste Wille nicht verhindern, der scharfsinnigste Verstand nicht hinwegdisputiren kann. Der Schulunterricht, da er nur sehr wenigen und von einem Sträfling ertheilt wird, fällt außer alle Beachtung. Bücher werden von Zeit zu Zeit in Masse ausgetheilt, anstatt sie der Fassungsgabe und dem sittlichen Stande, d. h. den Bedürfnissen der Einzelnen anzupassen. Damit geht denn auch der praktische Nutzen, den eine vernünftig geordnete Lektüre dem Sträflinge bringen könnte, größtentheils verloren. — Des Sonntags wird Gottesdienst gehalten, an dem aber wegen Mangels an Raum nur die Hälfte der Sträflinge abwechselnd Antheil nehmen kann; von einer eigentlichen Seelsorge aber, die den einzelnen Sträfling nach seiner Individualität erfaßt, und ihn an der Hand der Religion mit Gott und mit der Welt auszusöhnen sucht, ist auch nicht die leiseste Spur! — Die Zahl der Rückfälligen soll nach dem Ausspruch von Gewährsmännern groß, ja viel größer sein, als der Vorstand der Anstalt so gerne glauben machen möchte! Die Zwecke der Münchner Strafanstalt beschränken sich somit nur auf Wiedervergeltung und Abschreckung; den sittlichen Momenten im Strafvollzuge, der Erziehung der Gefangenen durch Arbeit, Disziplin und vernünftige Pastoration ist gar keine Rechnung getragen, und es ist zu bedauern, daß man dort noch nicht zu der Erkenntniß gekommen zu sein scheint, daß wahre und andauernde Besserung der Gefangenen allein durch geistigen und religiösen Unterricht und durch intelligente Arbeit erzielt werden kann."

Vielen Besuchern der Strafanstalten geht auch die nöthige Erfahrung im Umgange mit Gefangenen durchaus ab; sie wissen nicht, daß jeder Besuch eines Fremden den Gefangenen auffällt, besonders wenn dessen Aeußeres oder die ihm von den Hausbeamten erwiesene Aufmerksamkeit einen Mann von höherer Stellung bezeichnet, aus welcher jene sogleich in ihm Jemand vermuthen, der auf ihr Schicksal Einfluß haben kann; daher werden manche Gefangene bei solchen Besuchen blaß, verlegen, zurückhaltend; Manche bestreben sich ängstlich, die rechten Worte zu finden, durch die sie ihren lang gehegten Wunsch nach Befreiung der Erfüllung näher bringen; Viele stellen sich niedergeschlagen, schwächer, kränker als sie sind, und als könnten sie die Haft nicht mehr ertragen; einzelne äußern die Befürchtung, daß sie bei zu langer Einzelhaft an ihren Geisteskräften Noth leiden werden; Unzufriedene oder öfter Gestrafte, deren es wohl in jeder Anstalt gibt, klagen über dieß und jenes, was sie den Beamten bis jetzt noch gar nicht mitgetheilt haben.

Kömmt nun ein solcher prinzipieller Gegner des Systems zu Sträflingen und fragt, wie es bei uns schon häufig der Fall war: „Seid ihr immer ganz gesund, wie in der Freiheit, haben die Kräfte gar nicht abgenommen, habt ihr guten Appetit, schlaft ihr stets gut, sehnt ihr euch nicht nach Gesellschaft? so erinnert sich der Gefangene, daß er auch schon im Verlaufe der letzten Jahre an diesem oder jenem gelitten, daß er öfter Langweile empfunden hat, oder Nachts aufgewacht ist, und so wird ein solcher Gegner des Systemes, dem es mehr um die Bestättigung seiner mitgebrachten Vorurtheile, und vielleicht schon öffentlich abgegebenen

Ansichten, als um die Wahrheit zu thun ist, stets die gewünschte Antwort erhalten, die nachtheiligen Einflüsse der Einzelhaft auf jedem aus Aengstlichkeit, Verlegenheit oder in Folge der Haft überhaupt blassen Gesichte lesen, das Benehmen der Leute ganz sonderbar, in Folge der Einzelhaft linkisch und unbeholfen finden, während dies Alles entweder durch deren niederen Bildungsgrad, oder durch eine schwächliche Gesundheit, lange Haft, oder in vielen Fällen durch den erhaltenen Besuch veranlaßt ist.

Will Jemand ein sicheres Urtheil über den geistigen und leiblichen Gesundheitszustand der Sträflinge irgend einer Anstalt fällen, so muß er

1) schon viel mit Gefangenen umgegangen sein, die Sitten, Gewohnheiten derselben, und besonders die Art und Weise, mit ihnen zu reden, kennen.

2) Vorher mit den Beamten des Hauses, über den Charakter, die Aufführung, das Verbrechen u. s. w. der zu Besuchenden gesprochen haben, damit er nicht Gefahr läuft, belogen zu werden, und unrichtige Beobachtungen auf Kosten der Wahrheit und der Einzelhaft zu machen.

3) Er muß alles Auffallende in seiner Kleidung, das Tragen von Orden u. s. w. vermeiden, und ganz einfach nach der Sitte des Landes gekleidet in die Zelle treten.

4) Er muß vor Allem die Landessprache so geläufig sprechen, daß er selbst ohne Dollmetscher die Gefangenen genau verstehen, und sich mit ihnen unterhalten kann.

5) Er muß wenigstens einige Tage in der Anstalt verweilen, und dieselben Sträflinge öfter besuchen, weil viele erst, wenn sie einmal mit seiner Person bekannter sind, ohne Verlegenheit mit ihm reden, Zutrauen zu ihm fassen, und offen sein werden.

6) Er muß ebenso weit von zu großer Vertraulichkeit, als von hochtrabendem, barschem Wesen sich entfernt halten; er muß das Verbrechen desjenigen, mit welchem er spricht, schon kennen, wenn möglich, sie nicht darnach fragen, denn dadurch entsteht in der Regel eine gewisse Zurückhaltung und Mißstimmung bei den Sträflingen, besonders wenn sie nicht wissen, wer der Fragende ist, und Neugierde als Motiv zur Frage wie zum Besuche betrachten.

7) Es dürfen nicht drei oder vier Fremde zugleich in die Zellen treten, weil die Gefangenen dadurch befangen werden, und keine der vielen an sie gerichteten Fragen vollständig beantwortet wird.

Gehen wir nun zur Beleuchtung und Widerlegung der einzelnen, gegen die Einzelhaft erhobenen Einwürfe über.

Zu große Härte des Systems und zu intensive Einwirkung auf die Gefangenen, und gerade wieder das Gegentheil, zu große Milde und Nachsicht in Behandlung und Haltung derselben, ist eine der häufigsten und gewichtigsten Einwendungen gegen Einführung der Einzelhaft.

Beide Einwürfe sind bei verständiger Durchführung des Systemes unbegründet, und beruhen auf irrigen Ansichten über dessen Wesen und Principien.

Zu dem Vorwurf zu großer Härte der Einzelhaft, wie zu den Befürchtungen wegen nachtheiliger Einwirkungen auf Körper und Geist gaben einerseits die allerdings weniger günstigen Resultate der ersten amerikanischen Zellengefängnisse nach der strengeren Durchführung ohne Arbeit und genügende geistige Beschäftigung Veranlassung; andererseits wollen manche Philantropen, welche sich unter Einzelhaft eine beständige Isolirung der Gefangenen von der Welt und ein dumpfes Hinbrüten in Langeweile oder Verzweiflung darstellten, darin eine, unseres Jahrhunderts und der Menschheit unwürdige Barbarei (Appert) erkennen.

Es läßt sich nicht in Abrede stellen, daß die Einzelhaft viele Leiden der Gefangenschaft verdoppelt, und daß ein jahrelanges Abgeschlossensein von der Welt, vom Umgange mit Gleichgebildeten bei dem tief in der menschlichen Natur wurzelnden Drang zu Geselligkeit, selbst mit den täglichen kurzen Unterbrechungen durch den Gang in die Kirche, Schule, Spazierhöfe und durch die Zellenbesuche der Beamten schon dem Gebildeten und deßhalb um Zerstreuung und geistige Beschäftigung nicht leicht Verlegenen viele schmerzliche und betrübte Stunden bereitet, und jeder neue Schlag des Schicksals, Verlust des Vermögens, wankende Gesundheit, fehlgeschlagene Hoffnung auf Begnadigung u. s. w. doppelt schwer empfunden wird; daß aber bei dem Rohen, Ungebildeten, und deßhalb geistige Aermern, also weitaus der größten Zahl der Zuchthausbewohner, diese Eindrücke durch die Einzelhaft in noch höherem Grade hervorgerufen werden müssen.

Ist aber den Regierungen durch Pflicht und Klugheit geboten, neben dem Hauptzwecke der Strafe, der Sühnung, auch die Besserung der Verbrecher in den Gefängnissen so viel als möglich im Auge zu haben, und hat man allerorts erkannt, daß durch die bisher üblichen Haftsysteme diese nicht nur nicht erreicht, sondern geradezu Verschlechterung der Gefangenen befördert wird, so kann Niemand, dem das Wohl der Gesellschaft und der Verurtheilten am Herzen liegt, gegen Einführung einer, für viele zwar schmerzlicheren Haftart Bedenken tragen, wenn durch dieselbe obige Nachtheile vermieden, und in weitaus den meisten Fällen die Besserung der Gefangenen bewirkt wird, insbesondere wenn es möglich ist, die Anstalten nach dem neuen Systeme so einzurichten, daß die geistige und körperliche Gesundheit der dahin Verbrachten in keiner Weise Noth leidet.

Es ist ferner nicht zu leugnen, daß die Einzelhaft auf weichere und unselbstständigere Charaktere schwerer einwirkt, und daß Seelenstörungen und Selbstmorde in Folge derselben immer vorkommen werden; abgesehen aber davon, daß Seelenstörungen und Selbstmorde auch in gemeinschaftlicher Haft nicht zu den außerordentlichen Ereignissen gehören, und daß schon durch die Dienstordnung für Versetzung der wegen leidender körperlicher oder geistiger Gesundheits-Verhältnisse zur Einzelhaft nicht mehr geeigneten Gefangenen in gemeinschaftliche Haft Sorge getragen ist, so bedarf es auch bei so tief wurzelnder Verkommenheit und moralicher Verwilderung, wie sie bei der Zuchthausbevölkerung zu finden ist, einer mächtig eingreifenden und erschütternden Behandlung, und wenn auch Einige wenige die beabsichtigte und hervorgerufene Krisis der Gemüthserschütterung nicht überstehen, und in Folge derselben zu Grunde gehen, so bewährt dieselbe sich doch bei weitaus dem größtem Theile als wohlthätig, läuternd und bessernd, und wird von jedem verständigen und erfahrenen Arzte als willkommene, ja einzig wirksame Heilmethode anerkannt und angewendet werden. Wenn in einer Stadt ein großer Brand ausgebrochen ist, wird man sich da besinnen, mehrere Häuser einzureißen, um die übrigen Stadttheile vor dem Untergange zu schützen?

Die Einzelhaft ist aber nur schwer und hart für die verstockten, unverbesserlichen Verbrecher, für die geistig und körperlich Trägen, für die Arbeitsscheuen und Böswilligen, bei welchen durch ihre Trennung von den Mitgefangenen jede Gelegenheit und jeder Vorwand zur Fortsetzung ihrer lasterhaften Gewohnheiten und schlechten Sitten entfernt ist, und statt Ruhe, Ergebung, Friede, wie bei den Gebesserten, Groll und Erbitterung über ihre Ohnmacht, oder nicht zu überwältigende Gewissensbisse über ihre Verworfenheit sich einstellen, und ist für solche tief Gesunkene und Unverbesserliche Einzelhaft nicht gerade der geeignetste Ort, an welchem sie wenigstens unschädlich gemacht sind?

Hat denn überhaupt der Verbrecher ein Recht oder Anspruch auf Abbüßung seiner Strafe in Gesellschaft von Seinesgleichen, von Verbrechern? Röllner sagt: „die Isolirung eines Sträflings ist gerecht, weil erst in ihr die Freiheitsentziehung eine Wahrheit wird, und weil die Gemeinsamkeit von Verbrechern, auf welche diesen ohne Zweifel kein Recht zusteht, den Stoff, welcher die That entzündete, nicht zerstört, sondern nährt, der Staat selbst also in letzterem Falle zum Beförderer späterer Rückfälle wird."

Fremde und in unserem Hause hundertfältig gemachte Erfahrungen sprechen entschieden gegen den Einwurf einer zu großen Härte und Unerträglichkeit unseres Systems. Die meisten aus gemeinschaftlicher Haft zu uns Versetzten, und die Gebesserten immer, ziehen den Aufenthalt in ihrer Zelle den gemeinschaftlichen Arbeits- und Schlafsälen wegen der von ihnen selbst erkannten nachtheiligen Einwirkungen jenes Zusammenlebens unbedingt vor, und wünschen sich nicht mehr dorthin zurück. Viele haben sich dahin ausgesprochen, daß sie die Einzelhaft selbst dann vorziehen würden, wenn die Strafdauer die gleiche wäre, wie in der gemeinschaftlichen Haft; von 24 Alten, Gebrechlichen und Kränklichen, im Jahr 1850 wegen Ueberfüllung der Anstalt in gemeinschaftliche Haft Zurückversetzten, wurden mehr als die Hälfte auf ihren dringenden Wunsch wieder in unsere Anstalt gebracht, so wie sich in den Strafanstalten mit gemeinschaftlicher Haft immer eine große Zahl von Gefangenen befinden, welche dringend um Versetzung in Einzelhaft bitten.

Der dem System und insbesondere unserem Hause gemachte Vorwurf einer zu großen Milde in Haltung und Behandlung der Gefangenen wird hauptsächlich von Solchen erhoben, die nur Abschreckung und Sühnung als Strafzweck erkennen, in den Uebertretern der Gesetze nur Verworfene und für immer Verlorene erblicken, die gezüchtigt und niedergetreten werden müssen, die also mit den Anforderungen, welche Christenpflicht und Klugheit an die Einrichtungen der Strafanstalten stellen, oder mit dem Stand der Gefängnißfrage überhaupt völlig unbekannt sind.

Die Einen glauben, in einem Zuchthause nur finstere und wüthende, oder tief zerknirschte und stumpfsinnige Sträflinge hinter Schloß und Riegel und an Ketten finden zu müssen, und sind dann durch den Anblick unserer hellen, freundlichen, mit den nöthigsten Einrichtungen versehenen Zellen, und mehr noch durch die zufriedenen ruhigen Mienen und das gute Aussehen unserer Gefangenen überrascht. Andern, meist Leuten aus den höheren Ständen und selbst aus dem rechtsgelehrten Publikum, ist das Wesen, die Principien und die Einwirkung der Einzelhaft völlig fremd; sie zweifeln überhaupt an der Möglichkeit von Erfolgen, wie irgend eines Strafsystems, so auch der Einzelhaft; sie betrachten die für Besserung und Wiedererhebung der Verbrecher wirkenden und ihr das Wort redenden Anstaltsbeamten als unpraktische Philanthropen, und halten deßhalb die Einrichtungen unseres Hauses für zu gut, zu human, die Schule, Kirche, den Unterricht für eine, in einem Zuchthause zu weit gehende Fürsorge und Milde gegen Verbrecher.

Allerdings muß in der Einrichtung der Gefängnisse Alles entfernt bleiben, was nicht unbedingt zur Erhaltung der körperlichen, geistigen oder sittlichen Gesundheit der Gefangenen erforderlich ist; die Verurtheilten sollen die Strafe fühlen, sie sollen büßen für ihre Vergehen, und Sühnung muß der erste und vorzüglichste Strafzweck sein und bleiben. In der Art der Sühnung unterscheidet sich aber die Einzelhaft so unendlich von allen übrigen Haftsystemen; ihr großer Vorzug und ihr ganzes Geheimniß, durch welches neben der Buße auch die Besserung der Gefangenen erreicht wird, liegt gerade darin, daß, während in den alten Haftsystemen die Sühne nur in körperliche Leiden und Entbehrungen gesetzt, durch das Zusammenleben vieler Verbrecher die Seele noch mehr verdorben wird, in der Einzelhaft bei strenger Entziehung der Freiheit und vollkommene=

ner Trennung von den Mitgefangenen alle Körperqualen aufgehoben, und nur der Theil des Menschen, der allein für die Thaten desselben verantwortlich sein kann, die Seele gestraft, geläutert, und auf sie bessernd eingewirkt werden soll; die Seele soll sühnen, was die Seele Böses erdachte, erstrebte und durch den Körper, in Folge des Ausflusses ihres Willens ausführte. Nach diesen Principien ist unser Haus eingerichtet, und wird das System durchgeführt; von diesen Grundsätzen ist die Gr. Regierung bei Feststellung der Dienst- und Hausordnung für unsere Anstalt ausgegangen.

Wer sich bei der Beurtheilung der Gefängnißfrage auf diesen Standpunkt erhebt, der wird in unserm Hause, wie in jedem zweckmäßig eingerichteten Zellengefängnisse, weder Luxus und Ueberfluß, noch eine zu weit gehende Humanität und Milde, sondern die einzig richtige und erfolgreiche Behandlungsweise der Verbrecher zur Besserung erkennen; wer dies nicht einzusehen vermag, der kennt weder die Geschichte des Gefängnißwesens, noch die Erfolge der andern Haftsysteme und noch weniger Menschen- und Verbrecher-Charaktere. Das beständige Abgeschlossensein von der Welt zwischen den Gefängnißmauern, die Entziehung aller gewohnten Genüsse, die Trennung von den Angehörigen und Freunden, die Anhaltung an eine 10 bis 12stündige tägliche harte Arbeit, die vollkommene Unterordnung seines Willens unter die Vorschriften einer strengen Hauszucht und die infamirenden Folgen der Strafe sind an und für sich und in gemeinschaftlicher Haft schon hinreichend, die meisten Gefangenen in höherem Grade niederzudrücken, als sich dies die im Besitze ihrer vollen Freiheit Befindlichen in der Regel vorzustellen vermögen. Alle diese Eindrücke werden in der Einzelhaft noch gesteigert, und es fallen durch diese strenge Trennung von den Mitgefangenen alle die Erleichterungen und Zerstreuungen hinweg, welche durch den täglichen Anblick von Bekannten, die Unterredung mit denselben und selbst die gemeinschaftlichen Leiden der Gefangenschaft gewährt werden. Dafür drängt sich den Zellengefangenen die Erinnerung und das Gewissen unabweislich auf, und es beginnt jene Gemüthserschütterung, jener Kampf zwischen den verderbten aber beliebten Neigungen und den Regungen seiner bessern Natur, die leider Einzelne schon aus den Zellengefängnissen in das Irrenhaus geführt hat; es beginnt aber auch die Einsicht, Selbsterkenntniß, Reue und Sinnesänderung.

Schon dieser Seelenkampf, dem selten ein Zellengefangener entgeht, ist eine schwere Prüfung, schwerer und drückender als irgend ein Moment der gemeinschaftlichen Haft; in den meisten Fällen führt er zum Heile des Gefangenen; siegt der bessere Mensch, so entsteht jenes durch höhere geistige Bildung, und die Ueberzeugung der erreichten Besserung hervorgerufene Selbstgefühl, jene innere Ruhe und erhobene Seelenstimmung, welche bei den meisten Zellengefangenen in ihren Mienen und Worten zu erkennen sind, die so häufig von den Gegnern des Systemes als die Wirkung eines vollkommen behaglichen und angenehmen Zustandes angenommen werden, und zu dem Vorwurfe einer zu guten und humanen Behandlung Veranlassung geben.

Auch die in Einzelhaft nöthige, und bei dem durchgängig guten Betragen der Gefangenen mögliche mildere und freundlichere Umgangsweise der Beamten und Aufseher mit den Gefangenen ist schon vielfältig ein Stein des Anstoßes, besonders bei einzelnen Vorstehern der Strafanstalten mit gemeinschaftlicher Haft geworden; diese können sich das Benehmen und den Seelenzustand der Zellengefangenen eben nicht anders als bei ihren Untergebenen vorstellen, sehen überall nur Heuchelei, Verstellung, Verhätschelung und Verwöhnung, eifern gegen das System, weil sie eben nur in dem freilich bequemeren und müheloseren Zuchtmeisterthum Heil und Erfolg finden und sich nicht über dasselbe zu erheben vermögen. Eine gute Behandlung versöhnt den Verbrecher mit der bürgerlichen Gesellschaft und seinem Schicksale, macht ihn weicher, und versetzt ihn in eine Stimmung, in der er den Mahnungen seines Gewissens, so wie den Belehrungen seiner Vorgesetzten zugänglich wird; Einsicht und die aus ihr hervorgehende Besserung kann nie erzwungen werden, und wird gewiß bei roher, inhumaner Behandlung nie und nimmermehr erreicht.

Leider werden diese Wahrheiten von vielen nicht erkannt, welche die Einrichtungen der Strafanstalten und die Behandlung der Gefangenen als häufige Ursache der Rückfälle betrachten, und es begreiflich finden, daß viele Entlassene nur deshalb wieder stehlen, um wieder in das Zuchthaus zu kommen. Und wer sind den in der Regel diese Rückfälligen, welche den Aufenthalt in der Strafanstalt dem freien Leben mit ehrlichem Erwerbe vorziehen? Es sind entweder ganz verderbte, von Jugend an verwahrloste, arbeitsscheue, alles Ehrgefühles baare Menschen, die man nach Erstehung der, im Verhältniß zu ihrer Verkommenheit nur zu kurzen Haft gar nicht unmittelbar wieder in die bürgerliche Freiheit hätte zurücklassen, sondern auf längere Zeit bis zur erprobten Besserung sorgfältiger überwachen sollen, eine Classe Menschen, welche nach den früheren jahrhundertlangen Erfahrungen ebensowenig durch Prügel, den Willkomm und Abschied, und Ketten in gemeinschaftlicher Haft gebessert worden sind; oder es sind alte, gebrechliche, meistentheils nicht mehr vollkommen arbeitsfähige Leute, die, ihrer Gemeinde zur Last, von den Mitbürgern zurückgestoßen, ohne Freunde oder Angehörige, sich nicht mehr selbstständig ernähren können, denen häufig zur Deckung der Untersuchungs- und Straferstehungskosten zu Hause Alles verkauft worden ist. Die über solche Zwangsversteigerungen fast allerorts bestehenden Verordnungen bedürfen einer Aenderung, weil sie sich häufig als die nächste Veranlassung zu den Rückfällen erwiesen haben. Es sollte den Verurtheilten wenigstens so viel gelassen werden, daß sie nach der Zurückkunft aus der Strafanstalt ihr Geschäft als Professionisten wieder beginnen können; dazu bedürfen sie aber nicht allein der Werkgeräthe, die ihnen gesetzlich gelassen werden sollen, sondern auch Arbeitsmaterial, zu dessen Anschaffung jetzt die Mittel ebenso wie der Credit fehlen; oder sind etwa die wenigen aus einer Zwangsversteigerung der armseligen Habseligkeiten eines Verurtheilten in die Staatskasse fallenden Gulden, abgesehen von dem in der Regel dadurch veranlaßten Ruin der unschuldigen Familie, eine Ausgleichungssumme für die Untersuchungs- und Straferstehungskosten, die in Folge eines dadurch veranlaßten Rückfalles dem Staate erwachsen? Diese Leute bedürfen zur Bewährung ihrer Besserung Brod, und suchen es, wenn die bürgerliche Gesellschaft ihnen dasselbe verweigert, im Zuchthause.

Endlich sind die Rückfälligen auch nicht selten junge, arbeitsfähige und arbeitswillige Leute, die wegen ihrer erhaltenen Strafe zu Hause alles Vertrauen und allen Credit verloren haben, und in ihrer Heimath keine Arbeit erhalten, durch die Polizei-Aufsicht aber dort zurückgehalten werden; ohne Arbeit kein Brod, ohne Brod Hunger, und durch Hunger Noth und Verbrechen!

Ein erfahrner Staatsmann sagt: „Diejenigen, welche suchen, wieder an den Ort der Schande zu kommen, wo die Kost und Behandlung so nieder stehen, als es sich nur immer mit Verhütung von Krankheiten verträgt, müssen leiblich so dürftig oder sittlich so verderbt und verwahrlost sein, daß es für die Sicherheit der Gesellschaft zuträglicher ist, sie im Gefängniß, als außerhalb desselben zu haben. Die Thatsache eines solchen Zudranges zu den Strafanstalten würde das Vorhandensein darthun, nicht eines unverständigen Ueberflusses innerhalb der Gefängnißmauern, sondern einer unerträglichen Noth außerhalb derselben." —

Zweitens soll die Einzelhaft die geselligen Gewohnheiten der Gefangenen vernichten, und sie dadurch bei ihrer Entlassung unfähig machen, sich in der bürgerlichen Gesellschaft selbstständig zu bewegen und ihren Lebensunterhalt zu erwerben.

Wer die geselligen Gewohnheiten und die Sitten der zu Zuchthausstrafe Verurtheilten kennt, der wird und muß nur aus tiefster Seele wünschen, daß dieselben so gründlich als möglich und für immer vernichtet werden.

Da aber die Einzelhaft nicht Entziehung jeder, sondern nur der verschlechternden Sträflingsgesellschaft will und anordnet, und dafür den Gefangenen die häufigen Besuche ihrer Beamten und Aufseher gewährt, so kann dieselbe wohl eine Vernichtung der geselligen Gewohnheiten überhaupt nicht zur Folge haben, sondern sie bezweckt und erreicht in den meisten Fällen auch eine Umänderung der lasterhaften Sitten und schlechten Gewohnheiten der Gefangenen; an eine Vernichtung derselben wäre sicherlich erst dann zu denken, wenn die Erinnerung an dieselben erlöschen würde, und schon eine Verkümmerung der geselligen Gewohnheiten im Umgange und im Reden könnte nur durch so lange Dauer der Einzelhaft bewirkt werden, wie wir sie in Baden nicht haben, und welcher wir auch das Wort zu reden nicht geneigt sind. Unsere Erfahrungen über die Einwirkung der Einzelhaft auf die geselligen Gewohnheiten, die Redeweise und Sitten der Zellengefangenen weisen gerade das Gegentheil nach;

die meisten Gefangenen ändern sich auch in ihrem äußern Benehmen sehr vortheilhaft, weil sie in Einzelhaft immer nur mit Gebildeten, geistig und sittlich höher Stehenden zusammenkommen; der Religions- und Schulunterricht wirkt veredelnd auf ihr ganzes Wesen ein; die Gefangenen bleiben durch die Besuche ihrer Verwandten und Freunde, so wie durch den öfteren Briefwechsel mit denselben in beständigem Verkehr mit der Außenwelt, und so wirken von allen Seiten nur bessernde und bildende Eindrücke auf sie ein. Daß den Gefangenen in Einzelhaft die Gelegenheit, ohne Zeugen und längerzeitig bei den Zellenbesuchen mit den Beamten sich zu unterreden, viel häufiger geboten ist, als in gemeinschaftlicher Haft, geht schon aus dem Systeme hervor; daß die Unterredungen der Gefangenen unter einander immer nur verderblich einwirken, ist ja anerkannt, und wird durch das strenge Schweiggebot in jenen Anstalten zu vermeiden gesucht; der Anblick der ungebildeten, rohen und muthwilligen Mitgefangenen aber allein wird sicher nicht zur Verbesserung der Gewohnheiten und Sitten beitragen. Auch durch die eingezogenen Erkundigungen über mehr als 500 aus unserer Anstalt Entlassene wird dieser Einwurf vollkommen widerlegt, indem die meisten sich gut betragen, ihr Gewerb fleißig betreiben, sich dadurch ernähren und in ihrer Heimathsgemeinde durch ihr Benehmen und besonders durch ihre in unserer Anstalt erworbenen Kenntnisse die Achtung und das Vertrauen ihrer Mitbürger wieder erworben haben.

Aber selbst wenn diese Befürchtung begründet wäre, wenn die Zellengefangenen einen Theil ihrer geselligen Gewohnheiten durch den Mangel an Umgang mit ihren Mitgefangenen während der Haft verlieren würden, so dürfte schon eine kurze Zeit des Umganges mit Andern nach der Entlassung hinreichen, dieselben sich wieder anzueignen; sicher aber ist ein etwas linkischer und unbeholfener, die Gesellschaft, den großen Haufen meidender Arbeiter besser, als ein sittenloser, frecher und gefährlicher Mensch, und das Seelenheil der Gefangenen, welches in Einzelhaft gewahrt und wieder erworben wird, ist mehr werth, als angenehme gesellige Gewohnheiten, ja als die ganze physische Existenz. —

Es ist ferner behauptet worden: d i e E i n z e l h a f t p a s s e n i c h t f ü r a l l e N a t i o n a l i t ä t e n.

Wenn die Gegner der Einzelhaft in Frankreich diese nur auf die kälteren und ruhigeren Engländer, Amerikaner und Deutschen passend erklären, und bei dessen Anwendung auf die lebhaften und redseligen Franzosen nur schlimme Folgen voraussehen, so klingt dieser Vorwurf in ihrem Munde um so unbegreiflicher, als sie gerade Anhänger des Auburn'schen Schweigsystemes sind, und diese Haftart statt der Einzelhaft eingeführt wissen wollen! Wird wohl das unnatürliche Schweigen in der unmittelbarsten Nähe von früheren Freunden, Bekannten, oder wenigstens von Schicksalsgenossen, an welche gleiches Loos, gleiche Entbehrungen, gleiche Bedürfnisse, Wünsche und Hoffnungen in kurzer Zeit fest und innig ketten, und unzählige, schon bei Uebertretung des Schweiggebotes auf der That folgende Strafen eher für ein feuriges, lebhaftes Temparament sich eignen, als die für Erlangung der Gemüthsruhe und des inneren Friedens so geeignete Einzelhaft? Die Erfahrungen in den längst bestehenden Zellengefängnissen in Frankreich und Italien haben auch diesen Einwurf hinlänglich widerlegt.

Daß vielleicht mancher Deutsche in den amerikanischen, englischen und französischen Zellengefängnissen, und umgekehrt, die Engländer, Franzosen und Amerikaner in deutschen Anstalten in einer schlimmeren Lage sich befinden, als die Landeskinder, und daß dadurch hie und da Gemüthskrankheiten hervorgerufen werden können, wird wohl erklärlich sein, wenn man bedenkt, daß bei solchen Gefangenen aus fremden Ländern gerade die Grundbedingungen der möglichen Durchführung des Systemes nicht erfüllt werden können, wie wir an andern Orten schon nachgewiesen haben. Derartige Ausnahmszustände können aber zur Beurtheilung des Systemes nicht maßgebend sein, und werden gewiß nur von den systematischen oder vollkommen gedankenlosen Gegnern desselben vorgebracht werden. Daß vielleicht bei der Durchführung des Pönitentiarsystemes in einzelnen Einrichtungen der Strafanstalten dem Nationalcharakter einige Rechnung getragen werden muß, wird die Erfahrung noch ergeben; jedenfalls kann dieses ohne Beeinträchtigung des Prinzips der vollständigen und dauernden Trennung der Gefangenen von einander stattfinden.

Es ist weiter behauptet worden: **die Einzelhaft vertrage sich nicht mit der katholischen Religion.**

Keiner der gemachten Einwürfe ist in der That unbegründeter als dieser. Mit Ausnahme der Prozessionen kommt im ganzen katholischen Kirchenjahre keine einzige Feierlichkeit, keine Ceremonie vor, die in der Kapelle des neuen Männerzuchthauses nicht ebenso gut von dem Priester vorgenommen und von den anwohnenden Gefangenen mit ungestörter Andacht und gläubiger Theilnahme vollzogen und beobachtet werden könnte, als in jeder Pfarrkirche.

Freilich können die Gefangenen einander dabei nicht sehen; aber alle sehen den Geistlichen und dieser sieht alle; gerade durch diese Trennung werden eine Menge Veranlassungen zu Störungen der Aufmerksamkeit, Erbauung und Andacht vermieden. Oder besteht denn die Communio z. B. beim Empfang des heiligen Abendmahles in dem gegenseitigen Anblick oder der körperlichen Berührung der sie Empfangenden? Ist sie etwa wie eine elektrische Batterie, deren Funken den Communicirenden nur dann berühren, wenn er durch Berührung eines Andern ein Glied der schließenden Kette wird? Ist nicht das die allein wahre Communio, daß jeder mit Christus, dem Haupte der Kirche, und durch ihn mit den Gliedern, mit letzteren aber gewiß nicht körperlich, sondern im Geiste und in Liebe sich vereinigt fühlt und weiß? Auch fehlt ja gar nichts, was diese Vereinigung äußerlich darstellt; der Priester zeigt am Altar das Allerheiligste, wie in jeder andern Kirche, spricht die vorgeschriebenen Gebete, steigt dann herunter und reicht jedem die heilige Hostie oder Brod und Wein, während von allen ein passendes Lied gesungen wird, und obgleich der Gefangene seinen Nachbar, der mit ihm das heilige Abendmahl empfängt, nicht sehen und berühren kann, so hört er ihn doch, und sieht doch den Priester, der es jenem reicht. Würde diese Art der Feier des heiligen Abendmahles nicht genügen, so könnte dasselbe auch nicht einem Einzelnen vorschriftsmäßig und würdig gereicht werden, was doch bei Gesunden häufig, bei Kranken aber immer der Fall ist.

Dieser Ansicht stimmen auch die würdigsten und erfahrendsten Priester und Geistlichen bei. Daß aber in Einzelhaft die mögliche Einwirkung der Geistlichen eine viel größere und höhere ist, haben wir früher schon dargethan. Dies bestätigen unter Andern auch **Abbé Fissiaux, und Laroque, Erzbischof von Tours und Bordeaux, welche** beide nach den gemachten Erfahrungen in den dortigen Einzelhaftgefängnissen auf das bestimmteste aussprechen, daß gerade bei diesem Systeme viel leichter und sicherer, als bei allen anderen, der Geistliche einen segensreichen Einfluß auf das Gemüth des Sträflings ausüben könne. Dies versichern ebenso unsere Hausgeistlichen, welche beide längerzeitig in gemeinschaftlicher Haft wirkten, bevor sie in unser Haus versetzt wurden. —

Zur Widerlegung der gegen das System erhobenen Einwendung, daß der abgesonderte Gefangene keine Versuchung, keine Gelegenheit sich in der Beherrschung der Leidenschaften zu üben habe, verweisen wir auf Varrentrapps treffende Betrachtungen. Er sagt:

„Unerklärlich ist es in der That, daß ein System (gemeinschaftliche Haft, oder das Auburnsche System) den, als angeborene Menschenrechte unveräußerlichen geselligen Gewohnheiten und Bedürfnissen entsprechen, und die moralische Besserung möglichst sicher soll erzielen können, dessen Grundprincip (absolutes Stillschweigen bei stetem Zusammensein) nicht in Wirklichkeit durchzuführen ist, das ohne die rohesten und härtesten Strafen nicht bestehen kann, und das, wie weiter oben schon ausgeführt, die Herzen der zu bessernden Sträflinge mit häßlichen Leidenschaften erfüllt, oder ist es denn möglich, daß ein Gefangener sich moralisch bessere, wenn sein Geist sich in Folge der Strafen, welche er bei dem ersten Wort, Zeichen oder Blick erhält, oder doch fürchtet, in steter Aufregung befindet? Dieser Zwang jeden Augenblicks hindert die Bewegung seines Geistes wie die seines Körpers, und wenn er solchergestalt ermüdet Abends in seine Zelle kommt, fühlt er mehr das Bedürfniß des Schlafes als des Nachdenkens. Ist aber sein Geist hiezu noch frei genug, so denkt er sicher nur an den Kampf des Tages und in seinem Herzen nimmt Haß die Stelle der Reue ein. Oder macht man in vollem Ernste dem philadelphischen System den Vorwurf, daß, indem es jede Versuchung zur Verletzung der Hausordnung entfernt, es auch das Verdienst des Widerstehens und die Gelegenheit zur Besiegung der Leidenschaften wegnehme? Glaubt man, daß Menschen, welche in der äußern Welt nicht sowohl deßwegen gefehlt haben, weil sie nicht gewußt hätten, das Gute von dem Bösen zu unterscheiden, als vielmehr, weil die Kraft ihrer Tugend, weil ihr Wille zeitweise nicht stark genug war, ihre Begierden und Leidenschaften siegreich zu bekämpfen, glaubt man wirklich, sage ich, daß solche Menschen, um zur Tugend zurückgeführt zu werden, nur in ein Gefängniß gesteckt, und dort steter Versuchung, stetem Kampfe zwischen schlechten Trieben und gutem Willen oder gar nur der Furcht vor Strafe ausgesetzt zu werden brauchten! Noch nie ist es Jemand eingefallen, auf solche Weise die Erziehung eines moralisch reinen Kindes einzuleiten oder zu vollenden, wie viel wenigen soll man einen schon gefallenen schwachen Menschen so rauhen, gefährlichen Weg führen. Setzt man denn etwa den an körperlicher Krankheit Leidenden allen möglichen Schädlichkeiten in Temperatur und Diät aus, um seinen Körper gegen diese schlimmen Einflüsse zu stählen? Entfernt man diese nicht vielmehr selbst mit früher unnöthiger Sorgsamkeit! Ebenso kann unmöglich das einzig wahre Besserungssystem dasjenige sein, welches den Sträfling in stete Versuchung führt, und das einzig Falsche das, welches ihn hindert, zu unterliegen. Wahrlich nur aus Systemen-Consequenz kann solche Behauptung hervorgehen, die jeder psychologischen Wahrheit entgegen tritt, ja jeder fernen Analogie ermangelt." —

Man hat ferner behauptet: d a ß i n d e r E i n z e l h a f t k e i n e g e h ö r i g e U e b e r w a c h u n g d e r G e f a n g e n e n s t a t t f i n d e n k ö n n e, u n d d e ß h a l b d i e A n g e w ö h n u n g d e r s e l b e n a n A r b e i t, O r d n u n g u n d R e i n l i c h k e i t, Z u c h t u. s. w. e r s c h w e r t w e r d e.

Die Erfahrung hat gelehrt, daß einerseits schon durch die Isolirung der größte und schwierigste Theil der Beaufsichtigung in einer Strafanstalt ersetzt wird, deren die meisten Uebertretungen der Hausordnung, so wie Neid, Zank, Hader der Gefangenen untereinander oder mit den Aufsehern werden gerade durch das beständige und enge Zusammensein der Gefangenen hervorgerufen, und andererseits wird eine Ueberwachung der Sträflinge zur Aufrechthaltung des Stillschweigens in den gemeinschaftlichen Arbeitssälen, der Kirche, Schule, sowie der Ruhe und Ordnung in den Schlafsälen durch das System überflüssig. Die Ueberwachung ist im Gegentheile in gemeinschaftlicher Haft weit schwieriger und besonders in großen gemeinschaftlichen Arbeitssälen unvollkommener als in der Einzelhaft, weil dort schon durch die Werkgeräthe, die Webstühle, Hobelbänke und die angefertigten Fabrikate die Uebersicht erschwert wird, durch das beständige Zusammenleben der Aufseher mit den Gefangenen die Energie der ersteren am Ende nachläßt, und die Aufseher bei den nöthigen Unterredungen mit den einzelnen Sträflingen, behufs der Anweisung im Gewerbe, oder einer Zurechtweisung nicht auch zu gleicher Zeit die Anderen alle im Auge behalten können.

Alle diese Behinderungen einer thätigen, umsichtigen und beständigen Aufsicht fallen in Einzelhaft weg. Der Zellengefangene weiß, daß er zu jeder Zeit ohne sein Wissen durch den Thürgucker beobachtet werden kann; Kleider, Betten, Bücher, Werkgeräthe und Arbeitsstoffe werden während seiner Abwesenheit in der Kirche, Schule oder den Höfen in regelmäßigen Zwischenräumen untersucht; die Beaufsichtigung der Dienstleistungen und des Benehmens der Aufseher durch die Beamten ist durch den Bau der Centralhalle und durch die Zellenbesuche bei den Gefangenen eine ungleich genauere und erfolgreichere.

Dazu kommt noch, daß Arbeit in gemeinschaftlicher Haft wegen der nicht fehlenden sonstigen Unterhaltung meist Zwang, in Einzelhaft so sehr Bedürfniß ist, daß Entziehung derselben als wirksames Strafmittel angewendet wird. Die Arbeitslisten der Werkmeister geben genauen Aufschluß über das täglich gefertigte Arbeitsquantum jedes Gefangenen, und die bedeutenden Summen des jährlich den Gefangenen gutgeschriebenen Ueberverdienstes beweisen am besten den großen Fleiß und die Geschicklichkeit unserer Zellengefangenen. In unserem Hause wird die Lust und Liebe der Gefangenen zur Arbeit noch durch die Möglichkeit gesteigert, ein selbstständiges Gewerbe zu erlernen, durch welches sie sich nach der Entlassung ihren Lebensunterhalt erwerben können, weil nur eigentliche Professionen eingeführt sind, und aus den Nachweisungen über die Erfolge des Religions- und Schulunterrichtes ist zu ersehen, daß auch die arbeitsfreie Zeit, besonders die Sonn- und Feiertage, nicht in Müssigang zugebracht, sondern zu ernster, nützlicher geistiger Arbeit verwendet werden. —

Auch einen der größten und unbestreitbarsten Vortheil der Einzelhaft hat man geradezu in Abrede gestellt und eingewendet: bei

Einzelhaft sei individuelle Behandlung und Einwirkung auf die Gefangenen unmöglich.

Die vollkommene Unkenntniß des Systemes und die Gedankenlosigkeit vieler Gegner derselben geht aus diesem Einwurfe unzweifelhaft hervor. Moreau Cristophe sagt:

„Die Verbrechen sind die moralischen Krankheiten der bürgerlichen Gesellschaft; die Kunst, sie zu heilen, besteht nicht in einer Universalmedicin, sondern in genauer Kenntniß der Individualitäten, und der für jede einzelne Krankheit dienlichsten Mittel. Wer könnte in Abrede stellen, daß diese nur durch Vereinzelung der Gefangenen zu erlangen ist?"

In der gemeinsamen, wie in der Einzelhaft wirkt die Gefangenschaft individuell auf die ihr Unterworfenen ein, weil eben die Gefangenen Menschen von verschiedenen Bildungsstufen, Charakteren und Sitten sind, die nothwendigerweise durch den, ihnen durch die Haft auferlegten Zwang verschieden berührt werden müssen. Es ist eine alte von allen Directoren der gemeinschaftlichen Haft zugestandene Erfahrung, daß gerade die sinnlichsten, rohesten und verderbtesten Sträflinge sich in der Gesellschaft ihrer gleichgesinnten Schuldgenossen heimisch fühlen, beständige Nahrung für ihre Sinnesart finden, und Manche derselben sich bald ein gewisses Ansehen bei ihren Mitgefangenen erwerben, während gerade die Bessern und weniger Verdorbenen durch die Rohheit ihrer Mitgefangenen, so wie durch die Haft selbst bei weitem mehr leiden und gedrückt sind, und am Ende Gefahr laufen, durch die täglich erhaltenen nachtheiligen Eindrücke selbst schlimmer zu werden. Daß eine derartige gegenseitige verschlechternde Einwirkung der Gefangenen in der gemeinschaftlichen Haft nicht zu den beabsichtigten oder erwünschten Folgen derselben gehört, bedarf wohl keiner Begründung.

In der Einzelhaft dagegen, und nur in ihr, ist eine eigentliche individuelle Einwirkung des Systems sowohl, als auch der Beamten auf die Gefangenen möglich, und gar nicht zu vermeiden; lastet das Alleinsein auch natürlicherweise auf den sittlich Verwahrlosten am drückendsten, so bedürfen diese zu der Umwandlung ihres verstockten und verhärteten Sinnes auch stärkerer und intensiverer Einwirkungen, und gerade nur durch die beinahe immer früher oder später eintreten=

den Gemüthserschütterungen in der Einsamkeit der Zelle ist auch bei solchen tiefgesunkenen Menschen vielleicht noch Besserung zu erwarten. Die besseren Sträflinge aber erkennen sehr bald die Zellenhaft als eine Wohlthat an, und werden in ihrer Einsamkeit ungestört an der Hand ihrer Seelsorger wieder auf die rechte Bahn geleitet, und viele für ihr ganzes Leben gerettet werden. Aber auch angenommen, daß unter den Bessern die minder Gebildeten, in Folge der niedern Stufe ihrer geistigen Entwicklung an gesellschaftliche Lebensweise Gewöhnten in Einzelhaft mehr leiden, so beschränken sich die Leiden doch nur auf die ersten Monate der Gefangenschaft, und werden durch die gebotene Gelegenheit, in Schule und Kirche Kenntnisse, Bildung und gute Sitten zu erlangen, und durch die vorgeschriebene Arbeit eine Profession zu erlernen, mehr als aufgewogen; wo der Geist einmal geweckt ist, kann Mangel an Bildung nur ein erhöhtes Streben nach derselben erzeugen; die Einzelhaft bewirkt somit das Erwachen des besseren Selbst. Gerade die Bessern leiden in gemeinsamer Haft vorzugsweise; die Leiden beschränken sich dort nicht allein auf die ersten Monate, sondern dauern, so lange die Gesellschaft, d. h. die Strafe dauert, und Schule und Kirche geben eine sehr ungenügende Vergütung, weil nie Gelegenheit geboten ist, allein und ungestört sich dem Nachdenken und Lernen hinzugeben. Die individuelle Einwirkung der Gefangenschaft findet also auch in gemeinsamer Haft statt, hat aber gerade die entgegengesetzten, für den noch nicht ganz gesunkenen Gefangenen gefährlichen und schmerzlichen Erfolge, und bietet keinen Ersatz dar.

Mit der zweckmäßigen und individuellen Einwirkung arbeitet individuelle Behandlung lediglich und allein in Zellengefängnissen auf Besserung hin. Individuelle Behandlung erfordert aber genaue Kenntniß des zu Behandelnden, und diese ist nur da zu erlangen, wo der Gefangene sich gibt wie er ist, und daß dies wieder häufiger in Einzelhaft möglich ist, und vorkommen wird, muß jedem Menschenkenner einleuchten. Wood sagt: „Es gibt vielleicht keinen Ort der Erde, wo der Charakter und die geistigen Kräfte eines Menschen so gut zu erforschen sind, als die Einzelzelle. Ein erfahrener Zuchthausbeamter erkennt in kurzer Zeit die guten und schlechten Neigungen des Gefangenen und kann ihn hiernach behandeln.“ Wenn Jemand durch einen schädlichen äußern Einfluß, durch feuchte Wohnung, verdorbene

Luft, schlechte Nahrung 2c. sich eine Krankheit zugezogen hat, wird die erste Heilaufgabe des Arztes darin bestehen, den Kranken in bessere und gesündere Verhältnisse zu versetzen; sollte wohl bei den ebenfalls durch äußere Einwirkungen entstandenen Krankheiten der Seele ein Verbringen in noch schlechtere Umgebung, eine Aussetzung noch größerer Ansteckung sich je heilbringend erweisen können?

Carl Graf von Görtz sagt nach genauem Studium der Gefängnisse Nordamerikas, Reise um die Welt, 1844—47, 1. Band, Seite 332. „In der ermöglichten Erhaltung der Individualität liegt die wahre Glanzseite des Pönitentiarsystemes. Die gemeinsame Aufbewahrung der Sträflinge läßt weder die genaue Erforschung der Individualitäten zu, noch duldet sie der allgemeinen Ordnung wegen Ungleichheit in der Behandlung. In solchen Anstalten kann der Sträfling nur als Mitglied des Verbrecherstandes in Betracht kommen, und in der Herabstoßung in diesen Stand liegt die Vernichtung der Individualität; bei der Einzelhaft hingegen ist die Möglichkeit gegeben, die Behandluug dem Einzelnen anzupassen, somit die wahre Gletchheit in der Strafe einzuführen; die Abstufungen des Standes, der Bildung, der Bedürfnisse, der Arbeitsfähigkeit, die Verschiedenheit in der Verderbtheit, der moralischen Kraft, der Empfänglichkeit und Reizbarkeit verdienen eine gerechte Würdigung, die bei gemeinsamer Einsperrung nicht durchzuführen ist.“

Daß in gemeinschaftlicher Haft alle individuelle Behandlung ausgeschlossen und unmöglich ist, haben die einsichtsvolleren Vertreter derselben auch längst empfunden, und deßhalb das Classificationssystem vorgeschlagen, und es auch durchzuführen versucht; was ist denn aber die Einzelhaft anderes, als die weiteste Ausdehnung dieses Systemes bis auf jeden einzelnen Gefangenen? —

Die Anhänger der gemeinschaftlichen Haft haben zu deren Vertheidigung angeführt:

„**Es könnte auch Ein für die Wahrheit und das Gute einmal Gewonnener durch sein Beispiel auf alle übrigen im gleichen Arbeitssaale befindlichen Sträflinge einen vortheilhaften Einfluß üben.**“ (Julius Jahrbücher V. Seite 362).

Abgesehen davon, daß überall die Beispiele des Bösen weit wirksamer sind, und weit eher Nahrung finden, als jene des Guten, daß ein Gebesserter unter 10 bis 12 Ungebesserten in neun und neunzig Fällen unter Hundert, weit eher der Gegenstand des Spottes und der Verfolgung, als jener der Nachahmung werden wird, so entsteht hier ganz einfach die Frage, auf welchem Wege unter dem Gesetze des Stillschweigens diese Wirkung erfolgen, und woran die Uebrigen die erfolgte Besserung gewahr werden sollen? Wenn das Stillschweigen wirklich gehalten wird, und der Gebesserte wird seine erfolgte Besserung und seine günstige Einwirkung auf die Anderen dadurch bethätigen, daß er ihnen das Beispiel des Gehorsams gegen das wesentliche Gebot des Stillschweigens gibt, so bleibt keine andere Wirkung desselben auf die Anderen übrig, als daß diese sehen können, wie jener fleißiger arbeitet, und sich den Disciplinargesetzen ruhiger und vollständiger unterwirft. Wer aber nur kurze Zeit mit offenen Augen in einer Strafanstalt zugebracht hat, wird wissen, daß Fleiß und der Hausordnung gemäßes Betragen noch durchaus keinen Beweis wirklich erfolgter Besserung geben, daß vielmehr häufig gerade recht verderbte, verschmitzte und in den Strafanstalten ergraute Subjecte, und in der Regel die Rückfälligen, hierin sich auszeichnen. Es wäre deßhalb eine gewagte Vermessenheit, einen gebesserten Gefangenen auf die schwache Hoffnung hin, daß sein Beispiel auf Andere günstig wirken könne, der so nahe liegenden Gefahr auszusetzen, daß vielmehr das böse Beispiel der Uebrigen das begonnene Werk der Besserung in ihm wieder zerstöre. —

Auch die Anordnung, daß die Gefangenen in der Einzelhaft beim Verlassen der Zelle eine, die Gesichtszüge bedeckende Schildmütze tragen, und mit der ständigen Nummer ihrer Zelle benannt werden sollen, hat vielfach schon Anstoß und sogar Aergerniß erregt.

Zur Durchführung mancher Vorschriften der Hausordnung, zur Erreichung günstiger Resultate durch den Religions- und Schulunterricht und aus Gesundheitsrücksichten müssen täglich eine Anzahl Gefangener zu gleicher Zeit in die Kirche, die Schule und die Spazierhöfe verbracht werden, und damit dies mit möglichst geringer

Verletzung des Systemes geschehen kann, ist die Schildmütze und das Nummerirsystem eingeführt worden.

Die Mütze soll die Isolirung der Gefangenen außerhalb ihrer Zellen ersetzen; ohne die Mütze wären dieselben in beständiger Versuchung und häufiger Aufregung durch den Anblick ihrer Mitgefangenen, und die Hausordnung in steter Gefahr; Unachtsamkeit und Muthwillen in Kirche und Schule, heimliche Correspondenzen und dadurch gegenseitige Aufreitzung und Verschlechterung, Zusammenhalten der Gefangenen gegen die Beamten und Aufseher, Nothwendigkeit vermehrter Strafen, Gefährdung der guten Vorsätze der Gebesserten während und nach der Strafzeit müßten durch Abschaffung der Schirmmütze hervorgerufen, und somit durch eine übel angebrachte und verwerfliche Sentimentalität die Erfolge des Systems wesentlich beeinträchtigt werden.

Ist schon das Zusammenkommen maskirter Sträflinge eine halbe Verletzung des Systemes, so wäre die Abschaffung der Mütze eine vollkommene und um so unverantwortlichere", als dieselbe einestheils ja nur während des Ganges in die Kirche, Schule und Höfe getragen, und abgenommen wird, sobald die Gefangenen daselbst angekommen sind, andererseits aber weitaus der größte Theil der Sträflinge, jedenfalls die Gebesserten und Alle, welche noch nicht alles Ehr= und Schamgefühl verloren haben, die Mütze als eine Wohlthat dankbar anerkennen, durch welche ihnen viele Aufregungen und Leiden erspart werden, weil sie dadurch ihren Mitgefangenen unbekannt bleiben können.

Die Benennung der Gefangenen nach ihrer Zellennummer außer ihrer Zelle — auf ihrer Zelle werden sie immer mit ihrem Namen angeredet — das Nummerirsystem ist für die Durchführung der Einzelhaft eben so wichtig und geboten, wie die Schirmmütze.

Die Nummer soll dazu dienen, Bekanntschaften der Gefangenen unter einander zu verhindern; durch Nennung des Namens der einzelnen Gefangenen auf den Gängen, in der Kirche, Schule und den Höfen würden vielfache Anreizungen zu Communikationsversuchen und manchen anderen Uebertretungen der Hausordnung gegeben, und für die Bessern, noch Ehrgefühl besitzenden Gefangenen und für ihre Angehörigen ist es eine Wohlthat, wenn ihr Name den Gaunern und Landstreichern unbekannt bleibt. Wo immer viele Menschen bei=

sammen sind, und in Ordnung gehalten werden sollen, muß das Nummerirsystem eingeführt werden, um die Uebersicht zu erleichtern, wie dies ja bei den Armeen, den Regimentern und den einzelnen Abtheilungen derselben immer geschehen ist, ohne daß es irgend Jemand eingefallen wäre, darin eine Verletzung der Menschenrechte zu erblicken, wie einzelne Gegner des Systemes das Tragen der Schirmmütze und das Nummeriren der Gefangenen bezeichnet haben. Hat man einmal die Richtigkeit eines Gefangenschaftssystemes erkannt, so muß es auch mit Consequenz durchgeführt werden, weil jede Lücke in demselben dessen Erfolg schmälern und beeinträchtigen muß. Seit Einführung der Modifikationen der Einzelhaft in Pentonville haben auch die Bestrafungen im Allgemeinen und besonders wegen heimlicher Correspondenz nicht unbedeutend zugenommen. Es wurden bestraft:

1843	von	188	vorgekomm.	Strafen	117	wegen	gelungener	od.	versuchter	Correspondenz.
1844	„	82	„	„	33	„	„	„	„	„
1845	„	245	„	„	120	„	„	„	„	„
	Dagegen:									
1851	von	409	„	„	218	„	„	„	„	„
1852	„	461	„	„	195	„	„	„	„	„
1853	„	486	„	„	176	„	„	„	„	„

Man hat der Einzelhaft auch den Vorwurf gemacht, daß sie das Laster *der Onanie befördere*.

Alle erfahrenen Gefängnißbeamten werden wohl mit mir einverstanden sein, wenn ich behaupte, daß es im Allgemeinen sehr schwer ist, die Zahl der Onanisten und überhaupt nur den Umfang genau kennen zu lernen, in welchem diesem Laster in einer Strafanstalt gefröhnt wird, weil außer dem Geständniß der Gefangenen oder der Ueberraschung bei der That keine Zeichen mit Sicherheit dessen Vorkommen beweisen, denn geschwächte Gesundheit und schlechtes Aussehen können auch durch andere Verhältnisse der Haft hervorgerufen sein, und Geständnisse werden nur in den wenigsten Fällen erfolgen, am allerwenigsten aber, wenn von den Hausbeamten strenge darauf hin inquirirt wird.

Der Onanist sieht in der Regel, besonders in reiferem Alter, das Unmoralische, Verwerfliche und für seine Gesundheit Nachtheilige dieses Lasters ein, und gerade, weil er dies erkennt, sich hundert und hundert Male vornimmt, es zu unterlassen und immer wieder in seinen Fehler zurückfällt, weil Onanie Anfangs Laster, später Krankheit, die Willenskraft und Energie des Charakters lähmt, schämt er sich, seine Schwäche und Charakterlosigkeit einzugestehen, und den Rath wohlmeinender Personen, der Aeltern, Lehrer, Aerzte und Vorgesetzten zu erbitten, wie er es anzufangen habe, um über sich und seine sinnlichen Triebe Herr zu bleiben. Hat man deßhalb triftige Gründe zu der Annahme, daß ein Sträfling diesem Laster ergeben sei, so darf nur mit der größten Vorsicht darnach geforscht werden, will man nicht Gefahr laufen, für immer das Vertrauen der Betreffenden nicht allein in dieser Beziehung, sondern in Allem zu verlieren, weil derselbe dann in jeder Unterredung und Annäherung des Beamten nur dessen Bestreben vermuthet, dem früher ausgesprochenen Verdachte auf den Grund zu kommen. Das Laster der Selbstbefleckung ist mehr verbreitet, als man im Allgemeinen annimmt und vermuthet, und alle erfahrenen Lehrer und Aerzte bestätigen die höchst traurige Erfahrung, daß schon unreife Knaben demselben in Menge und in einem Grade ergeben sind, der ihre Körperentwicklung hemmen, und ihre psychische und physische Gesundheit untergraben muß.

Verführung durch Gespielen gibt in der Regel die erste Veranlassung zu Onanie; durch eine verkehrte Erziehung wird sie begünstigt; ein reiches Feld der zu frühen Aufregung der Phantasie liegt in der heillosen, wie üppiges Unkraut überall aufwuchernden neueren Romanenliteratur; der allzufrühe und reichliche Genuß der geistigen Getränke, das Wirthshaussitzen, Besuchen von Tanzboden und Theater im unreifen Alter u. s. w., trägt nicht wenig zur Erregung der Sinnlichkeit bei; manigfache sie begünstigende Momente werden durch die, allen vernünftigen Erziehungsregeln zuwiderlaufende allzufrühe geistige Anstrengung unserer Jugend herbeigeführt, wodurch körperliche Schwächlichkeit und vorzeitige geistige Reife hervorgerufen, und die Kinder um einen schönen Theil ihres Lebens, um den Genuß des kindlichen, unschuldigen Knabenalters gebracht werden.

Will man ein maßgebendes Urtheil fällen, in welchem Haftsysteme Onanie wohl häufiger vorkommen könne, so muß vor Allem untersucht werden, durch welche Ursachen sie veranlaßt und unterhalten wird, und wo, in gemeinschaftlicher oder in Einzelhaft, diese schädlichen Momente am leichtesten und häufigsten auf die Gefangenen einwirken können.

Auch in dieser Frage spricht die Erfahrung entschieden zu Gunsten der Einzelhaft, denn:

1) Onanie kann in der Einzelhaft wenigstens nicht durch Verführung entstehen, wie dies leider in gemeinschaftlicher Haft so häufig der Fall ist und sein muß. Weitaus der größte Theil der Onanisten, welche uns Geständnisse darüber gemacht, und unseren Rath zur Abgewöhnung dieses Lasters erbeten haben, sind schon in den Amtsgefängnissen oder in den Schlafsälen der gemeinschaftlichen Haft verführt und darin unterrichtet worden.

2) In Einzelhaft fallen die meisten veranlassenden Ursachen derselben weg. Der Geschlechtstrieb ist im Menschen einer der mächtigsten Triebe, und wird besonders durch den Anblick des anderen Geschlechtes, ja häufig schon durch Bilder und Worte angeregt. Bei den unmoralischen, an natürliche und unnatürliche Befriedigung der Sinneslust von Jugend an gewohnten Bewohnern der Strafanstalten werden unreine Berührungen mit Menschen ihres Geschlechtes, mit Männern schon hinreichen, den Geschlechtstrieb mächtig anzuregen, und der jedesmaligen Anregung folgt die Befriedigung auf dem Fuße. Diese Menschen nun, manche derselben wegen Unzuchtvergehen verurtheilt, die meisten aber erfahrungsgemäß sich mit wahrer Wollust an den Erzählungen der verdorbendsten Phantasie ergötzend, liegen in den gemeinschaftlichen Schlafsälen ohne Aufsicht dicht beisammen gedrängt; welche Szenen müssen da vorkommen, und welcher Abgrund von Sittenlosigkeit muß sich vor den Sinnen eines, vielleicht noch unverdorbenen neu zugegangenen Sträflings aufthun! Meine Feder und mein sittliches Gefühl sträuben sich, die mir aus Geständnissen von Gefangenen bekannten Thatsachen, Vorkommnisse, und Möglichkeiten aus den gemeinschaftlichen Schlafsälen wieder zu geben. Die Wahrheit dieser Angaben wird aber bestätigt durch unsere Hausgeistlichen, die lange Zeit in gemeinsamer Haft im Amte waren, und durch eine Menge Zeugnisse und Beobachtungen von Gefängnißbeamten und Aerzten; die Möglichkeit und Wahrschein-

keit solcher Vorkommnisse wird Jedem klar sein, der bedenkt, daß bei ungebildeten und rohen Menschen schon das Zusammenkommen auf den Abtritten, das gemeinschaftliche Aus- und Ankleiden in den Schlafsälen in unmittelbarer Nähe der Mitgefangenen, das Zusammenleben junger, kräftiger, oft schöner Sträflinge mit alten Wollüstlingen zu allen möglichen Unsittlichkeiten, Versuchungen, Reden und Berührungen Veranlassung geben, jedenfalls zur Abstumpfung des Scham- und Sittlichkeitsgefühles beitragen müssen. Ein noch unnatürlicheres, in gemeinschaftlicher Haft nicht unbekanntes Laster kann in Einzelhaft gar nicht vorkommen.

Die Berichte der verschiedenen Commissionen aller Länder sind mehr oder weniger gleichlautend in ihren Angaben über die möglichen und vorkommenden Scheußlichkeiten der gemeinschaftlichen Schlafsäle.

3) Die nur in Einzelhaft mögliche höhere geistige Bildung der Gefangenen wirkt veredelnd auf das Gemüth und den Charakter, und Bekämpfung des Lasters aus moralischen Gründen ist eher möglich. Es ist eine alte und allerorts gemachte Erfahrung, daß durch geistige Bildung die ganze Richtung des Verstandes, der Seelenthätigkeit und der Ideen eines Menschen eine höhere wird, und wir können merkwürdige und nicht selten vorkommende Beispiele von einem gewissen poetischen Schwunge mancher Sträflinge in Folge der Schule und geistigen Beschäftigung aus den Schulaufsätzen nachweisen, welcher gewiß das sicherste Palladium gegen alle gemeinen, sinnlichen und unreinen Gedanken sind. Die Einzelhaft hat eine tiefe, intensive Einwirkung auf das Gemüth, die leider zuweilen bis zur Krankheit sich steigert, und es sind in ihr alle Berührungen mit anderen Gefangenen und ungebildeten Leuten aufgehoben, während die Sträflinge in gemeinsamer Haft stets unreinen Einflüssen und Worten ausgesetzt sind, und oft schon der Anblick der früheren Genossen bei unsittlichen Handlungen diese wieder in das Gedächtniß zurückruft und die Phantasie aufregt.

4) Bekämpfung des Lasters aus religiösen Gründen ist bei den Zellenbewohnern weit eher zu hoffen, als bei den Gefangenen in gemeinschaftlicher Haft. Aus dem bei den Erfolgen des Gottesdienstes und Religionsunterrichtes Gesagten wird die Wahrheit dieses Satzes hervorgehen.

5) Es ist erwiesene Thatsache, daß in Einzelhaft im Allgemeinen größeres Zutrauen der Gefangenen zu den Beamten, besonders den Hausgeistlichen stattfindet und stattfinden muß; es werden also auch öfters offene Bekenntnisse und moralische Gegenwirkungen durch die Beamten möglich sein. Die Erfahrung aller Beamten unseres Hauses bestätigt diesen Ausspruch vollkommen. Viele, besonders aus gemeinschaftlicher Haft zu uns Versetzte haben, zwar schüchtern und verschämt, aber freiwillig und reumüthig ihre Schwäche uns eingestanden, und sich mit der Bitte an uns gewendet, ihnen die Wege und Mittel anzurathen, wie sie sich dieses Laster abgewöhnen können. Derartige Mittheilungen werden in gemeinschaftlicher Haft äußerst selten gemacht werden können, weil die Gefangenen in Gegenwart ihrer Genossen durch falsche Scham davon zurückgehalten werden, noch mehr aber, weil sie den Spott derselben fürchten, und überhaupt die meisten dort die Stufe geistiger und moralischer Bildung nicht erreichen, durch welche bei uns derartige offene Bekenntnisse der moralischen Schwächen und des ganzen Seelenlebens hervorgerufen werden.

6) Es fallen aber auch in Einzelhaft manche körperlich schädlich wirkende Gelegenheitsursachen hinweg. In der Zelle hat jeder Gefangene Zeit und Gelegenheit, seine Arbeit hie und da zu unterbrechen, auf und ab zu gehen, sich außer den täglich vorgeschriebenen zweimaligen Spaziergängen im Hofe, in den Ruhestunden, und besonders Abends nach dem Nachtessen noch Bewegung zu machen; dadurch entsteht bessere und gleichmäßigere Circulation des Blutes, besonders bei sitzenden Gewerben, Vermeidung von Stockungen und Blutandrang im Unterleib, daher regelmäßiger Stuhlgang jeden Tag, guter Appetit und Schlaf, wodurch die körperliche und geistige Gesundheit gekräftigt, eine gute und heitere Stimmung hervorgerufen, und so manche Gelegenheitsursache zur Onanie vermieden wird.

Diese unsere Erfahrungen werden allerorts in Zellenanstalten bestätigt. In Betreff der Onanie, welche bei jugendlichen Gefangenen eine besondere Rücksicht verdient, sagt der Bericht des Polizeipräfecten von Paris über die Erfahrungen in La Roquette vom 29. Juni 1839: „Ein anderer sehr wichtiger Umstand, um dessen willen die Verwaltung früher nicht ohne einige Sorge war, ist, daß die bei der gemeinschaftlichen Lebensweise in den Kindern entstandenen verderbten Neigungen sich bei der Isolirung so sehr verlieren, daß Kinder, deren Gesundheit sich zuvor dadurch verzehrte, seit ihrer Trennung fast ganz die Gewohnheit davon verloren haben. Dieses Resultat, von dem die Gegner der getrennten Haft prophezeit hatten, es werde das Gegentheil in erschreckendem Maße eintreten, scheint nun eine vollendete Thatsache zu sein, und namentlich in unserem Gefängnisse für jugendliche Verbrecher wird dies keine geringe Wohlthat der Reform sein."

In dem Berichte des Pariser Schutzvereins von 1840 lesen wir über denselben Gegenstand: „Auch muß man zu Gunsten der getrennten Haft erwähnen, daß gewisse Laster, welche früher dazu beitrugen, die Gesundheit der Gefangenen zu stören, und die man umsonst bekämpfte, da sie durch die Ansteckung des Beispiels und die verderblichsten Gespräche weiter verbreitet wurden, nun mit der Trennung sich gänzlichem Verschwinden zuneigen". In dem Berichte des folgenden Jahres (Seite 15) heißt es: „Uebrigens ist der Gesundheitszustand der Anstalt sehr befriedigend; aus den Krankenregistern ergibt sich, daß seit Einführung des neuen Systemes die Zahl der Kranken viel geringer als früher ist; es ist dies der Abwesenheit der schändlichen Laster zuzuschreiben, welche bei dem gemeinschaftlichen Leben so unglückselig viel sich verbreiteten, und auf das jammervollste auf noch nicht vollständig entwickelte, und durch Leiden fast immer verkümmerte Naturen einwirkten. Diese Laster sind fast verschwunden. Nicht mehr erblickt man unter diesen Kindern eine Veränderung ihrer geistigen Fähigkeiten, oder ein Hingeben der Traurigkeit oder irgend eines Leidens, das man von der Einsamkeit hätte fürchten können".

Ristelhuber in Hamburg, und Sanden, Beamter in der preußischen Strafanstalt Sonnenberg bezeugen, sie seien zu der Ueberzeugung gekommen, daß Selbstbefleckung unter den in der Anstalt befindlichen, mit einander verkehrenden und zusammenlebenden Knaben viel häufiger sei, als unter den isolirten.

David in Kopenhagen sagt darüber: „Ein anderer, sehr wichtiger Umstand, hinsichtlich dessen die Gefängnißdirektoren nicht unbesorgt sein konnten, ist der, daß ein, unter jungen Menschen, die zusammen leben, leicht entstehender, gewiß sehr verderblicher Hang bei der Vereinzelung derselben in dem Maße abgenommen hat, daß Leute, die in Folge jenes Hanges ihrem Untergange entgegen zu gehen schienen, denselben in der abgesonderten Haft fast ganz abgelegt, und ihre frühere Gesundheit wieder erlangt haben". —

Wenn sich nun die Gegner des Systemes nach einem längerzeitigen Aufenthalte in unserm Hause von der Unrichtigkeit ihrer Ansichten über das Wesen, die Durchführung und die Erfolge der Einzelhaft überzeugt haben, so wird von ihnen nicht selten als letzter Einwurf die Behauptung aufgestellt, es sei doch bis jetzt noch nicht gelungen, den Bau und die Einrichtung der Zellengefängnisse so herzustellen, daß alle Communikation der Gefangenen unter einander völlig aufgehoben sei.

Wie es überhaupt unter der Sonne nichts Vollkommenes gibt, so muß auch dieser Einwurf in seiner Allgemeinheit für jetzt und für alle Zeiten zugestanden werden. Wenn eine große Anzahl Menschen in einem Hause, unter einem Dache in, zwar durch Zwischenwände getrennten, aber doch neben einander liegenden Zimmern wohnen, wenn sie wöchentlich öfter gemeinschaftlich die Kirche besuchen, Schule und Religionsunterricht erhalten, und alle täglich zweimal in die Spazierhöfe geführt werden sollen, da wird, selbst durch die Trennung der Einzelnen in der Schule und Kirche vermittelst der besonderen Stühle für Jeden, die Zwischenmauer in den Höfen, die Schirmmütze und das Nummerirsystem eine vollkommene Verhinderung des Wiedererkennens früherer Bekannten, oder ein gänzliches Unbekanntbleiben zwischen jahrelang neben einander liegenden Gefangenen durch keine Maßregel erreicht werden können. Ein Erblicken der Gestalt des Vordermannes durch den Nachfolgenden beim Ab- und Zuführen und ein Wiedererkennen einer vielleicht früher im täglichen Umgange gehörten Stimme eines Bekannten im Kirchengesange oder in der Schule läßt sich deßhalb in Zellengefängnissen nicht immer vermeiden, will man die höheren Zwecke des Systemes, geistige und religiöse Bildung durch Unterricht, und Erhaltung der körperlichen Gesundheit durch Bewegung in freier Luft, nicht einer unnützen, und die Hauptzwecke der Einzelhaft vereitelnden Aufrechthaltung eines Systemes zum Opfer bringen.

Sonderbar lautet allerdings dieser Einwurf in dem Munde der Vertheidiger des gemeinschaftlichen Haftsystemes, denn die gegenseitigen Communikationen der Gefangenen unter sich mit ihren Folgen werden in Einzelhaft, selbst bei den schlechtesten baulichen Einrichtungen immer noch in einer ungleich sichern und umfassenderen Weise verhindert werden, als es bei dem Zusammenleben der Sträflinge durch das Schweiggebot erreicht werden kann.

Zur absoluten Isolirung der Zellengefangenen sind verschiedene, zum Theil höchst abentheuerliche Vorschläge gemacht werden, z. B. Isolirung der Sinne durch Verbinden der Augen, Verstopfen der Ohren, so oft die Gefangenen die Zelle verlassen, Vorschläge, welche eine vollkommene Unkenntniß der Zwecke des Systemes beurkunden, und wohl keiner weiteren Würdigung bedürfen.

Die heimlichen Correspondenzen unter den Zellengefangenen werden auf verschiedenen Wegen versucht und zu Stande gebracht.

1. Communikationen der Gefangenen durch die Trennungswände der einzelnen Zellen.

Mag vielleicht in andern Zellengefängnissen, besonders in größeren Städten und bei raffinirterer Zuchthausbevölkerung, dieser Communikationsweg öfter versucht und benützt werden, uns ist seit Eröffnung der Anstalt kein derartiger Versuch einer durch die Zwischenwände geführten Correspondenz zur Kenntniß gekommen, wahrscheinlich aus dem Grunde, weil die baulichen Fehler der Luftheitzung und das Ab- und Zuführen in Kirche, Schule und die Höfe eine müheloscre und leichtere Gelegenheit dazu bieten.

Bei Erbauung des neuen Männerzuchthauses wurde von den Baumeistern der Verhinderung der möglichen Communikationen durch die Zwischenwände der Zellen alle mögliche Aufmerksamkeit zugewendet, und eine Menge Versuche über die Schallleitung durch diese Wände hindurch angestellt. Man fand aber bald, daß eine Construktion von Wänden, welche gar keinen Schall durchlassen, unmöglich sei.

Von der, zur Ermittelung dieser Aufgabe bestellten Commission von Technikern wurde als Resultat der Versuche folgendes Gutachten dem Gr. Justizministerium übergeben: „In Folge des erhaltenen Auftrages, die Ansichten einer verehrlichen Commission wegen Verhinderung der Schallleitung in dem Männerzuchthause zu Bruchsal zusammen zu stellen, bemerken wir, daß die Versuche über die Fortpflanzung des Schalles zu Resultaten geführt haben, vermöge deren es unmöglich ist, die Communikation unter den Gefangenen ganz zu verhindern; die Natur hat die Schallleitung an solche Bedingungen geknüpft, die mit der Existenz der Körper in der innigsten Verbindung stehen, und es kann daher nur von einer Schwächung des Schalles, nie aber von einer Aufhebung die Rede sein. Zu diesem Zwecke haben wir zuerst hier, (in Carlsruhe), Versuche gemacht über die Fortpflanzung des Schalles, der durch einen Stoß oder Schlag entsteht. Massive Wände, Mauersteine, Backsteine oder andere Baumaterialien pflanzen den leisesten Schlag mit auffallender Leichtigkeit fort. Hinter den 6 bis 7 Fuß dicken Mauern des Kirchthurmes hört man bei Tag, wenn man das Ohr an die Wand hält, das leise Piken mit dem Nagel des Fingers. Dasselbe ist der Fall bei Mauern von anderem Material.

Hohle Wände schwächen den Schall, ohne ihn aufzuheben. Durch Kamine von 2 bis 3 Fuß Durchmesser hört man ganz schwache Schläge, die auf ähnliche Art erzeugt wurden, indem der Schall weniger durch die Luft, sondern hauptsächlich durch die Quermauern auf die andere Seite geleitet wird. Da man nun die Quermauern nicht vermeiden kann, so ist auch auf diese Art nichts zu erreichen, und aller Kostenaufwand deßhalb überflüssig.

Bedeckt man die Wände mit Brettern, Tapeten oder Teppichen, so wird die Fortleitung des Stoßes so wenig dadurch geschwächt, daß gleichfalls jede solche Vorkehrung überflüssig ist. Auch wenn die Zwischenwände mit Stroh, Heu oder dergleichen ausgefüllt werden, ist keine Aenderung zu erwarten, weil der Schall durch die Mauer fortgeht.

Die Gefangenen können also nie verhindert werden, durch Zeichen zu correspondiren, die durch das Tempo der aufeinander folgenden Stöße auf die Mauer verständlich sind. Nur allein durch beständige heftige Erschütterung der Mauer z. B. durch Hämmer, die in jeder Etage an verschiedenen Stellen angebracht würden, und durch einen Mechanismus in Bewegung kämen, ist die Wahrnehmung der schwachen Stöße zu verhindern, aber dann würde der Aufseher auch die groben Stöße nicht hören, welche von Seiten der Gefangenen an die Stelle der schwachen träten.

Dieselben Resultate ergaben sich auch bei den von den Mitgliedern der Commission in Bruchsal vorgenommenen Versuchen. Man erlangte einstimmig die Ueberzeugnng, daß eine Mittheilung unter den Gefangenen durch Zeichen unvermeidlich sei, und ging daher zur Beantwortung der zweiten Frage über, wie die Mittheilung durch Sprechen verhindert werden könne. Die artikulirten Laute werden durch feste Körper nur sehr undeutlich fortgepflanzt, weil der Schall beim Uebergang von der Luft an den festen Körper größtentheils reflectirt wird. Von den Steinen leitet sie Kalkstein am schlechtesten, aber auch Sandsteine und gebrannte Steine leiten sehr schlecht. Da bei jedem Uebergange von einem festen Körper an die Luft, und von der Luft an den festen Körper ein Theil des Schalls reflectirt wird, so dienen doppelte Wände vorzüglich zur Unterbrechung der Communikation für Redende. Wenn diese doppelten Wände auch dünn sind, und man füllt die Zwischenräume mit Bauschutt, Sand, Stroh oder Heu aus, so geht kein artikulirter Laut hindurch. Da aber die Wärmeleitung auch in den Zwischenwänden angebracht ist, und darum bei den zuletzt genannten Materialien Feuersgefahr entsteht, so ist es am zweckmäßigsten, die Ausfüllung mit grobem Bauschutt und solchen Dingen vorzunehmen, welche viele Blasenräume erzeugen, wie grobe Scherben aller Art, Hobelspäne, die in Salzsoole getränkt sind, wodurch sie nicht mehr Feuer fangen u. dgl. Durch Tapeten, die nicht aufgeklebt, sondern aufgespannt sind, so wie durch Verkleidung der Wände mit Brettern wird die Fortleitung der artikulirten Laute durch die Mauer ganz verhindert; ebenso durch Teppiche. Die letzteren Mittel sind die sichersten, aber hier wahrscheinlich zu kostspielig. Thonplatten sind nur dann zweckmäßig, wenn sie die Zahl der Schichten vermehren sollen, welche der Schall zu durchlaufen hat.

Nach dem mitgetheilten Plane sind die Zwischenwände von 15 zu 15 Zoll durch Quersteine verbunden. Es entstehen dadurch einzelne Abtheilungen, welche hindernd für articulirte Laute sind. Schon aus diesem Grunde war daran zu zweifeln, ob man selbst bei Nacht durch die Wand ein wenig lautes Gespräch noch hören könne. Man verstellte also die Thüren so gut es möglich war; weil jedoch die Wärmeleitungs-Canäle in der einen von zwei benachbarten Zellen, in welchen die Versuche angestellt wurden, noch offen waren, so hörte man das laute Sprechen ziemlich deutlich. Als aber dieser Weg für die articulirten Laute zugemauert war, mußte man sehr laut schreien, um sich zu verstehen, und die meisten Mitglieder der Commission gelangten dadurch zu der Ueberzeugung, daß ein Gespräch von Zelle zu Zelle nicht werde geführt werden können, wenn nur einmal der Boden gedeckt, und die Thüre geschlossen sein würden. Um aber auch die Zweifel der übrigen Mitglieder und somit jeden Einwurf zu beseitigen, wurde folgender Vorschlag gemacht und vorgenommen. Es sollen einige neben einander befindliche Zellen vollständig fertig gemacht, mit Thüren und den nöthigen Bedeckungen an den Wärmekanälen versehen, und der Schieber, welcher zu dem Nachttopfe führt, gleichfalls angebracht werden. Wenn dieses geschehen sein wird, so sollen ein oder zwei Mitglieder der Commission nochmals nach Bruchsal gehen, und wiederholt Versuche über die Leitung articulirter Laute bei Nacht anstellen. Führen auch diese zu keinem ganz beruhigenden Resultate, so ist es ihrem Gutdünken überlassen, noch folgende Anordnungen zur Verhinderungen des Sprechens zu treffen, welche im Verlaufe der Discussion als die zweckmäßigsten angenommen wurden.

Die Scheidewand von zwei neben einander befindlichen Zellen soll auf einer Seite mit Spritzbewurf versehen werden, um den Schall nach allen Richtungen zu verbreiten, und da auch die gewölbte Decke zu seiner Verstärkung beitragen kann, mit dieser ein Gleiches geschehen. Die Oeffnungen der Wärmeleitung sollen, statt mit einem Drahtgitter, durch ein Eisenblech, in welches Löcher von einem halben Zoll Durchmesser geschlagen sind, verschlossen werden, weil der Schall dadurch mehr geschwächt und zerstreut wird. An die Wand, gegenüber von der Oeffnung im Innern des Wärme-Canals soll noch außerdem ein dünnes Brettchen oder eine Thonplatte befestigt werden, um auch dort eine doppelte Schichte zu bilden; genügen auch diese Vorkehrungen nicht, so soll die mit Spritzbewurf versehene eine Wand der Zelle mit Leinwand, welche auf hölzerne Rahmen gespannt ist, bedeckt werden, um zwischen ihr und der Leinwand noch eine Luftschichte zu bilden.

Höchst wahrscheinlich ist aber diese Vorkehrung überflüssig und dadurch der Einwand, es würde auf solche Art Ungeziefer sich einnisten, gehoben. Für den unwahrscheinlichen Fall, daß alle diese Vorkehrungen nicht genügen, wurden noch Verputze von Kälberhaaren, Ausfüllen des Theils der Zwischenwände, die nicht zur Wärmeleitung dienen, mit Sand und dergleichen vorgeschlagen, worüber im Nothfalle Versuche angestellt werden können."

2. Communikationen der Gefangenen durch die Heitzungs-Canäle.

In der Beschreibung der Anstalt ist in dem Kapitel über die Luftheitzung dieses Mißstandes und der möglichen Abhilfe desselben so ausführlich erwähnt, daß wir ihn hier übergehen zu können glauben.

Daß aber nicht allein bei nicht ganz zweckmäßiger Construktion einer Luftheitzung eine Communikation möglich ist, sondern daß dieselbe auch bei Heißwasserheitzung und durch die Ventilatoren vorkam, beweisen die in Pentonville und anderen, auf diese Art erwärmter Zellenanstalten vorgekommenen Communikationen auf jenen Wegen. (S. Julius Jahrb. der Gefängnißkunde, Bd. II. S. 1 ff.)

3. Mittheilung durch die Zellenfenster.

Bei unbeweglich festen Zellenfenstern und bei mattgeschliffenem oder geripptem Glase in denselben wird diese Art der Mittheilungen unmöglich sein.

Allerorts hat man aber erkannt, daß das zeitweise Oeffnen der Zellenfenster zur Erhaltung der Gesundheit der Gefangenen behufs einer vollkommenen Lufterneuerung in den Zellen absolut nothwendig sei, und ebenso wurde das Nachtheilige des mattgeschliffenen oder gerippten Glases eingesehen, weil es theils den Augen der Sträflinge durch Verbreitung eines zu grellen Lichtes sich schädlich zeigte, theils aber bei den nur kleinen Zellenfenstern die Zellen, besonders Morgens und Abends, sehr verfinsterte und den Arbeiten der Gefangenen hinderlich war.

Bei zum Oeffnen der obern Hälfte bis zu einem gewissen Winkel nach innen eingerichteten Zellenfenstern werden wohl Communikationen nur mit Gefangenen des gegenüberliegenden Flügels unternommen werden können, und dies immer nur sehr unvollständig, weil die Flügelmauer über zwei Schuh dick ist, die Zellenfenster mit eisernen Gittern versehen sind, und durch das Umlegen der obern Fensterhälfte nach innen der Sträfling mit dem Kopfe sich nur etwa bis auf einen Fuß dem Fenster nähern kann, er also über drei Fuß von der äußern Mauerfläche entfernt sein, und das gegenseitige Erkennen und Verstehen der Gefangenen in den gegenüberliegenden Flügeln dadurch sehr unwahrscheinlich wird.

Die größere oder geringere Leichtigkeit dieser Art der Communikation wird besonders von der Stellung der Flügel abhängen. Gehen diese nur auf einem Halbkreise von der Centralhalle aus, wie z. B. in Pentonville, und laufen sie deßhalb bei ihrer Einmündung in sehr spitzen Winkeln zusammen, so sind sie einander dort sehr genähert, und es muß natürlich das Erkennen und Communiciren der Gefangenen von den Zellenfenstern des einen Flügels zum andern mehr erleichtert sein, als wenn die vier Flügel vom Mittelbaue in rechten Winkeln auslaufen, wie in unserer Anstalt, wodurch sie schon am Anfange so weit von einander entfernt sind, daß eine Communikation, wenigstens durch Sprechen, unmöglich ist, da die Communicirenden schreien müßten, um sich zu verstehen, und dies sogleich von den Schildwachen auf den Ringmauern, so wie von den Aufsehern im Hause und in den Höfen bemerkt werden würde. Es dürfte daher dieser Umstand für die Construction unseres Hauses sprechen. Bis jetzt ist ein derartiger Communikations-Versuch bei uns noch nicht vorgekommen. Dagegen wurde in zwei Fällen versucht, durch einen, an eine Schnur befestigten, und durch das Fenster vom obern Stockwerke in das untere herabgelassenen Zettel eine Verbindung mit Sträflingen im untern Stockwerke anzuknüpfen; in beiden Fällen wurde aber die Anzeige durch die Sträflinge, mit welchen die Communikation begonnen werden sollte, selbst gemacht.

4. Communikation bei Ab- und Zuführen der Gefangenen in die Kirche, Schule und Spazierhöfe.

Obgleich die Gesichtszüge der Gefangenen beim jedesmaligen Verlassen der Zelle durch die Schirmmütze unkenntlich gemacht sind, und die Gefangenen beim Gehen einen Abstand von 15 Schritten einhalten müssen, so ist doch nicht selten der Mittheilungsdrang stärker als das Pflichtgefühl oder die Furcht vor der Strafe, besonders wenn die neben einander liegenden Gefangenen sich von früher her schon kennen, und es werden heimliche Correspondenzen in der Weise eingeleitet, daß der Vordermann ein Zettelchen fallen läßt oder auf die Stiege hinlegt, welches durch den Nachfolgenden aufgehoben wird.

Durch Aufmerksamkeit der Aufseher, durch Anhalten zu raschem Gange und durch strenge Controle des den Gefangenen in die Zelle gegebenen Papiers können derartige Mittheilungen in der Regel vermieden werden.

5. Mittheilungen in der Kirche und Schule.

Auch hier sind Communikationen entweder dadurch vorgekommen, daß der Eine seinem Nebenmanne beim Gesange in der Melodie des Kirchenliedes das Mitzutheilende zusingt, was aber meist durch die nebenansitzenden Sträflinge auch gehört und zur Anzeige gebracht wird, oder daß Zettelchen durch entstandene Ritze und Spalten der brettернen Scheidewände von einem Stuhle zum andern durchgeschoben werden. Alle diese Mittheilungen zu vermeiden, ist unmöglich, doch kann durch genaue öftere Nachsicht und Umsicht der Aufseher das Meiste vermieden werden.

6. Communikationen in den Spazierhöfen.

In der Beschreibung der Anstalt ist bemerkt, daß in unserer Anstalt das Aufseherlokal in den Spazierhöfen fehlerhaft construirt ist, weil daselbst der Aufseher immer nur wenige Spazierengehende zu gleicher Zeit übersehen kann. Es kommt deßhalb vor, daß Zettelchen entweder über die Trennungsmauer aus einer Einzelabtheilung in die andere geworfen werden, wenn gerade der Aufseher auf seinem Rundgange auf der anderen Seite sich befindet, oder daß diese in den Sand verborgen, und diese Stelle mit einem Hölzchen, Steine rc. bezeichnet wird. Es ist schon angegeben, daß auch dieser Mißstand durch Aenderung des Aufseherlokales und dadurch bedingtes Uebersehen aller Gefangenen zu gleicher Zeit mit Leichtigkeit abgestellt werden kann.

Daß im Allgemeinen sehr wenige dieser Communikationswege in unserm Hause benützt werden, geht aus der geringen Zahl der entdeckten und bestraften Mittheilungen hervor.

Der Inhalt der aufgefundenen Briefchen bezieht sich meist auf Angabe der Namen, des Geburtsortes, der Strafzeit, oder enthält eine Bitte um Mittheilung von Brod und besonders des Lieblingsgenusses der Gefangenen, von Schnupftabak. In sehr seltenen Fällen ist bis jetzt eine verschlechternde Einwirkung durch diese Mittheilungswege versucht worden; meistentheils sind sie schon beim Versuche entdeckt, und die Gefangenen in andere Zelle verlegt worden.

Es sind zwar bei Erbauung unserer Anstalt die Erfahrungen aus den neueren englischen und amerikanischen Zellengefängnissen benützt, und einzelne Verbesserungen ausgeführt worden, durch welche die Trennung der Gefangenen vollständiger erreicht wird, als bei vielen derartigen Strafanstalten anderer Länder; manche Aenderungen zur sicheren Erreichung dieses Zweckes sind in meiner Beschreibung unseres Hauses vorgeschlagen worden; mehr aber als alle baulichen und hauspolizeilichen Einrichtungen und als die Augen der Aufseher vermögen, wird eine zweckmäßige und richtige Durchführung des Systemes und die Einwirkung der Einzelhaft auf die Gefangenen dazu beitragen. Durch höhere geistige Bildung, durch anhaltende Beschäftigung und Gelegenheit zur Erlernung eines, zum späteren Lebenserwerb geeigneten Gewerbes und durch humane Behandlung wird bei den Zellengefangenen Achtung und Vertrauen zu den Beamten, Liebe zur Arbeit, Angewöhnung an Gehorsam wie gegen, die Vorschriften der Hausordnung in der Anstalt, so nach der Entlassung gegen die bürgerlichen Gesetze, und jenes rege Pflichtgefühl hervorgerufen, welches sie am sichersten vor Uebertretungen der Hausordnung während der Haft abhalten, und später auf der Bahn der Ehrbarkeit und Tugend erhalten wird. —

Die Nothwendigkeit durchgreifender Gefängnißreformen sind, wie in andern Ländern, so auch in Deutschland allgemein anerkannt, und deßhalb von einzelnen deutschen Regierungen verschiedene Versuche mit verbesserten Gefängnißsystemen angestellt worden; die geringen, aus solchen Strafanstalten hervorgehenden Vortheile stunden aber in den meisten Fällen zu den darauf verwendeten Kosten außer Verhältniß, so daß man es häufig vorzog, zu dem alten, noch weniger kostspieligen Systeme der Gemeinschaftshaft zurückzukehren.

Nur von wenigen deutschen Regierungen sind bis jetzt die Vorzüge des Pönitentiarsystems in ihrem vollen Umfange erkannt und gewürdigt, gegen die Einführung der Einzelhaft aber meistentheils die bedeutenden Kosten der Zellengefängnisse als gewichtigster Einwurf erhoben worden.

Es ist eine in der That auffallende und betrübende Erscheinung, daß gerade bei Einrichtungen, welche zur Verwahrung und Besserung der Verderbtesten und sittlich Verwahrlosesten des Volkes dienen sollen, aus Rücksichten der Sparsamkeit das allgemein als besser Anerkannte unterlassen, und ein allerorts verdammtes Haftsystem beibehalten wird, während bei Unternehmungen zur Beförderung des Handels, des Verkehrs, der Kunst und des Vergnügens Geldmittel in Hülle und Fülle bewilligt, und jährlich Millionen für Eisenbahnen, Straßen, öffentliche Gebäude, Kunsthallen, Theater u. s. w. ausgegeben werden. Es ist dies nur zu erklären durch die vollkommene Verkennung der sich stets steigernden sittlichen Ansteckung der Freien durch die verschlechtert aus den Strafanstalten Entlassenen; durch Mißachtung der hundertfältigen Erfahrungen über die Unwirksamkeit und das Verwerfliche des nur auf Abschreckung berechneten bisherigen Strafvollzuges, und besonders durch die verkehrte rein materielle Richtung unserer Zeit, welche nur dem Erwerb, dem Luxus und Vergnügen sich zugewendet, und alle höheren und humaneren Bestrebungen zur Bildung, Veredlung und Besserung des Menschengeschlechtes in den Hintergrund gedrängt, und am meisten zu den unheilvollen Bewegungen der verflossenen Jahre beigetragen hat.

Nach zuverlässigen statistischen Nachweisungen kann angenommen werden, daß aus 50 größeren Gefängnissen in Deutschland jährlich 20 bis 25000 entlassene Verbrecher in die Gemeinden zurückkehren; in Berlin befanden sich im Jahre 1846 allein 35000 Menschen, die nach amtlichen Angaben als entlassene Verbrecher unter polizeilicher Aufsicht stunden.

Wenn also in zehn Jahren 250000 und in zwanzig Jahren eine halbe Million Menschen in Deutschland aus den Strafanstalten zum größten Theil verschlechtert, in Laster und Verbrechen verhärtet, auf die Gesellschaft losgelassen werden, bedarf es da noch weiterer Erklärungen der Zunahme der Verbrechen und allerorts sich steigernden Rückfälle? Sollte man da nicht erwarten dürfen, daß auch die nöthigen Summen zur Erbauung von Strafanstalten aufzubringen wären, welche wenigstens nicht geradezu den Namen der Hochschulen aller Laster und Verbrechen verdienen?

Die vollkommene Verwerflichkeit der Gemeinschaftshaft, gemeinschaftliche Schlaf- und Arbeitssäle, wird wohl nur von Wenigen noch in Abrede gestellt; es kann deshalb den Regierungen, welche den Weg der Gefängnißreform ernstlich betreten wollen, bei Erbauung neuer Strafanstalten nur die Wahl gelassen sein zwischen dem Auburn'schen Schweigsysteme, dem Classifikationssysteme oder dem Zellensysteme, der Einzelhaft.

Eine Vergleichung der Kosten dieser drei Haftsysteme wird, bei guter und zweckmäßiger Einrichtung und Durchführung derselben, ziemlich dieselben Resultate ergeben.

Wenn bei dem Auburn'schen Systeme die Zellen auch etwas kleiner sein dürfen, weil sie den Gefangenen nur als Schlafzellen und zum Aufenthalte für die Sonn= und Feiertage dienen sollen, und die Einzelspazierhöfe, sowie eine besondere Construction der Kirche und der Schulen überflüssig sind, so müssen doch neben den Zellen noch eine nicht unbeträchtliche Anzahl Arbeitssäle hergerichtet werden, und zwar zur erfolgreichen Durchführung dieses Systems immer für höchstens 10—15 Gefangene eine besondere Abtheilung, für 400 Gefangene also 20—30 Arbeitssäle, welche in Einzelhaft wegfallen, und deren Kosten wohl die durch die kleineren Zellen entstandenen Ersparnisse wieder aufwiegen. Daß aber in dem unnatürlichen und doch nicht durchzuführenden Schweigsystem auch nicht annähernd das erreicht werden kann, was in einer guten Zellenhaft, ist an andern Orten nachgewiesen.

Die Durchführung des Classificationssystemes verursacht einen eben so großen Kostenaufwand wie die Einzelhaft, weil dort die Gefangenen nach ihrer Einlieferung längere Zeit in Zellen gehalten werden sollen, bis ihr Charakter erkannt, und dadurch eine Eintheilung in eine Classe ermöglicht ist; die den Gefangenen zum beständigen Aufenthalte dienenden Zellen müssen deshalb aus sanitätlichen Rücksichten auch von größerem Umfange construirt sein, als die Auburn'schen Schlafzellen; neben denselben sind aber noch eine größere Anzahl gemeinschaftlicher Arbeitssäle, immer für 10—15 Gefangene einer, zur Durchführung der Classification nöthig, so daß die Kosten dieser Strafanstalten denjenigen der Zellengefängnisse ebenfalls gleich kommen werden. Die Undurchführbarkeit des Classificationssystemes in größeren Anstalten, und die Unwirksamkeit desselben auf gewisse Verbrecher=Charaktere auch in den kleineren ist allgemein, selbst von den Directoren solcher Anstalten anerkannt.

Sind also die weniger wirksamen Haftsysteme mit dem gleichen Aufwande verbunden wie die Einzelhaft, so wird dieser auch in Beziehung auf den Kostenpunkt der Vorzug zuerkannt werden müssen. Die vermehrten Kosten der Zellengefängnisse werden aber weitaus durch die günstigeren Resultate der Einzelhaft, so wie durch die mögliche Abkürzung der Strafdauer für die Regierungen und die bürgerliche Gesellschaft, wieder aufgewogen.

Schon die höheren Pflichten der Staatsweisheit gebieten den Regierungen dringend eine Aenderung des bisherigen Strafsystemes der gemeinschaftlichen Haft. Wenn die moralische Ausbildung und Erziehung des Menschengeschlechtes, Sorge für persönliche Freiheit und rechtlichen Schutz der Staatsbürger von einer weisen und wohlwollenden Regierung als ihre Hauptpflichten erkannt, und durch alle Gesetze und staatlichen Einrichtungen befördert werden sollen, so muß der Staat den Uebertretern der bürgerlichen, wie der Moral-Gesetze besondere Aufmerksamkeit zuwenden, und dafür Sorge tragen, daß an den Orten der Züchtigung und Buße die Uebelthäter auf ein geordnetes, gesittetes und arbeitsames Leben nach der Entlassung vorbereitet werden, damit dieselben als nützliche Mitglieder in die bürgerliche Gesellschaft zurückkehren.

Durch die Einzelhaft entstehen für den Staat aber auch Ersparnisse, die nicht gering anzuschlagen sind; denn einmal kann bei der intensiveren Einwirkung des Systems auf die Verbrecher die Strafzeit derselben abgekürzt werden; es fallen somit nicht allein die Straferstehungskosten für die abgekürzte Strafzeit hinweg, sondern die Gefangenen werden voraussichtlich wegen der kürzeren Gefangenschaft seltener erkranken, und weniger geschwächt und arbeitsunfähig die Strafanstalt verlassen, somit einerseits in den Strafanstalten die Krankenverpflegungs- und Medikamentenkosten verringert, der Arbeitsertrag erhöht, und andererseits einer größeren Anzahl Entlassener die Möglichkeit gegeben sein, durch ihrer Hände Arbeit sich ehrlich und redlich zu ernähren, und vor dem Rückfalle sich zu bewahren.

Suringar sagt: durch Einzelhaft entsteht:

1) Ersparung vieler tausend Jahre Haft bei einigen tausend Gefangenen. Diese Jahre können zu nützlichen Lebenszwecken vermöge einer verbesserten Willenskraft angewendet werden.

2) Ersparung eines großen Capitals für den Staat in Bezug auf Unterhalt der Gefangenen.

3) Ersparung dessen, was die meisten Freigelassenen jetzt dem Staat kosten; denn, nachdem sie lange Jahre demselben während der Haft zur Last gelegen, bleiben sie es der menschlichen Gesellschaft auch nach der Abbüssung der Strafe, indem derjenige, welcher lange Jahre gesessen, selten wieder ein nützlicher Staatsbürger werden wird, sondern mehr oder weniger seinen Mitbürgern eine Bürde bleibt."

Ebenso wichtig, als für den Staat, ist die Verbesserung der Gefängnisse für die bürgerliche Gesellschaft, denn in ihre Mitte kehren die gebessert oder verschlechtert Entlassenen zurück, und an ihr rächen sich die, auf Kosten der Besserung der Verurtheilten an den Einrichtungen der Strafanstalten gemachten Ersparnisse.

Es ist nachgewiesen, daß die meisten und besonders die größten Verbrechen von, aus den Zuchthäusern Entlassenen begangen werden, und daß sich dieselben häufig durch schamlose Frechheit, Gewandtheit in Lug und Trug und Verachtung auch jedes Scheines von Sittlichkeits- und Ehrgefühl auszeichnen.

Nicht alle verschlechtert aus den Gefängnissen Entlassenen werden wieder verurtheilt, und kehren dorthin zurück, wo sie wenigstens während der Zeit ihrer Haft unschädlich gemacht sind, sondern gerade solche Enlassene wissen durch schlaueres Benehmen als früher, durch frechere und gewandtere Lügen bei den Untersuchungen dem strafenden Arm der Gerechtigkeit zu entgehen; sind ja doch Fälle bekannt, in denen vor Einführung unseres neuen Strafgesetzes einzelne dieser schlauen Verbrecher zwanzig und mehr Male wegen Mangel an Zeugenbeweis klagfrei gesprochen wurden! Wie unendlich groß muß der demoralisirende Einfluß dieser in den Zuchthäusern geschulten Missethäter sein! In den Gemeinden sind sie die Verführer der Jugend zu Spiel, Trunk, Wollust und Diebstahl; in den Untersuchungsgefängnissen die besten Lehrmeister im Abläugnen der Verbrechen und in allen Lastern; in den Strafanstalten die Heuchler und Scheinheiligen gegen die Beamten, die Lästerer, Spötter, Hetzer und Tonangeber bei ihren Mitgefangenen. Ist es aber erwiesene Thatsache, daß ein großer Theil der aus der Einzelhaft Entlassenen gebessert in die bürgerliche Gesellschaft zurückkehrt, ist da nicht die Aufwendung einmaliger größerer Kosten zur Erbauung von Zellengefängnissen nicht allein gerechtfertigt, sondern durch Pflicht und Klugheit geboten?

Aber auch für die Gefangenen als Staatsbürger und Mitmenschen möchten wir den Schutz der Regierungen gegen jede moralische Benachtheiligung in den Staatsgefängnissen beanspruchen. Wer Gelegenheit hat, und die Mühe nicht scheut, die Lebensgeschichte vieler Verbrecher kennen zu lernen, der wird bald zu der Ueberzeugung gelangen, daß eben so oft fehlerhafte Erziehung, schlechtes Beispiel, selbst Verführung der Kinder durch Eltern, als wirkliche und unverbesserliche Verdorbenheit die Ursache der begangenen Verbrechen gewesen sind. Sollte da der christliche Staat nicht die heilige Pflicht haben, diese zur Abbüssung ihrer Verbrechen in den Strafanstalten Gehaltenen dort nicht allein vor größerer Verschlechterung zu schützen, sondern zu bessern und zu gesitteten, arbeitsamen und nützlichen Gliedern der Gesellschaft heranzubilden, und das an ihnen nachzuholen, was ohne ihre eigene Schuld, durch den Leichtsinn ihrer Eltern, ihre Armuth und ihre Stellung im bürgerlichen Leben an ihnen vernachläßigt worden ist?

Hinsichtlich des Kostenpunktes der Zellengefängnisse erklärt de Metz, ehemaliger Rath am Königlichen Gerichtshofe zu Paris, Direktor der landwirthschaftlichen Colonie für jugendliche Verbrecher zu Mettray in einer Abhandlung über die Vorzüge der Einzelhaft gegen das Auburn'sche System: „Bei solchen Vorzügen der Einzelhaft schäme ich mich beinahe, die Geldfrage berühren zu müssen. Es gibt wohlfeile Käufe, welche den Käufer zu Grunde richten. Wenn man aber die zahlreichen Uebelstände und Mängel, welche das System der Gemeinschaft der Sträflinge unfruchtbar machen, abwägt, so kommt man unausweichlich auf die Berechnung der Folgen einer solchen verlornen Ausgabe, wenn man nach einiger Zeit der Erfahrung gezwungen wäre, ein mit großen Kosten eingeführtes System aufzugeben, um ein anderes anzunehmen. Und wenn es erwiesen ist, daß die Erfahrung, welche sich aus der Anwendung des Systemes durch dessen abschreckende und bessernde Kraft und die hieraus folgende Verminderung der Zahl der Verurtheilungen und der Häufigkeit der Rückfälle und der kürzeren Strafzeiten von selbst ergibt, in mehreren Beziehungen die Kosten der Einrichtung desselben aufwiegen muß, so fällt die Einwendung von selbst weg; hiezu kommt noch, daß bei dem Zellensysteme keine gemeinschaftlichen Speisesäle, keine Werkstätte und Krankensäle nothwendig sind, was also einen bedeutenden Ersatz für den größeren Aufwand, welchen der Bau der Zellen kosten kann, ausmacht."

Hudtwalker sagt: „In England wird diese Frage gar nicht aufgeworfen; ebensowenig ist dies bisher bei den Verhandlungen in der französischen Deputirtenkammer geschehen. Es wäre doch eine Schmach für Deutschland, wenn wir in einer so wichtigen Angelegenheit das anerkannt Bessere deßhalb unterlassen wollten, weil wir die Kosten nicht aufbringen könnten. Die kurzsichtigste Sparsamkeit ist immer die, welche an Gegenständen geübt werden soll, die mit der öffentlichen Sittlichkeit in näherem und entfernterem Zusammenhange stehen; sie will Früchte pflücken, ohne den Baum zu pflanzen. Es ist wahr, daß der Bau einer Strafanstalt, in der jeder Gefangene sein eigenes Zimmer haben muß, theurer zu stehen kommt, als wenn dies nicht der Fall ist; bringt man aber dagegen die bei jeder Verbesserung nöthige Anlage separater Nachtzellen und die gemeinschaftlichen Arbeits- und Krankensäle in Anschlag, welche letztere nach dem pennsylvanischen System wegfallen, so kann der Unterschied so überaus groß nicht sein. Auch die Verwaltungskosten eines verbesserten Gefängnisses werden sich unstreitig erhöhen, aber nach dem philadelphischen System bei Weitem nicht in dem Maße, wie nach dem Auburn'schen."

In der Schrift über Verbesserung der Gefängnisse und Einführung der Einzelhaft, von einem Justizbeamten, Hanau, 1840, ist gesagt: „Was endlich den Kostenpunkt betrifft, so wird nicht nur dadurch eine bedeutende Ausgabe verursacht, daß die bisherigen Strafhäuser abfällig werden, und mit Wahrscheinlichkeit anzunehmen ist, daß die anderweitige Verwendung oder Veräußerung nicht so viel einbringen wird, als die Einrichtung der neuen Gebäude kostet, sondern es ist auch zweifellos, daß Strafhäuser, nach dem Isolirsystem erbaut, mehr kosten, als andere, da mehr Raum, mehr Zwischenwände, mehr Thüren, Fenster u. s. w. verlangt werden; allein der Staat wird sich fragen müssen: Was ist rathsamer, eine als durchaus schlecht anerkannte wohlfeilere Einrichtung bestehen zu lassen, oder einer durchgreifenden Verbesserung ein für den Anfang auch bedeutendes Geldopfer zu bringen? Im wohlverstandenen Interesse des Staats wird die Annahme der zweiten Alternative keinem Zweifel unterliegen. Es ist auch leicht einzusehen, daß die aufgewendeten Kosten auf indirekte Weise reichlich ersetzt werden. Werden die Strafhäuser so eingerichtet, daß die Verbrecher dieselben gebessert verlassen, so werden sich die jetzt in enormer Weise zunehmenden Rückfälle mindern, also weniger Verbrechen stattfinden, mithin weniger Untersuchungen, weniger Verpflegungskosten, weniger Gefängnisse, weniger Personal u. s. w. nöthig sein. Alle diese Posten sind gegenwärtig im Zunehmen, und wenn der Verfasser auch weit entfernt ist, die Zunahme der Verbrechen allein auf Rechnung der Gemeinschaft der Sträflinge zu setzen, er vielmehr den zerrütteten Zuständen der Familien, dem Hang zu geistigen Getränken, der gesunkenen Religiösität, dem Luxus und dergleichen einen guten Antheil davon zuschreibt, so ist doch jene Verbrechergesellschaft immer eine Hauptquelle der Verschlimmerung, welche zu verstopfen sich wohl der Mühe lohnt.

Ebenso Oskar, Kronprinz (jetziger König) von Schweden über Strafe und Strafanstalten: „Die Tabellen über die fortschreitende Zunahme der Verbrechen, welche die für die Menschheit eben so betrübenden, als für die Ruhe des Staates gefährlichen Verhältnisse in schlichter Wahrheit hinstellen, thun auf unwiderlegliche Weise dar, wie nöthig es ist, vermittelst umfassender und durchgreifender Maßregeln zu versuchen, das Uebel auszurotten. Die Freiheitsstrafe mit Beibehalt der ansteckenden Entsittlichung unserer Gefängnisse anzuwenden, heißt nur das Gebiet für die gegenseitige Unterweisung in den abscheulichsten Lastern erweitern. Hieraus geht schon die ganze Wichtigkeit des Pönitentiarsystemes und die Nothwendigkeit hervor, zur Beförderung und Einführung desselben kein Opfer zu scheuen."

Ein erfahrener Staatsmann sagt: „Nicht bloß die Gerechtigkeit verlangt eine Aenderung, auch die Klugheit gebietet sie. Alle in den Strafhäusern Verschlechterten kehren in die bürgerliche Gesellschaft zurück, und vergelten die ihnen zu Theil gewordene Demoralisation durch schlechtes Leben, neue und kühnere Verbrechen, verführen Andere, und der Staat ärntet die Früchte von dem, was er gesät hat: Vermehrung der Verbrechen, Steigerung der Rückfälle, dadurch Nothwendigkeit der Vermehrung der Haftlokale, vermehrte Kostensummen, und so erzeugt sich eine Wechselwirkung, furchtbar und unabsehbar in ihren Folgen, deren geringste die enormen Summen sind, die in immer zunehmender Progression von den Strafhäusern verschlungen werden, man kann wohl sagen **nicht bloß nutzlos, sondern geradezu aufgewendet, um Verbrecherschulen zu unterhalten.** —

Durch die Einzelhaft soll endlich die körperliche und geistige Gesundheit der Gefangenen in höherem Grade gefährdet und benachtheiligt werden, als durch die übrigen Haftsysteme.

Dieser Einwurf wurde von den Gegnern der neuen Haftart allerorts erhoben, vielfach mit Erfolg ausgebeutet und als Hauptgrund gegen deren Einführung geltend gemacht. Es wird deßhalb eine genaue Prüfung desselben hier am Platze sein.

Die Krankheits- und Mortalitätsverhältnisse unseres Hauses sind so ausführlich mitgetheilt, daß die Unrichtigkeit dieses Einwurfs gegen die in unserer Anstalt erzielten Resultate unzweifelhaft daraus hervorgeht, besonders wenn man bedenkt, daß die Gesundheitsverhältnisse unserer Gefangenen sich später noch günstiger gestalten werden, wenn einmal die nachtheiligen Einwirkungen beseitigt sind, welche durch manche unzweckmäßige, jetzt zum Theil verbesserte bauliche und innere Einrichtungen der Anstalt nach ihrer Eröffnung, durch die Transferirung einer Menge Gefangener aus gemeinschaftlicher Haft mit theilweise schon geschwächter Gesundheit, durch die große Zahl der politisch Verurtheilten aus den höheren Ständen und dem vorgerückten Lebensalter, und durch manche bis zur Stunde der vollen Entfaltung des Systemes noch hindernd im Wege stehenden Gesetzesbestimmungen über den Strafvollzug hervorgerufen werden mußten.

Es ist vor Allem durchaus unstatthaft, bei Beurtheilung der Vorzüge des einen Haftsystemes vor dem andern die Gesundheitsverhältnisse und die größere oder geringere Krankenzahl und Mortalität der Gefangenen in erste Reihe zu stellen, insofern sie keine unbedingt und auffallend nachtheiligen sind.

Ist denn der Zweck irgend eines Gefangenschaftssystemes Erhaltung oder Verbesserung der Gesundheit der Gefangenen? Nicht um gesund gemacht zu werden, wird der Verurtheilte in die Strafanstalt verbracht, sondern um für sein Verbrechen zu büßen, die Gesellschaft vor fernerer Verletzung durch ihn zu schützen, und ihn wo möglich zu bessern; es wird deßhalb wohl dasjenige Haftsystem als das beste und den Absichten des Gesetzes, dem Wohle der Gesellschaft wie des Verurtheilten entsprechendste bezeichnet werden müssen, welches diese Zwecke in den meisten Fällen und am nachhaltigsten erfüllt, selbst wenn es auch ein etwas höheres Krankheits- und Mortalitätsverhältniß zur Folge haben sollte, als die anderen, in Beziehung auf die Strafzwecke nicht nur unwirksamen, sondern geradezu nachtheiligen Haftarten. Moreau Christophe sagt: „Das Gewissen des Verbrechers ist in der Gesellschaft von Seinesgleichen weniger qualvoll, indem die verschlechternden Einflüsse durch Wort und That, denen er beständig ausgesetzt ist, die innere Stimme übertäuben. Dagegen wacht in der Einsamkeit der Zelle sein innerer Richter beständig, und läßt ihm keine Ruhe mit Gewissensbissen. Wenn nun die Religion mit ihren Tröstungen nicht zu Hilfe kommt, so kann Verzweiflung und Wahnsinn sich des Verstandes und der Vernunft einzelner Unglücklichen bemächtigen. Aber auch zugegeben, daß auf diese Weise von hundert in Einzelhaft gehaltenen Gefangenen vier wahnsinnig würden, wäre dies ein Grund, hundert Verbrecher nicht zu isoliren, und sie dadurch der Gefahr eines viel mehr für alle zu befürchtenden Wahnsinnes auszusetzen, der erzeugt wird durch schlechte, unreine gegenseitige Berührungen, und durch alle die Gefängnißlaster, die unheilbare moralische Krankheiten im Gefolge haben, die die Seele verderben? Kann man es verantworten, um vielleicht einige wahrscheinliche Seelenkrankheiten zu verhüten, Alle der schweren unheilbaren Seelenverderbniß auszusetzen, die bei gemeinschaftlicher Haft nie ausbleibt? Wenn in einer Stadt ein großer Brand ausgebrochen ist, wird man sich da besinnen, einige Häuser niederzureißen, um die übrigen vor dem Untergange zu bewahren?" Und der Irrenarzt Dr. Flemming setzt hinzu: Es gibt Krankheiten, bei denen die Wahrscheinlichkeit der Unheilbarkeit unendlich größer ist, als die der Heilbarkeit; gäbe es aber ein Mittel, welches heroisch genug, um in 50 Fällen seiner Anwendung einmal, sogar zweimal den Tod nach sich zu ziehen, dennoch auch im Stande wäre, in den übrigen 48 oder auch nur in der Hälfte dieser Zahl Genesung zu bewirken, würde man wohl Bedenken tragen dürfen, überall zu seinem Gebrauche zu greifen?"

Für Gefängnißbeamte und Fachmänner bedarf es ferner keiner Begründung, daß bei Vergleichung der gesundheitlichen Verhältnisse verschiedener Strafanstalten Zahlen nicht allein maßgebend sein können, weil sie wissen, wie sehr Klima, Lage, Bau, Einrichtung, Heizung, Ventilation, die ganze Hausordnung, Kost, Gewerbsbetrieb einer Strafanstalt und die Haftdauer den gewichtigsten Einfluß auf die Gesundheit der Gefangenen ausüben müssen. So ist z. B. constatirte Thatsache, daß die sieben nördlich von Philadelphia gelegenen Auburn'schen Strafanstalten in Amerika ein gerade nur halb so großes Mortalitätsverhältniß nachweisen, als die sieben nach demselben Systeme eingerichteten südlich von Philadelphia gelegenen Gefängnisse. Jahrb. d. Gef.-K., IV, 1845, Seite 38. In einer badischen Strafanstalt starben hauptsächlich wegen unzureichender Kost mehrere Jahre hindurch 12—16% der Gefangenen; als die Kost verbessert wurde, sank das Mortalitätsverhältniß rasch auf 2—3% bei demselben Systeme herunter; in der sächsischen Strafanstalt Zwikau wurde durch Verbesserung der Kost die Durchschnittszahl der Kranken von 80 bis 100, bei einem Durchschnittsstand von 800 Gefangenen, rasch auf 30—40 vermindert, und die Arbeitskräfte derselben um 30% vermehrt. Strafanstalten mit rasch wechselnder Bevölkerung werden immer geringere Krankheits- und Todten-Zahlen haben, als solche zur Verbüßung von längerzeitigen Freiheitsstrafen.

Die Zahlen der in Einzelhaft vorkommenden und als solche angenommenen Seelenstörungen werden endlich scheinbar immer etwas größer sein, als die in der gemeinschaftlichen und Auburn'schen Haft erkannten und von deren Beamten angegebenen, wie wir schon nachgewiesen haben, weil in diesen Systemen einerseits durch das Gebot des Stillschweigens bei der Arbeit, und durch die Seltenheit längerer Unterredungen mit den einzelnen Gefangenen, für die Aufseher und Beamten die Gelegenheit gar nicht gegeben ist, die leichteren Grade oder die Anfänge geistiger Alienationen bei den Gefangenen zu erkennen, andererseits aber häufig die an beginnender Seelenstörung erkrankten Sträflinge durch die Furcht vor der, jeder Uebertretung des Schweiggebotes folgenden Strafe zum ruhigen Verhalten in den gemeinschaftlichen Sälen bestimmt, und deßhalb die Seelenstörungen erst dann erkannt werden, wenn die davon Befallenen durch ihr verkehrtes Benehmen die Hausordnung stören, ihre vorgeschriebene Arbeit nicht verrichten, und dadurch eine aufmerksamere Beobachtung und Prüfung ihres Geisteszustandes veranlassen. Genaue Untersuchungen stellten heraus, daß in 21 französischen gemeinschaftlichen Zuchthäusern das Verhältniß der Geisteskranken zu den Gesunden sich verhielt wie mehr als 10 zu 1000. Im Pensylvanischen Journal der Gefängniß-Zucht und Ordnung von 1852, Aprilheft, heißt es in dem Berichte der zur Prüfung der Hauszucht der Gefängnisse zu Auburn, Clinton, und Sing-Sing niedergesetzten Commission, S. 256: „Im Laufe unserer Erforschung sind wir auf zahlreiche Fälle krankhafter geistiger Zustände bei den Gefangenen gestoßen. Eine viel größere Zahl der Bewohner unserer Gefängnisse sind mehr und weniger wahnsinnig, als die öffentliche Meinung glaubt, und als selbst die Beamten dieser Strafanstalten gewahr zu werden scheinen." In einem Verzeichniß der Gefangenen einer badischen Strafanstalt, welches uns zur Auswahl der zur Transferirung in unser Haus Tauglichen zugestellt worden war, befanden sich auf 300 Gefangene neun, welche als: halber Simpel, spricht hie und da verkehrtes Zeug, nicht ganz bei Verstand" bezeichnet waren; ähnliche Ergebnisse wird jede genaue Prüfung der geistigen Gesundheitsverhältnisse der Gefangenen in allen Strafanstalten liefern.

In der Einzelhaft dagegen werden alle Verstandes und Gemüthskräfte der Gefangenen genau erkannt und beobachtet, und wurden namentlich im Anfange nach Einführung des neuen Systemes häufig auch vorübergehende heftigere Gemüthsbewegungen, besonders die Gemüthserschütterungen, denen selten ein Zellengefangener entgeht, und die bei richtiger Erkenntniß und Behandlung in der Regel den Anfang zur Besserung bilden, als durch das System hervorgerufene Seelenstörungen angenommen; so hat z. B. Dr. Darrach im Philadelphischen Zellengefängniß von 1837—1841 auf 783 Gefangene 90 vorgekommene Seelenstörungen angegeben, von denen aber einzelne in zwei Tagen geheilt waren, und nach seiner eigenen Ansicht kaum den Namen einer Seelenstörung verdienten.

In den ersten amerikanischen Zellengefängnissen mit der strengeren Hausordnung, ohne genügende Arbeit, geistige Beschäftigung und Zerstreuung durch Schule, Lektüre und Zellenbesuche scheint allerdings die derartige Durchführung des Systemes einigermaßen nachtheiligere Einwirkungen auf die körperliche und besonders die geistige Gesundheit mancher Gefangenen gehabt zu haben, und dieser in der ersten Zeit dem Systeme gemachte Einwurf nicht ganz ohne Berechtigung gewesen zu sein. Sobald man sich aber davon überzeugte, wurde die allzugroße Strenge gemildert, manche sanitätspolizeiliche Fehler in Bau- und Hausordnung jener Zellengefängnisse beseitigt, die Nothwendigkeit körperlicher und geistiger Beschäftigung als Grundbedingung der Durchführbarkeit des neuen Systemes erkannt, auch der geistigen Ausbildung und gemüthlichen Aufheiterung durch Schulunterricht, vermehrte Zellenbesuche und Verabreichung von Büchern verschiedenen Inhaltes an die Gefangenen alle erforderliche Sorgfalt zugewendet, und durch einen solchen Strafvollzug die, bei der früheren strengeren Durchführung des Systemes entstandenen Nachtheile rasch gehoben. War ja doch die Einzelhaft ein neues, den bisherigen Haftarten in ihrer Grundidee und Durchführung geradezu entgegengesetztes, in ihrer Einwirkung auf die Gefangenen den Beamten völlig unbekanntes System; aus andern Staatseinrichtungen konnten keine Beobachtungen benützt werden, da solche nirgends bestunden, und auch die Erfahrungen der Klöster mit den strengen Ordensregeln, selbst wenn wissenschaftliche sanitätliche Aufzeichnungen vorhanden gewesen wären, nur entfernte Analogien bieten konnten, weil deren Bewohner als bußfertige, reumüthige und fromme Menschen freiwillig in sie eintraten, während in den Gefängnissen die verdorbenen und unbußfertigen Uebertreter der Gesetze aus Zwang gehalten werden sollen. Weil man in der beständigen Gemeinschaft der Gefangenen das Haupthinderniß jedes ernsten Nachdenkens, jeder tieferen und nachhaltigeren Einwirkung des Religionsunterrichtes und der Privatbelehrungen erkannt hatte, wollte man durch eine längerzeitige, strenge Isolirung die Gefangenen zum Nachdenken nöthigen, den Einflüssen der Bekehrung und Besserung zugänglicher machen, und wenn auch zur Erreichung dieser edlen Absicht im Anfange zu rigorose Wege eingeschlagen worden waren, so milderte bald die Erfahrung die strenge Praxis, und die wenigen, durch jene Durchführung vielleicht hervorgerufenen Opfer des neuen Systemes wurden vielfach wieder aufgewogen durch die unendlichen, seit dieser Zeit durch dasselbe erreichten Vortheile und die vielen geretteten Menschenseelen. Anerkanntermaßen war aber der allgemeine Gesundheitszustand des größeren Theiles der Gefangenen jener Anstalten auch in dieser Periode ein entschieden günstigerer, als in der gemeinschaftlichen Haft, wenn auch die Zahl der Seelenstörungen sich etwas höher herausstellte.

Aber auch nach Milderung des Systemes mußten noch andere, aus den socialen amerikanischen Zuständen hervorgehende Verhältnisse, die wir hier näher beleuchten wollen, nachtheilig auf die sanitätlichen Resultate der amerikanischen Zellengefängnisse einwirken.

1) Es ist erwiesene Thatsache, daß durch die *gemischte Bevölkerung* jener Anstalten höhere Krankheits- und Mortalitäts-Verhältnisse hervorgerufen wurden, weil die, an ein wärmeres Klima gewöhnten, in Folge der Sclaverei körperlich geschwächten, gemüthlich gedrückten, sinnlichen, geistig trägen und energielosen Neger die Einzelhaft weniger ertragen, und viel häufiger an Schwindsucht und Seelenstörung erkranken, als die weiße Gefängnißbevölkerung, wie aus nachfolgender Tabelle über das *Sterblichkeits-Verhältniß im Zellengefängniß zu Philadelphia* zu ersehen ist:

Jahre.	Mittlere tägliche Bevölkerung in Köpfen.	Todesfälle.	Auf 100 Gefangene kommen Todesfälle.	Tägliche Durchschnittszahl der weißen Gefangenen	Todesfälle unter den Weißen	Auf 100 Weiße kommen Todesfälle	Tägliche Durchschnittszahl der farbigen Gefangenen.	Todesfälle unter den Schwarzen.	Auf 100 Farbige kommen Todesfälle.
1830	31	1	3,0	22	1	4,19	9	—	— —
1831	67	4	6,0	48	2	4,18	19	2	10,03
1832	91	4	4,4	69	1	1,44	22	3	13,52
1833	123	1	0,8	89	1	1,11	34	—	— —
1834	183	5	2,7	124	1	0,80	59	4	6,68
1835	266	7	2,6	158	2	1,26	108	5	4,61
1836	360	12	3,8	202	2	0,99	148	10	6,74
1837	387	17	4,3	233	7	3,00	154	10	6,49
1838	401	26	6,25	240	7	2,90	161	19	11,80
1839	418	11	2,63	245	2	0,81	173	9	5,35
1840	406	22	5,41	239	9	3,76	167	13	7,78
1841	335	17	5,07	201	4	1,99	134	13	9,70
1842	332	9	2,70	212	3	1,41	130	6	4,61
1846	326	13	4,00	235	4	1,70	91	9	9,98
1847	294	9	3,06	215	3	1,40	79	6	7,59
Durchschnitt d. 15 Jahre	268	10,53	3,93	169	3,26	**1,93**	99	7,27	**7,34**

Im Jahr 1840 befanden sich auf 1676115 weiße freie Einwohner in Amerika, über welche genaue statistische Aufnahmen erhoben wurden, 1996 Irren, oder 1 zu 868, und auf 47854 farbige Einwohner 197 Irren, oder 1 zu 242, also $3^2/_3$ mehr, als bei der weißen Bevölkerung.

Dennoch aber zeigen die meisten deutschen und französischen Strafanstalten mit gemeinschaftlicher Haft ein gleiches oder höheres Krankheits= und Mortalitäts=Verhältniß, als Philadelphia.

2) Von besonderer Wichtigkeit in Vergleichung der Mortalitäts=Verhältnisse der amerikanischen Auburnschen und Einzelhaft Gefängnisse ist der Umstand, daß die Begnadigungen in den meisten Auburnschen Anstalten früher in verschwenderischem Maße ertheilt wurden, während dieselben im Philadelphischen Strafhaus und den übrigen Zellengefängnissen nur höchst selten vorkamen, und daß dort besonders kränkliche und schwächliche Gefangene begnadigt entlassen wurden. Welch' bedeutenden Einfluß dies auf die statistischen Sterblichkeitsnachweisungen besonders in einem Lande haben muß, in wel=

chem Nachrichten über die Entlassenen nur schwer zu erhalten sind, ist begreiflich. So wurden z. B. in den Auburnschen Strafanstalten zu Sing-Sing von 100 Entlassenen 16, in Auburn und Frankfurt 35, in Columbus 38; dagegen im Zellengefängniß zu Philadelphia von 100 Entlassenen nur 9 nach mehrjährigem Durchschnitt begnadigt.

3) Daß die Gefangenen aus der Zahl der Einwanderer, und ihr Contingent ist nicht unbedeutend, die Einzelhaft schwerer ertragen, als die Eingebornen, wird nicht auffallen, wenn man bedenkt, daß denselben durch ihre eigenthümliche Lage die meisten Erleichterungen der Einzelhaft nicht zu Theil werden können, indem sie der Sprache ihrer Beamten und Aufseher unkundig, dadurch im gewerblichen und Schulunterrichte gehemmt, der Zerstreuung durch Lectüre und Zellenbesuche weniger zugänglich, und durch ihr Schicksal, ihre getäuschten Hoffnungen, ihr Elend und Heimwehe leichter körperlichen und gemüthlichen Leiden unterworfen sind.

4) Wie unter den englichen Zellengefängnissen in der Regel das Mustergefängniß Pentonville, so wird in Amerika das Zellengefängniß in Philadelphia bei dem Urtheile über die Einzelhaft als maßgebend angenommen. Es ist aber erwiesen, und insbesondere macht dessen Hausarzt Dr. Given darauf aufmerksam, daß gerade in dieser Anstalt die Krankheits- und Sterblichkeitsverhältnisse deßhalb höher, als in andern Zellengefängnissen sei, weil viele Gefangene aus Philadelphia selbst in die Anstalt eingeliefert werden, welche durch die Ausschweifungen oder den Mangel der großen Städte geschwächt sind. In 17 Jahren wurden im Ganzen 2176 Gefangene aufgenommen, und zwar 938 aus der Grafschaft Philadelphia, und 1228 aus den übrigen Provinzen; von den Ersteren starben 12%, von den letzteren nur 6%; die Sterblichkeit war also bei jenen gerade doppelt so groß, als bei diesen. Jahrb. d. Gef. K. XI, S. 347.

5) Manche Staaten Amerikas besassen früher keine Irrenhäuser, und die Rechtspflege wie das Amt der Gerichtsärzte war häufig unwissenden Händen anvertraut, so daß theils vorhandene Geisteskrankheiten bei Angeschuldigten nicht erkannt, und diese verurtheilt, theils Geisteskranke, die ein Verbrechen begangen hatten, statt in die Irrenhäuser, in die Strafanstalten zur Verwahrung verbracht, und dadurch die Zahlen der in letzteren vorgekommenen Seelenstörungen vermehrt wurden.

6) In dem philadelphischen Strafhaus sind die Hälfte aller Gefangenen als notorische Trunkenbolde, und nur ein Sechstheil als früher nüchterne Menschen angegeben. Es begreift sich, daß unter den ersten durch den plötzlichen Uebergang von der Gewohnheit an geistige Getränke zu der einfachen Gefängnißkost und strengen Zucht Säuferwahnsinn, so wie überhaupt Geistesschwäche und Stumpfheit und die bekannten Folgen der Trunksucht, Anlage zu Brustkrankheiten, Wassersuchten u. s. w. häufig entstehen mußten.

Dennoch aber sprechen sich die Beamten, und besonders die Aerzte der amerikanischen Einzelhaft-Gefängnisse entschieden günstig über die allgemeinen Gesundheitsverhältnisse ihrer Zellengefangenen aus, welche Zeugnisse von den, zur Untersuchung der Strafanstalten von der Regierung beauftragten Commissionen bestätigt werden. Dr. Bache und Dr. Hartshorn, die früheren Aerzte des Philadelphischen Zellengefängnisses, haben die Erfahrung gemacht, daß die Einzelhaft, wie mit Sicherheit behauptet werden kann, weit entfernt, der Gesundheit nachtheilig zu sein, im Ganzen von wohlthätigem Einflusse auf dieselben gewesen ist; namentlich steht das eine fest, daß die Isolirung der Gefangenen vor epidemischen und contagiösen Krankheiten schützt. Als in Philadelphia die Cholera herrschte, erkrankten in dem Haftgebäude in der Bogenstraße mit gemeinschaftlicher Haft von 310 Gefangenen 80, und es starben 22; in dem Versorgungshause starben 89 Pfleglinge, während in dem Zellengefängnisse nicht ein Gefangener davon befallen wurde. Als im Jahr 1838 und 1839 in La Roquette in Paris die Ruhr in der gemeinschaftlichen Abtheilung herrschte, und beständig $1/5$ bis $1/6$ der Bevölkerung davon erkrankt war, kam in der Abtheilung der Isolirten nicht Eine Ruhrerkrankung vor.

Vom Jahr 1830 bis 1842 wurden im philadelphischen Zellengefängniß mehr als die Hälfte der nicht vollkommen gesund oder krank aufgenommenen Gefangenen gesund oder wenigstens bedeutend gebessert entlassen. Dies begreift sich, wenn man bedenkt, daß zwar jede Gefangenschaft an und für sich schädliche Einflüsse äußert, andererseits doch aber auch wieder die Gesundheit schützen und herstellen kann, wenn sie Leute trifft, die früher meistentheils ein ausschweifendes oder sehr ärmliches Leben führten, und nun auf längere Zeit zur Ordnung gezwungen, gut gekleidet, und hinreichend genährt werden. Jahrb. Gef. K., 1845, VI. S. 41.

Dr. Hartshorn sagt ferner: „ich habe noch keine Krankheit entdeckt, welche unserem Strafhause eigenthümlich wäre, oder mit einigem Schein von Recht der besondern Wirkung der Einzelhaft zugeschrieben werden könnte. Die Erfahrung jeden Tages hat mein Vertrauen auf die Wirksamkeit des Systemes gesteigert; die unter einer verderbten Bevölkerung verhältnißmäßig kleine Zahl der vorgekommenen eigentlichen und schweren Krankheitsfälle, und die wenigen, in den Zellen entstandenen tödtlichen Krankheiten können nicht in Betracht kommen, und es muß uns nothgedrungen die ansehnliche Besserung vieler unter ihnen auffallen." Er ist völlig überzeugt: daß die vereinzelte Einsperrung, anstatt den Geist abzustumpfen, wie einige meinen, eher bei weitaus dem größten Theil der Gefangenen im Stande ist, die gegentheilige Wirkung hervorzubringen. Das Wahrnehmungsvermögen wird augenscheinlich durch anhaltende Anstrengung unter den Beschwerden äußern Zwanges geschärft. Auch wird die Denkkraft durch ihre ungewohnte Thätigkeit bei den Ansprüchen einer Einsamkeit, welche allein durch den Verkehr mit einsichtsvollen Leuten unterbrochen wird, gar sehr gesteigert."

Dr. Given, der spätere Arzt im philadelphischen Strafhaus, bezeugt dies ebenfalls im Jahresbericht von 1845: „ich schwanke nicht zu sagen, daß die Einzelhaft, wenn zweckmäßig angewendet, zu gleicher Zeit die menschlichste und verständigste Haftart ist, und so unschädlich, als irgend eine in Bezug auf den Geistes- und Körperzustand derer, die ihr unterworfen sind." Und in dem Berichte für das Jahr 1846: „die Freunde der Einzelhaft werden erfreut sein zu hören, daß die Erfahrungen eines weiteren Jahres in dem östlichen Staatsgefängniß abermalige Beweise der Vorzüglichkeit und Zweckmäßigkeit seiner Hauszucht liefern. Ungeachtet der großen Zahl Gefangener, welche bei ihrem Eintritte an beginnenden oder bereits weiter entwickelten tödtlichen Krankheiten litten, war die Sterblichkeit doch nicht ungewöhnlich groß, während der allgemeine Gesundheitszustand schwerlich in irgend einer ähnlichen, gleich frühe gegründeten Anstalt übertroffen wird." Jahrb. d. Gef.-K., XI, 1848, S. 338.

In neuester Zeit erweisen sich die Gesundheitsverhältnisse der amerikanischen Zellengefängnisse noch günstiger als früher, und widerlegen entschieden den, dem Systeme gemachten Einwurf. Mit Zunahme der Landesbevölkerung haben sich so manche früher auf sämmtliche Verhältnisse der ärmern Classe, aus welcher in der Regel die Zuchthausbewohner hervorgehen, nachtheilig einwirkenden socialen Zustände und staatlichen Einrichtungen geändert und verbessert; durch Erbauung von Kirchen und Schulen, durch Gründung von Hospitälern, Irrenhäusern, Asylen, Mäßigkeitsvereinen und sonstigen Werken einer hilfreichen und barmherzigen Nächstenliebe, durch Beförderung der Kunst, Wissenschaft und allgemeinen Bildung wurden die sittlichen Zustände des Volkes gehoben, und haben selbst die Verbrechen abgenommen; welch' großen Einfluß dies auf die sanitätlichen Verhältnisse der Gefängnisse haben muß, geht am besten aus der sichtlichen Abnahme der daselbst vorkommenden Erkrankungen, Todesfälle und Seelenstörungen hervor, wie die Beamten der Strafanstalt alle bezeugen.

Es starben im Zellen-Gefängniß zu Philadelphia in den Jahren

1849	von	420	Gefangenen	6,	oder	1,43 %.
1850	„	449	„	1,	„	0,22 %.
1851	„	447	„	7,	„	1,56 %.
1852	„	436	„	2,	„	0,46 %.
1853	„	400	„	3,	„	0,75 %.
in 5 Jahren	von	2152	Gefangenen	19,	oder	0,88 %.

Im Zellen-Gefängniß zu Trenton starben

1852 von 207 Gefangenen 3, oder 1,45 %.

Im Zellen-Gefängniß zu Pittsburg starben

1852 von 174 Gefangenen 2, oder 1,15 %.

In Auburn starben

1852	von	771	Gefangenen	12,	oder	1,55 %.
1853	„	735	„	23,	„	3,13 %.

In Sing-Sing starben

1851	von	1083	Gefangenen	22,	oder	2,03 %.
1852	„	724	„	19,	„	2,62 %.

Die Zahl der in neuerer Zeit in Philadelphia vorgekommenen Seelenstörungen ist, mit Berücksichtigung der angegebenen Verhältnisse der Gefängnißbevölkerung jener Anstalt, keine bedeutende zu nennen, besonders, da darunter auch solche Geisteskranke sich befinden, die in die Strafanstalt zur Verwahrung gesandt worden, ohne daß ein Strafurtheil gegen sie ergangen war. Archiv des Criminalrechtes, 1854, S. 365. Seelenstörungen kamen vor: 1847 bei 462 Gefangenen 10, 1848 bei 429 Gefangenen 10, 1849 bei 420 Gefangenen 11, 1851 bei 447 Gefangenen 8.

Ueber die in Auburn vorgekommenen Seelenstörungen bemerkt der langjährige Arzt dieser Anstalt, Josgate, daß dem Arzte bei der Anzeige einer Geistesstörung bei einem Gefangenen überall Hindernisse entgegengesetzt werden, und daß vorzüglich die Arbeitsunternehmer und die von ihnen abhängigen Beamten über jede derartige Anzeige spotten. Ein Aufseher bezeugt, daß er in seinem Arbeitssaale 4, oft 6 Gefangene hatte, welche insane waren, um deren Krankheit sich Niemand kümmerte. Archiv des Criminalrechts, 1854, S. 367.

Im Januarheft 1852 des Pensylvania-Journals für Gefängnißzucht und Ordnung ist ausgesprochen: „Die Trennung des einen Gefangenen von dem andern ist die einzig vernünftige Basis, auf welche eine verbesserte Gefängnißzucht mit irgend Hoffnung auf Erfolg begründet werden kann." Die Gefängniß-Commission hofft, nach genauer Prüfung vieler Zellengefängnisse, S. 14: „bald alle Gefängnisse des Staates, welche seither allgemein die traurigen Behälter des Elendes, der Befleckung und des Schmutzes waren, in wohlgeordnete Häuser des Fleißes und der Verbesserung verwandelt zu sehen; sie zweifelt an der Möglichkeit des Erfolges, bis der Grundsatz der Trennungshaft allgemein angenommen, und sowohl in den Bezirks-, als auch den Zwangshäusern durchgeführt ist."

Die günstigsten sanitätlichen Resultate seit Eröffnung des philadelphischen Strafhauses theilt dessen neuer Hausarzt Dr. Lassiter in seinem Jahresberichte für 1852 mit: „Ich fühle eine freudige Genugthuung, unter so günstigen Aussichten meinen Bericht erstatten zu können; ich kann versichern, daß seit Eröffnung unserer Anstalt in keiner Zeit die Krankheiten ihrer Zahl und Schwere nach so unbedeutend gewesen sind, wie im verflossenen Jahre; im gegenwärtigen Augenblicke sind nur vier arbeitsunfähige Gefangene in der Anstalt. Einige Gefangene befinden sich allerdings in einem geschwächten Zustande, aber die meisten derselben waren so eingeliefert worden, und ihre Gesundheitsverhältnisse haben sich während der Haft verbessert. Von den 2 von 283 Gefangenen im Jahre 1852 Gestorbenen war der Eine an den Blattern erkrankt; der Andere, ein Neger von hohem Alter, welcher 27 Jahre in verschiedenen Gefängnissen zugebracht hatte, erlag einer Brustkrankheit. Mit Ausnahme zweier chronisch Kranken, habe ich alle Aussicht, daß die Sterblichkeit in diesem Jahre (1853) nicht größer als im verflossenen sein wird. — Es sind auch einige Fälle von Seelenstörung unter den Gefangenen vorgekommen. Die Gefängniß=Commission hat jedoch in Folge äußerst genauer Nachforschungen constatirt, daß die Entstehung des größeren Theiles dieser Erkrankungen schon in die Zeit vor der Gefangenschaft fällt; die Commission bestätigt ferner, und diese Beobachtung ist ebenfalls in andern Ländern gemacht worden, daß die Begehung von Verbrechen häufiger, als man es annimmt, mit einem gewissen Grade von Wahnsinn verbunden ist.

In der Anstalt befanden sich im Jahre 1852 — 283 Sträflinge; davon sind abgegangen 153; von diesen sind:

Gesund zu= und abgegangen	80	Sträflinge,
Gesund zu= und geschwächt abgegangen	16	„
Gesund zugegangen und gestorben	1	„
Mit schlechter Gesundheit zu= und gebessert abgegangen	20	„
Mit schlechter Gesundheit zu= und abgegangen	35	„
Mit schlechter Gesundheit zugegangen und gestorben	1	„
	Summa: 153	Sträflinge.

Aus diesen umfassenden, aus officiellen Berichten entnommenen Nachweisungen ist sicher zu erkennen, daß die Einzelhaft in ihrem Mutterlande nach 25jährigen Bestehen sich mehr und mehr in dem Vertrauen der Regierung und der öffentlichen Meinung befestigt hat, und daß aus den Gesundheitsverhältnissen der amerikanischen Zellen=

gefangenen der dem Systeme gemachte Einwurf einer außergewöhnlich nachtheiligen Einwirkung auf die ihm Unterworfenen in keiner Weise gerechtfertigt erscheint.

In England wurden die Vorzüge des neuen amerikanischen Systemes bald erkannt, die Einzelhaft mit einem, den edlen Zwecken derselben würdigen Eifer und Enthusiasmus aufgenommen, und die bedeutenden Summen zur Errichtung der Zellengefängnisse ohne Bedenken bewilligt, da man von der Verwerflichkeit des bisherigen Haftsystemes, somit auch von der vollkommenen Vergeudung der auf dasselbe verwendeten Ausgaben überzeugt war. Es entstanden in kurzer Zeit eine Menge Neubauten nach dem neuen Systeme, und die bisherigen Strafanstalten wurden, wenn möglich, in Zellengefängnisse umgeändert, so daß bald über 6000 Zellen zur Aufbewahrung der Verurtheilten vollendet waren. In London wurde das Mustergefängniß Pentonville unter den Generalinspektoren Crawfort und Russel im Jahr 1843 eröffnet, und auf dessen Bau und Einrichtung eine anzuerkennende Sorgfalt verwendet. Dasselbe war zur Aufbewahrung der zu Deportation Verurtheilten bestimmt; es genügte deßhalb nach der Ansicht der englischen Gesetzgeber eine achtzehnmonatliche bis zweijährige Haft für die Gefangenen zur Vorbereitung auf einen neuen, arbeitssamen und ehrbaren Lebenswandel in fernem Lande. Die gründlichen Jahresberichte der Beamten, die ausführlichen Gutachten der zur Untersuchung dieser Anstalt niedergesetzten Commissionen, sowie die zahlreichen Veröffentlichungen fremder, Pentonville besichtigender Fachmänner aus ganz Europa gaben den sprechendsten Beweis von der trefflichen Einrichtung der Anstalt, und den ausgezeichneten Resultaten des neuen Systemes.

War nach dem Jahresberichte des Hausarztes, Dr. Rees, der Gesundheitszustand der Gefangenen schon in dem ersten Jahre nach Eröffnung von Pentonville ein sehr befriedigender, Jahrb. der Gef.K. 1844, Bd. V, S. 48, und sprach sich der, aus den angesehendsten Männern des brittischen Reiches zusammengesetzte Verwaltungsrath am Schlusse des zweiten Jahres, 1844, mit folgenden Worten aus: die während des verflossenen Jahres gewonnene Erfahrnng hat unsere, im vorjährigen Berichte ausgesprochene Meinung von der Zweckmäßigkeit des in dem Strafhause befolgten Systemes vollständig bestätigt und die Thatsachen vermehrt, auf welche jene Meinung gegründet war, Jahrb. d. Gef.K., 1845, VII, S. 137, so ist aus den amtlichen Berichten der Jahre 1845, 1846 und 1847 zu ersehen, Jahrb. d. Gef.K. XI, 1848, S. 308, daß man im Ganzen alle Ursache hatte, mit dem in Pentonville eingeführten Systeme zufrieden zu sein, insofern es Einfluß auf das Leben und die leibliche Gesundheit der Sträflinge übt. Der Einwirkung, welche die Einzelhaft auf den Geisteszustand der Sträflinge ausübte, wurde ernstliche Aufmerksamkeit gewidmet, und gefunden, daß die Sträflinge im Allgemeinen so heiter und zufrieden waren, wie man dies von, unter solchen Beschränkungen lebenden Menschen nur erwarten kann. Wie in andern Gefängnissen, so gibt es in Pentonville ebenfalls Einige, für welche die Trennung von ihren Frauen und Familien eine Quelle großer Unruhe ist; sonst haben sich deutliche Zeichen von Ungeduld nur bei denjenigen gezeigt, die aus Ursachen, welche die Aufsichtsbehörde nicht zu ändern vermochte, nach Ablauf der Zeit ihrer erwarteten Versendung noch ferner im Gefängniß bleiben mußten. Verschiedene Sträflinge, welche früher in anderen Gefängnissen gewesen waren, erklärten bei den Unterredungen, daß ihnen die Einzelhaft selbst viel zuträglicher für sie erscheine, und daß sie hier mehr Gemüthsruhe hätten, als anderswo.

Der Hausarzt Dr. Rees sagt am Schlusse des Jahrs 1847: „die Erfahrung von 5 Jahren hat gezeigt, daß die Fälle von Seelenstörung schwererer Art, welche Entfernung in ein Irrenhaus erfordern, an Zahl keineswegs diejenige wesentlich übertroffen haben, welche sich unter der allgemeinen verbrecherischen Bevölkerung zeigen, während die milderen Gestaltungen von Seelenstörungen stets einen solchen Charakter hatten, wie er beständig unter der freien Gesammtbevölkerung wahrgenommen wird. Es ist eine anerkannte Thatsache, daß die Pentonviller Sträflinge eine Heiterkeit zeigen, die in völligem Widerspruche mit dem Herrschen einer Ursache stände, die etwa dahin wirkte, auf den Geist einen stärkeren Einfluß auszuüben, als dessen gesundheitsmäßige Besserung zuläßt."

Andere Stimmen aus englischen Zellengefängnissen bestätigen diese günstigen Erfolge des Systemes.

Kaplan Reynolds in Wakefield versichert in seiner Abhand=

lung: Die Verbannten Englands, oder die Gefängnißfrage theoretisch und praktisch betrachtet, London 1850, „längerzeitige und aufmerksame Beobachtungen der Wirkungen der getrennten Haft auf den Geist der Gefangenen haben ihn überzeugt, daß nur die wenigsten Ursachen für den Wahnsinn durch die Haft selbst bedingt seien, wenn nicht eine Anlage zu der Krankheit schon in dem Gefangenen liege, oder entschieden ungünstige Momente dessen Besserung vereitelten; daß im Gegentheil bei weitaus den meisten Gefangenen die geistige Kraft gestärkt und verbessert werde. Er hält deßhalb die Einzelhaft für den weisesten und vortheilhaftesten Strafvollzug zur Erreichung der Besserung der Verbrecher; zum Beweis dafür könne dienen, daß seit 1. Januar 1849 bis 22. März 1850, also in 15 Monaten, unter 824 Gefangenen in Wakefield nur 2 Todesfälle, und ein Fall von entschiedenem Wahnsinn vorgekommen sei."

In den Jahren 1842 bis 1847 zeigen die übrigen Strafanstalten Englands auf eine mittlere Bevölkerung von 14689 Sträflingen jährlich 89,4 Geisteskranke, oder 6,3 auf 1000, während in Pentonville in derselben Zeit nur 1,65 Wahnsinnsfälle auf 1000 Gefangene sich herausstellen. In derselben Periode betrug die Zahl der Todesfälle in Pentonville jährlich durchschnittlich 6,15 auf 1000 Gefangene, während in den andern Gefängnissen Englands jährlich 11,14 auf 1000, also beinahe die doppelte Zahl starben.

Diese günstigen, in England wie in Amerika gemachten Erfahrungen über das neue System bewirkten allmälig auch auf dem Continente eine unpartheiischere Würdigung und Prüfung desselben, und eine Umstimmung der bisher beinahe überall gegen die Einzelhaft eingenommenen öffentlichen Meinung. Trotz der heftigsten, leidenschaftlichsten, aus Unkenntniß der Prinzipien der Einzelhaft hervorgegangenen, und leider nicht immer mit ehrlichen Waffen geführten Angriffe der Anhänger der alten Systeme auf dasselbe wurden die unendlichen Vorzüge der neuen Haftart gerade durch die Angriffe auf das neue System in öffentlichen Blättern und wissenschaftlichen Schriften, durch gründliche und umfassende Widerlegungen, durch Gefängniß Congresse, durch Gründung einer eigenen Zeitschrift, der Jahrbücher der Gefängnißkunde, herausgegeben von Julius, Varrentrapp und Nöllner, welche edlen Männer sich dadurch um die Wiedererhebung ihrer gefallenen Mitbrüder und um Beförderung der sittlichen Zustände des Volkes ein bleibendes Verdienst erworben haben, mehr und mehr erkannt und gewürdigt, und in Frankreich, Dänemark, Holland, Belgien, Schweden, einigen Staaten Italiens und in Deutschland Gefängnißreformen beschlossen und Zellengefängnisse eröffnet.

Während dieser Ausbreitung des Pönitentiarsystemes in den meisten Ländern Europa's trat jedoch in England wieder ein Umschlag der demselben günstigen Stimmung ein, wie wir schon früher in der Entwicklungsgeschichte des Pönitentiarsystemes berichtet haben. Schon im Jahre 1847 hatte der, nach dem Tode der beiden Generalinspectoren Crawfort und Russel an ihre Stelle getretene Colonel Jebb sich dahin ausgesprochen, daß er glaube, die Einzelhaft werde nicht für eine längere Dauer, als für achtzehn Monate anzuwenden sein; daß die glücklichen Erfolge in Beziehung auf moralische Besserung der Gefangenen auch im ersten Haftjahre erzielt werden können, und wenn sie in dieser Zeit nicht erlangt worden seien, wahrscheinlich überhaupt nicht werden erreicht werden, und kommt zu dem Schlusse, daß dieselbe vorzugsweise „aus Gesundheitsrücksichten" auf nicht längere Zeit als ein, höchstens ein und ein halbes Jahr ausgedehnt werden dürfe. Es stimmt ihm darin bei der Hausgeistliche von Pentonville, Kingsmill und mehrere Mitglieder der zur Prüfung der Gefängnisse niedergesetzten Commission, während der Vorsteher, der Hausarzt, der Hauswundarzt und die drei ärztlichen Inspektoren der Anstalt dessen Besorgnisse durchaus nicht theilten. Jahrb. d. Gef.=K. XI, S. 324.

Die Folgen der aus diesen Gründen eingeführten bedeutenden Modifikationen des Systemes, und die Beschränkung derselben von 18 auf 15, 12 und sogar auf 9 Monate, sind in den Mittheilungen über die möglichen Dauer der Eizelhaft gewürdigt.

Eine gewichtige Stimme aus Amerika ist mit unserem Urtheile über die Verwerflichkeit der in England in der Durchführung der Einzelhaft vorgenommenen Modificationen vollkommen einverstanden. Nach sieben Jahren eines fleißigen und gewissenhaften Dienstes als Hausarzt an dem Philadelphischen Zellengefängniß spricht Dr. Given in dem Juliheft 1852 des Pensylvania Journales der Gefängniß=Zucht und Ordnung folgendermaßen aus: „Es ist meine wohl und lang erwogene Ueberzeugung, daß jedes Haftsystem in seiner besten Durchführung von sehr geringem Vortheile für die Besserung der Gefangenen sein werde, wo Vereinigung der Gefangenen in irgend einer Form oder in irgend einem Grade geduldet ist. Die Idee und das Wesen des Pensylvanischen Systemes ist am besten in dem Worte „Gefangenen Trennung" ausgedrückt. Wie kann ich eine Abänderung von diesem einfachen Grundsatze begreifen? Er muß als ein Ganzes angenommen oder als ein Ganzes verworfen werden. Die Bauart des Gebäudes, in der die getrennte Haft durchgeführt wird, mag abgeändert werden; die auf den gewerblichen und Schulunterricht, auf die Strafen oder Vergünstigungen sich beziehenden Verordnungen, die Kost, Beschäftigung, Art der Heitzung und Lüftung mögen alle abgeändert werden, aber der Grundsatz der Trennung des Einen von dem Andern muß aufrecht erhalten werden. Wenn deßhalb von einer „Nothwendigkeit" der Abänderung des pensylvanischen Systemes bis zu einer gewissen Ausdehnung, von einer Vereinigung der Gefangenen für irgend einen Zweck oder für irgend eine Zeitperiode gesprochen wird, so vermischen wir das System der Vereinigung mit dem der Trennung der Gefangenen. Ich kann aber dieser Aenderung nicht beistimmen."

Der ganze Bericht des Dr. Given ist unzweideutig und nachdrücklich dem System der Trennungshaft günstig; daß dasselbe in seiner Anwendung auf einzelne Sträflinge zu besonderer Härte führt, könne von keiner Bedeutung sein, da solche Ungleichheiten in keinem Strafsysteme vermieden werden können. Diese Ungleichheiten aber sollten von den Gerichtshöfen ausgeglichen, und Verbrecher, deren geistige Kraft zu schwach zur Erstehung der Trennungshaft ist, in besonderen Gefängnissen verwahrt werden; gegen jede Vereinigung der Sträflinge in den Zellengefängnissen aber spricht sich derselbe entschieden aus. Für die meisten Sträflinge, deren geistige Fähigkeiten im Allgemeinen zu schwach sind, um den nachtheiligen Einflüssen der Trennungshaft zu widerstehen, hält er häufigen geselligen Verkehr mit befähigten Gefängnißbeamten für hinreichend, und den gemeinschaftlichen Arbeiten mit anderen Gefangenen weitaus vorzuziehen er glaubt, daß bei der geringen Anzahl der vorkommenden derartigen

Charaktere die Vermehrung des Beamtenpersonals um einen oder zwei hinreichen werde, nachtheilige Einwirkungen der Trennungshaft zu verhüten. Beginne bei manchen Gefangenen die Körperkraft abzunehmen, so könnten solche außer der Zelle, jedoch getrennt von Andern beschäftigt werden, bis deren Gesundheit sich wieder gekräftigt hat, und eine Rückversetzung auf die Zelle unbedenklich macht. Die Zahl der Fälle, welche unter der großen Masse der Gefangenen eine derartige besondere Vorsorge erfordern, sei aber eine verhältnißmäßig nur geringe. Sollten die, auf siebenjährige gewissenhafte Beobachtungen gestützten Erfahrungen des anerkannt tüchtigen Arztes an dem zur Erstehung selbst langjähriger Haft bestimmten Zellengefängnisse zu Philadelphia nicht ebenfalls Vertrauen und Berücksichtigung verdienen?

Wenn nun auch die Resultate von Pentonville ein maßgebendes Urtheil über die mögliche Dauer der Einzelhaft nicht gestatten, so sprechen dagegen die äußerst glücklichen mehr als zehnjährigen sanitätlichen Erfolge dieser Anstalt entschieden zu Gunsten des neuen Systemes, wie folgende statistische Nachweisungen ergeben.

1. Tabelle der Gesundheitsverhältnisse von Pentonville aus der ersten Periode der strengen Durchführung der Einzelhaft bis zu 18 Monaten.

	1843	1844	1845	1846	1847
Gefangenenstand am ersten Januar . .	—	501	333	484	341
Aufgenommen im Laufe des Jahres . .	525	240	283	243	360
Tägliche Durchschnittszahl der Gefangenen	332,81	456	445,26	423,23	457,08
Ausgetreten sind:					
Transportirt	—	366	107	364	177
Wegen schlechten Betragens nach Milbank verbracht	—	13	2	3	—
Als unverbesserlich entfernt.	1	3	3	8	6
Aus ärztlichen Gründen entfernt . . .	15	4	3	2	8
Als geisteskrank nach Bethlehem gesandt	2	1	1	1	—
Aus anderen Gründen entlassen	1	—	3	2	—
Aus nicht ärztlichen Gründen begnadigt	—	11	5	3	3
Aus ärztlichen Gründen begnadigt . . .	3	7	4	1	4
Gestorben	2	3	4	2	2
In Summe ausgetreten im Jahre . . .	24	408	132	386	200

2. Tabelle aus der zweiten Periode der abgekürzten und modificirten Einzelhaft.

	1848	1849	1850	1851	1852	1853
Gesammtzahl aller Gefangenen	1020	1106	1223	1202	1278	982
Aus nicht ärztlichen Gründen entlassen, begnadigt, mit Strafende	479	643	616	582	701	451
Entwichen	—	—	1	—	—	—
Krank in das Bethlehem Spital versetzt	1	—	4	2	2	—
Gestorben	6	1	6	4	3	3
Aus Gesundheitsrücksichten begnadigt	4	4	3	3	—	3
Selbstmord	1	1	1	—	—	1
Wegen mangelhafter Gesundheit entfernt	19	4	12	12	20	10
Aus Rücksicht auf den Geisteszustand wegen Geistesschwäche, Melancholie, Hallucinationen, Selbstmordgedanken 2c. entfernt	3	3	28	19	10	7
Untauglich zur Zwangsarbeit, aber dennoch in Einzelhaft gehalten	—	4	25	19	21	18
Summe	513	660	696	641	757	493
Rest am Ende des Jahres	507	446	527	561	521	489
Summe	1020	1106	1223	1202	1278	982
Täglicher Durchschnittsstand der Gefangenen	479,56	486,22	499,44	598,92	550,62	496,07
Tägl. Durchschnittsstand d. Kranken	12,9	15,09	19,44	20,20	12,65	10,82
Täglicher Durchschnittsstand der Extra Verpflegten	26,2	37,07	40,52	82,37	90,41	51,49
Kranke in Procenten	2,25	3,11	3,88	3,81	2,27	2,18
Extra Verpflegte in Procenten	4,10	7,14	8,11	15,57	16,41	10 41

In **Frankreich** hat, wie in England, die Einzelhaft sehr bald nach Einführung derselben in Amerika warme Anhänger und Vertheidiger gefunden; auch hier wurde das neue System in vielen Strafanstalten eingeführt, und die erzielten Resultate rechtfertigten die von ihm gehegten Erwartungen.

Die Krankheits- und Mortalitätsverhältnisse der Centralhäuser mit gemeinschaftlicher Haft boten die traurigsten Resultate dar. Von 1817 bis 1835 betrug die Sterblichkeit daselbst im Durchschnitte jährlich 1 Todesfall auf 15—16 Gefangene, oder 7%; von 1836 an hat sich dieselbe etwas vermindert, und zeigte bei den Männern 6%, bei den Weibern 4%, im Ganzen also 5%, oder 1 Sterbfall auf 25 Gefangene; mit Einführung des Stillschweigens von 1840 bis 1843 hat sie sich auf 8% vermehrt, ein Sterbfall also auf 12 bis 13 Sträflinge.

Es ist früher schon angegeben, daß die Regierung, tief durchdrungen von der Verwerflichkeit der bisherigen Gefängnisse, die Berichte über das neue amerikanische Haftsystem begierig sammelte, und durch die schon im Jahre 1837 zur Untersuchung der amerikanischen Zellengefängnisse dorthin gesendeten Commissionen (Toqueville, Beaumont und später de Metz) über die Unrichtigkeit der erhobenen Bedenken und Befürchtungen belehrt, die Einzelhaft allgemein einführte.

Lassen wir hier einige Zeugnisse von anerkannt gewissenhaften und competenten Fachmännern folgen:

Dr. Lélut, Irrenarzt an der Salpêtrière, hat im Auftrage der Regierung im Jahre 1846 alle 23 französischen Zellengefängnisse untersucht. In seinem Berichte sagt er: In den alten Gefängnißhäusern mit Gemeinsamkeit finden sich unter hundert Menschen 4, 5 und 6 Kranke. So ist es in einem Gefängnisse, dessen Arzt ich bin, dem Pariser Aufbewahrungshause der zu Galeeren Verurtheilten vor ihrer Abführung. Auf 400 Köpfe enthält dasselbe durchschnittlich 20—25 Kranke; dasselbe Verhältniß fand sich in dem Zuchthause zu Nimes, als ich dasselbe besuchte; auf 1067 Sträflinge kamen 52 Kranke.

Dagegen zeigten sich die Krankheits- und Sterblichkeitsverhältnisse der getrennten Gefangenschaft überall günstiger. In dem Zellengefängnisse von Lons-le-Saulnier fand ich 3 Kranke auf 70 Gefangene, in Montpellier 2 auf 110 Gefangene, in Bordeaux auf 200 Gefangene neun Kranke, darunter aber litten vier an Syphilis, also eigentlich nur fünf; in Tours 5 Kranke auf 110 Gefangene; in Versailles unter 45 Gefangenen keinen Kranken. Sagt man aber, daß die Zellengefängnisse weniger Kranke haben, als die alten Centralhäuser, so heißt dies auch, daß sie weniger Todte liefern, und dies ist genau der Fall. Im Jahr 1847 hat derselbe unter 535 Zellengefangenen in Montpellier, Bordeaux, Tours und Versailles 7 eigentlich Kranke, und darunter 4 syphilitische, neu zugegangene, gefunden.

In Bordeaux hat sich seit Einführung der Einzelhaft die Sterblichkeit um $1/3$ vermindert. In der Abhandlung: De l'influence de l'emprissonement cellulaire sur la raison des détenus, Mémoire, Paris 1844 sagt er: „Die Einzelhaft an und für sich gefährdet die Vernunft der Gefangenen nicht. Stets wird ein größeres Verhältniß Seelengestörter in den Gefängnissen gefunden werden, als unter der freien Bevölkerung. In gewissen Lebensläufen voll Lüderlichkeit, Vergehen und Verbrechen, in der Vollführung dieser oder jener verdammungswürdigen Handlung liegt die Enthüllung eines Seelenzustandes, der ohne Seelenstörung zu sein, dennoch kein Zustand der Vernunft ist, welchem man auch nur das gewöhnlichste Maß von Willensfreiheit und Strafbarkeit beimessen könnte: auch wird es sich mehr als einmal ereignen, daß ein solcher Zustand, nachdem er zum Verbrechen geführt hat, endlich zum Wahnsinn führt".

Auch die Académie de Médecine wurde zum Berichte über den Einfluß der Einzelhaft auf die körperliche und geistige Gesundheit der Gefangenen aufgefordert, und hat im Jahr 1847 sich dahin ausgesprochen: (Esquirol als Berichterstatter) „wenn es die Aufgabe der Commission wäre, ihre Meinung über den Vorzug irgend eines Bußsystemes auszusprechen, so würde sie nicht anstehen, das Pensylvanische für das der Besserung der Gefangenen günstigste zu erklären. Allein die Commission hat sich nur über den Einfluß der verschiedenen Systeme auf die Gesundheit auszusprechen, und sie ist überzeugt, daß das pensylvanische System, das ist, beständige einsame Einsperrung bei Tag und Nacht, mit Arbeit, Gesprächen mit den Aufsehern und Gefängnißbeamten, das Leben der Gefangenen nicht verkürzt, und ihren Verstand nicht gefährdet."

Die Regierung war so sehr von den Vorzügen des neuen Systemes überzeugt, daß im Jahr 1852 die Einzelhaft in 47 französischen Gefängnissen mit mehr als 4960 Zellen durchgeführt wurde, und 14 neue Zellengefängnisse im Bau begriffen waren.

Die im August 1853 plötzlich erfolgte Aufhebung der Einzelhaft in Frankreich ist in der Entwicklungsgeschichte des Pönitentiarsystemes gewürdigt, und wird von keinem Sachkundigen als Beweis gegen die Vorzüge der Einzelhaft angenommen werden. Die zur

Begründung dieser Maßregel angegebenen Nachtheile der Einzelhaft sind längst widerlegt, und die, in dem Pariser Zellengefängniß Mazas mit 1200 Zellen gemachten Beobachtungen und Erfahrungen sind in keiner Weise maßgebend, weil, neben manchen baulichen Fehlern, bei dessen Bestimmung als Untersuchungsgefängniß alle Grundbedingungen einer gedeihlichen Durchführung des Systemes, Kirche, Schule, Bibliothek, häufige Zellenbesuche und Arbeit nicht vorhanden sind. Die im ersten Jahre nach Eröffnung der Anstalt vorgekommenen 8 Selbstmorde vertheilen sich auf eine Gesammtbevölkerung von 8049 Gefangene, und das Verhältniß von 1:1000 ist nicht höher, als es in den meisten übrigen Strafanstalten nach den verschiedensten Systemen vorkömmt.

In Belgien ist dem Pönitentiarsystem längst der Sieg zuerkannt, und wird dasselbe, wie wir in der Entwickelungsgeschichte des Gefängnißwesens gesehen haben, stets in weiterem Umfange eingeführt. Die Gesundheitsverhältnisse der belgischen Gefängnisse sind im Allgemeinen sehr günstige zu nennen. Die Krankheits- und Mortalitätsverhältnisse des Maison de Force in Gent mit theilweiser Trennungshaft ergaben in den Jahren 1840 bis 1850 folgende Resultate:

Jahr.	Mittlerer Personalstand.	Krankheitsfälle.	Mittlerer Krankenstand in dem Spitale.	Todesfälle	Prozente der Todesfälle.
1840	967	479	66	30	3,1
1841	830	375	58	19	2,2
1842	883	528	62	21	2,4
1843	925	637	77	11	1,2
1844	1002	453	61	14	1,4
1845	1045	470	60	29	2,8
1846	1093	913	88	45	4,1
1847	1154	772	60	52	4,5
1848	1190	586	53	46	3,9
1849	1236	765	63	44	3,6

Die sechs belgischen Centralhäuser boten in den Jahren 1850 und 1851 folgende Mortalitätsverhältnisse dar:

Centralhäuser.	Jahre.	Mittlere Bevölkerung.	Eintritte ins Spital.	Todesfälle.	Auf 100 Sträflinge Todesfälle.
Gent	1850	1249	666	33	2,64
	1851	1242	592	51	4,08
Vilvorde	1850	743	568	14	1,88
	1851	636	480	19	2,99
St. Bernhard	1850	1515	874	47	3,10
	1851	1529	793	31	2,02
Alost	1850	929	635	9	0,97
	1851	922	524	10	1,08
Namur	1850	476	452	18	3,76
	1851	496	339	13	2,62
St. Hubert	1850	266	151	2	0,07
	1851	310	141	1	0,03

In Toskana hat die Einzelhaft längst Eingang gefunden, und in allen Strafanstalten günstige Erfolge gezeigt, wie nachfolgende Tabellen erweisen:

Jahr.	Arbeitshaus u. Zuchthaus zu Volterra mit sehr langer Haftzeit.				Straf- u. Besserungsanstalt zu Florenz.				Weiber Straf- und Besserungsanstalt St. George zu Lucca.			
	Gefangenen-Zahl.	Täglicher Durchschnittsstand.	Gestorben.	Wie viel von 100?	Gefangenen-Zahl.	Täglicher Durchschnittsstand.	Gestorben.	Wie viel von 100?	Gefangenen-Zahl.	Täglicher Durchschnittsstand.	Gestorben.	Wie viel von 100?
1844	267	189	4	1,50	246	80,7	—	—	91	40	2	2,20
1845	266	184,1	11	4,13	270	99,7	1	0,37	103	44	2	1,94
1846	254	190	8	3,15	309	124	1	0,32	110	48	1	0,91
1847	262	196	13	4,96	445	112,1	1	0,22	83	37	—	—
1848	245	218,7	5	2,04	362	108,6	3	0,83	51	20,5	—	—
1849	414	238,3	5	1,21	140	31,3	2	1,43	22	11,2	—	—

Auch die Mortalitäts-Verhältnisse auf den noch bestehenden Galeeren sind auffallend gering:

Livorno.	1844	1845	1846	1847	1848	1849
Gesammtzahl der Gefangenen . .	274	274	251	278	240	246
Gestorben	3	2	1	7	1	3
Wie viel von 100?	1,09	0,73	0,40	2,52	0,42	1,22
Portoferrajo.						
Gesammtzahl der Gefangenen . .	151	158	144	190	264	225
Gestorben	2	2	2	6	1	4
Wie viel von 100?	1,32	1,26	1,39	3,15	0,38	1,77

In der Schweiz ist zum größten Theil noch die gemeinschaftliche Haft, und nur in den Strafanstalten zu St. Gallen, Genf und Lausanne das Auburn'sche System eingeführt. In den beiden letzten Strafanstalten wurden Versuche mit der Einzelhaft gemacht, die aber aus den später folgenden Gründen ungünstig ausfallen mußten.

Die Mortalitätsverhältnisse der Strafanstalt St. Jakob in St. Gallen von 1840 bis 1850 waren folgende:

Jahr.	Gesammtzahl der Gefangenen.	Täglicher Durchschnittsstand.	Gestorben.	Wie viel auf 100?
1840	95	65,25	5	7,69
1841	103	67	7	6,79
1842	130	77,5	1	1,29
1843	141	95	6	6,03
1844	154	85,2	17	19,96
1845	134	92,28	10	9,45
1846	145	91,04	9	8,78
1847	156	103,6	9	8,68
1848	152	104,4	5	4,79
1849	155	103,3	2	1,93

Darunter waren 2 Selbstmorde, und 16 der Gestorbenen waren mit schon ausgebildeter Tuberkulose, mehrere andere mit Scorbut und Scropheln behaftet eingeliefert worden; im Jahr 1841 herrschte die Ruhr und 1844 der Typhus in der Anstalt; zudem wirkte der Mangel einer zweckmäßigen Ventilation und Heizung nachtheilig auf die Gesundheit der Gefangenen ein.

In der Auburn'schen Strafanstalt zu Genf kamen in der Zeit von 1826 bis 1834 auf einen durchschnittlichen täglichen Stand von

53,32 Gefangenen 11 Todesfälle, oder 1 auf 43,62, oder 2,29%; und in den Jahren 1835 bis 1841 mit 61,41 Gefangenen 13 Todesfälle, oder 1 auf 38,08 oder 3,02% vor, und in den folgenden Jahren:

	1842	1843	1844	1845
Gesammtzahl der Gefangenen	89	83	72	72
Aerztliche Hilfe gebraucht	75	55	48	43
Krankheitsfälle	160	103	76	71
Todesfälle	4	—	—	1
Ins Irrenhaus versetzt	2	2	1	—

In Lausanne mit gleichem Systeme kamen von 1826 bis 1834 auf durchschnittlich täglich 81,7 Gefangene 4,28%, von 1835 bis 1841 bei 95,3 Gefangenen 3,95%, und von 1842 bis 1846 auf 88,0 Gefangene 3,93% Todesfälle vor. Dagegen war die Zahl der aufgetretenen Seelenstörungen eine nicht unbedeutende, und zwar in Genf von 1826 bis 1841, also in 16 Jahren 28, oder 1 auf 15,3 Gefangene. Davon waren aber 15 bei ihrer Einlieferung schon wahnsinnig, wodurch das Verhältniß bedeutend modifizirt wird. In Lausanne von 1826 bis 1841 betrug unter 1062 Aufgenommenen die Zahl der wahnsinnigen Gefangenen nur 24 oder 1 auf 44. Die versuchte Durchführung der Einzelhaft in Genf und besonders in Lausanne konnte nur bedenkliche Resultate in Beziehung auf die Zahl der vorgekommenen Seelenstörungen liefern, weil sie unter den ungünstigsten Verhältnissen der Strafanstalt, wie der Gefangenen unternommen wurde, indem die Zellen um mehr als die Hälfte — sie enthielten nur 530 Kubikfuß — zu klein, schlecht gelüftet, zu kalt und feucht waren, der Isolirung meist Gefangene unterworfen wurden, welche schon wiederholt Gefängnißstrafen erstanden hatten, somit mehr oder weniger körperlich und geistig geschwächt waren, und zu wenig Zellenbesuche, Bewegung im Freien und Schulunterricht stattfanden; es ist also mit Sicherheit anzunehmen, daß die ungünstigen Erfolge des Pönitentiarsystems in jenen Anstalten hauptsächlich durch verfehlte Durchführung desselben hervorgerufen worden waren.

Es wird endlich nicht ohne Interesse sein, auch die Mortalitätsverhältnisse der Strafanstalten anderer Länder aus jener Periode zu prüfen, in welcher die Erfolge der amerikanischen Zellengefängnisse aus den früher angegebenen Gründen sich weniger günstig gestalten konnten, als jetzt, welche Resultate aber dennoch bis in die neuste Zeit von den Gegnern des Systems ihren Angriffen auf dasselbe zu Grunde gelegt werden.

Ueber die Mortalität in der Strafanstalt zu München sagt Dr. Fischer (über Gefängnisse, Strafarten, Strafsysteme, Regensburg 1852 S. 219), daß sie bis zum Jahre 1842, nach Uebernahme der Direction durch Obermaier, enorm gewesen, indem der dritte Theil der Gefangenen gestorben sei. In den folgenden Jahren starben:

1842	von einem täglichen Durchschnittsstand von	520	Gefangenen	62 =	11,92%
1843	" " " " "	582	"	35 =	6,01 "
1844	" " " " "	559	"	44 =	7,87 "

Noch ungünstigere Ergebnisse lieferte die bairische Zwangsarbeitsanstalt Kaisheim. Bei einer Durchschnittszahl von 450—500 Detenten hatte dieselbe:

1840	Kranke	560	Todte	27	oder	5,66%.
1841	"	706	"	100	"	21,05 "
1842	"	577	"	95	"	20,00 "
1843	"	355	"	41	"	8,63 "
1844	"	190	"	11	durchschnittlich nur oder	5,50%
1845	"	321	"	14	200 Detententen "	4,00 "
1846	"	607	"	63	oder	13,26%
1847 (4 Mon.)		113	"	35	"	7,32%

also jährliche Durchschnittszahl der Kranken 428½, und der Todten 55, d. h. 1 Todter auf 8 Gefangene oder 12%! Jahrb. der Gef.-Kunde, 1848 XI S. 159.

Eine Vergleichung dieser Resultate mit denjenigen vieler anderer Gefängnisse mit den verschiedensten Systemen aus dieser Zeit ergibt immer noch eine weit höhere Mortalität, als sie je in einem Zellengefängnisse vorkam. Es starben, die Sterblichkeit im Verhältniß zur durchschnittlichen Bevölkerung gerechnet:

1. Strafanstalten ohne eigenes System.

Marienschloß	1838—1842	2,59%
Brünn	" "	5,00 "
Spielberg	" "	3,00 "
Linz	" "	4,00 "
Zürich	1841—1842	3,00 "
Bern	1831—1842	4,26 "
Gent	1823—1843	2,20 "
Vilvorde	1823—1843	3,00 "
St. Bernhard	1823—1843	4,29%
Alost	1826—1843	1,93 "
sämmtliche belgische Zuchthäuser:		
von	1823—1830	3,53 "
"	1831—1836	3,21 "
"	1837—1843	2,26 "
36 englische Gefängnisse		
von	1838—1842	1,96 "

2. Strafanstalten nach dem Auburn'schen System.

Namur	1840—1843	2,96%	
Genfer Strafhaus	1826—1841	2,60 „	
Lausanne	1827—1834	4,28 „	
Washington	1831—1840	0,74 „	
Thomaston		1,44 „	
Frankfort	1837—1840	1,91 „	
Auburn	1827—1840	2,05 „	
Charleston	1829—1839	2,05 „	
Wathersfeld	1830—1839	2,15%	
Batonrouge	1827—1839	2,87 „	
Columbus	1835—1839	3,52 „	
Baltimore	1831—1838	3,75 „	
Singsing	1830—1840	4,51 „	
Nashwille	1834—1837	10,67 „	
diese 11 amerikanischen Strafanstalten		3,10 „	

3. Anstalten nach dem Trennungssystem.

Philadelphia, weiße und schwarze Bevölkerung		3,83%
Philadelphia, nur weiße		2,14 „
Pittsburg	1836—1842	2,37 „
Trenton	1836—1839	1,73%
Genf	1842—1845	2,25 „
Pentonville	1842—1845	0,75 „
Glasgow	1824—1843	1,42 „

Wir lassen noch eine Vergleichung der Mortalitätsverhältnisse unseres Hauses mit den Resultaten der beiden andern Männerstrafanstalten unseres Landes mit gemeinschaftlicher Haft in Freiburg und hier in Bruchsal folgen:

a) Badische Strafanstalten mit gemeinschaftlicher Haft.

Jahr.	Freiburg.			Bruchsal.		
	Tägl. Durchschnittszahl.	Gestorben.	Wie viel von 100?	Tägl. Durchschnittszahl.	Gestorben.	Wie viel von 100?
1844	215	10	4,65	250	21	8,40
1845	177	9	5,06	286	17	5,93
1846	208	11	5,28	296	47	15,87
1847	271	11	4,05	293	25	8,56
1848	209	4	1,50	285	15	5,28
1849	172	6	3,50	211	6	2,85
1850	287	4	1,40	300	5	1,66
1851	325	13	4,00	251	1	0,40
1852	305	6	1,96	306	9	2,94
1853	378	7	1,85	244	6	2,46
1854	370	22	5,95	244	9	3,70
	Somit durchschnittlich in 1 Jahr = 3,45 %.			Somit durchschnittlich in 1 Jahr = 5,42 %.		

b) Zellengefängniß Bruchsal.

Jahr.	Tägl. Durchschnittszahl.	Gestorben.	Wie viel von 100?
1850	360	12	3,33
1851	362	12	3,31
1852	368	16	4,35
1853	371	5	1,35
1854	375	7	1,86
1855 (6 Monate.)	370	2	0,54
	Somit durchschnittlich in 1 Jahr = 2,44 %.		

Dabei ist zu bemerken, daß die Bruchsaler Strafanstalt mit gemeinschaftlicher Haft früher Zucht- und Arbeitshaus war, und nach Transferirung sämmtlicher Zuchthaussträflinge in unser Haus nur noch als Arbeitshaus benützt wird, also immer bei der kürzeren Haftzeit eines großen Theiles der Gefangenen günstigere sanitätliche Erfolge aufweisen mußte, und daß die Strafanstalt zu Freiburg, früher nur Zuchthaus, jetzt ebenfalls zu Zucht- und Arbeitshaus umgewandelt ist, und immer noch zeitweise bei vorhandenem Raume Zuchthaussträflinge an uns abgibt, daß somit unsere Resultate durch die beständigen Transferirungen von Gefangenen aus gemeinschaftlicher Haft nach schon längerzeitiger Straferstehung in den Jahren 1850, 1851 und 1852 stets benachtheiligt werden mußten.

Sind durch diese ausführlichen, nur aus officiellen Berichten geschöpften Nachweisungen über die besten Zellengefängnisse Amerikas, Englands, Frankreichs und anderer Länder die Befürchtungen eines nachtheiligeren Einflusses der Einzelhaft, als der übrigen Systeme, auf die geistige und körperliche Gesundheit der Gefangenen auf das Bestimmteste als unbegründet erwiesen, und werden die Vorzüge der neuen Haftart durch die in vielen Staaten, in Dänemark, Belgien, Italien u. s. w. bereits ins Leben getretenen, in anderen sich vorbereitenden Gefängnißreformen am sprechendsten anerkannt, so dürften die äußerst günstigen sechsjährigen Erfolge unseres Hauses insbesondere geeignet sein, die in Deutschland noch vielfach bestehenden Vorurtheile gegen das System zu widerlegen, und demselben im Interesse des Staates, der bürgerlichen Gesellschaft und der Gefangenen allerorts Anerkennung und Eingang zu verschaffen.

Vortheile der Einzelhaft.

Das Pönitentiarsystem hat sich aus sämmtlichen Beamten des neuen Männerzuchthauses während mehr als sechsjähriger Durchführung desselben als ein vorzügliches, die Strafzwecke im weitesten Umfang erfüllendes, die körperliche und geistige Gesundheit der Gefangenen erhaltendes, die moralische Besserung und christliche Wiedergeburt der Verbrecher beförderndes, und von den Sträflingen selbst als ein, jeder andern Haft weit vorgezogenes erwiesen und bewährt.

Mit Wahrheit erklärt Dr. Louis Tellkampf nach genauer Besichtigung und Prüfung aller Gefängnisse Amerikas, daß alle dort angestellten Versuche, gefängliche Haft, Arbeit und Unterricht gleichzeitig als Mittel zur Bestrafung, zur Verhütung der Verbrechen, und zur Besserung zu benützen, gerade in dem Maße unwirksam geblieben seien, in welchem die körperliche Trennung der Gefangenen unvollständig gewesen sei, und durch Furcht vor Zuchtmittel hat erzwungen werden müssen. Ebenso berichtet der erfahrene General-Inspektor David in Kopenhagen nach der Zurückkunft von seinen Gefängnißreisen aus Amerika, England, Frankreich und Belgien: „Eins der stärksten Zeugnisse für die Vorzüge der Einzelhaft rührt von denen her, welche am besten mit den Wirkungen des Auburn'schen Systemes bekannt sind. Ich habe alle Auburn'schen Strafanstalten in Amerika untersucht, und kann auf das Bestimmteste versichern, daß die Direktoren aller dieser Anstalten **mit Ausnahme eines einzigen** erklärt haben, daß, wenn sie noch die Wahl hätten, sich für das System des Stillschweigens oder der Trennung zu bestimmen, sie unbedingt dem letztern den Vorzug geben würden."

Diese Erfahrungen sind von den anerkanntesten und tüchtigsten Fachmännern und Autoritäten im Gefängnißwesen aller Länder bestätigt worden, und haben dem Pönitentiarsystem in Amerika, England, Frankreich, Belgien, Schweden, Dänemark, Italien und auch in unserm Vaterlande Eingang verschafft; es ist deßhalb die Abneigung, das Mißtrauen, ja die entschiedene Feindseligkeit, mit welcher besonders in Deutschland von manchen Seiten gegen die Einführung desselben angeknüpft wird, nur durch die völlige Unkenntniß der Grundprincipien, Durchführung und Erfolge des neuen Systemes zu erklären, und diese unbegreifliche Ignorirung der ausgezeichneten und massenhaft vorliegenden Berichte aus den amerikanischen, englischen, französischen, belgischen und italienischen Zellengefängissen muß um so mehr auffallen, als gerade die heftigsten Gegner des neuen Systemes Fachmänner und Vorsteher von gemeinschaftlichen Strafanstalten sind, welche doch schon Berufshalber jene Berichte kennen sollten, die in der Regel aber noch kein guteingerichtetes Zellengefängniß gesehen haben, und sich nicht einmal die Mühe nehmen, durch Veröffentlichung der Resultate der ihnen untergebenen Strafanstalten ihre Behauptungen zu beweisen und zu begründen.

Da vielfältige Erfahrungen uns überzeugt haben, daß derartige Vorurtheile und unrichtige Auffassungen am gründlichsten durch Selbstanschauung während eines mehrtägigen Aufenthaltes in einem Zellengefängnisse berichtigt werden, so erlauben wir uns, alle Fachgenossen, denen die Erforschung der Wahrheit in dem vorliegendem Streite am Herzen liegt, zu einem Besuche unserer Anstalt freundlichst einzuladen.

Die Vorzüge jedes Haftsystemes müssen sich hauptsächlich durch dessen Erfolge bewähren, und diese letztern werden um so vollständiger und in um so größerm Umfange erreicht werden, als die zu einer gedeihlichen Durchführung des Systemes erforderlichen Grundbedingungen vorhanden sind. Dahin gehören in Einzelhaft, wie wir an andern Orten schon angegeben haben:

1) Einführung derselben in allen Haftlokalen, in den Amts,-Kreisgefängnissen und Arbeitshäusern, und nicht erst im Zuchthause, damit schon die Untersuchungs- und Arbeitshausgefangenen und die zum ersten Male Verurtheilten derselben unterworfen, und nicht durch öfteren und längerzeitigen Aufenthalt in gemeinschaftlicher Haft verschlechtert und als Rückfällige in die Einzelhaft eingeliefert werden.

2) Die Gesetze über den Strafvollzug müssen mit den Princi-

pien der Einzelhaft in Einklang gebracht, und deßhalb bei deren Durchführung alle urtheilsmäßigen Schärfungen, wie inhumane Hauszucht und rohe Behandlung ferne gehalten werden, damit die zum Nachdenken und Ueberlegen nöthige Gemüthsruhe, und diejenige zugängliche und willige Stimmung bei den Gefangenen hervorgerufen wird, welche zur möglichen Einwirkung der im Systeme gelegenen Besserungsmittel, des Gottesdienstes, der Schule, der Zellenbesuche und des gewerblichen Unterrichtes erforderlich ist.

3) Es darf von der Einzelhaft das Unmögliche nicht verlangt werden, und deßhalb die Haftzeit keine zu kurze sein, weil während einer solchen bei den in Lastern und Verbrechen groß gewordenen Strafanstalts-Bewohnern höchstens größere Verschlechterung verhütet, eine dauernde Besserung aber nicht erreicht werden kann.

4) Alle zur Erhaltung der körperlichen und geistigen Gesundheit der Gefangenen erforderlichen baulichen und innern Einrichtungen (Ventilation, Heitzung, Größe der Zellen, Spazierhöfe, Kost; Kirche, Schule, Bibliothek, Zellenbesuche, Gewerbsbetrieb) müssen in zweckmäßiger Weise vorhanden, und das ganze Dienstpersonal zur Durchführung des Systemes willig und geeignet sein.

5. Für die gebessert Entlassenen müssen Asyle und Schutzvereine errichtet, die Unverbesserlichen aber in Arbeitshäusern auf längere Zeit untergebracht werden, damit den erstern die Rückkehr in die bürgerliche Gesellschaft erleichtert und ermöglicht, den letztern aber die Gelegenheit zu Verbrechen entzogen wird.

Durch einen solchen Strafvollzug würden die Rückfälle am sichersten vermindert, und die auf die Strafanstalten, wie auf die Beaufsichtigung und Unterstützung der Entlassenen verwendeten Kosten und Mühen reichlich wieder aufgewogen werden; die Erfolge der einzelnen Zellengefängnisse müssen aber auch nothwendiger Weise um so weit hinter den möglichen Resultaten derselben zurückbleiben, als diesen Grundbedingungen aller Wirksamkeit des Systemes nicht Rechnung getragen ist.

Obgleich die besondern Verhältnisse des Trennungssystemes in den einzelnen Kapiteln ausführlich besprochen und gewürdigt sind, dürfte doch eine kurze und übersichtliche Zusammenstellung der Vortheile desselben hier am Platze sein.

I. Vortheile der Einzelhaft in Erreichung der Strafzwecke.

Durch die Einzelhaft werden alle **Strafzwecke** vollständiger, und bei einer größern Anzahl Verurtheilter erreicht, als bei jedem andern Haftsysteme.

1) In Beziehung auf Abschreckung ist es erfahrungsgemäß, daß der Mensch sich um so mehr vor der Einsamkeit scheut, je tiefer seine moralische Versunkenheit, je gerechter deßhalb seine Furcht vor den Erinnerungen an seine Thaten, und vor Gewissensbissen ist. Die verworfensten Verbrecher werden deßhalb die Einzelhaft am schwersten empfinden, die nicht so tief Gesunkenen und für Besserung Empfänglichen sie als eine Wohlthat betrachten.

2) Die Einzelhaft setzt den Verurtheilten außer Stand, während der Gefangenschaft zu schaden. In der geminschaftlichen Haft schaden aber Manche unendlich mehr durch Verderbung ihrer Mitgefangenen, als sie durch ihr begangenes Verbrechen, was vielleicht im Werthe von einigen Gulden einem ihrer Mitmenschen zugefügt wurde, geschadet haben.

3) Der Staat hat sicher die heilige Pflicht, dafür zu sorgen, daß der zu einer Freiheitsstrafe Verurtheilte in den Staatsgefängnissen nicht an Leib und Seele zu Grunde gerichtet wird. Oder ist es nicht ein groſses Unrecht, wenn der Staat, um ein begangenes Verbrechen zu bestrafen, den Uebertreter des Gesetzes in Verhältnisse bringt, in welchen der Hang, Verbrechen zu begehen, statt gemindert und unterdrückt zu werden, nur wachsen und zunehmen muß?

4) Nur in Einzelhaft ist gleichmäßige Einwirkung der Strafe auf die Verurtheilten möglich, indem dieselbe in gemeinschaftlicher Haft nach Charakter, Bildung und moralischem Seelenzustande der Gefangenen sehr verschieden einwirkt. Während der Gebildete und weniger Verdorbene durch das Zusammenleben mit den verworfensten und rohesten Verbrechern um so mehr leiden muß, als er Abscheu gegen die Gesinnungen und Plane derselben an den Tag legt, wird der Verdorbendste in gemeinschaftlicher Haft das größte Ansehen genießen und in der Gesellschaft seiner Schuldgenossen die Strafe leichter ertragen. Auch in Beziehung auf die persönliche Behandlung, auf die zu liefernde Arbeit, auf Erleichterungen der Haft, auf Be=

gnadigungen u. s. w. wird den besondern Verhältnissen jedes Einzelnen in dem Zellensysteme billigere Rücksicht getragen werden können.

5) Weil in der Einzelhaft der Staat als Vollstrecker der Strafe nicht rächend, sondern schützend und bessernd auftritt, und die Gefangenen dies sehr bald erkennen, entsteht bei den Meisten Achtung vor dem Gesetze, Vertrauen zu den Vertretern desselben, und eine dankbare und zugängliche Seelenstimmung.

6) Eine sehr große Anzahl politisch Verurtheilter ist entschieden moralisch und politisch gebessert aus unserer Anstalt entlassen worden, welche Sinnesänderung sicher in den Verhältnissen der gemeinschaftlichen Haft seltener erreicht wird.

7) Die Einzelhaft bietet große Vorzüge für die bürgerliche Gesellschaft, weil aus derselben eine weit größere Anzahl Gefangener gebessert entlassen wird, als aus dem übrigen Haftsystem.

8) In Beziehung auf die Sühnung des begangenen Verbrechens ist es erfahrungsgemäße Thatsache, daß die Einzelhaft viele Leiden und Entbehrungen der Gefangenschaft verdoppelt; zwar sind die ersten Monate die schmerzlichsten, da die Ungewohnheit der Lage und der Mangel vertraulicher Mittheilungen gewaltig einwirken, aber auch später gleichen Zeit und Gewohnheit nicht so Vieles aus, als man denken mag, weil die Erinnerung eine unzertrennliche Gefährtin der Einsamkeit bleibt. Durch diese mächtigere Einwirkung des Systemes ist es aber gestattet, die Strafe abzukürzen, wodurch bedeutende Ersparnisse an Straferstehungskosten entstehen, und eine viel größere Anzahl Gefangener gesund und arbeitsfähig entlassen wird.

II. Ebenso gewichtig, wie für den Staat und die bürgerliche Gesellschaft, sind die Vorzüge des Trennungssystemes **für die Gefangenen selbst**, und zwar:

1) Gesundheit der Sträflinge.

a) In der Einzelhaft fallen alle schlimmen Folgen des beständigen Aufenthaltes vieler Menschen in einem Lokale weg. Der Sträfling erfreut sich in der Zelle einer reinen, gesunden und durch das mögliche Oeffnen des Fensters stets frischen Luft, und eines ruhigen, durch Bosheit, Unruhe, Schnarchen rc. Anderer nicht gestörten Schlafes.

b) Körperreinlichkeit kann ohne Verletzung der Schamhaftigkeit genau aufrecht erhalten und beaufsichtigt werden. Zu diesem Zwecke befindet sich in jeder Zelle ein Waschbecken, Seife und hinlänglich frisches Wasser.

c. Der Zellengefangene kann außer der dazu bestimmten Zeit im Spazierhofe, sich täglich in seinen Ruhestunden, an den Sonn- und Feiertagen aber längerzeitig Körperbewegung machen und in der Zelle auf- und abgehen, was besonders bei sitzenden Gewerben für Verdauung und Gliedergelenkigkeit sehr erspriesslich ist.

d. Das in gemeinsamen Anstalten so häufig vorkommende Ueberessen oder Hungerleiden Einzelner aus Neigung zum Tausch und Einhandeln von Extragenüssen, Schnupftabak ꝛc., ist hier unmöglich.

e. Aufregung der Phantasie und Sinnlichkeit wird in Einzelhaft nicht durch unkeusche Reden und unreine Berührungen hervorgerufen, und deßhalb Untergrabung der Gesundheit durch unnatürliche Befriedigung des Geschlechtstriebes seltener vorkommen, als in gemeinschaftlicher Haft.

f. Alten oder schwächlichen Leuten kann durch Verabreichung von Milch ꝛc. nachgeholfen werden, ohne daß dies den Neid und die Simulation gleicher Gebrechen bei Andern erweckt, um dieselben Begünstigungen zu erhalten.

g. Während das Gemüth eines Erkrankten in der Krankenzelle nicht durch den Anblick der schwer Leidenden oder Sterbenden beunruhigt wird, wie dies in gemeinschaftlichen Krankensälen nicht zu vermeiden ist, wird in Einzelhaft Ansteckung durch Krätze, besonders aber die Verbreitung von Seuchen und Epidemien fast unmöglich, gewiß sehr erschwert.

2) Geistige Ausbildung der Sträflinge.

a. Statt Tag und Nacht in der Nähe ungebildeter und roher Menschen leben zu müssen, kommt der Zellengefangene nur mit wenigen, aber gebildeten, ihm wohlwollenden Leuten in Berührung, deren Umgang auf äußere Haltung, Sprache, gesellige Gewohnheiten und Stimmung desselben nicht ohne Einfluß bleibt.

b. Durch die Trennung der Gefangenen in der Schule ist vorgebeugt, daß die Stunden des Unterrichts nicht Stunden der Unterhaltung und Zeitvergeudung werden, was in gemeinschaftlicher Haft besonders bei solchen der Fall ist, welche dem Lehrer an Kenntnissen und Verstande nichts nachzugeben wähnen.

c) Der Zellengefangene kann sich an den Sonn- und Feiertagen, wie auch täglich in seinen Ruhestunden ungestört geistiger Beschäftigung hingeben, während in den gemeinschaftlichen Sälen einem ernstlichen und ruhigen Nachdenken und Lernen mancherlei Hindernisse im Wegen stehen.

d) Daraus ergibt sich die Möglichkeit der Ausdehnung des Unterrichts über verschiedene Gegenstände des Wissens, die in gemeinsamen Anstalten undurchführbar bleibt; daher entsteht höhere geistige Bildung, die sich allerorts als Grundbedingung jeglicher Einsicht und Sinnesänderung erwiesen hat; ebenso werden die Gefangenen dadurch auch denkende Arbeiter.

3) Sittliche und religiöse Ausbildung, Besserung.

a) Alle Quälereien, Verfolgungen und Angebereien der Gefangenen untereinander haben in Einzelhaft ein Ende; niedrige Leidenschaften erhalten keine Nahrung, und es entsteht Gemüthsruhe, welche zur Ueberlegung, Einsicht, wie zur Versöhnung mit sich und der beleidigten Gesellschaft führt, während ein enges, gezwungenes Zusammenleben von Menschen von so verschiedenem Bildungsgrade und Charakter Neid, Zwist, Zank, kurz alle die Uebel erzeugt, durch welche Verwilderung und Verhärtung befördert werden.

b) Gleichwie die Einzelhaft den Gefangenen zum Nachdenken nöthigt, ebenso kann er den sich ihm unwiderstehlich aufdrängenden Erinnerungen an seine guten und bösen Thaten, wie den Mahnungen seines Gewissens nicht entgehen.

c) Die Grundlage aller sittlichen Umkehr, die Gemüthserschütterung, die sich des Zellengefangenen mehr oder minder gewaltsam früher oder später bemächtigt, ist Frucht der Einsamkeit, eine Wahrheit, deren Evidenz durch Autoritäten der Wissenschaft aller Zeiten erwiesen ist. Diese Gemüthserschütterung, die sich äußerlich bei den Meisten nur in einer erhöhten geistigen Empfindsamkeit und Erregtheit zeigt, weist den Beamten der Zellengefängnisse ein großes Feld der Wirksamkeit an, denn da

α. die Verläumdungen und Verdächtigungen der Beamten, besonders der Geistlichen, durch die Gefangenen unter sich unmöglich sind,

β. da ferner selbst der verdorbenste oder hinterlistigste Mensch in Folge seiner isolirten Lage die Beamten zu Vertrauten machen, oder sich immer mehr in seiner ganzen sittlichen Verworfenheit zeigen muß, so ist

d) individuelle Behandlung des Gefangenen, geregelt durch das Studium seines Charakters, seiner Eigenheiten und zugänglichen Seiten nicht nur möglich, sondern sogar unvermeidlich, wodurch den Beamten ein unendlich großer Einfluß auf die Besserung des Gefangenen gegeben ist.

e) Die Einzelhaft gewährt den Beamten große Vortheile bei den Besuchen der Gefangenen, weil auf den Zellen alle Ursache zu falscher Scham, Zurückhaltung, Verstellung, wie alle Furcht vor Verfolgung, Spott und Hohn wegfällt; die Gefangenen werden deßhalb den Beamten die geheimsten Falten ihres Herzens offenbaren, während die Gegenwart ihrer Mitgefangenen ihnen den Mund schließt.

f) Gottesdienst und Religionsunterricht wirken in Einzelhaft viel eindringlicher, weil durch die Trennung der Gefangenen in der Kirche allen Zerstreuungen und Störungen der Aufmerksamkeit vorgebeugt ist. Das Gehörte tönt in der Seele des Gefangenen lange nach, drängt sich in der Zelle unwillkührlich als Gegenstand des Nachdenkens auf, und durch Nachdenken kann das Christenthum Eingang im Verstande und desto gründlicher im Herzen finden. Die Trennung der Gefangenen in der Kirche gibt der Feier des Gottesdienstes eine eigene, wunderbare Weihe, und macht tiefen Eindruck auf dieselben, wofür die bewegten Stimmen der Singenden deutlich sprechen.

g) Durch Trennung der verschiedenen Confessionen wird alle Veranlassung und Gelegenheit zu religiösen Zweifeln, zu Spott über kirchliche Gebräuche, wie zu Unglauben entfernt, und das confessionelle Bewußtsein der Gefangenen gekräftigt.

h) Die bessern Empfindungen des menschlichen Herzens und die natürlichen Zuneigungen und Verwandtschaftsgefühle werden in der Einzelhaft geweckt und gesteigert; Besuche und Briefe der Angehörigen wirken viel nachhaltiger ein, weil der Inhalt der Gespräche und der Nachrichten von Hause auf längere Zeit Gegenstand des Nachdenkens bleibt.

i) Je vollständiger die Trennung der Gefangenen ist, desto menschlicher kann die Hauszucht sein; dadurch werden so viele Ver=

anlassungen zu Lügen und zu Erbitterung über die Beamten und Aufseher beseitigt, und der Einfluß derselben erhöht.

k) Das Trennungssystem gestattet nicht nur charakterfeste, sondern auch gefühlvolle Aufseher anzustellen, durch deren Umgangsweise die Sitten der Gefangenen gemildert, die Gemüther weicher und empfänglicher gemacht werden; durch menschenfreundliche Behandlung erwacht Vertrauen und Liebe zur Menschheit; der Gefangene wird ohne Pedanterie zur Quelle alles Trostes hingeleitet, er sucht und findet dann Beruhigung in der Religion, die ihn an der Hand seines Seelsorgers auf nie gekannte, nie geahnte Höhen führt, von denen er einen Blick in die Gefilde einer bessern und unvergänglichen Welt wirft.

l) So wenig in gemeinschaftlicher Haft individuelle Behandlung möglich ist, ebensowenig hat man dort Kennzeichen der Besserung und sittlichen Erstarkung eines Gefangenen. Diese Kennzeichen, die wir jedoch nicht als ausnahmslos gelten lassen wollen, sind in Einzelhaft: freudige Befolgung der Hausordnung; das Bewußtsein, daß die Einzelhaft für den Gefangenen in Bezug auf Selbsterkenntniß und sittliche Erstarkung eine Wohlthat ist; das geduldige und ergebene Ertragen der oft von allen Seiten einstürmenden Widerwärtigkeiten, z. B. Erkrankung, Familienunglück, vereitelte Hoffnung auf Begnadigung u. s. w.; die gute und zufriedene Stimmung der meisten Gefangenen, ihr religiöser Sinn; die Lust und Liebe zur Arbeit; die häufig in Briefen an Angehörige und Freunde ausgesprochene Reue über das Verbrechen und die guten Vorsätze zur Besserung; die häufig in der Strafanstalt gemachten Geständnisse des in der Untersuchung stets geläugneten Vergehens; die Angabe früher begangener Verbrechen, und die Bitte um Untersuchung und Bestrafung derselben ꝛc.

m) Ganz abgesehen davon, daß **Besserung in der Einzelhaft fast psychologische Nothwendigkeit und jedenfalls Regel, in gemeinsamer Haft beinahe Unmöglichkeit und anerkannte Ausnahme ist**, sind sicher folgende Punkte geeignet, dem Zellensystem um so mehr absoluten Vorzug vor allen andern zu verbürgen, je weniger sie geläugnet werden können:

α. Wird der Sträfling nicht besser, so wird er doch nicht schlechter; Zellengefängnisse sind keine Hochschulen der Laster und Verbrechen.

β. Verabredungen bezüglich des Zusammenhaltens, oder bestimmte verbrecherische Plane für die Zukunft sind hier unmöglich.

γ. Weil Einzelhaft keine Gelegenheit zu Bekanntschaften der Gefangenen unter sich bietet, wird zahlreichen, nach der Entlassung eintretenden Möglichkeiten zur Vernichtung der guten Vorsätze und der wieder errungenen Existenz vorgebeugt.

III. Die meisten der geschilderten Vortheile der Einzelhaft wurden in unserer Anstalt in größerem und geringerem Umfange erreicht. Dafür sprechen:

1) die günstigen allgemeinen Gesundheitsverhältnisse unserer Gefangenen selbst nach mehrjähriger Einzelhaft; die geringen Erkrankungs- und Mortalitätszahlen;

2) die erwiesenen bedeutenden Fortschritte der geistigen Ausbildung;

3) das sehr gute, willige und ergebene Betragen der Gefangenen, die geringe Zahl der nöthigen Hausstrafen;

4) die Lust und Liebe der Gefangenen zur Arbeit, das rasche Erlernen der Gewerbe und die bedeutenden Einnahmen durch den Gewerbsbetrieb;

5) eine Menge sehr zu beachtender Zeugnisse der Gefangenen selbst, von denen viele in gemeinsamen Anstalten waren, und von welchen

6) keiner mehr dorthin zurück, dagegen aus der Einzelhaft wegen geschwächter Gesundheit, Ueberfüllung der Anstalt u. s. w. dorthin versetzte Gefangene durchaus wieder in die Zellen verlangen;

7) die höchst günstigen Zeugnisse unserer Hausgeistlichen in Bezug auf die sittliche Wiedergeburt der Verbrecher, welche um so gewichtiger sind, als dieselben längere Jahre in gemeinschaftlicher Haft im Amte waren;

8) manche in gemeinschaftlicher Haft unzufriedene, mürrische, rohe und trotzige Gefangene zeigten sich in unserer Anstalt bald willig, gelassen und ergeben;

9) Leute, welche vor Gericht ihr Verbrechen hartnäckig läugneten, und nur als Ueberwiesene verurtheilt wurden, haben in unserer Anstalt häufig nachträgliche Geständnisse über ihre Schuld, wie über andere begangene Verbrechen freiwillig abgelegt, während dies in gemeinschaftlicher Haft nach dem Zeugnisse unserer Hausgeistlichen äußerst selten vorkommen soll;

10) die große Dankbarkeit der meisten Entlassenen gegen die Anstalt und gegen uns Beamte, denen sie dies häufig durch Briefe, selbst aus Amerika, bezeugen, und dem Systeme allein ihre Rettung zuschreiben.

Stimmen der Zellen=Gefangenen.

Die zuverläßigsten Richter über die Vortheile und Nachtheile eines Haftsystemes in Erreichung der Strafzwecke sind verständige, gebildete und gebesserte Gefangene selbst. Wir haben deßhalb von Zeit zu Zeit als Thema zu Schulaufsätzen eine Zusammenstellung der Vortheile und Nachtheile der Einzelhaft in den oberen Schulclassen gegeben, in welche die Gefangenen meist erst nach längerzeitiger Haft gelangen, weil wohl anzunehmen ist, daß solche Gefangene alle Verhältnisse ihrer Lage aus eigener Erfahrung kennen, und reiflich darüber nachgedacht haben. Die Ansichten und Urtheile derselben fielen entschieden zu Gunsten der Einzelhaft aus.

Aus den vielen derartigen vor mir liegenden Arbeiten übergebe ich den Lesern eine Anzahl, die ich so vollständig als möglich, und mit Ausnahme mancher Zusammenziehungen der bei gewöhnlichen Leuten üblichen gedehnten Satzstellungen und Wiederholungen wörtlich hier folgen lasse. Mit Ausnahme von Nr. 6, „ein Tag in gemeinschaftlicher und in Einzelhaft," habe ich nur Aufsätze von Gefangenen gewählt, welche aus den niederen Volksklassen, dem Bauern= Taglöhner= und Handwerkerstande stammen, ihre Schulkennntnisse hauptsächlich in unserem Hause erhalten haben, und bei denen die oft wirklich gewählte und gute Ausdrucksweise in den Aufsätzen auch die durch die Einzelhaft erzielte höhere geistige Bildung und moralisch=religiöse Anschauungsweise beurkundet. Die Abfassung und der ganze Inhalt der Arbeiten trägt den Stempel der Ueberzeugung und der Wahrheit; auch stehen die Originalschriften jedem Zweifler an der Aechtheit derselben zu Gebote; bei denjenigen, welche einmal dem Unterrichte in unsern höhern Schulklassen beigewohnt haben, bedarf es dieser Versicherung nicht.

Aus den Abhandlungen selbst geht hervor, daß ich nur Aufsätze von Gefangenen hier mittheile, die erst nach längerzeitiger gemeinschaftlicher Haft in unsere Anstalt versetzt worden waren.

1) Von einem Bauernsohn, 24 Jahre alt, in gemeinschaftlicher zwei, in Einzelhaft über zwei Jahre.

„Es mag wohl Mancher glauben, man müsse in einer Strafanstalt, in der 40—50 Personen in einem großen Saale beisammen wohnen, die größte Unterhaltung genießen; allerdings wird der Geist mehr zerstreut und das Gemüth aufgeheitert, als wenn man einsam in seiner Zelle seinen Tag dahin bringen muß. Aber auch die Widerwärtigkeiten, die man in solchen Gesellschaften zu ertragen hat, sind sehr groß. Es gibt wohl auch rechtliche und gute Menschen darunter, die das Beisammenwohnen erträglich und angenehm machen, dagegen aber viele, die ihr Vergnügen nur darin finden, ihre Mitgefangenen zu beleidigen, auf jede Art zu betrügen und zu hintergehen, oder bei den Vorgesetzten anzuschwärzen, so daß Mancher, wenn er sich einige Zeit bei diesen Menschen befindet, und sie genauer kennen gelernt hat, bald einsieht, daß es das Beste ist, wenn er sich ganz von ihnen zurückzieht, ganz für sich lebt, und durch eine geistige Beschäftigung seine Unterhaltung sucht; aber dennoch bleibt er von Kränkungen nicht verschont; wenn er auch glaubt, daß er ihren Gesprächen und Umtrieben kein Hinderniß sei, so wissen sie oft nicht, auf welche Art und Weise sie ihren Aerger über einen solchen ausdrücken sollen. Eine andere Art von Kränkung hat man von diesen Menschen zu dulden, die in ihrem Wahn sich einbilden, wenn alle nach ihren Köpfen einstimmten, so würde die Hausordnung und Kost nach ihrem Wunsche eingerichtet werden. Wer sich nämlich nach der Hausordnung fügt, oder sich mit der Kost begnügt, sich freut, wenn die Mahlzeit kommt, und daß er sich mit einer genießbaren Kost satt essen kann, da er wohl weiß, daß diese Anstalten nicht zum Genusse eingerichtet sind, so sagen dann die Unzufriedenen, eine solche Kost könne nur derjenige essen, der noch niemals etwas Rechtes genossen habe; diese schuldigen dann den Genügsamen als die Ursache an, daß nicht Alles nach ihrem Wunsche eingeführt werde, so daß man sein Mahl nicht einmal im Frieden genießen kann.

Dann gibt es wieder sogenannte Hetzer, die sich auf allen Seiten suchen beliebt zu machen; befinden sie sich unter den Sträflingen, so raisoniren sie über Alles aufs höchste; ihr seid nur einfältige Menschen, wenn ihr euch dieses oder jenes gefallen laßt, oder euch mit diesem begnügt, und suchen sich dadurch Zutrauen zu verschaffen, als ob sie es wirklich redlich mit ihren Mitgefangenen meinten; dabei horchen sie jedoch nur, was gesprochen wird, um Alles wieder an die Vorgesetzten hinterbringen zu können, setzen dann oft noch weit mehr hinzu, und geben sich den größten Anschein von Rechtlichkeit, während sie in der That oft die schlimmsten sind. So kommen eine Menge Fälle vor, in denen man sich glücklich schätzen würde, wenn man allein für sich sein könnte, um ungestört dahin zu leben. Sucht sich Einer durch religiöse Betrachtung und Gebet Trost, so ist er wieder dem Gespötte ausgesetzt.

Mancher wünscht seine freien Stunden, die ihm gegeben sind, irgend einem Gegenstande zu widmen, der von Nutzen und Vortheil für ihn ist; dies kann wieder nicht geschehen, weil er an seinen angewiesenen Platz beschränkt ist, und von seinen Umgebenen gestört wird. So kann Jeder leicht einsehen, daß die einsame Haft besser und vortheilhafter ist. Er kann seine freien Stunden ungestört mit geistiger Beschäftigung für sich verwenden, sich dem religiösen Nachdenken überlassen, und ruhig dahin leben, ohne die geringste Beleidigung zu erhalten, wenn er seine Vorschriften befolgt, und muß dabei denken, daß ihm dafür, daß er die Gesellschaft entbehren muß, ein großer Theil seiner Strafzeit nachgelassen wird.

Was mich anbelangt, so habe ich seit meinem Hiersein noch nie lange Weile bekommen. Ich danke Gott dafür, der mich bisher die Tage so gut hat hinbringen lassen, und bitte ihn, daß auch meine folgenden so gut vorüber gehen möchten; gerne will ich auf den Genuß der Gesellschaft verzichten, bis der frohe Tag ankommt, wo ich in die freie Natur treten und wieder gute Gesellschaften aufsuchen kann." —

2) Ein politisch verurtheilter Hutmacher äußerte sich nach längerzeitiger gemeinschaftlicher und sechsjähriger Einzelhaft folgendermaßen:

„Ich muß aufrichtig gestehen, daß die Straferstehung in gemeinschaftlicher Haft weniger schmerzhaft ist, als in einer einsamen Zelle, denn in Gesellschaft vergißt Mancher sein trauriges Schicksal wenigstens auf Augenblicke. Aber die Gesellschaft hat auch für Manchen ihre bösen Folgen, denn was muß man da nicht für schlechte Streiche hören; wie mancher junge Mensch wird da anstatt besser, nur noch zehnmal schlechter.

Wenn neu Eingelieferte in ihrer Einfalt erzählt haben, weßhalb sie verurtheilt sind, so werden ihnen Rathschläge gegeben, wie sie es hätten machen sollen; ein Jeder will dann gescheidter und vorsichtiger sein, wenn er wieder auf freiem Fuße ist, und doch ist mancher von diesen gescheidten Banditen schon zum dritten oder gar vierten Male im Zuchthaus; auch stiehlt Einer dem Andern, was er nur kann, z. B. Tabak, Brod, Butter, was häufig vorkommt.

In der Früh 5 Uhr begibt man sich zur Arbeit, wo man immer in Gesellschaft von 30—40 Mann ist, und ohne Scheu mit einander sprechen kann, wenn man es nur etwas klug anfängt. Um 7 Uhr wird gefrühstückt; Abends 7 Uhr ist Feierabend; um 1/2 8 Uhr wird man schlafen geführt; in den Schlafsälen ist es für Manchen sehr unterhaltend, für Manchen aber sehr abschreckend, denn man kann sich den Gestank und Dunst von so vielen Menschen leicht denken, oft 30—40 in einem Saale, und was da oft im Geheimen für viehische Sachen, Einer für sich oder Einer mit dem Andern, getrieben werden!

Was den Kirchenbesuch betrifft, so ist man in gemeinschaftlicher Haft nicht im Stande, seine Gedanken ordentlich zu Gott zu erheben, weil man entweder geneckt oder auf andere Weise gestört wird, obschon jedesmal ein Aufseher zugegen ist; auch die Besprechungen mit dem Herrn Pfarrer, der jede Woche ein oder zwei Besuche in den Arbeitssälen macht, haben ihre eigenen Schwierigkeiten; denn wenn er sich bei einem oder dem anderen Gefangenen etwas länger aufhält, je nachdem man ein Anliegen hat, so erregt dies gleich Neid oder Mißtrauen bei den Andern, und der, mit welchem der Geistliche länger gesprochen hat, wird als ein Jesuit, oder als ein Frömmler, oder als ein Spion verschrieen.

Was mich betrifft, so ziehe ich die Gefangenschaft in Einzelhaft in jeder Beziehung vor. Auch glaube ich fest, daß nicht so viele Unglückliche zum zweiten oder dritten Male ins Zuchthaus kommen würden, wenn sie in Einzelhaft in die Zellen versetzt würden, denn ich sag' es frei, daß wenn Einer noch einen guten Gedanken hat, und kommt unter solche Gesellschaft, so wird er schlechter, als er zuvor war, denn wenn ihn auch die scheußlichen schlechten Streiche, die er hört, von Anfang abschrecken, so findet er nach und nach doch Gefallen daran; sein Herz wird verhärtet, und er muß es oft sein ganzes Leben hindurch büßen. Ist der Sträfling allein, so hat er Zeit, über sein ganzes Leben nachzudenken, auch ist es hier ein großer Trost für den Gefangenen, daß er mit dem Geistlichen und den Beamten allein sprechen kann, wo er über Alles belehrt wird, ohne von lästigen Zeugen geneckt zu werden, denn in gemeinschaftlicher Haft ist man oft nicht im Stande, ein ruhiges Vaterunser zu beten." —

3) Ein wegen Theilnahme an der Anzündung eines herrschaftlichen Schlosses während der Revolution im Jahre 1849 verurtheilter, 24 Jahr alter Bauernsohn schrieb nach dreijähriger Einzelhaft folgende Vergleichung der gemeinsamen und Zellenhaft nieder.

„Nach verkündetem Urtheile, es lautete 20 Jahre Zuchthaus wegen Brandstiftung, wurde ich sogleich in die Strafanstalt abgeführt; daselbst war mir Gelegenheit gegeben, eine Klasse Leute zu beobachten, unter deren Gesellschaft zu leben, ich einstens nicht geahnt hatte; da mußte ich oft Reden und Gespräche anhören, worüber ich zurückschauderte; ich wußte gar nicht, daß es solche verdorbene und gottvergessene Menschen gäbe; meistens waren es aber solche, die ihre Strafe wegen Diebstahl zu erstehen hatten. Viele waren da, welche sich rühmten und brüsteten wie schlau, wie pfiffig, wie klug sie wären, und welche Gewandtheit und Geschicklichkeit sie in Ausführung solcher

Thaten besäßen; ferner sagten sie, daß der, welcher fleißig arbeitet, und sich auf ehrliche und rechtliche Weise zu ernähren sucht, der Dümmste und Einfältigste sei, und welche Genüsse, welche Freuden, welche Annehmlichkeiten man sich bereiten könne, wenn man mit ihnen halte. Wenn ich ihnen sagte, ob denn ihr gegenwärtiger Zustand auch zu diesen Annehmlichkeiten gehöre, so gaben sie zur Antwort, daß dieses nur eine Zeit lang daure, und mache nur in Zukunft vorsichtiger, indem sie es zu offen getrieben hätten; wenn ich dann erwiderte, daß sie einstens eine schlimme Himmelfahrt zu gewärtigen haben, so sagten sie, ob ich denn auch so dumm sei, und würde diesen Pfaffenkniffen und Solchen, welche das Volk vollends zu unterjochen suchen, noch glauben? wie der Baum falle, so liege er. Als ich dieses Wort das erstemal hörte, so stand ich wie vom Blitze getroffen.

Aber ist es da ein Wunder, wenn solche Werke zum Vorschein kommen, wo der Glaube an die Unsterblichkeit der Seele und an ein ewiges Leben verschwunden ist? Ist es da ein Wunder, daß bei so Vielen ein Zweck ihrer Strafe, der ist, daß sie in sich gehen und sich bessern, nicht erreicht wird, ja, im Gegentheil, daß sie nach Umlauf ihrer Strafzeit noch schlechter und verdorbener sind als zu Anfang derselben, wenn man solche Ermahnung und Vorstellung Jahre lang muß anhören? Fünf oder sechs Solcher in dem größten Saale können schon eine große Anzahl mit ihren giftigen Lehren anstecken, denn zu was ist das menschliche Herz von Natur aus mehr geneigt, als zum Bösen und Sündhaften? Mancher würde nicht geworden sein, was er in der Folge wirklich geworden ist, wäre er nicht unter solche Menschen gerathen. Ich habe die Bemerkung gemacht, daß Manche diese Reden zuerst mit großem Abscheu anhörten, ja ihnen, wenn sie konnten, auswichen, dann mit Gleichgiltigkeit, und zuletzt fanden sie Wohlgefallen daran, wenn derlei Gespräche nur vorkamen.

Die Schulstunde mußte ich mehr als eine Stunde zum Ausruhen vom Geschäfte und zur Besprechung anderer Gegenstände, als zum Erlernen guter und nützlicher Lehren ansehen; trotzdem sich der gute und eifrige Lehrer so viele Mühe gab, so brachte er doch nicht die gewünschte Aufmerksamkeit in seinen Schülern hervor. Nahm Einer in seinen Freistunden oder Sonntags eine Schiefertafel zur

Hand, um etwa den Hauptinhalt der angehörten Predigt niederzuschreiben, oder eine Rechnung, die er in der Schule gehört hatte, zu lösen, so wurde er gleich für einen Frömmler oder Heuchler gehalten. Mancher würde dieses sehr gerne thun, lieber aber, daß er sich die Verhöhnung so Vieler zuzieht, läßt er es bleiben. Ging es Abends zu Bett, so hörte man statt des Abendgebetes nur fluchen und lästern. Dem Einen war dies, dem Andern jenes nicht recht; gerade so war es Morgens. Den Gestank und den Qualm, der sich Morgens in dem Schlafsaal befand, kann ich nicht genug schildern, er war mir unerträglich und verursachte mir häufig schleimigen Auswurf. Alles dieses war hinreichend, in mir große Sehnsucht nach der Einzelhaft zu erwecken. Obgleich mich Viele von diesem Gedanken abzubringen suchten, indem sie mir das Schicksal der Sträflinge daselbst als ein unerträgliches schilderten, und sich vor der gänzlichen Abgeschlossenheit fürchteten; allein ich dachte, es werde gerade nicht so arg sein.

Der 13. Mai 1850 war der Tag, welcher mein Verlangen befriedigte. An diesem Tage kam ich mit noch Etlichen in die neue Anstalt. Als mein Name zum Abziehen abgelesen wurde, da wurde mir, ich gestehe es offen, doch ein wenig anders; Furcht und Hoffnung stritten in mir, tief gerührt reichte ich einigen meiner Arbeitsgenossen die Hand zum Abschiede.

Aber jetzt danke ich Gott, daß er mich gewürdigt hat, meinen Frevel hier in dieser Anstalt büßen zu dürfen. Hier bin ich den verderblichen und ansteckenden Aergernissen überhoben, welche doch auf die Länge der Zeit einen nachtheiligen Einfluß hätten auf mich ausüben können, denn es hat jeder Mensch seine Schwachheiten. Es dauerte nicht lange, so regte sich in mir der Gedanke, mit dem ich mich bisher noch öfters beschäftigte, nämlich: wie gut es eigentlich wäre, wenn alle Sträflinge, welche noch ein wenig Sinn für das Gute haben, und bei denen das sittliche Gefühl noch nicht ganz erloschen ist, in eine solche Anstalt verbracht werden könnten. Sicherlich würde sich die Zahl der Rückfälligen bedeutend vermindern; die Lehren, welche man da erhält, sind in der That ein erquickendes Labsal für solch' gebrechliche Herzen. Man wird stark in der Versuchung, und gesichert vor dem Rückfalle, wenn man den Religions=

wahrheiten Gehör schenkt, und auch bereit ist, sein Leben nach denselben einzurichten. Auch geht man die Woche dreimal in die Schule, und ich muß gestehen, daß ich hier schon mehr gelernt habe, als ich gelernt hätte, wenn ich meine ganze Strafe in der alten Anstalt hätte machen müssen, denn gerade die Einsamkeit ist dem Unterrichte sehr günstig; da kann man über das, was man in der Schule hört, ungestört nachdenken und dasselbe einüben. Ferner hat die Anstalt eine herrliche Bibliothek, welche man benützen kann, worin sich die nützlichsten und trefflichsten Bücher befinden, mit denen man jede Woche wechseln kann.

Was die Gesundheitsumstände betrifft, so halte ich es abermals für besser; es kommt jeder Sträfling zweimal in den Hof, während dies in der alten Anstalt nur einmal stattfindet; auch kann die Reinlichkeit viel besser aufrecht erhalten werden. Mein bereits angefangener kränklicher Zustand ist nicht nur nicht schlimmer geworden, sondern hat sich so sehr gebessert, daß mir seit langer Zeit nicht das Mindeste gefehlt hat. Noch einer Wohlthat haben sich die zu erfreuen, welche in diese Anstalt kommen, nämlich: es wird nach dem Gesetze jedem Sträfling der dritte Theil seiner Strafe nachgelassen." —

4) Vergleichung der alten und neuen Strafanstalt Bruchsal, von einem 28jährigen, in Folge von scrophulöser Caries während seiner Strafzeit amputirten Taglöhner geschrieben.

„Ich bin vom 18. November 1846 bis zum 6. Februar 1851 in gemeinschaftlicher Haft gewesen, und habe dort mancherlei Erfahrungen gemacht. Seit dieser Zeit bis Ende des Jahres 1853 bin ich in Einzelhaft gewesen. Mir gefällt es da besser; es ist freilich für mich mit meinem Stelzfuß etwas beschwerlicher, was ich jedoch nicht viel in Anschlag nehme.

Das Grauenhafteste in der gemeinschaftlichen Haft ist, daß Gefangene so scherzhaft und gewissenlos ihre Schandthaten und sonstigen Laster einander erzählen können, ohne die mindeste Reue darüber zu zeigen; denn Abends im Schlafsaal werden anstatt zu beten, Dinge getrieben, und dabei fallen Reden, die ich nicht niederschreiben mag, denn ich müßte mich vor mir selbst schämen, sie nur zu wiederholen.

Dort kostet es eine große Verläugnung, wenn Einer andächtig sein Gebet verrichten will, denn die Störung ist zu groß, und so werden die leichtfertigen Seelen mit Gewalt in das sündliche Wesen hineingezogen, und diejenigen, welche nicht mitmachen, werden verspottet.

Nicht mitmachen war mir ein Leichtes, aber keine Freude an den schmutzigen und fleischlichen Gesprächen zu haben, das kostete einen Kampf, und ich muß sagen, wenn mich Gottes Macht nicht davor bewahrt hätte, es wäre mir in dieser Hinsicht schlecht gegangen. Auch das ist ein großer Schaden, daß, wenn Jemand durch die Predigt in seinem Innern gestärkt wird, und vielleicht auch einen Vorsatz zur Besserung faßt, man aus der Predigt hinweg wieder unter die alte Gesellschaft kommt, wo durch die Andern der Same des Wortes Gottes wieder erstickt wird und keine Frucht bringen kann. Es ist ein großes Wunder, wenn dort Einer zur völligen Umkehr gelangt. Dieses Alles ist hier nicht der Fall; hier kann Keiner den Andern verführen, und das Wort Gottes kann eher einen Eindruck machen und Besserung hervorbringen; die Hauptursache, weßhalb es mir da besser gefällt, als in der gemeinsamen Haft, ist, weil ich da immer und in allen Stücken ungestört bin; da kann man ohne äußere Störung sich dem Gebete oder sonstiger nützlicher Beschäftigung widmen; man wird nicht zu Muthwillen oder Uebertretungen der Hausordnung angereizt, und ist in keiner so großen Seelengefahr. Wenn Einer dagegen in den alten Anstalten noch kein rechter Spitzbube ist, aber leicht verführbar, so kann er dort vollends lernen, was ihm fehlt.

Gott sei Dank, daß ich nicht mehr dort bin; zwar wäre mir ein menschlicher Umgang sehr angenehm, aber lieber einsam, als solche Umgebung, wie in der alten Strafanstalt; ich bin aber hier noch nie allein gewesen, denn mein Gott und Heiland waren noch zu jeder Zeit bei mir, und das ist doch der beste Umgang, er läßt Einem keine Zeit lang werden. Auch kann man hier in der Schule mehr lernen, als in der gemeinsamen Haft, denn dort ist wenig Aufmerksamkeit, und die Reinlichkeit kann auch hier besser gehandhabt werden. Es wäre deßhalb zu wünschen, daß alle Strafanstalten so eingerichtet wären, insbesondere zum Schlafen, denn in den Schlafsälen kommt von dem, was ich früher gesagt habe, am Meisten vor, weil den Tag über die Aufsicht mehr zu befürchten ist.“ —

5) Brief eines aus gemeinschaftlicher Haft in Einzelhaft versetzten Gefangenen an einen dort zurückgebliebenen Freund.

„Lieber Freund! Ich bekenne dir ganz offen, daß ich mich seit 19 Monaten meiner Versetzung in die Einzelhaft noch keinen Augenblick in die gemeinschaftliche Haft zurückgewünscht habe; im Gegentheil, ich wollte, ich wäre noch nie dort gewesen, ja ich möchte Jedem rathen, der das Unglück hat, in eine Strafanstalt zu kommen, daß er sich gleich hierher wenden könnte, und ich sage es deutsch heraus, wenn das Verhältniß der Strafdauer hier um ein Dritttheil länger dauern würde, als dort, so wollte ich für meinen Theil dennoch meine Strafe lieber hier ausstehen, denn die Vortheile, die ein unglücklicher Gefangener in moralischer Hinsicht hier genießt, können demselben in gemeinschaftlicher Haft nie dargeboten werden. Erstens ist es hier möglich, die Gefangenen mit Güte und Schonung zu behandeln, was in gemeinschaftlicher Haft nicht immer sein kann, wo so viele beisammen sind; hier kann von Seiten der Beamten auch Mitleiden gezeigt werden; hier hört man keine rauhen Worte, da treten einem keine sauren Gesichter mit feuerfunkelnden Augen entgegen, sondern nur Wohlwollen, was auf einen Unglücklichen einen weit tieferen Eindruck macht, als eine strenge und rauhe Behandlung.

Zweitens kann hier der Gefangene seine Freistunden für sich verwenden, kann etwas Nützliches treiben, und drittens bietet hier die Schule einen sehr großen Nutzen dar; ich kann wohl sagen, daß ich mir in diesen 19 Monaten mehr Kenntnisse erworben habe, als mir in gemeinsamer Haft in drei Jahren möglich gewesen wäre.

Ich bin bei der Schreinerei eingetheilt, wo ich im Anfange Cigarren- und Packkisten zugerichtet, und jetzt solche Fortschritte gemacht habe, daß ich schon seit Ostern fournirte Arbeit verfertige, und mir getraue, bis ich fort komme, es noch so weit zu bringen, daß ich bei einem Schreiner als Gesell eintreten kann.

Ich wünschte nur, daß auch Du dich hieher wenden möchtest, denn es hätte bedeutende Vortheile für dich, indem Du hier neue Möbel zu machen hättest, und dich im Zeichnen üben könntest, was ja in der gemeinschaftlichen Haft nicht möglich ist, weil einem die

Andern Alles verderben, und gleich spotten, wenn einer sich weiter bilden will.

Auch wäre es in Beziehung auf deine Gesundheit hier viel besser für Dich, denn die Zellen sind sehr hell, luftig und trocken; auch könnte ich nicht sagen, daß ich nur eine einzige Stunde besonders lange Weile gehabt hätte, namentlich seit ich bei diesem Geschäfte bin; laß dich also von Niemand abschrecken, und glaube mir, daß ich dir als aufrichtiger Freund die Wahrheit schreibe." —

Der folgende Aufsatz ist durch einen früheren Lehrer verfaßt, welcher seit seiner Entlassung selbst Mehreres über das Gefängnißwesen und besonders das Zuchthausleben veröffentlicht hat.

6) Vergleichung der gemeinsamen- und Einzelhaft, von einem Gefangenen.

Ein Tag in gemeinsamer Haft.

Ein trauriges Glöcklein durchzittert die Morgenluft, und gleichzeitig klopft es an die eisenbeschlagenen Thüren einiger Säle, die ziemlich von Leuten angefüllt sind, welche sofort hurtig sich aufraffen; das Strohlager war hart, und das beste daran die frischen reinlichen Leintücher, die mit der Reinlichkeit der Säle überhaupt harmoniren. Auf einem harten Lager läßt sich zur Noth recht gut schlafen, aber welche Qual bereitet das schamlose Erzählen unzüchtiger Anekdoten, oder der nähern Umstände eines Verbrechens. Ist ein strenger Aufseher auf der Wache, so wird das Reden zum Geflüster, und ein Uebel löst früher als sonst ein größeres ab: von allen Seiten entwickelt sich eine staunenswürdige Virtuosität im Schnarchen, und während dort Einer im fieberhaften Traume um sich schlägt, seufzt sein Nachbar über sein armes Weib, seine hungrigen Kinder und sein Elend, das er im Schlummer nicht begraben kann. Endlich ruht Alles, wenn sich nicht etwa gegen Mitternacht ein Streit über das Oeffnen oder Nichtöffnen eines Fensters erhoben hat. Im Winter, wo die Tageslüftung in der Nacht nicht fortgesetzt werden kann, ist eine wahre Pestluft, jener den Gefängnissen eigenthümliche penetrante Geruch unvermeidlich, und Bosheit und Unverstand führen ihn häufig auch im Sommer herbei.

Jetzt hurtig angezogen und das Bett gemacht, dann gewaschen; schon schnurrt der, an welchem gerade die Reihe ist, ein gedankenloses „Vaterunser" herunter, und die Thüre öffnet sich. Im strengen Gänsemarsche, Einer hinter dem Andern, paradirt man an einigen Aufsehern und dem Oberaufseher vorüber, bei welchem sich diejenigen anmelden, welche erkrankt sind, oder doch sein wollen. Hierauf gehts durch den Hof in die Arbeitssäle, wo im Winter von zähneklappernden Sträflingen Feuer angemacht wird. Da man keine Argusse als Aufseher anstellen kann, fliegt gelegenheitlich zur Wonne der Umstehenden ein Büschel Garn, oder in der Schreinerei einige Faßdauben oder Stuhlfüße in den Ofen, wofür das Feuer durch freudiges Aufflackern sich bedankt.

Endlich ist Jeder am Webstuhl, am Spinnrad, an der Hobelbank, und der Aufseher beginnt den Spaziergang seines Berufes. Hat er nicht ausgeschlafen, oder einen Verweis von höherem Orte in Erwartung, so kann es sich leicht ereignen, daß sich zwischen ihm und einem Sträfling eine Art Hahnenkampf entwickelt, bei dem gelegentlich ein kleines Ohrfeigchen mit unterläuft; gewöhnlich gibt es eine Meldung, und dann fast regelmäßig Arrest für den Gefangenen.

Die Aufseher sind durchschnittlich brave Leute, aber ebenso durchschnittlich mit wenigen Ausnahmen Zuchtmeister von ächtem Schrot und Korn, d. h. sie haben keine Ahnung davon, daß ein Zweck der Strafe auch Besserung heißt, und daß man den Menschen in christlichen Staaten nicht als Servus publicus betrachten darf. Sie sind verpichter auf die Hausordnung, als ein Türke auf seinen Koran, jedoch weniger auf den Geist, als auf das Wort, namentlich wenn letzteres ihren Launen einen Anstrich von Berechtigung verleiht. Doch horch — es läutet! Sieben Uhr, — Morgensuppe. Neuer Gänsemarsch in die Speisesäle, deren jeder 40—80 Mann faßt; die haute volée der Gaunerzunft, die meist herzensguten, gemüthlichen Rückfälligen, unter denen mancher Graukopf bezeugt, daß man alt werden kann, ohne dem Nestor im Mindesten zu gleichen, hat ihren eigene Speise= und Schlafsaal.

In jedem Speisesaal steht ein Aufseher; plötzlich ertönt der Ruf: Suppe! als Signal einer neuen Entweihung des Gebets. Einige

Sträflinge reichen die Suppe herum, die durchschnittlich gut und schmackhaft ist. Während es brummt und summt und lacht, werden die Schüsselchen abgeholt, dann ein neues Vaterunser gebetet, und ein Glockenzeichen ladet zum Rückmarsch in die Arbeitssäle ein, die man vor 12 Uhr nicht verläßt. Tausend Vorwände geben Anknüpfungspunkte zu Gesprächen mit den Nachbarn; es wird geschachert, verabredet, erzählt und gestritten, und all' dieses könnte ein halbes Dutzend Aufseher nicht verhindern, geschweige Einer, namentlich wenn Leute im Spiele sind, welche die den Sträflingen im Allgemeinen eigene Unterwürfigkeit nicht besitzen.

Bei Schneidern, Spinnern, kurz bei stillen Gewerben kann Ruhe allenfalls gewahrt werden, und wird solche auch möglichst aufrecht erhalten; aber in den Sälen der Weberei, Küferei und Schreinerei, wo ein bedeutender Lärm sich von selbst, das Beisammenstehen vieler Webstühle, Fässer und Fabricate eine Uebersicht rein unmöglich macht, kann der beste Wille und eiserne Strenge ein an sich ohnehin unnatürliches Schweigsystem nie und nimmermehr durchführen. Gelegentlich kommt am Morgen auch ein Beamter und unterhält sich mit Einzelnen, die an diesem Tage dann mit einer Art Ehrfurcht betrachtet werden.

Kommt der Geistliche, findet er nur tief zerknirschte, jedoch meist unschuldige Seelen, welche die Schlechtigkeit der Welt beseufzen; kaum ist er weg, dreht ihm vielleicht die fromme Seele eine Nase nach, damit ihr nicht von den Andern vorgeworfen werde: sie halte es mit dem Pfaffen, um recht bald begnadigt zu werden. Schwerverurtheilte sind gewöhnlich ernster und stiller, als die andern; ich habe jedoch nicht den Ernst eines Christen, sondern nur den eines düstern Fatalisten, der in willenloser Ohnmacht sein Glück in Gleichgiltigkeit sucht, gefunden.

Ein Irreligiöser, der zugleich Sträfling ist, kann bei seinen Kameraden mehr wirken; als ein ganzes Domcapitel in zehn Jahren, namentlich wenn er den s. g. gebildeten Ständen angehört, oder die Gabe hat, einen schlechten oder guten Witz zu reißen. Der Pfarrer ist bezahlt, es ist ja sein Handwerk, die Leute anzulügen, namentlich die Armen mit dem Himmel zu trösten, der vielleicht existirt, während dies bezüglich der Hölle ganz gewiß nicht der Fall ist. Schon das enge Beisammensein verschiedener Confessionen hindert religiöse Belebung.

Abermals das fatale Glöckchen, die Stunde des Mittagessens, der Erholung ist da, und ein neuer Gänsemarsch bringt uns an die Tische. Zunächst wird Jedem ein halber Laib Brod verabreicht, dessen Qualität auch außer dem Zuchthaus für ausgezeichnet gelten muß, dann „Vaterunser=Suppe" und jetzt Gemüse, an welchem Einzelne ihre Eßvirtuosität entwickeln, indem sie oft 3—4 Portionen, die andere nicht mögen, vielleicht weil man den Nachklang des guten Schnäppschens, der Wurst u. s. w. nicht verstimmen will, freudig verzehren, und noch in einem irdenen Schüsselchen Vorrath für den Abend aufbewahren; gibt es doch Beispiele, daß sich Sträflinge förmlich zu Tod gegessen haben.

Von eins bis vier Uhr wieder Arbeit, dann solenner Gänsemarsch im Hofe, eine Stunde dauernd; wer Ketten trägt, oder nicht laufen kann, muß zuschauen.

Nach der Rückkehr ißt jeder sein Brod, dazu ein eingeschachertes Stückchen Fleisch oder Butter, die am Sonntag den Fleißigen verabreicht wird, oder etwas Geschmuggeltes, gegen welches der Neid der Kameraden der beste Aufseher bleibt. Manche Leute können sich nun einmal nicht an die nahrhafte aber rauhe Kost gewöhnen, und ein bischen Nachsehen ist hier aequum, justum et salutare!

Von 4½—7 Uhr wird wieder gearbeitet, eine sehr gemüthliche Zeit, namentlich in kurzen Wintertagen, wo manches kleine Verstößchen gegen die Hausordnung mit dem mitleidigen Mantel der Finsterniß gedeckt wird.

Um 7 Uhr Abmarsch in den Speisesaal, Beten, Suppe mit Geplauder, Abführung in die Schlafsäle.

Indem man denkt, wie schön es wäre, draußen der Sonne nachzuschauen, wie sie hinter den fernen Bergen in einem Flammenmeere versinkt, beginnt das Kreuzfeuer der Rohheit, und mit Schaudern denke ich an die Sonntage zurück, wo ich von Morgens 6 Uhr bis Abends 6 Uhr mit 70 bis 80 Sträflingen in einem düstern, dumpfen Speisesaal sitzen, und um 6 Uhr, selbst in der höchsten Sommerzeit, meinen Strohsack suchen mußte.

Die Einzelhaft.

Mit frohen Ahnungen kam ich in Bruchsal an; ich hatte Gutes und Schlimmes von dieser neuen Haftart gehört, wie dies eben bei jeder neuen Einrichtung der Fall sein wird.

Verbrecher haben gewöhnlich eine gewaltige Scheu vor der Einsamkeit, gleichsam als ob sie sich vor sich selbst fürchteten. Ich bin zwar auch ein Verbrecher, indem ich als Revolutionär das positive Recht verletzte, aber die Einsamkeit kam mir nicht gräulich vor, weil ich vor der Erscheinung meines Ich keine Angst hatte, und jetzt, nachdem ich 20 Monate in einem pennsylvanischen Gefängnisse zugebracht, glaube ich mir ein Urtheil darüber erlauben zu dürfen.

Das pennsylvanische Zellensystem in der Art, wie es in Bruchsal durchgeführt wird, ist ein großer, gewaltiger Fortschritt in der vom Christenthume und von der Zeitbildung geforderten Reform des Gefängnißwesens, weil es die Gesundheit der Gefangenen nicht nur nicht beeinträchtigt, sondern im Vergleich zu den Zuständen der gemeinsamen Haft befördert, und bezüglich der verschiedenen Strafzwecke: Sühne, Abschreckung und Besserung, unbestreitbar Alles leistet, was durch äußere Einrichtungen für das Wohl der Gesellschaft und des Gefangenen auch nur geleistet zu werden vermag.

Hierin ist Baden unbedingt Musterstaat, und jeder Patriot wird als Menschenfreund nur wünschen können, daß die Pesthöhlen der gemeinsamen Zuchthäuser, diese Hochschulen der Verbrecher, von wo immerwährend Giftstoff in die Adern des gesellschaftlichen Lebens austräufelt, bald möglichst in ganz Deutschland Zellengefängnissen weichen, — wenn nämlich der Patriot sein Urtheil nicht nach Interessen, oder aus abstrakten Ideen combinirt, sondern sich bemüht, Erfahrungen zu sammeln.

Unstreitig kommt bei jeder Einrichtung und so auch bei jedem Gefängnißsystem viel auf die Personen an, denen die Durchführung obliegt, und die das Gute besser, das Schlimme schlimmer machen können. Dies ist besonders bei der Einzelhaft der Fall, die eine ganz andere Behandlung der Gefangenen erheischt als gemeinsame Haft. Wer Anstalten mit gemeinsamer Haft kennt, wird gestehen müssen, daß das System eben dort der Hauptfactor ist und bleibt, und daß in gemeinsamer Haft alle Güte und Menschenfreundlichkeit sammt aller Strenge wohl auf die momentane Lage der Gefangenen, nie und nimmermehr aber auf die Erreichung eines Strafzweckes, den man bezüglich der Gesellschaft wie der Gefangenen wohl den hauptsächlichsten nennen dürfte, die Besserung — Einfluß üben kann, ein Umstand, den ich mit einer in der Sache liegenden, fast mathematischen Schärfe jedem Unpartheiischen zu beweisen mir getraue.

Anstalten mit gemeinsamer Haft sind vorherrschend Zuchthäuser, wo man gestraft und nur gestraft wird; ein gutes Zellengefängniß ist Straf- und zugleich Besserungsanstalt, wo mit und durch die Strafe die sittliche Wiedergeburt, oder besser, das sittliche Erwachen des Sträflings mit einer gewissen innern Nothwendigkeit verbunden ist.

Die Hausordnung beider Anstalten ist von diesem so verschiedenen Geiste durchweht. Die beste Kritik über Zimmermann's berühmtes Buch von der Einsamkeit könnte ein Zellengefangener schreiben. Ein absolutes hermetisches Abschließen von der Außenwelt müßte den Menschen verrückt machen; hier in dem Zellengefängnisse hören wir draußen in der Stadt läuten, trommeln, hören auf den Gängen ein beständiges Hin- und Hergehen, ein Auf- und Zuschließen, Rufen u. s. w, und so geringfügig alle diese Dinge einem Nichtgefangenen scheinen mögen, so wichtig sind sie doch für den Gefangenen selbst; bald öffnet sich die Zelle, um zur Kirche, zur Schule, bald um in den Hof zu gehen; die Zellenbesuche der Beamten und Aufseher unterbrechen die Einsamkeit und geben reichlichen Stoff zum Nachdenken, und jede dieser Abwechselungen, so monoton sie auch einander folgen, ist eine Erleichterung der Einzelhaft.

Die Einkehr in sich selbst, der Beginn eines innern Lebens, das ebenso weit von krankhafter Scheinheiligkeit entfernt ist, als vielleicht die frühere Frivolität von der Religion, kann und wird nur in Zellenhaft stattfinden. Schon Socrates und Plato haben behauptet, daß Unwissenheit eine Quelle des socialen Elendes und der Verbrechen ist. Die Humanität hat dem elenden Gefangenen den Trost der Religion gegeben; der in der Kirche gehörte Vortrag klingt in der Zelle nach, und wenn gar kein höheres Bedürfniß im Spiele wäre, müßte schon die Langeweile zum Nachdenken führen; die Einsamkeit der Haft ist die Mutter der Besserung, was die Erfahrung bestätigen wird; die Gemeinsamkeit derselben die Quelle größerer Verschlimmerung. Ein gemeinsames Zuchthaus ist eine Hochschule für Verbrecher, und es ist eine sehr verderbliche Sentimentalität, wenn man dem armen Teufel wenigstens den Trost lassen will, bei Seinesgleichen zu sein, unter denen er gar oft sein Lebensglück selbst vergiftet, und für die Gesellschaft das wird, was er trotz seines Verbrechens nicht war: ein Bösewicht. Da im schlimmsten Falle der Zellengefangene doch nicht schlimmer wird, wenn er sich auch nicht bessert, und da Entlassene durch unfreiwillige Bekanntschaft mit Zuchthausbrüdern tausend Gelegenheiten und Gefahren ausgesetzt werden, wenn sie in gemeinsamer Haft waren, so läßt sich nicht absehen, weßhalb die einsame Haft nicht längst in allen Staaten die gemeinsame verdrängt hat.

Für die Schulen ist in Deutschland gewiß schon Namhaftes geschehen, besonders abermals in Baden. Aber wie viele Tausende vergessen ihr bischen Lesen, Schreiben und Rechnen, welches ihnen der Volksbildner ihres Dorfes einbläute! In den Anstalten mit gemeinsamer Haft ist für die Schule armselig gesorgt, und nicht ohne Grund. Eine Schulstunde ist gewiß an sich nicht sehr fruchtbar, und wo hätte man in gemeinsamer Haft Muse, sich täglich ein Stündchen mit den Lehrgegenständen außer der Schule zu beschäftigen? An Sonn- und Feiertagen? Wer dies meint, setze sich einmal Sonntags zu 60—70 Sträflingen; summt es nicht wie in einem Bienenstocke, so brüllt der Aufseher, oder man erhält freundschaftliche Püffe, und wer könnte da schreiben oder lesen, und ruhig nachdenken? Nicht der Lehrer, sondern die unverbesserliche Einrichtung bewirkt, daß der Schulunterricht in gemeinsamer Haft von wenig Nutzen ist, und die allmählige Errichtung einer kleinen Bibliothek fast keinen Sinn hätte. Man scheint dies vollkommen einzusehen, wenigstens beschränkt sich die Zahl aller Bücher, nach Weglassung alter zerrissener Bibeln und einiger vorsündfluthlicher Gebetbücher, in der Regel auf eine geringe Zahl. Hier in der Einzelhaft befindet sich eine Bibliothek von Büchern aus allen Fächern, religiösen, erbauenden und belehrenden Inhaltes, sowie über Gewerbkunde, so daß der Sträfling seine Profession auch theoretisch erlernen kann.

Zwei Lehrer wirken um so freudiger, je schöner sie den gestreuten Saamen aufblühen sehen. Einsamkeit führt zur Lectüre, und

Eigennutz, Ehrgeiz oder was man sonst will, zum ernsten Streben nach Kenntnissen. Gebessert, kenntnißreicher tritt der Sträfling aus der Zelle in die Welt hinaus, und sieht sich schüchtern nach ehrlichem Brode um; wenn ihn der Unsinn eingebildeter Sittlichkeits- und Splitterrichter, oder die Hartherzigkeit eingefleischter Anhänger der Abschreckungstheorie nicht von der Gesellschaft abstoßt, und ihn zu neuen Verbrechen zwingt, wird er, vorausgesetzt, daß er kein Gewohnheitsdieb ist, und daß sich die Strafzeit nicht bloß auf einige Monate beschränkte, schwerlich mehr in seine Zelle zurückkehren, so dankbar er auch an dieselbe zurückdenken mag.

Für die Gesundheit und Zukunft der Sträflinge, so wie für die Casse der Anstalt ist der Gewerbsbetrieb eine wichtige Frage.

Ich glaubte, Anstalten mit gemeinsamer Haft müßten in dieser Beziehung Bruchsal weit vorangehen; die Erfahrung hat mich vom Gegentheil belehrt; der Arbeitslärm von 5 Uhr Morgens bis 7 Uhr Abends, die schönen Waaren, die ich bei meinen Wanderungen aus einem Flügel in den anderen gelegenheitlich sah, der Eifer der Werkmeister, von denen Manche allzu pedantisch auf das Tagewerk hindrängen, und selbst von meiner anerkannten technischen Ungeschicklichkeit und meinen elenden Augen nichts wissen wollten; die schönen Rohstoffe und Arbeiten, die ich in den Höfen wagenvollweise kommen und abfahren sah, dies Alles hat mich auf andere Begriffe gebracht. Hier herrschen Holzarbeiten vor, in gemeinsamer Haft sind meist staubige Säle voll Weber und Spinner, und oft verrichten die riesenhaftesten Bursche seltsame Arbeiten. Ich sah einen Dragonerwachtmeister stricken, einen baumlangen Wirth neben einem urkräftigen Schweitzer spinnen, dagegen mehr als einen alten Mann in der Julihitze Holz machen und Leute, die für Handarbeit weder Lust noch Beruf haben, die schwersten Arbeiten verrichten, bei welcher Gelegenheit einzelne Aufseher und Werkmeister die ganze Fülle ihres Unverstandes entwickeln, und sicher noch mehr entwickeln würden, wenn von Oben herab, und namentlich von Seiten des wirklich ausgezeichneten Obermeisters nicht Einhalt gethan würde.

In Einzelhaft ist Arbeit eine wahre Erholung; wenigstens hätte ich ohne Abwechslung zwischen meinen Büchern und Handarbeit nicht lange bestehen mögen, und doch war ich, wie es schien, der Gräuel meines Werkmeisters. In der hiesigen so trefflichen Hausordnung bin ich mit Einer Bestimmung nicht einverstanden, nämlich mit der, daß jeder Gefangene täglich sechs Besuche erhalten müsse. Versteht man unter Besuchen ein Thüreauf- und Zumachen, so erhält man täglich mehr als sechs Besuche, da ja alle Augenblicke ein Aufseher oder ein Werkmeister in die Zelle kommt; Besuche dieser Art von Seiten der Beamten könnte der Gefangene lediglich nur als polizeiliche Controle betrachten, und müßte sie als solche hassen und wegwünschen, da beobachtende Augen ohnehin in allen Ecken lauern. Die Besuche der Beamten sind aber gewiß für Bildung und Besserung der Gefangenen von unberechenbarem Nutzen, wenn sie längere Zeit dauern, so daß der Besuchende seinen Mann kennen und beurtheilen lernt, der Besuchte aber Zutrauen faßt, diese Vorbedingung alles moralischen Einflusses, welche die Einzelhaft durch ihren Mangel an anderer Gesellschaft von selbst ins Leben ruft, während in gemeinsamer Haft ein Zutrauen der Gefangenen in den Beamten schon deßhalb etwas Unerhörtes ist, weil jeder Gefangene leichter unter Seinesgleichen, am allerwenigsten aber vor Beamten sein Herz ausschüttet. Bei längeren Besuchen ist die Zahl 6 für den Gefangenen eine Seelentortur, für die Beamten baare Unmöglichkeit, und glücklicherweise verbessert auch hier die Praxis den Irrthum einer wohlmeinenden Theorie.

Die Einsamkeit macht reitzbar, empfindlich, weckt den Drang nach Mittheilungen, und ich bilde mir ein, daß es den besuchenden Beamten oft recht schwer werden wird, all' die unsinnigen und aberwitzigen Launen und Einfälle der Gefangenen nicht nur geduldig anzuhören, sondern auch Belehrungs- und Trostgründe dafür aufzufinden, und sie ihrer selbst unbewußt zum Besten zu leiten.

Eine rohe willkührliche Behandlung müßte, meine ich, den Gefangenen viel wüthender nnd erbitterter machen, als einen Sträfling in gemeinsamem Zuchthaus; wie glücklich fühle ich mich, nicht mehr, wenn auch nicht Gegenstand, doch Zeuge jener gehässigen Auftritte zu sein, die sich bei gemeinsamer Haft schwer vermeiden lassen, wie in den meisten Fällen die Rohheit und Wildheit der Gefangenen und Taktlosigkeit mancher Aufseher sie hervorrufen, durch welche aber sicher nur Verhärtung und Verwilderung hervorgerufen wird.

Das strenge Abgeschiedensein von aller Welt und ihren Freuden, die rücksichtslose, freilich nothwendige Handhabung einer strengen Hausordnung, die dem Eigenwillen fast keinen Spielraum läßt, die Trostlosigkeit mancher schlaflosen Nacht, die Wirkung jedes leisen Eindruckes auf das Gemüth, das hoffnungslose Blicken in eine endlos scheinende Zukunft, dies Alles sind Dinge, die ich wenigstens ohne Religion nicht ertragen hätte; aber dennoch lieber in Einzelhaft die volle Zeit, als in gemeinsamer die halbe. Dixi et salvavi animam meam".

Printed in Dunstable, United Kingdom

91220094R10258